W0225133

Mircea Eliade

GESCHICHTE DER RELIGIÖSEN IDEEN

III/2

HERAUSGEGEBEN VON IOAN P. CULIANU
MIT BEITRÄGEN VON
PETER BOLZ · DAVID CARRASCO
MARIA SUSANA CIPOLLETTI
HEINRICH DUMOULIN · HENRI MASPERO
JOHN MBITI · NELLY NAUMANN
RICHARD SCHAEFFLER · WALDEMAR STÖHR
HANS A. WITTE

MIRCEA ELIADE

GESCHICHTE DER RELIGIÖSEN IDEEN

III/2

Vom Zeitalter der Entdeckungen
bis zur Gegenwart

Herder
Freiburg · Basel · Wien

Übersetzung
40. Kapitel: Gabriele Wollmann, Mainz
41. und 45. Kapitel: Dorothee Becker, Bonn
46. Kapitel: Mabel Lesch, Freiburg
Wissenschaftliche Redaktion und Karte des 40. Kapitels:
Norbert M. Borengässer, Bonn

CIP-Titelaufnahme der Deutschen Bibliothek

Geschichte der religiösen Ideen / Mircea Eliade. Mit Beitr. von Peter Bolz ... – Freiburg im Breisgau; Basel; Wien: Herder.
Einheitssacht.: Histoire des croyances et des idées religieuses [dt.]
Bd. 1 bis Bd. 3.1 wurden von Mircea Eliade verf.
NE: Eliade, Mircea; Bolz, Peter; EST

Bd. 3.
2. Vom Zeitalter der Entdeckungen bis zur Gegenwart / hrsg. von Ioan P. Culianu. [Übers.: 40. Kapitel: Gabriele Wollmann ...]. – 1991
ISBN 3-451-19131-8
NE: Culianu, Ioan P. [Hrsg.]

Alle Rechte vorbehalten – Printed in Germany
© Verlag Herder Freiburg im Breisgau 1991
Religionskundliches Institut der SOD Freiburg im Breisgau
Herstellung: Freiburger Graphische Betriebe 1991
ISBN 3-451-19131-8

Vorwort

Wenige Jahre vor seinem Tod bat mich Mircea Eliade (er starb am 22. April 1986), seine zwei großen Buchprojekte zu Ende zu führen, sollte er dazu nicht mehr in der Lage sein. Es handelte sich dabei um das „Dictionary of Religions“, dessen französische Ausgabe bereits erschienen ist und das demnächst auch in Englisch und Deutsch vorliegen wird, sowie den Abschlußband seiner „Geschichte der religiösen Ideen“, für den er selbst drei Kapitel verfassen wollte: eine allgemeine mythologische Einführung, ein Kapitel über Tantrismus im Anschluß an die Indo-tibetanischen Religionen und das Schlußkapitel über Religion in der modernen und postmodernen Welt. Die Ausarbeitung der restlichen sieben Kapitel, und zwar über Nord-, Mittel- und Südamerika, Afrika, Japan, China sowie Australien/Ozeanien, hatte er Schülern und Kollegen übertragen, die seine Überzeugungen teilten.

Eliade selbst hinterließ nur weniges zu seinen geplanten Kapiteln: ein paar Seiten Text, viele Notizen, bibliographische Listen und Sonderdrucke; eine gesonderte Edition dieses in französischer Sprache abgefaßten Materials ist in Vorbereitung. Von den vorgesehenen Mitarbeitern zog einer seine Teilnahme nach dem Tode Eliades zurück, ein anderer war nicht mehr zu ermitteln. Eliade war so zuversichtlich, dieses Projekt abschließen zu können, daß er sich über die Mitautoren keine Notizen gemacht und auch keine offiziellen Einladungen zur Mitarbeit versandt hatte. Selbst Peter Chemery, Eliades persönlicher Sekretär zur damaligen Zeit, der bei Sichtung des literarischen Nachlasses von Eliade eine unersetzliche Hilfe war, konnte sich an keinen Namen der zur Mitarbeit eingeladenen Autoren erinnern. Diesbezügliche Nachfrage bei Wissenschaftlern blieb entweder unbeantwortet oder löste Erstaunen aus. Vier Beiträge trafen immerhin ein, von denen zwei in den vorliegenden Band Aufnahme fanden: das Kapitel über die alten Kulturen Mittelamerikas von David Carrasco sowie dasjenige über die westafrikanischen religiösen Vorstellungen von Hans A. Witte.

Ungeachtet unserer Absicht, Eliades Fragmente zusammen mit den noch ausstehenden Beiträgen zu einem späteren Zeitpunkt zu veröffentlichen, begrüßen wir die Initiative des Verlags Herder, die deutsche Ausgabe der „Geschichte der religiösen Ideen" zum Abschluß zu bringen. Dazu konnte er kompetente Autoren für die von Eliade vorgesehenen Themen gewinnen. Auf diese Weise kann den Lesern ein exzellentes Werk vorgelegt werden, in dem ausgewiesene Wissenschaftler für die jeweiligen Themenbereiche den gegenwärtigen Stand der Forschung reflektieren. Mit dem Beitrag von Henri Maspero über den Taoismus zur Zeit der Sechs Dynastien in China wird zudem erstmals eine bahnbrechende Arbeit dem deutschen Sprachraum zugänglich gemacht, die bislang nur in der französischen Originalfassung vorlag. Eliade schätzte das Werk dieses großen französisch-jüdischen Sinologen, der in einem Nazi-Konzentrationslager den Tod fand.

Sosehr sich dieser Abschlußband der „Geschichte der religiösen Ideen" thematisch an Eliades Konzeption orientiert und Australien, Ozeanien, Japan, China, Indonesien, Westafrika, Ostafrika, Süd-, Mittel- und Nordamerika in den Blickpunkt stellt sowie in einem Schlußkapitel die religiöse Kreativität und Säkularisierung in Europa seit der Aufklärung, ist er doch stärker auf die deutsche Leserschaft abgestimmt als noch von Eliade selbst vorgesehen. Denn da die meisten Autoren dem deutschen Sprachraum angehören, können sie auch den kulturellen Kontext Mitteleuropas besser in ihren Beiträgen berücksichtigen. So widmet Richard Schaeffler, um ein Beispiel zu nennen, der deutschen Philosophie sehr viel mehr Aufmerksamkeit, als es Eliade in dem von ihm geplanten eigenen Schlußkapitel vermocht hätte. Es erschien uns durchaus sinnvoll, die Inhalte eines solchen Werkes auf das kulturelle Niveau des Sprachgebietes abzustellen, in dem es erscheint.

Es ist mir ein Anliegen, an dieser Stelle dem Verlag Herder und insbesondere dem verantwortlichen Lektor, Herrn Dr. Peter Suchla, zu danken für die vorzügliche Arbeit der Herausgabe dieses Abschlußbandes, der nun unter anderen Umständen als ursprünglich vorgesehen zustande kam. In der Originalsprache harrt dieses von Eliade nachdrücklich verfolgte Buchprojekt aus den oben genannten Gründen leider noch seiner Vollendung.

Cambridge, Massachusetts, 2. Dezember 1990

Ioan P. Culianu
Professor für Religionsgeschichte
und Geschichte des Christentums
an der Universität Chicago

Abkürzungen

AAnt	American Antiquity
AfS	African studies (Johannesburg)
AmA	American anthropologist (Menasha)
AmE	American Ethnologist
ARES	Annual Review of Ecology and Systematics
AVK	Archiv für Völkerkunde (Wien)
CA	Current Anthropology (Chicago)
CHM	Cahiers d'histoire mondiale (Paris)
CuAm	Cuadernos Americanos
EBrit	Encyclopaedia Britannica (Edinburgh)
EBud	Eastern Buddhist (Kyoto)
ECM	Estudios de Cultura Maya
ECN	Estudios de Cultura Náhnatl
FEQ	Far Eastern quarterly (Ithaca)
HJAS	Harvard Journal of Asiatic Studies (Cambridge, Mass.)
HMAInd	Handbook of Middle American Indians (Austin), hrsg. von Robert Wachope / Dale T. Steward
HR	History of religions (Chicago)
JA	Journal Asiatique (Paris)
JAR	Journal for Anthropological Research
JASt	Journal of Asian studies (Ithaca)
MCB	Mélanges chinois et bouddhiques (Bruxelles)
MDGNO	Mitteilungen der deutschen Gesellschaft für Natur- und Völkerkunde Ostasiens (Leipzig)
MN	Monumenta Nipponica. Studies on Japanese culture (Tokyo)
MSer	Monumenta Serica. Journal of oriental studies (Los Angeles u. a.)
PSJ	Philosophical studies of Japan (Tokyo)
RCSF	Rivista critica di storia della filosofia
RHR	Revue de l'Histoire des Religions (Paris)
RInd	Revista de Indias (Madrid)
RMEA	Revista Mexicana de Estudios Antropológicos
ScAm	Scientific American
WBKL	Wiener Beiträge zur Kulturgeschichte und Linguistik (Wien)
WVKM	Wiener völkerkundliche Mitteilungen (Wien)
ZDMG	Zeitschrift der deutschen morgenländischen Gesellschaft (Leipzig)
ZRGG	Zeitschrift für Religions- und Geistesgeschichte (Marburg)

Herausgeber und Autoren

Culianu, Ioan, Dr., Professor für Religionsgeschichte und Geschichte des Christentums an der University of Chicago, USA

Bolz, Peter, Dr., Mitarbeiter am Völkerkunde-Museum, Berlin

Carrasco, David, Dr., Professor an der University of Colorado in Boulder, USA, Direktor des dortigen Mesoamerican Archives

Cipolletti, Susana Maria, Dr., Dozentin am Fachbereich Ethnologie der Universität Tübingen

Dumoulin, Heinrich, Dr. Dr., Professor em. an der Sophia-Universität Tokyo und Direktor des dortigen Instituts für fernöstliche Religionen

Maspero, Henri (1883–1945), Dr., Professor für Sinologie an der Sorbonne, Paris

Mbiti, John, Dr. Dr., Professor für Missionswissenschaft und außereuropäische Theologie an der Universität Bern

Naumann, Nelly, Dr., Professor em. für Völkerkunde an der Universität Freiburg

Schaeffler, Richard, Dr., Professor em. für philosophisch-theologische Grenzfragen an der Universität Bochum

Stöhr, Waldemar, Dr., Oberkustos i. R. des Rautenstrauch-Joest-Museums, Köln

Witte, Hans A., Dr., Professor em. für Missionswissenschaft an der Universität Groningen, Niederlande

Inhalt

VIERZIGSTES KAPITEL

Städte und Symbole – Die alten mittelamerikanischen Religionen

David Carrasco

319. „Die alt-amerikanischen Kulturen"

„Die alt-amerikanischen Kulturen" lautet der rückübersetzte Titel des bedeutenden Werkes von Friedrich Katz, in dem er Ursprünge und Entwicklung der mesoamerikanischen und andinen Kulturen sowie deren wirtschaftliche und soziale Strukturen beschreibt. Als versierter Lateinamerikakenner zeigte er, daß die Entstehung städtischer Gesellschaften im Gebiet Mittelamerikas und im Andenraum das Ergebnis einer Jahrtausende währenden Entwicklung war. Im Mittelpunkt standen die *Zeremonialzentren,* die das Leben der vorkolumbischen Völker bestimmten, Ausdruck ihrer religiösen Vorstellungen, Handlungen und Symbole waren und ihrer Kultur ein unverwechselbar eigenes Gesicht verliehen. Wenig bekannt ist, daß sich frühe städtische Gesellschaften in nur sieben Regionen der Erde entwickelten, von denen eine Region im Gebiet des heutigen Mittelamerika liegt.[1]

Geographisch umfaßt der kulturelle Begriff „Mesoamerika" zwei Drittel des südlichen Mexiko, Guatemala, Belize und Teile von El Salvador und Honduras. Hier entstand eine frühe Stadtkultur, die als eine eigenständige Einheit mit dem gezielten Nahrungsmittelanbau im 2. vorchristlichen Jahrtausend begann und mit der Eroberung durch die Spanier im 16. Jahrhundert n. Chr. endete. Die Anfänge menschlicher Besiedlung der Neuen Welt liegen vermutlich in der Zeit um 30 000 v. Chr. durch Völker, die über die Beringstraße zwischen Sibirien und Alaska „trockenen Fußes" eingewandert waren und vor 18 000 v. Chr. das Mexikanische Becken erreicht hatten. Hier kam zwischen 6800 und 2000 der Ackerbau auf als Grundlage für eine Entwicklung, die zur Entstehung der mesoamerikanischen Zeremonialzentren führen sollte. In diesem Zeitraum wurden Bohnen, Mais und Kürbis angebaut und immer wieder veredelt; seit 2300 v. Chr. wurden Töpferwaren hergestellt und Menschen rituell bestattet.

Die weitere Entwicklungsgeschichte der mesoamerikanischen Kultur

---

[1] *P. Wheatley,* The Pivot of the Four Quarters (Chicago 1971).

und Religion wird in drei Hauptphasen unterteilt: Die Entstehungszeit (1800 v. Chr. – 100 n. Chr.) – die sog. Formative Periode – zeichnet sich durch die allmähliche Herausbildung komplexer Zeremonialzentren und monumentaler Architektur aus. Es entstanden eine Hieroglyphenschrift und ein Kalendersystem sowie die Vorstellung einer sozialen Schichtung. Handelsstraßen für den Nah- und Fernverkehr wurden angelegt, und in verschiedenen Regionen entwickelten sich Ansätze eines Stadtstaatensystems. Die Klassische Periode (300–900 n. Chr.) führte alle diese Entwicklungen zu hoher Blüte, was insbesondere für die Verbreitung des Ritual- und Sonnenkalenders gilt. Die Organisation der Landwirtschaft wurde beträchtlich ausgebaut, und in den verschiedenen Flächenstaaten entstanden Hauptstädte. Die dritte, die Nachklassische Periode (900–1521), ist durch die Intensivierung regionaler und überregionaler kriegerischer Auseinandersetzungen und die Entstehung weiträumiger Herrschaftsgebiete und riesiger Bewässerungssysteme gekennzeichnet.[2]

Der Begriff „Mesoamerika" als kulturgeographischer Begriff für dieses Gebiet Mittelamerikas wurde 1943 von dem deutschen Ethnologen Paul Kirchhoff eingeführt, da er der Auffassung war, daß in Mexiko und in Teilen Zentralamerikas besondere kulturelle Einflüsse für die Entwicklung der Stadtkulturen feststellbar seien. Zwar sind die eigentlichen Auslöser für die Entwicklung der alten Städte- und Staatsgemeinschaften in Mesoamerika nur teilweise erforscht, doch ist offensichtlich, daß es die Zeremonialzentren als früheste Institutionen waren, die die Entwicklung der Stadtstaaten in Gang setzten. Neuere Einzel- und Vergleichsstudien zeigen, daß die alten Städte Mesoamerikas als Märkte, militärische Stützpunkte und Verwaltungszentren fungierten, während die sozialen Aktivitäten vorrangig einen religiösen Bezug hatten, der die Sakralität der Herrschaft legitimierte und somit auch die Kontrolle aller gesellschaftlichen Vorgänge sanktionierte.[3]

Neben zahlreichen Versuchen unterschiedlicher wissenschaftlicher Disziplinen, die ungelösten Fragen der Stadtentwicklung in der ganzen Welt zu beantworten, ist das einleuchtende Modell des Urbanisationsforschers Paul Wheatley: *The Pivot of the Four Quarters: A Preliminary Enquiry into the Nature and the Character of the Early Chinese City* besonders verdienstvoll, da es einen Vergleich und ein tieferes Verständnis der Geschichte der mesoamerikanischen Religion zuläßt.

Nach *Wheatley,* der sich teilweise auf mesoamerikanische Quellen stützt, entstand die städtische Gesellschaft aufgrund eines harten Kampfes zwischen der Priesterelite der Zeremonialzentren in den Städten und dem

---

[2] *M. Coe,* „History of Meso-American Civilizations", in: Encyclopedia Britannica, Macropedia, Bd. 17.

[3] *K. Flannery,* „The Cultural Evolution of Civilizations", in: Annual Review of Ecology and Systematics, 3 (1972) 399-426.

„ökologischen Komplex", der a) aus der Bevölkerung, b) der natürlichen Umwelt, c) aus dem technologischen Potential und d) aus den gegebenen sozialen Strukturen bestand. Das Zusammentreffen von Mitgliedern der Zeremonialzentren und des ökologischen Komplexes war durch zentripetale und zentrifugale Strömungen gekennzeichnet, die Güter und Ideen aller Art in die Zentren fließen ließen, sie dort gemäß den Vorstellungen der Eliten verteilten bzw. verbreiteten und danach den sozialen Einheiten außerhalb der Zentren zuteil wurden. Das Ergebnis dieser Interaktion war die „Schaffung eines effektiven Raumes", der, wie Wheatley es nennt, durch „kosmomagisches Gedankengut" kontrolliert wurde. Diese Denkart „ging von einer engen Parallele zwischen der regulär und mathematisch bestimmbaren Himmelsherrschaft und dem biologisch determinierten Rhythmus des Lebens und der Erde aus.[4] Sie basierte auf der regelmäßigen Wiederkehr himmlischer Archetypen in den Mythen, in der Architektur, in der Astronomie und in der Planung der idealtypischen Stadt. Die Bedeutung dieses Organisationsmodells liegt nicht so sehr in seiner Eigenschaft als Kristallisationspunkt religiöser Symbole, sondern darin, daß die Städte als ganze ein kosmologisches Symbol darstellten.

In den letzten fünfzig Jahren sind von den Forschern immer wieder neue Versuche unternommen worden, die besondere Geschichte Mesoamerikas und die Strukturen seiner Ökologie und Religion zu rekonstruieren, denn man erkannte, daß das Aufkommen intensiver Ackerbebauung – anfangs auf Bohnen, Mais und Kürbis beschränkt – alle anderen Bereiche des menschlichen Lebens beeinflußt hatte. Von den Studien, die sich mit dem Aufkommen des Ackerbaus beschäftigten, sind insbesondere diejenigen von Richard MacNeish zu nennen, der in zwei unterschiedlichen Gebieten Mesoamerikas arbeitete, im Tehuacan-Tal in der Mexikanischen Hochebene und im nördlich gelegenen Staat Tamaulipas. Er konnte eine Verbindung zwischen der frühgeschichtlichen Jägerkultur und den vom Ackerbau geprägten Dorfstrukturen mit den dazugehörigen heiligen Städten nachweisen. Mit seinen Ausgrabungen, die sich auf den langen Besiedlungszeitraum von 8000 bis 1500 v. Chr. beziehen, konnte MacNeish die verschiedenen Stufen landwirtschaftlicher Entwicklung und sozialer Integration aufzeigen, die schließlich zu dauerhaften Ansiedlungen führten. Aufgrund günstiger klimatischer Bedingungen hatten sich in Höhlen im Norden seines Forschungsgebietes Schichten menschlicher Exkremente erhalten, die die fortschreitende Kultivierung von Gemüsepflanzen und deren Verbrauch belegten. In einer anderen Gegend brachen um 6500 v. Chr., in der sog. El-Riego-Periode, temporäre Großverbände von Jägern und Sammlern in das Tehuacán-Tal ein und gesellten sich zu den dortigen frühen An-

[4] *Wheatley,* Pivot, 414.

bauern von Chilischoten, Baumwolle, Kürbis und Avocados. In dieser Zeit finden sich Anzeichen für vielfältige religiöse Gebräuche, wie rituelle Menschenbestattung mit kleinen Grabbeigaben, Feuerbestattung und wahrscheinlich rituelle Opferung und Zerstückelung von Menschen.[5] Forscher vermuten, daß diese Ritualformen die Tatsache belegen, daß Schamanen oder „nebenberufliche" Kultkundige die Gruppenrituale leiteten.

In den folgenden Perioden (Cocaxtlan und Abejas) wurden weitere Pflanzenarten zu Nutzpflanzen kultiviert, und Dörfer mit halbseßhafter Struktur wurden zahlreicher. Angebaut wurden verschiedene Maissorten, Bohnen, Kürbis, Avocados. Zum Mahlen der Maiskörner zu Maisschrot wurden Handmühlen *(metates)* oder Handsteine *(manos)* benutzt. Schüsseln, kugelförmige Krüge und Steinbottiche wurden in Vorratshütten, Getreidemieten ähnlich, in den Talsohlen untergebracht, um den beträchtlich angestiegenen pflanzlichen Nahrungsvorrat aufzubewahren. Um 2300 v. Chr. entstanden im Tehuacan-Tal vielfältige Keramikformen, und bereits um 1500 v. Chr. waren in verschiedenen Teilen Mesoamerikas die grundlegenden ökologischen Voraussetzungen für die Entwicklung von „Dörfern und heiligen Städten" gegeben, die für die nächsten 3000 Jahre die kulturellen Muster bereitstellen sollten.[6]

Der folgende Zeitabschnitt, die sog. Entwicklungsperiode, zeichnet sich durch die allmähliche Entstehung dauerhafter Zeremonialzentren aus, mit einer großen Anzahl beeindruckender monumentaler architektonischer und ritueller Bauten/Bauwerke. Bedeutsam ist die Festlegung von absolut heiligen Räumen oder Weltachsen, die räumliche und religiöse Orientierung für die Gesellschaft und ihre Führer gewährleisteten.[7]

In diesen oft Stadtgröße erreichenden Zeremonialzentren wurden die umfangreichen rituellen Praktiken von Priestereliten geleitet, die die wirtschaftlichen, politischen und symbolischen Zusammenhänge mit der menschlichen Existenz deuteten.

Ein besonderes Problem bei der Erforschung der mesoamerikanischen Religion der Entwicklungs- und auch noch der Klassischen Periode ist die sprachlose bzw. archäologische Natur der Quellen. Die mesoamerikanischen Völker waren keine „Völker des Heiligen Buches", obwohl in den Ritualbezirken graphische Symbolsysteme verwendet wurden, wie die Einritzungen auf Stein und Holz sowie auf Stelen und schließlich eine Reihe von Faltbüchern zeigen, die himmlische und geschichtliche Ereignisse festhalten. Eine weitere Erschwernis für das Verständnis der mesoamerikanischen Religion bedeutet die militärische Eroberung Mexikos

---

[5] *M. Coe,* in: Encyclopedia Britannica, 938.

[6] *E. Wolf,* Sons of the Shaking Earth (Chicago 1959).

[7] *M. Eliade,* Kosmos und Geschichte. Der Mythos der ewigen Wiederkehr (Frankfurt [2]1984) Kap. 1: Archetypen und Wiederholung.

durch die Spanier, die in der Zerstörung der Sakralarchitektur und der Faltbücher sowie der Vernichtung der Führungseliten gipfelte, die für die Übermittlung der Kosmologien und heiligen Geschichten und der religiösen Riten verantwortlich waren. Ganz allgemein lassen sich die Quellen, die heute für die Erforschung der mesoamerikanischen Religion verfügbar sind, wie folgt gliedern: a) Kunst und Architektur, b) fünfzehn erhaltene präkolumbische Faltbücher, die die rituellen, prophetischen, historischen und genealogischen Überlieferungen verschiedener Stadtstaaten enthalten, c) Kodices aus der Zeit nach der Eroberung, die teilweise mit spanischen Kommentaren versehen sind, d) Textquellen, die auf einheimischen bildlichen und mündlichen Überlieferungen beruhen, e) Geschichten aus der Feder von Mitgliedern aztekischer Adelsfamilien, f) spanische Augenzeugenberichte, wie z. B. die Briefe von Cortés an den König von Spanien, und g) ausführliche Geschichten und Ritualbeschreibungen von Priestern wie Diego Duran, Motolinia und Bernardino de Sahagun, die die aztekische Religion intensiv erforschten.[8]

Der vielschichtige Charakter der Religionen der Olmeken, Maya, Tolteken und Azteken kann daher nur durch eine Kombination aller vorhandenen Quellen erschlossen werden. Für die früheste und auch noch die mittlere Periode der mesoamerikanischen Geschichte sind wir jedoch allein auf die eindrucksvollen architektonischen Zeugnisse der großen, stillen „Städte aus Stein" angewiesen.

Die Schwierigkeit ihrer Deutung gibt Kent Flannerys Feststellung wieder, nach der die „mesoamerikanische Archäologie vollkommen auf einen widerspruchsfreien theoretischen Bezugsrahmen verzichten muß, nach dem die rituellen und religiösen Daten analysiert und interpretiert werden können"[9]. Mit einigen anderen Forschern hat er die Umrisse eines Bezugsrahmens für die Interpretation der Entwicklungs- und Klassischen Periode erarbeitet, der überraschend viele Ähnlichkeiten mit dem „ökologischen Komplex" Wheatleys aufweist, insofern als er mit einem kontextuellen Ansatz arbeitet, der „die Religion mit der sozialen Wirklichkeit, der Politik und dem Dasein an sich verknüpft, statt sie von der Kurzlebigkeit geistiger Aktivitäten abhängig zu machen". Archäologische Daten und eine Kombination induktiver und deduktiver Methoden ermöglichen zusammengenommen neue Erkenntnisse über die religiöse Vorstellungswelt in den Zeremonialzentren der Entwicklungsperiode.[10]

---

[8] *D. Carrasco,* Quetzalcoatl and the Irony of Empire (Chicago 1983), bes. Kap. 1: „From Storybook to Encyclopedia".

[9] *K. Flannery,* The Early Mesoamerican Village (New York 1976) 331.

[10] Ebd. Der größte Fortschritt bei der Erforschung archäologischer Modelle der Formativen Periode wurde durch die Archäo-Astronomie, insbesondere durch die Arbeiten von Anthony Aveni, erzielt.

320. Die Welt der Olmeken: Jaguare und Steinkolosse

Die Sozialgeschichte der mesoamerikanischen Zeremonialzentren beginnt mit dem Aufkommen der olmekischen Kultur in den feuchten Niederungen des südlichen Vera Cruz und des westlichen Tabasco in der Nähe der Golfküste um das Jahr 1800 v. Chr. Dieses Gebiet ist „eines des reichsten archäologischen Gebiete der Welt mit der wahrscheinlich größten Dichte vorkolumbischer Siedlungen pro qkm in Mesoamerika“[11]. Die Olmeken-Kultur, die „Mutterkultur Mesoamerikas“ – so nennt sie der mexikanische Künstler und Forscher Miguel Covarrubias –, besitzt eine reichhaltige Tradition von Steinzeichnungen, Felsmalereien und religiösen Bildsymbolen. Ausgrabungen in San Lorenzo, La Venta und in Tres Zapotes, einem Gebiet, das Ignacio Bernal das „Metropolitanische Olmec“ nennt, zeigen, daß fortschreitende soziale Schichtung und wirtschaftliche Anpassung, Nah- und Fernhandel, künstlerische Aktivitäten und Sakralbezirke das Fundament der Olmeken-Kultur bildeten.. Die beeindruckende Verknüpfung sozialer und symbolischer Prozesse wird in zumindest zwei Motiven, nämlich den aus Stein gehauenen Jaguaren und den Riesenskulpturen deutlich. Diese Motive sind Teil des Olmeken-Stiles, zu dem jungtiergesichtige, zähnefletschende Jaguare und Kolossalköpfe in unterschiedlichen Formen gehören. Sie spiegeln die schöpferische Erfindungskraft der Olmeken wider und wurden in größeren Anlagen gefunden, wo es neben monumentalen Bauten, Tempelhügeln und den genannten Kolossalköpfen aus Basalt auch geschnitzte Miniaturen aus Serpentin und Jade, unterschiedliche Keramikarbeiten und erstmals aufrecht stehende Stelen gab, auf denen rituelle und historische Ereignisse dargestellt waren.

Die jüngste Kontextanalyse der Olmeken-Religion durch Flannery und Drennan zeigt, daß für die Ackerbau-Dorf-Gesellschaften, wie sie in Mesoamerika der Entwicklungsperiode bestanden, folgende Charakteristika zutreffen: a) Ad-hoc-Rituale bei der Geburt oder beim Tod eines Menschen oder zu Zeiten eines unvorhergesehenen Nahrungsüberflusses und b) Kalenderrituale, also Zeremonien, die jedes Jahr etwa zum gleichen Zeitpunkt wiederholt werden. Allgemein unbestritten ist, daß die Menschen der frühen und der eigentlichen Olmeken-Kultur ad-hoc-Rituale einschließlich des „Kinderopfers und des Kannibalismus bei Bestattungen wichtiger Erwachsener und Erwachsenenopfer bei der Errichtung von öffentlichen (möglicherweise Zeremonial-)Gebäuden praktizierten“[12].

Die ad-hoc-Rituale sowie die Kalenderrituale fanden in den riesigen Zeremonialzentren der Olmeken statt, die mit einer Fülle phantastischer reli-

---

[11] *M. Coe*, „Archaeological Synthesis of Southern Vera Cruz and Tabasco“, in: HMAInd, Bd. 3, 679.

[12] *K. Flannery*, The Early Mesoamerican Village, 332.

giöser Motive ausgestattet waren. Das einzigartige Bilderwerk zeigt eine Reihe von Tierhierophanien, die insbesondere mit dem Jaguar und einer Jaguar-Mensch-Figur assoziiert sind. Klapperschlangen, Lanzenspitzen, Harpyien und Affen wurden offensichtlich als Götter verehrt. Die „Jaguare“ kommen auf kleinen Jadefiguren, Jademasken, großen Stelen und auf Wandreliefs so häufig vor, daß Miguel Covarrubias meinte, „die unterschiedlichen Jaguarabbildungen seien das Grundmotiv der Olmekenkunst“.

Es ist möglich, daß diese Bilder die frühesten mesoamerikanischen Zeugnisse des „Nagualismus“ (abgeleitet von „nahualli“ = „Maske“, „Verkleidung“) sind, in dem die Schutzgeister in ihrer Tiergestalt dargestellt wurden („Alter-Ego“-Vorstellung). Aus späteren Dokumenten wissen wir, daß wirkliche und phantastische Tiere eng mit Kultkundigen assoziiert wurden und als Geister-Führer und Symbole für Autorität galten. Vermutlich waren die Jaguare die „‚Masken‘ der Herrscher ..., denn der Jaguar symbolisiert die Schrecken und die Geheimnisse des Dschungels, die Lebenskräfte der anderen Welt: es gab die vergöttlichte Form ... und den vermenschlichten Jaguar, einen Mann-Jaguar und einen Kind-Jaguar“[13]. Bedeutsam ist, daß die starke „mystische Solidarität“, die die Olmeken mit dem heiligen Jaguar empfanden, zu einem durchgehenden Zug vieler späterer mesoamerikanischer religiöser Überlieferungen wurde.[14]

Covarrubia hat eine stilistische Entwicklung der olmekischen Jaguar-Form bis zu den Bildern einiger späterer Regengottheiten wie dem aztekischen Tlaloc, dem Mayagott Chac und dem Regengott Tajin nachgewiesen. In diesem Licht gesehen war der Jaguar in der Olmekenzeit auch ein Grundsymbol für die Fruchtbarkeitskräfte des Waldes, des Bodens und des Wassers, des Lebens schlechthin.

Die Küstenregion (Golf von Mexico), das Kernland der Olmeken, ist als das Gegenstück des fruchtbaren Zweistromlandes Mesopotamien bezeichnet worden, weil es ideale Bedingungen für den Maisanbau, einen großen Fischreichtum und viel Lebensraum für Wasservögel, Hunde und Schildkröten bietet. Die älteste bekannte Olmeken-Siedlung, die von diesem natürlichen Reichtum profitierte, war San Lorenzo, südwestlich von La Venta (Vera Cruz, Mexico), ein um das Jahr 1200 voll ausgebautes Zeremonialzentrum (Blütezeit 1150–900). Es wurde um 700 v. Chr. von den Olmeken aufgegeben; viele Steinmonumente mit religiösen und historischen Darstellungen wurden verstümmelt und begraben. Das Kultzentrum war auf einer teilweise von Menschen aufgeschütteten Plattform 50 m über der umgebenden Savanne errichtet worden. Es trug eine zentrale Pyramide aus Erde und Ton mit über 200 Wällen, die der Nord-Süd-Achse folgten. Viele Wälle wa-

---

[13] *I. Bernal*, The Olmec World (Mexico 1968) 99.

[14] Zum Problem der mystischen Solidarität mit Tieren vgl. *P. Shepard*, The Tender Carnivore and the Sacred Game (New York 1973), bes. „Hunting as a Way of Life“.

ren um kleine rechteckige Höfe gruppiert. Der Aufbau der sakralen Enklave zeugt von planvollem Vorgehen und einer ins Detail gehenden Wertschätzung des sakralen Raumes. Kennzeichen von San Lorenzo sind jedoch weniger diese Baudenkmäler als u.a. zwölf Kolossalhäupter, in mächtiger Einfachheit gehauene menschliche Gesichter mit negroiden und mongoloiden Zügen, jedes mit einer helmähnlichen Kopfbedeckung gekrönt. Die Köpfe sind über 1 m hoch, wiegen bis zu 20 Tonnen und sind neben einer Reihe anderer riesiger Steinskulpturen aus dem Felsgestein der Tuxtla-Berge etwa 70 km weiter nördlich gehauen. Der Transport nach San Lorenzo zu Land und zu Wasser und die künstlerische Vollendung der Skulpturen sind Spiegelbild des hohen Standards der sozialen Organisation und der Bedeutsamkeit der religiösen Symbolik. Die Deutung der riesigen Steinköpfe ist noch immer schwierig. Einige Forscher meinen, daß es sich um die Wiedergabe von Köpfen toter Krieger oder um die Porträts von Herrschern handelt, deren bildhafte Präsenz die heiligen Bezirke vor Eindringlingen schützen sollte.[15]

Der Einfluß San Lorenzos blieb nicht auf die nächste Umgebung beschränkt. Man fand nämlich Rohstoffe wie Obsidianeisenerz, Serpentin, Glimmer und Schiefer, die aus weit entfernten Gebieten importiert worden waren, was die wachsende Ausdehnung des Handelsnetzes, das von nachfolgenden Kulturen noch vervollkommnet wurde, beweist. Noch im Hochtal von Mexiko und im entfernten Guatemala und in El Salvador fanden Forscher in den dortigen Zeremonialzentren Töpferarbeiten aus San Lorenzo.

Die Sakralenklave San Lorenzo mit ihren Jaguar- und Riesenkopfskulpturen wurde auch zum Vorbild für die jüngere, aber bedeutendere Anlage La Venta (Zentrum der Olmeken-Kultur). Diese lag auf einer kleinen sumpfigen, steinlosen Insel in der Nähe des Flusses Tonala, 29 km von der Golfküste entfernt, und war das eindrucksvollste und am besten geplante Zeremonialzentrum der Olmeken. Das Herz der Anlage ist eine kegelförmige Pyramide mit geriffelter Oberfläche; mit einem Durchmesser von ca. 130 m (Basis 70 × 130 m) und einer Höhe von 33 m ist sie eine der größten Pyramiden in Mexico überhaupt. Mit ihren zehn alternierenden Erhebungen und Vertiefungen ähnelt sie einem Vulkan. Vor dem Großen

---

[15] Es könnte sich auch um Darstellungen enthaupteter Krieger handeln, die in Verbindung mit dem sakralen Ballspiel geopfert wurden. Wir wissen, daß es zu einem späteren Zeitpunkt in der mesoamerikanischen Geschichte weit verbreitet war und die Enthauptung der Gewinner oder der Verlierer dazugehörte. Könnte es sein, daß die Ursprünge dieser Menschenopferungen, die durchgeführt wurden, um die Sonne auf ihrer Himmelsbahn zu halten, in der olmekischen Tradition liegen? Diese Annahme wird besonders deutlich in der Begeisterung der Olmeken für dauerhafte Steinbauten, die die Erde symbolisierten, sowie in ihrem Bemühen um Fruchtbarkeit in ihrer Welt. Gesetzt den Fall, daß die olmekische Religion auf einer von einem ausreichenden Wasservorkommen geprägten Landwirtschaft basierte, zeugen dann diese Kolossalköpfe als Riesentrophäen nicht von einer Frühform des Sonnenkults?

Grabhügel lag ein Hof, der von länglichen, niedrigen Grabhügeln umgeben war. Außerdem gab es Zeremonialplätze mit Grabhügeln, auf denen eindrucksvolle Säulen standen. Auf einer Seite der Anlage befand sich ein niedriger, kreisförmiger Grabhügel, der Mound A 2, der die gebündelten Überreste zweier zinnoberrot bemalter Jugendlicher enthielt sowie Grabbeigaben aus Jade, Perlen und Knochen von Stachelrochen. Die Tatsache, daß die Toten entlang der Nordsüdachse des Sakralzentrums begraben wurden, ist ein Hinweis auf die Bedeutung der Haupthimmelsrichtung für das Wirken von übernatürlichen Kräften, nicht nur der Lebenden, sondern auch der Vorfahren. In einigen späteren Kulturen wurden die königlichen Toten in Gräbern beigesetzt, die von ihrer Anordnung her auf eine komplexe Theorie der Beziehungen zwischen dem Kosmos und dem himmlischen Leib des Toten und dem Bestattungszeremoniell schließen lassen. In La Venta wurden noch weitere geheime Lagerstätten ausgegraben, in denen Jade- und Jaguarmosaiken sowie durchbohrte konkave Spiegel aus Eisenerz gefunden wurden. Die wohl erstaunlichsten „Opfergaben" in La Venta waren rechteckige Fußböden mit in farbigen Ton eingelassenen hochstilisierten Jaguarköpfen aus je 485 Serpentinsteinchen. Getragen wurden diese Mosaikbilder seltsamerweise von über 1000 Tonnen Gesteinsmasse, und nach ihrer Fertigstellung wurden sie mit einer Schicht aus luftgetrockneten Lehmziegeln (sog. Adoben) bedeckt.[16]

Des weiteren kamen vier Kolossalköpfe und viele kleine rituelle Gegenstände mit dem Werjaguarmotiv ans Licht. Bemerkenswert sind die zahlreichen Reliefdarstellungen, Stelen und Altäre, auf denen historische Ereignisse mit den entsprechenden rituellen Symbolen und Gottheiten dargestellt sind. Über die religiöse Bedeutung des Jaguarmotivs gibt es verschiedene Theorien. Nach Peter Fursts Ansicht hat der katzenartige Charakter der olmekischen Kunstobjekte mit den Priesterschamanen zu tun, die übernatürliche Eigenschaften besaßen und durch ekstatische Transformation die Natur der Jaguare annehmen konnten. Mit diesen Jaguarschamanen scheinen auch die Eisenerzspiegel zusammenzuhängen, die dazu dienten, Feuer zu entfachen und Visionen zu reflektieren. Es ist denkbar, daß die Könige und Priester der olmekischen Kultur diese Gegenstände benutzten, um den niederen Rängen der olmekischen Gesellschaft mit ihren magischen Kräften zu imponieren. Beeindruckend ist, mit welcher Vertrautheit die Olmeken mit den Jaguaren der Wälder und deren in Stein gehauenen Ebenbildern umgingen. Ein Zeugnis hierfür ist ein Relief im Monument 3 der Anlage in Potrero Nuevo, die den Geschlechtsakt zwischen einer Frau und einem Jaguar zeigt (auch als Jadeplastiken vorkommend). Diese Darstellung und die mit ihr verbundene Mythologie könnte

[16] *M. Coe,* in: HMAInd, Bd. 3, 689.

ein Hinweis auf den Glauben der Olmeken sein, dem zufolge sie selbst die Abkömmlinge einer Tierhierogamie sind, in der der Jaguar die himmlische Sonnenkraft repräsentiert, die die irdischen menschlichen Lebewesen befruchtet.[17]

Eine dritte große Kultstätte der Olmeken war Tres Zapotes, die neben allen bereits erwähnten religiösen Motiven noch ein weiteres aufweist, nämlich die sogenannte Stele C, das berühmteste Beispiel mit einer Jaguarmaske und einer Reihe von Glyphen, die z. B. das Datum 31 v. Chr. wiedergeben und darauf hinweisen, daß die Olmeken nicht nur das erste Kalendersystem der Neuen Welt erfanden (und nicht, wie früher angenommen, die Maya), sondern auch die erste Schrift. Die jüngsten Forschungsergebnisse über die Bilderwelt der Olmeken zeigen, daß ihnen frühe Versionen mesoamerikanischer Gottheiten wie Feuergott, Gefiederte Schlange, Mais- und Regengott bekannt waren. Der archäologische Befund ist ein Hinweis darauf, daß sich der olmekische Einfluß über das gesamte Hochplateau Mesoamerikas erstreckte und bis in das Gebiet der Maya und von El Salvador reichte. Der stark kriegerische Akzent der kolonial-olmekischen Denkmäler läßt auf eine Kombination einer Kunst-Krieg-Symbol-Tradition zum Zweck der Ausdehnung ihrer Kultur schließen. So ist es denkbar, daß die religiösen Vorstellungen in Form von steinernen Jaguaren und Kolossalskulpturen zu den grundlegenden Prinzipien der späteren religiösen Traditionen wurden. Wenn es auch unwahrscheinlich ist, daß die Olmeken die „Mutterkultur" für spätere mesoamerikanische Kulturen geschaffen haben, so kann man doch sagen, daß „die Leistungen der Olmeken und der von ihnen beeinflußten Kulturen an der Basis jeder folgenden mesoamerikanischen Kultur liegen"[18].

321. Vorläufer und Parallelen der Klassischen Maya-Kultur: Heilige Spiele und der Kalender

Die bedeutendste intellektuelle und künstlerische Entwicklung in der mesoamerikanischen Geschichte fand in der Klassischen Periode zwischen 300 und 900 n. Chr. statt. Während zahlreiche Regionen einen Kristallisationsprozeß wie in der Formationsperiode durchmachten, erreichten besonders zwei Gebiete – das Maya-Tiefland mit verstreuten Kultzentren und Städten sowie Teotihuacán im Zentralhochland – neue Stufen sozialer und symbolischer Integration. In den frühesten Stadien der Klassischen Periode sah es so aus, als ob auch andere Gebiete die höhere Integrationsstufe erreichen würden, doch gelang es ihnen nicht, das Ansehen der Tiefland-Maya

---

[17] Ebd. 751.

[18] *M. Coe,* in: Encyclopedia Britannica, 938.

oder das des Reiches von Teotihuacán zu erlangen. Eine dieser wichtigen Entwicklungen fand in Zentral-Vera Cruz in und um die Anlage von El Tajin statt, wo der Kult des Ballspiels eine bemerkenswerte Ausprägung erreicht hatte. Obwohl diese rituelle und architektonische Form in ganz Mesoamerika anzutreffen ist, reifte sie in El Tajin zu einem großen kosmischen Symbol heran und war während der frühen und mittleren Klassischen Periode ein wichtiger Bestandteil des Kults. Das zentrale Element des Sakralballspiels war in späterer, aztekischer Zeit der Ballhof oder *tlachco,* der in seiner typischsten Form wie der Großbuchstabe „I" aussah, mit einer engen Mittelgalerie bzw. einem Spielplatz, der an beiden Enden in kleine rechtwinkelige Räume mündete. Diese Raumstruktur ist ein stilisiertes Beispiel der Vierteilung, d.h. die vier Teile des Universums mit einem zentralen oder fünften Raum stellen zusammen ein Kosmogramm dar. Vielfach waren auch Steinringe, durch die der aufspringende Gummiball „fliegen" konnte, in die Wände des mittleren Durchganges eingelasen. In El Tajin waren auf Wandreliefs die Spielutensilien, das Ritual selbst und alle sonstigen mit dem Spiel verbundenen Tätigkeiten dargestellt. Nach zahlreichen Deutungsversuchen anhand nachklassischer Quellen sowie zeitgenössischer ethnologischer und historischer Forschungsergebnisse, legte der Religionshistoriker Burr Brundage einen plausiblen Erklärungsansatz vor. Vor dem Hintergrund des aztekischen *tlachtli* (Ballspiel) zeigt Brundage, daß die räumliche Anordnung des Hofes einem kosmomagischen Muster folgt: der enge Durchgang repräsentiert den Lauf der Sonne in der unterirdischen Welt. Sie muß diesen Weg gehen, um im Osten wieder aufgehen zu können und so die Welt neu zu erschaffen. In diesem Durchgang vollzieht sich ein kosmischer Kampf um die Sonne, d.h. in der menschlichen Form des Ballspiels kämpfen die Spieler um den Sieg. Die beiden perforierten Ringe stellen den Ein- und Ausgang der Unterwelt dar. So gesehen ist das *tlachtli* das kosmogonische Drama des nächtlichen Todes, der Gefangenschaft und des Wiedererscheinens der Sonne. Der Ballhof ist ein geheiligter Ort, ein heiliger Tempel, in dem die Priester als Spieler das Kosmogonie-Spiel durchführen.[19]

Was das *tlachtli* von El Tajin so besonders wertvoll macht, sind seine kunstvoll gearbeiteten Flachreliefs, die die Opferzeremonien nach dem Spiel wiedergeben, wie zum Beispiel die Enthauptung des Verlierers bzw. möglicherweise des Siegers. Während dieser Rituale legten die Spieler ihren Schutzgürtel mit kunstvoll gemeißelten Steinschließen (*yugos*), an denen Steinanhänger in Form von kleinen Beilen, Köpfen oder Handflächen hingen, nieder. Verziert waren die Anhänger mit Tiermotiven, menschlichen Porträts und Voluten. Manche *yugos* hatten die Form grotesker Wasser-

---

[19] *B. Brundage,* The Fifth Sun: Aztec Gods, Aztec World (Austin 1979), 8–12.

schildkröten oder von Drachentieren aus den Mythologien der Mexica und der Maya.[20] In den Mäulern einiger Schildkröten sind menschliche Köpfe zu erkennen, während die Darstellungen auf den herabhängenden Handflächen „vorwiegend den Tod und das Menschenopfer zum Thema haben, wie Figuren mit einer klaffenden Wunde in der Brust vermuten lassen. Dazu kommen abgeschlagene Köpfe als Siegestrophäen, Skelette und Schädel ...“[21].

Die Praxis des sakralen Ballspiels läßt sich in vielen Städten und Zeremonialzentren in der gesamten Geschichte Mesoamerikas belegen.

Ein weiteres wichtiges religiöses Grundmodell ist das Bestattungslager. Eine solche Anlage fand man im südlichen Vera Cruz in Cerro de las Mesas. Es enthielt 782 Jadegegenstände, die größtenteils Erbstücke olmekischer Herkunft waren. Der archaische Brauch, Ritualgegenstände aus angesehenen Kulturen in Zeremonialbezirke einzubeziehen, war weit verbreitet. Das bedeutendste Beispiel liefert hierfür die Aztekenhauptstadt Tenochtitlan des 15. Jahrhunderts. Während im Gebiet von Vera Cruz Kultzentren und Städte entstanden, verbreiteten sich im Sprachgebiet der Zapoteken im Monte Albán-Tal die Zeremonialzentren besonders rasch. In der frühklassischen Periode wurden mehr als 200 Anlagen mit zentralen Schreinen errichtet. Das bedeutendste Heiligtum der klassischen und nachklassischen Periode war Monte Albán, auf einem Berg gelegen, weiträumig konzipiert, mit zahlreichen Tempeln, Höfen und Grabstätten der Eliten sowie einem Ballspielplatz. Die eindrucksvollsten Gräber sind als Miniaturversionen der naheliegenden Tempel gestaltet, mit identischen Fassaden und gemalten Innenräumen. Langfristig bedeutsam für die mesoamerikanische Geschichte sind Beispiele der astronomisch beeinflußten Gliederung und Ausrichtung bestimmter Gebäude sowie das Auftauchen einer Schrift in Monte Albán. Es scheint so zu sein, daß einzelne Gebäude in ihrer Anlage auf eine besondere Konstellation am Horizont oder auf einen bestimmten Himmelskörper ausgerichtet waren. Dieser Befund weist auf einen kosmomagischen Parallelismus hin, der Architektur, Gesellschaft, Himmelskörper, Rituale und vielleicht auch das Königtum als ein zusammenhängendes Ganzes verstand. Während sich das Bestehen einer Schrift in Monte Albán bis in die Formative Periode nachweisen läßt, beziehen sich neue Steininschriften im Zusammenhang mit dem 52-Jahrkalender auf Kampfszenen, die über Türöffnungen, auf Stelen, Fensterstürzen und Wandbildern im gesamten Bereich der Anlage zu finden sind. Der Integrationsgrad, den Monte Albán in der Oaxaca-Gegend erreicht hatte, reichte jedoch nicht an den Einflußbereich der Maya oder Teotihuacáns heran.[22]

---

[20] *T. Proskouriakoff*, „Classic Art of Vera Cruz“, in: HMAInd, Bd. 11, 558–571.

[21] Ebd. 566.

[22] Über die Geschichte der Religion in der Oaxacan-Gegend muß noch mehr erforscht wer-

Erst vor kurzem fanden Archäologen heraus, daß eine kulturelle Verbindungslinie zwischen den Olmeken und den Maya in Vormayazeit über die religiöse und architektonische Tradition von Izapa, einer großen Tempelstadt im mexikanischen Chiapas, verläuft. Zu Izapa gehörten über 75 pyramidenförmige Grabhügel und eine große Zahl Stelen mit Rundaltären, die Schildkröten ähnelten. Wie in allen archaischen Kulturen, brachten auch die Bewohner von Izapa ihren Glauben in heiligen Geschichten zum Ausdruck, die das kosmogonische Handeln ihrer Götter mit dem der Vorfahren verband, welches wiederum in direkter Verbindung mit den Lebenden steht. Auf den Izapa-Stelen sind Teile der Sakralgeschichte, mythische Episoden und historische Ereignisse wie Kämpfe, Opferhandlungen mit Enthauptungen und Zeremonien am heiligen Weltenbaum ebenso wie Darstellungen von Priesterversammlungen und Göttergestalten festgehalten, die mit ihren aufgeworfenen Lippen den olmekischen Gottheiten ähneln. Diese Konfiguration religiöser Elemente offenbart eine alte, vielschichtige Sichtweise, die kosmogonische Geschehnisse mit der Weltachse, mit Menschenopfern und Kriegführung in einem kosmomagischen Zusammenhang begreift. Man vermutet, daß für die erstaunlichen Errungenschaften der Maya-Kultur eine religiöse Hauptstadt oder zumindest ein idealtypisches Kultzentrum in Izapa Modell, wenn nicht sogar Grundlage war.

322. Die Maya-Ordnung: Himmel, Tempel, Blut

Das Maya-Gebiet wird in drei Regionen eingeteilt: a) die südliche Region des Guatemala-Hochlandes mit der Pazifikküste, b) die zentrale Region Nordguatemalas mit den angrenzenden Niederungen und der Petén-Region Guatemalas und c) die nördliche Region der Halbinsel Yucatán nördlich des Petén. Die bedeutendsten Werke der Maya entstanden erstaunlicherweise in den Waldgebieten der zentralen und nördlichen Regionen in einer Reihe größerer und kleinerer Kultzentren, deren religiöser Formenreichtum hier nur anhand weniger Beispiele der größeren Kultzentren aufgezeigt werden kann. Natur und Wesen der klassischen Maya-Kultur bringt in besonderer Weise ein Jadetäfelchen zum Ausdruck, welches 1864 bei Kanalbauarbeiten in Ost-Guatemala gefunden wurde. Diese knapp 22 cm große Leidener Tafel – so genannt nach dem Ort Leiden in Holland, dem Ort ihres Verbleibs – zeigt zwei typische Szenen aus dem Leben der Maya. Auf der einen Seite ist ein Langzeit-Kalender aus dem Jahre 320

---

den, bevor eine gültige Aussage über ihre Bedeutung erfolgen kann. Siehe vorerst *J. Paddock,* Ancient Oaxaca (Stanford 1966) Teil III und *R. Spores,* The Mixtecs in Ancient and Colonial Times (Norman 1984).

v. Chr. eingeritzt, auf der anderen Seite steigt ein vornehm gekleideter Maya-Herrscher über einen winzigkleinen Gefangenen unter ihm. Diese in Jade geschnitzte Verbindung von sozialer Schichtung, Kriegführung und Sakralkalender veranschaulicht die Integration der Wesenselemente der Mayakultur. Die Forschungsergebnisse aus der zentralen und nördlichen Region zeigen, daß diese Elemente zu einem Bündel grundlegender religiöser und sozialer Elemente gehörten, die über 100 Zeremonialzentren untereinander verbanden. Fast jedes Kultzentrum war hervorragend gestaltet und Sitz derjenigen, die diese pulsierenden Stadtstaaten leiteten. Zum typischen Mayazentrum gehörten große Tempelpyramiden, Paläste, Ballspielplätze, Schwitzbäder, Stelen und Altäre, die vor sorgfältig angelegten Höfen standen, die manchmal untereinander durch Dammwege verbunden waren. Als eine der wichtigsten Informationsquellen über die Maya-Religion erwiesen sich die riesigen Stelen mit den dazugehörigen Altären, auf denen Herrschergestalten, Kalendereintragungen und phantastische übernatürliche Wesen dargestellt wurden. Während man früher glaubte, daß diese reich verzierten Denkmäler astronomischen bzw. kalendarischen Charakter hatten, weiß man heute, insbesondere durch die Forschungen von Tatjana Proskouriakoff, daß die Maya ganz präzise historische Aufzeichnungen über Geburt, Aufstieg, Werk und Tod ihrer Herrscher durchführten. Zu den über 50 Hauptzentren der Zentralregion der Maya-Kultur gehörten Copán, Quiriguá, Piedras Negras, Palenque, Kaminaljuyú, Tikal und Yaxchilán.[23]

In Copán, einer dem Dschungel teilweise wieder abgerungenen, bildhauerisch besonders reich ausgestatteten Mayastadt, wurde der besterhaltene Ballspielplatz von ganz Mesoamerika gefunden. Dieses Mayazentrum wurde 1839 von dem nordamerikanischen Abenteurer John L. Stephens wiederentdeckt, der die dschungelüberdeckte Anlage für 50 Dollar „kaufte".[24] In Copán stehen über 3 m hohe Steinmonumente, die allseitig mit riesigen Abbildungen historischer Herrscher, umgeben von Pflanzen, Geistern und kalendarischen Eintragungen, geschmückt sind. Nach Michael Coe sind die Götterbilder auf Treppen, Wänden, Stelen und Altären in einem „herrlichen Barockstil" ausgeführt. Begeisterung unter den Mayaforschern weckte 1948 die Entdeckung der kleinen Zeremonialstätte Bonampak, südlich von Yaxchilán, mit wunderschönen mehrfarbigen Wandmalereien in drei Räumen eines einzigen Gebäudes. Sie zeigen informelle und formelle Situationen im Leben der Mayaelite, eine Szenenserie der

---

[23] Die noch weiter zunehmende Anzahl von Maya Zeremonialzentren läßt nicht einmal die Beschreibung der wichtigsten Kultstätten zu. Nicht berücksichtigt werden Uaxactún, El Mirador und Altar de Sacrificios und zahllose Puuc-Stätten.

[24] Vgl. *J. L. Stephens*, Incidents of a Travel in Yucatán (Neudruck Dover 1975), ein eingehender Bericht zu Wiederentdeckung und Erwerb von Copán und guten Reproduktionen von Zeichnungen der Kolossalstatuen von Frederick Catherwood, Stephens' Begleiter.

Mayakriegführung sowie kultische Prozessionen, Tänze, Menschenopfer und Selbstopfer. Ein Bild zeigt eine Prozession von Menschen, die Gottheiten, als phantastische Tiere verkleidet, und eine Musiziergruppe vor dem Abmarsch begleiten. Zu den symbolischen Tiergestalten gehören u. a. Krokodil, Krebs und Jaguar.[25]

Die schönste, isoliert gelegene Maya-Kultstätte war vermutlich Palenque, wo Schnitzkunst, Architektur und Tempelbauten ein symbolisches Ganzes bildeten. Als herausragend gilt eine Reihe von Tempeln, die als „Gruppe des Kreuzes" bekannt geworden ist. Der „Tempel des Kreuzes", der „Tempel des Blätterkreuzes" und der Sonnentempel enthalten Paneele mit Darstellungen der wichtigsten Elemente der Maya-Gesellschaft und ihrer Religion, die um einen stilisierten kosmischen Baum in Kreuzform angeordnet sind. Zusammen mit dem „Tempel der Inschriften" enthalten diese Gebäude nach der Deutung Linda Scheles ein „Bildprogramm", welches den Prozeß der Übergabe der Herrschermacht eines toten Königs auf seinen Sohn veranschaulicht.[26]

Das berühmteste mesoamerikanische Einzelgrab wurde 1949 in Palenque mitten im „Tempel der Inschriften" entdeckt, der offensichtlich als Denkmal zu Ehren der Dynastie des Pacal, des „Schildes", einem König des 7. Jahrhunderts, erbaut worden war. Am Fuße der Treppe, die durch den Mittelpunkt der Pyramide bis auf die Ebene unter dem Fußboden führte, und die nach Pacals Tod und Bestattung unzugänglich gemacht worden war, fanden Archäologen in einem großen Steinsarkophag das Skelett Pacals mit den Überresten einer Jademaske, sowie Halsketten, Ohrspulen, Ringe und eine Sammlung von Schmuckstücken aus Jade und Perlmutt. Der Deckel des Sarkophages war mit dem kosmischen Mayabaum geschmückt und zeigte dem toten Pacal den Weg in die Unterwelt. An den Wänden waren Stuckreliefs angebracht, und auf dem Boden lagen Tongefäße und porträtierte Köpfe aus Stuck sowie die Leichen von sechs Menschen, die ihrem toten König als Grabwächter folgen mußten. Nach der Versiegelung der Krypta war die Kommunikation mit dem toten Pacal nur noch über eine schmale tönerne Rohrleitung, die von unten bis zum Tempelboden führte, möglich. Die Ornamentik des Sarkophagdeckels und des Reliefs in der Gruppe des Kreuzes verdeutlicht die Weltanschauung der Maya. Zentrum ihrer Welt ist die Weltachse in Gestalt eines phantastischen Baumes, in dessen Schutz sich die ordnungsgemäße Übergabe der Herrscherautorität vom toten Pacal auf den Sohn Chan Bahlum vollzieht. Das Geschehen beginnt auf dem Sarkophagdeckel, der die drei Ebenen des ver-

---

[25] Vgl. die Carnegie-Institute-Veröffentlichung von 1955 mit brauchbaren Reproduktionen der Bonampak-Wandbilder.

[26] *L. Schele / D. Freidel,* The Maya Message: Time, Text and Image, unveröffentl. Manuskript mit Daten und Interpretationen des Bilderprogramms.

tikalen Mayakosmos symbolisiert. Ein juwelenverziertes Schlangenmaul auf der Spitze des Baumes versinnbildlicht den Himmel, während die Schlangen auf den Zweigen des Baumes die Erde repräsentieren. Verwurzelt ist der Baum im Riesenrachen der Schlange der Unterwelt. Pacal selbst ist im Zentrum des Baumes im Augenblick seines Fallens von der Erde in die Unterwelt dargestellt. Die Fortsetzung dieses bedeutenden geschichtlichen und gleichzeitig kosmologischen Geschehens findet sich in den Bilddarstellungen auf den Kalksteinpaneelen der drei Tempelheiligtümer. Bemerkenswert ist die Herstellung einer Verbindung zwischen dieser „heiligen Geschichte" mit astronomischen Erscheinungen, die von Angehörigen der Elite ebenso wie von gewöhnlichen Menschen in gleicher Weise bezeugt werden. Jeder Tempel mit Kalksteinpaneelen als Orientierungszentrum wurde so gebaut, daß er die Sonnenstrahlen an den Sonnwendtagen des Jahres „einfangen" konnte. „An den Sonnwendtagen erfüllte das Sonnenlicht die Innenräume der Tempel: zur Wintersonnenwende am späten Nachmittag den des Kreuztempels, zur Morgenzeit den des Sonnentempels. Das Innere des Tempels des Blätterkreuzes erstrahlte im Spätnachmittagslicht der Sommersonnenwende. Bei Sonnenaufgang und bei Sonnenuntergang fielen die Strahlen auf die Wandtafeln und die sie umgebenden ‚Häuser'. Es waren Tage, an denen vermutlich große öffentliche Rituale stattfanden ... Das Lichtphänomen war vom Platz unterhalb des Tempels zu beobachten ...", schreibt Linda Schele.[27] Dieses Anordnungsmodell von innerem Sanktuarium, Tempelausrichtung und Sonnwendlicht ergibt den kosmogonischen Rahmen für die irdische Machtübergabe vom König auf dessen Sohn. Die Beziehung der Maya-Ökologie auf kosmomagische Parallelen beginnt mit den Bildergeschichten im „Tempel des Kreuzes". Im Mittelpunkt der Erzählung steht der kreuzförmige Baum mit Zweigen aus juwelenbesetzten Schlangen mit quadratischer Maulöffnung. In der Baummitte befinden sich Lebewesen, die das Opferblut symbolisieren. Um die Zweige des Baumes windet sich eine doppelköpfige Schlange, ein mögliches Symbol für königliche Macht und im weitesten Sinne für soziale Ordnung. Unter dem Baum steht die Sonne, im Gleichgewicht schwebend zwischen Tag und Nacht, zwischen Leben und Tod.

Auf der Stirnseite über dem heiligen Baum sehen wir die Symbole für Himmel und Sonne, d. h. das Gesamtbild verkörpert die innere Einheit von Weltachse, Königtum, Opfer, Tod und Beginn der Nacht.

Die Beziehung zwischen Führungselite und Ökologie wird in der Bildgeschichte des „Tempels des Blätterkreuzes" aufgezeigt, die die Symbole des Ackerbaus hervorhebt. Die Gesamtdarstellung entspringt einer Seerose, die auf einem Wasserwellenband schwimmt. Der zentrale Baum stellt eine Ver-

[27] Ebd.

bindung aus vier mit ihren Kronen in die vier Himmelsrichtungen weisenden Maispflanzen dar. Als Ähren sind Köpfe von jungen Männern erkennbar als Bezug auf den Schöpfungsmythos, nach dem der Mensch aus Maismehl geschaffen wurde. Diese Verknüpfung von sakraler Autorität mit dem Ackerbau ist beim Tode eines Königs von entscheidender Bedeutung. Ein weiteres auffallendes Detail ist die folgende Darstellung: der tote König bringt dem kosmischen Baum eine Art Aderlaßinstrument dar, das Mayaforscher als Instrument zur genitalen Verstümmelung und zur Selbstopferung gedeutet haben. Es findet sich auch auf Stelen, Fensterstürzen und farbigen Keramiken im gesamten Mayagebiet.

Nach Peter Furst, der sich auf die Forschungsergebnisse von David Joralemon stützt, bedeutet die Durchbohrung des männlichen Gliedes durch den König seinen Versuch, sich der Monatsblutung der Frauen anzugleichen. Diese Nachahmung sei kein Vaginaneid, sondern betone das Mayaideal der kosmologischen Interdependenz von Gegensatzpaaren wie Mann und Frau, Mutter und Vater, Himmel und Erde, die Fruchtbarkeit und Regeneration gewährleisteten.[28] Furst weist auch darauf hin, daß Traumata nach Selbstverstümmelungen als Überbleibsel schamanistischer Praxis gedeutet werden können, die geeignet waren, ekstatische Visionen von wichtigen Gottheiten zu erzeugen. Die neuere Forschung sieht in dieser Szene in Palenque einen Beleg für eine weitverbreitete religiöse Praxis.

Das zentrale Bild des Sonnentempels kreist um Krieg und Opfertod. Das Gesicht der Jaguarsonne der Unterwelt ist von Speeren und einem Schild umgeben, der auf einem Thron mit phantastischen Tiergestalten steht. Betont wird hier die Beziehung zwischen Königtum, Kriegführung und dem Reich der Toten.

Es muß noch erwähnt werden, daß die Bildsequenzen über die Transformation des Herrschers von geschriebenen Texten begleitet werden, die in den zentralen Paneelen als Zusammenfassungen des gesamten Bildwerks zu sehen sind. Nach Schele hat jeder Tempel einen „Haupttext" aus Glyphen, der durch die oben beschriebenen Bildszenen in zwei Hälften geteilt ist.[29]

Neueste Forschungen ergaben, daß die Teilung der geschriebenen Erzählung eine kosmologische Funktion hatte. So berichten die linken Hälften jeweils mythologische Ereignisse, während die rechten historische Tatsachen mitteilen. Die linken Hälften überlieferten mythologische Ereig-

---

[28] *P. Furst*, „Fertility, Vision Quest, and Auto-Sacrifice", in: The Art, Iconography, and Dynastic History of Palenque (Pebble Beach 1976) III. Eine noch unglaublichere Szene der Opferung des Gottes des Todes findet sich im Kodex Borgia. Aus seinem Körper wächst der kosmische Baum, der von zwei Blutströmen aus den Geschlechtsorganen zweier sich selbst opfernder Götter gespeist wird.

[29] *L. Schele*, The Maya Message.

nisse vor und nach dem Beginn dieser Existenz; die rechten Hälften berichten von historischen Begebenheiten, die jeweils Wiederholungen und Folgeakte der übernatürlichen waren. Behutsam führt eine in den Text eingebaute „Brücke“ den Leser aus der mythologischen in die historische Zeit. Leider können wir die Einzelheiten dieser glyptischen Version der „heiligen Geschichte“ und ihre „Wirkungsgeschichte“ nicht mehr rekonstruieren. Es muß die Feststellung genügen, daß die Maya den Zeremonialraum und seine Symbolik wie viele archaische Völker dazu benutzt haben, eine heilige Chronologie vorzulegen, die nach kosmogonischen Ursprungsepisoden immer konkretere irdische Züge annahm und schließlich zu den Taten der Vorfahren und einzelner Auserwählter sowie der Könige führte. Darüber hinaus bildete die Sakralgeschichte einen archetypischen Hintergrund für die Gegenwartskrise, die der Tod Pacals in Gang setzte. Begegnen wir in Mythos, Geschichte und Astronomie von Palenque in seiner „Gruppe des Kreuzes“ der lebendigsten Bild(er)erzählung der Mayareligion, so ist Tikal das größte autonome Kultzentrum der Maya, dessen Wirkung lange Zeit anhielt. Seine Größe, seine zahlreichen Zeremonialhöfe mit ihrer geheimnisvollen Architektur zeugen von seiner herausragenden Bedeutung für die Integration sozialer und symbolischer Bezüge. Das früheste datierte Maya-Bauwerk mit dem berühmten *Long Count* ist die Tikal-Stele 29 mit den eingravierten Zahlen 8.12.14.8.15, was dem Jahr 192 n. Chr. entspricht. Dieses Bauwerk markiert eine architektonische und kalendarische Innovation, die insbesondere den Stelenkult in vielen Zeremonialzentren beeinflußte. Die materielle Seite des Stelenkults waren zum einen die Stelen selbst, also kunstvoll gehauene aufrechte Steine, mit Darstellungen verschwenderisch gekleideter königlicher Gestalten, zu denen ausführliche Datenreihen, in den Stein geritzte Namen und Schutzgötter gehörten. Andererseits bestand der soziale Wert nach John Henderson darin, „daß diese Stelen eine soziale Ordnung widerspiegeln, in der die Aristokraten den höchsten Rang einnahmen und das politische, wirtschaftliche und religiöse Leben beherrschten“ [30].

Die räumliche Anordnung der Stelen unterstreicht diese doppelte politische und religiöse Funktion der Steine: gewöhnlich standen sie vor den Tempeln, vor Gräbern und anderen Ritualgebäuden. In einigen Höfen waren sie vor einem Steinaltar aufgestellt.

Der Aufstieg Tikals zu einer Regionalmacht und schließlich zum größten Zeremonialzentrum des gesamten Maya-Landes vollzog sich gleichzeitig mit dem Machtzuwachs anderer Zentren – in der Zeit vom 6. bis 8. Jahrhundert. Das gesamte 123 km² große Tikalgebiet, von den Archäologen auch „Groß-Tikal“ genannt, bestand aus dem Hauptzentrum und mehre-

---

[30] *J. Henderson,* The World of the Ancient Maya (Ithaca 1981) 134.

ren unter seinem Einfluß stehenden Nebenbezirken, in denen über 3000 Bauwerke standen. Zu ihnen gehörten Haushügel, Tempelpyramiden und Palastanlagen, in denen schätzungsweise 50000 Menschen wohnten. Die miteinander verbundenen Zeremonialstätten von Tikal, vor allem der Große Platz, im Süden und Norden von einer Akropolis überragt, beeindrucken durch ihren Stil, dessen Merkmale Dichte, Symmetrie und Kompaktheit sind. Hier stehen sechs hohe Pyramiden und der „Tempel des großen Jaguar", eine Konstruktion aus neun übereinandergebauten Terrassen, deren höchste einen Tempel mit einem kunstvoll gearbeiteten First trägt.

Als hundert Jahre nach der Eroberung Mesoamerikas christliche Missionare die Menschen der Mayastadt Itzá im Petén-Gebiet drängten, das Christentum und die spanische Herrschaft über sie anzunehmen, erhielten die Weißen zur Antwort, daß man ihnen solche umwälzenden Zugeständnisse erst in zwei Jahren, nämlich im Mayajahr Katun 8 Ahua, machen könne. Dabei handelte es sich um einen Zeitpunkt, der nach dem Mayakalender einen Wechsel in der Führung und in der Politik erlauben würde. Diese Geschichte zeigt, in welch hohem Maß die geistige Errungenschaft des geschriebenen Kalenders das soziale Leben der Maya beeinflußte. Neuere Studien zeigen, wie stark das Kalendersystem auf die Verknüpfung von Astronomie, Ackerbauzyklen, Herrschergeschichte, Kriegführung und Vergangenheit, Gegenwart *und* Zukunft einwirkte. Nach Linda Schele kennt die Schreibweise der Maya vier Arten der Zeit: die historische Zeit, die Zeit der Vorfahren, die legendäre und die mythische Zeit. Zur historischen Zeit gehören Ereignisse, die mit den verschiedenen Herrschern in Verbindung stehen, während die Zeit der Vorfahren Ereignisse der Gegenwart durch die Verknüpfung mit einem heiligen Stammbaum glorifiziert. Die legendäre Zeit führt die heilige Abstammung bis auf den großen Stammvater zurück. Doch alle diese Zeitmodelle wurden in den großen Fluß aller Ereignisse geworfen, der „vor Tausenden, ja Millionen von Jahren vor unserer Zeit begann". Diese Sicht war zur „Erklärung der grundsätzlichen Symmetrie irdischer Ereignisse nötig, nach der die Taten der Könige dieselben wie die der Vorfahren, der großen Helden und der Götter waren"[31].

Unerschöpfliche Quelle für alle Kulturleistungen der Maya waren die Götter, deren phantastische Bilderwelt Tempel, Keramiken und Schriften ziert. Wie in anderen mesoamerikanischen Kulturen konnte eine einzige Gottheit in unterschiedlichem Gewand auftreten und manchmal auch Eigenschaften anderer Götter annehmen. Ein weitverbreitetes Motiv ist die vierfach, an den Himmelsrichtungen orientierte Abbildung von Göttern,

---

[31] Vgl. *M. Eliade*, The Quest. History and Meaning in Religion (Chicago 1969), Kap. „Cosmogonic Myth and ‚Sacred History'" zur Frage der Bedeutung der Sakralgeschichte.

deren mächtigste Itzamná (Himmelsgott) = Parallelgestalt Ah Kin (Sonnengott), Ix Chel (Mondgöttin), Chac (Wind- und Wassergott) und zu toltekisch-aztekischer Zeit Kukulcan (Quetzalcoatl) waren.

Den größten Einfluß auf das Leben der Maya hatte Itzamná, der Schöpfergott Himmels und der Erde. Dargestellt wird er als himmlisches Monster, in dem sich Krokodil, Eidechse und Schlange vereinigen. Oft sind Mayaherrscher mit einem Zepter in Schlangenform, als Zeichen ihrer Legitimität, dargestellt.

Der Sonnengott Ah Kin trat gelegentlich mit der Mondgöttin Ix Chel als göttliches Paar in Erscheinung. Ah Kin brachte mit dem Sonnenlicht Wärme, aber auch Dürre, und in der Unterwelt wurde er zur Sonne der Nacht in Gestalt eines Jaguar, während Ix Chel für die Webkunst, Geburten und die Zukunftsschau zuständig war. Unter den Himmelserscheinungen war der böse Einfluß der Venus bei ihrem Aufgang als Morgenstern am größten. Wie die Forschungen von Antony Aveni über die Astronomie der Maya ergeben haben, ist die Venus nicht nur in den erhaltenen Mayaschriften ein beherrschendes Thema, sondern sie war auch für die Anordnung größerer Tempel und das Zusammenfassen bestimmter Kultbezirke bestimmend. Die mächtigsten Vegetationsgottheiten waren die Chacs, denn sie brachten Regen, Donner, Licht und Fruchtbarkeit.

Ein bleibendes Problem der Mayaforschung ist die Frage nach der Ursache des raschen und beinahe totalen Zusammenbruchs der Zeremonialzentren zwischen 790 und 889. In diesem Zeitraum ging die Anzahl der Stelen mit chronologischen Datierungen des 374–440 Jahre umfassenden Zyklus drastisch zurück und hörte dann ganz auf: Gleichzeitig sank die Bevölkerungszahl, die Kriegshandlungen nahmen zu, das Land war ökologisch erschöpft. Uns bleibt nur festzustellen, daß eine der besten einheimischen Kulturen – aus welchen Gründen auch immer – nicht in der Lage war, sich offensichtlich geänderten Lebensbedingungen zu stellen und anzupassen.

323. Teotihuacán: Hauptstadt des Reiches

Wie der Überblick über die Welt der Maya gezeigt hat, herrschte der Typ der verstreut liegenden, doch miteinander in Verbindung stehenden Zeremonialzentren in der Klassischen Periode vor. Der Aufstieg von Teotihuacán im Zentralhochland Mexikos ist deshalb ohne die sozialen Integrationsleistungen der Zentren der Olmeken, der Kultur von Izapa und jener der Monte Albán-Region nicht denkbar. Teotihuacán, das zu Beginn des 2. Jahrhunderts v. Chr. noch ein einfaches, urban geprägtes Kultzentrum im ziemlich unfruchtbaren Nordosten des Mexikanischen Hochtales war, hatte sich bis zum Ende des Jahrhunderts zu einem beherrschenden Stadtstaat entwickelt. Teotihuacán, wörtlich: Wohnsitz der Götter, ist den meisten Menschen als *die* Pyramidenstadt bekannt, und ist wohl die am häufigsten besuchte archäologische Stätte in Mittelamerika. In ihrer Blütezeit wohnten dort über 200 000 Menschen; ihr Ansehen und Einfluß reichten in viele Städte und Dörfer des Zentralplateaus und weit darüber hinaus. Die größte der klassischen Städte mit ihren Pyramiden, ihren schönen Kultzentren und herrlichen Palästen hatte ihren Ursprung in einer Höhle, genauer gesagt, an einer dort befindlichen Quelle.[32] Neuere Ausgrabungen haben gezeigt, daß direkt unter der Sonnenpyramide die Reste eines antiken Schreinbezirkes liegen, der Kultzentrum und vermutlich auch Pilgerziel war. Ein 103 m langer natürlicher Tunnel, der durch unterirdische vulkanische Aktivitäten entstand, führte in Kammern, die in Blumenform angeordnet waren. Wie später die Stadt über der Höhle, so wurde diese selbst von den Bewohnern kunstvoll umgeformt und verschönert. Noch bis zum Jahre 450 n. Chr., also 300 Jahre nach dem Bau der Pyramide darüber, wurde sie als Kultraum benutzt. Der Tunnel wurde umgestaltet, überdacht und verputzt sowie in dreißig Abschnitte unterteilt, die im Zeremonialraum endeten, wo die Quelle entsprang. Ohne Zweifel hatte der alte Schrein eine zutiefst religiöse Bedeutung für die frühe Entwicklung Teotihuacáns. Die Ortsglyphe für die Stadt aus dem *Kodex Xolotl* bestand aus zwei Pyramiden über einer Höhle, die auch von Clara Millon, einer Mitarbeiterin beim kartographischen Projekt Teotihuacán als „Anfang von allem" angesehen wird[33]. Von der religionsgeschichtlichen Forschung wissen wir, daß heilige Schreine und Bauwerke meistens auf ein mirakulöses Ereignis oder eine Erscheinung der Gottheit an diesem bestimmten Ort in der Vergangenheit hinweisen. Diese heiligen Orte werden als Gefäße wirksamer Kräfte betrachtet, an denen Priester und Pilger für alle Zeiten teilhaben können. In der gesamten alten Geschichte Mexikos werden Höhlen als heilige Orte verehrt, denn dort erfolgte die Erschaffung der Götter, der Menschen und der Himmelskörper. Höhlen sind der Ort für die Verbindung mit der Unterwelt und geeignet, den Menschen in die spirituellen Bereiche zu führen, in denen die Begegnung mit dem Übernatürlichen möglich wird. Manchmal haben Höhlen auch die Bedeutung des Mutterschoßes der Erde, die hier das Leben in seinen vieltausendfältigen Formen gebar.[34] Es gibt Darstellungen, nach denen auch Sonne und Mond und sogar der Himmel aus einer Höhle hervorgegangen sind. So existiert ein Text, in dem die Höhle Teotihuacáns als Geburtsstätte des Mondes bezeichnet wird. Nach der Auffassung von Doris Heyden ist der Ruhm dieser Stadt als Ursprungsort

---

[32] *D. Heyden*, „An Interpretation of the Cave Underneath the Pyramid of the Sun in Teotihuacán, Mexico", in: American Antiquity, Bd. 40 (1975) 131–146.
[33] Ebd. 139.
[34] Ebd.

zumindest teilweise auf die Bedeutung und Anziehungskraft der Höhle unter der Sonnenpyramide zurückzuführen.

Der spezifisch religiöse Charakter der Höhle kann von ihrer Form her abgeleitet werden, die einer Kreuzblüte ähnelt. In einigen der späteren, ursprünglich schriftlichen Quellen wird der mesoamerikanische Kosmos als vierblättrige Blume dargestellt, um die Aufteilung des kosmischen Raumes in vier Himmelsrichtungen um ein Zentrum zu symbolisieren. So ist es durchaus denkbar, daß die Höhle Teotihuacán frühestes *imago mundi,* das heilige Abbild der Welt war, die Stadt darüber das irdische Duplikat.

Da es Hinweise auf das Abhalten von Ritualen in der Höhle gibt, geht man sicher nicht fehl in der Annahme, daß der Schrein eine große Anziehungskraft auf die Pilger ausübte. Sie brachten vor ihm nicht nur ihre Verehrung zum Ausdruck, sondern praktizierten auch einen regen Austausch von Gütern, Informationen und Ideen und trugen auf diese Weise zur Erweiterung des Heiligtums bei, das schließlich ein bedeutendes religiöses Zentrum wurde.

Zahlreiche Ausgrabungsserien zeigen, daß Teotihuacán als Abbild des Kosmos angelegt war. Es bewahrte nicht nur religiöse Symbole, sondern war selbst ein solches, angelegt als Imitation himmlischer Vorbilder und kosmologischer Archetypen, geplant und erbaut von priesterlichen und aristokratischen Eliten. Wenn es auch keine schriftlichen Dokumente oder Bildmaterial zum Kosmosverständnis der Bewohner Teotihuacáns gibt, lassen doch Anordnung und Form der Stadt selbst sowie die kürzlich gemachten Entdeckungen der Archäo-Astronomie Rückschlüsse zu. Zwei Hauptstraßen, die (fälschlich sog.) „Straße der Toten" und die Ost-West-Straße teilten durch ihre Kreuzung im Zentrum die Stadt in vier große Teile. Hierin verteilt standen, einem Gittermuster folgend, einige hundert Wohn-, Geschäfts- und Ritualgebäude. Um dem Gittergrundriß folgen zu können, wurden natürliche Gegebenheiten geändert, ein Fluß wurde kanalisiert, die Landschaft ringsum entsprechend „korrigiert". Die Ausrichtung an der Nordsüdachse, das sogenannte Axial-Modell, folgte dem Vorbild der unterirdischen Anlage und stimmte exakt mit genauen Beobachtungen und den Besonderheiten der natürlichen Umwelt überein. Als die Stadt weiter wuchs, war man bei der Errichtung neuer großer Gebäude auf die Einhaltung der Erfordernisse bedacht, die durch bestimmte astronomische Erkenntnisse vorgegeben waren. So verlief beispielsweise die „Straße der Toten", an der entlang die meisten wichtigen Ritual- und Wohngebäude lagen, parallel zur Achse des gesamten Tales zwischen den beiden höchsten Bergen, dem Cerro Gordo und dem Patlachique. Am nördlichen Ausgang dieser großartigen Zeremonialstraße stand die Mondpyramide, die offenbar nach der Form des dahinterliegenden Berges geformt war. Der spontane Eindruck war, daß hier eine mesoamerikanische Form der Geomantie für die Anlage der Stadt ausschlaggebend gewesen sein mußte.

Die „Straße der Toten“ verläuft 15 ° 25′ östlich der Nordlinie und ist damit vielen anderen Nordsüdausrichtungen im Zentralhochland sehr ähnlich. Der größte Kultbau an dieser Straße, die Sonnenpyramide, wurde so gebaut, daß sie zu der abweichenden Nordausrichtung im rechten Winkel steht, was besonders bedeutsam ist. Die große Treppe der Pyramide liegt genau vor dem (gedachten) Punkt am westlichen Horizont, wo die Sonne am Tag ihres ersten Zenitdurchgangs untergeht. Man wird wohl niemals erfahren, welches die genaue Bedeutung dieses Tages für das Leben der Teotihuacáner war, doch ist es offensichtlich, daß sie den ernsthaften Versuch unternahmen, die große Pyramide mit den Bewegungen der Himmelskörper in eine harmonische Beziehung zu bringen. Unterstrichen wird dies auch durch die Tatsache, daß das in der mesoamerikanischen Religion wichtige Sternbild der Pleiaden am gleichen Tag erstmals im Jahr vor Sonnenaufgang am Horizont erschien. Wahrscheinlich kündigten diese beiden großen stellaren Konstellationen am Himmel den Beginn der Regenzeit an und damit ein neues Jahr nicht nur für den Ackerbau, sondern auch für geschäftliche und religiöse Aktivitäten. Archäo-Astronomen konnten zeigen, daß die Ost-West-Straße, die durch die „Zitadelle“ und den Großen Hof, die Verwaltungs- und Marktviertel der Stadt, führte, ungefähr den westlichen Horizontpunkt markierte, wo die Pleiaden in der Blütezeit Teotihuacáns untergingen. Aus diesen Beobachtungen folgt der Schluß, daß die Zeremonialstadt geplant war, um bedeutsame geographische, geologische und astronomische Gegebenheiten präzise widerzuspiegeln, um so den generellen Zeitplan für alle Aktivitäten der Menschen während eines ganzen Jahres festzulegen. Die Bedeutung Teotihuacáns als Modell für die Raumplanung der Städte wird noch klarer, wenn man bedenkt, daß zeitgenössische und spätere Kultzentren im Umkreis von 100 km eine auffallend ähnliche axiale Ausrichtung besitzen, die seitdem auch die „Teotihuacanische Achse“ genannt wird.

In diesen Zusammenhang gehört auch das sakral-astronomische Zeichen der sogenannten „Kreuzring-Petroglyphe“, einer Felszeichnung, die aus zwei konzentrischen Kreisen über zwei rechtwinkelig angeordneten Achsen besteht. Alle Linien dieses Zeichens bestehen aus Punkten, die wie Schnabelhiebe in den Stein gemeißelt sind. Besonders verbreitet ist es im Teotihuacán-Tal, kommt aber in ganz Mesoamerika, vom Wendekreis des Krebses im Norden bis zu den Maya-Kultstätten Uaxactún und Tikal im Süden vor. Nach Anthony Aveni „diente es vermutlich als Kalender und Abrißpunkt für Architekten ... sowie als vierteilige Musterzeichnung für die Planung einer Reihe mesoamerikanischer Stadtzentren“ [35].

Ein gutes Beispiel finden wir in Teotihuacán selbst: Vom Mittelpunkt der

---

[35] *A. Aveni / Horst Hartung*, „New Observations on the Pecked Cross Petroglyph“, in: Space and Time in the Cosmovision of Mesoamerica, hrsg. von *F. Tichy* (München 1982) 4.

Sonnenpyramide führt eine (gedachte) Linie durch zwei Ringe, die man auf den Kuppen der Hügel fand, die sechs bzw. acht Kilometer westlich der Stadt lagen. Wenn man oben auf der Pyramide steht, geht die Sonne auf dieser Linie zur Zeit der Tag- und Nachtgleiche am 21. März und am 22. September genau im Westen unter.

Der Einfluß Teotihuacáns war ideologischer und symbolischer Natur. So wies die Kunsthistorikerin Esther Pasztory darauf hin, daß durch den Einfluß Teotihuacáns auf die Mayagebiete komplexere Formen sozialer Schichtung entstanden. Beispielsweise wurden den örtlichen Verwaltungen entweder Mitglieder teotihuacanischer Dynastien oder zumindest deren Symbole und Schutzgötter aufgezwungen. Bedeutsam ist auch, daß die teotihuacanischen Eliten neue religiöse Begriffe und Ausdrucksformen entwickelten. So wurde die religiöse Ikonographie neu geordnet ebenso wie das Pantheon, was Auswirkungen bis in von Teotihuacán weit entfernte Gebiete zur Folge hatte. Das neue religiöse System kannte wenigstens sechs Hauptkultformen, die die Fruchtbarkeit, die Kriegführung, die Ballspiele, das Herrschertum, die Bestattungen und die Titularpatrone zum Inhalt hatten. Alles in allem entstand in Teotihuacán eine klassische religiöse Tradition, die vielen anderen Stadtstaaten entweder aufgezwungen oder von ihnen freiwillig übernommen wurde, und die gesamte religiöse und politische Ordnung noch bis in die nachklassische Periode beeinflußte. Das herausragendste Beispiel der teotihuacanischen Religion liefert der Tempel von Quetzalcoatl. Nach Laurette Séjourné zeugen sein Symbolcharakter, seine besondere Lage und sein künstlerischer Stil von einem neuen spirituellen Verständnis von Macht und Autorität in der mesoamerikanischen Geschichte. Er stand nahe dem Achsenzentrum der Hauptstadt und verband als Heiligtum die geographischen Gegebenheiten mit den politischen und religiösen Strömungen des Reiches. Der besondere Charakter des Tempels wird durch seine architektonische Einmaligkeit unterstrichen. Die monumentale Pyramidenskulptur ist eigentlich ein einziger massiver Fries, der die vier Seiten aller sechs Pyramidenstufen des „Tempels des Gefiederten Gottes“ ziert[36] und abwechselnd die Köpfe von Quetzalcoatl und – wahrscheinlich in einer frühen Version – Tlaloc zeigt. Erwähnenswert ist der verschmitzt lächelnde Ausdruck im Gesicht Quetzalcoatls, eine Darstellung des Gottes, die später in zahlreichen mesoamerikanischen Kultstätten anzutreffen ist. Die gemeißelten überlebensgroßen, aus der Tempelwand gleichsam herausspringenden Quetzalcoatlköpfe haben weit geöffnete Rachen, in denen riesige gebogene, weiße Zähne aufragen. Darüber blitzen große Augen aus Obsidian. Die Köpfe sitzen auf stilisierten Schlangenkörpern, die horizontal als wellenförmiges Band angeordnet sind, unterbro-

[36] *H. B. Nicholson*, „Major Sculpture in Pre-Hispanic Central Mexico“, in: HMAInd, Bd. 10, 97.

chen von Muscheln und anderem Wassergetier. Wie in mehreren anderen Kultzentren bilden die Symbole, die mit Quetzalcoatl assoziiert werden, einen religiösen Bezugsrahmen für eine Reihe komplexer Prozesse der mesoamerikanischen Städteentwicklung.

Teotihuacán konnte seine einmalige Größe und Dominanz zwar nicht einmal 200 Jahre lang aufrechterhalten, doch kann seine Bedeutung als Zentrum der mesoamerikanischen Welt deshalb nicht auf diese Zeit beschränkt werden, denn Teotihuacán war die erste Stadt in Zentralmexiko, in der eine vollintegrierte, wohlhabende und in Harmonie lebende Gesellschaft unter der Führung übernatürlicher Kräfte und kosmomagischer Vorstellungen existierte. Und hier war es auch, wo ein solcher Prozeß erstmals direkt mit dem Gott Quetzalcoatl in Zusammenhang gebracht wurde.[37]

324. Tollan: Sakrales Königtum und toltekische Kreativität

Wie bei vielen archaischen Gesellschaften, in denen städtische Zentren entstanden, entwickelten sich auch unter den mesoamerikanischen Führungseliten Kosmogonien und heilige Geschichten, in denen die allmähliche Entstehung urbaner Formen als heiligender Vorgang bezeichnet werden. Die bekannteste und am weitesten verbreitete Sakralgeschichte Zentralmexikos handelt in der Zeit des Übergangs von der Klassischen in die Nachklassische Periode von Quetzalcoatl, der Gefiederten Schlange, und dem von ihm regierten sagenhaften Königreich Tollan, dem „Ort der Binsen". Die „kanonische" Bedeutung dieser Sakralgeschichte wurde 1955 in einer bemerkenswerten Dissertation von H. B. Nicholson „The Topiltzin Quetzalcoatl of Tollan Tale" untersucht. Nicholson wertete 75 Primärquellen aus der Zeit vor und nach der Eroberung Mesoamerikas aus und entdeckte eine Erzähltradition, die von sieben Abschnitten im Leben des Topiltzin Quetzalcoatl, des letzten Königs von Tollan oder Tula (heute Tula de Allende), berichtete. Er konnte zeigen, daß diese Erzähltradition in den „Schulen des fortgeschrittenen Lernens" in Dörfern und Städten im Tal von Mexiko, im Puebla-Gebiet und in anderen Teilen Mesoamerikas gepflegt wurde. Erzählt wurden sieben Lebensstationen: die wunderbare Geburt des Prinzen, seine Erziehung, sein Aufstieg zum König, die Errichtung des Königreiches von Tollan, seine Gefangennahme durch Tezcatlipoca, seine Flucht aus dem Königreich und sein Versprechen zurückzukehren. Einen Überblick über diese Quellen vermittelt die folgende Geschichte[38]:

[37] *L. Séjourné,* El Universo del Quetzalcoatl (México 1962).

[38] *H. B. Nicholson,* Topiltzin Quetzalcoatl of Tollan: A Problem in Mesoamerican Ethnohistory (unveröffentl. Diss.) (Harvard 1955), mit genauesten Darstellungen des vorhandenen Materials über die Tolteken.

Nach dem Zusammenbruch Teotihuacańs entstand „das große Tollan“ aus zwanzig Ansiedlungen rund um die Hauptstadt Tollan. Im Zentrum dieses neuen – räumlich eher kleinen – Königreichs standen zwei Quetzalcoatl, der Schöpfergott Quetzalcoatl, der als Personifizierung des höchsten Gottes verehrt wurde, und sein menschlicher Repräsentant Ce Acatl, Topiltzin Quetzalcoatl oder „Eine Binse Unser junger Prinz“, die „Gefiederte Schlange“. Die kosmogonische Qualität dieses Stadtstaates mit seinem Gott und Gottkönig wird in der Tatsache deutlich, daß verschiedene Kosmogonien mit der Erscheinung von Tollan und Quetzalcoatl enden, die den Wendepunkt zwischen der Erschaffung des Kosmos und dem Beginn der Geschichte der menschlichen Gemeinschaft markieren. Die heilige Geschichte beginnt mit der wunderbaren Geburt des Prinzen Quetzalcoatl, nachdem seine Mutter einen Smaragd verschluckt hat. Sie stirbt während der Geburt von „Eine Binse“ oder „Ce Acatl“. Der mutterlose Prinz wird von der Erdgöttin adoptiert und königlich erzogen. Während er heranwächst, macht er eine siebenjährige Bußzeit durch, schneidet sich die Pulsadern auf und erhält göttliche Hilfe, um ein großer Krieger zu werden. Er wird ein erfolgreicher Kriegsführer und ist bekannt wegen seiner Frömmigkeit, die ihn bis zur Besteigung des Thrones von Tollan führt, wo die Tolteken wunderbare Gebäude und Kunstwerke errichten. Das Große Tollan wurde von den Tolteken bewohnt, die weise waren und deren Werke vollkommen, wunderbar, gut und schön genannt wurden: deren Häuser mit kunstvollen Mosaiken bedeckt waren, die Wände bemalt und mit Stuck verziert. Diese Welt der Vollkommenheiten wurde durch fleißige Arbeit auf den Feldern ermöglicht, die große Kürbisse, riesige Maiskolben und prächtige Baumwolle hervorbrachten. In dieser Welt des Überflusses entwickelten die Tolteken technologisches Können und künstlerische Perfektion. Sie wurden die größten Federkünstler, Juweliere, Bergleute und „Hersteller aller wunderbaren Dinge“. Hinzu kam noch ihre Fähigkeit, die Bahnen der Sterne zu verstehen, den Kalender zu erfinden und Träume zu deuten. Zeugnis dieser Überfülle und Schaffenskraft wurde das Kultzentrum, das aus einer großen Pyramide und vier Tempeln, die in die vier Himmelsrichtungen wiesen, bestand. Anlage und Vierteilung der Stätte hatte in der Landschaft von Tollan ihre Parallele: vier Berge, die einen Namen hatten und auf denen Quetzalcoatl Selbstopfer ausführen ließ, umgaben den großen Zentralberg, den „Berg des Aufschreis“, von dem aus Quetzalcoatl seine Gesetze für alle Teile seines Reiches erließ.

In diese heile Welt mit ihrer heiligen Ordnung drang der Zauberer-Antagonist Tezcatlipoca ein, genannt „Rauchender Spiegel“, der Quetzalcoatl ins Verderben stürzte. Er organisierte eine Bewegung gegen Quetzalcoatl, bei der es teilweise auch um die Frage der Menschenopferung ging. Quetzalcoatl praktizierte nämlich während seiner Regentschaft die Opferung von Wachteln, Schlangen, Schmetterlingen und großen Grashüpfern; mehrere Quellen sprechen davon, daß er sich weigerte, Menschenopfer darzubringen. Tezcatlipoca, der das Menschenopfer einführen wollte, gelang es mit viel List und magischen Täuschungsmanövern, in das innerste Königreich einzudringen und Quetzalcoatl betrunken zu machen. Einer anderen Quelle zufolge hat Quetzalcoatl eine sexuelle Begegnung mit seiner Schwester, einer Hohenpriesterin, und wurde deshalb gezwungen, auf seinen Thron zu verzichten. Todunglücklich wegen seines Vergehens, entschließt er sich, Tollan mit einigen Gefolgsleuten zu verlassen, worauf Tollans Glanz vergeht und der Zerfall beginnt. Die Nahrungsmittel werden ungenießbar, Mordlust breitet sich aus. Quetzalcoatl flieht zur Küste und entkommt auf einem Schlangenfloß. In einer weiteren Quelle verbrennt er sich selbst und wird in den Morgenstern verwandelt. Mehrere Quellen berichten von Quetzalcoatls Versprechen, eines Tages zurückzukehren und das Königreich wiederaufzurichten.

Diese eigenartige Sakralgeschichte liefert für das Königtum nachfolgender Stadtstaaten das Legitimationsmodell. Zur Zeit der Azteken leiteten alle rechtmäßigen Herrscher ihre Autorität vom toltekischen Königtum ab. Überraschend ist allerdings der subversive Charakter dieses Modells. Einerseits war Quetzalcoatl der Idealtyp eines Priesters, von dem jedwede Kunde und alles Wissen ausgingen, andererseits sehen wir einen König, der durch einen rätselhaften Außenseiter zu Fall gebracht wird und damit sein Reich in den Zerfall treibt. Sinn dieses Paradigmas ist die Überzeugung, daß das mesoamerikanische Königtum eine subversive Abstammungslinie hat, die zu einem ähnlichen Zerfall des Reiches führen könnte, sollte sie der Vergangenheit entrissen werden.[39]

Das Vermächtnis von Quetzalcoatls Tollan war von breiter und beispielhafter Wirkung. Das Paradigma einer ursprünglichen Ordnung hatte auf der mythischen Ebene Einfluß auf viele Hauptstädte und Stadtstaaten des Gebietes: es legitimierte Dynastien, Kosmologien, die Kunst, den Ritus und die Raumordnung. Ob das Paradigma nun aus dem Tula des 11. Jahrhunderts oder aus dem Teotihuacán des 6. Jahrhunderts stammt – worüber sich die Gelehrten noch streiten –, fest steht, daß Quetzalcoatl die überragende schöpferische und kosmomagische Symbolgestalt für die Herrscher der verschiedensten Stadtstaaten war. In einer Welt des dauernden Wandels und übertriebener Periodizität blieb er ein unumstößlicher Archetyp.

Historisch zeigen diese Gebietshauptstädte in den verschiedenen Epochen eindrucksvolle Unterschiede in der theologischen, politischen und rituellen Praxis. So war Quetzalcoatl in Teotihuacán beispielsweise der dynastische Patron für die Heiligung des Ackerbaus ebenso wie für die Ausweitung des Handels. In Xochicalco scheint er für eine direkte Verbin-

[39] Vgl. *V. Turner,* Dramas, Fields and Metaphors (Ithaca 1974), zum Phänomen der Wurzelparadigmen und ihrer Wirkweise.

dung zum Kalender und zur Kriegführung zuständig gewesen zu sein. In der großen religiösen Hauptstadt Cholula legitimierte der Quetzalcoatlkult die Herrscher, führte die Kaufleute und ermutigte alle, den Frieden zu erhalten. In der maya-toltekischen Stadt Chichen Itzá begründeten Quetzalcoatl oder Kukulcan rund um die großen Tempelpyramiden Königtümer. Das archetypische Modell legitimierte auf diese Weise ganz unterschiedliche religiöse Symbole, politische Tätigkeiten und räumliche Ordnungen. Allmählich wurde es selbst zu einem Kulturmuster. In der Welt der Azteken jedoch, mit ihrer Fülle von eklektischen und dynamischen Veränderungen sehen wir, daß dieses Sakralsymbol nicht nur mit anderen Symbolen und Gottheiten vermischt wurde, sondern es legitimierte dort auch die Priesterschaft der Hauptstadt *und* führte schließlich dazu, die umfassende Autorität des Aztekenreiches zu untergraben. [40]

325. Tenochtitlan: Zentrum der Aztekenwelt

Die Entwicklung der aztekischen Religion fand in Tenochtitlan im Zentralhochtal Mexikos zwischen dem 14. und dem 16. Jahrhundert ihren Abschluß. In ihr vereinigten sich – teilweise auch transformiert – eine Reihe ritueller, mythischer und kosmologischer Elemente anderer kultureller Gruppen des zentralen Hochlandes von Mesoamerika. Selten ist eine Hauptstadt mit dem Anspruch „Mittelpunkt der Welt" zu sein, diesem auch so vollkommen gerecht geworden wie Tenochtitlan. Während das mexikanische Hochplateau nur ungefähr auch das Zentrum Mesoamerikas ist, kann man vom Tal von Mexiko als dem Herzen der Hochebene sprechen, mit den zwei zusammenhängenden Seen in der Mitte, die in der Nähe der Stelle liegen, wo Tenochtitlan erbaut wurde. Seit der Gründung der großen Hauptstadt Teotihuacán (Wohnsitz der Götter) mit seinen weiträumigen Vierteln rund um das riesige Zeremonialzentrum 48 km weiter oben im Norden des Tales, war das Zentralhochland die dominierende kulturelle Region Mesoamerikas.

Obwohl die mesoamerikanische Kultur teilweise fragmentarischen Charakter hat, wurde ihre Kontinuität doch immer wieder durch Städte, die an der Spitze der geographischen Pyramide lagen, bewahrt. Zwischen 1300 und 1521 führten alle Straßen Zentralmesoamerikas in das Seengebiet des Tales, wo dann auch die herrliche Aztekenhauptstadt entstand, deren vielseitiger Grundriß von den Forschern als komplexes Raumsymbol der kosmologischen Konzeption der Aztekenreligion gedeutet wurde. Als die Chichimeken (chichi = Hund, mecatl = Rolle, Abstammung), die Vorläu-

[40] *D. Carrasco*, „Quetzalcoatl's Revenge: Primordium and Application in Aztec Religion", in: History of Religions 19 (1980) 296–319.

fer der Azteken im 13. Jahrhundert, in die Talregion einwanderten, gab es hier nur kriegführende Stadtstaaten, die ständig um Land und Tributzahlungen miteinander in Fehde lagen, ein Zustand, der teilweise noch die Folge des Zerfalls des toltekischen Reiches war. Danach wanderten Reste der Chichimeken und Tolteken ins Tal von Mexiko ein und praktizierten hier ihre unterschiedlichen städtischen und religiösen Traditionen. Die Azteken, die sich selbst auch Mexica nannten, gründeten 1325 oder 1370 Tenochtitlan, und innerhalb der nächsten hundert Jahre entstand eine politische Einheit, die in der Lage war, eine immer größer werdende Zahl von Stadtstaaten und Städten in Zentralmexiko zu beherrschen.

Der mächtigste Stadtstaat, mit dem die Azteken in Streit gerieten, war das Reich Tepanec, das einige Gebiete des Zentraltales im späten 14. und frühen 15. Jahrhundert unter seiner Führung vereinigt hatte. Um 1424 rebellierten die Azteken von Tenochtitlan und die Stadtstaaten von Tetzcoco und Tlacopan erfolgreich gegen die Tepaneken und gründeten den Staatenbund der Dreifachen Allianz, der in Sachen Eroberungskrieg, Gebietskontrolle und Steuereintreibung das Vorbild der Tepaneken übernahm. Dennoch unternahmen aztekische Könige in den nächsten 90 Jahren aggressive Feldzüge rings um die ganze Stadt und im gesamten Tal, um ihr Territorium zu vergrößern, mehr Steuern einzunehmen und neue Gefangene zur Opferung zu machen. In Einzelfällen fanden auch kriegerische Auseinandersetzungen größeren Ausmaßes in sehr weiter Entfernung von der Hauptstadt statt. Solche Übergriffe in angrenzende Gebiete brachten nicht immer nur Land- und Steuergewinn, sondern auch schreckliche Niederlagen, etwa durch den Königsstaat im Tlaxcala-Puebla-Tal im (Süd-)Osten und den Staat der Tarasken im (Nord-)Westen.[41]

326. Kosmogonie und Kosmologie: Das Opfer der Götter

Das generelle Verständnis der aztekischen Stellung im Kosmos kommt im folgenden Fragment über die Hauptstadt zum Ausdruck:

Die Stadt von
Mexico-Tenochtitlan
ist stolz auf sich.
Niemand hat hier Angst,
im Krieg sterben zu müssen.
Das ist unser Ruhm,
das ist dein Gebot,
o Geber des Lebens.

---

[41] Zum Problem der Fluktuation im Aztekenbereich s. neuerdings *G. Conrad / A. Demarest*, Religion and Empire. The Dynamics of Aztec and Inca Expansionism (Cambridge 1984).

Vergeßt das nicht, Prinzen!
Wer wollte Tenochtitlan erobern?
Wer könnte die Festen des
Himmels erschüttern?[42]

Das Bild der Hauptstadt als militärische Festung verwandelt sich in die Grundfesten des Himmels, in der Sicht der Azteken eine Säule aus dreizehn Schichten, die sich über die Erde ausbreiten, ein Ausdruck des kosmologischen Verständnisses der Azteken, nach dem zwischen den heiligen Kräften des Universums und der sozialen Welt des Aztekenreiches eine tiefe innere Verbindung besteht. Verankert war dieser Zusammenhang in der Hauptstadt Tenochtitlan, wo furchtlose Krieger den Befehlen des höchsten Gottes Folge leisteten.

In seinem wichtigen Überblick über die Religion im vorspanischen Zentralmexiko hat H. B. Nicholson das „zutiefst kosmologische Sequenzenmodell" der aztekischen Kosmogonie, so wie es in den Mythen und Geschichtserzählungen der Mexica aufscheint, erläutert. Das Leben der Azteken entfaltete sich vor einem kosmischen Hintergrund, der dynamisch, unstabil und letztlich destruktiv war. Auch wenn die kosmische Ordnung zwischen Perioden der Stabilität und des Chaos hin- und herschwankte, liegt doch die Betonung in vielen Mythen und geschichtlichen Berichten auf den außergewöhnlichen Strategien, Unglück, welches die Weltzeitalter, die göttliche Ordnung und die Städte in der Vergangenheit immer wieder heimsuchte, zu überwinden bzw. ihm zuvorzukommen.

Dieses dynamische Verständnis des Universums spiegelt sich in den Berichten der *Historia de Los Mexicanos por Sus Pinturas* aus dem 16. Jahrhundert und in den *Leyenda de los Soles.* In der „Historia" entsteht das Universum nach einem zügig geordneten Plan. Das göttliche Paar, Ometeotl, mit Wohnsitz in Omeyocan, dem Ort der Dualität in der dreizehnten Stufe des Himmels, zeugt vier Kinder: den Roten Tezcatlipoca (Rauchender Spiegel), den Schwarzen Tezcatlipoca, Quetzalcoatl (die Gefiederte Schlange) und Huitzilopochtli (den Kolibri zur Linken). Bewegungslos existieren sie alle 600 Jahre lang, und anschließend versammeln sich die vier Kinder, um zu sehen, was zu tun ist und ein Gesetz für alle zu erlassen. Quetzalcoatl und Huitzilopochtli ordnen das Universum, erschaffen das Feuer, die halbe Sonne, „nicht voll erleuchtet, nur ein wenig", die Menschen und den Kalender. Dann treffen sie sich erneut und erschaffen das Wasser und seine göttlichen Wesen.

Nach dieser schnell und vollständig erledigten Aufgabe konzentrieren sich die Quellen auf die mythischen Ereignisse, die Tenochtitlans heilige Geschichte begründen, in deren gesamtem Verlauf die dynamische Instabi-

[42] *M. León-Portilla,* Pre-Columbian Literature of Mexico (Oklahoma 1969) 87.

lität des Universums offenbar wird. Zunächst bewegt sich das Universum durch vier Zeiten, „Sonnen" genannt. Dieses Modell der vier universellen Zeitalter findet sich in 23 erhaltengebliebenen Quellen, zu denen der berühmte „Kalenderstein", Schmuckstücke, Gefäße und 18 geschriebene Dokumente gehören. Jedes Zeitalter, das von einer der großen Gottheiten gelenkt wird, trägt den Namen der Kraft, die es zerstören wird, z. B. Sonne 4-Jaguar, Sonne 4-Feuerregen, Sonne 4-Wasser und Sonne 4-Wind. Diese vier Zeitalter waren bereits vergangen; die Azteken selbst lebten im fünften, das sie Sonne 4-Bewegung nannten, weil dieses letzte Zeitalter durch unvermeidliche Erdbeben zerstört werden würde.[43]

Die Erschaffung des Zeitalters der Azteken fand am göttlichen Feuer in der Dunkelheit Teotihuacáns statt. Nach dem *Florentiner Kodex* suchte eine Götterversammlung zwei aus ihrer Mitte aus, Nanhuatzin und Teccuztecatl, die sich ins Feuer stürzen mußten, um das neue kosmische Zeitalter zu erschaffen. Nach ihrem Selbstopfer bricht die Morgenröte aus allen Himmelsrichtungen hervor, doch am Horizont geht die Sonne nicht auf. In ihrer Verwirrung schauen die verschiedenen Götter in unterschiedliche Richtungen. Quetzalcoatl schaut nach Osten und dort geht die Sonne dann auch auf, bewegt sich aber hin und her, ohne höher zu steigen. In dieser kosmischen Krisensituation fällt die Entscheidung, daß alle Götter den Opfertod durch die Hand von Ecatl sterben müssen, indem er ihnen die Kehle durchschneidet. Auch dieses große Opfer bewegt die Sonne noch nicht auf ihre Bahn, sondern erst dem Wind gelingt es, sie in Bewegung zu blasen. Diese beiden kosmogonischen Episoden beweisen die Überzeugung der Azteken, daß die Welt instabil sei und ihr Energie nur aus großen Opfern durch die Götter selbst zufließt. Diese Kosmogonie war ein Modell zur Rechtfertigung der in der Aztekenreligion in großem Umfang durchgeführten Menschenopfer. Ebenso wie viele Götter geopfert worden waren, um die Sonne in Bewegung zu bringen, so mußten viele Menschen geopfert werden, um die Bewegung dieses Himmelskörpers für immer aufrechtzuerhalten.

Andere Quellen sprechen von der Einführung des Krieges nach der Erschaffung der fünften Sonne. Deswegen können Menschen gefangengenommen und geopfert werden, um die Sonne auf ihre Reise durch den Tag und die Nacht zu ernähren. So erschafft der Gott Mixcoatl 400 Menschen, damit sie miteinander kämpfen, und die Gefangenen in Kultzentren geopfert werden können, um den Göttern ihr Blut als Nahrung zu geben, denn nur die Götter erhalten das kosmische Leben.

Das Raumparadigma des Kosmos, in dem diese dynamischen Kämpfe und Opferungen stattfanden, war streng geordnet. Der aztekische Begriff

---

[43] *W. Elzey* „The Nahua Myth of the Suns", in: Numen 23 (1976) 114/35.

für „Erde“ war *cemanahuac*, d.h. „Land, von Wasser umgeben“. Im Zentrum dieses irdischen Raumes, *tlalxico* oder „Nabel der Erde“ genannt, stand Tenochtitlan, von dem die vier Quadranten, also die vier Himmelsrichtungen ausgingen, die *nauchampa* genannt wurden. Eine andere Version beschreibt die Erde als Riesenkrokodil, das in den Urgewässern schwimmt.

Das Wasser, welches bewohntes Land umspült, wurde *ilhuicatl* genannt, d.h. die himmlischen Wasser, die sich in vertikaler Richtung ausbreiteten und sich mit der niedrigsten Stufe der dreizehn Himmel vermischten. Unter der Erde befand sich die neunstufige Unterwelt, geschaffen als gefahrvoller Aufenthaltsort für die Seelen der Toten. Die zauberkräftigen Amulette, die ihnen als Grabgaben mitgegeben worden waren, sollten sie auf dieser niedrigsten Stufe der Unterwelt, dem Mictlan, in ihrem Verlangen nach ewigem Frieden unterstützen.

Das mesoamerikanische Modell der von einem Mittelpunkt ausgehenden Vierteilung war ein durchgehendes Organisationsprinzip der aztekischen Religion. Es wurde bei den Versuchen der Zeiteinteilung verwendet, wie beispielsweise in dem berühmten Steinkalender, in dem die vier Weltzeitalter um das fünfte oder zentrale Zeitalter geordnet sind, die sogenannte „Sonne 4-Bewegung“. Neuere Forschungsergebnisse zeigen, daß dieses Raummodell dazu diente, die himmlische Ordnung zahlreicher Götteransammlungen zu strukturieren. Außerdem diente es als architektonisches Design für Palastbauten, für die Steuereintreibung im ganzen Reich und schließlich für die Ordnung der größeren Kultstätten.[44]

327. Das Pantheon der Azteken: Die Natur als Hierophanie

Ein besonderes Charakteristikum der erhaltenen Faltbücher über die Kult- und Ritualpraxis ist die unglaublich große Zahl von Göttern, die die mesoamerikanische Welt belebten. Auch die Skulpturen und schriftlichen Zeugnisse des 16. Jahrhunderts konfrontieren uns mit einem derart übervölkerten Götterhimmel, daß zum eingehenden Studium der Aztekenreligion auch eine Liste mit über 60 verschiedenen und untereinander verbundenen Namen gehört. Die wissenschaftliche Beschäftigung mit dieser großen Anzahl von Göttern zeigt, daß tatsächlich jeder Lebensbereich als geheiligt galt und die Götter die Verkörperung numinoser Kräfte waren, die die gesamte Welt durchdrangen. Zwar wurde das Nahuatlwort *teotl* im Spanischen immer mit „Gott“, „Heilig(er)“ oder „Dämon“ übersetzt, doch das aztekische Wort *teotl* bezeichnete die heilige Kraft, die sich in Naturer-

---

[44] *J. Broda*, „El Tributo en trajes guerreros y la estructura del sistema tributario Mexico“, in: *Ders.* u. a. Economia politica e ideologia en el México prehispanico (México 1978) 113–172.

scheinungen wie einem Gewitter, einem Baum oder einem Berg, in Personen von hohem Ansehen, wie einem König, einem Vorfahren oder einem Kriegshelden, oder schließlich in einem geheimnisvollen oder schreckenerregenden Ort manifestierte. Was die Spanier mit „Gott" übersetzten, bezog sich in Wirklichkeit auf ein breites Spektrum von Hierophanien, die diese Welt belebten. So war das aztekische Pantheon bzw. die Gesamtheit der Göttervorstellungen zwar kein durchorganisiertes Ganzes, doch kann man zwischen verschiedenen Zuständigkeitsbereichen unter den Göttern unterscheiden. Die kultischen Hauptthemen waren a) Weltentstehung und Kreativität, b) Fruchtbarkeit und Regeneration und c) der kriegerische Kampf und die Ernährung der Sonne durch kultische Menschenopfer.[45]

Die bildhaften Darstellungen aztekischer Götter zeigen sie als anthropomorphe Wesen. Auch wenn es sich um Gottheiten in Tiergestalt handelt, wie beispielsweise bei Xolotl, dem göttlichen Hund, oder um die Form eines Ritualgegenstandes wie bei Itztli, dem Messergott, so tragen sie doch menschliche Züge, haben einen Oberkörper, Arme, Beine oder ein Gesicht. Die aztekischen Götter wohnten in den verschiedenen Stufen der dreizehnschichtigen Himmelssphäre oder in der neunstufigen Unterwelt. Das allgemeine Ordnungsprinzip des Pantheons leitete sich vom kosmischen Modell der vier um einen Mittelpunkt gruppierten Teile ab und fand seinen Niederschlag in der vier- bzw. fünfteiligen Ordnung der Götterwelt. Nach der Darstellung im *Kodex Borgia* bewohnt der Regengott Tlaloc den innersten Bereich des Himmels, während die anderen Tlaloques den vier Himmelsrichtungen zugeordnet sind, und jeder für eine bestimmte Art von Regen zuständig ist. Da die Götter dem menschlichen Anblick verborgen waren, sahen die Azteken sie in Träumen und Visionen sowie in Götterpersonifizierungen, den sogenannten *teixiptla*, die bei wichtigen Kultzeremonien auftraten. Diese kostümierten Personifizierungen – es konnten Menschen, Bildnisse aus Stein, Holz oder Teig sein – waren reich mit den für sie typischen Insignien ausgestattet, wie Muscheln, Masken, Waffen, Edelsteinen, Umhängen, Federschmuck und anderem phantastischem Beiwerk. Jede Gottheit hatte ihre eigene Kombination von charakteristischen Merkmalen, doch waren einzelne Elemente auch bei anderen Gottheiten mit ähnlichen Funktionen oder Machtzuschreibungen vorhanden.

Ein besonderes Merkmal der Aztekenreligion stellen die Schutzpatronenverhältnisse zwischen bestimmten Gottheiten und sozialen Gruppen dar. Diese Schutzgottheiten, von den spanischen Christen „abogados" genannt, wurden in heiligen Bündeln, den *tlaquimilolli*, von den *teomama* (Gottesträger), den Schamanenpriestern, auf langen Wanderungen auf dem Rücken getragen. Der *teomama* verkündete der Gemeinschaft die gött-

[45] *H. B. Nicholson*, „Religion in Pre-Hispanic Mexico", in: HMAInd, Bd. 10, 400–425.

lichen Gebote, die er in Visionen und Träumen erhalten hatte. Diese Kultführer wurden als „hombre-dioses", als Menschengötter betrachtet. Ihre außergewöhnlichen Gaben, die sie zu spiritueller Transformation befähigten, rührten aus ihrer Nähe zu den numinosen Kräften und versetzten sie in die Lage, den Stammesverband bei seinen Wanderungen und bei Neugründungen von Siedlungsstätten zu führen, zu organisieren und zu regieren.[46]

Ein stets wiederkehrendes Motiv der Sakralgeschichte von Stammesgruppen ist die Errichtung eines Schreins zu Ehren der Schutzgottheit als erster Akt der Besiedlung eines neuen Gebietes. Diese Handlung repräsentiert die enge Verbindung zwischen der Gottheit, dem „hombre-dios" und der Integrität des Volkes. Umgekehrt war die Unterwerfung einer sozialen Gemeinschaft vollzogen, wenn der Schrein der Schutzgottheit verbrannt und der *tlaquimilolli* als Gefangener weggeführt werden konnte.

328. Huitzilopochtli: Der Gott, der schlägt

Es überrascht nicht, daß das Modell: „Wanderung – Neugründung – Eroberung" in Verbindung mit dem Machterweis der Schutzgottheit am Beispiel von Huitzilopochtli, dem Patron der wandernden Mexica, am besten verifiziert wird. Nach aztekischer Überlieferung inspirierte Huitzilopochtli den *teomama* der Mexica, seinen Stamm ins Tal von Mexiko zu führen, wo er ihnen als Adler erschien, der auf einem Kaktusbaum inmitten des Sees saß. Für Huitzilopochtli wurde ein Schrein errichtet und um diesen herum entstand eine Stadt. Der Schrein wurde im Laufe der Zeit der Große Tempel der Azteken, das bedeutendste politische und religiöse Zentrum ihres Reiches. 1521 wurde es von den Spaniern zerstört, der Tempel in die Luft gesprengt, die Kolossalstatue Huitzilopochtlis verschleppt und seither niemals wieder aufgefunden. In der Mythologie lebt der große Kriegsgott Huitzilopochtli fort im Lied von seiner Geburt: Nach dem *Florentiner Kodex* wurde Coatlicue, die Dame mit dem Schlangenrock, schwanger, als ein Federball auf den Boden des Tempels von Coatepec fiel, den sie gerade reinigte. Als ihre Tochter Coyolxauhqui von dieser Schwangerschaft erfuhr, stachelte sie ihre anderen 399 Geschwister an, die Mutter in Kriegsausrüstung auf dem Schlangenberg anzugreifen. Nachdem Coyolxauhqui die Krieger auf die Spitze des Berges geführt hatte, um die Mutter zu töten, schenkte diese dem bereits voll erwachsenen und bewaffneten Huitzilopochtli das Leben und schlug der Tochter alle Gliedmaßen ab. Ihr Leichnam rollte den Berg hinab und zerfiel in Stücke. Huitzilopochtli vernichtete

[46] *A. López-Austin,* Hombre-Dios (México 1973).

die übrigen Geschwister. Diesen Opfertyp wiederholte das aztekische Ritual, bei dem Frauen und große Scharen von Kriegern auf dem Templo Mayor (von den Azteken Coatepec genannt) geopfert und anschließend die Tempelstufen hinuntergerollt wurden. Auch in der Symmetrie der Tempelarchitektur ist dieser Mythos verewigt: der Schrein Huitzilopochtlis steht oben auf der Treppe, während die Kolossalskulptur der verstümmelten Coyolxauhqui am untersten Ende plaziert ist.[47]

Eine der zahlreichen Deutungen dieses grausamen Tötens so vieler Krieger, die ihre Mutter auf dem heiligen Berg angreifen, ist die Darstellung des täglichen Sieges der Sonne über Mond und Sterne. Der Sonnenaufgang galt als Bild und Vorbild für Krieg und Opfertod. Wie schon die kosmogonische Erschaffung der Fünften Sonne in Teotihuacán zeigte, wurden nicht nur *ein* Gott, sondern viele Götter geopfert, um das neue Zeitalter hervorzubringen, ein mythisches Vorbild also, das den Azteken teilweise zur Rechtfertigung der ungeheuren Menschenopfer in Tenochtitlan diente.

329. Die Praxis der Menschenopferung

Das Beispiel des Huitzilopochtli-Kultes zeigt, welchen Stellenwert das Menschenopfer in der Religion der Azteken hatte. Tatsächlich wurde es „das zentrale Faktum im Leben der Azteken genannt, ... der Kernkult um Krieg, Opferung und Kannibalismus“[48]. Während das Menschenopferritual *(tlamictiliztli)* ein weites Spektrum aztekischer Rituale beeinflußte, hat sich in der mesoamerikanischen Forschung mittlerweile eine größere Debatte um den militaristisch-mystischen Charakter der nachklassischen Kulturen entwickelt. Einige Forscher – so u. a. Miguel Léon-Portilla – haben die mystisch-poetische Tradition untersucht, die nicht die sakrale Gewalt feiert, sondern die Erleuchtung durch das heilige Wort. Bevor wir uns jedoch der philosophischen und poetischen Überlieferung der Azteken zuwenden, soll ihre Opfertradition beschrieben werden.

Das Menschenopfer gehörte in ein umfassendes und höchst komplexes Zeremonialsystem, in dem es verschiedene Rituale gab, die unter hohem Aufwand an Energie, Reichtum und Zeit bei kultischen Festanlässen den Hunger der schier unersättlichen Bewohner der Götterwelt zu stillen hatten. Diese Zielsetzung wird in zahlreichen Metaphern und Symbolen, die sich auf Krieg und Opferung beziehen, deutlich. So wurden menschliche Herzen mit kostbaren, glänzenden Türkisen verglichen, der Krieg mit göttlicher Flüssigkeit und verbrannten Gegenständen. Krieg war der Ort, „wo die Jaguare brüllen“, wo „federgeschmückte Kriegshelme sich wie Schaum-

[47] *D. Carrasco,* „Templo Mayor. The Aztec Vision of Place“, in: Religion 11 (1981) 275/97.
[48] *B. Brundage,* The Fifth Sun, 196.

kronen auf den Wellen bewegen". Der Tod auf dem Schlachtfeld wurde *xochimiquitzli* genannt, was soviel wie „blumenreicher Tod" bedeutet.

Die zahlreichen Ritualfeste fanden nach dem Göttlichen Kalender mit 260 Tagen und nach dem Sonnenkalender mit 360 Tagen statt, denen fünf „gefährliche Tage" am Ende folgten. Der Göttliche Kalender war für die Geburtstagsfeste der Schutzgottheiten der eigenen und der Nachbargemeinschaften zuständig. Der Sonnenkalender setzte die Hauptfeste für die Kriegs-, Sonnen-, Regen- und Fruchtbarkeitsgottheiten fest. Einige Feste hatten Rituale für lokale und größere Gottheiten und stellten die Beziehungen zwischen ihnen in dramatischen Spielen dar. Der umfangreiche Zeremonialkalender wurde in zahlreichen Kultzentren in Stadt und Reich in die Praxis umgesetzt. Den größten Kultbereich bildete die Achse von Tenochtitlan, ein riesiges Quadrat mit einer Seitenlänge von 440 m. Nach einigen Dokumenten gehörten über 80 Ritualtempel, Schädelgestelle, Schulen und andere Einrichtungen für den Kult dazu. Sahagúns *Florentiner Kodex* enthält in Buch II eine wertvolle Auflistung mit Beschreibungen der meisten dieser Gebäude, unter denen „der Tempel von Uitzilopochtli ... von Tlaloc ... in der Mitte des Platzes ... höher und größer war ..., der untergehenden Sonne zugewandt". Wir erfahren auch von „Teccizcalli: hier tat Moctezuma Buße; ... hier starb er; Gefangene starben hier" und: „Mexico Calmecac: hier wohnten Büßer, die auf der Spitze des Tempels von Tlaloc Weihrauch opferten, jeden Tag" und „Teccaloco: hier wurden (Menschen) ins Feuer geworfen" und „Das Große Schädelgestell: hier, ja hier gab es Tötungen" und „Der Tempel von Cinteotl: hier starb die Darstellerin der Chicomecoatl, doch erst in der Nacht. Und als sie starb, zogen sie ihr die Haut ab ... der Feuerpriester zog sich die Haut über" und „Coaapan: hier badete der Feuerpriester von Coatlan sich selbst"; über die Küche: „Tilocan: hier wurde (der purpurrote Teig für) das Bild von Uitzilopochtli gekocht", und schließlich das Gebäude für die kannibalistischen Vorbereitungen: „Acatl Yiacapan Uey Calpulli: ... hier trieben sie die heiligen Opfer, genannt Tlalocs, zusammen ...; und als sie getötet waren, schnitten sie sie in Stücke und kochten sie. Sie fügten Kürbisblüten zu ihrem Fleisch ... und die Vornehmen aßen; all die hohen Richter, doch nicht das niedere Volk, nur die Führer"[49].

Obgleich es bedeutsame Variationen in der Ritualpraxis in diesen Tempeln, Schulen, Schädellagern und Badehäusern gab, hatte eine Menschenopferung im allgemeinen folgenden Verlauf: Sie begann wie die meisten aztekischen Rituale mit einer viertägigen (oder mehrmals vier Tage) dauernden Vorbereitungsphase mit Fasten der Priester *(nezahualiztli)*. Eine wichtige Ausnahme war das einjährige Fasten durch eine Gruppe von Prie-

[49] Vgl. *B. de Sahagún,* Florentine Codex: General History of the Things of New Spain, hrsg v. A. J. O. Anderson/C. E. Dibble, 13 Bde (Santa Fe 1950/82), hier Bd. 2, Anhang.

stern und Priesterinnen, die als die *teocuaque* (Gott-Esser) bekannt waren, oder die sehr gefürchteten „iachhuan Huitzilopochtli in mocexiuhzauhque“ (die älteren Brüder Huitzilopochtlis, die ein Jahr fasteten). Zu dieser Vorbereitungszeit gehörten auch nächtliche Wachen *(tozohualiztli)*, sowie das Opfern von Blumen und Nahrungsmitteln, von Kleidung, Gummi und Papier sowie von Stangen, an denen kleine Fahnen hingen. Außerdem wurden Weihrauch- und Trankopfer dargebracht und zwischen Tempel und Statuen Abgrenzungen gezogen, um die Ritualteilnehmer von der Außenwelt abzuschirmen.

Die phantasievoll kostümierten Ritualteilnehmer bewegten sich in Prozessionen vom Hof in den speziellen Opfertempel, begleitet von Musik- und Gesangsgruppen. Die wichtigsten Ritualopfer wurden „in ixiptla in teteo“ oder „Gottesdarsteller“ genannt. Die Opferung eines getöteten Tieres oder Menschen gehörte zu allen wichtigen Ritualzeremonien der Azteken.

Den Tieren, wie z. B. den Wachteln, wurden dabei die Köpfe abgeschlagen. Die Menschenopfer dagegen hatten für die Azteken einen höheren Wert und daher war ihr Ablauf, einem Schauspiel vergleichbar, festgelegt. Die Opfer, gefangengenommene Krieger und Sklaven, wurden rituell gebadet und sorgfältig gekleidet. Sie mußten besondere Tänze erlernen, man ließ sie abmagern oder an Gewicht zunehmen. Die Gottesdarsteller wurden besonders gekleidet und mit den Accessoires versehen, die zu der Gottheit gehörten, der sie geopfert wurden.

In den verschiedenen Primärquellen sind eine ganze Reihe von Opferungsarten aufgeführt, zu denen die Enthauptung (gewöhnlich für Frauen), das Erschießen durch Pfeil und Bogen, das Ertränken, das Verbrennen und das Herunterstoßen von großen Höhen gehören; ferner das Erhängen, die Einmauerung, der Hungertod und der Gladiatorenkampf. Die Zeremonie erreichte gewöhnlich ihren Höhepunkt, wenn die prächtig gekleideten Gefangenen mit ihren Henkern in der Prozession singend und tanzend zum Tempel zogen, und – manchmal auch widerstrebend – die Treppe hinauf zum Opferaltar *(techcatl)* geleitet wurden.

Das Opfer wurde schnell auf den Opferstein geschleudert, der Tempelpriester schnitt die Brust mit einem Ritualmesser *(techpatl)* aus Feuerstein auf, ergriff das noch schlagende Herz, rief „kostbare Adler-Kaktus-Frucht!“ und riß es heraus, brachte es der Sonne als Nahrung und Lebenskraft dar und legte es in ein geschnitztes, kreisrundes Gefäß, das *cuauhxicalli* oder Adlergefäß genannt wurde. Oft wurde der Leichnam, jetzt „Adlermensch“ genannt, die Tempeltreppen hinuntergerollt, wobei sich die Gliedmaßen wie Dreschflegel drehten. Unten angelangt, wurden sie abgeschnitten, der Kopf abgeschlagen, das Gehirn herausgenommen und, nachdem auch noch die Haut abgezogen worden war, wurde der Schädel auf das *tzompantli*, das Schädelgestell aus langen horizontal gelagerten Pfählen gesetzt. Oftmals wurde der Erbeuter und Henker mit Kreide und Vogeldaunen und Geschenken geschmückt. Anschließend feierte er mit seinen Angehörigen ein rituelles Mahl, das aus einer Schüssel voll Brei aus getrocknetem Mais, *tlacatloalli* genannt, und für jeden ein Stück vom Fleisch des Geopferten bestand.

Der Kannibalismus gehörte ohne Zweifel zu den Festen der Azteken, doch sind die Beweise überwältigend eindeutig, daß es sich immer um rituelles Essen von Menschenfleisch und nicht um eine nahrungsmäßige Versorgung handelte.[50]

Eine der wichtigsten Ritualinstitutionen des Aztekenreiches war der Xochiyaoyotl, der „Krieg der Blumen", der von 1450 bis 1519 dauerte und aus einer Serie von geplanten Schlachtfeldbewegungen zwischen Kriegern der Dreier-Allianz und den Kriegern des Tlaxcalan-Puebla-Tal-Königreiches im Osten bestand. Früher nahm man an, daß der einzige Zweck dieser „Blumenkrieger" der ununterbrochene Zustrom von Sakralopfern für die rituellen Feste in den Zeremonialstätten sowie das ständige Training der Krieger war. Diese Zielsetzung beeinflußte zwar die zeitliche Planung der Kriege, doch wurden sie auch geführt, um verlorengegangene Macht wiederzugewinnen bzw. das Machtgleichgewicht zwischen den wichtigsten Stadtstaaten zu erhalten.

330. Aztekische Spiritualität: Die Höchste Zweiheit

In einer Reihe bedeutender Veröffentlichungen hat Miguel Léon-Portilla auf der Grundlage einer sorgfältigen Analyse von Nahuatl-Texten eine alternative religiöse Weltsicht innerhalb der aztekischen Gesellschaft festgestellt, die sich mit der „wahrhaft spirituellen Weisheit" befaßte. Demnach gab es eine Gruppe von „Kennern der Dinge" *(tlamatinimi)*, deren philosophische Ausgangsposition die Überzeugung war, daß die Menschenopferpraxis und der Eroberungskampf als Angelpunkt der militärisch geprägten Religion der aztekischen Eliten die Menschen weder zu einem Verständnis der fundamentalen Lebenswahrheiten noch zur Wahrheit an sich führen könne. Voller Zweifel gegenüber der aggressiven religiösen Praxis der Mehrheit der aztekischen Elitemitglieder, entwickelten diese Philosophen in der Zeit von 1430–1519 neue Denkansätze für eine ästhetisch orientierte Ritualpraxis. Im Mittelpunkt ihrer Aktivitäten standen rhetorische Bemühungen, die die spirituelle Krise, die durch die militaristisch-mystische Religionspraxis von Tenochtitlan entstanden war, überwinden helfen sollten.

---

[50] *N. M. Borengässer*, Art. Menschenopfer, in: Lexikon der Religionen (Freiburg ²1988) 415 f.

Inzwischen ist bekannt, daß diese rhetorischen und ästhetischen Versuche, das Wesen des Menschen als Suche nach letzter Wahrheit zu deuten, Teil einer theologischen Tradition waren, die in der toltekischen Kultur und dem Königreich von Tollan ihre Wurzeln hatte. Ihren deutlichsten Ausdruck fanden sie in einer Reihe von Texten, die im 16. Jahrhundert von interessierten spanischen Mönchen gesammelt wurden und den poetischen Hintergrund von Persönlichkeiten wie Nezahualcoyotl, dem König von Tetzcoco, von Tecayehuatzin, dem Prinzen von Huexotzinco und elf weiteren *tlamatinimi* aufdeckten. Das rhetorische Vorgehen beinhaltete eine Reihe von poetischen „Anfragen an die Götter über uns und an die Toten unter uns", d. h. die Frage nach der Wirklichkeit jenseits der menschlichen Existenz war gestellt. Gerichtet war diese Wahrheitssuche auf Omeyocan, den „Sitz der Zweiheit", „den innersten Bereich des Himmels". Die Menschen, die nach dieser Wahrheit streben, machen aber die Erfahrung, daß ihre Existenz zerbrechlich, gefährdet und vergänglich ist: In einer Welt, in der „Jade zerbricht und Quetzal-Federn verschleißen", d. h. selbst Kostbarkeiten keinen Bestand haben, gibt es keinen tragenden Grund, keine letzte Wahrheit und keine Dauerhaftigkeit, weder in der Sprache noch im Denken. Ihre solcherart gefährdete Existenz ließ die *tlamatinimi* klagen: „O Gott, du spottest unser. Vielleicht existieren wir gar nicht wirklich, vielleicht bedeuten wir dir nichts?"

Mit diesen Klagerufen wollten sie auch gegen die ständig zunehmende schreckliche Praxis der Menschenopferung vorgehen, ein Versuch, der offensichtlich von großem Pessimismus begleitet war. Eine Lösung der spirituellen Krise wurde nämlich bei einer Versammlung von *tlamatinimi* im Palast des Königs von Huexotzinco in Tecayehuatzin in den letzten Jahren des 15. Jahrhunderts beraten. Danach sollte die menschliche Persönlichkeit, die mit der Metapher „Gesicht und Herz" bezeichnet wurde, die „Arena" sein, in der der innere Befreiungskampf ausgetragen werden mußte. Die Befreiung des Menschen durch wahre Weisheit, die auf dem Verständnis der wahren Bedeutung von Kunst, Dichtung und Symbolen beruht, wurde sprachlich in der Metapher „Blume und Gesang" zum Ausdruck gebracht. Der Nahuatl-Forscher Angel Maria Garibay K. nennt diesen Doppelbegriff „difrasismo", d. h. zwei Wörter werden gemeinsam benutzt, um eine bestimmte Vorstellung zum Ausdruck zu bringen, d. h. dieser Begriff ist Metapher für die Entsprechung von menschlicher Persönlichkeit, poetischer Form und göttlichem Ursprung des Universums, eine Erkenntnis, die die Frucht der philosophischen Bemühungen der *tlamatinimi* war.

„Wiederholt wird in den Texten darauf hingewiesen, daß ‚Blume und Gesang' nur in den Seelen derer wirksam ist, die gelernt haben, ‚mit ihrem Herzen Zwiesprache zu halten'. Das Ergebnis ist eine Art Vergöttlichung des innersten Selbst, die das ‚vergöttlichte Herz' dazu drängen soll, die

'Vergöttlichung aller Dinge' zu erstreben, d.h. also die Einführung von 'Blumen und Gesängen' in alles, was existiert."[51]

Mit diesem ästethisch-schöpferischen Versuch, Dichtung und menschliche Persönlichkeit zu verbinden, wird die dritte Ebene des Dualitätsprinzips deutlich, durch das nach dem Glauben der Nahua alles erschaffen wurde. Die tiefgründigste Metapher, die die *tlamatinimi* fanden, war der Name für den Hohen Gott Ometecuhtli-Omeciuatl, „Herr und Herrin der Zweiheit", die „jenseits aller Zeit und jenseits der Himmel in Omeyocan" weilen.

Wir haben gesehen, daß die Geschichte der mesoamerikanischen Religionen eng mit der Geschichte der Zeremonialstädte und deren Ritualpraxis verbunden war. Als Symbol wurde das Stadtmodell zwar immer wieder durch Zusammenbrüche, Umsiedlungen der Bewohner und Neubauten von Hauptstädten überschattet, doch war es trotz aller äußeren Periodizität das Zeremonialzentrum, welches dem religiösen und sozialen Leben seiner Bewohner Orientierung und Kraft zur Erneuerung vermittelte.

Im *Popul Vuh,* dem *Buch des Rates* der Quiche Maya, kommt diese Überzeugung am Ende einer Erzählung zum Ausdruck: „Nachdem die Herzen der großen Opferpriester ... der weisen Männer ... der großen Weissager ... in Erwartung der Sonne erschöpft waren, machten sie sich auf die Suche nach einem anderen Leben ... Sie hatten von einer anderen Stadt gehört und gingen dorthin."

---

[51] *M. Léon-Portilla* (Ed.), Native Mesoamerican Spiritualities: Ancient Myths, Discourses, Stories ... from the Aztec, Yucatec, Quiche-Maya and other Sacred Traditions (New York 1980),134.

	I Mesa Central	II Golfküste	III Mexikan. Gebirgsland	V Yucatán-Halbinsel
3000– 2000 vC. 1000	Beginn des Ackerbaus (Mais, Bohne, Kürbis) Archaische Kulturen	Ältere Olmekische Kultur Z: La Venta, San Lorenzo, Tres Zapotes Blütezeit – 500		
300 100			IV Pazifikküste Izapa-Kultur Z: La Victoria Urheimat der Maya	Hochlandmaya VI Z: Kaminaljuyú Zaculeu, Iximché
100 300 600 700	Teotihuacán-Kultur Z: Teotihuacán Cholula Blütezeit 300–700	Jüngere Olmekische Kultur Z: Cerro de las Mesas	Zapotekische Kultur Z: Monte Alban	südl. Tiefland-Maya Z: Tikal, Uaxactan Copán (400–750) Palenque (600–800)
850 900	Toltekische Kultur Z: Tollan (Tula)	Ältere Totonakische Kultur Z: Tajin	Anfänge Mitlas (Zapotek. Zentrum)	
um 1000	Sturz und Auswanderung des Priesterkönigs Quetzalcoatl nach Yucatán			
1100 1168	Eroberung Tollans durch Chichimeken Chichimekische Kultur Aztekische Einwanderungen	Huaxtekische Kultur Z: Tampico, Pánuco	Frühe Mixtekische Kultur Oaxaca	nördl. Tieflandmaya toltekische Einwanderung Z: Chichen Itzá Yucatán-Maya Vorherrschaft Mayapans 1200–1450 weiteres Z: Uxmal
1200 1300 1325/70 1418 1428	Gründung Tetzcocos Gründung Tenochtitlans Eroberung Tetzcocos durch Tepaneken Untergang des Tepaneken-Reiches Aztekische Kultur Z: Tenochtitlan	Jüngere Totonakische Kultur Z: Cempoala –1500	Ausbreitung der Mixteken nach Norden (Cholula u. Cerro Montoso) (1200) Mixteken besetzen Monte Albán (1400)	
1430	Dreibund mit Tetzcoco u. Tlacopan			
1450 1480 1521	Aztekische Eroberungen im Gebiet der Totonaken, ... Gründung azt. Provinzen Cotastla u. Tuxtepec Cortés erobert Tenochtitlan		.... Besetzung von Oaxaca	

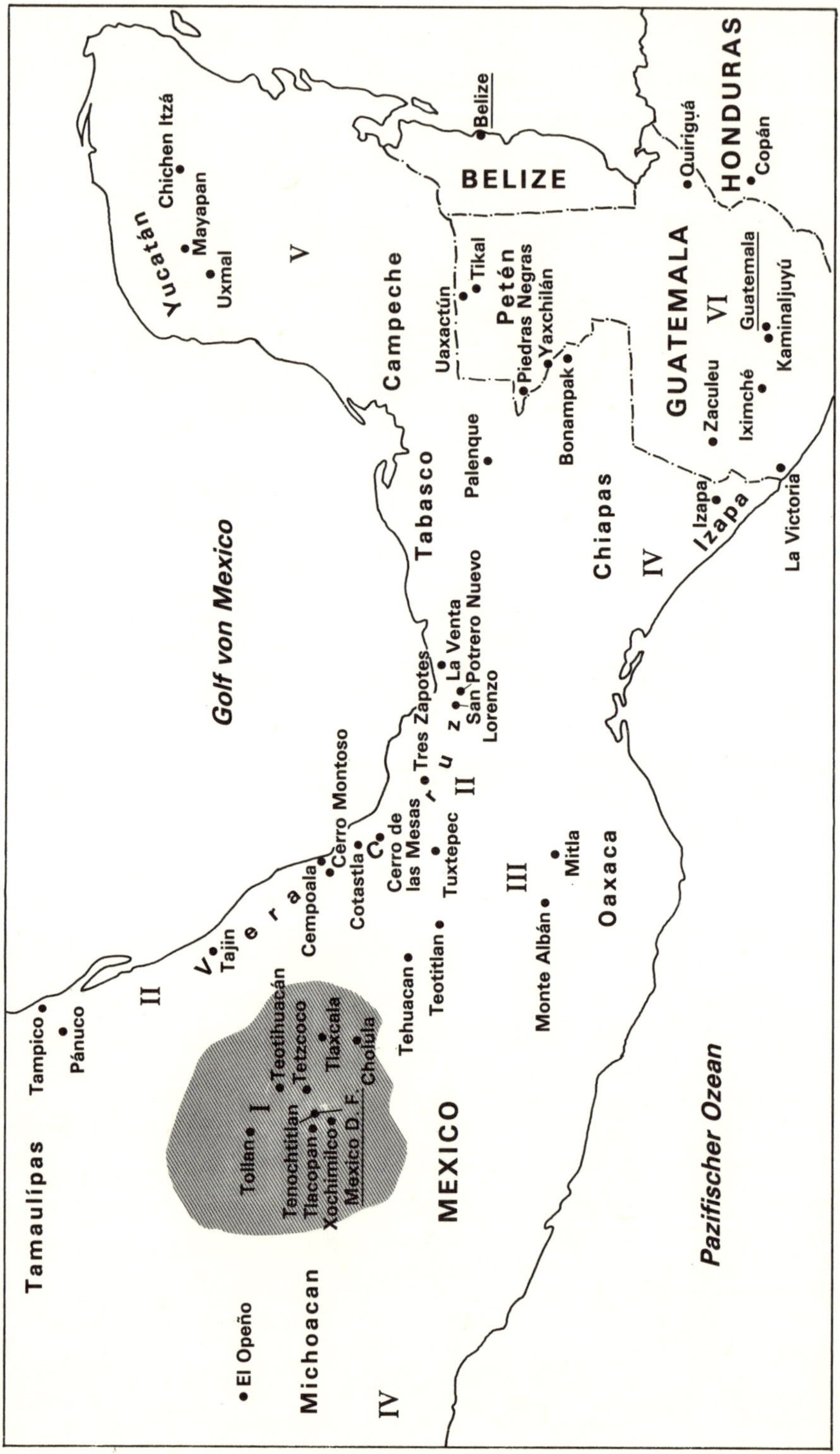

Karte: N. Borengässer

EINUNDVIERZIGSTES KAPITEL

Die Suche nach Unsterblichkeit – Der Taoismus in den chinesischen Glaubensvorstellungen zur Zeit der Sechs Dynastien (ca. 400–600 n. Chr.)

Henri Maspero

In allen Werken über China werden die drei chinesischen Religionen Konfuzianismus, Buddhismus und Taoismus behandelt. Aber während Konfuzianismus und Buddhismus zu Genüge beschrieben werden, wird der Taoismus lediglich erwähnt in der Absicht, die alte Philosophie Lao-tzûs modernen Zeremonien gegenüberzustellen, bei denen Zauberer durch Tänze und Gesänge Dämonen austreiben; geblendet durch den Geist der großen taoistischen Philosophen der Antike, Lao-tzû und Chuang-tzû, sahen Chinesen und Europäer in der taoistischen Religion nur einen verfälschten und degenerierten Abkömmling der Lehre der alten Meister. Dennoch war sie etwas ganz anderes, und sie sollte im Zusammenhang mit der Agrarreligion der Antike, die sich nur mit ganzen Gruppen befaßte und keinen Raum für Individuen ließ, betrachtet werden.

Die alte Religion hatte sich nur mit gesellschaftlichen Gruppen beschäftigt. In einer Zeit, in der die chinesische Welt in mehrere hundert Herrschaften aufgeteilt war, war Religion die Summe der Kulte der Herrschaft, so wie die griechische und die römische Religion die Summe der städtischen Kulte bildeten. Auf dem Hintergrund dieser Gemeinschaftskulte war der Taoismus der chinesische Versuch, eine persönliche Religion zu schaffen. Er spielte in der fernöstlichen Welt eine ähnliche Rolle wie die Orphik und die Mysterien in der hellenistischen Welt, und er fand beinahe das gleiche Ende wie diese, indem er seinen Platz an eine fremde Religion abtrat, nämlich an den Buddhismus. Dieser spielte auf seine Weise eine Zeitlang in China die gleiche Rolle wie das Christentum im Mittelmeerraum, aber ohne die Oberhand zu gewinnen. Die langwierigen Versuche, eine Ausdrucksform für das persönliche religiöse Gefühl zu finden, waren im China zu Beginn der christlichen Zeitrechnung sehr oft denjenigen im Westen zur selben Zeit ähnlich. Die Probleme, die sich vor zweitausend Jahren im Mittelmeerraum ergaben, stellten sich beinahe zur gleichen Zeit und auf die gleiche Weise an den Ufern des Gelben Flusses, und wenn auch die Lösungen nicht dieselben waren, so waren sie zumindest in vielen Punkten vergleichbar, und ihre Entwicklung verlief häufig parallel.

Der Taoismus entstand in den letzten Jahrhunderten vor Beginn unserer Zeitrechnung, als die antike Agrarreligion begann, sich von der Gesellschaft zu lösen, mit der sie eng verbunden gewesen war, und den unruhig gewordenen Geistern nicht mehr genügte. Er entwickelte sich mit außergewöhnlichem Erfolg unter der Han-Dynastie und erreichte seinen Höhepunkt unter den Sechs Dynastien, als die chinesische Welt sich auch auf dem politischen und religiösen Höhepunkt befand. Im 7. Jahrhundert dann wurde ihm der Friede der T'ang zum Verhängnis, der die konfuzianische Ordnung in die Geisterwelt wie auch in die Verwaltung einführte. Die Konkurrenz des Buddhismus schwächte den Taoismus ebenfalls. Er verlor nach und nach seinen Einfluß auf das Volk und reduzierte sich auf eine Mönchsreligion und einen Zauberkult. Trotz des Ruhms, den ihm der Ruf einiger großer religiöser Persönlichkeiten in den folgenden Jahrhunderten verschaffte, begann von nun an der lange Verfall, der ihn zu seinem heutigen moribunden Zustand führte.

Es geht in der folgenden Abhandlung um die Blütezeit des Taoismus zur Zeit der Sechs Dynastien zwischen dem 4. und 6. Jahrhundert unserer Zeitrechnung, wobei nacheinander seine wesentlichen Erscheinungsformen beschrieben werden.

331. Die Suche nach Unsterblichkeit: körperliche Techniken

Der Taoismus ist eine Heilsreligion, die die Gläubigen zum Ewigen Leben führen will. Und wenn die Taoisten auf der Suche nach dem Langen Leben dieses nicht als eine spirituelle, sondern als eine materielle Unsterblichkeit des Leibes verstanden, so war dies nicht eine wohlüberlegte Wahl zwischen verschiedenen möglichen Lösungen des Unsterblichkeitsproblems in der anderen Welt, sondern geschah deshalb, weil sie diese Lösung für die einzig mögliche hielten. In der griechisch-römischen Welt pflegte man schon früh den Geist der Materie entgegenzusetzen, was sich in den religiösen Vorstellungen in der Gegenüberstellung einer einzigen spirituellen Seele und eines materiellen Leibes ausdrückte.

Für die Chinesen, die niemals zwischen Geist und Materie unterschieden, weil für sie die Welt ein kontinuierlicher Prozeß ist, der sich ohne Unterbrechung vom Nichts zu den materiellen Dingen entwickelt, hatte die Seele nicht diese Rolle des unsichtbaren und spirituellen Gegensatzes zum sichtbaren und materiellen Leib inne. Es gab für sie in jedem Menschen zu viele Seelen, als daß eine von ihnen ein Gegengewicht zum Leib hätte bilden können. Jeder Mensch hat zwei Gruppen von Seelen, drei übergeordnete

Seelen *(hun)* und sieben untergeordnete *(p'o)*;[1] und wenn auch verschiedene Glaubensvorstellungen darüber existierten, was in der anderen Welt aus diesen Seelen würde, so stimmten doch alle diese Vorstellungen darin überein, anzunehmen, daß sie sich nach dem Tod trennten. Im Leben wie im Tod waren diese verschiedenen Seelen sehr verschwommen, vage und schwach. Wenn diese kleine Schar blasser Geister nach dem Tod zerstreut war, wie sie einsammeln und in eine Einheit bringen?

Im Gegensatz dazu ist der Leib einmalig; er dient ihnen allen sowie anderen Geistern als Heimat. Man erhält auch nur im Leib die Möglichkeit einer Unsterblichkeit, in der die Persönlichkeit des Lebenden bewahrt und nicht in mehrere Persönlichkeiten aufgespalten wird, von denen jede als Bruchstück eine eigene Existenz lebt. Es gab für Taoisten die Vorstellung, daß dieser notwendige Leib in der anderen Welt neu geschaffen würde, wobei sie in der anderen Welt an eine Art Schmelzofen für die Seelen dachten, durch den der Tote einen unsterblichen Leib erhielt, wenn die Lebenden sich durch Gebete und entsprechende Zeremonien für ihn einsetzten; aber sie verallgemeinerten diese Idee nicht. Die Bewahrung des lebendigen Leibes blieb immer der normale Weg zur Unsterblichkeit. Hierbei handelte es sich darum, den vergänglichen Leib weiterleben zu lassen bzw. ihn im Laufe des Lebens durch einen unsterblichen Leib zu ersetzen. Dies geschah dadurch, daß man unsterbliche Körperteile in sich selbst entstehen ließ (wie Haut, Knochen usw.), die die vergänglichen Körperteile ersetzten. Der Gläubige, der diesen Punkt erreicht hat, stirbt nicht, sondern „fährt am hellen Tag zum Himmel auf".

Den Gläubigen die Unsterblichkeit des Leibes zum Ziel zu setzen hieß sich der unmittelbaren Widerlegung durch die Tatsachen auszusetzen: Es war sehr leicht zu begreifen, daß dieser Aufstieg zum Himmel nur die Ausnahme sein konnte und daß in der Tat selbst die eifrigsten Taoisten ebenso starben wie die anderen Menschen. Ein solcher Glaube konnte sich daher nur mit einer gewissen Interpretation der Art und Weise, wie man dem Tod entgehen konnte, verbreiten. Die anerkannte Interpretation war, daß derjenige, der unsterblich geworden war, sich den Anschein gab, zu sterben, um in der menschlichen Gesellschaft, in der der Tod ein normales Ereignis ist, keine Verwirrung zu stiften. Man beerdigte ihn nach den üblichen Zeremonien. Aber es war nur ein falscher Tod: in den Sarg wurde ein Schwert oder ein Rohrstock gelegt, dem man den Anschein eines Leichnams gegeben hatte. Der wahre Leib lebte nun bei den Unsterblichen; dies nannte man die „Befreiung des Leichnams".

Die Notwendigkeit, den Leib zu Lebzeiten umzuwandeln, um ihn unsterblich zu machen, erlegte dem taoistischen Gläubigen *(t'ao-shih)* zahlrei-

---

[1] Eine frühe Quelle über die drei höheren und die sieben niedrigen Seelen ist *Pao-p'u-tzu* 18, *Ti-chen p'ien*, 4 a: Sie tauchen häufig in der späteren taoistischen Literatur auf.

che Verpflichtungen auf. Es war nötig, „den Leib zu nähren“, um ihn umzuwandeln, „den Geist zu nähren“, um ihn überdauern zu lassen, und sich dazu allen möglichen Praktiken zu widmen. Diesen lagen zwei verschiedene Techniken zugrunde: Auf der materiellen Ebene dienten Diätkuren und Atemübungen dazu, „den Leib zu nähren“: das bedeutete, die Ursachen von Verfall und Tod im materiellen Leib zu unterdrücken und in sich selbst den mit Unsterblichkeit versehenen Embryo zu schaffen, daß er sich einnistete und heranwuchs. Erwachsen geworden, formte er den unvollkommenen Leib um in einen unsterblichen, subtilen und leichten Leib. Auf der spirituellen Ebene dienten Konzentration und Meditation dazu, „den Geist zu nähren“: das hieß, das Einheitsprinzip der menschlichen Persönlichkeit zu verstärken, die Autorität über die transzendenten Wesen im Inneren des Leibes zu vergrößern und so diese Wesen (Götter, Geister und Seelen) in sich selbst zu unterstützen, denn ihre Bewahrung war zum Erhalt des Lebens notwendig. Ersteres stärkte den Leib als materiellen Träger der Existenz; durch letzteres wurde das Leben selbst innerhalb des Leibes verlängert, indem man alle ihn bewohnenden transzendenten Wesen zusammenhielt.

Der menschliche Leib ist eine Welt (Mikrokosmos), die der äußeren Welt (Makrokosmos), der des Himmels und der Erde, wie die Chinesen zu sagen pflegen, ähnlich ist. Der Odem, der durch das Atmen in den Leib hinabsteigt, vereinigt sich dort mit der Essenz, die im Unteren Zinnoberfeld eingeschlossen ist. Ihre Vereinigung bringt den Geist hervor, der das leitende Prinzip des Menschen ist, ihn gut oder schlecht handeln läßt und ihm seine Persönlichkeit verleiht. Dieser Geist ist im Unterschied zu dem, was wir Seele nennen, vergänglich: entstanden durch die Vereinigung des Odems, der von außen gekommen ist, mit der Essenz, die in jedem Menschen eingeschlossen ist, wird er zerstört, wenn diese beiden sich im Augenblick des Todes trennen. Man stärkt ihn, indem man den Odem und die Essenz durch geeignete Praktiken wachsen läßt.

Der Leib wird in drei Bereiche eingeteilt: den oberen (Kopf und Arme), den mittleren (Brust) und den unteren Bereich (Unterleib und Beine). Jeder Teil hat sein Lebenszentrum, eine Art Leitstelle; dies sind die drei Zinnoberfelder (die so genannt werden, weil der Zinnober wesentlicher Bestandteil der Unsterblichkeitsdroge ist): das erste Zinnoberfeld, der *Ni-huan*-Palast (abgeleitet vom Sanskritbegriff *Nirvâna*), befindet sich im Gehirn; das zweite, der Scharlach-Palast, sitzt in der Nähe des Herzens; das dritte, das Untere Zinnoberfeld, befindet sich unter dem Nabel. Man stelle sich mitten im Gehirn neun kleine Kammern von einem Zoll vor, die zwei übereinanderliegende Reihen bilden, eine von fünf und eine von vier Kammern, mit einer Eingangshalle zwischen den Augenbrauen (möglicherweise eine grobe und schematische Vorstellung der Hirnkammern). Unten, am Eingang, befindet sich der Regierungssaal; dahinter die Geheime Kammer, gefolgt vom Palast des Zinnoberfelds, dann vom Palast der Fließenden Perle und vom Palast des Jadekaisers; darüber liegen der Himmlische Hof, der Palast der Wirklichkeit der Großen Bergspitze, der Palast des Mysteriösen Zinnobers, der sich genau über dem Zinnoberfeld befindet, und schließlich der Palast des Großen Erhabenen. In die Brust gelangt man durch den Etagen-Pavillon (Luftröhre), der zum Regierungssaal und in die folgenden Kammern führt; der Palast der Fließenden Perle ist das Herz. Im Unterleib stellt die Milz den Regierungspalast dar, und das Zinnoberfeld befindet sich drei Zoll unter dem Nabel.

Die drei Zinnoberfelder haben jedes ihre Götter, die dort residieren und sie gegen böse Geister und Odem verteidigen. Nun befinden sich die boshaften Wesenheiten aber ganz in der Nähe der Schutzgötter. Drei der gefährlichsten, die Drei Würmer (oder Drei Leichname), werden vor der Geburt in den Leib eingepflanzt. Jeder von ihnen bewohnt eines der drei Zinnoberfelder, der Alte Blaue den *Ni-huan*-Palast im Kopf, die Weiße Jungfrau den Scharlach-Palast in der Brust und der Blutige Leichnam das untere Zinnoberfeld. Sie verursachen nicht nur direkt Verfall und Tod, indem sie die Zinnoberfelder angreifen, sondern versuchen auch, die dem Menschen zugemessene Lebenszeit zu verringern, indem sie dem Himmel seine Sünden berichten. Im Gegensatz zu den Seelen, die nach dem Tod entweder in die Hölle kommen oder im Grab bleiben, werden die Drei Würmer nämlich umherschweifen; man nennt sie auch „Gespenster". Je früher ihr Gastgeber stirbt, desto früher werden sie frei sein. Der Gläubige muß sie so schnell wie möglich loswerden. Und deshalb muß man „auf Getreide verzichten", denn die Drei Würmer sind aus der Essenz des Getreides entstanden und ernähren sich davon.

Der Verzicht auf Getreide mit der Absicht, die Drei Würmer zu schwächen, ist die Basis der sehr strengen taoistischen Diätvorschriften, die außerdem Wein, Fleisch und Pflanzen mit scharfem Geschmack verbieten, um die Körpergötter nicht zu stören, die den Geruch von Blut, Zwiebeln und Knoblauch verabscheuen. Um die Drei Würmer zu zerstören, genügt der Verzicht auf Getreide übrigens nicht: man muß außerdem noch über mehrere Jahre hinweg Pillen nehmen, die sie abtöten (dafür gibt es viele Formeln). Darüber hinaus haben diese Diätkuren nur auf lange Sicht eine Wirkung, und sie sind so hart, daß man sich ihnen oft nur schrittweise unterwirft. Wie z. B. T'ao Yen, der sich mit fünfzehn Jahren dem Verzicht auf Getreide unterwarf und zuerst fast jede normale Nahrung wie Reis, Fleisch usw., außer Mehl, wegließ. Später verzichtete er sogar auf Mehl und nahm nur noch Jojobafrüchte zu sich. Solange noch irgend etwas vom „Odem Blutiger Nahrung" übrigbleibt, ist jeder Fortschritt unmöglich.

Die Zerstörung der Drei Würmer schließt eine Art Vorbereitungsphase ab. Erst nach ihrer Vertreibung nämlich erreichen die meisten Praktiken ihre volle Wirkung, denn erst dann ist es möglich, die gewöhnliche Nahrung durch die ideale Diät zu ersetzen, welche den Leib leicht und unsterblich macht und die man „Sich-vom-Odem-Ernähren“ oder „Embryonalatmung“ nennt.

Die chinesischen Ärzte teilen die Organe des Körpers in zwei Klassen ein: die fünf inneren Organe und die sechs Sammelbecken; es handelt sich um diejenigen, die den wesentlichen Lebensfunktionen dienen, Atmung, Verdauung, Kreislauf (man weiß heute, daß die chinesische Medizin jederzeit die Tatsache des Kreislaufs kannte, nicht aber seinen Mechanismus). Die Atmung teilt sich in zwei Stadien, in das Einatmen, das ein Abstieg des Atems (äußere Luft) von der Nase durch die Milz bis zur Leber und zu den Nieren ist, und in das Ausatmen, also seinen Wiederaufstieg durch die Milz, zum Herzen und zu den Lungen bis zum Verlassen des Körpers durch den Mund. Wenn die feste Nahrung durch die Speiseröhre in den Magen gelangt ist, wird sie dort durch die Milz verdaut, und die brauchbaren Bestandteile werden in die „Odem der Fünf Geschmacksrichtungen“ verwandelt. Diese Odem der Fünf Geschmacksrichtungen sammeln sich in der Milz, wo sie sich mit dem Wasser vermischen, das durch eine von der Speiseröhre getrennte spezielle Röhre dorthin kommt (bis zum 11. Jahrhundert glaubten die chinesischen Ärzte, es gäbe hinten im Mund drei verschiedene Röhren für Luft, feste Nahrung und Wasser); und diese Mischung bildet das Blut. Jedesmal, wenn der ein- oder ausgeatmete Atem die Milz passiert, treibt er das Blut weiter, das drei Zoll in den Adern vorrückt. So laufen Atmung, Verdauung und Kreislauf in enger Abhängigkeit voneinander ab.

Im Zusammenhang mit diesen normalen Funktionen entwickelt sich die Embryonalatmung, die dazu bestimmt ist, diese Funktionen umzuwandeln und sie zum Teil sogar zu ersetzen. Die gewöhnlichen Menschen geben sich damit zufrieden, die äußere Luft zu atmen: bei ihnen bleibt sie in Leber und Nieren stehen und kann den „Ursprung der Barriere“, der durch die Milzgötter bewacht wird, nicht überwinden. Aber nachdem der Gläubige sie eingeatmet hat, kann er sich von ihr ernähren, indem er sie die Röhre für die Nahrung passieren läßt: das ist die Embryonalatmung, die so genannt wird, weil sie versucht, die Atmung des Embryos im Mutterleib wiederherzustellen.

Das Wesentliche ist, zu lernen, lange „den Atem anzuhalten“, um sich so lange wie möglich von ihm ernähren zu können: Liu Ken, der den Atem drei Tage lang anhalten konnte, wurde unsterblich.[2] Die Praktik des „Atemanhaltens“ ist schmerzhaft; sie ruft alle möglichen Arten von physiologischen Störungen hervor, die der Gläubige nach und nach überwinden muß.

---

[2] Masperos Quelle für Liu Ken ist nicht bekannt.

Die Embryonalatmung ist oft nur das Vorspiel zum „Gebrauch des Odems", d. h. der verschiedenen Methoden, den Atem durch den Leib zirkulieren zu lassen. Durch das Verschlucken des Atems, indem man ihn die Speiseröhre anstelle der Luftröhre passieren läßt, kann er die Pforte des „Ursprungs der Barriere" durchschreiten und bis zum Unteren Zinnoberfeld und zum „Ozean des Odems" gelangen. Von dort führt man ihn durch den Rückenmarkskanal zum Gehirn und läßt ihn wieder zur Lunge hinabsteigen. Erst nachdem er diese Strecke durch die drei Zinnoberfelder beendet hat, wird er ganz sanft durch den Mund ausgestoßen. Oder man läßt ihn durch den Leib schweifen, ohne ihn zu lenken (dieses Vorgehen wurde „Läuterung des Odems" genannt). Bei einer Krankheit führte man ihn zu der kranken Stelle, um sie zu heilen. Die Strecke von den drei Zinnoberfeldern aus durch den Rückenmarkskanal wurde nicht nur vom Odem benutzt: einige vereinigten den Odem mit der Essenz im Unteren Zinnoberfeld, und beide zusammen wurden ins obere Zinnoberfeld geführt, um „das Gehirn wiederherzustellen".

Dies war auch der Weg, den die Unsterblichkeitsdroge schlechthin, der Zinnober (Quecksilbersulfid), nahm; aber er wurde nur nach einer Reihe von Umwandlungen, die ihm die nötige vollkommene Reinheit geben sollten, gut absorbiert. Diese komplizierte alchemistische Technik war aufgrund ihrer Kosten allerdings nie sehr weit verbreitet.

Wie man sieht, setzt die Unsterblichkeit des Leibes eine Reihe langwieriger und vor allem gut angeleiteter Bemühungen voraus. Es genügt nicht, sich auf gut Glück auf Praktiken einzulassen; man muß sie so abstufen können, daß man die notwendigen Etappen hinter sich bringt. Indessen kann man nicht sagen, daß man einer strengen Ordnung folgen muß, daß man z. B. mit dem Verzicht auf Getreide anfangen muß, um die Drei Würmer zu schwächen, dann Drogen nehmen muß, die sie töten, und schließlich Atemübungen auf sich nehmen und, indem man den Atem immer länger anhält, endlich zur perfekten Embryonalatmung gelangen muß. Das Leben ist zu kurz, und jede Etappe ist zu lang, als daß man sich einer so strengen Ordnung unterwerfen könnte. Im übrigen hilft jede Praktik zur Bewältigung der anderen. Es gilt, sie alle zusammen in Angriff zu nehmen, die Atemübungen zur selben Zeit wie die Diätkur, so daß man schon den Atem lange genug anhalten kann, wenn man von den Drei Würmern erlöst wird, und man nicht die ganze Lehrzeit zu einer Zeit machen muß, in der das Leben vielleicht schon weit fortgeschritten ist. Nur erreicht die Praktik „Sich-vom-Odem-Ernähren" ihre ganze Wirksamkeit erst dann, wenn Diät und Drogen die Drei Würmer schließlich verjagt und zerstört haben.

Das menschliche Leben ist kurz, und die Suche nach der Unsterblichkeit ist lang. Auch verringern sich die Chancen, unsterblich zu werden, mit fortschreitendem Alter, und es ist nutzlos, sich diesen Praktiken ab einem Alter von siebzig Jahren hinzugeben. Kein Mensch, der sich in diesem Alter auf die Suche nach der Unsterblichkeit begibt, kann sie erreichen. Gewiß verlängern die taoistischen Praktiken das Leben, bevor die vollständige Unsterblichkeit erreicht wird. Man darf aber nicht zu sehr darauf zählen, denn jeder hat seine Bestimmung, und wenn es Bestimmung eines Menschen ist, vorzeitig zu sterben, ist es für ihn sehr schwer, dem zu entgehen, es sei denn, er habe so große Fortschritte gemacht, daß der Herr des Schicksals seinen Namen aus dem Buch des Todes in das Buch des Lebens überträgt. Es existieren für den Taoisten in der Tat zwei Listen, in denen die Namen aller Menschen bei der Geburt aufgeschrieben werden. Die umfangreichere ist die der gewöhnlichen Menschen und der Ungläubigen, nämlich das Buch des Todes. Gott und seine Schreiber tragen dort Namen, Geschlecht und die jedem Kind bei seiner Geburt zugemessene Lebenszeit ein. Das andere, kleinere ist das der zukünftigen Unsterblichen, aber die meisten werden dort eingetragen, wenn sie es durch ihre Bemühungen verdient haben. Gott überträgt sie dann vom Buch des Todes in das Buch des Lebens. Von diesem Moment an können sie sicher sein, früher oder später die Unsterblichkeit zu erreichen, es sei denn, sie begehen irgendeinen schweren Fehler, durch den ihr Name aus dem Buch des Lebens getilgt und, diesmal endgültig, in das Buch des Todes eingetragen würde. So wird über die Lebenden und die Toten stets Buch geführt, und keiner kann darauf hoffen, überraschend dem Tod zu entgehen und unsterblich zu werden.

Aber um die Eintragung in das Buch des Lebens zu erreichen, genügen Atemübungen und Diätkuren nicht, denn für sich allein handelt es sich dabei nur um Medizin und Gesundheitslehre. Man muß im religiösen Leben vorwärtskommen und vor allem Fortschritte in Meditation und Kontemplation gemacht haben. Dies ist ein anderer Aspekt des Taoismus, und nicht der unwichtigste.

332. Spirituelle Techniken: Innere Schau, Meditation und Mystische Vereinigung

Wenn der Taoismus sich mit Praktiken wie Ernährungsvorschriften, Atemübungen, Alchemie und mit Drogen zufriedengegeben hätte, d. h. mit Methoden, die „den Leib nähren", um seine Gläubigen die Unsterblichkeit des materiellen Leibes erreichen zu lassen, wäre er eine Gesundheitslehre oder ein medizinisches System gewesen, aber keine Religion. Nun scheint er in den ersten Jahrhunderten unserer Zeitrechnung aber durchaus eine Religion gewesen zu sein. So wichtig diese Praktiken tatsächlich auch waren, sie genügten doch nicht, um Unsterblichkeit zu erlangen, konnten höchstens das Leben verlängern. Um unsterblich zu werden, mußte man Praktiken ganz anderer Art hinzufügen.

„Den Leib nähren" ließ nur den Leib überleben. Aber die Götter und Geister, deren Wohnsitz der Leib ist, versuchen ständig zu verschwinden, und ihr Weggang würde den Tod herbeiführen. Wenn man sie nicht zurückhalten kann, sind alle Drogen und Formeln nutzlos. Die Methode „den Geist nähren" besteht vor allem darin, durch die Innere Schau mit den Göttern in Beziehung zu treten, damit sie im Leib bleiben. Das ist alles, was notwendig ist, um die Unsterblichkeit zu erlangen, und die Mehrzahl der Gläubigen bleibt hier stehen. Es handelt sich hierbei allerdings nur um eine Anfangsstufe, über die die höherstehenden Gläubigen hinausgehen müssen, um zur Mystischen Vereinigung zu gelangen. Diese gewährt ihnen nicht nur die Unsterblichkeit des Leibes, sondern läßt sie eins werden mit dem *Tao.* Das ist das höchste Ziel eines taoistischen Gläubigen.

Aber nicht jeder, der mit den Göttern in Beziehung treten will, ist dazu in der Lage. Obwohl die Götter in uns sind, im Inneren unseres Leibes, ist es nicht möglich, sie zu erreichen, wenn sie nicht wollen, daß man ihnen nahekommt. Das einfache Wissen um die Vorgehensweise genügt nicht; es ist auch nötig, daß die Götter zustimmen. Man kann sie nicht durch Formeln und Rezepte, wie wirksam sie auch sein mögen, von ihrer Weigerung abbringen.

Das Mittel, ihr Wohlwollen auf sich zu lenken, ist, ein reines Leben zu führen und vor allem gute Werke zu tun. Hagiographische Berichte zeigen, daß das Erreichen der Unsterblichkeit gewöhnlich mit der Ausübung guter Werke beginnt. Die „Geschichte der Späteren Han" nennt Taoisten aus guter Familie, die in den beiden ersten Jahrhunderten unserer Zeitrechnung dadurch berühmt wurden, daß sie Waisen ernährten, Straßen instand hielten und Brücken bauten. Sie gingen sogar so weit, ihren ganzen Besitz mit den Armen zu teilen. Das „Buch des Jadesiegels" betrachtet als verdienstvolle Taten schlechthin solche, durch die man „die Menschen aus Gefahr rettet, indem man sie Unglück vermeiden läßt, sie vor Krankheiten schützt und vorzeitigen Tod verhindert".

Die guten und schlechten Taten und ihre Belohnung wurden kodifiziert und geregelt. Eine taoistische Lebensregel, der „Abriß der wichtigsten Rituellen Regeln und Verbote", nennt eine ganze Skala von Züchtigungen entsprechend der Anzahl der Sünden.

Es gibt im Leib des Menschen Götter, die zu festgelegten Momenten aufsteigen, um über die guten und schlechten Taten Bericht zu erstatten. Wenn die Fehler 120 überschreiten, wird man krank. 180 Fehler bedeuten Unvollkommenheit: diesem Menschen wird es nicht gelingen, Haustiere zu züchten. 190 Fehler bedeuten Unachtsamkeit: dieser Mensch wird eine ansteckende Krankheit bekommen. 530 Fehler bedeuten ein kleines Unheil: dieser Mensch wird totgeborene Kinder bekommen. 720 Fehler bedeuten ein großes Unheil: dieser Mensch wird keine Söhne und viele Töchter bekommen. 820 Fehler bedeuten Unglück: dieser Mensch wird eine Krankheit bekommen, die ihn blind oder taub macht. 1080 Fehler bedeuten Elend: er stirbt eines gewaltsamen Todes. 1200 Fehler bedeuten ein Desaster: er wird in einer Revolte umkommen. 1600 Fehler bedeuten eine Katastrophe: er wird keine Nachkommen haben, weder Söhne noch Enkel. 1800 Fehler bedeuten eine Heimsuchung: das Unglück wird sich über fünf Generationen ausbreiten.[3]

Und er fährt auf diese Weise fort, indem er die Vergeltungen in dem Maße steigert, wie die Anzahl der Sünden wächst: die schrecklichste aller Strafen ist schließlich das Auslöschen durch das Schwert, eine öffentliche Exekution des Schuldigen und seiner ganzen Familie. Für die guten Taten ist der Katalog kürzer und weniger detailliert. Es war kaum nötig, darauf großes Gewicht zu legen: wer 300 gute Taten vollbracht hatte, wurde Irdischer Unsterblicher; man brauchte 1200 gute Taten, um Himmlischer Unsterblicher zu werden. Aber:

Wer nach 1199 guten Taten nur eine einzige schlechte vollbringt, verliert alle vorherigen guten Taten und muß ganz von vorn beginnen.

Nicht alle jedoch vertraten diese strenge Auffassung, und es gab Bußrituale, um die Sünden auszulöschen.

Das Vollbringen guter Werke zieht das Wohlwollen der Götter und der Unsterblichen nach sich, vor allem dann, wenn es mit grundlegenden Atemübungen und einer gewissen Einfachheit in der Ernährung verbunden ist. So sah sich auch Chou Yi-shan, dessen gute Werke ein Text beschreibt, für seine Tugend von einem Unsterblichen belohnt:

Es lebte damals in Chenliu ein gewisser Huang T'ai. Er hatte weder Frau noch Kinder, noch Verwandte, und niemand wußte, woher er kam; er war immer in geflickte Gewänder gekleidet und verkaufte alte Schuhe. Chou Yi-shan aber sah ihn den Markt überqueren und fand seine Kleidung außergewöhnlich. Er dachte bei sich: „Ich habe sagen hören, daß die Augen der Unsterblichen viereckige Pupillen haben." So war es bei Huang T'ai. Sehr zufrieden kaufte er ihm mehrere Male Schuhe ab. Am Ende ging Huang T'ai zu ihm hin und sagte: „Ich habe gesehen, daß Ihr das *Tao* liebt: deshalb bin ich zu Euch gekommen. Ich bin der Unsterbliche vom Berg der Mitte ..."[4]

In diesem Anfangsstadium waren es die Unsterblichen und die Götter, die die noch unwissenden Gläubigen suchten und von sich aus mit ihnen in Verbindung traten. Aber wenn sie weitere Fortschritte gemacht haben, wissen die Gläubigen, daß sie nicht darauf warten dürfen, bis man sie suchen kommt, und daß sie selbst an der Reihe sind, sich auf die Suche nach den Göttern zu machen.

Wer sind diese Götter, mit denen die taoistischen Gläubigen in direkte Verbindung treten wollten? Die Götter der antiken Religion, Spender sehr konkreter Güter wie Gesundheit, Regen und Hitze zur rechten Zeit, guter Ernten und familiären Wohlstands, interessierten sie kaum. Was konnte man verlangen vom Windgraf *(Fêng-Po)* oder vom Regenmeister *(Yü-Shih)*

---

[3] *Yao-hsiu k'o-i chieh-lü ch'ao*, 12, 10a–b.
[4] *Tz'u-yang chen-jen nei-chuan*, 2a–b.

oder gar, um die wichtigeren Götter zu nennen, vom Flußgraf *(Ho-Po)* oder von den Göttern der Berge und der Meere? Sie sind schließlich nur Lokalgottheiten, deren Kompetenz streng auf die Ereignisse begrenzt ist, die sich in ihrem Territorium ereignen. Der Erdgott war eine feindliche Gottheit, die die Seelen der Verstorbenen in seinen Irdischen Gefängnissen *(ti-yü)* festhielt und sie sogar verschlang. Es gab nur den Höchsten Herrn *(Shang-ti)*, an den man sich hätte wenden können. Aber für die Taoisten ist seine Rolle sehr reduziert, denn der wahre Ordner der Welt ist nicht er, sondern das unpersönliche *Tao*, aus dem die Welt durch Umwandlung hervorgegangen ist. In der Tat richteten die großen Mystiker des 4. und 3. Jahrhunderts v. u. Z., Lao-tzû und Chuang-tzû, ihre Inbrunst auf das *Tao* und fanden selbst in seiner Unpersönlichkeit Motive mystischer Erhebung. Indessen bemühte sich schon im Altertum Ch'ü Yüan, ein Zeitgenosse von Chuang-tzû, um das Einswerden im Himmel, in der Stadt des Höchsten Herrn, und es ist kaum feststellbar, ob es sich nur um eine poetische Allegorie handelt oder ob er, wie die Taoisten der folgenden Jahrhunderte, nicht schon das Tao selbst personalisierte.

Diesen Schritt nämlich müssen die Taoisten in der Zeit der Sechs Dynastien getan haben. Sie nahmen an, daß das Tao menschliche Gestalt annimmt und zum Herrn des Tao wird, *Tao-chün*, um Götter und Menschen zu unterweisen. Die Person, die zur Zeit der Chou unter dem Namen Lao-tzû bekannt war, war für sie der Allerhöchste Herr des Tao, T'ai-shang Tao-chün oder, wie man ihn auch nennt, der Allerhöchste Alte Herr, T'ai-shang Lao-chün. Der Lao-tzû der antiken Texte ist nur einer seiner zahlreichen Nachkommen, der in diese Welt gekommen ist, um die Menschen zu unterweisen und sie den Weg des Heils zu lehren.

In dieser Zeit hatte der Einfluß des Buddhismus mit seinen großen transzendenten Wesenheiten, den Buddhas und Bodhisattvas, im Taoismus eine Reihe ähnlicher transzendenter Wesen aufkommen lassen. Diese spielten dieselbe Rolle als Retter und Lehrer unter dem Titel „Ehrwürdige des Himmels" *(t'ien-tsun)*. Da diese Bezeichnung beiden Religionen gemeinsam war, führte sie zu Verwirrungen. Es ist möglich, daß sie wirklich taoistischen Ursprungs war und daß die ersten Missionare sie übernahmen, um den Titel Bhagavat, den man Buddha gegeben hatte, zu übersetzen (später ersetzten die Buddhisten ihn durch *shih-tsun*, „Verehrter der Welt", um Verwirrung zu vermeiden). Es kann auch sein, daß er ursprünglich eine buddhistische Interpretation dieses Titels war und durch die Taoisten entliehen wurde (im Taoismus scheint ihm der Titel Himmelskönig, *t'ien-wang*, vorausgegangen zu sein), wie sie zur selben Zeit den Namen Mâra *(mo)* entlehnten, um Dämonen zu bezeichnen, oder Kalpa *(chieh)*, um die Weltalter zu benennen usw. Auf jeden Fall nahm sich, was immer der Ursprung des Namens selbst sein mag, die Vorstellung von diesen höchsten Wesen in gewissen Punkten die landläufige chinesische Vorstellung von

Buddha und den Bodhisattvas zum Vorbild. Nach dem Beispiel des Allerhöchsten Alten Herrn stiegen andere Gottheiten in diese Welt hinab, um die Menschen zu unterweisen. Die, die nicht bis zur Erde hinabstiegen, predigten wenigstens den Göttern und den Unsterblichen, und diese wiederum offenbarten den unteren Göttern und den Menschen die Lehren der höchsten Götter. Auf diese Weise kamen die „wichtigen Rezepte“ und die „mächtigen Formeln“, dank deren es möglich ist, Unsterblichkeit zu erlangen, in unsere Welt.

Mit diesen Göttern nämlich versuchen die taoistischen Gläubigen in Verbindung zu treten, denn diese können ihnen zum Heil verhelfen. Sie sind äußerst zahlreich, jeder Gläubige hat einen oder mehrere eigene: Der Taoismus kommt so unter bestimmten Gesichtspunkten dem Spiritismus nahe, und wie jedes spiritistische Medium einen oder mehrere Geister hat, die es leiten und kontrollieren, so haben auch die taoistischen Gläubigen, die oft Medien sind, alle ihre eigenen besonderen Götter, die ihnen wenigstens am Anfang ihrer Laufbahn helfen. Diese Götter bilden eine weite Hierarchie, von kleinen Unsterblichen, die den Menschen noch ganz nah sind, bis zu den höchsten Göttern; die Gläubigen erklimmen langsam die Stufen dieser Hierarchie und schaffen es, mit immer höheren Göttern in Verbindung zu treten. Sie sehen sie, sprechen mit ihnen, erfahren ihre Namen und Titel, ihren Ursprung, ihre jetzigen und früheren Funktionen, ihren Wohnsitz. So konstituierte sich ein riesiges Pantheon, verwirrend (da es schwierig ist, all diese Götter verschiedenen Ursprungs einzuordnen) und präzise zugleich (weil über jeden von ihnen exakte Details reichlich vorhanden sind, die von denen stammen, die sie gut kennen). Vom 6. Jahrhundert an fand man sich in diesem Pantheon kaum noch zurecht, und T'ao Hungching, einer der großen Taoisten jener Zeit, versuchte vergeblich, all die Götter in ein Schema einzuordnen. Selbst mit Hilfe der Götter, die er konsultierte, schaffte er es nicht, Verwirrungen, Doppelungen und Auslassungen zu vermeiden.

Heute, fünfzehn Jahrhunderte nach ihm, ist die Verwirrung noch größer, und es ist nicht möglich, hier eine vollständige Aufstellung dieses Pantheons mit seinen Göttern, seinen Göttinnen, seinen Unsterblichen, seinen überaus zahlreichen göttlichen Beamten zu geben, die ebenfalls in sehr zahlreiche hierarchische Kategorien eingereiht sind. Ganze Bücher werden der Aufstellung von Ordnungen dieser Hierarchie transzendenter Wesen gewidmet; und diese Einordnungsversuche vergrößern die Verwirrung noch. Aber wenn es auch kaum möglich ist, sich in all diesen hierarchischen Stufen zurechtzufinden und eine Vorstellung vom taoistischen Pantheon zu vermitteln, wie es im Moment ist oder wie es im 6. und 7. Jahrhundert war, so ist es glücklicherweise viel einfacher, die Entstehung der Götter in den alten Büchern, in denen sie beschrieben werden, zu verfolgen. Und diese taoistische Theogonie, die gleichzeitig eine Kosmogonie ist, wird zeigen, wie die *tao-shih* und die Gläubigen der Sechs Dynastien sich die göttliche Welt vorstellten.

333. Theogonie und Kosmogonie

Die Welt hat für die Taoisten den gleichen Anfang und das gleiche Ende. Es ist das Chaos, aus dem alles hervorgeht und wohin alles zurückkehrt. Alle Dinge sind aus Odem entstanden, der in verschiedenen Stufen eine Veränderung durchmacht, die man mit den Worten „sich verbinden" und „gerinnen" ausdrückt und deren Ziel es ist, ihn mehr und mehr zu materialisieren. Am Anfang waren die Odem im Chaos vermischt; dann trennten sie sich in neun verschiedene Odem. Die Götter und das Universum gingen fast gemeinsam aus dem Chaos hervor, ohne daß die Götter, trotz eines leichten Vorsprungs, etwas mit der Schöpfung zu tun gehabt hätten.

Jeder der Götter schuf sich einen Palast, und in jedem Palast waren göttliche Dienstleistungen und Büros eingerichtet, in denen die Götter und die Unsterblichen Beamten arbeiteten. Sogar in der göttlichen Welt konnten sich die Chinesen kein größeres Glück vorstellen, als Beamte zu werden.

Diese göttlichen Beamten sind Legion; der erste Himmelspalast, der Palast der Purpurnen Feinheit, besteht allein aus 55 555 Myriaden Etagen, die genauso viele Büros bilden, und in jedem gibt es 55 555 Myriaden von göttlichen Beamten, alle aus Odem gebildet, alle spontan geboren, alle in geflügelten Kleidern aus grünen Federn. Und es gibt viele Paläste in den 81 Etagen der Himmel![5] Alle sind voll von Göttern, aber je weiter man in der göttlichen Hierarchie hinabsteigt, desto weniger subtil ist der Odem, aus dem sie gemacht sind.

Alle diese großen und kleinen Götter regieren weder die physische Welt, Himmel und Erde, wie die Chinesen sagen, noch die Welt der Menschen, der Herrscher, der Diener und des Volkes. Gewiß gibt es Götter, die physische Phänomene lenken. Sonne und Mond haben ihre Götter; ein ganzes Büro ist unter der Leitung des Donnergottes für Donner und Blitz, Regen und Wind verantwortlich. Und es gibt auch Götter, die die menschlichen Geschicke leiten, wie der Herr des Schicksals und seine Untergebenen, die die Lebensdauer jedes Menschen bei der Geburt festlegen und es dann seinen guten und schlechten Taten entsprechend verlängern oder verkürzen. Aber sie sind nur Beamte eines riesigen Regierungsapparates, weniger noch, die Räder einer riesigen Organisation, die ganz allein funktioniert und in die sie nur eingreifen, um ihre eigenen Aufgaben zu erfüllen. Keiner von ihnen, weder der höchste noch der niedrigste, regiert irgend etwas.

---

[5] Es gibt verschiedene Arten, die Himmel im Taoismus aufzuzählen, z. B. *Hsiao-tao lun,* sect. 30: *Kuang Hung-ming chi* 9, *Tao-tsang,* 52, 151 a–b.

Die Taoisten glaubten, wie es die Chinesen immer taten, daß die Welt sich vollkommen allein regiert und daß keine Notwendigkeit für die Götter besteht, sich einzumischen. Der Himmel bringt Wesen und Dinge hervor, die Erde ernährt sie, die vier Jahreszeiten kommen und gehen regelmäßig, die fünf Elemente ersetzen sich und siegen eins über das andere in einem Zyklus ohne Ende, *Yin* und *Yang* folgen aufeinander. Alle Dinge funktionieren von allein. Wenn jemand auf den Gedanken käme, sie lenken zu wollen, liefe alles verkehrt, wie es schon Chuang-tzû im 3. Jahrhundert v.u.Z. darlegte. Wenn sich bisweilen Katastrophen ereignen, ist der Mensch daran schuld. Der Mensch kann gut oder schlecht handeln, d.h., er richtet sich nach dem Himmel, oder er tut es nicht. Im letzteren Fall wirkt diese Revolte auf das allgemeine System der Welt, und dies verursacht Sintfluten, Sonnen- und Mondfinsternisse, Erdbeben, Feuersbrünste, Überflutungen etc. So lassen auch die Götter, die Heiligen und die großen Unsterblichen, die die Macht hätten, die Welt zu lenken, sie laufen und hüten sich davor, ihren Mechanismus zu stören. Ihre Rolle ist eine ganz andere: Sie alle, vom größten bis zum kleinsten, sind Lehrer. Das, was sie lehren, sind Verhaltensweisen, die zum Heil führen, nicht so sehr Lehrsätze oder Glaubensvorstellungen als vielmehr physiologische, medizinische oder alchemistische Rezepte, die den Gläubigen vorbereiten und ihn würdig machen, Lehrsätze und Glaubensvorstellungen zu empfangen.

Derart sind die taoistischen Götter, und derart ist ihre Rolle in der Welt. Mit ihnen muß der taoistische Gläubige in Beziehung treten. Am Anfang kommen die Götter und die Unsterblichen von selbst zur Begegnung mit den Lernenden, die ihre Verdienste beweisen, um sie auf den Weg zu schikken. Aber es wäre weder richtig noch klug, sie immer zu erwarten: Das menschliche Leben ist kurz, und sie könnten zu lange auf sich warten lassen. Man muß sich also auf die Suche nach ihnen machen und versuchen, sie zu erreichen; sie verweigern ihre Hilfe den Menschen guten Willens nie.

Aber man muß auch wissen, wo man sie findet. Ihre Himmelspaläste sind wohlbekannt; der genaue Ort und die Zugangswege sind ebenfalls bekannt. Aber es liegt nicht im Fassungsvermögen aller Menschen, „am hellen Tag zum Himmel aufzusteigen". Das gehört vielmehr zur letzten Phase der Erlangung der Unsterblichkeit, und auch nur für die größten Unsterblichen, denn der Großteil der taoistischen Gläubigen erreicht niemals diese Stufe. Glücklicherweise steigen die Götter oft zur Erde hinab und wohnen in Berghöhlen. Viele Gebirge und Höhlen sind bekannt dafür, daß sie so den Göttern und den Unsterblichen als zeitweilige Beherbergung dienen; aber sie wohnen nicht immer dort, und selbst wenn man die Höhle entdeckt, kann man nicht sicher sein, sie darin zu finden. In der Tat stufen die Götter und Unsterblichen ihre Hilfe ab gemäß dem Fortschritt, den die Suchenden schon gemacht haben, ohne demjenigen ihre Hilfe zu verweigern, der sie aufrichtig sucht. Die Suchenden müssen Schritt für Schritt vorwärtskommen und werden immer nur von Göttern oder Unsterblichen empfangen, deren Rang und Wissen solchermaßen sind, daß ihre Unterweisung nicht außerhalb des Fassungsvermögens dessen ist, an den sie sich wenden. Es führt zu nichts, sich zu früh an einen zu hohen Gott zu wenden; er kann nichts für einen noch zuwenig fortgeschrittenen Lernenden tun, denn dieser würde seine Unterweisung nicht verstehen. Entweder wird er sich nicht zeigen oder sich aus Wohlwollen höchstens dazu herablassen, den Suchenden ganz schnell zu anderen Göttern und Unsterblichen von niedrigerem Rang zu schicken, die seinem Fassungsvermögen angemessen sind.

Die Götter quer durch die Welt zu suchen, ist langwierig und anstrengend. Man braucht viele Jahre und muß die Welt in alle Richtungen durchqueren, um einen Meister nach dem anderen aufzusuchen. Man nimmt tausend Strapazen und tausend Verzögerungen auf sich, nicht zu reden von den Ausgaben, die all diese Reisen mit sich bringen, und die Unmöglichkeit, ein normales Leben zu führen. Nun spielt, in China wie anderswo, die Frage der Kosten auch im Leben der Frommen eine Rolle, und die taoistischen Gläubigen waren nicht alle sehr reich. Ein Alchemist des 4. Jahrhunderts erkannte, daß er es niemals schaffen würde, die Unsterblichkeitsdroge herzustellen, weil trotz seines Vermögens der Preis für reinen Zinnober und die Kosten der alchemistischen Verfahren seine Mittel überstiegen.[6] Die Reisen, die für die Suche nach den Göttern nötig waren, hätten arme Gläubigen entmutigt und die reichsten abgeschreckt.

Daher gibt es ein anderes Mittel, sich den Göttern ohne diese langen Reisen zu nähern. Sie sind in der Tat immer nahe bei uns, noch mehr als nur bei uns: sie sind in uns. Unser Leib ist angefüllt mit Göttern, und diese Götter sind dieselben wie die der äußeren Welt. Das ist eine der Konsequenzen aus der Tatsache, daß der menschliche Körper mit der Welt identisch ist, daß er die Welt selbst in einer anderen Form darstellt: Mikrokosmos angesichts des Makrokosmos. Der runde Kopf ist das Himmelsgewölbe, die rechteckigen Füße sind die viereckige Erde; der Berg K'un-lun, der den Himmel trägt, ist der Schädel; Sonne und Mond, die dort befestigt sind und um ihn kreisen, sind jeweils das linke und das rechte Auge. Die Adern sind die Flüsse, die Blase ist der Ozean, die Kopf- und Barthaare sind die Sterne und die Planeten; das Zähneknirschen ist das Rollen des Donners. Und alle Götter der Sonne, des Mondes, der Flüsse, der Meere und des Donners finden sich im menschlichen Körper wieder. Wie können sie gleichzeitig in der Welt und im Körper jedes Menschen sein? Diese Frage scheinen die Taoisten sich erst spät gestellt zu haben; und dann entlehnten sie von den Buddhisten zugunsten ihrer Götter die Fähigkeit, „den Leib zu teilen", eine

[6] *Pao-p'u-tzu*, 16, 1 b.

Fähigkeit, welche die Buddhas und Bodhisattvas besitzen. Die Alten akzeptierten dies, ohne weiter darüber nachzudenken.

Die Körpergötter sind äußerst zahlreich; ihre Zahl ist, wie die der Knochen, der Gelenke und der Akupunkturpunkte, in Beziehung mit der Anzahl der Tage des Jahres zu sehen (denn auch der Kalender ist mit der Welt und dem menschlichen Leib identisch); sie ist ein hohes Vielfaches von 360, und man spricht im allgemeinen von 36 000 Gottheiten. Jedes Glied, jedes Gelenk, jedes innere Organ und jeder Körperteil hat eine oder mehrere Gottheiten. Die Leber hat vier Gottheiten; die Lungen sechs, die sogenannten Wächter der Brücke mit zwölf Spannen (Luftröhre), was die Luftröhre selbst nicht daran hindert, zusätzlich zwölf Wahrhaftmenschen-Torwächter zu haben, die den Auf- und den Abstieg des Atems überwachen. Die Milz hat fünf Gottheiten, die Nieren haben sieben, die das Türchen der Jade-Barriere des inneren Knochens des Rückens bewachen. Das Herz hat den Männlich-Herrn, den Herrn des Schicksals für den mittleren Abschnitt, der das Türchen der Öffnung des Blutes bewacht und dessen Mund einen Nebelhauch ausspuckt, der die fünf Eingeweide befeuchtet; die Nase hat ihren Gott, und außerdem behütet der Alte Herr der Drei Einfachheiten ihre Unterseite, flankiert von zwei Unsterblichen, einer für jede Nasenöffnung, und gefolgt von sechs anderen. Und außer den Göttern, den Wahrhaftmenschen und den Unsterblichen jeden Ranges gibt es noch die Seelen, *hun* und *p'o,* die in der Tat sehr kleine Geister sind. Die wichtigsten aller Körpergottheiten sind die der drei Zinnoberfelder, dieser Lebenszentren, die bereits erwähnt wurden, Befehlsposten der drei Körperregionen Kopf, Brust und Unterleib, deren neun zollgroße Kammern jede ein Palast sind, in dem Götter wohnen.

Alle diese Götter haben die Aufgabe, die Organe, in denen sie wohnen, zu verteidigen und den Körper gegen die bösen Geister und Odem zu verteidigen, die ihn im Inneren quälen und die ihn von außen angreifen. Nicht jeder, der will, dringt in den Leib ein; wenn ein Geist auftaucht, läßt man ihn nur mit Vorbedacht ein:

Über dem Zwischenraum zwischen den beiden Augenbrauen, innerhalb der Stirn, sind rechts der Gelbe Säulengang und links die Scharlachrote Terrasse, die so aufgestellt sind, um den Raum von einem Zoll zu bewachen (die erste Kammer des Zinnoberfeldes); zwischen ihnen gehen die großen Götter der Neun Paläste (die neun Kammern des Gehirns) hindurch, wenn sie hinein- oder hinausgehen. Die beiden Hüter der Terrasse und des Säulengangs lassen die göttlichen Beamten der Neun Paläste ein- und ausgehen sowie diejenigen, die Aufträge des Höchsten Herrn erhalten haben, die Jade-Jünglinge und die kaiserlichen Wagen, die gehen und kommen. Aber sie lassen keinen anderen passieren; das ist die Regel. (Wenn ein Bote erscheint), gibt der Neugeborene Kaiserliche Herr den Göttern der beiden Ohren den Befehl, ihn eintreten zu lassen; diese schlagen auf den Gong und die Glocken, um die Delegierten der Neun Paläste zu benachrichtigen, damit sie von seiner Ankunft wissen und sich darauf vorbereiten, ihn ehrerbietig zu empfangen.

Diesen Gong und diese Glocken hören die Menschen wie Ohrensausen; wenn man es in den Ohren klingen hört, heißt das, daß Boten von außen eintreten.[7]

Der Mensch kann mithelfen, seinen Körper zu verteidigen: beim kleinsten Ohrensausen muß er ein Gebet sprechen. Wenn er nach beendetem Gebet ein warmes Empfinden im Gesicht hat, ist das ein gutes Zeichen; aber wenn er Kälte zwischen Stirn und Nacken verspürt, ist ein schlechter Odem eingedrungen. Dann muß er sich in großer Eile hinlegen, die Augen schließen und sich an den Großen Einen wenden, damit dieser mit seinem Glöckchen aus flüssigem Feuer den schlechten Odem vertreibt, der es geschafft hat, einzudringen.

Alle diese Schutzgötter des Leibes sind dieselben wie die der Welt, und die folgende Passage aus dem *Buch vom Roten Jade-Wald des Dienstes der Unsterblichen der Großen Reinheit* zeigt, wie der Leib des Menschen und das Universum sich vermischen und wie man ohne Übergang vom einen zum andern gelangt:

Im Himmel gibt es den Mysteriösen Einen im Großen Yang; er wird Fließende Perle genannt. Er ist die Pforte zu allem, was wunderbar ist. Wer ihn empfängt und bewahrt, empfängt das Ewige Leben. Im Menschen gibt es die Drei Einen, die nicht immer an demselben Ort wohnen. Wer fähig ist, sie zu behalten, wird König der Unsterblichen. Der eine ist im Großen Abgrund des Nordpols; davor ist der Regierungssaal, darunter ist der Scharlachpalast, darüber ist noch der Geblümte Baldachin mit seinem Jade-Pavillon mit 10000 Etagen.[8]

Dasselbe gilt für die Gottheiten „Königinmutter des Westens“ und „Ostkönigsherr“, *Hsi-wang-mu* und *Tung-wang-kung:*

Der Ostkönigsherr *(Tung-wang-kung)* ist der ursprüngliche Odem des Grünen Yang, der erste der zehntausend Götter; gekleidet in Gewänder aus dreifarbigen Perlen residiert er im Osten; unter ihm ist *P'êng-lai* (die Insel der Unsterblichen). Er ist auch im Menschen, über dem Kopf, auf dem Scheitelpunkt des Schädels; zu seiner Linken Wang-tzu Ch'iao und zu seiner Rechten Ch'ih-sung-tzu; er wohnt im linken Auge und vergnügt sich auf dem Scheitelpunkt des Kopfes; der Odem seiner Essenz oben bildet die Sonne. Das linke Auge ist die Sonne, das rechte der Mond; der Königsvater *(Wang-fu)* ist im linken Auge, die Königinmutter *(Wang-mu)* ist im rechten Auge.[9]

Dieselben Gottheiten haben auch ihren Platz im Mittleren Abschnitt:

Die Königinmutter des Westens *(Hsi-wang-mu)* ist der ursprüngliche Odem des Großen Yin. Unten residiert sie auf dem Berg K'un-lun, in der Metallstadt mit neun Etagen; in der Höhe wohnt sie auf dem Blühenden Baldachin und auf dem Großen Bären, unter dem Polarstern. Der Mensch hat ebenfalls diese Gottheit: Sie ist in seinem rechten Auge. Die beiden Busen des Menschen sind der Odem der Essenz der zehntausend Götter, das Elixier von *yin* und *yang*. Unter der linken Brust ist die

---

[7] *Ta-yu miao-ching,* 16a–17b.
[8] *Shang-ch'ing hsien-fu ch'iung-lin ching,* 1a.
[9] *T'ai-shang Lao-chün chung-ching,* 1,2a.

Sonne, unter der rechten Brust ist der Mond: das sind die Wohnungen des Ostkönigs und der Westkönigin, die oben in den Augen residieren und sich auf dem Scheitel des Kopfes vergnügen und sich unten unter den Busen aufhalten und im Scharlachpalast residieren (im Herzen).[10]

Man begegnet nicht nur einzelnen Göttern im menschlichen Körper, sondern der ganzen himmlischen Regierung. Im Leib eines jeden Menschen, sagt ein taoistischer Autor des 5. Jahrhunderts, gibt es drei Paläste, sechs Verwaltungen, hundertzwanzig Barrieren, 36000 Götter.[11]

Man erkennt unschwer die Drei Paläste der Drei Ursprünglichen, die in anderen Texten beschrieben werden, mit ihren Verwaltungen, ihren Gerichtssälen, ihren Büros. Die Zahlen sind nicht genau dieselben. Das ist nicht verwunderlich, denn der menschliche Körper ist die Welt, aber in Kleinausgabe.

So sind die Götter in uns selbst. Es empfiehlt sich also, sie in unserem Körper zu suchen und nicht in abgelegenen Berghöhlen. Und für den, der den Weg kennt, gibt es keine Schwierigkeit, zu ihnen zu gelangen. Dieser Weg liegt in der Reichweite all derer, die fähig sind, ein spirituelles Leben zu führen, wie es zur Erlangung der Unsterblichkeit notwendig ist: der Weg ist die Meditation.

Man tritt mit den Göttern nicht so sehr in Beziehung, um sie um Ratschläge und um Offenbarungen zu bitten, als vielmehr, um sie im Inneren des Leibes zu behalten, wo ihre Anwesenheit zur Bewahrung des Lebens notwendig ist. Das Vorgehen, mit dem man sie dort behält und sie zum Bleiben verpflichtet, ist das, was die Chinesen „den Einen bewahren" *(shou-yi)* nennen, weil es vor allem der Große Eine ist, das Oberhaupt aller Körpergeister, den man bewahren und zurückhalten muß. Dieses Vorgehen ist identisch mit dem Verharren in Meditation: Man betrachtet den speziellen Gott, den man an sich binden will, und richtet den konzentrierten Gedanken auf ihn. Für Taoisten ist dies nicht einfach eine illusorische Vorstellung: Man stellt sich den Gott nicht nur vor, man sieht ihn wirklich an der Stelle des Körpers, an der er lebt, in seiner gewöhnlichen Haltung und Umgebung, gekleidet in seine Tracht und versehen mit seinen speziellen Attributen.

Dies nennt man die Innere Schau. Der Gläubige schließt die Augen, um die äußere Schau auszuschließen; so verbreitet sich ihr Licht (sie sind ja Mond und Sonne) im Innern des Körpers und erleuchtet ihn, und wenn dieses Licht nicht ausreicht, läßt er die Sonne durch einen Zauberspruch in seinen Körper hinabsteigen.[12] Diese Technik benötigt wie alle anderen eine Ausbildung. Am Anfang ist die Vision verschwommen und wie verschleiert,

---

[10] Ebd. 2b.

[11] *Wu-shang pi-yao,* 5, 12a–b.

[12] *Yün-chi ch'i-ch'ien,* 23, 8a–15b.

es erscheinen keine Einzelheiten. Aber sie verbessert sich Schritt für Schritt durch Übung, und dann kann man die Götter ganz genau sehen: den Gott der Haare, zwei Zoll groß und grau gekleidet; den Gott der Haut, eineinhalb Zoll groß und gelb gekleidet; den Gott der Augen, Überfließendes Licht, dreieinhalb Zoll groß und in fünffarbige Kleider gehüllt; den Gott der Nase, zwei Zoll hoch und grün, gelb und weiß gekleidet; den Gott der Zunge, sieben Zoll groß und rot gekleidet; die Götter des Gehirns, des Rükkenmarks und der Wirbelsäule, alle drei weiß gekleidet, der erste ein Zoll, der zweite fünf Zoll und der dritte anderthalb Zoll groß, usw.[13] Der Fantasie läßt man bei diesen Vorstellungen nicht freie Bahn, und man gibt sich offensichtlich Mühe, die Farbe der Kleidung dem Organ, das der Gott überwacht, anzupassen: das Weiß des Gehirns und des Rückenmarks, das Rot der Zunge, das Grün-Gelb-Weiß des Nasenschleims, das Gelb der Haut, die fünf Farben als Symbol des Sehens. Man überprüft in einer Sitzung alle Körpergötter nacheinander; diese Überwachung, die durch dieses Verfahren über sie ausgeübt wird, hält sie auf ihrem Platz und hindert sie daran, wegzugehen.

Die Innere Schau ist nur die Schwelle zum spirituellen Leben. Gewöhnliche Gläubige können sich damit zufriedengeben; diejenigen, die nach einem intensiveren und weniger oberflächlichen religiösen Leben streben, wissen, daß sie weiter vorstoßen müssen.

Die grundlegende Formel des Taoismus ist „Nicht-Handeln" *(wu-wei)*. Alles, was spontan geschieht, steht über dem, was willentlich gemacht wird. Genauso wird in der Technik des Odems die Läuterung des Odems *(lien-ch'i)* höher bewertet als das Lenken des Odems *(hsing-ch'i)*. Und auch in der Technik der Meditation steht die Ekstase, die darin besteht, „sich hinzusetzen und das Bewußtsein zu verlieren" *(tso-wang)*, eine Ekstase, die den Geist (das Herz, *hsin*, sagen die Chinesen) frei läßt, ohne ihm ein Subjekt der Meditation aufzuerlegen *(ts'un-ssu)*, über der Konzentration, durch die man dem Geist die Vision der Götter auferlegt, um sie zu überwachen oder um in Beziehung zu ihnen zu treten.

In dieser höheren Betrachtung, die „das letzte Territorium ist, das von der Welt ist, und das erste Gebiet des Tao" und die man als die „Vollendung der Meditation" betrachtet, „ist der Körper wie ein Stück totes Holz, das Herz wie erloschene Asche, ohne Bewegung und ohne Absicht". Das Herz, der Geist, ist vollkommen leer, äußere Dinge dringen nicht zu ihm durch. Man kann sagen, „es gibt kein Herz, um es zu betrachten", so sehr hat es jede eigene Aktivität und sogar jedes Bewußtsein verloren; und dennoch „gibt es nichts, was die Betrachtung nicht erreicht". Indem der Geist vollkommen ruhig ist und alle Einflüsse von außen beseitigt sind, sieht der

---

[13] Vgl. *T'ai-shang huang-t'ing chung-ching ching*, 2 a ff; *Teng-chen yin-chüeh*, 3, 3 a ff; und v. a. *T'ai-wei ti-chün erh-shih shen hui-yüan ching*, *Tao-tsang*, 1064, 1 b–2 a.

Gläubige in seinem Geist das Tao, eine höchste, immer gegenwärtige Realität, die die Unruhe der Erscheinungen ihm wie eine Art Schleier verborgen hielt; er realisiert seine Präsenz.

Die Präsenz des Tao zu realisieren erzeugt Weisheit *(hui)*. Dies ist nichts Neuerschaffenes: Die Weisheit ist immer in uns, aber für gewöhnlich wird sie durch Wünsche gestört und ist verwirrt. Durch die Kontemplation gelangt sie wieder zu ihrer natürlichen Reinheit. Nach und nach wird sie erhellt; so nennt man sie auch das Himmlische Licht *(t'ien-kuang)*. Es wird also nicht ein neues Wissen erzeugt; es ist bereits erzeugt worden, man muß es nur realisieren.

Das Schwierige ist, sich davor zu hüten, diese Weisheit zu gebrauchen; denn sich dieser Weisheit zu bedienen hieße, sich des Herzens zu bedienen, was den Körper ermüdet, so daß Lebensodem und Geist sich zerstreuen und das Leben bald endet. Aber es ist hart, Weisheit zu haben und sich ihrer nicht zu bedienen, eine Versuchung, der wenige Menschen widerstehen, denn wenn in der Welt auch viele Menschen es schaffen, das Bewußtsein ihrer körperlichen Person zu verlieren *(wang-hsing)*, so können nur wenige das Bewußtsein ihres „Namens" *(wang-ming)*, des guten Rufs und des Ruhms verlieren, das man aus der Kenntnis des Tao ziehen kann. Chuang-tzû formuliert: „Das Tao kennen ist leicht: nicht darüber sprechen ist schwer." [14] Das ist eine der letzten, aber nicht eine der geringsten Schwierigkeiten des „Empfangens des Tao" *(te-tao)*. Denn die Kontemplation ist es, die zum „Empfangen des Tao" oder zum „Besitzen des Tao" (das Wort *te* hat die Bedeutung empfangen und besitzen) führt, d.h. zur Mystischen Vereinigung. Dies wird durch die folgenden Begriffe in der „Abhandlung über (die Ekstase, die darin besteht) sich hinzusetzen und das Bewußtsein zu verlieren *(Tso-wang lun)*" [15] definiert:

Wenn das Tao seine vollkommene Kraft hat, ändert es den Körper *(hsing)* und den Geist *(shen)*. Der Körper ist vom Tao durchdrungen und wird eins mit dem Geist; der, dessen Körper und Geist vereint sind und nur noch eins sind, wird Göttlicher Mensch genannt *(shen-jen)*. Dann ist die Natur des Geistes leer und wird geläutert, seine Substanz wird nicht durch Umwandlung zerstört (d.h. stirbt nicht). Indem der Körper dem Geist ganz gleich ist, gibt es keinen Tod und kein Leben mehr; geheimnisvollerweise ist der Körper dem Geist gleich, scheinbar ist es der Geist, der dem Körper gleich ist. Man geht durch Wasser und durch Feuer, ohne Schaden zu nehmen; in der Sonne wirft (der Körper) keinen Schatten; andauern oder enden hängt von einem selbst ab; man geht und kehrt wieder (d.h. man stirbt und wird wiedergeboren) ohne Unterbrechung. Der Körper, der nur Schmutz ist, scheint (den Zustand der) Wunderbaren Leere zu erreichen; bei größerer Vernunft wird das transzendente Bewußtsein immer tiefer, immer weiter!

---

[14] *Chuang-tzû* 32, II, 205.
[15] *Yün-chi ch'i-ch'ien*, Kap. 94.

Man muß diese Identität zwischen Körper und Geist im strengsten Sinne verstehen: der Körper ist dasselbe wie der Geist geworden, d. h. er hat sich der unreinen Odem entledigt, die ihn normalerweise bilden; deshalb wirft er in der Sonne keinen Schatten mehr.

Das ist der letzte Grad der Kontemplation: Nachdem der Gläubige die Präsenz des Tao in sich realisiert hat, erkennt er, daß er nicht mehr vom Tao verschieden ist, sondern daß er Eins ist mit dem Tao, daß er das Tao selbst ist. Das ist der Zustand der Vereinigung:

> Der umgewandelte materielle Leib ist identisch mit dem Geist; der geläuterte Geist wird subtil, er ist eins mit dem Tao. Der vereinte Leib wird zerstreut und wird alles; alles vermischt sich und wird der vereinte Leib.

Das „Buch vom Aufstieg im Westen“[16] (das vom Beginn der christlichen Zeitrechnung stammt) sagt vom Göttlichen Menschen, der zur Vereinigung gelangt ist:

> Sein Herz ist identisch mit dem Himmel, und er ist ohne Bewußtsein; sein Körper ist identisch mit dem Tao, und er ist ohne Körperlichkeit.

Indem er gleichzeitig in seinem Körper und in seinem Geist ist, die von nun an identisch sind, ist der Gläubige, der eins mit dem Tao geworden ist, in allen Dingen wie das Tao selbst. Deshalb sagt man von ihm, daß er keine Erkenntnis hat, denn die Erkenntnis impliziert eine Unterscheidung zwischen dem erkennenden Subjekt und dem erkannten Objekt. Derjenige, der erkennt, ist außerhalb der Dinge, und derjenige, der sich in der Vereinigung mit dem Tao befindet, ist nicht außerhalb der Dinge. Er ist nicht verschieden von ihnen, denn er ist mit dem Tao identisch, das in ihnen ist, das sie ist, das die letzte Realität aller Dinge ist, verborgen vor dem gewöhnlichen Menschen durch das Trugbild der Phänomene.

Indem sie so durch die Mystische Vereinigung mit dem Tao die letzte Stufe auf der Karriere der Unsterblichkeit bewältigten, knüpften die *tao-shih* an die große taoistische Tradition an, nämlich an die des Lao-tzû und des Chuang-tzû. Im 4. und 3. Jahrhundert v. u. Z. war der Taoismus noch nah an seinen Ursprüngen, aber er hatte schon seine grundlegenden Techniken der Unsterblichkeit festgelegt: Diätvorschriften, Atemübungen, Drogen und auch Meditation. Nur die Alchemie scheint zu fehlen. Lao-tzû und die Schule, die sich auf ihn beruft (die des Chuang-tzû und des Lieh-tzû), machten durch die Entwicklung spiritueller Techniken aus dem mystischen Leben die bevorzugte Methode, um Unsterblichkeit zu erreichen. Ohne andere Methoden zu verwerfen, ließen sie diese in den Hintergrund treten. Kontemplation, Ekstase und schließlich die Vereinigung mit dem Tao ließen sie an der Ewigkeit, an der Allgegenwart und der Allmacht des Tao,

---

[16] *Hsi-sheng ching,* 2, 21 b.

aber auch an seiner Unpersönlichkeit, an seinem „Nicht-Handeln“ teilhaben.

Um zur Vereinigung mit dem Tao zu gelangen, genügt keine kurze Vorbereitung wie für die Innere Schau. Für letztere führen einige Augenblicke der Konzentration in einem abgelegenen und ruhigen Raum eine ganz oberflächliche „Leere des Herzens“ herbei, die vorübergehend den Einfluß der äußeren Welt ausschließt, und erlauben, das angestrebte Ergebnis an der Oberfläche der spirituellen Welt zu erreichen. Aber die Vereinigung verlangt die Anstrengung eines ganzen Lebens. Man muß endgültig „das Herz leeren“, sich von Leidenschaften befreien, jeden weltlichen Einfluß vertreiben, um bis zum Untergrund des Selbst und aller Dinge vorzudringen, bis zum Tao, zum einzigen Prinzip der Realität. Es ist der ganze mystische Weg, den man durchlaufen muß, vom ersten Erwachen bis zur Vereinigung. In diesem Streben treten die physiologischen Techniken in den Hintergrund. Nichtsdestoweniger werden bestimmte Übungen, wie das „Zurückhalten des Atems“ oft als Vorübungen zur Meditation gebraucht: die leichte Vergiftung, die diese Praktik hervorbringt, wenn sie weit genug vorangebracht wird, scheint gewisse mystische Zustände zu begünstigen. Einige Taoisten des 3. und 4. Jahrhundert v. u. Z. (so die Sieben Weisen vom Bambushain, die in der chinesischen Dichtung berühmt sind) erwarteten vom Beginn der Trunkenheit eine ähnliche Hilfe: Sie brachte eine gewisse Trübung der äußeren Welt hervor, die die Gleichgültigkeit gegenüber allen Dingen und die Konzentration auf das innere Leben erleichterte.

Das Mystische Leben war im Taoismus nie gängige Praxis; selbst die Asketen und Eremiten schienen eher der Diät, den Atemübungen oder der Drogenherstellung ergeben zu sein, wenn man den hagiographischen Berichten aus den ersten Jahrhunderten unserer Zeitrechnung Glauben schenkt. Es zog nur einige wenige Gläubige an; die meisten ließen sich durch die am wenigsten herausragenden Praktiken und die seltsamsten Rezepte verführen.

334. Die taoistische Kirche und das Heil der Gläubigen: Institutionen und Zeremonien

Die Praktiken, die zur Unsterblichkeit führten, waren zahlreich, kompliziert und kostspielig; viele hatten weder die nötigen Mittel dafür noch Geschmack daran. Aber der Taoismus war, zumindest seit der Han-Dynastie, eine Heilsreligion für alle. Die Gläubigen, die das Notwendige nicht tun konnten oder wollten, erhielten zwar nicht die Unsterblichkeit, wenn ihr Körper zugrunde ging, aber sie hatten eine privilegierte Stellung in der Welt der Toten, wenn sie fromm waren und sich richtig verhielten. Diejenigen, die gute Werke vollbrachten, die ihre Sünden bereuten und aktiv an den religiösen Zeremonien teilnahmen, wurden Beamte in der Hölle, anstatt in den dunklen Kerkern zu versinken. Ja, ihre Nachkommen konnten ihnen sogar heraushelfen und sie nach dem Tod durch entsprechende Zeremonien retten.

Die Kirche war in zwei Klassen geteilt: die taoistischen Gläubigen *(tao-shih)*, die danach strebten, sich selbst zu retten, und das taoistische Volk *(tao-min)*, das von den anderen das Heil erwartete. Diese bildeten die große Masse der Gläubigen, und es war die Lockerung der Bindungen an die Kirche, die nach und nach den Taoismus unter den T'ang und den Sung zugrunde richtete.

Die taoistische Kirche des 5. und 6. Jahrhunderts hatte eine Organisation, von der heute nur in einigen Regionen noch Überreste bestehen. Diese Struktur stammte von den Gelbturbanen, der Sekte der drei Brüder Chang, die beinahe die Dynastie der Han 184 v. u. Z. gestürzt hätte. Diese Sekte bestand aus zwei taoistischen Gemeinschaften, die eine im Osten (die der Drei Chang, Chang Chüeh und seine beiden jüngeren Brüder), die andere im Westen (die des Chang Hsiu und des Chang Lu).

Chang Chüeh, Oberhaupt der Gelbturbane des Ostens, hatte die Gläubigen der acht Provinzen, die er beherrschte, in 36 Bezirke aufgeteilt. An die Spitze jedes dieser Bezirke hatte er einen Gläubigen mit dem Titel *fang* gestellt, den man möglicherweise im Sinne eines Regionalverantwortlichen verstehen muß. Die Großen Regionalverantwortlichen hatten mehr als 10 000, die Kleinen Regionalverantwortlichen 6000 bis 8000 Gläubige unter sich; sie setzten ihrerseits die Großen Führer ein, die ihnen untergeordnet blieben. Über die Regionalverantwortlichen befahlen Chang Chüeh und seine beiden Brüder, die die Titel General des Himmels, General der Erde und General der Menschheit trugen. Bei den westlichen Gelbturbanen war die Hierarchie ähnlich, aber mit anderen Titeln, die den religiösen Charakter der ganzen Organisation stärker hervortreten ließen. Hier wie da war die Rolle der Führer in der Tat vor allem eine religiöse. Sie alle waren Missionare, und ihre Truppen rekrutierten sich durch Konversion; die Disziplin war durchaus religiös.

So scheint die taoistische Kirche seit dem 2. Jahrhundert u. Z. stark etabliert gewesen zu sein. Ihre Rahmenstruktur war solide genug, um der Repression zu widerstehen, die dem Zerbrechen der Revolte der Gelbturbane folgte, und sie blieb, soweit wir das wissen können, für die Kirche der folgenden Jahrhunderte gültig. Aber die starke Einheit, die die drei Brüder Chang ihren Gemeinschaften hatten geben können, verschwand mit ihnen, und die regionalen Gruppierungen bildeten getrennte und rivalisierende Sekten; das Amt der Sektenführer war meist erblich. Bei allen war das fundamentale Element die lokale Gemeinschaft (man könnte fast sagen, die Pfarrgemeinde).

Der Anführer der Gemeinschaft war der Meister oder Lehrer *shih,* der die Stellung einnahm, die die Missionare der drei Chang zur Zeit der Han besessen hatten. Er war damit beauftragt, das religiöse und das materielle Leben zu verwalten[17]. Das Amt des Lehrers war erblich, es folgte vom Vater auf den Sohn, aber die Söhne der Zweitfrauen waren ausgeschlossen. Wenn der Sohn zu jung war, erfüllte ein erwachsener Verwandter vorübergehend diese Funktion, bis das Kind groß war, und übertrug ihm dann den Platz. Wenn keine Söhne da waren, nahm man einen Bruder des Verstorbenen; wenn es weder einen Bruder noch einen anderen nahen Verwandten gab, suchte man in einem entfernten Zweig einen Nachkommen des ersten Ahnen des Gemeinschaftsgründers. Auf keinen Fall konnte man sich an einen Fremden wenden. Die Tatsache, eine Gemeinschaft durch Bekehrung Ungläubiger gegründet zu haben, hatte zwischen dem Gründer und seinen Bekehrten ein unlösbares Band geschaffen, das sich bis auf ihre entferntesten Nachkommen erstreckte und das keine andere Beziehung ersetzen konnte. Manche dieser Familien haben ununterbrochen zweitausend Jahre chinesischer Geschichte überdauert. In einigen Provinzen trifft man noch heute ihre Nachkommen an, die dieselben Titel tragen und dieselben Funktionen erfüllen wie damals.

Die Lehrer hatten zu ihrer Unterstützung eine Art Gemeinderat neben sich, der aus ranghohen, reichen und in der Religion unterwiesenen Taoisten gebildet und unter dem Vorsitz des Lehrers hierarchisch organisiert war. An der Spitze, in der höchsten Stellung, standen die „Mützenträger", *kuan-kuan,* Männer und Frauen; darunter kamen die Weinzuteiler, *chi-chiu.* Diese beiden Titel waren Überbleibsel aus der Organisation der Gelbturbane, und die, die sie trugen, scheinen eine aktive Rolle in gewissen Zeremonien gespielt zu haben. Auch waren diese Titel schließlich Mönchen und Nonnen vorbehalten, die in Gemeinschaft lebten und das Zölibatgelübde abgelegt hatten; in der Zeit der T'ang war dies die Regel. An dritter Stelle standen die Gönner, *chu-che,* eine Art Kirchenvorsteher, von denen man nur materielle Hilfe, wie Geschenke, Einfluß etc., zu erwarten schien. An letzter Stelle standen die Meister des Talismans, *lu-shih,* die die direkten Vorfahren der modernen taoistischen Zauberer zu sein scheinen: Dämonenaustreiber und Erfinder von Zaubersprüchen und Talismanen, denn dies ist noch heute eine der Bezeichnungen, die sie sich geben. Ihr Platz auf der untersten Stufe der Hierarchie trotz ihrer religiösen Funktionen zeigt, daß sie schon in dieser Epoche eine Art untergeordneten Klerus bildeten, nicht nur vom hohen Klerus der Amtspriester, Lehrer und Mützenträger geringgeachtet, sondern selbst von den Laien, die sie brauchten.

---

[17] Über die Organisation der Gemeinde vgl. *Hsüan-tu lü-wen* (Gesetzbuch des Geheimnisvollen Vermögens), *Tao-tsang,* hg. v. Commercial Press, Fasc. 78, 11 a f, dem der folgende Auszug entnommen ist.

Die Rolle dieses Gemeinderates war wahrscheinlich ziemlich gering; er war vor allem dazu nötig, dem Lehrer die für den Kult notwendigen Gelder zu verschaffen. Die wenigen Grabinschriften, die man gefunden hat, weisen darauf hin, daß die Mitglieder dieser Gemeinderäte die Begräbnisse oft aus eigener Tasche bezahlen mußten und daß die Titel, die sie trugen, nicht ohne Beziehung zu ihrer Großzügigkeit waren.

Die materielle Verwaltung der Gemeinde bestand vor allem darin, den „Reis der Himmlischen Steuer", *t'ien-tsu-chih-mi,* die fünf Scheffel, die den Gelbturbanen früher die Bezeichnung „Fünf-Scheffel-Banditen" einbrachten, einzutreiben. Diese Abgabe von fünf Scheffeln Reis mußte von jeder Familie am siebten Tag des siebten Monats bezahlt werden; die pünktliche Bezahlung war ein Verdienst. Aber dieses Verdienst verminderte sich in dem Maße, wie man sich vom Zahltermin entfernte. Im siebten Monat, höchstes Verdienst; im achten Monat, mittleres Verdienst; im neunten Monat, niedriges Verdienst. Vom fünften Tag des zehnten Monats an wurde das Verdienst null; die Verspätung wurde eine Sünde. Der Lehrer scheint nicht alle seine Einnahmen für die Bedürfnisse der Gemeinde zurückgelegt zu haben, sondern überließ drei Zehntel seinen Führern, insbesondere dem Himmelsmeister, *t'ien-shih.* Wir haben keine Kenntnis von diesen höchsten Graden der Kirche. [18]

Der Lehrer führte, ähnlich wie der Schicksalsgott *Ssu-ming,* eine Art Melderegister über seine Gemeindemitglieder und registrierte die Geburten und Todesfälle, die sich in ihren Familien ereigneten. Dieses „Schicksalsregister", *ming-chi,* hatte einen doppelten Zweck. In der irdischen Verwaltung sorgte es dafür, daß der Lehrer die Familien bei der Eintreibung der Himmelssteuer nicht vergaß. In der göttlichen Verwaltung vereinfachte es für den Schicksalsgott und seine Untergebenen die schwierige Aufgabe, die Familien des taoistischen Volkes von den Ungläubigen zu unterscheiden, indem eine Art Auszug aus diesem Register, beglaubigt und besiegelt durch den Lehrer, in die andere Welt gebracht wurde, damit die frommen Gläubigen dort die Vorzugsbehandlung erfuhren, die ihnen zustand.

Diese Einrichtung gereichte also sowohl den Gemeindemitgliedern wie auch dem Lehrer zum Vorteil. Deshalb gab die Familie ihm zu Ehren, um ihm für die Mühe zu danken, die er sich mit jedem dieser Ereignisse machte, ein Bankett, zu dem eine festgelegte Anzahl von Gemeindemitgliedern rituell eingeladen wurde und das von gleichfalls rituellen Geschenken an den Lehrer begleitet wurde. Diese kleine Zeremonie wurde mit dem Namen „Küche", *Ch'u,* bezeichnet. Das Wort hat weitere Bedeutungen: es bezeichnet einen Küchenschrank und, daraus folgend, einen Schrank im allgemeinen. Bei den Buddhisten wurde es schließlich auf den Schrank an-

---

[18] *Hsüan-tu lü-wen,* 11b–12a.

gewandt, in den man die Statuen oder Reliquien der Buddhas und Bodhisattvas einschloß, dann im weiteren Sinne auf die Kapelle, in der sich dieser Schrank befand, so daß es im Annamitischen schließlich den ganzen buddhistischen Tempel *(ch'ua)* bezeichnete. Aber diese im Buddhismus häufigen Bedeutungen tauchen in den taoistischen Texten nicht auf. Darin hat das Wort *ch'u* manchmal eine technische Bedeutung, nämlich „Magie": man findet es, um magische Rezepte zu bezeichnen, durch die man unsichtbar wird. Keine dieser Bedeutungen scheint auf die kleine Zeremonie zu passen, die nichts Magisches an sich und auch nichts mit einer Kapelle zu tun hat; es handelt sich um eine Mahlzeit.

Zur Geburt eines Knaben gab es die höchste Zeremonie der Küche, *shang-ch'u:* Ein Bankett *(ch'u-shih)* wurde zehn Gemeindemitgliedern und dem Lehrer dargebracht, mit einem Geschenk an den Lehrer von hundert Blatt Papier, einem Paar Pinseln, einem Stück Tusche und einem Radiermesser. Zur Geburt einer Tochter gab es nur die mittlere Zeremonie, *chung-ch'u,* und die Kosten waren geringer: Das Bankett wurde nur für fünf Gemeindemitglieder veranstaltet, und die Geschenke bestanden aus einer Matte, einem Müllkorb und einem Besen. Diese Geschenke mußten von den Eltern des Kindes in dem Monat abgeliefert werden, der auf die Geburt folgte, unter der Androhung, eine bestimmte Menge von Verdiensten sowohl für sie selbst als auch für das Kind zu verlieren.[19] Beim Tod eines Familienmitgliedes gab es die untere Zeremonie der Küche, *hsia-ch'u,* auch Küche der Befreiung, *chieh-ch'u,* genannt, die die taoistischen Bücher nicht beschreiben und von der man nur das weiß, was buddhistische Polemiker darüber berichten. Demnach handelte es sich um eine gewaltige Orgie;[20] aber es ist schwierig, ein Urteil nach dem Zeugnis eingefleischter Feinde und Rivalen zu fällen. Nach den taoistischen Texten sah man für die höchsten Küchen fünf *sheng* Wein pro Person vor, ungefähr einen Liter; für die mittleren Küchen vier *sheng,* und drei für die unteren Küchen.[21] Die Leute mußten wohl ein wenig fröhlich nach Hause gegangen sein, aber nicht betrunken.

Diese Festmähler scheinen auch zu Neujahr stattgefunden zu haben, und es gab auch Küchenzeremonien zu anderen Gelegenheiten: höhere, um eine höhere Geburtenzahl, mehr Reichtümer oder die Bestellung in ein öffentliches Amt zu erbitten; mittlere, um die Errettung aus Schwierigkeiten, Schutz auf weiten Reisen, die Beförderung in ein höheres öffentliches Amt zu erbitten; niedrige, um Heilung von Krankheiten und Befreiung von Prozessen und Gefängnisstrafen zu erbitten[22].

---

[19] Ebd. 12a–13a.
[20] Z.B. Hsüan-kuang, *Pien-huo lun: Kuang Hung-ming chi, 8, Tao-tsang, 52, 49a.*
[21] *Hsüan-tu lü-wen,* 13b–14a.
[22] Über die drei Küchenzeremonien vgl. *Hsüan-tu lü-wen* 12a ff.

Man findet in einem Werk vom Anfang des 4. Jahrhunderts, in den „Biographien der Göttlichen Unsterblichen“ [23], die Beschreibung einer Küchenfeier, die sich mit fantastischen Details beschäftigt, weil es sich um zwei Personen handelt, die dazu bestimmt sind, berühmte Unsterbliche zu werden, Fräulein Ma (Ma-ku) und Wang Yüan; in diesem idealisierten Bericht werden alle die durch das Gesetz der taoistischen Disziplin vorgeschriebenen Merkmale festgehalten.

Fräulein Ma trifft Yüan bei einem gewissen Ts'ai Ching, dessen Gast er ist, und dessen ganze Familie sie sieht. Sie ist ein hübsches Mädchen von achtzehn oder neunzehn Jahren, mit einem Haarknoten oben auf dem Kopf, die übrigen Haare fallen bis zur Taille. Bei der Ankunft von Fräulein Ma erhebt Wang Yüan sich, um sie zu begrüßen; dann, nachdem die Sitzplätze festgelegt sind, tritt jeder näher, um „die Küche zu vollziehen“ *hsing-ch'u.* Es gibt nur Teller aus Gold und Tassen aus Jade ohne Zahl, köstliche Gerichte, deren aromatische Düfte sich drinnen und draußen verbreiten. Man schneidet vom eingemachten Fleisch ab, um es zu essen: es ist, sagt man, eingemachtes Einhorn ... Nach kurzer Zeit kommt der Reis. Fräulein Ma wirft ihn auf den Boden, sie sagt, daß dies geschieht, um den Reis von seinen Unreinheiten zu befreien; und siehe da, der Reis hat sich in Zinnoberpulver verwandelt.

Wang Yüan erklärt den Leuten der Familie Ts'ai, daß Fräulein Ma noch jung sei, und daß für ihn, der schon alt ist, solche Taschenspielertricks nicht amüsant seien. Und er kündigt ihnen an, daß er ihnen guten Wein geben wird, der aus der Himmelsküche *t'ien-ch'u* kommt. Dieser Wein ist stark, und die gewöhnlichen Leute können ihn nicht trinken, denn er würde ihnen die Eingeweide verbrennen. Man muß Wasser hineinschütten, ein *tou* (2 Liter) Wasser auf ein *sheng* (0,2 Liter) Wein. Die Familie des Ts'ai Ching trinkt diese Mischung, und jeder ist betrunken, nachdem er ungefähr ein *sheng* getrunken hat. [24]

Vom spirituellen Gesichtspunkt aus unterrichtete der Lehrer seine Gemeindemitglieder und leitete alle religiösen Zeremonien. Diese waren sehr unterschiedlich. Es gab Jahresfeste, die zu festgelegten Zeiten gefeiert wurden, und andere, die an variablen Terminen stattfanden, besonders die Fasten genannten Bußfeiern *chai.* Einige von ihnen wurden in regelmäßigen Zeiträumen vollzogen, aber nicht zu festgelegten Terminen, und andere fanden zu jeder Zeit statt. Schließlich gab es die Zeremonien zu Ehren der Toten.

Den drei Chang, den Führern der Revolte der Gelbturbane, schrieb man den Ursprung der meisten dieser Feiern und vor allem der Bußrituale zu. [25] In ihrer Lehre waren plötzlicher Tod oder Krankheit Folgen der Sünde; man schützte sich davor, indem man öffentlich seine Sünden bekannte und sie mit dem „Zauberwasser“ wegwusch, das der Leiter der Gemeinschaft den Pönitenten zu trinken gab. An Tagundnachtgleiche verteilte man hei-

---

[23] Ko Hung, *Shên-hsien chuan,* Kap. 2, 3b.
[24] Ebd. 2, 3b–5b.
[25] Z.B. schreibt Tao-an, *Erh-chiao lun: Kuang Hung-ming chi, 8, Taishō issai kyo, 52, 140c,* Sp. 16, das Schmutz- und Rußfasten Chang Lu zu.

lende Amulette, um sich gegen böse Dämonen zu schützen. Schließlich machten die Gläubigen mit dem Erdgott Kaufverträge über ein Stück Erde, auf dem ihr Grab angelegt werden sollte, um sich in der anderen Welt ein glückliches Leben als Landbesitzer zu sichern. Man spricht auch von einem großen Opfer im Himmel, bei dem Menschenopfer dargebracht wurden.

Die religiösen taoistischen Feste waren also zahlreich und mannigfaltig seit der Zeit der Han. Die Rituale der späteren Epochen waren komplizierter und noch zahlreicher: Es gab jede Art von Ritual, vom Fasten des Jadetalisman für die Vergebung der Sünden der ganzen Welt bis hin zum ganz persönlichen Fasten des Sterns, der über dem Schicksal jedes Menschen steht. Eine kleine Gruppe Gläubiger tat sich zusammen, um sich die Kosten und die Verdienste einer Zeremonie zu teilen; ihre Anzahl war auf höchstens achtunddreißig und mindestens sechs festgelegt. Manche dieser Zeremonien, wie das Schmutz- und Rußfasten, in dessen Verlauf die Teilnehmer sich das Gesicht mit Ruß einrieben und sich im Schmutz wälzten, um Buße für ihre Sünden zu tun und furchtbare Folgen zu verhindern, waren durch religiöse Begeisterung bis hin zum Delirium gekennzeichnet. Nicht alle waren gleich heftig; aber alle wurden auf eine Art vollzogen, die auf die Nerven der Teilnehmer einwirkte: wiederholte Sitzungen, Weihrauch, lange Gebete, Fußfälle, Trommelwirbel, Musik, unzureichende Ernährung zu ungewohnter Stunde und plötzliches Herausreißen aus dem geregelten Familienleben, Ablehnung von Schicklichkeit und allem menschlichen Respekt. Dies alles war besonders dazu geeignet, die Motivation zu entwickeln, durch die diese Feste regelmäßig wiederholt wurden und durch die jedes Mitglied der Gemeinschaft, wenn schon nicht jedes Jahr als aktiver Teilnehmer, so doch wenigstens als Helfer dorthin kam.

Diejenigen, die lediglich an Gottesdiensten teilnahmen, konnten die Unsterblichkeit in diesem Leben nicht erlangen; aber die Kirche versah sie mit Mitteln, um den Tod nicht endgültig werden zu lassen. Bei Nacht und im Freien begrub man in drei Fuß Tiefe einige Fuß farbige Seide und ein Siegel als Talisman (zehn Fuß Seide und einen goldenen Drachen für die Großen, fünf Fuß Seide und einen Drachen aus Eisen und fünffarbigem Stein für das gewöhnliche Volk). Damit gab man dem Verstorbenen etwas, damit er sich bei den Gottheiten der Hölle loskaufen konnte, und nach 32 Jahren war er erlöst: seine Knochen bedeckten sich wieder mit Fleisch, er erhielt seinen Leib zurück und stieg aus seinem Grab, um ins Paradies der Unsterblichen einzugehen. Die kindliche Frömmigkeit wurde so zufriedengestellt. Das war das Fest, das man das Fasten des Gelben Talisman nannte, und ich beabsichtige, diese Zeremonien, wie sie in der Zeit der Sechs Dynastien stattfanden, kurz zu beschreiben, um von ihnen eine Vorstellung zu geben.

Das Fasten des Gelben Talisman ist auf seine Weise nicht weniger merkwürdig als das Schmutz- und Rußfasten. Durch das Überborden der Erregung, durch den Ausbruch der Gebärden und Gefühle ließ letzteres die Gläubigen die Umarmung durch das Heilige spüren. Im Fasten des Gelben Talisman, das das Fest der Buße für die Toten ist, kann man sich nicht auf persönliche Reue berufen, da es die Sünden ihrer Vorfahren sind und nicht ihre eigenen, die die Teilnehmer sühnen. Durch den Überdruß der ermüdenden, unendlich wiederholten Bewegungen und durch die Monotonie der beharrlich wiederkehrenden langen Gebete versuchte man in diesem Fall den Gläubigen die Ahnung zu vermitteln, daß man das Heil nicht ohne Mühe erlangt, indem man sie gewissermaßen diese Mühe körperlich spüren ließ, anstatt zu versuchen, sie ihnen verständlich zu machen: Die Teilnehmer waren von den langen Treffen, wo sie das Rezitieren desselben Gebetes anhören mußten, nur in wenigen Worten verändert, und vor allem durch Tausende von Fußfällen, die das Ritual dieses Fastens enthält, psychisch und physisch am Boden.

Das Fasten des Gelben Talisman vollzieht sich im Freien, im Hof des taoistischen Tempels.[26] Die heilige Fläche hat 24 Fuß Seitenlänge, mit zehn Toren, gebildet aus zwei Pflöcken von neun Fuß (neun ist die symbolische Zahl des Himmels), die durch ein breites Schild verbunden sind. Vier der Tore stehen in der Mitte der Seiten, vier an den Ecken für die vier Himmelsrichtungen und die vier intermediären Punkte, und zwei zusätzlich an der nordwestlichen und südöstlichen Ecke für das Oben und das Unten. Außen fügt man an jeder Ecke die vier Großen Tore, das Tor des Himmels, der Sonne, des Mondes und das Türchen der Erde, hinzu. Zwischen diesen vier Türen und der Umfriedung von 24 Fuß stellt man, wie um die sechs Tore dieser Umfriedung zu markieren, acht Schilder auf, die jedes die Zeichnung eines der acht Trigramme des *Yi ching* tragen, Symbole des Himmels, der Erde, des Donners, des Wassers, der Berge, der Schluchten usw., und Elemente in der Ordnung der 64 seherischen Hexagramme, die ihrerseits alle diese Dinge symbolisieren.

Die vier Großen Tore sind dazu bestimmt, eine Art Zwischenzone zwischen der profanen Welt und dem heiligen Bereich festzulegen, um diesen Bereich (zusammen mit dem Leiter der Zeremonie und all denen, die sie durchführen) gegen die bösen Einflüsse von außen zu schützen und gleichzeitig die Profanen vor der extremen Heiligkeit zu bewahren, die den heiligen Bereich durchdringt und die diejenigen verletzen könnte, die nicht auf sie vorbereitet sind. Die acht Trigramme verstärken diesen Schutz und spielen eine ähnliche Rolle wie das Siegel des Salomo und andere kabbalistische Figuren in den magischen Zeremonien des Westens: es ist ein Schutz, eine Barriere, die durch nichts überwunden werden kann und die die Geister zwingt, vor den zehn Toren haltzumachen.

---

[26] Die folgende Beschreibung ist aus *Wu-shang pu-yao* zusammengefaßt.

Die zehn Tore der zehn Bezirke sind die wichtigsten Punkte, weil sie die obligaten Durchgänge vom heiligen Bereich zur profanen Welt sind. Das Ziel des Fastens ist es, die Geister der zehn Regionen der Welt zu veranlassen, die Seelen der Vorfahren, für die das Opfer dargebracht wird, zu nehmen und sie vor die zehn Tore zu führen; dort werden die himmlischen Geister sie ihrerseits nehmen, um sie in den Himmel zu bringen. Es gibt also zwei Kategorien von Geistern, die man getrennt kommen läßt: die irdischen Geister der zehn Bezirke und die himmlischen Geister. Man ruft die ersteren vor die zehn Tore, und die letzteren ins Innere des heiligen Bereichs.

Dafür stellt man an jede Tür eine Lampe und ein Räucherfaß, um die irdischen Geister anzulocken und ihnen den Ort zu zeigen, an den sie zusammengerufen werden: die Räucherfässer am Tag, durch den Rauch des Weihrauchs, die Lampen in der Nacht, durch ihr Licht. Ein Gebet sagt: „Am Tag verbrennen wir Weihrauch, in der Nacht zünden wir Lampen an." Das geschieht, um die Götter Tag und Nacht zu warnen.

Dieser Symbolismus war von einem Vorgehen inspiriert, das damals in China gebräuchlich war, um Signale zu übermitteln: am Tag durch Rauch, in der Nacht durch Feuer; aber die Lampen und die Räucherfässer waren dieser Interpretation natürlich voraus. Man stellt auch an jedes Tor einen goldenen Drachen, der die entsprechende Gegend unterwerfen und die Geister, die dort wohnen, zum Gehorsam zwingen soll. Schließlich legt man dort bestickte Seide nieder, deren Farbe und Länge der Farbe und Zahl jedes Bezirks entsprechen; diese Stickereien sind dazu bestimmt, die Seelen loszukaufen. In der Tat sind die Seelen der Toten in der anderen Welt die Diener des Erdbeamten, der sie in seinen dunklen Kerkern gefangenhält; man muß sie von ihm loskaufen, wie man Sklaven loskauft, und es ist ihr Preis, den man in Seidenrollen bezahlt; legales Zahlungsmittel im China dieser Zeit neben Bronzegeld.

Nach der Vorbereitung der Tore muß das Zentrum des Bereichs, wo sich der Zeremonienleiter aufhält, noch durch ein großes Räucherfaß und eine Lampe von neun Fuß gekennzeichnet werden (wieder die symbolische Zahl des Himmels: diese Lampe ist dazu bestimmt, die himmlischen Geister zu führen). Dann stellt man 90 Lampen (neun für jeden der zehn Bezirke), möglicherweise außerhalb des heiligen Bezirks, neben die zehn Tore, um die andere Welt gut zu beleuchten und den Seelen selbst den Weg zu zeigen; und weitere Lampen werden auf die Familiengruft und auf den Weg gestellt, der von diesen Gräbern zum Ort der Zeremonie führt. So bekommt jede Kategorie ihre Aufforderung an ihrem jeweils eigenen Ort: die Himmelsgeister in der Mitte des heiligen Bereichs, die irdischen Geister der zehn Bezirke an jedem der zehn Tore, und die Seelen der Toten auf den Gräbern der Familie.

Alles ist bereit. Der Meister des Gesetzes nähert sich, seine vier Akolythen und alle Fastenden folgen ihm. Sie treten durch das Türchen der Erde ein, wenden sich nach links und folgen dem Weg der Räucherfässer, indem sie an der Ostseite beginnen und mit der Südostseite, dem Süden, dem Südwesten usw. fortfahren. Jedesmal, wenn sie bei einem Räucherfaß ankommen, lassen sie dreimal Weihrauch aufsteigen und verrichten ein Gebet, dann werfen sie sich nieder und setzen ihren Weg fort. Nach beendetem Rundgang stellen sich die Fastenden, die immer noch außerhalb des heiligen Bereichs bleiben, an der Westseite auf. Der Meister des Gesetzes betritt dann den Bereich und stellt sich neben die Himmelslampe. Er ruft alle Himmelsgeister in einem langen Gebet an, in dem er jedem seine Rolle zuweist. Einige müssen für Ordnung sorgen und alle bösen Geister daran hindern, sich zu nähern:

Auf daß die Himmlischen Unsterblichen Reiter und Soldaten, die Irdischen Unsterblichen, die Fliegenden Unsterblichen, die Wahrhaftmenschen, die Göttlichen Menschen, die Reiter und Soldaten des Sonnen- und Mondpalastes, der Planeten und der Sternbilder, der Neun Paläste, der Drei Ströme und der Vier Meere, der Fünf Gipfel und der Vier Flüsse, im Namen der neunhunderttausend Myriaden, kommen, um das Fasten zu überwachen!

Andere müssen einfachere Aufgaben übernehmen:

Auf daß die Goldjünglinge kommen, um sich um den Weihrauch zu kümmern, 36 an der Zahl; auf daß die Jademaiden kommen, um Blumen zu werfen, 36 an der Zahl! Auf daß auch diejenigen kommen, die die Worte übertragen, diejenigen, die die Bittschriften schreiben, die Drachenreitenden Offiziere vom Postdienst, die die offiziellen Depeschen in die himmlische Welt tragen!

Nach beendetem Gebet beginnen die Fastenden den Rundgang der Räucherfässer, geleitet vom Meister des Gesetzes. Dieser spricht dann Gebete, die dazu bestimmt sind, den Geistern der zehn Bezirke das Ziel der Zeremonie klar darzustellen, und die Fastenden wiederholen es:

„Das erste Mal lasse ich den Weihrauch aufsteigen, damit mein Glaubensgenosse *(t'ung-hsin)* So-und-so seine Ahnherren und Ahnfrauen aus neun Generationen rette, ihre toten Seelen, die in der Jadetruhe der Neun Dunkelheiten sind, im Gebiet der Ewigen Nacht, ihre Leiber, die unter schlechten Bedingungen wohnen. Für ihr Heil wird dieses Fasten veranstaltet, und ich verbrenne Weihrauch. Ich wünsche, daß die Ahnherren und Ahnfrauen aus neun Generationen aus den dunklen Qualen gezogen werden und zum Himmelspalast aufsteigen. Ich verbrenne Weihrauch. Das Haupt bis zum Boden geneigt bitten wir euch:

O ihr Höchsten Drei Verehrungswürdigen, ich wünsche, daß die Verdienste (dieser Zeremonie) auf meine Verwandten bis in die neunte Generation fallen. Ich bitte inständig darum, daß sie befreit werden von den Zehn Übeln, von den Acht Schwierigkeiten, und daß ihre Leiber, die in der Ewigen Nacht sind, das Strahlende Licht sehen dürfen, zum Himmelspalast aufsteigen dürfen, mit Himmelsgewändern bekleidet und mit Himmelsnahrung genährt werden und ewig bleiben dürfen im Nicht-Handeln. Deshalb verbrenne ich jetzt Weihrauch."

Durch dieses Gebet, das vom Zeremonienleiter gesprochen und von den Fastenden dreimal an jedem Räucherfaß wiederholt wird (das macht zusammen dreißigmal), inmitten der Gongschläge und der Musik, wird das Objekt der Zeremonie festgelegt. Jeder Fastende hat seinen Namen in jede der zehn Richtungen ausgerufen, damit es keinen Irrtum gibt; es sind also ihre eigenen Vorfahren, die gerettet werden, und nicht die irgendeiner anderen Familie.

Von diesem Augenblick an beginnt für die Fastenden ein erschöpfender Rundgang um den Gott des Kultes. Sie müssen dafür noch einmal, Gebete sprechend, den Weg von Räucherfaß zu Räucherfaß wiederholen. Aber dieses Mal müssen sie sich, der symbolischen Zahl der Region, an die sie sich wenden, entsprechend häufig niederwerfen.

Man beginnt im Osten. Der Meister und die Fastenden verbeugen sich zuerst neunmal. Dann sagen sie:

Die Ahnherren und Ahnfrauen des So-und-so haben in den Tagen, in denen sie in dieser Welt gelebt haben, böse Taten begangen. Für ihre Sünden sind sie an die Neun Dunkelheiten gefesselt, an das Gebiet der Ewigen Nacht; ihre Seelen, die in die Leiden und die Schwierigkeiten gefallen sind, werden ewig hin- und hergerissen sein während tausend Lebensaltern, ohne erlöst werden zu können, bis der Himmel endet.

Jetzt biete ich neun Fuß grünbestickte Seide und einen goldenen Drachen an. Auf daß der Höchste Himmlische Verehrungswürdige vom Heiligen Kleinod der Östlichen Region, Himmelsherr der Neun Odem, auf daß die Himmlischen Beamten des Landes des Ostens meine Ahnherren und Ahnfrauen aus neun Generationen von den schlechten Folgen ihrer Sünden loskaufen! Auf daß sie im Himmelspalast von Ching niu aus dem Register der Sünder gestrichen und gerettet werden! Auf daß ihre elenden Seelen und Leiber ins Strahlende Licht eintreten, zum Himmelspalast aufsteigen und bald von neuem im Glück leben können!

Nach Beendigung dieses Gebetes nimmt der Meister des Gesetzes eine kleine Schnur mit einer Reihe von Knoten, und löst einen dieser Knoten, um zu zeigen, daß so das Band, das die Seelen an die Neun Dunkelheiten fesselt, gelöst ist. Dann werfen die Fastenden sich neunzigmal nieder; die Zahl Neun ist die des Ostens.

Und der Rundgang geht weiter mit demselben Gebet, in dem sich nur die Namen der angerufenen Gottheiten für jeden der zehn Bezirke ändern. Im Südosten und an jeder der vier Ecken muß man sich hundertzwanzigmal niederwerfen, im Süden dreißigmal, im Westen siebzigmal, im Norden fünfzigmal. Wenn der Rundgang der zehn Räucherfässer der zehn Bezirke beendet ist, haben sie sich neunhundertsechzigmal mit dem Gesicht zur Erde niedergeworfen. Und das ist nicht das Ende. Es sind noch 30 Niederwerfungen für den Palast der Sonne, 70 für den Palast des Mondes, 365 für die Sternbilder, 20 für jeden der fünf Gipfel, 120 für die Welt der Wasser, 360 für die Drei Kleinode, d.h. das Tao, die Heiligen Bücher und die Gemeinschaft der Gläubigen notwendig.

Schließlich ist die Zeremonie beendet: es bleiben nur noch einige Gebete zu verrichten, bevor man geht.

Man stelle sich den Zustand derer vor, die aktiv an einer solchen Zeremonie teilgenommen haben, die etwa hundert lange Gebete rezitiert und mehr als zweitausend Niederwerfungen vollzogen haben! Nach der gewöhnlichen Art der taoistischen Feste vollziehen sich die Bewegungen zuerst langsam und feierlich, dann immer schneller, in dem Maße, wie die Zeremonie fortschreitet; ein Tag und mehr vergeht bei dem Rundgang, und man wirft sich mehrmals pro Minute nieder. Die niederknienden Menschen werfen sich mit dem Gesicht zu Boden, erheben sich wieder und beginnen von neuem, ohne einen Augenblick der Rast. Mit von den unaufhörlichen Niederwerfungen zerbrochenem Kreuz, sind sie von Schweiß und Staub bedeckt, halb erstickt durch die Dämpfe des Weihrauchs, taub durch die Gongschläge, die Trommeln und die Musik, mit trockenem Mund durch das Rezitieren der Gebete, mit leerem Geist durch den Lärm, die Bewegung, die Müdigkeit, Hunger und Durst. Das ist keine heftige, kurz andauernde Erregung mehr wie beim Schmutz- und Rußfasten; es ist eine Müdigkeit bis hin zur Erschöpfung. So soll den Gläubigen der Anstoß gegeben werden, um nicht nur den Körper, sondern auch den Geist in Bewegung zu setzen.

Das Fasten des Gelben Talisman war ein beträchtliches und sehr kostspieliges Unternehmen; es lag nicht in den Möglichkeiten aller Gläubigen. Für die Verstorbenen, die ihre Familie auf diese Weise nicht retten konnte, blieb noch das Mittel der Läuterung der Seelen.

Durch eine entsprechende Zeremonie ließen die Gläubigen die Seelen ihrer Vorfahren aus der Hölle hervorgehen, so daß „die Seelen *(hun)*, die in der Dunkelheit der Neun Vorfahren geblieben sind, die Ewige Nacht verlassen und in den Leuchtenden Himmel eintreten“, oder daß „die Sieben Vorfahren das Prinzip des Lebens des Spontanen begreifen und daß sie aufsteigen, damit sie Unsterbliche im Palast des Südlichen Zenit sind“. In diesem Palast entspringt inmitten des Hofes eine Quelle aus flüssigem Feuer; die Seelen baden dort, ihre Materie wird geschmolzen, und wenn sie hinausgehen, schafft der Himmlische Ehrwürdige des Ursprünglichen Beginns für sie einen „Körper des Lebens“.

Einige begingen sicherheitshalber bereits zu ihren Lebzeiten die Zeremonie der Seelenläuterung für sich selbst: so waren ihre Seelen schon bereit, und nach dem Tod stiegen sie direkt zum Südlichen Palast auf, um ihren „Körper des Lebens“ anzuziehen. Auf diese Weise konnten die einfachen Gläubigen, ohne dem Tod zu entgehen, dennoch darauf hoffen, im Paradies Platz zu nehmen und an der seligen Unsterblichkeit teilzuhaben und mußten dafür nicht auf das Leben der Menschen in der Welt verzichten.

Auf diese Weise also lösten die Chinesen die religiösen Probleme, die das Verschwinden der antiken Religion und das Streben nach einer personalen

Religion ihnen stellten, und das in einer Zeit, in der ähnliche Probleme im Westen diskutiert wurden. Der Taoismus hatte das Verdienst, deutlich die Frage nach dem Heil des Individuums in sich selbst zu stellen: „Mein Schicksal ist in mir, es ist nicht im Himmel", behauptet das „Buch des Aufstiegs im Westen" *(Hsi-sheng ching)*, das ungefähr am Anfang unserer Zeitrechnung zusammengestellt wurde.[27] Aber die Lösung dieses Problems wurde durch ein neues Problem erschwert, nämlich durch das der Bewahrung des Leibes. Während für die abendländischen Völker die Unsterblichkeit ohne weiteres an den Geist im Menschen gebunden ist und die ganze Frage darin besteht, die Seele vor einer unglücklichen Unsterblichkeit zu bewahren, um ihr eine glückliche Unsterblichkeit zu sichern, steht für die Taoisten die Erlangung der Unsterblichkeit selbst auf dem Spiel. Es ist nötig, daß der Mensch, dessen wesentliche Elemente sich alle im Tod zerstreuen, es schafft, sie wiederzuerlangen.

Dieses Problem der Bewahrung des Leibes nimmt eine vorherrschende Position ein und pfropft den Taoismus mit unzähligen, peinlich genauen, langwierigen Praktiken voll, die schließlich die besten Geister abschrecken, die positiveren zum Konfuzianismus und die religiöseren zum Buddhismus treiben.

Quellenverzeichnis

Erh-chiao lun.
Hsi-sheng ching.
Hsiao-tao lun.
Hsüan-tu lü-wen.
Kuang Hung-ming chi.
Pao-p'u-tzu.
Pien-huo lun.
Shang-ch'ing hsien-fu ch'iung-lin ching.
Shen-hsien chuan.
T'ai-shang Lao-chün chung-ching.
T'ai-shang huang-t'ing chung-ching ching.
T'ai-wei ti-chün erh-shih shen hui-yüan ching.
Ta-yu miao-ching.
Ten-chen yin-chüeh.
Ti-chen p'ien.
Tz'u-yang chen-jen nei-chuan.
Wu-shang pi-yao.
Yün-chi ch'i-ch'ien.

[27] *Hsi-sheng ching, hsia,* 6 a.

ZWEIUNDVIERZIGSTES KAPITEL

Vielfalt und Totalität – Die Religionen in Indonesien

Waldemar Stöhr

335. Weltreligionen und Volksreligionen in Indonesien

Festzeit oder Alltag – Religion ist in Indonesien auch heute noch von prägender Kraft. Sie durchdringt in fast selbstverständlicher Weise die privaten und öffentlichen Bereiche des Lebens. Zahlenmäßig dominiert der Islam in der Inselwelt, ihm folgt mit einigem Abstand das Christentum. Der früher einmal vorherrschende Hinduismus hat auf der Insel Bali ein Refugium. Von der Rolle des Buddhismus in der Vergangenheit zeugt auf Java der Borobudur, sein größtes und wohl auch großartigstes Heiligtum. Auch der Taoismus ist wegen der vielen Chinesen der Inselwelt zu nennen. Sucht man das unverkennbar „Indonesische", muß man sich vor allem den zahlreichen Volks- und Stammesreligionen des Archipels zuwenden. Sie aber schlagen in keiner Statistik zu Buche, denn sie gehören faktisch der Vergangenheit an. Christentum und Islam sind in den letzten hundert Jahren an die Stelle der Volks- und Stammesreligionen getreten. Man findet von letzteren allenfalls noch Reste mit mehr oder minder synkretistischen Zügen. Die frühere Existenz dieser „altindonesischen" Religionen manifestiert sich aber noch im Verhalten und im Lebensgefühl vieler Indonesier.

Die „altindonesischen" Völker wohnen im Innern der großen Inseln oder auf randseitig gelegenen Inselgruppen. Fernab der wirtschaftlich interessanten Zonen und der wichtigen Handelsrouten blieben sie von entscheidenden historischen Ereignissen und den Staatsgründungen unberührt. Sie wurden weder vom Hinduismus oder Buddhismus noch von dem später siegreichen Islam erfaßt und geprägt. Allenfalls erfuhren sie von diesen Religionen geringe und oberflächliche Einflüsse. Auch die europäischen Kolonialherren ließen sie im allgemeinen unbehelligt. Erst gegen Ende des vorigen Jahrhunderts wurde die Kolonialverwaltung auch in ihren Gebieten eingerichtet. Bis dahin waren die altindonesischen Völker faktisch unabhängig. Ohne staatliche Organisation und ohne schriftliche Überlieferung lebten sie bis zur Jahrhundertwende ganz im engen Rahmen ihrer Dörfer und bewahrten so ihre tief in der Vergangenheit wurzelnde Religion, Kunst und Gesellschaftsform.

Notwendig für das Überdauern der altindonesischen Kultur war die

Selbstbezogenheit und wirtschaftliche Autarkie der sie tragenden Völker und Stämme. Sie lebten in weitgehender Isolierung. Kontakte mit Nachbargruppen waren selten. Selbst dem vertrauten Handelspartner begegnete man stets mit Vorsicht. Platz war auf der Inselwelt genug vorhanden, denn noch zu Beginn des 19. Jahrhunderts wohnte dort kaum mehr als ein Zwanzigstel der heutigen Bevölkerung. Einer der Gründe der Abneigung und Abwehr allen Fremden gegenüber war die weitverbreitete Sitte der Kopfjagd, die ein Klima der Angst und Unsicherheit schuf. Natürlich lebten die altindonesischen Völker und Stämme nicht unter einer Glasglocke. Auch sie wurden von neuen Ideen und Errungenschaften erreicht, doch blieb ihnen immer Zeit, diese zu assimilieren und in ihre eigene Kultur zu integrieren. Erst als das Neue gegen Ende des 19. Jahrhunderts übermächtig wurde, begann ein allgemeiner Wandel. Die Eingriffe der Kolonialverwaltung in Sitte und Brauchtum, die Konfrontation mit dem Christentum, das von den Missionaren direkt in die Dörfer gebracht wurde, und dem nun ebenfalls aktiv werdenden Islam lösten eine Krise aus und ließen die überlieferten Wertbegriffe fragwürdig erscheinen. Mit dem Übertritt zu Christentum oder Islam und vor allem durch das moderne Schulwesen vollzog sich eine Angleichung an die übrige Bevölkerung Indonesiens.

Die Bindung an Volk oder Stamm ist das wichtigste Wesensmerkmal der altindonesischen Religionen. Das vor allem unterscheidet von den großen Weltreligionen. Es fehlt ihnen auch eine universale Gottesidee, und es gibt noch manchen anderen Unterschied zu entdecken. Doch wie in den Weltreligionen findet man auch in den altindonesischen Religionen Zeugnisse von Ergriffenheit und Reflexion, von Angst und Geborgensein, des wachen Intellekts und der stumpfsinnigen Routine – Erscheinungen also, die alle mit dem Menschsein selbst verbunden sind.

336. Die ethnische Vielfalt der Inselwelt

Indonesien bezeichnet im Sinne der Ethnologie alle Inseln zwischen dem asiatischen Festland im Westen und Ozeanien im Osten. Der Begriff umfaßt also nicht nur die Republik Indonesia, die bei ihrer Entstehung 1945 den Namen für sich in Anspruch nahm, sondern auch die Philippinen und Malaysia sowie Singapur und Brunei. Nicht eingeschlossen ist aber, obwohl heute ein Bestandteil der Republik Indonesia, das westliche Neuguinea (Irian Jaya), da es ethnisch und kulturell zur benachbarten Region Melanesien gehört. Die Geographen bevorzugen für die Inselwelt die sachlichere Bezeichnung „Südostasiatischer Archipel“ [1]. Es ist ein Raum enormen Be-

---

[1] Weitere Bezeichnungen sind Malaiischer Archipel und Insulinde sowie Insular Southeast Asia oder Indo-Malaysian Archipelago.

völkerungswachstums. Die Zahl der Bewohner dürfte 1990 die Grenze von 200 Millionen überschritten haben. Etwa ein Zehntel sind Chinesen, Inder und andere Immigranten. Die autochthonen Indonesier gliedern sich in eine Vielzahl ethnischer Einheiten. Die Skala reicht von Millionenvölkern bis hin zu vergleichsweise winzigen Stämmen, die nach ihrer sprachlichen und kulturellen Verwandtschaft zu Stammesgruppen zusammengefaßt werden. Ein ethnographischer Atlas nennt für den Archipel rund 150 Völker und Stammesgruppen. Legt man bei der Zusammenfassung der Stämme strengere Maßstäbe an, ergibt sich eine wesentlich höhere Zahl.[2]

Die ethnische Vielfalt Indonesiens resultiert zum großen Teil aus den geographischen Gegebenheiten. Der Archipel ist ein aus Wasser und Land bestehender Subkontinent Asiens. Mit etwa zwei Millionen Quadratkilometern Landfläche (samt der Malaiischen Halbinsel) besteht er aus über 20000 Inseln, von denen 13677 zur Republik Indonesia und 7107 zu den Philippinen gehören. Sie erstrecken sich über ein Gebiet, das von Irland bis zum Kaukasus und vom Nordkap bis zum Peloponnes reichen würde. Borneo und Sumatra, auch Celebes, Java, Luzon und Mindanao zählen zu den größten Inseln der Erde, etwa 100 Inseln sind von vergleichbar mittlerer Größe, aber nur rund 8500 Inseln sind permanent besiedelt, die anderen sind zu klein und unwirtlich. Obwohl alle Inseln im Tropengürtel liegen, ist das Klima wegen der Monsune und der großen Höhenunterschiede keineswegs gleichförmig. Neben Zonen dichtester Besiedlung auf Java, Bali oder Luzon, wo jeder brauchbare Fleck als Reisfeld oder Garten genutzt wird, gibt es fast menschenleere Regenwälder (Borneo und Sumatra), karge Hochebenen und hohe meist vulkanische Gebirge.

Das größte und historisch bedeutendste Volk Indonesiens sind die *Javanen* (Mittel- und Ost-Java). Ihre Zahl dürfte heute bereits 50 Millionen erreicht haben. Angaben zur Bevölkerungszahl sind überaus schwierig, da der Zensus auf ethnische Zugehörigkeit keine Rücksicht nimmt. Die Javanen bekennen sich zum Islam und ebenfalls die ihnen benachbarten *Sundanesen* (ca. 20 Millionen) des gebirgigen West-Java und *Maduresen* (ca. 10 Millionen) auf Madura und Nordost-Java. Zu den großen Völkern gehören auch die *Malaien* (ca. 20 Millionen), die vornehmlich in Malaysia, im Osten von Sumatra und an den Küsten von Kalimantan (Borneo) wohnen. Sie waren es vor allem, die den Islam als Händler und Seefahrer in Indonesien verbreiteten. Mehrere Millionen zählen die *Aceh* an der Nordspitze Sumatras, die *Minangkabau* im Zentrum und die *Lampung* im Süden von Sumatra, weiterhin die *Buginesen* und *Makassaren* im Süden von Sulawezi (Celebes) sowie die *Moros* der südlichen Philippinen (Mindanao und Sulu-Archipel). An kleineren islamischen Völkern wären neben den *Sasak* auf

[2] *S. I. Bruk / V. S. Apenchenko,* Atlas narodov mira (Moskau 1964).

Lombok und den Bewohnern der Inseln *Ternate* und *Tidore* (Molukken) noch rund zwei Dutzend anderer Namen zu nennen.

Die beinah drei Millionen *Balinesen* (Bali und West-Lombok) sind das einzige größere Volk, das den ehemals vorherrschenden Hinduismus in einer ihm eigenen Form bewahrt hat. Auch die um 1965 etwa 40000 *Tenggeresen* im Tengger-Gebirge von Ost-Java hielten am Hinduismus fest, und nur dieser Tatsache verdanken sie ihre gesonderte ethnische Existenz. Gleiches gilt für die winzige Gruppe der *Badui* in den Bergen von West-Java (ca. 3000), die in völliger Abgeschlossenheit ihre alte Religion behaupteten.

Schon 1565 begann die Missionierung der großen römisch-katholischen Völker der Philippinen durch die Spanier. Die *Tagal* (ca. 12 Millionen) im Süden der Insel Luzon sind das politisch führende Volk der Philippinen, das größte jedoch die *Bisaya* (ca. 15 Millionen) auf den Inseln Samar, Leyte, Bohol, Cebu, Panay und Negros. Neben den *Bikol* (ca. 3 Millionen) im Südosten und den *Iloko* (ca. 5 Millionen) im Norden von Luzon gibt es auf dieser großen Insel noch einige kleinere christliche Völker.

Auch die altindonesischen Völker und Stammesgruppen, von denen nur die wichtigsten genannt werden, bekennen sich heute überwiegend zum Christentum, doch ihre Missionierung begann erst um die Mitte des 19. Jahrhunderts. Die *Batak* in den Bergländern rings um den Toba-See im Norden von Sumatra sind mit einigen Millionen die zahlenmäßig stärkste Gruppe, doch bilden sie seit langem keine ethnische Einheit mehr. Die *Toba*, das größte und bekannteste Batak-Volk, bilden das Zentrum. Nördlich von ihnen leben die *Pakpak*, *Karo* und *Simalungun* und südlich die um 1830 islamisch gewordenen *Angkola* und *Mandailing*. Eine Domäne altindonesischer Kultur waren noch um 1900 die Inseln westlich von Sumatra (Nias, Mentawai und Enggano). Die *Niasser* besaßen damals noch eine Megalith-Kultur. Für die *Mentawaier* begann der mit der Missionierung verbundene Kulturwandel erst um 1930. Noch um 1970 behaupteten einige kleine Gruppen auf der Insel Siberut ihre urtümliche Kultur und Lebensweise. Die Altindonesier auf Borneo (Kalimantan, Sarawak, Sabah und Brunei) wurden als Prototyp des „Kopfjägers" unter dem Namen *Dajak* bekannt. Dahinter verbergen sich fast zwei Dutzend Stammesgruppen, so z.B. *Ngadju* im Südosten, die *Kendajan* oder *Land-Dajak* im Westen, die *Iban* oder *See-Dajak* im Nordwesten sowie die *Kenja*, *Kajan* und *Bahau* im Zentrum der Insel. Die vielen Stämme im Mittelteil der Insel Sulawezi (Celebes) werden als *Toradja* zusammengefaßt, doch auch sie gliedern sich in mehrere kulturell und sprachlich divergierende Stammesgruppen. Bei den *Minahasa* auf dem Endstück der Nordhalbinsel von Sulawezi begann die Mission schon 1831, und schon fünf Jahrzehnte später waren 75% der Minahasa Christen, was als „die Krone aller Mission des 19. Jahrhunderts" gefeiert wurde. Die Menschen im Osten Indonesiens (Molukken und östliche Kleine Sundainseln) wurden früher oft *Alfuren* genannt. Der Name ist wenig sinnvoll, denn es leben hier mindestens sechzig verschiedene ethnische Einheiten. Die meisten Gruppen werden nach ihrer Insel benannt *(Leti, Babar, Tenimbar, Aru* etc.). Auf den größeren Inseln Sumba, Flores, Timor, Ceram und Halmahera leben mehrere ethnische Einheiten. Zu den bekannteren gehören die *Manggarai* und *Ngada* auf Flores, die *Belu* und *Atoni* auf Timor, die *Wemale* und *Alune* auf Ceram. Während der Kolonialzeit war Ambon das Zentrum der „Gewürzinseln" (Molukken). Schon die Portugiesen (16. Jahrhundert) begannen dort zu missionieren, und mit den Niederländern folgten im 17. Jahrhundert protestantische Missionare. Dennoch bewahrten die *Ambonesen* manche Phänomene ihrer altindonesischen Kultur. Trotz ihrer rigorosen Missionsmethoden konnten die Spanier im 16. und 17. Jahrhundert nicht alle Gruppen der Philippinen erfassen. Die Stämme im gebirgigen Inneren von Nord-Luzon *(Ifugao, Bontoc, Kankanay, Kalinga* und andere), die fälschlich oft mit dem Namen *Igoroten* zusammengefaßt werden, und im Innern von Mindanao *(Bukidnon, Manobo* und andere) blieben unbehelligt und bewahrten ihre altindonesische Religion bis ins 20. Jahrhundert.

In diesem (nicht vollständigen) ethnischen Register Indonesiens dürfen die als Wildbeuter in den Urwäldern lebenden Restgruppen wie die *Punan* (Borneo) und *Kubu* (Sumatra) sowie die *Senoi* und *Jakun* (Malaiische Halbinsel) nicht fehlen. In ihnen manifestiert sich ein älteres Stadium der Kulturgeschichte. Das gilt mehr noch für die kleinwüchsigen *Negritos* auf Nord-Luzon *(Aeta),* der Malaiischen Halbinsel *(Semang)* und den Andamanen, die zudem auch rassisch deutlich von der übrigen Bevölkerung unterschieden sind.

Auch die Ureinwohner von Taiwan *(Atayal, Amis, Paiwan* und andere Stämme) und der kleinen Insel Botel Tobago *(Yami)* müssen einbezogen werden. Sie wurden früher, um sie von den eingewanderten Chinesen zu unterscheiden, *Formosaner* genannt. In ihrer Kultur, Sprache und Rasse sind sie ohne Zweifel den altindonesischen Völkern eng verwandt.

337. Rassen, Sprachen und Geschichte der Inselwelt

Die Bewohner des Archipels bilden zusammen mit der Bevölkerung des Südostasiatischen Festlands die südliche Varietät der Mongoliden. Es sind Menschen schlanker, relativ kleiner Statur mit hell- bis dunkelbrauner Haut und straffem, schwarzem Haar, die aber von Insel zu Insel auch manche Unterschiede aufweisen. Die Südmongoliden erscheinen somit als Sammelform einander verwandter Lokalrassen. Die somatischen Abweichungen von Insel zu Insel erklären sich teils aus der Isolierung, in der die einzelnen Gruppen über Jahrtausende lebten, teils aber auch aus der mehr oder minder starken Beimischung einer nicht-mongoliden Vorbevölkerung des Archipels. Reste dieser älteren Rassen haben sich in einigen Rand- und Rückzugsgebieten der Inselwelt behaupten können. Zu ihnen gehören die kleinwüchsigen, dunkelhäutigen und kraushaarigen Negritos. Im Osten Indonesiens zeigt sich eine starke Beimischung der Melanesiden. Der Anteil dieser dunkelhäutigen, kraushaarigen Rasse wächst, je näher die Inseln bei Neuguinea liegen.

Sprachlich gehören die Indonesier bis auf wenige Ausnahmen zur großen Austronesischen Sprachfamilie, die sich mit mehr als 700 eigenständigen Idiomen von Madagaskar im Westen über den halben Erdkreis bis zur Osterinsel im Osten erstreckt.[3] Man unterscheidet primär einen östlichen und einen westlichen Zweig. Ost-austronesisch sind die Sprachen der Melanesier, Mikronesier und Polynesier im pazifischen Raum. West-austronesisch nennt man die Sprachen der Indonesier, aber auch die der Cham und verwandter Gruppen im zentralen Vietnam, die der Madagassen und die der alteingesessenen Stämme auf der Insel Taiwan. Einige Sprachen des Archipels sind nicht-austronesisch. Sie finden sich im äußersten Osten der Inselwelt und gehören in den Rahmen der sogenannten Papua-Sprachen Neuguineas.

Die Indonesier sind also, was Rasse und Sprache angeht, „südmongolide Austronesier". Sie waren keineswegs die ersten Bewohner des Archipels. Die Insel Java z. B. ist, wenn man die Hominiden einbezieht, einer der nachweislich ältesten Lebensräume des Menschen. Die frühen Spuren gehen über eine Million Jahre bis ins Untere Pleistozän zurück.[4] Die Hominiden interessieren aber in diesem Zusammenhang nicht, denn es gibt keinerlei Beweise für eine direkte Beziehung zwischen ihnen und einer der rezenten Bevölkerungsgruppen Indonesiens oder der Nachbarregionen. Wichtig ist die Tatsache, daß der Meeresspiegel während der Glaziale durch die im Eis festgehaltenen Wassermassen wesentlich tiefer lag als heute. Somit waren die Inseln durch Landbrücken untereinander, aber auch mit dem asiatischen Festland und, wenn man von dem Einschnitt der Makassar-Straße absieht, mit Neuguinea und Australien verbunden.

Während der letzten Eiszeit vor etwa 40 000 Jahren ist die Existenz des Homo sapiens im südostasiatischen Archipel nachweisbar. Über die erwähnten Landverbindungen kamen die Menschen jener Rassen, aus denen die späteren Ureinwohner Australiens und Neuguineas sowie der zuvor erwähnten Negritos hervorgegangen sind. Als mit dem Ende der Eiszeit vor rund 10 000 Jahren der Meeresspiegel wieder anstieg, wurde eine an Zahl sicherlich geringe Bevölkerung von Jägern, Fischern und Sammlern auf den

---

[3] Früher unter dem Namen „Malaio-Polynesische Sprachfamilie" bekannt.

[4] Eine gewisse Berühmtheit erlangten die Fossilien des Homo erectus des Mittleren Pleistozäns auf Java unter dem diskriminierenden Namen „Pithecanthropus erectus" (= aufrechtgehender Affenmensch).

Inseln abgeschnitten. Die materielle Ausrüstung dieser Wildbeuter (Stein- und Knochengeräte), deren Spuren sich in hohen Muschelhaufen an der Küste Sumatras, in großen Höhlen auf Sulawezi und in Sarawak, aber auch auf Java und anderen Inseln fanden, entspricht im wesentlichen der des Paläolithikums.

Mit Beginn des Neolithikums begann offenbar die Expansion der südmongoliden Austronesier in den südostasiatischen Archipel. Diese Vorfahren der heutigen Indonesier kamen anscheinend von der Küste Chinas. Nach neuerer Forschung finden sich die ältesten Niederlassungen auf der Insel Taiwan (um 4000 v. Chr.). Tausend Jahre später scheinen sie die Philippinen und nochmals 1000 Jahre später die übrigen Teile der Inselwelt in Besitz genommen zu haben. Dazu ist anzumerken, daß die prähistorischen Funde in Indonesien leider immer noch recht dürftig sind. Darum haben alle Aussagen zu diesem Komplex nur hypothetischen Charakter. Die Einwanderer kannten als Träger einer neolithischen Kultur den Bodenbau und die Haustierhaltung, lebten in festen Siedlungen, besaßen die Techniken des Steinschliffs, des Flechtens, der Keramik und der Verarbeitung von Baumbast zu Stoffen, und sie müssen auch im Besitz seetüchtiger Boote gewesen sein. Die ältere Bevölkerung der Jäger und Sammler wurde entweder von ihnen assimiliert oder in schwer zugängliche Urwälder und Gebirgszonen abgedrängt, wo sie sich in kleinen Restgruppen teilweise bis heute behauptet haben.

Ihren Abschluß fand die Expansion im Laufe des ersten Jahrtausends v. Chr., um dessen Mitte die Metallzeit in Indonesien begann. Das Eisen scheint kaum später als die Bronze Eingang gefunden zu haben. Die erhaltenen Bronzen – meist Sakralgeräte – zeigen bereits perfekte Formen und hohe künstlerische Qualität. Sie gleichen den Bronzen der „Dongson-Kultur" des nördlichen Vietnam. Vermutlich haben die Indonesier die Bronze- und Eisengeräte sowie die Kenntnis ihrer Fertigung in direktem Handel übernommen. Daß sie zu großen maritimen Unternehmungen fähig waren, beweist die Besiedlung Madagaskars, die Ende des 1. Jahrtausends v. Chr. vom westlichen Indonesien aus erfolgt sein muß.

In der Metallzeit formte sich die „altindonesische Kultur". Zu ihren faszinierendsten Phänomenen gehört die Megalithik, die Sitte also, aus religiösen und sozialen Gründen große Menhire und Dolmen zu errichten, Steinsarkophage oder Steinkistengräber zu fertigen. Auf Java, Bali und Teilen von Sumatra gehört die Megalithik wie in Europa längst der Vergangenheit an. Auf Nias, Flores, Sumba und im Innern von Borneo blieb sie aber lebendig. Auf Süd-Nias gelang es noch nach der Jahrhundertwende wie in einem Stück lebendiger Prähistorie, das Aufstellen eines dolmenartigen Megalithen, auch das begleitende Ritual und den Transport des tonnenschweren Steins durch 525 Mann in ein Bergdorf hinauf zu beobachten und sogar zu photographieren. Eindrucksvoller läßt sich die Kontinuität der altindonesischen Kultur in manchen Gebieten über zwei Jahrtausende hinweg nicht dokumentieren.

Die metallzeitliche Kultur Indonesiens muß um Christi Geburt in den Küstengebieten rund um die Java-See von hoher Blüte gewesen sein, und sicher gab es dort schon Vorformen staatlicher Organisation. Anderenfalls hätte sich dort in den folgenden Jahrhunderten die überlegene Zivilisation Indiens nicht so rasch und gründlich durchsetzen können. Inschriften vom Beginn des 5. Jahrhunderts n. Chr. beweisen bereits die Existenz von Königreichen nach indischem Vorbild. Es entstehen Residenzen und große Tempelbauten mit prächtigem Figurenschmuck. Mit dem Hinduismus und Buddhismus finden Schrift und Literatur Eingang, aber auch Wirtschaft und Handwerk erfahren eine Intensivierung. Die Indonesier nahmen die indische Kultur keineswegs passiv hin. Vielleicht waren es sogar ihre eigenen Seefahrer und Kaufleute, welche die neuen Errungenschaften vermittelten. Die indische Kultur verband sich mit bodenständigen Elementen, und es entstand jene reizvolle „hindu-indonesische" Mischkultur. Die Indonesier bewahrten dabei auf jeden Fall ihre Sprachen und ihre Eigenart.

Wichtig ist die Tatsache, daß die hindu-indonesische Kultur nicht den ganzen Archipel erfaßte. Im Innern von Sumatra, Borneo und Sulawezi, in weiten Teilen der Philippinen und auf den randseitig gelegenen Inselgruppen konnten die Völker ihre altindonesische Kultur behaupten. Vielleicht waren es damals teilweise noch unbesiedelte Gebiete, wohin kleine konservative Gruppen vor dem Neuen und vor dem staatlichen Druck auswichen.

Hinduistisch und buddhistisch geprägte Königreiche konkurrierten miteinander. Schließlich gewann der Hinduismus mit dem mächtigen Madjapahit-Reich auf Ost-Java die absolute Vormacht. Mit seinen Vasallen und Stützpunkten (selbst auf den Philippinen) kontrollierte es alle wichtigen Küsten und den Seehandel des Archipels. Das Madjapahit-Reich erreichte Ende des 14. Jahrhunderts den Höhepunkt seiner Macht und verband die Inseln zu einer staatlichen Einheit. Damals hatte aber schon, von Kaufleuten aus dem westlichen Indien dorthin gebracht, der Islam im Norden von Sumatra Fuß gefaßt. Im 15. und 16. Jahrhundert verbreitete er sich über weite Teile des Archipels, und nur auf Bali konnte sich der Hinduismus behaupten. Die Vasallen des großen Madjapahit-Reiches nutzten die neue Religion, um unabhängig zu werden. Die oft nur kleinen islamischen Nachfolgestaaten übernahmen die Feudalstruktur der hindu-indonesischen Reiche, und eine tiefe Kluft trennte das einfache Volk der Reisbauern und Handwerker von der dünnen Schicht des herrschenden Adels. Durch den Islam erfuhren Leben und Kultur einen tiefen Wandel. Seine Bildfeindlichkeit reduzierte die Bildende Kunst auf das Ornamentale. Jedoch lebten unter dem Mantel des Islam vor allem in Musik und Theater viele Erscheinungen der hindu-indonesischen Kultur weiter fort.

Der Islam blieb zunächst innerhalb des Einflußbereiches der hindu-indonesischen Kultur. Die altindonesischen Völker und Stämme blieben faktisch unbehelligt. Erst im 19. Jahrhundert überschritt er da und dort gewissermaßen in Konkurrenz mit den christlichen Missionaren die oben genannten Grenzen.

In der Zeit staatlicher Wirren und Ohnmacht eroberten die Portugiesen 1511 die Stadt Malakka auf der Malaiischen Halbinsel und erschienen als erste europäische Kolonialmacht im Südostasiatischen Archipel. 1565 begannen die Spanier mit der Eroberung der Philippinen und zugleich mit einer rigorosen Missionierung.[5] Die Portugiesen wurden im 17. Jahrhundert von den Niederländern und Briten verdrängt. Die Kolonialmächte besetzten in den ersten Jahrhunderten nur einige strategisch wichtige Plätze, sie kontrollierten die Küsten und den Seehandel sowie einige wirtschaftlich interessante Gebiete. Die altindonesischen Völker und Stämme lagen auf jeden Fall außerhalb ihres Interesses. Erst um die Mitte des 19. Jahrhunderts begannen die Niederländer damit, die bis dahin faktisch unabhängigen Gebiete systematisch ihrer Kolonialverwaltung zu unterstellen. Dieser mit militärischen Aktionen verbundene Prozeß kam erst nach der Jahrhundertwende zum Abschluß.[6]

Den meisten altindonesischen Völkern und Stämmen brachte die Zeit zwischen der Mitte des 19. Jahrhunderts und der Jahrhundertwende den entscheidenden Kulturwandel. Die Abschirmung nach außen war nun durchbrochen, das Neue und Fremde wurde übermächtig. Oft noch vor der Kolonialverwaltung kamen christliche Missionare in die Dörfer, und auch der Islam wurde in einigen Gebieten aktiv. Die unmittelbare Konfrontation mit dem Christentum, aber mehr noch die direkten Eingriffe der Kolonialverwaltung in das soziale und religiöse Leben (Unterbindung der Kopfjagd, Verbot aufwendiger Feste etc.) lösten eine latente Unsicherheit aus. Überlieferte Wertbegriffe wurden fragwürdig, die Ordnung ihrer kleinen, dörflich geprägten Welt geriet ins Wanken. Der Übertritt zum Christentum dauerte zwei oder drei Generationen und führte oft zu schweren Konflikten innerhalb der Sippen und Dörfer. Die überkommene, auf Verwandtschaft basierende Gesellschaftsform blieb erhalten. Modernes Schulwesen, häufig zuerst von den Missionaren eingeführt, förderte die Angleichung an die übrige Bevölkerung, von der man sich hinsichtlich Begabung und Fähigkeiten überdies nicht unterschied. Die vitalen Toba-Batak galten noch vor hundert Jahren als Prototyp eines altindonesischen Volks; heute gehören sie ohne Zweifel zu den progressivsten Gruppen in der Republik Indonesia.

---

[5] Die Missionsarbeit der Portugiesen im östlichen Indonesien hatte keinen bleibenden Erfolg.

[6] Die meisten Gebiete mit altindonesischen Bevölkerungsgruppen kamen erst zwischen 1906 und 1908 unter die direkte Kontrolle der niederländischen Kolonialverwaltung, doch machte sich deren Einfluß meist zwei oder drei Jahrzehnte vorher bemerkbar. Etwa zur gleichen Zeit brachten die US-Amerikaner auf den Philippinen das Innere von Nord-Luzon und Mindanao unter ihre Kontrolle.

Am Ende der Kolonialzeit war die Angleichung der altindonesischen Völker und Stämme im wesentlichen vollzogen. Es gab nur noch wenige Gruppen, z. B. Teile der Mentawaier, der Karo-Batak und Ngadju-Dajak, die noch der angestammten Religion folgten. In den jungen, nach 1945 entstandenen Nationen des Archipels spielt die Religion ohne Zweifel eine bestimmende Rolle. Die Republik Indonesia betont in ihren fünf Prinzipien oder „Grundpfeilern" (Pancasila) ausdrücklich den „Glauben an den allmächtigen Gott". Den Gruppen jedoch, die noch an der altindonesischen Überlieferung festhalten, begegnete man zunächst mit Ablehnung und oft auch Repressionen. Sie galten als zu wenig fortschrittlich. Ihnen wurde, da sie keinen Stifter und kein Heiliges Buch aufweisen konnten, die offizielle Anerkennung verweigert. Neuerdings ist diese Haltung einer eher wohlwollenden Duldung gewichen. Dennoch ist die Zeit der altindonesischen Religionen vorüber. Eine ihrer Voraussetzungen war die Isolierung und Selbstbezogenheit der Völker und Stämme, für die in unserer Welt kein Freiraum bleibt.

338. Wesensmerkmale altindonesischer Religionen

Die altindonesischen Religionen sind volks- und stammesgebunden. Jede ist einer bestimmten ethnischen Einheit verhaftet. Religion und Volkstum sind identisch, und diesem Wesensmerkmal folgen alle anderen. Aufschlußreich sind in dieser Hinsicht die Erfahrungen der ersten Missionare. Sie stießen mit ihrem Anliegen bei den altindonesischen Gruppen auf völliges Unverständnis. Es wollte den Menschen nicht einleuchten, daß man eine fremde Religion, also die Götter und Ahnen eines anderen Volkes übernehmen könne. Begreiflich war ihnen hingegen die Adoption, das Aufgehen in ein anderes Volkstum mit allen Konsequenzen.

Die Bestimmung als Volks- und Stammesreligionen führt notwendig zur Frage nach den Begriffen „Volk" und „Stamm". Sie bezeichnen im Grunde nur einen quantitativen Unterschied. Volk ist eine größere und Stamm eine kleinere Gruppe von Menschen, die sich durch gemeinsame Abstammung, Sprache und Kultur als zusammengehörig betrachten und damit sich von allen Nachbarn abheben. Da faktisch die subjektive Auffassung des Betrachters entscheidet, was noch ein Stamm oder schon ein Volk ist, bevorzugen die Ethnologen die Begriffe „Ethnie" oder „Ethnische Einheit".

Volk und Stamm bedeuten aber im altindonesischen Bereich (und nicht nur in diesem) noch weit mehr. Man muß sich vor Augen halten, daß die ethnischen Einheiten im 19. Jahrhundert, dem für die Darstellung der altindonesischen Religionen maßgebenden Zeitraum also, durchweg klein waren und nur einige tausend Menschen umfaßten. Jeder kannte faktisch jeden und war sich über sein verwandtschaftliches Verhältnis zum anderen im klaren. Bei größeren Völkern mit weitem Wohngebiet bestand eine regionale Gliederung in mehr oder minder selbständige Stämme. Unter solchen Umständen bildet die ethnische Einheit ein dichtes Netzwerk von Bindungen und Beziehungen, das alle Teilgruppen (Familien, Sippen, Klane und Stände) und über diese jeden einzelnen erfaßt, und zwar nicht nur die Lebenden, sondern auch die Verstorbenen und selbst die Ungeborenen. Eingeschlossen sind auch die Götter und Geister sowie die Dörfer, Felder und alle anderen Erscheinungen der Umwelt. Erst dieses totale Beziehungssystem macht eine Gruppe sich zusammengehörig fühlender Menschen zu einem Stamm oder Volk.

Vor diesem Hintergrund wird der Unterschied zwischen den Volks- und Stammesreligionen und den universalen Weltreligionen deutlich. Er darf keinesfalls nur quantitativ aufgefaßt werden; ist vielmehr wesensmäßig gegeben. Es fragt sich sogar, ob wir unser Begriffsschema, das ganz und gar auf unsere Zivilisation zugeschnitten ist, auf die Volks- und Stammesreligionen übertragen dürfen. Für uns ist Religion ein festumrissener Bereich des Daseins, der zwar hineinwirken soll in die anderen Sektoren des menschlichen Lebens, doch im wesentlichen von der Gesellschaftsordnung, von Recht und Politik, Wirtschaft und Technik, den Künsten und Wissenschaften klar geschieden ist. Vergebens sucht man bei den altindonesischen Völkern nach einer solchen Scheidung der Lebensbereiche. In ihrer dörflich kleinen Welt sind noch alle Phänomene des Lebens und Denkens, des Handelns und Verhaltens aufeinander bezogen und eng miteinander verknüpft. Würde man eine der altindonesischen Religionen wirklich erschöpfend darstellen, ergäbe das zwangsläufig ein Bild der ganzen Kultur der betreffenden ethnischen Einheit.

Die altindonesischen Religionen lassen keinen Bereich religionsfrei. Diese „Totalität" entspricht ihrem Wesen. In allem kommt die umfassende Einheit von Mensch, Kultur und Umwelt zum Ausdruck. Jede ist der Entwurf einer Wirklichkeit und harmonischen Ordnung, die von Ursprung und Schöpfung, dem Bau des Kosmos und dem Wirken der Gottheit über die Formen der Gesittung bis in den Alltag des Dorflebens reicht. Der viel mißbrauchte Begriff „ganzheitlich" hat hier wirklich einmal seine Berechtigung.[7]

Volk und Stamm sind aber nicht nur Träger der Volks- und Stammesreligionen. Sie sind vielmehr auch Inhalt, Sinn und Zweck der Religionen. Volk und Stamm sind das A und O. Nichts führt über die ethnische Einheit

[7] Die Totalität der altindonesischen Religionen blieb den frühen Missionaren nicht verborgen, doch manche empfanden diese nach dem Motto „Alles ist Nichts" eher als eine Form von Religionslosigkeit: Es fehle der Sonntag. Totalität heißt nicht, daß nicht zwischen „sakral" und „profan" unterschieden würde. Begriffe, die dem polynesischen „Tabu" entsprechen, sondern das Heilige und auch das Unreine vom Bereich des Allgemeinen bzw. des Profanen ab.

hinaus.[8] Natürlich gab es unter den Esoterikern auch den *homo religiosus,* der über die engen Grenzen des Volkstums hinausschaut und sich einer universalen Gottesidee nähert. Ebenso fand man, was manche Missionare mit Verblüffung registrierten, den absoluten Skeptiker, der an allem zweifelte. Die Existenz des einen oder anderen bedeuteten offenbar kein Problem. Die persönliche Religiosität ist für das Verständnis der altindonesischen Religionen irrelevant. Was der einzelne glaubt oder nicht glaubt, hat keine besondere Bedeutung. Glaubensprüfungen und Gewissenserforschung finden in den Volks- und Stammesreligionen nicht statt. Aus ihrer Bindung an Volk oder Stamm und ihrer Totalität folgt, daß sie vor allem Religionen des „Gesetzes", des Tuns und Lassens, der Gebote und Verbote sind. Ausschlaggebend ist die Beachtung der göttlichen Ordnung des Lebens und die Befolgung der kultischen Pflichten gegenüber der Gesellschaft.[9]

Aus der Bindung an Volk und Stamm resultiert auch die Individualität der altindonesischen Religionen. Sie müssen wie die Völker und Stämme selbst als einmalige und unverwechselbare Phänomene betrachtet werden. Das scheint selbstverständlich, doch gerade die Individualität wurde diesen Religionen von den alten Theorien der Religionsethnologie (Animismus, Präanimismus, Dynamismus, Totemismus und Urmonotheismus) abgesprochen. Sie sahen in ihnen einzig unterschiedliche Stadien einer an sich gleichen Entwicklungsstufe der Religion oder bloße Varianten einer gemeinsamen und der unsrigen verschiedenen Mentalität. Ihr Motto hätte demzufolge lauten können: Kennt man eine, kennt man alle diese Religionen.[10]

Unbestreitbar zeigen die altindonesischen Religionen in ihrer Struktur viele Übereinstimmungen, und diese gehen sogar über den Südostasiatischen Archipel weit hinaus. Ohne sie wäre eine so kurze Übersicht wie diese gar nicht möglich. Diese Verwandtschaft zeugt für eine Entstehung aus gemeinsamen Wurzeln und für eine Vielfalt kulturgeschichtlicher Beziehungen. Sie widerspricht aber keineswegs der Individualität in den Erscheinungsformen altindonesischer Religionen. Überdies gibt es entweder in der Vorstellungswelt, im religiösen Leben oder der stets religiös gepräg-

---

[8] Es gibt nicht einmal den Anspruch, die einzig wahre Religion zu sein. Damit unterscheiden sich die Volks- und Stammesreligionen deutlich von den Sikhs und anderen „Religionsvölkern", die durch ihre religiös bedingte Abkapselung zu einer ethnischen Einheit wurden.

[9] In dieser Weise gleichen sie den großen Nationalreligionen wie Shintoismus und Hinduismus, die aber im Gegensatz zu den Volks- und Stammesreligionen schriftliche Überlieferung, geistliche Hierarchien und einen spekulativen Überbau besitzen.

[10] Den alten Theorien ging es um den Ursprung der Religion und ihre Entwicklung zu höheren Formen. Bei der Fülle des Materials lassen sich, wenn man die Phänomene aus ihrem Zusammenhang reißt, für jede Theorie eine Menge Belege finden. Die neuere Religionsethnologie hat sich von den Ursprungsfragen gelöst. Ihr geht es vor allem um Wesen und Erscheinungsform der Volks- und Stammesreligionen.

ten Kunst einer jeden ethnischen Einheit etwas Einmaliges und nur ihr Eigentümliches.

Die altindonesischen Religionen müssen nach ihrem Wesen und ihren Möglichkeiten erfaßt und dargestellt werden. Die Verflachung des Alltags oder gar das Stadium eines schon fortgeschrittenen Verfalls kann nicht der Maßstab sein. Die Voraussetzung dazu sind objektive Quellen, das heißt, vor allem Mythen und festgelegte Priesterlitaneien, der genaue Verlauf der Kulthandlungen und Feste, aber auch Kultobjekte und Kunstwerke. Manche Berichterstatter hielten sich bewußt an den einfachen Dorfbewohner. Was aber der „Mann auf der Straße" denkt und glaubt, ist zwar auch wichtig, doch keinesfalls repräsentativ für das Wesen einer Religion. Auch in den Volks- und Stammesreligionen wird das Wissen und die Überlieferung durch eine Elite von Esoterikern weitergegeben. Sie müssen auf jeden Fall in der gleichen Weise befragt werden, wie dies für die Probleme und Erscheinungen der Weltreligionen und der großen Nationalreligionen selbstverständlich ist.

Keinesfalls darf man die Welt der altindonesischen Religionen als ein „verlorenes Paradies" hinstellen, denn das hieße, in ein anderes Extrem zu fallen. Man braucht die Verhältnisse nicht einmal vom Standpunkt eines Sklaven oder auf andere Weise Benachteiligten zu sehen, nicht einmal an Kopfjagd und Menschenopfer zu denken, um zu erkennen, daß dazu keinerlei Anlaß besteht, selbst dann nicht, wenn diese Religionen in ihrer „letzten und tiefsten Idealität" gelebt worden wären. Die Geschlossenheit und Harmonie ihres Systems dürften vitale und aktive Individuen eher als Enge und Zwang empfunden haben. Das Leben der Menschen war keineswegs frei von Spannungen und Konflikten, ganz abgesehen von der durch die Sitte der Kopfjagd stets von außen drohenden Gefahr. Es gab eine tiefverwurzelte Furcht vor Hexen und Werwölfen und eine, wie noch gezeigt werden wird, panische Angst vor dem „unreifen" bzw. vorzeitigen Tod durch Krankheit, Unfall oder Mord, da dieser unweigerlich die Verdammung der Totenseele mit sich bringt. Auch solche Vorstellungen gehören zum Wesen der altindonesischen Religionen, und sie müssen auf sensible Menschen verheerend gewirkt haben. Für die Nöte und Sorgen des einzelnen haben Volks- und Stammesreligionen nur wenig zu bieten. Frustriert wird und wurde der Mensch überall und zu allen Zeiten.

Die altindonesischen Religionen nach ihrem Wesen und ihren Möglichkeiten zu bestimmen, heißt aber nicht, sie aus ihrer historischen Bezogenheit zu lösen. Sie scheinen uns statisch und unveränderlich, und sie sind auch extrem konservativ. Das Festhalten am Überkommenen gehört zu ihrem Wesen. Nur dieser Umstand erlaubt, Daten und Nachrichten, die mehr als hundert Jahre alt sind, neben solche zu setzen, die erst in unseren Dezennien gesammelt wurden. Dem widerspricht aber nicht, daß auch die altindonesischen Religionen einem steten Wandel unterlagen. Sicherlich gab es endogene Prozesse wie ökonomische Zwänge oder soziale Umschichtungen, Kriege, Seuchen und Katastrophen, die Veränderungen bewirkten, doch diese lassen sich nur selten nachweisen. Besser steht es in dieser Hinsicht mit den äußeren Einwirkungen. Besonders stark waren sie während der hindu-indonesischen Epoche, wo sie in das eigene religiöse System integriert wurden. Die äußeren Einflüsse bedeuteten auf jeden Fall eine Herausforderung. Sie zwangen die Esoteriker zu einer Reaktion, zu einer geistigen Auseinandersetzung mit dem Neuen. Es hat den Anschein, als hätten die besonders reichen und interessanten Religionen Indonesiens, die im folgenden vorwiegend als Beispiel genannt werden, jeweils eine günstige geographische Position eingenommen. Sie wurden zwar von mannigfachen Einflüssen erreicht, die das religiöse Leben anregten und bereicherten, waren dort aber auch so geschützt, daß das Neue nicht übermächtig werden und die überkommene Religion ersticken konnte. Erst ab Mitte des 19. Jahrhunderts änderte sich, wie schon zuvor gesagt, diese Situation. Der Macht der Kolonialverwaltung und deren Eingriffen in das religiöse Leben konnte man sich nicht entziehen. Christliche Missionare trugen eine fremde Religion direkt in die Dörfer, und auch dem Islam waren nach Befriedung des Landes die Tore geöffnet. Damit begann die Endphase und der mehr oder minder rasche Verfall der altindonesischen Religionen.

Auch die Konfrontation mit Christentum und Islam führte zu Auseinandersetzungen und Spekulationen der Esoteriker, die man nicht nur als Versuche einer vordergründigen Angleichung oder eines Synkretismus, sondern auch als eine Besinnung auf die Werte und Möglichkeiten der eigenen Religion betrachten sollte. Die Phase des Abschiednehmens vom Überkommenen und vom Erbe der Ahnen, dieser Prozeß des Übergangs und der Anpassung an die neue Zeit, war bei manchen Völkern ein langsamer, schleichender Prozeß ohne spektakuläre Höhepunkte, bei anderen jedoch mit hektischen, konvulsivischen Reaktionen verbunden. Es gibt heute noch Restgruppen altindonesischer Religion. Und in einigen Gebieten kam es zu Bewegungen der Heilserwartung und des Messianismus. Auf diese Erscheinungen soll hier aber nicht eingegangen werden. Sie sind nicht repräsentativ für die altindonesischen Religionen, spiegeln einzig die Krisensituation der betreffenden Völker und Stämme wider. Fruchtbarer wäre es da schon, den Problemen und den Schwierigkeiten der jungen protestantischen Volkskirchen nachzugehen, da sich in ihrer Struktur, z. B. in der Verknüpfung von Kirche und Volk, alte Ordnungen und Bindungen behauptet haben.

339. Die mythische Überlieferung

Die altindonesischen Völker und Stämme besitzen keine schriftlich fixierten Traditionen und somit auch keine heiligen Bücher. Von Gottheit und Schöpfung berichten die von Generation zu Generation mündlich überlieferten Mythen. Sie schildern nicht nur, wie in der Urzeit alles geworden ist, sie sagen auch, warum es auf Erden so ist und sein muß, wie es ist. Alle wichtigen Erscheinungen des irdischen Daseins sind im Mythos vorweggenommen und begründet. Indem er die ferne Vergangenheit offenbart, prägt er die Gegenwart und bestimmt er die Zukunft. Im Mythos wurzelt das Selbstverständnis der Völker und Stämme, in ihm begreifen sie die Seinsordnung ihrer kleinen Welt: Der Mythos ist die Basis ihrer Wirklichkeit.

Die altindonesischen Mythen werden in der Literatur meist in Fragmenten und kurzgefaßten Nacherzählungen vermittelt. Dabei läßt sich kaum prüfen, ob sich nicht Fehler und Mißverständnisse eingeschlichen haben. Von besonderem Aussagewert sind daher jene Mythen, die in den in Versen gefaßten Priesterlitaneien enthalten sind. Im Idealfall liegen die Kultgesänge in einheimischer Sprache mit sorgfältiger Übersetzung und Kommentierung vor. Solche Texte gibt es aber nur von wenigen Gruppen, und selbst umfangreiche Wiedergaben bringen nur einen kleinen Ausschnitt der vorhandenen Kultgesänge, die zusammen sicher mehrere voluminöse Bände füllen würden. Aufnahme und Bearbeitung erfordern hervorragende Sprachkenntnisse, und so versteht sich, daß fast alle großen Textsammlungen Missionaren zu verdanken sind.

Die altindonesischen Mythen sind von großer poetischer und metaphorischer Kraft. Folgerichtigkeit in unserem Sinne darf man nicht erwarten. Die Ereignisse stehen oft unvermittelt nebeneinander. Man trifft auf Ungereimtheiten und Widersprüche, oft auf mehrere Namen für ein und dieselbe Gottheit sowie auf eine Vielzahl von Themen und Motiven mit mehreren divergierenden Varianten. Ursache der Inkohärenz sind kulturhistorische Vorgänge, Kontakte und Überlagerungen, die sich meist schon vor der Besiedlung des Archipels vollzogen haben. Während der hindu-indonesischen Epoche kam man in Besitz manch neuer Erkenntnis und Erfahrung. Durch Aufnahme in den Mythos wurden diese anerkannt und sanktioniert. Tabak und Mais lernte man frühestens im 16. Jahrhundert kennen, doch manche Völker verlegen die Entstehung dieser Pflanzen in die mythische Urzeit. Häufig wurden die Namen der wichtigen Götter nach hinduistischem oder islamischem Vorbild geändert. Grundsätzlich war die Überlieferung des Mythos extrem konservativ, denn wesentliche Änderungen hätten Unheil nach sich gezogen. Der Spielraum für Modifikationen war auf jeden Fall sehr klein. Wenn das Neue übermächtig wird, sich nicht mehr verarbeiten und integrieren läßt, bedeutet das die Zerstörung des Mythos. Er ist dann bestenfalls sakrale Literatur, eine mit Ehrfurcht betrachtete Legende, die aber keine die Wirklichkeit prägende Kraft mehr besitzt.

In den Kosmogonien der altindonesischen Völker und Stämme trifft man auf Parallelen und Übereinstimmungen. Bestimmte Themen und Motive finden sich jeweils bei mehreren Gruppen. Ihre Verbreitung geht meist über den Südostasiatischen Archipel weit hinaus. Das gilt vor allem für die „Heilige Hochzeit von Himmel und Erde" oder den „Weltelternmythos".[11] Himmel und Erde stehen sich als männliches und weibliches Prinzip gleichwertig gegenüber. Die Schöpfung resultiert aus der Urhochzeit von „Vater Himmel" und „Mutter Erde". Das Thema zeigt sich in seiner klassischen Form, wo Himmel und Erde die Hierogamie vollziehen, auf Zentral-Ceram, West-Flores und Ambon. Berücksichtigt man jedoch alle Varianten und Reminiszenzen, dann findet es sich in den meisten altindonesischen Religionen. Allerdings muß man es manchmal aus Götternamen und Kult erschließen, weil die mythische Überlieferung verlorengegangen ist.

Die primären Elemente des Weltelternmythos sind nicht etwa „Himmel und Erde", sondern „Vater und Mutter" bzw. die sexuelle Polarität. Die Basis des mythischen Denkens ist das Unmittelbare, das Nächstliegende und Vertraute. Und das sind Vater und Mutter, die sexuelle Polarität, Geburt und Tod, die Geschwister und anderen Verwandten, Quelle und Fluß, Feld und Garten, Nutzpflanze und Haustier sowie der Widersacher und der von außen drohende Feind. Vater und Mutter können als Metapher für Himmel und Erde dienen, niemals aber Himmel und Erde für Vater und Mutter. Im Mythos wird nicht reflektiert, sondern projiziert, und zwar vom Mikrokosmos auf den Makrokosmos, vom vertrauten Lebenskreis auf das Weltganze.

Ausschlaggebend beim Weltelternmythos sind die sexuelle Polarität und die schöpferische Vereinung in der Urhochzeit. Beides kann auch auf Sonne und Erde bzw. auf Sonnengott und Erdgöttin übertragen sein, so z. B. im Bereich der südlichen Molukken, wo die Urhochzeit im *Porka*-Fest ihre kultische Vergegenwärtigung findet. Besonders merkwürdig äußert sich die sexuelle Polarität im Schöpfungsmythos einiger Gruppen auf Borneo. Die Ngadju lassen die Schöpfung mit zwei sich im Kosmos reibenden Bergen beginnen: dem weiblichen (?) Goldberg und dem männlichen (?) Edelsteinberg. Die Kenja, Kajan und Bahau kennen mehrere Versionen der Urhochzeit: So paaren sich (1) ein großer, aus der Sonne fallender Schwertgriff und die Erde, (2) eine Kupferzange und die Erde und (3) ein Schwertgriff und ein Weberschiffchen. Ohne Zweifel verkörpern Schwertgriff und

---

[11] Die Verbreitung des Weltelternmythos reicht vom antiken Griechenland *(Uranos* und *Gaia)* über Asien und Ozeanien bis nach Nordamerika. In seiner klassischen Form findet er sich im Mythos der Maori auf Neuseeland; vgl. S. 173.

Kupferzange das männliche, Erde und Weberschiffchen das weibliche Prinzip.

Die „Urmutter“ ist eine dem Welteltenmythos eng verwandte Variante. Dieses Thema hat sich bei den Minahasa (Nord-Sulawezi) gut behauptet. Urmutter *Lumimu'ut* entspringt einem Felsen; vom Westwind befruchtet, gebiert sie den Sonnengott *Toar;* nach langer Trennung erkennen sich Mutter und Sohn nicht wieder und heiraten; dem „Mutter-Sohn-Inzest“ entstammen die Götter sowie die Menschen und ihre Welt. In fast gleicher Form ist das Thema aus West-Flores überliefert. Die Urmutter repräsentiert ohne Zweifel die Erde bzw. den fruchtbaren Erdboden. Wind und Sonnengott erscheinen als Substitute des Himmels, der anscheinend noch nicht als Einheit von Wind, Wolken, Regen und Sonne empfunden wird, so daß sich die kosmische Hochzeit gleich zweimal vollziehen kann. Von der Urmutter berichten ebenfalls Mythen aus Süd-Nias, doch fehlt hier der Mutter-Sohn-Inzest. Die Urmutter geht entweder aus dem Nebel oder aus berstendem Gestein hervor; sie sammelt ihren Körperschmutz und formt daraus die Erde; sie gebiert – nach einer Version ohne Befruchtung, nach einer anderen vom Wind geschwängert – das später herrschende Götterpaar der Niasser.

Am Anfang kann auch ein „Urwesen“ stehen, das die sexuelle Polarität und alle anderen Gegensätze in sich vereint. Mythen aus Nord-Nias berichten von *Tuha Sihai,* einem kugelförmigen Urwesen. Nach seinem Tode erwächst dem Körper der Welten- und Lebensbaum *Tora'a,* Sinnbild des Kosmos, und aus den Augen werden Sonne und Mond. Die später herrschenden Götter wachsen als Knospen am Baum *Tora'a.* Im Urwesen verkörpert sich bildhaft das Chaos, das ja die ganze Schöpfung keimhaft in sich trägt. Ein Urwesen ist auch der *Naga,* der riesige Schlangendrachen, der nach Vorstellung der Ngadju-Dajak den Welten- und Lebensbaum auf seinem Rücken trägt. Er verkörpert das mythische Ur-Wasser, das vor der Schöpfung bzw. vor dem Wachsen des Welten- und Lebensbaums den ganzen Raum erfüllte. Der *Naga* als Symbol des chaotischen Ur-Wassers dürfte auf hindu-indonesischen Einfluß zurückgehen. In der Kunst der Ngadju-Dajak gibt es deutliche Anzeichen, daß sie ursprünglich ein anthropomorph gedachtes Urwesen ähnlich dem *Tuha Sihai* kannten. Andere Symbole des Chaos sind Nebel und Finsternis oder, wie zuvor beim Thema der Urmutter zum Ausdruck kam, der nackte Stein.

Einige wenige altindonesische Völker nennen in ihrer Überlieferung einen „Urvater“, ein männliches Schöpferwesen. *Mula Djadi* (= Ursprung des Werdens), die höchste Gottheit der Toba-Batak, pflanzt eigenhändig den Welten- und Lebensbaum. Er hat aber nicht alles geschaffen, denn *Naga Padoha,* der Drache der Unterwelt, der später die Erde tragen muß, ist sicher nicht sein Geschöpf. Das weibliche Element tritt mit seiner Enkelin *Sideak Parudjar* in den Vordergrund. Sie verursacht mit der Verweigerung einer Heirat die Erschaffung der Erde und wird zur Stammutter und Lehrmeisterin der Menschen. In der Gestalt des *Mula Djadi* und der ganzen Götterlehre der Toba-Batak manifestieren sich ohne Zweifel starke hinduindonesische Einflüsse. Die Niasser kennen neben der Urmutter (Süd-Nias) und dem Urwesen (Nord-Nias) auch die Gestalt eines Urvaters namens *Sirao.* Allerdings sind die Traditionen, die ihn betreffen, sehr widersprüchlich. Die einen stellen *Sirao* als Schöpfergott vor das Urwesen *Tuha Sihai,* die anderen bestimmen ihn als einen urzeitlichen Menschen, der erst in sechster Generation den am Welten- und Lebensbaum gewachsenen Stammeltern nachfolgt. *Sirao* herrscht auf jeden Fall eines Tages in *Teteholi Ana'a,* der goldenen Oberwelt. Die Erde jedoch wird von seiner Tochter *Silewe Nazarata* geschaffen. Sie formt diese aus ihrem Körperschmutz, was sehr an die Urmutter erinnert. Mit *Sirao* ist die wohl originellste altindonesische Anthropogonie verbunden. *Sirao* kommt, was eigentlich nicht zu einem Schöpfergott paßt, zum Sterben. Zwei seiner Söhne folgen ihm als Weltenherrscher (Oberwelt) und Welterhalter (Unterwelt). Ein weiterer Sohn namens *Hia* wird mit allem, was für das Leben notwendig ist, von *Teteholi Ana'a* zur Erde hinabgelassen. Er schwebt gleichsam wie in einem Raumschiff neun Jahre über der Erde (= Nias), ehe er einen geeigneten Landeplatz findet. Er landet im Süden von Nias, doch seine Habe ist so schwer, daß die Insel über ihr Südende ins Meer zu kippen droht. Schnell wird Sohn *Gözö* als Gegengewicht im Norden hinabgelassen, doch nun wölbt sich die Insel auf. Erst als *Hulu* und *Daeli* in der Mitte ankommen, ist die Insel wieder im Lot. Nur der Adel der Niasser kann sich auf die „Hinabgelassenen" berufen, die Vorfahren des breiten Volks kamen anscheinend nur als Begleitpersonal. Offenbar stehen die Traditionen um *Sirao* und seine Söhne mit der Entstehung des Adels und eines straffen Häuptlingstums in Zusammenhang. Die Gestalt des Urvaters oder gar des Schöpfergottes gehört sicherlich nicht zum ursprünglichen Traditionsgut altindonesischer Religionen.

Die bisher genannten Themen repräsentieren den Beginn der Schöpfung. Die Gestaltung und Vollendung der Schöpfung sowie die Weltherrschaft und Welterhaltung obliegt der nachfolgenden Generation. Diese Phase betrifft die „Trennung von Himmel und Erde" als Abschluß des Welteltern-mythos. Himmel und Erde liegen in ihrer Hierogamie dicht aufeinander; ihren Geschöpfen bleibt kein Raum der Entfaltung; es herrscht stete Dunkelheit; den qualvollen Zustand beendet einer der Götter, indem er den Himmel gewaltsam nach oben treibt und Vater Himmel als Weltenherrscher nachfolgt; seine Tat wird als Befreiung empfunden; es beginnt der stete Wechsel von Tag und Nacht. In dieser klassischen Form ist der Mythos aber nur aus dem mittleren Ceram überliefert. In den meisten Religionen ist das Trennungsthema isoliert; die voraufgegangene Hochzeit von Himmel und Erde ist entweder verlorengegangen oder zu einer Reminiszenz verblaßt. Himmel und Erde liegen nahe beieinander, ohne daß dafür ein Grund genannt wird. Nur selten wird der Zustand als bedrückend empfunden. Meist erscheint er als ein „Goldenes Zeitalter“ oder ein Schlaraffenland. Dieser Paradieszustand endet durch die Schuld der Menschen; die Trennung wird von den Göttern als Strafe vollzogen.

In einem anderen Thema geht es um die „Entstehung der Nutzpflanzen und die Ursache von Tod und Fortpflanzung“. Die Wemale auf Ceram berichten in ihren Mythen: Das göttliche Mädchen *Hainuwele* wurde von anderen Urzeitwesen getötet; aus seinem zerstückelten Leib wuchsen die Kokospalme und die Knollenfrüchte; mit dem Mord kam der Tod in die Welt, und damit endet die mythische Urzeit; es beginnt das irdische Dasein mit Nahrungsbedürftigkeit, Sterblichkeit und Fortpflanzung. Das *Hainuwele-Thema* läßt sich nicht nur auf West-Ceram, sondern auch auf Nord-Borneo und West-Flores nachweisen. In den anderen altindonesischen Religionen tritt es nur als mehr oder minder deutliche Reminiszenz in Erscheinung. Die in solchen Mythen handelnden oder erleidenden Gestalten werden „Kulturheroen“ oder „Heilbringer“ genannt, doch hat sich auch der aus der Sprache der Marind-Anim (Neuguinea) stammende Begriff *Dema* eingebürgert.

Die genannten Themen dienen dem Kulturhistoriker als Indiz für oft weltweite Kulturbeziehungen. Für den Religionsethnologen ist ihr bloßes Vorhandensein von geringer Bedeutung. Er muß nach ihrem Stellenwert im Ganzen des religiösen Systems fragen und danach, ob sie prägend in der Götterlehre und dem Kult einer altindonesischen Religion in Erscheinung treten.

340. Götter, Geister und Menschen

In den altindonesischen Religionen begegnet man einer fast verwirrenden Vielzahl von Göttern und Geistern. Bei näherer Betrachtung lassen sich Hierarchien und ganze Verwandtschaftsverbände erkennen. Viele Geistwesen sind einzig Aspekte einer höheren Gottheit, die Personifizierung ihrer Fähigkeiten und Kräfte. Nicht selten scheinen sich auch schmückende Beinamen einer Gottheit verselbständigt zu haben. In den altindonesischen Religionen gab es keine Instanz, die über die Reinheit der Götterlehre wachte. Von vielen Völkern ist die Götterlehre zu wenig erforscht, um sich Anschauung und Begriff verschaffen zu können. Ist aber die Vorstellungswelt einigermaßen bekannt, wie bei den Ngadju-Dajak, den Iban, den Niassern, den Toba-Batak, den Toradja und Minahasa, um nur einige Namen zu nennen, dann zeigt sich, daß sich hinter der Fülle der Gestalten eine faszinierende Gottesidee verbirgt. Die altindonesischen Götter und Geister genau zu klassifizieren ist faktisch unmöglich. Man kann sie allenfalls, um sich einen Überblick zu verschaffen, grob in einige Kategorien unterscheiden.

An erster Stelle müssen die primordialen Weltschöpfer genannt werden: Welteltern, Urmutter, Urwesen und Urvater. In der Überlieferung einer Gruppe können mehrere dieser Schöpferwesen erscheinen, wie z. B. bei den Niassern die Urmutter, der Urvater und das Urwesen, und man kann nicht sagen, welcher Gestalt die größere Bedeutung zukommt. Ihre göttliche Wirksamkeit erlischt nach dem Schöpfungsakt, und sie sind nun otiose Gottheiten, die nicht in das Leben der Menschen eingreifen. Ihre Namen werden zwar mit Ehrfurcht genannt, doch im Kult spielen sie kaum mehr eine Rolle. Es gibt aber einige Ausnahmen: Bei den Ngada auf Flores sind der Himmelsgott *Déva* und die Erdgöttin *Nitu* die herrschenden Gestalten des Pantheons. Es ist evident, daß diese beiden, obwohl von einer Hierogamie nichts berichtet wird, „Vater Himmel" und „Mutter Erde" verkörpern. Unter dem Namen *Ciné Cema* (= Mutter Vater) werden sie oft als Einheit angerufen. Auch die Urmutter *Lumimu'ut* der Minahasa gehört zu den Ausnahmen. Während ihr Sohn und Gatte, der Sonnengott *Toar,* völlig aus dem Kult verschwand, blieb sie dort als Stammutter des Volkes und Lehrmeisterin des Bodenbaus von Bedeutung. Immerhin haben die seit langem christlichen Minahasa *Lumimu'ut* und *Toar* vor einiger Zeit in der Stadt Menado ein modernes Denkmal errichtet.

Weltenherrscher und Welterhalter bilden die nächste Kategorie. Ihnen kommt ohne Zweifel im Kult die größte Bedeutung zu. Sie folgen den Schöpferwesen nach. Entweder usurpieren sie die Macht und Würde, indem sie die mythische Urzeit in irgendeiner Form beenden, oder sie erhalten die Nachfolge mehr oder minder „offiziell" übertragen, was in der Tradition der Niasser als ein Wettkampf zwischen den neun Söhnen des Urvaters *Sirao* geschildert wird. Meist aber gibt die Überlieferung keine klare Auskunft über die Art und Weise der Ablösung. Der Weltenherrscher ist der Hüter von Recht und Sitte, der Seelenschmied und der Schicksalsbestimmer des Menschen. Er residiert in der herrlichen Oberwelt, einer Sphäre über dem sichtbaren Firmament, oder, wo diese kosmische Vorstellung fehlt, schlicht im Himmel. Der Welterhalter residiert in der finsteren Unterwelt bzw. in der Erde. Er hat eine eher dienende Funktion, denn er muß die Erde tragen und den ganzen Kosmos stützen. Der Welterhalter ist zwar minder angesehen als der strahlende, für das Schicksal des Menschen so wichtige Weltenherrscher, doch er ist nicht minder mächtig. Zeichen seiner Macht sind die Erdbeben, und oft werden ihm noch andere negative Erscheinungen zugeschrieben, doch repräsentiert er nicht das schlechthin Böse im christlichen Sinne.

Das Verhältnis zwischen Weltenherrscher und Welterhalter ist ambivalent. Einerseits stehen sie sich antagonistisch als Rivalen gegenüber. Nach der Tradition der Ngadju-Dajak zerstören *Mahatara,* der Gott der Oberwelt, und *Djata,* der Gott der Unterwelt, im „Heiligen Streit" den Welten- und Lebensbaum, das Sinnbild des Kosmos. Andererseits müssen sie immer wieder den Ausgleich finden und in Harmonie miteinander den Welten- und Lebensbaum neu errichten. Im Verhältnis der beiden Götter manifestiert sich im Grunde der Zustand des irdischen Daseins, der stete Wechsel von Heil und Unheil, Geburt und Tod, Zerstörung und Erneuerung der Schöpfung. Weder Weltenherrscher noch Welterhalter können für sich allein existieren, erst zusammen bilden sie die totale Gottheit. Der Wechsel von Antagonismus und Totalität der beiden Götter zieht sich wie ein roter Faden durch den gesamten Kult der Ngadju-Dajak.

Der Widerstreit zweier rivalisierender Götter bestimmt auch die Gottesidee der Niasser. *Lowalangi* herrscht über die Oberwelt und die Menschen, während sein Bruder und Gegenspieler *Lature Danö* in der Unterwelt die Erde trägt. *Lowalangi* ist die Quelle des Guten. An ihn richten sich die Anrufungen, denn er bestimmt über Leben und Tod, Segen und Fluch, Armut und Reichtum. Ihm gelten die großen Feste und Kulthandlungen. Seine Embleme im Kult sind Vögel, die Sonne und das Licht, seine Farben sind golden und gelb. Mit *Lature Danö* in der Unterwelt sind eher negative Züge assoziiert; er kann Erdbeben und Seuchen verursachen. Seine Embleme sind Schlangen, der Mond und die Nacht, seine Farben sind rot und schwarz. Trotz ihres Antagonismus ergänzen sich die beiden Götter, denn sie brauchen einander. Im Bild der Mythe wird *Lowalangi* ohne Gesäß und *Lature Danö* ohne Kopf geboren: erst zusammen bilden sie ein Ganzes.

Die Idee vom „Heiligen Streit der Götter von Ober- und Unterwelt" prägt in mehr oder minder deutlicher Form die Vorstellungswelt der meisten altindonesischen Völker. Der Weltenherrscher *Muntu-untu* (= Allerhöchste) der Minahasa, ein Nachkomme der Urmutter *Lumimu'ut,* erscheint so mächtig und strahlend, daß man zögert, in dem wenig ansehnlichen Gott der Unterwelt *Miojo* (= der ganz unten Wohnende) seinen Gegenspieler zu sehen. Auf jeden Fall stehen sich die Götter der Oberwelt und die Götter der Unterwelt in ihrer Gesamtheit rivalisierend gegenüber. *Muntu-untu* wird in manchen Traditionen als Gott von Ewigkeit zu Ewigkeit sogar vor bzw. über die Urmutter gestellt, doch dafür ist sicherlich die Auseinandersetzung mit dem Christentum verantwortlich. Andererseits soll *Muntu-untu* im Generationenwechsel von seinem Pflegesohn *Kumokomba* verdrängt und sogar gezwungen worden sein, mit ihm den Namen zu tauschen.

Die dritte Kategorie der Götter steht dem Weltenherrscher und dem Welterhalter sehr nahe. In ihnen findet die Totalität der Gottheiten ihre Personifizierung. Kennzeichnend für diese Kategorie ist die Göttin *Silewe Nazarata* der Niasser. Sie ist die Schwester der beiden Götter und zugleich die Frau des *Lowalangi* in der Oberwelt. *Silewe Nazarata* ist ihrem Wesen nach zwielichtig; sie hilft zwar den Menschen, doch ist sie auch zu bösartigen Handlungen fähig. In ihr finden alle Gegensätze ihren Ausgleich, und sie zeigt Aspekte, die in den Augen der Niasser dem männlichen Prinzip zugehören. Anscheinend entspricht ihrer ethischen Ambivalenz auch eine sexuelle. Sie vermittelt zwischen den beiden Göttern, aber auch zwischen diesen und den Menschen. Vor allem aber ist *Silewe Nazarata* das mythische Vorbild des Priesters, der zwischen und über allen Gruppen in der Gesellschaft steht und diese verbindet.

Eine eigene Kategorie göttlicher Wesen bilden wohl auch die „Kulturheroen“ oder „Heilbringer“, die den Menschen Fertigkeiten und die irdischen Kulturgüter vermittelten. Zu ihnen gehört die Göttin *Sideak Parudjar* der Toba-Batak, die den Menschen alle Fertigkeiten lehrt und nach Erfüllung ihrer Aufgabe in die Oberwelt zurückkehrt bzw. in den Mond versetzt wird. Eine ihrer Schwestern namens *Sorbajati* tötete sich aus Liebeskummer selbst, und aus ihrem Körper wurden alle Nutzpflanzen. Sie gehört damit in die Kategorie der *Dema*, von denen am Ende des vorigen Kapitels die Rede war. Das Schicksal der *Dema-Gottheiten* wird häufig im Kult dramatisch nachvollzogen, um damit den Bestand der Nutzpflanzen und damit der Welt zu sichern.

Eine fünfte Kategorie bildet das Gros der Götter und mächtigen Geister, wobei sich aber kaum bestimmen läßt, was der Unterschied zwischen diesen und jenen ist. Es gibt unter ihnen Hierarchien und verzweigte Geschlechter, die meist unmittelbar von den Schöpferwesen abstammen. Andere Götter sind einfach da, ohne daß sie in einem genealogischen Zusammenhang stehen. Auch wurden gelegentlich fremde, meist hindu-indonesische Geistergesellschaften in das Pantheon aufgenommen. Meist haben die Geistwesen konkrete Aufgaben, so daß man von „Ressort-Göttern“ sprechen kann. Besonders ausgeprägt ist dies bei den Ifugao auf Luzon. Bei ihnen erscheinen die Götter wie in Berufsgruppen organisierte „Facharbeiter“. Ein kompetenter Priester wußte rund 1500 Götter zu nennen. Allein dreißig waren für die Weberei zuständig. Die Götterlehre der Ifugao fällt damit aus dem Rahmen altindonesischer Religionen hinaus.

Es folgt die Kategorie der Dämonen und bösartigen Geister, die Unheil und Krankheiten bringen, sowie der Wertiger (= Werwölfe), Hexen und Hexenmeister, die ja zugleich noch eine menschliche Existenzform besitzen. Dämonenglaube und Geisterfurcht dominieren oft im Alltag und können das religiöse Leben förmlich überwuchern. Bei den Restgruppen in den Urwäldern, die einen kulturellen Verfall aufweisen, sind es oft die einzig erkennbaren religiösen Phänomene. Die Existenz der Dämonen und Hexen ist vielfach im Mythos begründet. Zu bösartigen Geistern können auch die Seelen der Verstorbenen werden, die durch Gewalt, Seuchen oder Selbstmord einen vorzeitigen oder „schlimmen“ Tod fanden.

Auch die Menschen, die „Götter der Mittelwelt“, gehören in das System. Nach der Tradition fast aller altindonesischen Religionen stammen die

Menschen (bzw. nur der Adel) von den Schöpferwesen ab. Da die Stammeltern der Menschheit häufig Geschwister des Weltenherrschers und des Welterhalters sind, besteht eine entfernte Verwandtschaft mit diesen mächtigen Göttern. Offenbar wurde diese „Gotteskindschaft" im wahrsten Sinne auch immer als unangemessen und frevelhaft empfunden, sonst wäre nicht zu erklären, daß es zugleich auch Traditionen einer „Erschaffung" des Menschen gibt. Die Stammeltern können aus Holz geschnitzt, aus Stein gehauen und aus Erde geformt sein, sie können Eiern, Pilzen, Höhlen oder Früchten entspringen. Beide Formen der Anthropogonie gehören offenbar zum Wesen der altindonesischen Religionen. In diesen Zusammenhang gehört auch die „Sintflut" mit einem allein übrigbleibenden Geschwisterpaar. Sie bezeichnet entweder das Ende der Urzeit oder eine Strafe der Götter. Es müssen Bruder und Schwester sein, die übrigbleiben, damit die neuen Stammeltern „eines" Wesens sind, was ja bei Geschwistern in etwa der Fall ist. Dafür nimmt man den ansonsten so verabscheuten Inzest in Kauf. Ob nun die Stammeltern von einem Schöpferwesen abstammen oder von den Göttern erschaffen wurden, auf jeden Fall muß die ethnische Einheit „eines" Ursprungs sein. Dieser religiös fundierte Ethnozentrismus ist ein großartiges und zugleich abstoßendes Phänomen. Wer nicht demselben Schöpfungsprozeß, wer nicht zum eigenen Volk oder Stamm gehört, ist im Grunde kein richtiger Mensch.

Schließlich bilden die Ahnen noch eine besondere Kategorie von Geistwesen. Sie sorgen vor allem bei ihren Nachkommen für Kindersegen, für die Fruchtbarkeit der Felder und der Haustiere. Nicht jeder Tote wird zum Ahnen. Diese Möglichkeit ist allen versperrt, die einen vorzeitigen oder „schlimmen" Tod erlitten haben, und natürlich auch denen, die kinderlos geblieben sind. Unter den Ahnen gibt es solche, die „mehr Ahne" sind als die anderen. Sie hatten entweder in ihrem Leben eine besondere Bedeutung für die Gesellschaft oder besitzen besonders viele Nachkommen. Sie wurden in einer besonderen Kulthandlung in ihren höheren Status überführt. Die Ahnherren großer Verwandtschaftsgruppen erfahren geradezu eine Vergöttlichung. Die Ahnen sind aber immer nur für ihre direkten Nachfahren von Bedeutung, und das unterscheidet sie von anderen Geistwesen. Für diejenigen Menschen, die nicht in der genealogischen Abfolge stehen, sind sie faktisch irrelevant.

Die Gottesidee der altindonesischen Religionen offenbart sich in einem wahren Wirbel von Ereignissen, Metaphern, Bildern und Symbolen der Mythen und deren Manifestationen in Kult und Kunst. Nun glaubte manch erfahrener Missionar, in Gebet und Anrufung, Sprichwort und Schwur, Tun und Lassen des Alltags und den Ansichten einfacher Leute eine höhere und sittlich reinere Gottesvorstellung zu erkennen als in der von Esoterikern getragenen mythischen Überlieferung. Man fand das „tastende Ahnen einer Allmacht". Die einzelnen Aussagen und Belege wirken aber oft recht banal. Hinter dem tastenden Ahnen verbirgt sich wohl nur mangelnde Ausdrucksfähigkeit: Die „reinere" scheint nur die „einfachere" Gottesvorstellung zu sein.

341. Makro- und Mikrokosmos

Die altindonesischen Traditionen lassen zwei verschiedene Auffassungen des Kosmos erkennen. Die eine ist naiv anthropomorph und kann nur aus dem Mythos erschlossen werden. Die andere ist die eines in Ober-, Mittel- und Unterwelt dreigeteilten Kosmos. Sie ist weit komplexer und schon mit spekulativen Elementen behaftet.

Der anthropomorphe Kosmos steht in engem Zusammenhang mit den mythischen Themen der „Urhochzeit von Himmel und Erde" und der „Urmutter".[12] Ort des Schöpfungsaktes und somit Zentrum des Kosmos ist der vertraute Lebensraum, die eigene Landschaft oder kleine Insel; einbezogen sind allenfalls die unsicheren, unheimlichen Randzonen oder die Nachbarinseln. Mit Erde ist einzig der fruchtbare Boden gemeint, die „Muttererde", die in Gestalt der Erdgöttin und zahlreicher Erdgeister personifiziert wird. Auch der Himmel ist keine abstrakte Größe, sondern die Zusammenfassung segensreicher wie auch gefährlicher Erscheinungen wie Wind, Wolken, Regen, Blitz und Donner, Sonne, Mond und Sterne. Der Himmel erstreckt sich wie ein Dach über die Erde und stützt sich mit Händen und Füßen an deren vier Ecken auf. Daher wird der anthropomorphe Kosmos auch im Bild eines ebenerdigen Hauses erfaßt, das heißt, als „Weltgebäude". Das Dach und der Dachraum werden mit dem Himmel und oft auch mit der Himmelsgottheit identifiziert.

Der dreigeteilte Kosmos ist von ganz anderer Art. Einzig die Mittelwelt als der von Himmel und Erde umschlossene Lebensraum des Menschen zeigt einen Zusammenhang mit der anthropomorphen Auffassung. Die Oberwelt beginnt erst oberhalb des Firmaments, und die Unterwelt ist ein Reich tief unter dem Erdboden und den Gewässern. Beide Welten sind transzendent und nicht aus sinnlicher Erfahrung erklärbar. Sie sind ungleich größer und schöner als die Mittelwelt, die als Ganzes und in allen Teilen auf die beiden anderen Welten bezogen und von diesen abhängig ist.[13]

Die beste Anschauung des dreigeteilten Kosmos liefern die Priesterkarten der Ngadju-Dajak von Ober- und Unterwelt.[14] Die Basis bildet der

---

[12] Vgl. S. 104–105.

[13] *C. F. Cunningham*, Order in the Atoni House, in: Bijdragen tot de Taal-, Land- en Volkenkunde, Deel 120 ('s-Gravenhage 1964) 34–68.

[14] Zu den Priesterkarten und anderen Kultzeichnungen vgl. *W. Stöhr*, Über einige Kultzeichnungen der Ngadju-Dajak, in: Ethnologica N.F., Bd. 4 (Köln 1968) 394–419.

Naga oder Schlangendrache, der auf dem Rücken die Erde trägt. Darüber wölbt sich das Firmament, das „33fältige Nebelmeer". Darüber öffnet sich die Pforte zur herrlichen Oberwelt mit vielen Flüssen und Seen, bewaldeten Bergen, kleinen und großen Dörfern. Im unteren Bereich wohnen die Unheil bringenden Mächte. Nach oben hin wird es besser und vornehmer. Im mittleren Bereich haben die dem Menschen hilfreichen Geistwesen ihre Dörfer. In hohen Sphären liegen das Totendorf der Ahnen und die Wohnsitze wichtiger Götter. Ganz oben steht die Residenz des göttlichen Weltenherrschers.

Die Mittelwelt des Menschen ist auf der Priesterkarte nur mit einigen Bauten und einem zentralen Baum angedeutet. Gemeint ist damit das Urdorf der Stammeltern, von dem alle Dörfer der Ngadju abstammen. Im Kult, der das Dorf als Ganzes betrifft, manifestiert sich in ihm das mythische Urdorf, so daß es die Mittelwelt repräsentieren kann.

Auf der Karte der Unterwelt ist der *Naga* natürlich oben zu finden. Er umschließt mit seinem Leib ein Meer mit vielem Wassergetier. Die Unterwelt erscheint wie ein langer, röhrenförmiger Fortsatz des Schlangendrachens. Jedes Dorf hat als Manifestation des Urdorfes einen imaginären Zugang zur Unterwelt. Eine riesige Krabbe versperrt als Wächter den Weg. Dann folgen vierzehn Tore aus immer härterem, wertvollerem Material, ehe man endlich den Sitz des Welterhalters, der Gottheit der Unterwelt erreicht.

Sinnbild des dreigeteilten Kosmos ist der Welten- und Lebensbaum, der auf dem Rücken oder dem Scheitel des *Naga* wurzelt. Die Baumkrone entspricht der Oberwelt und das Wurzelwerk der Unterwelt. Die Mittelwelt ist der Bereich über dem Rücken des *Naga* im Schatten der Baumkrone. Der Baumstamm bezeichnet die Mitte der irdischen Welt.

Der Welten- und Lebensbaum als Symbol des Kosmos ist nicht in allen altindonesischen Religionen bekannt. Die meisten jedoch kennen den dreigeteilten Kosmos. Diese doch recht komplexe Vorstellung hat offenbar den anthropomorphen Kosmos überlagert und in den Hintergrund gedrängt. Nur im Osten des Archipels hat er sich behauptet, was möglicherweise auf die klimatischen Verhältnisse zurückgeht: Auf östlichen Inseln kommt es alljährlich zum Wechsel zwischen einer langen, harten Trockenheit und einer „befruchtenden" Regenzeit. Unter solchen Umständen ist der mit der „Heiligen Hochzeit" verbundene anthropomorphe Kosmos anschaulicher und überzeugender. Auf Leti, Babar und anderen Inseln der Süd-Molukken, wo die Trockenheit am härtesten zu spüren ist, bestimmte die Hierogamie von Sonne und Erde im alljährlichen *Porka*-Fest das religiöse Leben.

Nach altindonesischer Auffassung können Vollkommenheit, Heil und Segen nur in Einklang und Harmonie mit dem Kosmos erlangt werden. Darum müssen alle wichtigen Erscheinungen des Lebens und der Kultur ein Mikrokosmos sein. Dies sichtbar und manifest zu machen, ist die vornehmste Aufgabe der altindonesischen Kunst. Am eindrucksvollsten zeigt sich dieses Phänomen in der Architektur. Daß die großen, reich verzierten Pfahlhäuser der Niasser, der Batak und der südlichen Toradja, von denen viele heute noch zu bewundern sind, einen Mikrokosmos darstellen, ist evident. Bei den Ngadju wurden die ursprünglichen Pfahlbauten schon im vorigen Jahrhundert zugunsten eines malaiischen Bautyps aufgegeben. Bei ihnen vermitteln aber die priesterlichen Kultzeichnungen eine Anschauung der früheren Pfahlbauten.

Die Oberwelt des Kosmos wird durch den Dachraum des Pfahlhauses repräsentiert. Das erweist sich nicht nur aus seiner kultischen Funktion, sondern auch in den zahlreichen, auf die Oberwelt bezogenen Zierelementen der hochgezogenen Giebelfronten. Für die Unterwelt steht dementsprechend der Raum der Pfahlkonstruktion. Die Traditionen der Niasser, der Minahasa und anderer Gruppen besagen, daß es zur Abstützung der Erde und der Oberwelt einen oder mehrere Stützpfeiler aus Stein oder Eisen in der Unterwelt gibt. Diese Vorstellung ist offenbar die älteste. Der Raum zwischen den Pfählen eines Hauses dient als Viehstall; vielleicht sind deshalb die Haustiere häufig auf die Unterwelt bezogen. Bezeichnend ist eine Erklärung der Minahasa für das Erdbeben: Dieses entsteht, wenn sich ein riesiges Schwein in der Unterwelt am Stützpfeiler scheuert. Eine andere Vorstellung findet sich bei den Ngadju, den Batak und (in Konkurrenz zum Stützpfeiler) bei den Niassern. Danach trägt der Naga die Erde und die Oberwelt. Das manifestiert sich auch im Hausbau, da eine Skulptur des Naga als Zierelement an der Basis des Wohnraums erscheint. Bei den südlichen Toradja findet man an dieser Stelle einen Büffelkopf, da nach ihrer Auffassung die Erde auf dem Haupt eines riesigen Wasserbüffels ruht.

Im Bild des Pfahlhauses wird auch das Verhältnis zwischen Ober- und Unterwelt und deren göttlichen Repräsentanten einsichtig. So wie das mächtige Dachgeschoß mit seinem reich verzierten Giebel über den unansehnlichen, als Viehstall und Kloake dienenden Raum zwischen der massiven Pfahlkonstruktion dominiert, so stellt auch die Oberwelt die Unterwelt in den Schatten. Doch wie das Dach zusammenfällt, wenn die Pfähle brechen, so würde auch die Oberwelt zerstört, wenn die Unterwelt zerfiele. Obliegt dem Gott der Oberwelt auch die Weltherrschaft, bleibt er doch abhängig vom Welterhalter in der Unterwelt. Dies kommt anschaulich im Bild einer Mythe der Niasser zum Ausdruck: Als *Lowalangi*, der göttliche Weltenherrscher in der Oberwelt, seinem älteren Bruder *Lature Danö*, dem Gott der Unterwelt, das Recht der Erstgeburt streitig macht, schüttelt *Lature Danö* die Pfeiler der Welt mit solcher Kraft, daß die Oberwelt und Wohnstatt des *Lowalangi* einzustürzen droht und dieser sofort klein beigeben und die Anmaßung gegen den Bruder zurücknehmen muß.

Im Wohngeschoß des Pfahlhauses wird das eigentümliche Wesen der Mittelwelt deutlich. Zumindest hat man die gleichen Schwierigkeiten, wenn man das Verhältnis von Mittelwelt zu Ober- und Unterwelt und dasjenige von Wohngeschoß zu Dach- und Pfahlkonstruktion bestimmen will. Die Mittelwelt ist keine selbständige und absolute Größe, sondern in allem von den beiden anderen Welten abhängig. Ein Wohnraum ist vorhanden, und er ist ja auch Sinn und Zweck des Pfahlhauses. Doch ein Wohngeschoß als Teil der Konstruktion auszumachen, ist fast unmöglich. Es scheint zwischen Dach und Pfählen verborgen zu sein. Alle architektonisch wichtigen Teile gehören zur Dach- oder zur Pfahlkonstruktion.

In den altindonesischen Dörfern manifestiert sich ebenfalls der Kosmos. In ihrer Erscheinungsform unterscheiden sie sich von Volk zu Volk, doch in ihrer Struktur stimmen sie überein. Die sakrale Dorfmitte verleiht dem Ganzen Maß und Ordnung. Einige Gruppen pflanzen dort den heiligen Waringinbaum, andere errichten einen Gabelpfosten oder einen Menhir. Die Mitte ist der „Nabel des Dorfes". Dort schneiden sich die vertikale Weltachse zwischen Ober- und Unterwelt mit den horizontalen Achsen der Himmelsrichtungen. Dieser Schnittpunkt in der Mitte macht jedes Dorf zum Zentrum der Mittelwelt, denn unter kultischem Aspekt ist es eine Vergegenwärtigung des Urdorfs der Stammeltern, dem heiligen Ort des Ursprungs. Das mythische Urdorf ist also die wahre Mittelwelt.

Es ließen sich noch manche Beispiele nennen, so z. B. das Schiff, das zumindest in der künstlerischen Darstellung ähnlich dem Wikingerschiff mit einem *Naga*- oder Drachenkopf als Steven und einem Mast in Form des Welten- und Lebensbaums versehen ist. Umgekehrt kann ein solches Schiff, wie das Beispiel der berühmten „Schiffstücher" aus Süd-Sumatra zeigt, auch als ein Symbol für den Kosmos dienen. Auch der vollkommene Mensch, falls er vornehmer Abkunft ist, falls er mit rund vierzig Jahren (Geburt des ersten Enkels) das nötige Alter hat, falls er in Einklang mit Sitte und Recht gelebt und viele Nachkommen hat, ist ein Mikrokosmos. Das äußere Zeichen war bei den Ngadju-Dajak die Tatauierung, die den Unterleib samt Beinen als Unterwelt, den Oberkörper jedoch als Welten- und Lebensbaum kennzeichnete.

Der Kosmos war auch für die hindu-indonesischen Königreiche, und er ist es heute noch für die Balinesen, Vorbild und Maßstab. Seiner göttlichen Ordnung entsprachen Staat, Stadt, Residenzen und Tempelanlagen, auch die Provinzen, Maße, Gewichte und Münze. Wichtige Handlungen vollzog man nach den Berechnungen der Astrologen. Die Ausrichtung der irdischen Verhältnisse auf die Gesetze des Kosmos war aber ein mehr oder minder bewußter Akt. Zwischen Mikrokosmos und Makrokosmos bestand eine unüberbrückbare Kluft. Nichts davon findet sich in der dörflich kleinen Welt der altindonesischen Völker und Stämme. Man sollte in ihrem Fall gar nicht zwischen Mikrokosmos und Makrokosmos unterscheiden, das heißt, der Mikrokosmos ist in den Makrokosmos integriert, es ist noch ein Ganzes gegeben.

Mindestens ebenso wichtig wie das Streben nach Einklang und Harmonie ist für die altindonesischen Religionen das genealogische Prinzip: das Bewußtsein einer allumfassenden Verwandtschaft innerhalb der ethnischen Einheit. Seinen großartigsten Ausdruck findet dies in den Genealogien vieler Gruppen, die ihre Abstammung bis zu den Schöpferwesen zurückzuführen wissen. Weltherrscher und Welterhalter sind entweder Geschwister der menschlichen Stammeltern oder stehen selbst ganz oben in der Ahnenreihe. Das Verhältnis zwischen Göttern und sterblichen Menschen, mag der Abstand auch noch so groß sein, kann man nicht anders als verwandtschaftlich bezeichnen. Die gleiche Beziehung verbindet den Menschen mit den Haustieren und den Nutzpflanzen, aber auch mit den Gestirnen, Flüssen und Quellen, selbst mit den Kultobjekten, Waffen und Geräten, Sitte und Recht, denn alles stammt aus demselben Schöpfungsprozeß. Nur vor dem Hintergrund dieser „All-Verwandtschaft“ gewinnen Kult und Opfer, Ahnenverehrung, Seelenvorstellung und alle anderen Erscheinungen des religiösen Lebens ihren Sinn.

342. Sitte, Kult und Fest

Die wichtigste Erscheinung im Leben altindonesischer Völker und Stämme ist die *Adat.* Das Wort stammt aus dem Arabischen, wo es die neben dem Gesetz des Islam existierende Sitte und Gewohnheit und vor allem das Gewohnheitsrecht bezeichnet. *Adat* meint im altindonesischen Bereich die Summe des richtigen und angemessenen Verhaltens, des Tuns und Lassens. Faktisch gibt es keine einheimischen Namen für diesen Sachverhalt. Anscheinend war die *Adat* so selbstverständlich wie das Leben. Ihr haftete keine Besonderheit an, solange die Gruppen noch ganz auf sich selbst bezogen und ungestört von außen lebten. Erst die Begegnung mit Fremden, mit andersartigen Gewohnheiten und Verhaltensweisen ließ die eigene Sitte als Besonderheit erkennen.

Die *Adat* betrifft alles im Leben der Gruppe und des Einzelnen, was irgendwie eine Gewohnheit hat. Man kennt keine *adat*-freie Zeit und keinen *adat*-freien Bereich. Selbst die uns nebensächlich erscheinenden Phänomene sind einbezogen, auch Lebensvorgänge, Neigungen und Triebe. Auch Pflanzen und Tiere haben eine *Adat,* selbst die Sonne, der Mond und die Gestirne. Außerhalb der *Adat* steht nur das absolut Neue und Ungewöhnliche. Die *Adat* ist im Schöpfungsprozeß angelegt und von den Ahnen überliefert. Sie erscheint aber im Mythos nicht lehrhaft in Form von Geboten und Regeln, sondern unausgesprochen im Tun und Lassen, Handeln und Verhalten der mythischen Urzeitwesen.[15] Einerseits entlastet die *Adat* den Menschen, andererseits dürfte sie auch als fast unerträglicher Zwang empfunden worden sein. Dabei muß man sich vor Augen halten, daß die soziale Kontrolle in einer dörflichen Gemeinschaft nahezu absolut ist. Jeder weiß von jedem alles, und faktisch bleibt nichts unbeobachtet.

Die *Adat* ist als Schöpfungsordnung und Überlieferung der Ahnen unveränderbar, dennoch erscheint sie in gewisser Weise flexibel. Sie wird nicht verändert, wenn sich dazu Anlässe ergeben, sondern nur umgedeutet. Die Deutbarkeit und die Möglichkeit einer unterschiedlichen Auslegung betrifft vor allem ihren rechtlichen Aspekt. Bei Verfehlungen leitete man aus der *Adat* die Sühneleistungen ab. Es gab gewissermaßen einen ungeschriebenen „Bußgeldkatalog". Bei unklärbaren Fällen griff man früher zu Schwur und Ordalien. Als Hüter des Rechts und der Sitte galt in den altindonesischen Religionen der göttliche Weltenherrscher.

Teil der *Adat* ist auch der Kult, seien es die Opfer für Götter und Ahnen, die Riten des Übergangs, die Handlungen zum Jahreswechsel, bei Feldbestellung, Saat und Ernte, bei Dorfgründung und Hausbau, in Krisen und Notfällen, vor Jagd- und Handelszügen, bei Vorzeichen und Orakel, bei Krankenheilung und anderen priesterlichen Praktiken sowie der Gestaltung und dem Ablauf großer Feste, um nur die wichtigsten Anlässe zu nennen. Der altindonesische Kult war auf den Mythos bezogen, der oft auch in den Priesterlitaneien rezitiert wurde. Jedoch läßt sich die mythische Bezogenheit einer Handlung nicht immer erkennen. Der Kult bringt keine völlige Wiederholung des Schöpfungsgeschehens, sondern beschränkt sich auf Chiffren und Andeutungen, die zu durchschauen eine intime Kenntnis des Mythos voraussetzt. Viele Riten wurden durch Nichtbeachtung dieser Tatsache als Zauberhandlungen mißdeutet. Selbstverständlich gab es auch zahllose sinnentleerte Kulthandlungen, die keinerlei Bezug zur Überlieferung mehr hatten und diesen vielleicht auch nie besaßen, denn sie können fremden Ursprungs und in ihrem Sinn nicht begriffen worden sein.

Große Bedeutung hatten die „Übergangsriten", da sie sowohl den Einzelnen als auch die Gesellschaft betrafen. In ihnen wird der innige Zusammenhang zwischen sozialer Ordnung und religiösem Leben in besonderer Weise offenbar. So verschieden die Kulthandlungen bei Geburt, Reife, Hochzeit und Tod auch sind, gemeinsam ist ihnen die Über- und Einführung (Initiation) von einem Stadium des Daseins in das nächste. Ihnen allen unterliegt die Idee von Tod und Wiedergeburt. An erster Stelle muß die Heirat genannt werden. Im altindonesischen Bereich heiratet im Grunde nicht der Einzelne, sondern seine Verwandtschaftsgruppe. Heiratsbezie-

---

[15] Die *Adat* ist auch heute noch vorhanden, und sie steht nicht selten in Konflikt mit den Forderungen der staatlichen Verwaltung und auch den Geboten des Christentums oder des Islams.

hungen waren das beste Mittel, um zu einer beständigen Kooperation mit anderen Gruppen zu gelangen. In der Braut und den künftigen Kindern sah man ein wertvolles Geschenk der „brautgebenden“ Gruppe, das von der „brautnehmenden“ Gruppe als angemessene Gegengabe einen hohen „Brautpreis“ oder besser „Brautschatz“ erforderte. Mag dieser auch noch so hoch sein, er steht dem Wert der Braut und ihren künftigen Kindern stets nach. Darum muß die Gruppe der „Brautnehmer“ ihren „Brautgebern“ besondere Achtung und Ehrfurcht zollen. In manchen Hochzeitszeremonien finden sich Bezüge auf die Verbindung der mythischen Stammeltern. Viele Handlungen zielen schon auf die zu erwartenden Nachkommen. Bei der hohen Kindersterblichkeit in früheren Zeiten waren zahlreiche Geburten eine zwingende Notwendigkeit, den Bestand der Verwandtschaftsgruppe zu sichern. Kinderlosigkeit wurde nicht nur als Schicksalsschlag, sondern auch als Makel und Strafe der Gottheit empfunden. Es gibt viele Belege für das geradezu verzweifelte kultische Bemühen kinderloser Ehepaare, den Kindersegen zu erzwingen.

Die Reifezeremonien für Knaben und Mädchen sollen diese in die Welt der Erwachsenen einführen und für die künftige Aufgabe als Ehepartner vorbereiten. Im Vergleich zu den aufwendigen Reifefeiern in Afrika oder Melanesien vollziehen sich die Zeremonien im altindonesischen Bereich relativ einfach im Rahmen der Verwandtschaftsgruppe. Verbunden mit dieser eigentlichen Initiation sind „Beschneidung“ und „Zahnfeilung“. Die Entstehung dieser Phänomene führt tief in die Menschheitsgeschichte zurück, so daß uns der ursprüngliche Sinn verschlossen bleibt. Die vielen Mutmaßungen und Theorien zu diesem Problem vermögen nicht zu überzeugen. Vielleicht sind Beschneidung und Zahnfeilung ein partielles Selbstopfer im Zusammenhang mit der Erneuerung des Menschen. Die Übergangsriten enden nicht mit der Reife. Vor allem die Männer unterziehen sich noch mancher Initiationshandlung, die der persönlichen Vervollkommnung, der Förderung des Ansehens und des Wohlstands dienen. Die Geburts- und Reifezeremonien betreffen auch immer die Eltern. Diese geben vielfach bei der Namensgebung den bisherigen Namen auf und nennen sich „Vater von ...“ oder „Mutter von ...“. Bei den Toba-Batak geschieht das bei der Geburt des ersten Enkels. Der Mensch erlangt nach allgemeiner Auffassung seine Vollendung, wenn die Kinder verheiratet und die ersten Enkel geboren sind. Nun kann er dem Tod gelassen entgegensehen. Der letzte Abschnitt der Übergangsriten bildet das umfangreiche Totenritual.

Bei den Opfern an Götter, Geister und Ahnen unterscheidet man häufig nach dem Anlaß und spricht unter anderem von Bitt-, Dank-, Jagd-, Feld-, Haus und Sühneopfern. Damit wird man aber dem Phänomen in den altindonesischen Religionen nicht gerecht. Man muß die Opfergabe unter dem gleichen Aspekt wie den Geschenkaustausch zwischen verbündeten Gruppen einer ethnischen Einheit sehen. Schließlich opfert man keinem fremden, finsteren Moloch, sondern transzendenten Wesen, denen man sich im Sinne einer Urverwandtschaft verbunden weiß. Das Verhältnis der Diesseitigen zu den Jenseitigen unterscheidet sich nur graduell von demjenigen der oben erwähnten „Brautnehmer" zu den „Brautgebern", das heißt, es wird von einem Gefühl der Abhängigkeit und Ehrfurcht bestimmt. Jede Gabe erfordert nach altindonesischer Auffassung eine adäquate Gegengabe, will man sich nicht der Abhängigkeit und Unterlegenheit aussetzen. In diesem Sinne ist das „Bittopfer" eine Art Vorleistung auf eine erhoffte Hilfe und das „Dankopfer" eine Gegengabe für eine bereits erhaltene Hilfe der Götter oder Ahnen. Damit erklärt sich in etwa, daß die Opfergaben im allgemeinen sehr kümmerlich ausfallen. Wenn eine Dajak-Gruppe, wie berichtet wird, von dem geopferten Schwein den Ahnen nur die Schnauze, eine Rippe und den Schwanz vorsetzen und meinen, die Ahnen würden schon von der Seele des Schweines satt, so erscheint uns das als Hohn und Spott. Jedoch in der Kümmerlichkeit der Opfergaben offenbart sich der Abstand zwischen den Menschen und den transzendenten Wesen; sie können sich nicht angemessen revanchieren und stehen in absoluter Abhängigkeit. Hekatomben erscheinen unter diesem Aspekt als Hybris, als Herausforderung der Götter.

Bei Kopfjagd und Menschenopfer darf man keine Auskunft über Entstehung und ursprünglichen Sinn erwarten. Man kann nur nach den Motiven dieser kulturgeschichtlich so alten Phänomene und deren Stellung im Ganzen der altindonesischen Religionen fragen. Die Kopfjagd scheint es früher im ganzen Archipel gegeben zu haben. Nicht der erbeutete Kopf war das Entscheidende, sondern die Tötung eines Menschen. Die Tat mußte entweder als Menschenopfer am heiligen Ort der Kulthandlung erfolgen, oder der Getötete bzw. *pars pro toto* sein Kopf dorthin gebracht werden. Kopfjagd und Menschenopfer dienen dem Kult. Die Kopfjagd konnte allerdings unter Umständen, wie zeitweilig bei den Iban, zum Selbstzweck und zur Probe der Männlichkeit werden, doch kann das nicht ihr Hauptmoment gewesen sein, denn bei einigen Völkern gab es den gedungenen Kopfjäger. Häufiger Anlaß für Kopfjagd und Menschenopfer war das Totenritual für Häuptlinge und Vornehme. Das Opfer der Kopfjagd bzw. der Opfersklave sollte dem Toten als Sklaven ins Jenseits folgen. Kollektive Anlässe bildeten große Feste, auch Mißernten und Seuchen. Man erwartete von der Tötung eine heilbringende Wirkung. Menschenopfer schienen den Ngadju-Dajak, so ergab eine wichtige Untersuchung,[16] immer dann erforderlich, wenn durch Tod, Seuchen, Mißernten oder Verbrechen die kosmische Ordnung und Harmonie gestört worden war. Ihre Wiederherstellung setzt das Ster-

---

[16] *H. Schärer,* Das Menschenopfer bei den Katinganern, in: Tijdschrift voor Taal-, Land- en Volkenkunde. Koninlijk Genootschap van Kunsten en Wetenschappen, Deel 78 (Batavia 1938) 536–578; *H. Schärer,* Die Bedeutung des Menschenopfers im dajakischen Totenkult, in: Mitteilungsblatt der Deutschen Gesellschaft für Völkerkunde, Nr. 10 (Leipzig 1940) 3–30.

ben der Kultgemeinschaft voraus. Alles mußte durch Blut gereinigt und durch Nachvollzug der Schöpfung erneuert werden: der eigene Tod wurde auf den Opfersklaven als Stellvertreter übertragen.

Kultisch gebundene Anthropophagie ist nur von Teilen der Batak bekannt. Die Sitte soll erst relativ spät im Anfang des 17. Jahrhunderts entstanden sein, als Krieg und Anarchie im Batakland herrschten. Es handelt sich um einen „gerichtlichen" Kannibalismus, dem Diebe, Ehebrecher, Verräter und besonders gehaßte Feinde unterworfen wurden. Diesem Akt unterlag ein Ritual von besonderer Grausamkeit, zu dem unter anderem gehörte, daß der Delinquent bei lebendigem Leibe zerstückelt wurde. Natürlich wurde dabei die Rache befriedigt, doch das kann nicht der Hauptgrund gewesen sein. Eine spezielle Studie ergab, daß der kannibalistische Akt als ein „Selbstopfer" zu deuten ist. Daß er erzwungen wurde, spricht nicht dagegen. Konflikte wurden bei den Batak durch ein gemeinsames Opfermahl zu Ehren der Ahnen beigelegt. War aber das Verbrechen so schwer, daß selbst die Opferung eines Wasserbüffels nicht mehr genügte, dann mußte der Schuldige selbst das Opfer sein. Seine Teilnahme am Opfermahl war notwendig, was die Zerstückelung bei lebendigem Leib erklären würde.[17]

Das Fest ist die Kulmination des religiösen Lebens. Die altindonesischen Völker und Stämme waren ganz auf diese zentrale Kulthandlung hin orientiert und betrachteten die festlosen Monate als eine trübe Zeit des Sammelns neuer Kräfte und vor allem neuer Mittel.

Eine besondere Kategorie sind die „Verdienstfeste". Ihr Wesen offenbart sich beim *Owasa* der Niasser am besten. Es gab mehrere, sich steigernde Grade des Festes, für den einfachen Dorfbewohner etwa fünf, für die Häuptlinge und den Adel deren zwanzig und mehr. Zum *Owasa* gehörten das Vergeuden angesammelter Güter und die Zurschaustellung von Reichtum in Form von Goldschmuck. Bei höheren Graden wurden 300, 500 und mehr Schweine geschlachtet. Steinsetzungen und Menschenopfer waren üblich. Auch sind bei den höheren Graden des *Owasa* deutliche Bezüge auf den Schöpfungsmythos zu erkennen. Das Vergeuden von Besitz und die Orgien in Schweinefleisch sollen Reichtum und Überfluß der Schöpfung demonstrieren. Das *Owasa* hatte auch agonalen Charakter, was in pompösen Scheinkämpfen seinen Ausdruck fand. Die Rivalen sind der Festgeber und seine vornehmen Gäste, die herausgefordert sind, ihn mit einem eigenen *Owasa* zu übertreffen. Verdienstfeste mehr oder minder ähnlicher Art gab es bei vielen altindonesischen Völkern. Sie gehören eigentlich noch zu den Übergangsriten, da sie der Vervollkommnung und dem Prestige des einzelnen dienen. Sie sind aber auch eine „festliche" Auseinandersetzung

---

[17] *L. Leertouwer,* The Cannibalismus of the Bataks, in: Nederlands Theologisch Tijdschrift, Deel 26 (Wageningen 1971) 241–260.

des Individuums mit der Gesellschaft. Verdienstfeste hohen Grades konnten sich faktisch nur die Reichen und Mächtigen leisten. Nach dem Fest waren sie fast ruiniert. Ihre wirtschaftliche Macht wurde durch Prestige ersetzt. Somit bilden die Verdienstfeste auch ein soziales Regulativ, daß die Gesellschaft vor einer allzu großen Akkumulation von Besitz schützte.

Die großen Stammesfeste haben einen kollektiven Charakter. Das festgebende Dorf und die Gäste feiern stellvertretend für die ganze ethnische Einheit. Auch die Ahnen und Götter nehmen teil, was in symbolischen Gesten angedeutet wird. Es feiert eine „Kosmische Kultgemeinschaft". Die Stammesfeste haben ihren Sinn in sich selbst, obwohl sie oft einen konkreten Anlaß haben (z. B. Ernte oder Neujahr). Das *Tiwah* der Ngadju ist zunächst ein Totenfest, und die ersten vier Tage galten der Überführung der Totenseele ins Jenseits. Am fünften Tag änderte sich sein Charakter. Es kamen die Gäste aus den Nachbardörfern. Eingeladen waren alle Dörfer der Ngadju, auch solche, die es seit langem nicht mehr gab. Masken verkörperten die Ahnen und Geister. Der Tag begann mit der Übergabe der Geschenke: Reis, Geld, Opfertiere und früher auch Opfersklaven. Auch die Kosten des *Tiwah* waren die Sache aller Beteiligten. Das turbulente Geschehen läßt deutliche Bezüge auf den Schöpfungsmythos erkennen: Der Welten- und Lebensbaum wird im Kult neu errichtet. Alle Restriktionen, die mit dem Tod über das Dorf kamen, waren nun aufgehoben. Der Tag endete, wie ein Zeuge berichtet, „in einer Orgie der großartigsten und gemeinsten Art". Das *Bius* der Toba-Batak wurde meist nach der Ernte zur Feier des neuen Jahres vollzogen. Dieses große Fest der Reinigung und Erneuerung feierten die Dörfer einer Landschaft gemeinsam. Das *Börö n'adu* der Niasser, das nur alle sieben oder vierzehn Jahre stattfand, wurde von vielen Dörfern gemeinsam an einem heiligen Ort gefeiert und hatte keinen vordergründigen Anlaß. Alle Handlungen waren auf das Schöpfungsgeschehen bezogen und symbolisierten Tod und Wiedergeburt der Festgemeinschaft. Während eines *Börö n'adu* ruhten im ganzen Bereich alle Arbeiten, aber auch alle Fehden und Streitigkeiten.

Die bisher genannten Stammesfeste dienen vor allem der Reinigung und Erneuerung. Durch Menschen- und Büffelopfer wurde der Welten- und Lebensbaum neu errichtet, die kosmische Ordnung und Harmonie wiederhergestellt und das Unheil vertrieben. Anders war der Charakter der Feste im Osten Indonesiens. Sie bezogen sich dort auf den primären Schöpfungsakt der „Heiligen Hochzeit". Der Grund ist in den klimatischen Verhältnissen zu suchen. Die heißersehnte Regenzeit läßt nach langer Dürre die Vegetation neu erstehen: der Gedanke an eine Befruchtung der Erde drängt sich geradezu auf. Beispielhaft ist das *Porka* einiger kleiner Inseln der Süd-Molukken. Mit dem Beginn des Monsun vollzog sich aufs neue die Hochzeit von Himmelsgott und Erdgöttin; der Regen galt als der die Erde befruchtende Samen. Büffel und andere Haustiere wurden geopfert, auch

Sklaven getötet und Kopfjagdzüge unternommen. Symbol des Fests war die *Porka*-Fahne, ein etwa zwei Meter langer Wimpel in Form eines Phallus. Das Fest dauerte manchmal einen Monat und endete in einer allgemeinen Orgie; die Ehebande waren aufgehoben, und es herrschte sexuelle Freiheit.

Das Stammesfest ist die Selbstdarstellung einer ethnischen Einheit. In ihm feiert sich ein Volk und begreift sich in Ursprung und Dasein. Seine Folgen betreffen auch den sozialen und wirtschaftlichen Bereich. Wir besitzen kein Organ mehr für ein solches Phänomen. Das Verprassen und Vergeuden angesammelter Güter, das Hinschlachten des Viehbestands zu Opferzwecken erscheint uns als ökonomischer Irrsinn, der das wirtschaftliche Gedeihen der Bevölkerung verhindert. Von daher ist zu verstehen, daß die Kolonialverwaltung, sobald sie genügend Macht und Einfluß besaß, alles unternahm, die großen Feste zu unterbinden oder wenigstens einzuschränken. Jede staatliche Verwaltung muß wahrscheinlich so handeln. Die Unterbindung der Stammesfeste traf die altindonesischen Religionen jedoch ins Mark, löste eine Art Lähmung aus und beschleunigte ihren Verfall. Sie war weit folgenschwerer als das Verbot von Kopfjagd und Menschenopfer; dafür fanden sich rasch Ersatzrituale. Das Fehlen der Stammesfeste bewirkte aber ein religiöses Vakuum. Nicht ohne Grund erzielte die Mission erst nach deren Unterbindung ihren entscheidenden Durchbruch, der oft von Massenbekehrungen mit konvulsiven Erscheinungen begleitet war.

343. Die altindonesischen Priester

Kein anderes Phänomen altindonesischer Religionen ist so vielfältig und schillernd wie die Gestalt des Priesters. Er kann sowohl Magier, Schamane, Exorzist, Augur, Wahrsager, Seher, Orakeldeuter, Nekromant und Krankenheiler als auch Esoteriker und Verkünder des Mythos, Bewahrer der Tradition, Leiter des Rituals, Opferdarbringer und Zeremonienmeister großer Feste, Erdherr (Tuan Tanah) sowie zugleich geistliches und weltliches Oberhaupt sein. Weiter ist die Bedeutung des Priestertums in jeder Religion anders ausgeprägt. Teils beherrschen die Priester das religiöse Leben, teils haben sie eine eher dienende Funktion, teils erscheint ihr Amt als erlernbarer Beruf, von dem man recht gut leben kann, teils nur als eine Nebenbeschäftigung, teils sind Charisma, Besessenheit oder okkultes Wissen unbedingte Voraussetzung, teils folgt das Amt dem Rang und dem Ansehen in der Gesellschaft. Allen Spielarten des Priestertums ist eines gemeinsam: das „Mittlertum". Die Priester vermitteln zwischen den Irdischen und der Geisterwelt, zwischen Diesseits und Jenseits, zwischen Mensch und Gottheit. Jedoch gibt es zwei gegensätzliche Richtungen der Mediation. Die eine führt vom Menschen zur Gottheit, zu den Ahnen und

Geistern, und ihr vornehmster Ausdruck ist das Opfer. In der anderen Richtung versucht der Mittler die Hilfe der Gottheit, der Geister und Ahnen für das Geschick der Menschen zu erlangen oder gar zu erzwingen. Am besten unterscheidet man die beiden grundverschiedenen Arten des Priestertums mit den alten, erprobten Termini „Opferpriester“ und „Zauberpriester“.

Die Unterscheidung in Opfer- und Zauberpriester ist in stupender Weise allen altindonesischen Religionen eigen. Bei den Minahasa gab es geradezu eine Wucherung priesterlicher Institutionen, dennoch ist eine Ordnung in der Fülle von Amtsträgern und Spezialisten gegeben, da man grundsätzlich zwischen *Tona'as* (= Opferpriester) und *Walian* (= Zauberpriester) unterschied. Die kulturell sehr urtümlichen Mentawaier unterscheiden zwischen dem *Rimata*, Zeremonienmeister und geistlicher Repräsentant der Gruppe, und dem *Sikerei*, Geisterseher und Medizinmann. Was fehlt, ist ein Oberbegriff im Sinne von „Priester“, der beide Arten des Mittlertums erfaßt. Man sieht zwischen Opferpriester und Zauberpriester keinen Zusammenhang und auch keine gegensätzlichen Positionen. Es sind gewissermaßen zwei völlig verschiedene Berufe, die durchaus – jeder auf seine Weise – bei der Erledigung kultischer Aufgaben zusammenarbeiten können.

Der Zauberpriester ist die weit aufregendere Gestalt als der biedere Opferpriester. Er erregte in besonderem Maße die Aufmerksamkeit der Ethnographen und mehr noch der Missionare, die in ihm oft den zähesten Widerpart fanden. Bei den Ngadju ist der Opferpriester der *Tukang tawur*, ein angesehener Mann und oft das Dorfhaupt selbst. Er stand immer in Gefahr, übersehen zu werden, denn über ihn findet man nur wenige Sätze, während über den Zauberpriester der Ngadju ganze Kapitel und eigene Artikel handeln. Dabei sind die Aufgaben des *Tukang tawur* ziemlich groß. Ihm obliegt die Ahnenverehrung auf den Opferplätzen und alle Kulthandlungen, die Feld- und Gartenbau oder sonstwie Grund und Boden betreffen. Zu seinem Bereich gehörte auch die Kopfjagd und die Augurie, mit der man den Willen der Götter und Ahnen zu erkunden trachtete. Kontakte mit Ahnen und Deutung der Vorzeichen war keine esoterische Angelegenheit. Offenbar konnte jeder in einer durch Askese bewirkten Ekstase mit den Vorfahren in Verbindung treten und für private Belange die Vorzeichen fragen. Der *Tukang tawur* wirkte nur im öffentlichen Kult.

Die Zauberpriester der Ngadju sind der männliche *Basir* und die weibliche *Balian*, doch nur die *Upo*, die vornehmsten und ältesten unter den *Balian*, konnten den Basir vertreten. Kennzeichnend ist ihre „sexuelle Ambivalenz“, jenes Phänomen, daß die frühen Missionare unmißverständlich „sodomitische Greuel und Hurerei“ nannten. Beim *Basir* handelte es sich vornehmlich um Transvestiten, Homosexuelle, Impotente und Hermaphroditen. Und die *Balian* betrieben sakrale Prostitution. Sexueller Verkehr mit einer *Balian* galt nicht als Ehebruch. Die sakrale Prostitution ist ein den Ngadju ursprünglich fremdes Phänomen und geht auf hindu-indonesischen Einfluß zurück. *Basir* und *Balian* waren Außenseiter der Gesellschaft, und sie blieben es noch im Tode, da man ihnen eigene Dörfer im Jenseits zusprach. Ihre wichtigsten Aufgaben waren Krankenheilung und das Geleit der Totenseele ins Jenseits. Die Wirksamkeit der *Basir* und *Balian* beruhte auf einem engen Kontakt mit den *Sangiang* genannten Geistern der Oberwelt. Im Kult fand ein Seelentausch statt: Die herbeigerufenen *Sangiang* fuhren in die Körper der *Basir* und *Balian* und ermöglichten so deren Seelen, in die Oberwelt zu reisen. Die Geister sprechen durch den Mund der Priester und Priesterinnen und schildern, was deren Seelen in der Oberwelt tun und bewirken. Die altertümliche Sprache der Litaneien wurde folgerichtig *Basa Sangiang* genannt. Die Priestergesänge gehören zu den wertvollsten Quellen altindonesischer Religionen. Sie mußten in jahrelanger Mühe auswendig gelernt werden. Das Einfahren der *Sangiang* in die Körper der *Basir* und *Balian* wurde als sexueller Akt verstanden und mit solchen Metaphern erfaßt. Daraus erklärt sich die Bisexualität der Priester, bei dem es vornehmlich um einen „Geschlechtswandel" ging, das heißt, die *Basir* mußten Frauen sein, damit sie für die *Sangiang* offen waren.

Den Geschlechtswandel der Zauberpriester kannten auch andere altindonesische Religionen. Die Iban besaßen mit den *Manang* und *Lemambang* zwei Arten des Zauberpriesters. Der *Manang* war ausschließlich Krankenheiler. Sein Amt hatte mehrere Grade, und erst nach langer Praxis wurde er zum „reifen" *Manang;* bei der geheimen Initiation trug er Frauenkleidung. Den höchsten Rang hatte der *Manang bali,* der im Geschlecht veränderte Priester. Er trug nur Frauenkleidung; eine Quelle meldet sogar, daß er kastriert war. *Lemambang* konnten Männer, Frauen und im Idealfall Hermaphroditen sein. Sie beherrschten die Kultgesänge und waren in der Lage, ihre Seelen ins Jenseits zu schicken, um Götter und Ahnen zu großen Festen einzuladen. Das Amt des Opferpriesters *Tuai burong* (= Herr der Vorzeichenvögel) hatte das gewählte Haupt eines Langhauses inne, so daß geistliche und weltliche Repräsentanz der Bewohner zusammenfielen. Sein Wohnraum war das kultische Zentrum des Bauwerks. Den *Tuai burong* oblagen die Ahnenverehrung sowie die Augurie, damit sie den Willen der Götter und Ahnen erkunden konnten.

Bei den *Ere* (= Experte) genannten Priestern der Niasser – Männer und Frauen – war die Spezialisierung auffallend. Es gab Ressorts für Hausbau, Ahnenkult, Saat- und Ernteriten, Schwangerschaft sowie für jede Krankheit. Die einzelnen Ämter hatten unterschiedliches Ansehen und vermutlich auch Einkommen. Die *Ere* haben in der Göttin *Silewe Nazarata* ein mythisches Vorbild.[18] Sie machte eine Frau zur ersten Priesterin und schickte aus

[18] Vgl. S. 109–110.

Mitleid mit den Menschen dreißig ihrer Kinder als Holzsorten zur Erde. Aus diesen Hölzern solle man *Adu* (= Idole) schnitzen, in denen der Geist ihrer Kinder wirksam würde. Die Göttin ist also die Stifterin des merkwürdigen Idolkults der Niasser. Es soll über hundert verschiedene Sorten geben. Nach Auskunft der ersten Missionare waren die Häuser mit Geisterfiguren und Ahnenbildern vollgestopft. Das Wesen der *Ere* entspricht *Silewe Nazarata*, der großen Mittlerin. Sie gehören weder zum Adel noch zum Volk, vermitteln zwischen den Gruppen der Gesellschaft wie zwischen ihnen und der Geisterwelt. Von der Art ihrer Berufung her muß man die *Ere* als Zauberpriester bestimmen, obwohl sie auch Aufgaben der Opferpriester erfüllen. Anscheinend oblagen auch den Dorfhäuptern viele kultische Funktionen. Ein Opferpriester war sicherlich der *Börö n'adu*, Zeremonienmeister der großen Stammesfeste. Die Niasser gliedern sich in vier Teilstämme, denen jeweils mehrere unabhängige Dorfschaften angehören. Der *Börö n'adu* war der geistliche Repräsentant eines solchen Stammes. Dieser Priesterfürst, dessen Amt erblich war, gehörte dem höchsten Adel an und genoß höheres Ansehen als der mächtigste unter den Dorfhäuptlingen.

Bei den Toba-Batak heißen die Zauberpriester *Datu* und die Opferpriester *Parbaringin*. Ein *Datu* ist vor allem Orakeldeuter und Krankenheiler, doch hat er noch viele andere Aufgaben; nur das Opfer ist nicht seine Sache. Sein Können ist eine Wissenschaft und setzt eine lange Ausbildung voraus. Grundlage ist das Studium der *Pustaha* oder „Zauberbücher", in denen das Wissen und die Praktiken der *Datu* verzeichnet sind.[19] Voraussetzung für die eigene Praxis ist eine Berufung im Traum. Hauptgerät des Datu und Symbol seiner Würde ist der *Tunggal panaluan*, ein Stab mit übereinander gestaffelten und miteinander verschlungenen Menschen- und Tierfiguren. In ihm manifestiert sich das genealogisch bestimmte Weltbild der Toba-Batak. Die Stäbe gehören zu den reizvollsten Werken altindonesischer Kunst.[20] Die *Datu* sind Magier im engeren Sinne des Wortes. Sie wissen um die Zusammenhänge von Makro- und Mikrokosmos, sie kennen die schicksalsbestimmenden Mächte und können die glück- und unglückbringenden Tage benennen. Im *Datu* und seiner priesterlichen Kunst zeigen sich starke Einflüsse der hindu-indonesischen Kultur. Aufgaben des Opferpriesters *Parbaringin* sind die mit dem Feldbau verbundenen Riten und vor allem die Leitung der *Bius* genannten Stammesfeste. Sie bilden innerhalb einer Landschaft eine komplizierte Hierarchie von Würdenträgern. Oft liegen die Aufgaben des Opferpriesters auch in den Händen der Dorfhäupter.

Zum Bereich des Opferpriesters gehören also immer die mit dem Feldbau oder sonstwie mit Grund und Boden verbundenen Riten. Die Zauberprie-

---

[19] Vgl. *L. Manik*, Batik-Handschriften (Wiesbaden 1973).
[20] Vgl. S. 114.

ster haben allenfalls eine helfende Funktion mit dem Bemühen um Fruchtbarkeit, um günstiges Wetter und um den magischen Schutz der Feldfrüchte. Das von den Vorfahren besiedelte und urbar gemachte Land ist heiliges Erbgut der Ahnen. Zur Verwandtschaftsgruppe und Dorfgemeinschaft gehören auch Grund und Boden. Das ererbte Land kann nicht an Fremde veräußert werden; allenfalls können Nutzungsrechte erteilt werden. Jedenfalls gründen sich alle Landrechte auf die Erstbesiedlung durch die Ahnen. Darum ist das auf Grund und Boden bezogene Ritual, mag es sich primär auch an die Erdgeister wenden, eine Form des Ahnenkults. Bei vielen Gruppen werden die mit dem Landbesitz verbundenen Rechte und religiösen Pflichten vom *Tuan Tanah* (= Erdherr oder Herr des Bodens) wahrgenommen. Meist ist er identisch mit dem Leiter der Verwandtschaftsgruppe, die das Gebiet zuerst besiedelt hat. Seine priesterlichen Funktionen bleiben selbst dann erhalten, wenn seine Gruppe von späteren Einwanderern überflügelt oder gar unterworfen worden ist, denn nur der *Tuan Tanah* kann die notwendigen Opfer für die Erdgeister darbringen.

Im Priestertum zeigen sich Individualität und Eigenart der altindonesischen Religionen in besonderem Maße. Aufgaben des Opferpriesters sind die Besorgung der Opferhandlungen und der Vorsitz der Opfermahlzeiten der Kultgemeinschaft, Erkundung und Deutung des Willens der Götter und Ahnen (Augurie), Vollzug der Riten für den Feldbau und die Organisation der großen Stammesfeste. Voraussetzung für das Amt sind sozialer Rang (oft Erbfolge), Kenntnis der Überlieferung und Beachtung von Sitte und Recht. Die Hierarchie der Opferpriester entspricht in etwa der Ordnung der Gesellschaft, deren Stützen und Vertreter sie sind. Geistliche Repräsentanz und weltliche Macht können in einer Person vereint sein.

Die Gestalt des Zauberpriesters ist viel komplexer. Häufig ist er ein Außenseiter der Gesellschaft, keinesfalls aber deren geistlicher Repräsentant. Im Vordergrund seiner vielfältigen Tätigkeit stehen Krankenheilung, Seherschaft und Orakeldeutung. Ohne Zweifel zeigen viele Erscheinungsformen des altindonesischen Zauberpriesters typische Elemente des Schamanismus (z.B. Ekstase, Hilfsgeister und Himmelsreise), doch entspricht keiner der Zauberpriester voll und ganz dem Urbild des nordasiatischen Schamanen. Interessant ist die Tatsache, daß es bei den meisten Gruppen „Amateure" mit medialen oder ekstatischen Fähigkeiten gibt, die mit den „offiziellen" Zauberpriestern in ähnlicher Weise konkurrieren wie Naturheilkundige mit Schulmedizinern. Die verschiedenen Formen des Zauberpriesters bewegen sich zwischen zwei Polen: Der eine ist der Magier, am deutlichsten verkörpert im *Datu* der Toba-Batak, für den das Wissen um die Zusammenhänge von Makro- und Mikrokosmos notwendige Voraussetzung ist, der andere Pol ist der Schamane, für dessen Tätigkeit psychopathologische Erscheinungen wie Trance, Ekstase und Besessenheit entscheidend sind.

Das Individuum mit seinen Nöten und Sorgen steht nicht gerade im Vordergrund der altindonesischen Religionen. Das entspricht weitgehend seiner Position in der Gesellschaft. Weder der einzelne noch die Kleinfamilie hatte, auf sich allein gestellt, im altindonesischen Bereich die geringste Lebensmöglichkeit. Man braucht notwendig die Hilfe einer größeren Zahl von Verwandten, die Geborgenheit einer Verwandtschaftsgruppe. Im gleichen Maße ist aber auch die kleine Verwandtschaftsgruppe auf die unbedingte Solidarität jedes einzelnen angewiesen. Diese Tatsache zeigt sich am deutlichsten in den Übergangsriten. Das Individuum wurde bei seiner Einführung in seinen neuen sozialen Status eindringlich auf seine künftigen Aufgaben und Funktionen in der Gesellschaft „prädestiniert". [21] Die stupende Wiederholung dieser Vorbestimmung auch bei anderen Gelegenheiten hat schon beschwörenden Charakter, der wohl aus der leidvollen Erfahrung resultiert, daß ein einziger Querulant die Gruppe in Schwierigkeiten bringen kann. Den Streithans, Neidhammel, Rechthaber und Gewalttätigen gibt es wohl überall. Zwar sind die sozialen Zwänge im altindonesischen Bereich ungleich stärker als bei uns, doch damit ist der Bruderzwist und die bittere Feindschaft von nahen Verwandten nicht ausgeschlossen. Daß ein solcher Konflikt die Existenz einer Verwandtschaftsgruppe bedroht, versteht sich von selbst. Im altindonesischen Bereich ist also die „Nächstenliebe" im wörtlichen Sinne lebensnotwendig und wichtigstes Moment im Kampf ums Dasein. Dementsprechend gibt es ein Gefälle der Solidarität vom nahen zum entfernten Verwandten, von der kleinen Gruppe zum größeren genealogischen Verband, und das Zusammengehörigkeitsgefühl der ganzen ethnischen Einheit manifestiert sich allenfalls bei großen Festen und in der Abschirmung nach außen.

Die Summe des solidarischen Verhaltens liegt in der *Adat* beschlossen. [22] Der vollkommene Mensch lebt mit Sitte und Recht in Einklang und erfüllt seine kultischen Pflichten. Der Vorwurf, die *Adat* nicht zu kennen, in ihr nicht erzogen zu sein, ist eine der schlimmsten Beleidigungen. Vollkommenheit kann man erst im Alter von etwa vierzig Jahren erlangen, wenn der erste Enkel geboren ist. [23] Für kinderlose Menschen ist dieses Ziel unerreichbar. Die Vervollkommnung gründet in der Anthropogonie, da die meisten Völker ihre Abstammung bis auf die Gottheit zurückführen. Durch das der *Adat* gemäße Leben kann man sich dem göttlichen Ursprung annähern. Bei vielen Gruppen hat sich eine Adelsschicht herausgebildet. In den Augen der Ngadju kann nur der Adlige, der Sonnenmensch, Vollkommen-

---

[21] Vgl. S. 117–118.
[22] Vgl. S. 116–117.
[23] Vgl. S. 118.

heit erlangen. Sie ist ihm faktisch in die Wiege gelegt, denn nur er darf sich auf die göttliche Abkunft berufen. Bei den Niassern war die Macht des Adels noch weit stärker. Der Adlige wird in den Kultgesängen hymnisch gefeiert; er sei der wahre Mensch und Abkömmling der aus der Oberwelt hinabgelassenen Stammväter.[24] Ohne Zweifel handelt es sich um eine Usurpation, um eine Anmaßung des Adels. Das zeigen Vergleiche mit den Toba-Batak, wo sich alle auf die Gottheit zurückführen, und den Minahasa, wo es zwar einen Adel gibt, dem breiten Volk aber die göttliche Abkunft nicht bestritten wird. Auf der anderen Seite wurde den Sklaven oft das Menschsein abgesprochen. Eine Seele wurde ihnen zwar nicht bestritten, doch auch sie wird im Jenseits zum Sklaven.

Trotz der genealogischen Beziehung empfanden die altindonesischen Völker doch den enormen Abstand zwischen Menschen und Gottheit. Die Niasser erfaßten das in einem Sinnbild: die Menschen seien die Schweine des Weltenherrschers *Lowalangi.* Die Gottheit verhalte sich zu ihnen wie sie sich zu ihren Schweinen. Wer einmal gesehen hat, mit welcher Liebe und Sorgfalt die Schweine auf Nias gehalten werden, wird diesen Vergleich weder unpassend noch despektierlich halten. So wie der Mensch seine Schweine hütet, aber schließlich doch einmal schlachtet, so sorgt die Gottheit für den Menschen, nimmt ihm aber doch irgendwann das Leben. In ähnlicher Weise vergleichen die Ngada auf Flores den Menschen mit einem Wasserbüffel. Übrigens bilden die Schweine bei den Niassern und die Wasserbüffel bei den Ngada die wichtigsten Opfertiere. Solche Vergleiche dürften sich auch bei anderen Gruppen finden lassen.

Wichtigster Bereich der religiösen Anthropologie ist die Seelenvorstellung. Sie betrifft das Bemühen, den Menschen samt seiner Umwelt, seine Affekte, Handlungen und Traumerlebnisse sowie alle Lebensvorgänge und den Tod zu verstehen und mit dem Göttlichen in Verbindung zu bringen. Der ganze Komplex stand infolge der Animismus-Theorie in der Zeit um die Jahrhundertwende im Vordergrund der religionsethnologischen Forschung.[25] Über die altindonesischen Seelenvorstellungen handeln zahlreiche detaillierte Untersuchungen. Es finden sich viele Widersprüche und Ungereimtheiten, die aber meist die weniger wichtigen Seiten der Vorstellung betreffen. In den beiden wesentlichen Aspekten, 1) die Herkunft der Seele und damit des individuellen Lebens und 2) deren Schicksal nach dem Tode ihres Trägers, zeigt sich eine erstaunliche Übereinstimmung in den altindonesischen Religionen.

---

[24] Vgl. S. 106.

[25] Die Theorie hatte auch großen Einfluß auf die ethnographische Forschung um die Jahrhundertwende. Man wußte dank ihrer Thesen schon vorher, was man finden würde. Selbst Missionare, die von dem positivistischen Charakter eher hätten abgestoßen sein müssen, waren von ihr stark beeinflußt.

Mit den Namen *Hambaruan* und *Liau* bezeichnen die Ngadju zwei völlig verschiedene Konzeptionen der Seele. Die *Hambaruan* beseelt die Menschen und die wichtigen Tiere, weiterhin Reis, Gold, Kleidung und Waffen. Mindere Tiere, Pflanzen und andere Naturphänomene, Geräte und Waffen haben mit der *Gana* eine schwächere Abart. Die *Hambaruan* ist die den Leib der Menschen und Tiere bewegende Seele. Man könnte sie „Lebenskraft“ nennen, doch ist es unmöglich, ihr Wesen mit einem Schlagwort zu umreißen. Sie hat teils stoffliche, unpersönliche Züge, sie kann z. B. gestärkt und angereichert werden, teils individuelle, persönliche, denn sie kann den Schlafenden verlassen und anderen Menschen im Traum erscheinen. Die *Hambaruan* ist nur beim Lebenden bzw. dem Existierenden vorhanden. Mit dem Tod ihres Trägers geht sie „wie ein Windhauch“ zurück zum Weltenherrscher Mahatara, dem Seelenschmied und Schicksalsbestimmer. Dieser fügt sieben Substanzen zu und schickt die *Hambaruan* wieder ins irdische Dasein. Das Überwiegen der einen oder anderen (Gold, Silber, Eisen, Reis etc.) entscheidet über das Schicksal des neubelebten Menschen. Die Hambaruan kommt von der Gottheit und geht in stetem Kreislauf zu ihr zurück. Die *Liau* tritt erst beim Tode in Erscheinung. Man kann von Totengeist oder Totenseele sprechen. Die Liau ist im Grunde der Tote selbst in seiner neuen Existenzform.

Die beiden Seelenbegriffe erscheinen bei den Toba-Batak als *Tondi* und *Begu.* Der Tondi entspricht der *Hambaruan* der Ngadju, hat aber weit mehr individuelle Züge und wird oft als „eine Art Mensch im Menschen“ geschildert. Auch der *Tondi* kommt von der höchsten Gottheit und empfängt von ihr das Geschick des Menschen. Nach einer der Traditionen ist bei Gott *Mula Djadi* in der Oberwelt ein mächtiger Baum, dessen Blätter dieser beschrieben hat: Kindersegen, Reichtum, Armut, Ansehen und anderes Geschick. Jeder *Tondi* muß sich ein solches Blatt erbitten, dessen Text das Schicksal des Menschen bestimmen wird. Der *Begu* hingegen ist der Totengeist. Die Niasser sprechen von *Noso* und *Beghu,* die Ost-Toradja von *Tanoana* und *Angga* und die Bontoc von *Tako* und *Anito.* Nicht immer sind die Verhältnisse so klar. In manchen Religionen ist von fünf oder gar sieben Seelen die Rede, doch wenn man auf das Wesentliche abstrahiert, sind beide Konzeptionen deutlich zu erkennen.

Früher unterschied man die beiden Konzeptionen mit den Termini „Seelenstoff“ *(Hambaruan, Tondi* etc.) und „Seele“ *(Liau, Begu* etc.).[26] So wird aber eine Beziehung bzw. ein Gegensatz wie Materie und Form suggeriert. Beide Seelenbegriffe haben aber primär nichts miteinander zu tun. Am besten sind wohl die Bezeichnungen „Lebensseele“ und „Totenseele“, weil sie nichts von vornherein unterstellen. In der Lebensseele manifestiert sich die

---

[26] *A. C. Kruyt,* Het Animisme in den Indischen Archipel (’s-Gravenhage 1906). – Missionar A. C. Kruyt war einer der hervorragendsten Ethnographen seiner Zeit.

faszinierende Idee einer „Pan-Anima" oder „All-Seele", an der alles Seiende während seiner Existenz teilhat. Was im Guten und im Bösen mit der einzelnen Lebensseele geschieht, hat Auswirkungen auf die anderen Lebensseelen und das Ganze. Nirgends kommt die „Einheit" der ethnischen Einheit besser und konkreter zum Ausdruck, denn alles, was ein Volk oder einen Stamm ausmacht, ist durch die Lebensseele mystisch verbunden.

Mit der Lebensseele sind häufig Vorstellungen einer übernatürlichen Macht oder Kraft verbunden, die unter dem polynesischen Begriff *Mana* zusammengefaßt wird. Das *Sahala* der Toba-Batak meint „Würde, Herrlichkeit und Autorität" und steht in engen Zusammenhang mit der Lebensseele *Tondi*. *Sahala* kann vermittelt und übertragen werden, und zwar von der *Tondi* eines Höherstehenden auf den Geringeren, von den Eltern auf die Kinder. *Sahala* ist auch die schicksalsprägende Kraft und hat unter diesem Aspekt auch negative Wirkung. *Sahala* hat seinen Ursprung in der Macht und Schöpferkraft der höchsten Gottheit *Mula Djadi*. Ähnlich ist das *Eheha* der Niasser, eine Potenz oder Qualität der Lebensseele *Noso*, die aber im Sinne von Außergewöhnlichkeit, Autorität und Würde nur den Häuptlingen, Priestern und Adligen eignet. Das *Pama* der Land-Dajak meint „Segen" und auch „Göttlichkeit". *Pama* haben hochgestellte Personen und alles, was alt und wertvoll ist, auch Kultobjekte und alte Waffen, weiterhin das Dorf, Haus und Hof. *Pama* strahlt auf seine Umgebung aus, und jeder sucht es für sich und sein Haus zu gewinnen. Das *Marapu* der Sumbanesen ist das, was den Göttern, Geistern und Ahnen eignet, und alles, was mit der transzendenten Welt in irgendeinem Zusammenhang steht. Es ist auch die Macht, die das Schicksal des Menschen prägt.

Die *Mana*-Vorstellungen in den altindonesischen Religionen lassen sich nicht auf einen Nenner bringen, und es bleibt immer ein ungeklärter Rest.[27] *Mana* haben auch Kultobjekte und Wertgegenstände, die meist unter dem malaiischen Namen *Pusaka* subsumiert werden. Besondere Bedeutung haben die von den Ahnen ererbten Besitztümer wie Waffen, Gewebe oder Schmuck sowie große glasierte Tontöpfe und Porzellanschalen chinesischen Ursprungs. Rang und Ansehen einer Verwandtschaftsgruppe wird von solchem Besitz erheblich mitbestimmt. Zu den Pusaka zählen auch die besonders wirkungsvollen Zaubermittel und Amulette. Kein anderer Bereich altindonesischer Religionen wurde von seiten der Mission und auch der Wissenschaft so mißverstanden. Man sah in dieser besonderen Art von Kultobjekten „widernatürliche Unvernunft und Aberglauben". Dabei können Zaubermittel und Amulette im Gesamtzusammenhang der Religion genau so sinnvoll sein wie Gebete und Anrufungen. Sie bestehen meist aus gebündelten, teils beschnitzten Stäbchen verschiedener Holzsorten, Wur-

[27] Vgl. *S. Kooijman*, De begrippen „mana" en „hau" bij enkele Sumatraanse volken (Utrecht 1942).

zelstücken, Tiger- und Krokodilzähnen, Achaten und merkwürdig geformten Kieseln. Vielleicht ist manches Stück so sinnlos wie unsere Auto-Talismane, doch wir haben kaum eine Möglichkeit das zu beurteilen.

Auf die Totenseele, die nur eine andere Existenzform des Menschen ist, sind Totenritual und Jenseitsvorstellung bezogen. Die Kulthandlungen können sich über Jahre hinziehen. Sie beginnen mit dem Sterbefall, führen über Aufbahrung und Beisetzung der Leiche, die Trauerzeit mit ihren zahlreichen Restriktionen bis hin zum abschließenden Totenfest mit der meist üblichen Zweitbestattung. Das Geschehen des Totenrituals zeigt eine enorme Vielfalt. Was immer auch geschieht, sentimentale Momente spielen nur eine geringe Rolle. Das Totenritual ist eine Antwort des Menschen auf die Herausforderung des Todes. Die Ordnung der Gesellschaft ist durch den Tod eines ihrer Glieder empfindlich gestört. Sie muß restauriert und die Lücke, die der Verstorbene hinterlassen hat, symbolisch geschlossen werden. Auch muß die Totenseele mit einer Initiation in ihre neue Existenzform überführt werden. Die Gruppe der Hinterbliebenen spielt im Totenritual eine mindestens ebenso große Rolle wie das verstorbene Individuum.

Ersehnt wird der „reife Tod" durch Altersschwäche, dem der Mensch nach einem erfüllten Leben im eigenen Haus im Kreis seiner Angehörigen erliegt. Über alles gefürchtet ist hingegen der „unreife Tod", der den Menschen durch Krankheit oder Unglücksfall vorzeitig ereilt. Die mit ihm verbundenen Gefahren für die Totenseele und die Hinterbliebenen versucht man mit kultischen Gegenmaßnahmen abzufangen. Hoffnungslos ist aber das künftige Schicksal der Selbstmörder, der Ermordeten, der Opfer der Kopfjagd, der in der Fremde Verstorbenen und vor allem das der im Wochenbett verstorbenen Frauen. Ihre Totenseelen können nicht ins Jenseits zu den verstorbenen Angehörigen, sie führen entweder an einem unwirtlichen Ort ein freudloses Dasein oder verbleiben auf Erden als böse Geister, deren unerfüllter Lebensanspruch sie selbst gegen Angehörige aggressiv werden läßt. Die Kulthandlungen dienen in solchen Fällen vorwiegend dem Schutz der Hinterbliebenen.

Diese uns unbegreifliche Einstellung zum „schlimmen Tod" ist eines der merkwürdigsten Phänomene der altindonesischen Religionen. Warum werden diese Totenseelen, so fragt man sich, die doch vom Schicksal hart genug getroffen wurden, aus der Gemeinschaft der Lebenden und Toten ausgestoßen, wo man doch höchstens dem Selbstmörder eine Verantwortung zusprechen kann? Der Grund sei in einer verborgenen Schuld der Verstorbenen zu suchen. Wenn dem so ist, dann kann diese nur in der nicht erfüllten Lebensleistung im Sinne der Gruppensolidarität gesucht werden. Für die kleine Verwandtschaftsgruppe ist der vorzeitige Tod eines Angehörigen ein schwerer Schlag. Jeder hat dort seine festen Aufgaben und ist nahezu unersetzlich. Sterben durch eine Seuche gleich mehrere Personen, so ist die Gruppe oft schon nicht mehr existenzfähig; sie muß sich einer anderen Gruppe anschließen und verliert ihre Identität. Unter diesem Aspekt ist der vorzeitige Tod eine schwere Pflichtverletzung gegenüber der Gruppe, was die religiösen Sanktionen einigermaßen erklären würden.

Höhepunkt des Totenrituals sind die Überführung und das Geleit der Totenseele während einer Kulthandlung oder eines großen Festes ins Jenseits. Solche Zeremonien finden sich in allen altindonesischen Religionen, doch sind der Ablauf und Aufwand höchst unterschiedlich. Unbestreitbar stehen hier die Ngadju-Dajak an der Spitze. Ihr *Magah liau* während des *Tiwah* genannten Totenfestes ist eines der faszinierendsten Phänomene des religiösen Lebens. Das sichtbare und unsichtbare Geschehen wird von den Priestern in ihren Kultgesängen geschildert. Die Überfahrt ist nur mit Hilfe der *Sangiang*, den Geistern der Oberwelt, möglich. Sie müssen mit Geschenken für diese schwere Aufgabe bewogen werden (und erweisen sich dabei von erfrischender Habgier). Die Überfahrt erfolgt in prächtigen Geisterschiffen, die oft auf lange Holzplanken gemalt wurden. Nur einer der Geister, *Tempon Telon*, kann das gefahrvolle Unternehmen leiten. Er kam als Fehlgeburt zur Welt, und seine Mutter warf ihn als Blutklumpen ins Wasser. Es rettete ihn eine andere *Sangiang* und zog ihn auf. Offenbar prädestinierte ihn sein Schicksal, das ja Tod und Wiedergeburt vorwegnimmt, zum Seelenführer, zum Psychopompos wie Hermes oder der Erzengel Michael. Die Ngadju stellen *Tempon Telon* in der Konfrontation mit dem Christentum Jesus gleich.

In den altindonesischen Religionen sind die Menschen vor Gott nicht gleich. Die soziale Ordnung und Schichtung bleibt auch im Jenseits erhalten. Wer auf Erden reich und mächtig war, hat auch im Totendorf das Sagen. Seine Lage ist bei einigen Völkern unbestimmt, sie vermuten es irgendwo in der Ober- oder Unterwelt, andere suchen es auf dem höchsten Berg ihrer weiteren Umgebung. Die beste Anschauung des Totendorfs liefern uns die Ngadju-Dajak, die es auch auf ihren Kultzeichnungen wiedergeben. Ihr *Lewu liau* (= Dorf der Totenseelen) liegt in einer schönen Flußlandschaft der Oberwelt; der Sand besteht aus Goldstaub und Diamanten; Achate bilden das Steingeröll; die Gewässer sind reich an Fischen und die Wälder voller Wild. Das Totendorf erscheint als eine schöne und unbekümmerte Fortsetzung des irdischen Daseins. Alles der irdischen Welt hat auch seinen Platz im Jenseits, doch ist alles dort umgekehrt: links ist rechts, oben ist unten, zerbrochen ist ganz, bunt ist entweder schwarz oder weiß. Die sozialen Unterschiede werden davon aber nicht berührt. Diese „Verkehrte Welt" beginnt schon mit dem Eintritt des Todes, und aus dieser Tatsache lassen sich viele Trauerhandlungen erklären. Die irdische Manifestation des Totendorfes ist für die Ngadju-Dajak der Friedhof mit den Beinhäusern, in denen die sterblichen Überreste der Ahnen geborgen sind. Früher standen die Beinhäuser, wie alte Stiche aus der Mitte des vorigen Jahrhunderts zeigen, auf dem Dorfplatz. Die Einheit von Lebenden und

Toten einer Dorfgemeinschaft bzw. einer Verwandtschaftsgruppe kann eindrucksvoller nicht zum Ausdruck gebracht werden. Diese Bindung hat aber auch ihre Schattenseiten. Wenn die Gruppe, der das Beinhaus gehört, sich aus irgendeinem Grunde auflöst, wenn sie ausstirbt, was früher nicht selten der Fall war, dann ist es auch mit den Ahnen vorbei. Zerfällt das Beinhaus, werden keine Opfer mehr dargebracht, dann schwinden die Ahnen dahin. Im Grunde bleiben die irdischen Ängste und Nöte auch im Totendorf bestehen, und das hat, so will es scheinen, wenig Tröstliches an sich.

345. Hinduismus, Islam und Christentum in Indonesien

Der Buddhismus kam, getragen vom Missionseifer seiner Mönche, vermutlich bald nach der Zeitenwende nach Indonesien. In den ersten Jahrhunderten konkurrierten anscheinend die beiden großen Richtungen Hinayana und Mahayana miteinander. Mitte des 7. Jahrhunderts n. Chr. gab es aber nur noch den schon tantrisch geprägten Mahayana-Buddhismus. Er war damals die herrschende und staatstragende Religion auf Ost-Sumatra. Das dort blühende Shrivijaya-Reich, dessen Macht zeitweilig über die Malaiische Halbinsel hinaus bis ins südliche Thailand reichte, war stets ein Zentrum des Mahayana-Buddhismus. Die herrschende Shailendra-Dynastie griff 778 n. Chr. nach Mittel-Java über. Ihre Herrschaft dauerte nicht einmal hundert Jahre, doch schufen sie in dieser Zeit mit dem Borobudur das größte und großartigste Monument des Buddhismus.[28] Mit dem Verfall des Königreichs Shrivijaya um die Mitte des 13. Jahrhunderts kam auch das Ende des Mahayana-Buddhismus in Indonesien. Um diese Zeit hatte der Islam bereits im Norden von Sumatra Fuß gefaßt. Im 16. Jahrhundert war auch ganz Ost-Sumatra islamisiert. Irgendwelche Spuren im Leben der einheimischen Bevölkerung sind nicht zu erkennen. Buddhisten gibt es faktisch nur noch unter den eingewanderten Chinesen, doch diese haben ihre Religion aus China mitgebracht.

Der Hinduismus fand auf Java seine Domäne. Zu Beginn des 6. Jahrhunderts bezeugen ihn chinesische Quellen in dem Königreich Taruma auf West-Java. Wahrscheinlich ist er aber schon einige Jahrhunderte früher nach Java gekommen, und zwar schon vor Beginn an in der Form des „Shivaismus“. Shivaistisch ist auf jeden Fall das Königreich Mataram auf Mittel-Java, das 732 mit einem überlieferten Königsnamen ins Licht der Geschichte tritt. Zwischen 778 und 870 kam es, wie schon gesagt, zu dem

[28] Ein gutes Bild vom Borobudur und der von der UNESCO getragenen Restaurierung vermittelt der Katalog: Borobudur. Kunst und Religion im alten Java 8.–14. Jahrhundert (Zürich 1977/78).

buddhistischen Zwischenspiel der Shailendra-Dynastie. Dann aber gewann der Shivaismus in Mataram wieder die Oberhand, und es entstand alsbald mit dem Prambanan ein dem Borobudur an Pracht ebenbürtiger Tempelkomplex. Um 1000 n. Chr. verlagerte sich das Zentrum der Macht nach Ost-Java, wo gute Häfen einen ausgedehnten, Reichtum bringenden Seehandel ermöglichten. Nach einigen anderen Reichen gewann Mitte des 14. Jahrhunderts Madjapahit die absolute Vormacht. Es herrschte mit seinen Vasallen über den ganzen Archipel. Dadurch wurde der Shivaismus weit über Java hinausgetragen. Auf Bali hatte er allerdings schon einige Jahrhunderte zuvor Eingang gefunden.

Die Residenzen der hindu-javanischen Königreiche waren Zentren der Baukunst und Literatur. Bildende Kunst und Architektur lösten sich allmählich von den indischen Vorbildern und fanden zu einem eigenen, „javanischen" Stil. Stets wurde der Mahayana-Buddhismus toleriert. Es kam zu einer starken Beeinflussung; auch altindonesische Elemente wurden assimiliert. Der Prozeß des Wandels führte zur „Javanisierung" von Kunst und Religion.[29] Man müßte eigentlich immer von „javanischem" Shivaismus sprechen, denn zu seinen Erscheinungsformen in Indien bestehen erhebliche Unterschiede. Im 15. Jahrhundert kam der Islam auch nach Java. Die Vasallen des Madjapahit-Reichs nutzten die neue Religion, um sich selbständig zu machen. 1478 gilt als das Jahr des Untergangs von Madjapahit. Im äußersten Osten hielt sich im Bündnis mit Bali ein shivaitischer Staat gegen den Ansturm des Islams bis weit ins 17. Jahrhundert.

Mit dem Untergang von Madjapahit verlor der Shivaismus auf Java seine staatstragende Funktion. Auf der Insel Bali blieb ihm allerdings ein Refugium. Auf Java hat der Shivaismus in Sprache und Kultur der Völker deutliche Spuren hinterlassen. Alte Traditionen lebten weiter. Sie offenbaren sich vor allem im javanischen Theater, dem *Wayang*, das entweder mit ledernen Figuren im sogenannten Schattenspiel oder durch Masken tragende Tänzer und Akteure die alten Überlieferungen wiedergibt. So blieben die Epen des Ramayana und Mahabharata sowie eigene Literatur wie die *Pandji*-Erzählungen Allgemeingut des Volkes. Zeugen der shivaitischen Vergangenheit sind auch die Musik des *Gamelan* genannten Orchesters, die Prunkwaffe des *Kris* und auch das Batiken der Textilien.[30] Es gibt auf Java sogar Gruppen, die am Shivaismus festgehalten haben. Zu ihnen gehören die etwa 40000 „Tenggeresen" im Tengger-Gebirge auf Ost-Java. Das religiöse Leben folgt einem sakralen Kalender. Kultischer Höhepunkt ist das jährliche Opferfest am Krater des ihnen heiligen Vulkans Bromo. Es wurde übrigens schon mehrfach gefilmt und auch im Fernsehen gezeigt. Die Tenggeresen

---

[29] Vgl. *W. F. Stutterheim,* Indonesian Archaeology (Den Haag 1956) 63–90.

[30] Eine hervorragende Übersicht verschafft der mit einer ausführlichen Bibliographie versehene Katalog: Java und Bali. Buddhas – Götter – Helden – Dämonen (Mainz 1980).

machen kein Geheimnis aus ihrem Kult.[31] Ganz anders verhalten sich die „Badui", einige wenige tausend Menschen, die in einer Bergregion auf West-Java leben. Ihren heiligen Bezirk mit drei kleinen Dörfern darf kein Fremder betreten. Sie sperrten sich auch gegen eine genauere Erforschung ihrer überkommenen Religion, so daß sich nicht einmal sagen läßt, ob in ihr shivaitische oder altindonesische Elemente dominieren.[32] Ein Sonderfall sind die „Kalang", die aber wohl bald in der übrigen Bevölkerung von Mittel-Java aufgegangen sein werden. Sie bilden seit längerem Berufskasten (Holzfäller, Zimmerleute etc.). Früher lebten sie als umherschweifende Gruppe in den Wäldern von Waldarbeit und Holzfällerei. Vielleicht sind sie Repräsentanten einer älteren Bevölkerungsschicht der Insel. In den Opferriten und Festen der Kalang sind mehr altindonesische als shivaitische Erscheinungen zu erkennen. Nach der Überlieferung sollen die Kalang entweder aus der sodomitischen Verbindung einer Frau mit einem Hund, deswegen sollen sie laut Volksmund häufig geschwänzt sein, oder aus dem Inzest einer Fürstin mit ihrem Sohn hervorgegangen sein. Solche „Kalang-Legenden" erzählen in der Absicht, ein Nachbarvolk zu diskriminieren, auch viele andere Völker der Inselwelt.[33]

Die Insel Bali ist bis heute eine Domäne des Shivaismus geblieben, doch hat er dort eine solch spezielle Ausprägung gefunden, daß man den offiziellen Namen *„Agama Hindu Bali"* bevorzugen sollte. Die ältesten datierten Inschriften gehen bis ins 9. Jahrhundert zurück. Sie sind in alt-balinesischer Sprache verfaßt und enthalten zahlreiche Sanskrit-Worte. Die Balinesen müssen also schon damals intensiven Kontakt mit dem Hinduismus und der indischen Hochkultur gehabt haben. Im 11. Jahrhundert wurde das Alt-Javanische *(Kawi)* mehr und mehr zur offiziellen Sprache, was auf einen starken Einfluß aus dem benachbarten Ost-Java schließen läßt. Zu dieser Zeit war *Airlangga* (1019–1049), obwohl er von balinesischer Abstammung war, König in Ost-Java. Mitte des 14. Jahrhunderts wurde Bali ein Teil des Madjapahit-Reichs. Die Dynastien der neun (später acht) balinesischen Fürstentümer gehen auf javanischen Adel zurück. Nach dem Untergang von Madjapahit (1478) kamen zahlreiche Flüchtlinge auf die Insel. Bali erfuhr eine „Javanisierung" seiner Kultur, und in seiner Religion lebt auch der javanische Shivaismus fort. Es gibt mit den Brahmanen, dem Hochadel *(Ksatriyas)* und dem Adel *(Wesyas)* drei Kasten *(Triwangsa)*. Die kastenlosen *Sudras* (etwa 95%) bilden die Masse der Bevölkerung. Die alte hindu-bali-

---

[31] Vgl. *B. Luem,* Wir sind der Berg, lächelnd aber stark. Eine Studie zur ethnischen Identität der Tenggeresen in Ostjava (Basler Beiträge zur Ethnologie, Bd. 29) (Basel 1988).

[32] Vgl. *B. van Tricht,* Levende antiquiteiten in West-Java, in: Djawa, Deel IX (Weltevreden 1928) 43–120; sowie *N. J. C. Geise,* Badujs en Moslims in Lebak Parakiang, Zuid-Banten (Leiden 1952).

[33] Vgl. *F. Seltmann,* Die Kalang. Eine Volksgruppe auf Java und ihre Stamm-Mythe (Stuttgart 1987).

nesische Kultur hielt sich bei den sogenannten „Bali-Aga“ einiger Dörfer in den Bergen.

Das Pantheon der *Agama Hindu Bali* ist unüberschaubar groß. Unter den zahllosen Göttern und Geistern, von denen viele nicht einmal einen Namen besitzen, da sie nur für diesen oder jenen Tempel maßgebend sind, steht die shivaitische Trimurti zwar im Vordergrund, doch nicht wenige Götter kommen ihr an Bedeutung gleich. *Shiva* wird mit dem Sonnengott *Surya* identifiziert, aber auch mit dem Herrn des Vulkans Gunung Agung, dem höchsten unter den wichtigen Berggöttern. Von hohem Rang sind auch manche Göttinnen. An erster Stelle ist die Reisgöttin *Dewi Sri* zu nennen, die unter mehreren Namen im Mittelpunkt des umfangreichen, mit Reisanbau verbundenen Kultes steht. Die Gesamtheit aller ihrer Aspekte lassen sie als „Mutter Erde“, als Inbegriff aller chthonischen Energien erscheinen. Im Kult werden die Götter von den Priestern häufig als Ganzheit angerufen. Gestalter und Leiter des religiösen Lebens sind die zahlreichen Priester. An ihrer Spitze stehen die *Pedanda,* die „hohen“ Priester, die aus der Kaste der Brahmanen kommen. Als hochgebildete Esoteriker sind ihnen die religiösen Schriften vertraut. Ihnen oblagen früher die höfischen Riten der Fürstentümer, und heute leiten sie Kulthandlungen, die sich von diesen herleiten. Die meisten Priester heißen *Pedanda Shiva,* und nur ein kleiner Teil trägt den Namen *Pedanda Boda* (= Buddha), was den nicht geringen Anteil des Mahayana-Buddhismus bezeichnet. Hauptaufgabe und wichtigste Einnahmequelle der *Pedanda* ist die Konsekration des *Tirta* genannten Weihwassers, das vor allem der symbolischen Reinigung dient. Es spielt im religiösen Leben eine so wichtige Rolle, daß man die balinesische Religion auch *Agama Tirta* nennt. Wichtiger für das breite Volk ist aber der *Pemangku,* der Priester der lokalen Tempel, der fast immer ein *Sudra* ist. Er leitet die zahlreichen Opferriten und die dörflichen Feste. Weiterhin gibt es priesterliche Spezialisten für Exorzismus, Krankenheilung und andere Aufgaben. Auch der *Dalang,* der die Schattenspiele aufführt, hat priesterlichen Charakter. Die Tänze, wie z. B. der dramatische Kampf zwischen der Hexe Rangda und dem Drachen Barong, sind, unbeschadet der Tatsache, daß sie eine Touristenattraktion geworden sind, tief im religiösen Leben verwurzelt.

Die weitaus meisten Balinesen sind einfache Reisbauern. Jedes brauchbare Stück Land bis weit in die Berge hinauf wird mit kunstvollen Terrassenbauten für den Anbau genutzt. Die komplizierten Irrigationsanlagen mit Dämmen, Aquädukten und Tunneln setzen ein System gegenseitiger Hilfe und ein ausgeklügeltes Wasserrecht voraus. Die Welt der Götter und Geister bildet die Grundlage und den Überbau der dörflichen Solidarität, auf die der einzelne notwendig angewiesen ist. Das Dorf ist in sozialer und religiöser Hinsicht eine kleine Welt für sich. In jedem der zahlreichen Dörfer, die von hohen Mauern umgeben sind, liegt ein Tempelbezirk mit vielen

Opferstätten. Man schätzt die Zahl der Tempel über 20000, und ca. 4000 von ihnen dürften groß und bedeutend sein. Die Welt des Dorfes, aber auch des jeweiligen Fürstentums und der ganzen Insel wird einzig im Zusammenhang von Mikrokosmos und Makrokosmos gesehen. Der Ablauf des Alltags und der Festzeiten stehen in Abhängigkeit eines sakralen Kalenders. Nur das Leben, Denken und Handeln in Einklang mit der kosmischen und göttlichen Ordnung gewährt Segen, Heil und Glück. Ein Verstoß gegen dieses System, eine jede falsche und unangemessene Handlung brächte Unheil, Krankheit und Tod. Dies bedingt und fördert einen extremen Konservativismus. Uns erscheint Bali wie eine Oase des Friedens, der Schönheit und paradiesischen Harmonie. Wer sich aber in einem solchen System nicht völlig anpaßt, ist harten Sanktionen ausgesetzt. Spannungen sind unvermeidlich und können sich bis ins Unerträgliche steigern. Nicht zufällig waren die Kämpfe auf Bali nach dem kommunistischen Putsch im Jahre 1965 die heftigsten und blutigsten in der ganzen Republik Indonesia.

Der Islam ist an Zahl der Gläubigen als auch in seiner Verbreitung die größte Religion des Südostasiatischen Archipels. Abgesehen von den Philippinen, wo der Islam nur im Süden Fuß fassen konnte, gibt es nur wenige Inseln, deren Bevölkerung nicht überwiegend Muslime sind. Die Existenz des Islams in Indonesien läßt sich erst für das Ende des 13. Jahrhunderts nachweisen. Marco Polo traf 1292 auf seiner Rückreise auf einen Küstenort auf Nord-Sumatra mit muslimischer Bevölkerung: Kaufleute aus Indien hätten den Islam dorthin gebracht. Damit nennt Marco Polo zwei wichtige Tatsachen: Der Islam kam aus Gujerat im westlichen Indien, und er wurde vor allem von Kaufleuten und Seefahrern verbreitet. Nord-Sumatra hatte mit seinen Häfen eine für den Handel günstige Position und lag zudem an der Peripherie des Herrschaftsbereichs des damals übermächtigen Madjapahit-Reichs. Entscheidend für den Sieg des Islams wurde aber das volkreiche Java. Dort lassen sich schon für den Beginn des 15. Jahrhunderts Niederlassungen muslimischer Kaufleute nachweisen. Lokale Machthaber nutzten die neue Religion, um im Verein mit den Kaufleuten die Herrschaft Madjapahits abzuschütteln. Es dauerte aber nach dem Untergang von Madjapahit 1478 noch weit mehr als hundert Jahre, ehe sich der Islam auf der Insel völlig durchsetzen konnte. Kaufleute hatten den Islam schon im 15. Jahrhundert bis zu den begehrten Gewürzinseln der Molukken ganz im Osten des Archipels getragen. Als die Portugiesen (1512) und die Spanier (1521) dort eintrafen, fanden sie zwei muslimische Sultanate auf den kleinen Inseln Ternate und Tidore, die sich die Macht in diesem Raum teilten. Wichtige Station auf der Fahrt in die Molukken war die südliche Halbinsel von Sulawezi (Celebes). Auch dort ließen sich frühzeitig muslimische Kaufleute nieder. Die einheimischen Fürsten traten aber erst zu Beginn des 17. Jahrhunderts zum Islam über. Die im südlichen Sulawezi lebenden Makassaren und Buginesen, die wohl besten und kühnsten Seefahrer des Archipels, trugen den Islam nach Lombok, Sumbawa und anderen Inseln. Eifrige Missionare waren die Malaien. Dort, wo sie als Seefahrer und Händler hinkamen oder an fremden Küsten kleine Kolonien bildeten, verbreiteten sie auch den Islam. Damit verbunden war meist eine „Malaiisierung“ der Einheimischen. Um Malaie zu werden, genügte es, sich zum Islam zu bekennen und die malaiische Sprache und Tracht zu übernehmen. Viele Malaien an der Küste Borneos z. B. stammen sicherlich von den dortigen Dajak ab.

Der Islam Indonesiens folgt der sunnitischen Orthodoxie. Auf die Tatsache, daß er über das westliche Indien in die Inselwelt gekommen ist, gehen einige Besonderheiten wohl shiitischen Ursprungs zurück, die aber nicht ins Gewicht fallen. Nach allgemeiner Ansicht soll es unter den Völkern Indonesiens eine Art Gefälle in der Beachtung des Islams geben. Auf der einen Seite stünden die strenggläubigen Aceh (Nord-Sumatra) und die Malaien und auf der anderen die weniger eifrigen Javanen. So einfach liegen die Dinge aber nicht. In jedem islamischen Volk gibt es Muslime, deren Leben voll und ganz in der Beachtung der Gesetze des Islams steht, aber auch Muslime, die im Einklang mit der *Adat,* der alten Sitte und dem überkommenen Recht leben wollen.[34] Die Vertreter beider Richtungen standen sich im Laufe der Geschichte mehrfach unversöhnlich gegenüber. Bei den Aceh waren die *Uleebalang,* meist erbliche Häupter eines kleinen Distrikts, die Vertreter der *Adat,* während die Gruppe der *Ulama* allein die Gesetze des Islams gelten lassen wollen. In einem Aufstand 1945/46 wurden die meisten *Uleebalang,* die nach der japanischen Besatzung von den Niederländern in ihre alten Rechte wiedereingesetzt worden waren, von der Partei der *Ulama* getötet. Folgenschwer waren auch die Auseinandersetzungen bei den Minangkabau (Mittel-Sumatra). Sie bewahren als ein altindonesisches Erbe die matrilineare Deszendenz und gelten als klassisches Beispiel einer „mutterrechtlichen“ Gesellschaft. Um 1830 versuchten die *Padri,* eine Gruppe militanter Muslime, die in Mekka von den puritanischen Wahhabiten beeinflußt worden waren, die herrschende *Adat* und die matrilineare Ordnung mit Gewalt zu eliminieren. Da ihre Reformen sowohl beim breiten Volk als auch bei der führenden Schicht auf Ablehnung stießen, stürzten sie das Land in einen blutigen Bürgerkrieg. Die Dynastie wurde gestürzt und faktisch ausgerottet. Flüchtlinge der *Adat*-Partei holten die Niederländer zur Hilfe, welche die *Padri* vernichtend schlugen (1833/38). Die matrilineare Deszendenz der Minangkabau überstand den schweren Sturm, doch der Gegensatz der Parteien besteht immer noch. Spannungen dieser Art sind bei vielen Völkern latent vorhanden. Mit der Bewahrung der *Adat* ist auch das Überdauern religiöser Phänomene aus hindu- und altindonesischer

---

[34] Vgl. S. 116–117.

Zeit verbunden. Die Javanen unterscheiden zwischen den *Santri,* für die allein oder vornehmlich die Gesetze des Islams maßgebend sind, und den gleichfalls muslimischen *Wong kejawen,* für deren Leben aber vorislamische Vorstellungen und Verhaltensweisen prägend sind. Diese Scheidung zieht sich durch alle Schichten der Gesellschaft, doch dürften die *Santri,* die etwa ein Drittel der Javanen stellen sollen, vorwiegend in den Städten wohnen. Zu den *Wong kejawen* gehören vor allem die einfachen Reisbauern in den zahllosen Dörfern der Insel.[35] Sie kennen eine kaum überschaubare Zahl von Geistern, die sich in Gruppen geordnet teils auf Haus und Dorf, teils auf Lebensstadien und -vorgänge beziehen. Für die Vertreibung von Dämonen und bösartigen Geistern, die Unheil und Krankheit bringen, hat man mit dem *Dukun* einen kenntnisreichen Exorzisten und Krankenheiler.[36] Die Namen einiger alten Götter sind noch bekannt. Besondere Verehrung genießt die Reisgöttin *Dewi Sri,* die als *Ibu Pratiwi* auch als „Mutter Erde" und Inbegriff der Fruchtbarkeit in Erscheinung tritt. In diesem System kommt dem *Slametan* besondere Bedeutung zu. Es ist eine festliche Zusammenkunft von Männern zu einer Reismahlzeit. Als Anlässe werden Geburt, Beschneidung, Hochzeit und Begräbnis, aber auch jahreszeitliche und politische Ereignisse genannt. Das *Slametan* hat aber seinen Grund in sich selbst. Neben den Freunden, Nachbarn und Verwandten sind auch die lokalen Geister und die Seelen der Verstorbenen anwesend. Alle Unstimmigkeiten und Konflikte finden im *Slametan* ihren Ausgleich. Der Festgeber versucht sich und seine Gäste mit dem Kosmos und der Geisterwelt in Einklang zu bringen. Auch ein Teil der *Santri* feiert das *Slametan,* doch steht bei ihnen der islamische Aspekt im Vordergrund. Ihre Bindungen an vorislamische Traditionen ist durch das javanische Theater *(Wayang),* die alte Musik, die überlieferten Epen und den Besitz eines *Kris* wohl stärker, als sie zugeben oder es ihnen bewußt ist. Bei den Sundanesen (West-Java), die strenggläubiger sein sollen als die benachbarten Javanen, findet man im dörflichen Bereich die gleichen Phänomene.[37] Selbst die Malaien, die sich in der Beachtung des Islams wohl von niemanden übertreffen lassen wollen, haben zahllose Geister und Amulette, und manche Riten bei der Hochzeit, der Geburt und dem Feldbau lassen einen vorislamischen Ursprung vermuten.[38]

---

[35] Die *Wong kejawen* werden von den meist weiß gekleideten *Santri* wegen ihrer meist bunten Kleidung mit dem Namen *Wong abangan* (= rote Menschen) belegt. Diese Bezeichnung hat eine eher abschätzige Bedeutung.

[36] Vgl. *J. Daszenius,* Geistervorstellungen im javanischen Überzeugungssystem (Kölner ethnologische Studien, Bd. 12) (Berlin 1987).

[37] Vgl. *R. Wessing,* Cosmology and Social Behavior in a West Javanese Settlement (Papers in International Studies. South East Asia Series No. 47 (Athens – Ohio 1978).

[38] Vgl. *W. W. Skeat,* The Malay Magic (London 1900), sowie *R. W. Winstedt,* The Malays (London [4]1958).

Der Islam ist in Indonesien unbeschadet des Fortlebens religiöser Erscheinungen aus der hindu- und altindonesischen Zeit fest verwurzelt. Die Zahl der Mekka-Pilgerfahrten ist überdurchschnittlich groß. Menschen aus Malaysia und der Republik Indonesia stellen in Mekka oft die Hälfte aller Pilger. Der Islam wurde in dem 1963 gegründeten Staat Malaysia zur Staatsreligion. Alle Versuche, dem Islam auch in der Republik Indonesia diese bevorzugte Stellung zu verschaffen, schlugen bislang fehl. Manche der militanten Gruppen, von denen solche Bemühungen vornehmlich ausgehen, schreckten auch vor Terrorakten nicht zurück. Seine politische Bedeutung in der Republik Indonesia darf bei dem Erstarken fundamentalistischer Richtungen nicht unterschätzt werden.

Das Christentum fand erst mit den Portugiesen (1511), der ersten europäischen Kolonialmacht, den Eingang in die Inselwelt. Drei Jahrhunderte zumindest blieb es eng mit der Macht und dem Schicksal der Kolonialmächte verbunden. Die Portugiesen stießen gleich (1512) in die Molukken vor, in die so heiß begehrten „Gewürzinseln". Sie sahen sich in der Tradition der Kreuzzüge, und das Christentum zu verbreiten, war ihnen heilige Pflicht. Die Missionsarbeit der Portugiesen fand ihren Höhepunkt mit dem Besuch des Hl. Franz Xaver (1546/47), dem Apostel des Ostens, in den Molukken. Von ihren beachtlichen Missionserfolgen blieb, nachdem sie von den Niederländern zu Beginn des 17. Jahrhunderts vertrieben worden waren, nicht viel übrig.[39] Die Spanier kamen fast zur gleichen Zeit in den Archipel. Ihre Domäne wurden die Philippinen. Sogleich mit der Eroberung der Inseln ab 1565 begann eine rigorose Missionierung mit dem Ziel einer katholischen Staatskirche. 1591 wurde in Manila das erste Erzbistum gegründet. Anfang des 17. Jahrhundert erscheinen mit der „Vereinigten Ostindischen Compagnie" (V.O.C.) die Niederländer in Indonesien. 1605 wurde die wichtige Molukken-Insel Ambon erobert, und bald darauf wurden die dortigen, von den Portugiesen missionierten Katholiken per Dekret in „Reformierte" verwandelt. Die gottesfürchtigen „Pfeffersäcke" gründeten in ihren wenigen, aber wichtigen Stützpunkten weitere reformierte Gemeinden. 1799 war die V.O.C. bankrott, und der Niederländische Staat übernahm ihre Gebiete. 1808 wurde in der Folge der Französischen Revolution die Religionsfreiheit in Niederländisch Ostindien ausgerufen, und das Monopol der Reformierten Kirche war gebrochen. In den Philippinen wurde erst 1899 mit der Besitznahme durch die USA die Bindung von Staat und Kirche aufgehoben und damit Religionsfreiheit eingeführt.

Im 19. Jahrhundert begann für das Christentum im ehemaligen Niederländisch Ostindien (Republik Indonesia) eine neue Epoche. Bestimmend

[39] Auf einigen der östlichen Kleinen Sundainseln sollen Reste katholischer Gemeinden bis zum Neubeginn der katholischen Mission im Jahre 1859 überdauert haben.

wurden nun die zwischen 1795 und 1830 im protestantischen Westeuropa gegründeten Missionsgesellschaften, die vom Geist und der Frömmigkeit pietistischer Erweckungsbewegungen geprägt waren. Beispielhaft ist die Arbeit der „Rheinischen Missions-Gesellschaft" (Barmen). Sie sandte ihre Missionare 1836 in das Gebiet der Ngadju-Dajak (Kalimantan), das damals noch nicht unter der Kontrolle der Kolonialverwaltung stand.[40] 1861 begann ihre Arbeit bei den gleichfalls noch unabhängigen Toba-Batak (Nord-Sumatra). Die niederländische Kolonialverwaltung hielt sich in religiösen Fragen zurück. Sie sorgte mit Hilfe niederländischer Missionare für die Umwandlung der früheren Kirche der V.O.C. in eine reformierte Staatskirche; die Bindung von Staat und Kirche wurde 1935 gelöst. Die Kolonialverwaltung verbot, um Unruhen zu vermeiden, jegliche Mission in rein islamischen Gebieten und später auch auf Bali. 1854 ordnete sie an, daß in einem Gebiet nur die Mission „einer" Kirche arbeiten dürfte. Davon fühlten sich die Katholiken benachteiligt, die 1859 ihre Mission wiederaufnahmen. Erst 1935 wurde das Verbot der „doppelten Mission" aufgehoben. Der Katholizismus hat sein Schwergewicht im Osten des Archipels, wo es noch Reste katholischer Gemeinden gegeben hat.

Das Ideal der evangelischen Mission war die „Volkskirche". Daher gibt es in der Republik Indonesia rund vierzig selbständige Kirchen, von denen manche kaum 20000 Gläubige zählen. Diese organisatorische Zersplitterung des Protestantismus bringt sicherlich manche Schwierigkeiten, doch für die Bewahrung der ethnischen Identität der altindonesischen Völker war sie ein Vorteil. Durch Bibelübersetzungen wurden ihre Idiome zu Schriftsprachen. Der katholischen Kirche blieben trotz ihrer zentralistischen Struktur innere Konflikte nicht erspart. Das bekannteste Beispiel ist die Entstehung der nationalkatholischen Kirche der Aglipayaner (1902) in den Philippinen. Das Schisma erfolgte, als dem Verlangen einheimischer Priester nach eigenen Bischöfen von der Kurie nicht entsprochen wurde. Es versteht sich, daß die Missionare beider Konfessionen gegen das Überdauern altindonesischer Religionsphänomene genauso intolerant waren wie die strenggläubigen Muslime. Heute ist man weit großzügiger, und manches, was früher verpönt war, ist nun Teil des Gottesdienstes.[41] In den Philippi-

---

[40] Einige Missionare und ihre Familienangehörigen mußten ihren Mut, in einem unkontrollierten Gebiet zu arbeiten, mit dem Leben bezahlen. 1859 wurden neun Angehörige der Rheinischen Missions-Gesellschaft während eines von Malaien angeführten Aufstands ermordet.

[41] Ein treffliches Beispiel ist die *Gondang* genannte Trommelmusik der Toba-Batak, die früher bei keiner Kulthandlung fehlen durfte, da die Trommeln von den „Lebenden und Toten" gehört werden. Den deutschen Missionaren erschien die *Gondang*-Musik als Inbegriff des „Heidnischen". Inzwischen hat sie längst Eingang in die Gottesdienste gefunden; vgl. *L. Schreiner,* Gondang-Musik als Überlieferungsgestalt altvölkischer Lebensordnung, in: Bijdragen tot de Taal-, Land- en Volkenkunde, Deel 126 ('s-Gravenhage 1970) 400 bis 428.

nen stellen die Christen 95% der Bevölkerung. In Malaysia und der Republik Indonesia sind jeweils nur um die 5% der Bevölkerung Christen, doch konzentrieren sie sich in bestimmten Regionen, und dort ist das Christentum fest verwurzelt. Die Bedeutung der Christen in der Gesellschaft beider Staaten ist weit größer, als man nach ihrem prozentualen Anteil erwarten könnte.

DREIUNDVIERZIGSTES KAPITEL

Mana und Tabu – Die ozeanischen Religionen

Waldemar Stöhr

346. Der Lebensraum Ozeanien

Im Jahre 1513 entdeckte Vasco Núñez de Balboa, nachdem er den damals noch unbekannten Isthmus von Panama durchzogen hatte, ein riesiges, sich nach Süden bis zum Horizont hin erstreckendes Gewässer, das er samt allen Inseln und Küsten für den König von Spanien in Besitz nahm. Er gab ihm den Namen „mar del sur", den wir mit dem Wort „Südsee" in unsere Sprache aufgenommen haben. Wenige Jahre später überquerte Fernando Magellan auf seiner geplanten Weltumseglung als erster dieses Südmeer. Auf der langen, qualvollen Fahrt zwischen dem 28. November 1520 und dem 16. März 1521 blieb er von schweren Stürmen verschont, und so gab er dem ganzen Gewässer den Namen „el mare pacífico", also Pazifischer oder Stiller Ozean oder schlicht „Pazifik". Die Größe des Ozeans wurde erst Ende des 18. Jahrhunderts überschaubar. Damals prägte man den einzig zutreffenden Namen „Großer Ozean", doch der hat sich nicht durchsetzen können. Südsee und Pazifik bezeichneten ursprünglich dasselbe: den großen Ozean zwischen Amerika auf der einen, Asien und Australien auf der anderen Seite, der mit seinen Randmeeren über 180 Millionen Quadratkilometer und damit mehr als ein Drittel der Erdoberfläche bedeckt. „Südsee" hat inzwischen einen Bedeutungswandel erfahren und meint nur noch den mittleren Pazifik mit seinen tausend und abertausend Inseln, die weder zu Australien noch zu Asien oder Amerika gehören. Dem Begriff erwuchs aber mit „Ozeanien" eine Konkurrenz, die von den Geographen und Ethnologen bevorzugt wird. Südsee vermittelt uns heute den romantischen, Ozeanien hingegen den wissenschaftlichen Aspekt der Inselwelt.

Dumont d'Urville, einer der letzten großen Entdecker, der die Welt zwischen 1822 und 1840 dreimal umsegelte, ordnete das Inselgewirr des Pazifiks auf einer Karte (1833) eines seiner Reisewerke in Polynesien, Melanesien und Mikronesien. Diese Einteilung hat im wesentlichen bis heute ihre Gültigkeit. „Polynesien" zeichnet mit seinen Grenzen im Zentral-Pazifik ein imaginäres Dreieck, dessen Endpunkte bei den Hawaii-Inseln im Norden, der Osterinsel im Südosten und Neuseeland im Südwesten zu suchen sind. Tausend Inseln liegen verstreut in einer Wasserwüste, die für mehr als ganz Afrika Platz bieten würde. Ihre Bewohner sind hellhäutige Menschen. Mit Polynesien vor allem verbinden sich unsere Träume und Wunschbilder vom Zauber der Südsee. „Melanesien" mit dem großen Neuguinea bildet den Südwesten von Ozeanien. Seine meist großen, gebirgigen Inseln ziehen sich nordöstlich von Australien vom Äquator bis zum Wendekreis. Das tiefe Grün der üppigen Vegetation erscheint auf weite Entfernung fast schwarz. Dunkelbraun bis schwarz ist auch die Hautfarbe der Menschen. Den Namen „Schwarze Inselwelt" hätte man nicht besser wählen können. „Mikronesien" schließlich mit Tausenden „kleinen Inseln" liegt im Nordwesten Ozeaniens. Es sind bis auf wenige Ausnahmen Koralleninseln mit schwierigen Lebensbedingungen. Die meist hellbraunen Mikronesier sind zwar den Polynesiern verwandt, bilden aber sprachlich und kulturell eine eigene Gruppe.[1]

Die drei Inselwelten entsprechen primär den Lebensräumen der Polynesier, Melanesier und Mikronesier und stimmen daher mit der naturräumlichen Gliederung des pazifischen Raumes nur teilweise überein. Geologisch wird Ozeanien durch die für den Aufbau der Inseln so wichtigen „Andesit-Linie" geteilt. Ihren Verlauf kann man an den Tiefseegräben verfolgen. Sie zieht sich östlich von Neuseeland nach Norden, schwenkt zwischen den Tonga-Inseln und Samoa nach Nordwesten und dann quer durch Mikronesien nach Japan. Westlich erstreckt sich die breite Andesit-Zone mit ihrem oft heftigen Vulkanismus, mit starker Gebirgsbildung und vielen Erdbeben. Sie ist Randbereich der Kontinente, und die dort liegenden Inseln haben „kontinentalen" Charakter.

Ganz Melanesien liegt innerhalb der Andesit-Zone. Neuguinea ist mit 771 900 km² Fläche die zweitgrößte Insel der Erde und fast ein kleiner Kontinent; es hat viele Klimazonen, die vom tropischen Regenwald bis hin zu schneebedeckten Berggipfeln reichen. Im Norden liegt der Bismarck-Archipel mit den großen Inseln Neu-Britannien und Neu-Irland, im Osten finden sich die Salomonen und die Santa-Cruz-Inseln, im Südosten der junge Staat Vanuatu (Neue Hebriden und Banks-Inseln) und die französische Insel Neu-Kaledonien. Typisch für Melanesien sind langgestreckte Inseln mit Kettengebirgen. Alle liegen im Bereich der Tropen. Die Fauna ist – abgesehen von der Vogelwelt – ziemlich arm an Arten. Größtes Landtier ist der Laufvogel Kasuar auf Neuguinea. Melanesien ist mit rund 950 000 km² Landfläche dreifach größer als die beiden anderen Inselwelten zusammen.

Polynesien hat mit Neuseeland eine große Landmasse, die mit 268 676 km² etwas größer ist als die Bundesrepublik Deutschland. Die

---

[1] *J. Dumont d'Urville*, Voyage de la Corvette l'Astrolabe pendant l'années 1826 – 1827 – 1828 – 1829. Histoire du Voyage, 5 Bde. und 2 Atlanten (Paris 1830/35).

Doppelinsel erstreckt sich von den Subtropen bis tief in die gemäßigte Zone, und im Süden kann es schon sehr kalt werden. Die anderen Inseln Polynesiens, die insgesamt nur 45 000 km² Land umfassen, also weniger als das Land Niedersachsen, liegen mit Ausnahme von Rapa, Pitcairn und der Osterinsel innerhalb der Tropen, haben aber wegen der Seewinde ein meist angenehmes Klima. Neuseeland, die Tonga- und Fidschi-Inseln liegen innerhalb der Andesit-Zone, sind daher fruchtbar und bieten gute Lebensbedingungen. Der weitaus größte Teil Polynesiens erstreckt sich aber östlich der Andesit-Linie im pazifischen Becken. Vorherrschendes Gestein ist ein bestimmter Basalt, der als Lava direkt vom Meeresboden emporstieg und auf der Insel Hawaii noch emporsteigt. Darum fehlen in diesem Teil Polynesiens langgestreckte Inseln wie in Melanesien. Die „hohen" Vulkaninseln lagern sich rund, oval, drei- oder vieleckig um ihren oder ihre Krater. Sie waren früher die Zentren polynesischer Kultur. Fast schon „paradiesische" Verhältnisse herrschen auf den Tahiti-Inseln, Zentrum und Herz Polynesiens, den Hawaii-Inseln im Norden, der Samoa-Gruppe im Westen, auch auf Rarotonga und anderen Inseln der Cook- und Austral-Gruppe. Schwierigere Lebensbedingungen gab es auf den zerklüfteten und in Tallandschaften geteilten Marquesas-Inseln, aus gleichen Gründen auch auf Mangareva sowie, wegen unzureichenden Niederschlags, auf der Osterinsel. Fauna und Flora Polynesiens sind noch artenärmer als in Melanesien. Menschen konnten auf den Inseln nur siedeln, weil sie ihre Nutzpflanzen und Haustiere mitgebracht haben. Auf den „niedrigen" Atollen, die ihre Existenz dem Wuchs der Korallenstöcke verdanken, sind die Lebensumstände wegen der spärlichen Vegetation und der stets kritischen Versorgung mit Süßwasser vergleichsweise hart. Ursprünglich standen hier Saumriffe von Vulkaninseln, die aber wieder in den Meeresboden absanken. Da die Korallen aber weiterwuchsen, blieb das runde oder ovale Riff über dem Meeresspiegel. Die Atolle umschließen eine Lagune mit geringer Wassertiefe und haben oft eine enorme Ausdehnung. Sie sind weit zahlreicher als die „hohen" Inseln. Insgesamt dürfte Polynesien deren über 150 haben; allein der riesige Tuamotu-Archipel hat 78 Atolle.

Mikronesien wird durch die Andesit-Linie geteilt. Zum Westen der Inselwelt, der in der Andesit-Zone liegt, gehören die Marianen mit Guam, Rota, Tinian, Saipan und elf kleineren Inseln mit teils noch aktiven Vulkanen. Auch die Palau- und Yap-Inseln, schon Teile des riesigen Karolinen-Archipels, liegen in der Andesit-Zone. Sie zeigen einen komplexen Aufbau aus korallogenem und metamorphem Gestein. Die Karolinen östlich der Andesit-Linie bestehen aus drei kleinen Vulkaninseln (Truk, Ponape und Kusaia) und über 20 Atollen. Das von dem riesigen Rund eines Riffs umgebene Truk ist Beispiel für eine absinkende Vulkaninsel, denn es schauen nur noch die Bergspitzen aus dem Wasser. Die Marshall-Inseln zählen 33 und die Gilbert-Inseln 16 Atolle. Mikronesien soll insgesamt

3423 km² Landfläche haben. Auf wie viele Inseln und Inselchen sich diese verteilt, ist nicht festzustellen. Die Angaben schwanken zwischen 1500 und 3000, die letzte Zahl scheint der Wirklichkeit am nächsten zu sein.

347. Die Melanesier – Gesellschaft und Lebensweise

Schon die Entdecker des späten 18. Jahrhunderts erkannten, daß es in Ozeanien zwei grundverschieden erscheinende Menschengruppen gab, obwohl man sie damals noch nicht namentlich unterschied. Brachte man der einen, den hellhäutigen Polynesiern, eine fast schwärmerische Begeisterung entgegen, so fanden die anderen, die dunkelhäutigen Melanesier, die nicht gerade dem herkömmlichen Schönheitsideal entsprachen, allenfalls nüchternes Interesse. Manche Berichte über die Melanesier klingen geradezu gehässig. Man verübelte ihnen wohl ihre Vorliebe für Nasenpflöcke und anderen grotesken Schmuck, für Narbenzier und Körperbemalung, vor allem natürlich ihre kriegerische Aggressivität, obwohl sie nicht größer war als die mancher Polynesier. So wurden die Melanesier zum Prototyp des „Wilden" gestempelt.

Die Rasse der dunkelhäutigen und kraushaarigen „Melanesiden" hat Priorität in Ozeanien. Ihre Vorfahren drangen, wie datierte Ausgrabungen beweisen, vor mindestens 30 000 Jahren nach Neuguinea vor. Damals, während der letzten Eiszeit, lag der Meeresspiegel weit tiefer als heute. Die Meeresarme zwischen Indonesien und Neuguinea waren schmal und konnten leicht mit Einbäumen und Bambusflößen überwunden werden. Die Melanesiden scheinen zugleich mit den heutigen Ureinwohnern Australiens gekommen zu sein. Ob damals beide Gruppen von gleicher Rasse waren, kann die physische Anthropologie nicht mit Sicherheit sagen. Wenn dem so gewesen ist, dann haben sich die Melanesiden im Laufe der Jahrtausende in ihrer Isolation auf Neuguinea und wohl auch durch fremde Blutbeimischung zu einer eigenständigen, von den Rassen der „Tasmaniden" und vor allem der „Australiden" deutlich unterschiedenen Rasse entwikkelt. [2] Die frühen Melanesiden auf Neuguinea waren Träger einer paläolithischen Kultur und lebten zunächst viele Jahrtausende als schweifende Jäger und Sammler. Schon früh scheinen sie die anderen Inseln Melanesiens besetzt zu haben. Vor 6000 bis 8000 Jahren deuten sich vielleicht durch äußere Beeinflussung Übergänge zur neolithischen Kultur sowie die Anfänge von Bodenbau und Haustierhaltung an.

Die Melanesiden heben sich als Rasse zwar deutlich von allen ihren Nachbarn ab, doch sind sie in sich nicht homogen, sondern in viele Typen-

---

[2] Vgl. S. 184–185.

gruppen unterteilt. Sie müssen wohl immer in kleinen, völlig isolierten Gruppen gelebt haben, anders wäre die ethnische Zersplitterung in Melanesien nicht zu erklären. Mehr als 1000 Sprachen sind bekannt und registriert. Etwa 800 bilden den Block der „Papua-Sprachen". Das Wort „Papua" ist ein alter Name für die Menschen auf Neuguinea, der sich in der Staatsbezeichnung „Papua Niugini" erhalten hat. Hinter dem Begriff „Papua-Sprachen" verbirgt sich eine Vielzahl höchst unterschiedlicher Sprachen, die zahlreiche Sprachfamilien und diese darüber hinaus noch fast ein Dutzend Sprachstämme bilden. Bleiben noch über 200 Sprachen, die auf den Inseln vom Bismarck-Archipel bis Neu-Kaledonien und an einigen Küstenplätzen Neuguineas verbreitet sind. Sie werden als der „Melanesische Zweig der Austronesischen Sprachfamilie" zusammengefaßt. Diese Sprachen gehen, wie später noch erläutert werden wird, auf eine Einwanderung hellhäutiger Menschen zurück.[3] Es gibt also in Melanesien weit über tausend Stämme, die in voreuropäischer Zeit jeweils im Durchschnitt rund zweitausend Menschen umfaßten. Der ethnischen Zersplitterung entsprach die kulturelle Vielfalt. Jeder Stamm hatte entweder in seiner Gesellschaftsordnung oder in seiner Religion und Kunst etwas Besonderes und nur ihm Eigentümliches aufzuweisen.

Abstammung und *Verwandtschaft* sind die Schlüssel zum Verständnis der melanesischen Gesellschaft. Was das Leben eines Melanesiers entscheidend bestimmt, ist die Bindung an seinen Klan, das heißt, eine Gruppe von Menschen, die sich entweder patrilinear (nur väterlicherseits) oder matrilinear (nur mütterlicherseits) durch gemeinsame Abstammung verwandt und zusammengehörig fühlen. Die Struktur einer solchen Verwandtschaftsgruppe unterscheidet sich fast von Stamm zu Stamm, doch ihre Aufgaben bleiben im wesentlichen gleich. Der Klan führt die Jugendlichen ins Leben und in die Gesellschaft ein, versorgt die Alten und Kranken, ist Kultgemeinschaft und Kampfverband sowie Eigentümer des Landes. Ein Leben außerhalb des Klans war unter den gegebenen Verhältnissen unmöglich. Obwohl die Verwandtschaft innerhalb eines Klans sehr weitläufig ist, betrachten sich doch Männer und Frauen gleicher Generation als Brüder und Schwestern. Die Heirat im eigenen Klan war daher absolut verpönt und galt als Inzest. Die Ehefrauen kamen aus einem anderen Klan, dessen Angehörige sie blieben. Das erklärt zum Teil die schlechte Stellung der Frau, die im Klan ihres Mannes zeitlebens eine mit Mißtrauen betrachtete Fremde blieb. Beim Verkehr von Mann und Frau trafen sich in mystischer Weise die Kräfte zweier Klane, was zahlreiche Sexualtabus erklärt. Das Leben der Männer und Frauen verlief weitgehend in getrennten Bahnen. Der Mann verbrachte seine Zeit meist im Männerhaus bei seinen Klangenossen. Politische Ein-

[3] Vgl. S. 166.

heit war das Dorf bzw. eine Gruppe benachbarter Weiler. Dörfliche Angelegenheiten wurden in Absprache der einflußreichen Männer der im Dorfe lebenden und durch Heiratsbeziehungen verbundenen Klane geregelt. Rang und Ansehen waren im Dorfleben von enormer Bedeutung. Beides gründete sich wie bei uns auf Besitz. Die Zahl der Schweine, die Menge des gehorteten Muschelgelds und anderer Wertobjekte dokumentierten den Reichtum. Ein „Big man" zu sein, ist das Ideal des Melanesiers. Erbliches Häuptlingstum gab es nur auf den östlichen Inseln Melanesiens. Der Stamm trat als politische Einheit kaum in Erscheinung. In ihm hatten die Klane eine sie verbindende, übergeordnete Abstammung; er war daher vor allem eine Kultgemeinschaft.

Die Melanesier sind typische Pflanzer der Tropen. Je nach Beschaffenheit des Bodens steht die eine oder andere Nutzpflanze im Vordergrund. Knollenfrüchte liefern die Taro-Pflanze, die Sumpfland oder bewässerte Felder braucht, und die Yams-Pflanze, die trockene Böden bevorzugt. Erst die genügsame Süßkartoffel, die wohl erst im 16. Jahrhundert von den Portugiesen eingeführt wurde, ermöglichte die relativ dichte Besiedlung der Hochtäler von Neuguinea. In den weiten, sumpfigen Tiefländern der Insel bilden reiche Bestände an Sago-Palmen eine schier unerschöpfliche Nahrungsreserve. Wichtigstes Haustier der Melanesier ist das Schwein. Die eifrig betriebene Jagd ist aus Mangel an lohnender Beute ohne Belang. Wichtig jedoch ist der Fischfang an den Küsten und an den großen Flüssen. Die Kultur der Melanesier war vor dem Kommen der Europäer jungsteinzeitlich. Man kannte den Steinschliff, die Töpferei und andere neolithische Techniken. Die Übernahme des Eisens war eine technische Revolution. Alles ging nun zehnfach leichter und schneller. Die Kunstwerke wurden größer und bizarrer. Im Vergleich zeichnen sich die noch neolithischen Arbeiten durch eine besondere Präzision und handwerkliche Perfektion aus. Jedes Dorf war früher wirtschaftlich autark. Der Handel war nur von geringer Effizienz, wurde aber in einigen Regionen dennoch eifrig betrieben. Er diente dort jedoch mehr der Pflege von Kontakten befreundeter Gruppen. Ziel alles Wirtschaftens, das über die Bedürfnisse des Alltags hinausging, waren die großen Feste. Man darbte fast in der festlosen Zeit, um dann alles in Hülle und Fülle zu haben.

Die intensiveren Kontakte mit Europäern begannen 1825 mit dem Abholzen der Sandelholzbäume auf den südlichen Inseln der Neuen Hebriden. Die Übergriffe der skrupellosen Händler führten dort zur Zerstörung der einheimischen Kultur und durch eingeschleppte Krankheiten zur Dezimierung der Bevölkerung. Ein finsteres Kapitel ist der „Labor Trade" seit 1860, eine euphemistische Bezeichnung für die schon Sklavenjagden gleichende Rekrutierung von Arbeitskräften für die Plantagen von Queensland. Ende des 19. Jahrhunderts etablierten die europäischen Kolonialmächte ihre Verwaltungen überall in Melanesien. Die schlimmsten

Übergriffe wurden nun verhindert, und in den folgenden Jahrzehnten besserten sich die Verhältnisse. Das große Neuguinea hatte allenfalls an einigen Küstenplätzen unter den turbulenten Ereignissen des 19. Jahrhunderts zu leiden. Die Stämme im Innern der Insel blieben noch Jahrzehnte faktisch unbeeinflußt. Erst ab der Mitte der dreißiger Jahre kamen die Gebiete im Hochland unter die Kontrolle der Kolonialverwaltung. Dafür wurden aber weite Teile Neuguineas sowie der Bismarck-Archipel und die Salomonen zu Hauptschauplätzen des Pazifik-Kriegs (1942/45). Auch dort, wo die Menschen nicht unmittelbar vom Kriegsgeschehen betroffen wurden, kam es durch die Massen des Militärs, die Menge des gelagerten Kriegsmaterials und Proviants, die den Melanesiern den ganzen Reichtum des Westens vor Augen führte, zu sozialen Erschütterungen und Bewegungen, die unter dem Namen „Cargo-Kulte" zusammengefaßt werden und große Aufmerksamkeit erfuhren. In den letzten Jahrzehnten entstanden mit Papua Niugini, den Solomon Islands und Vanuatu eigenständige Staaten. Jede dieser jungen Nationen hat bei der ethnischen Zersplitterung ihrer Bevölkerung schwere Probleme zu bewältigen.

348. Über die Kenntnis der melanesischen Religionen

Die einzigen Europäer, die sich im 19. Jahrhundert nicht als Ausbeuter in Melanesien niederließen, waren die christlichen Missionare. Sie waren zeitweilig der einzige Schutz der Inselbewohner vor den Übergriffen skrupelloser Händler. Die Missionare hatten auch die beste Möglichkeit, die einheimischen Religionen kennenzulernen. Sie mußten die örtliche Sprache erlernen und sich, um Ansatzpunkte für ihr Bekehrungswerk zu finden, mit der Mentalität und Vorstellungswelt der Einheimischen befassen. Sicherlich waren sehr viele von ihnen engstirnig, sahen in allem nur Teufelswerk, doch viele leisteten ungemein wichtige Beiträge zur Kenntnis der melanesischen Religionen. Weit mehr als zwei Drittel unseres Wissens dürfte Missionaren zu verdanken sein.[4] Diese wurden bis mindestens zur Jahrhundertwende faktisch ohne besondere sprachliche oder gar ethnologische Vorbereitungen ausgesandt. Wie schwierig die Situation für einen Missionar war, schildert sehr anschaulich St. Lehner, der 1902 auf Neuguinea, meist beim Stamm der Bukaua, seinen Dienst begann: „Vom Anfang meines Hierseins in Neuguinea war es mir darum zu tun, die Leute selbst in ihrem innersten Wesen, Denken und Meinen zu begreifen. Wirr und kraus, als Lüge, ja als plumper Betrug, untermischt mit einer scheinbar durch nichts

---

[4] Besondere Erwähnung verdient der Missionar und Forscher *R. H. Codrington* mit seinem Werk „The Melanesians" (Oxford 1891), das in seiner Bedeutung sogar über Melanesien hinausgeht. Er ist der Begründer der religions-ethnologischen Forschung in Melanesien.

gerechtfertigten Furcht, als Unklarheit auf dieser und doch merkwürdigstes Verstehen auf jener Seite, als zarteste Rücksichtnahme und doch wieder als roheste Gefühlsäußerung, als Anrufung der Geister und Darbringung von Opfern, um sie günstig zu stimmen, und wiederum als Versuch, übelwollende Geistwesen zu täuschen und zu überlisten, kurz, als ein tolles Durcheinander erschien mir zunächst das gesamte Denken und Treiben der Eingeborenen im Huongolf. Das wurde erst anders, als ich den zentralen Gedanken, d.i. ihren Geisterdienst und ihre Seelenlehre, die insonderheit der Bukaua ganzes Tun durchwalteten und ihr Leben in jeder Hinsicht bestimmten, erkannte. Unter dem Gesichtspunkt des Animismus entwirrt sich der Wirrwarr, eine Ordnung ist zu erkennen, die Eingeborenen sind religiös in ihrer Art, denn für Religion in unserem Sinne hat ihre Sprache nicht einmal den entsprechenden Ausdruck, geschweige, daß man von Gottesverehrung oder Anbetung des Höchsten unter ihnen reden könnte. Gott als Schöpfer des Alls ist ihnen unbekannt." [5]

Das obige Zitat zeigt nicht nur die Schwierigkeiten des Missionars, sondern auch seine zeitbedingten Vorurteile den Melanesiern gegenüber. Hatten die alten Griechen denn einen Begriff für Religion? Kannten sie vielleicht einen Gott als Schöpfer des Alls? Was man den Griechen nicht verübelt, sollte man auch den Melanesiern konzedieren. Der Fehler war wohl, alles unbedingt verstehen zu müssen, so als sei die Religion der Bukaua eine Rechenaufgabe. Dunkles, Wirres, Ungereimtes und Widersprüchliches, aber auch plumper Aberglaube und fauler Zauber finden sich in jeder Religion. Auch das Christentum ist nicht frei davon. Als Rettungsanker diente dem Missionar die Theorie des „Animismus". Doch diese bereits 1871 von E. B. Tylor veröffentlichte Theorie ist ein typisches Produkt europäischen Denkens. Sie ist positivistisch und zutiefst areligiös. Ihr geht es vor allem um den Ursprung der Religion und ihre Evolution zu höheren Formen. Basis ist die „Seelenvorstellung", zu der man irgendwann durch Traumerlebnisse gekommen sei. Aus ihr hätten sich dann nach und nach die höheren Formen des Religiösen entwickelt. Die Stammesreligionen in Melanesien oder sonstwo in der Welt erschienen im Sinne der Animismus-Theorie nur als frühe Entwicklungsstufen, die sich bis in unsere Zeit behauptet hatten. Sie rangierten unter der Rubrik „Primitive Religion", womit ihre „Ursprünglichkeit" bezeichnet werden sollte. Diese jedoch in den Stammesreligionen zu suchen, ist eine Illusion. Auch sie haben eine vieltausendjährige Geschichte hinter sich, die nichts mehr von Ursprung und Urzustand erkennen läßt.

Die Stammesreligionen unter dem Aspekt des Animismus zu erfassen,

---

[5] *St. Lehner,* Geister- und Seelenglaube der Bukaua und anderer Eingeborenenstämme im Huongolf Nordost-Neuguineas (Museum für Völkerkunde Hamburg, Mitteilungen 14) (Hamburg 1930).

bedeutet ohne Zweifel, sie in ein ihnen fremdes Schema zu pressen. Selbstverständlich enthalten auch die frühen Werke eine Fülle wertvoller Informationen, auch solche, die über die „Geister- und Seelenvorstellungen" hinausgehen. Beispielhaft ist in dieser Hinsicht der schon erwähnte Bericht von St. Lehner über den „Geister- und Seelenglauben der Bukaua".[6] Aufschlußreich ist der Vergleich mit einem 1962 von Missionar H. Strauss veröffentlichten Werk über die Hagenberg-Stämme im östlichen Zentral-Neuguinea.[7] Strauss begann seine Arbeit 1936 bei den Mbowamb, deren Gebiet erst drei Jahre zuvor unter die Kontrolle der australischen Verwaltung gekommen war. Er fand also, ähnlich wie Lehner Jahrzehnte zuvor bei den Bukaua an der Küste, bei den Mbowamb noch intakte, vom Kulturwandel nicht gestörte Verhältnisse vor. Seine sprachlichen und ethnographischen Forschungen konnte er nach dem Pazifik-Krieg noch über einige Jahre fortsetzen. Strauss versucht, die Stammesreligion aus dem sich in der Sprache äußernden „religiösen Selbstverständnis" der Mbowamb zu erfassen. Man ist unzählig vielen einheimischen Begriffen ausgeliefert, die das religiöse Denken und Empfinden der Einheimischen erhellen sollen. Zentrale Bedeutung hatte bei dem Mbowamb das „Mi", dessen Bedeutung sich nur annähernd umschreiben läßt. Es erscheint in der Deutung von Strauss als eine Äußerung übernatürlicher Macht, die sich vor allem im Ursprung und im Stammvater der einzelnen Abstammungsgruppen manifestiert, aber auch mannigfach in nahezu allen Sparten des irdischen Daseins wirksam ist. Der Religion der Mbowamb liegt, folgt man der Darstellung von Strauss, ein System zugrunde, mag dieses auch in vielen seiner Erscheinungen unserem Denken fremd, dunkel und kaum durchschaubar sein.

Unbestreitbar steht auch das Werk von H. Strauss unter dem Einfluß einer religiösen Theorie. Dies zeigt sich besonders deutlich in dem Kapitel „Mi und Mana". Deutlich kommt hier die Auffassung des Religionsphänomenologen Gerardus van der Leeuw von der zentralen Bedeutung der mit dem Begriff „Mana" umschriebenen Vorstellung einer „übernatürlichen Macht" zum Ausdruck. Viele Passagen in dem Werk von Strauss lesen sich wie eine Beweisführung für die Thesen der „Mana-Theorie", doch muß man einräumen, daß alle genannten Phänomene mit Begriffen aus der einheimischen Sprache belegt und anhand dieser erläutert werden.[8] Desungeachtet wirken sich die religionswissenschaftlichen Theorien, die in den zwanziger und dreißiger Jahren vor allem aus der Kritik an der Lehre des

---

[6] *Lehner,* a. a. O. (s. Anm. 5). Im Erscheinungsjahr hatte die Animismus-Theorie ihre frühere Bedeutung schon eingebüßt.

[7] *H. Strauss* (unter Mitarbeit von H. Tischner), Die Mi-Kultur der Hagenberg-Stämme im östlichen Zentral-Neuguinea (Museum für Völkerkunde Hamburg. Monographien zur Völkerkunde 3) (Hamburg 1962).

[8] Den stärksten Einfluß auf *H. Strauss* hatte neben *G. van der Leeuw* (Phänomenologie der Religionen [Tübingen 1930]) vor allem *Rudolf Otto* (Das Heilige [Gotha 1923]).

Animismus entwickelt wurden, kaum störend auf die Erfassung und Darstellung einer Stammesreligion aus. Sie pressen ihr nicht von vorneherein ein Schema auf. Die Theorien werden meist erst in der Deutung der einzelnen Phänomene offenkundig, so daß man ihre Thesen relativ leicht erkennen und kritisch prüfen kann. Das gilt im wesentlichen auch für die Berichte, die sich auf die letztlich auf Émile Durkheim zurückgehende Auffassung stützen, daß die Religion eines Stammes nur die Übertragung seiner Sozialstruktur auf die übernatürliche Welt sei.[9]

Beispielhaft für eine Untersuchung, die sich bewußt von allen Theorien und vorgefaßten Meinungen freizuhalten versuchte, ist das 1966 unter dem Titel „Dema“ veröffentlichte Werk des niederländischen Anthropologen Jan van Baal über die Marind-Anim im Süden von Irian Jaya (West-Neuguinea). Diese Beschreibung und Analyse der religiösen Phänomene, die allein von einem einzigen Stamm überliefert sind, umfaßt fast tausend Seiten.[10] Das Werk ist in vieler Hinsicht wichtig. Das Religiöse war bei den Marind-Anim offenbar allumfassend und prägte selbst die uns nebensächlich vorkommenden Erscheinungen des Lebens. Die schon totale Dimension des Religiösen findet sich, soweit sich sehen läßt, auch bei anderen Stämmen Melanesiens. Angesichts dieser Tatsache fragt es sich, ob es überhaupt angemessen und sinnvoll ist, von „Religionen Melanesiens“ zu sprechen. Für uns ist Religion ein festumrissener Bereich des Daseins, der zwar in die anderen Bereiche hineinwirken soll, im wesentlichen aber klar von der Gesellschaftsordnung, von Recht und Politik, Wirtschaft und Technik, Kunst und Wissenschaft abgehoben ist. Vergebens sucht man in Melanesien nach einer solchen Scheidung der Lebensbereiche. Was wir Gesellschaft, Religion, Wirtschaft und Kunst eines Stammes nennen, wird von uns nur hineingesehen: Es sind allenfalls Aspekte des Ganzen. Dennoch finden sich faktisch in allen Sprachen bestimmte Ausdrücke, die, wie die schon genannten Worte *Mi* und *Dema*, das „Übernatürliche“, die transzendente Welt der Geister und Ahnen und ihre irdischen Manifestationen betreffen, und weitere Begriffe, die diese Phänomene im Sinne von „sakral“ oder „verboten“ aus dem Allgemeinen abgrenzen und hervorheben. Aus diesem Grunde kann man trotz mancher Vorbehalte auch im Bereich der melanesischen Stammeskulturen von Religionen sprechen.[11]

Es gibt nur wenige Werke, die sich allein oder vorrangig mit den Religionen Melanesiens befassen. Die meisten Informationen finden sich in Stammesmonographien und zahlreichen Artikeln ethnologischer und missions-

---

[9] Vgl. z. B. *P. Lawrence / J. Meggit*, Gods, Ghosts, and Men in Melanesia (Melbourne 1965).

[10] *J. van Baal*, Dema. Description and Analysis of Marind Anim Culture (South New Guinea) (The Hague 1966).

[11] Vgl. den Abschnitt „Mana und Tabu“, S. 169–171, sowie *S. Zöllner*, Lebensbaum und Schweinekult. Die Religion der Jali im Bergland von Irian-Jaya (West-Neu-Guinea) (Wuppertal 1977).

kundlicher Zeitschriften. Insgesamt sind die Ergebnisse der rund hundert Jahre religionsethnologischer Forschungen in Melanesien enttäuschend. Die Zeit war zu kurz, die Zahl der Stämme zu groß, die Zahl der früher Forschenden zu klein, und der Kulturwandel vollzog sich zu rasch, so daß viele Traditionen, als die Forschung begann, schon fast vergessen oder zerstört waren. Dennoch ist die Fülle der publizierten Nachrichten so groß, daß man sie unmöglich auf wenigen Seiten angemessen würdigen kann. Seine Veranschaulichung findet das Religiöse in der traditionellen, von enormer Vielfalt geprägten Kunst der Inselwelt. Die Kunstwerke repräsentieren die wichtigsten und objektivsten Quellen unserer Kenntnis der melanesischen Religionen.

Die Religionen Melanesiens gehören der Vergangenheit an. Ihre Voraussetzung war die Isolierung und die Selbstbezogenheit der Stämme, für die in unserer Welt kein Platz mehr ist. Das Verschwinden der Stammesreligionen ist eine Folge des allgemeinen Kulturwandels, ausgelöst durch die Begegnung mit unserer westlichen, technisch geprägten Zivilisation, durch Eingriffe der Kolonialverwaltungen und das Wirken christlicher Missionare. Diese Feststellung schließt nicht aus, daß es da und dort noch Reste des religiösen Lebens gibt, die Rückschlüsse auf die ursprünglichen Verhältnisse erlauben. Auch sind in den letzten Jahrzehnten Bewegungen messianischen Charakters entstanden. In diesen „Cargo-Kulten" mischen sich Elemente der alten Religionen mit solchen des Christentums.

349. Mythos, Kult und Fest

Träger des religiösen Lebens waren in Melanesien die Verwandtschaftsgruppen und die ihnen jeweils übergeordneten Stammesverbände. Entstehung und Ursprung dieser Gruppen standen im Zentrum der Überlieferung. Die Gründer der Klane und Stämme, sei es nun ein Stammvater, eine Stammutter oder ein tiergestaltiges Wesen, genossen nahezu göttliche Verehrung. Ihrem Wirken in der Urzeit verdanken oft auch die Tiere, Pflanzen und anderen Erscheinungen der umgebenden Welt ihre Existenz. Von Ursprung und Schöpfung berichtet der Mythos, dessen Wesen und Bedeutung bereits an anderer Stelle gewürdigt wurde.[12] Im Mythos wurzelt das Selbstverständnis der Klane und Stämme, in ihm begreifen sie die Seinsordnung ihrer kleinen Welt.

Ein besonders reiches Material an Mythen ist von den Marind-Anim (Süd-Neuguinea) überkommen. Ein großer Teil der Texte wurde vor rund siebzig Jahren von dem schweizerischen Ethnologen Paul Wirz aufgezeichnet. Damals befand sich die traditionelle Kultur des Stammes schon in vol-

[12] Vgl. den altindonesischen Mythos, S. 103–107.

lem Verfall. Nach den Mythen der Marind-Anim bewohnten in der Urzeit die *Dema* das Land. Diese Wesen göttlichen Charakters waren männlichen und weiblichen Geschlechts. Die wichtigsten von ihnen sind die Stammväter der einzelnen Klane und der diesen übergeordneten Verbände. Dem Wirken der *Dema* und ihrer göttlichen Schöpfungskraft sind alle Erscheinungen des irdischen Daseins zu verdanken. Sie schufen die Tiere und Pflanzen, das Gestirn und die anderen Naturerscheinungen, aber auch die Sitte und die Ordnung des irdischen Lebens. Die *Dema* der Mythen erscheinen in wechselnder, teils menschlicher, teils tierischer Gestalt. Sie haben ein wechselvolles Geschick, sie leiden und verursachen Leid, sie werden sexuell mißbraucht und schänden selbst. Einen gewissen Vorrang besitzt der *Dema* namens *Geb.* In manchen Mythenversionen erscheint er wie der höchste Gott, in anderen hingegen ist er eine häßliche, von anderen *Dema* gequälte und geschändete Kreatur. Aus seinem Leib erwächst die erste Bananenstaude, doch mit ihm verbunden sind auch die Seepocken, die zeitweilig wie Geschwüre seinen ganzen Leib bedecken. Mit dem *Dema* namens *Yawi* kam der Tod in die Welt. Er hatte die Frau seines Pflegevaters verführt und wurde von diesem mittels Todeszaubers getötet. Aus seinem Kopf wuchs die erste Kokospalme, und *Yawi* gilt daher als Inkarnation dieser so wichtigen Pflanze. Anscheinend gibt es auch einen Zusammenhang zwischen der Kopfjagd und diesem mythischen Geschehen. Auch Feuer und Feuerbohren gehen auf die *Dema* zurück: Ein Mann und eine Frau konnten sich nach heimlicher Kopulation nicht mehr trennen. Man fand sie jammernd und stöhnend; sie wurden verlacht und verhöhnt. Schließlich schüttelten und drehten die anderen *Dema* den Mann so heftig, daß Rauch aufstieg und Flammen emporschlugen, ehe er aus seiner Situation befreit war. Zugleich gebar die Frau einen Kasuar und einen Riesenstorch. Die schwarzen Federn beider Vögel rühren vom Ruß her; der Kasuar verbrannte sich die Halslappen und der Storch die Beine, daher sind beide Tiere an diesen Stellen rot.[13]

Einer der Gründe für die Vielfalt höchst unterschiedlicher Mythenvarianten bei den Marind-Anim und anderen Stämmen dürfte das Bestreben der einzelnen Klane gewesen sein, das Wirken der für sie wichtigen Gestalten auf Kosten anderer zu betonen. Zudem handelt es sich um mündliche Überlieferungen, und da lassen sich, obwohl man um korrekte Wiedergabe an die nächste Generation bemüht war, gewisse Abweichungen nicht vermeiden. Es wäre auf jeden Fall sinnlos, nach der wahren Mythenversion zu suchen. Die Ereignisse, Themen und Motive in den melanesischen Mythen sind faktisch unüberschaubar. Bei manchen Stämmen hat das mythische

---

[13] *P. Wirz,* Die Marind-Anim von Holländisch-Süd-Neuguinea (2 Bde. in 4 Teilen). Abhandlungen aus dem Gebiet der Auslandskunde, 16. Reihe, 6/9 (Hamburg 1922/25), sowie *ders.,* Dämonen und Wilde (Stuttgart 1928). Vgl. auch *Baal,* a. a. O. (s. Anm. 10) 177–467.

Geschehen, soweit sich sehen läßt, einmaligen Charakter. Bei den Iatmul z. B., die in den weiten Sumpfländern am mittleren Sepik leben, hob nach der Tradition ein mächtiges Krokodil in der Urzeit die ersten festen Stellen Land aus dem Wasser und ermöglichte so den ersten Menschen das Leben. Bestimmte Vorstellungskomplexe finden sich in unterschiedlicher Ausprägung bei vielen Stämmen, was entweder auf eine ursprüngliche Verwandtschaft dieser Gruppen oder auf einen sie verbindenden kulturhistorischen Vorgang schließen läßt. So führen z. B. viele Stämme im Küstenbereich von Nordost-Neuguinea und auf den vorgelagerten Inseln ihre Existenz und ihre Ausstattung mit Kulturgütern auf den im Mythos geschilderten, mit List und Tücke vollzogenen Kampf zweier rivalisierender Brüder göttlichen Charakters zurück: *Kilibob* und *Manub* sind ihre bekanntesten Namen.[14] Eine Mythe der Marind-Anim läßt Himmel und Erde als männliches und weibliches Urwesen erscheinen. Ihrer sexuellen Vereinigung in der Urhochzeit entsprangen die *Dema*, die eigentlichen Schöpferwesen.[15] Kosmogonische Mythen dieser Art sind in Melanesien höchst selten. Die Welt ist irgendwie vorhanden, und im wesentlichen geht es um die Entstehung der Gruppen und die Gestaltung des irdischen Daseins.

Der Mythos bedarf, um anschaulich und wirksam zu werden, der Vergegenwärtigung im Kult. Während großer Feste wurde das Schöpfungsgeschehen bei vielen Stämmen als Kultdrama nachvollzogen. Auch viele Einzelriten und Kunstwerke sind auf den Mythos bezogen und in ihm vorweggenommen. Selbst Menschenopfer, Kopfjagd und Kannibalismus sind im Mythos begründet. Die religiöse Bezogenheit dieser Phänomene ist unbestreitbar. Wurde bei den Marind-Anim während des Kults ein Mensch getötet, vollzog man damit die Tötung eines *Dema* in der Urzeit nach. Die folgende kannibalistische Mahlzeit war die „Communio" mit dem *Dema*. Im Nordosten von Neuguinea fand sich in zahlreichen Varianten der Mythos über einen menschenfressenden Riesen. Er konnte sich in einen Adler und ein Krokodil verwandeln, und in Gestalt eines mächtigen Ebers verwüstete er die Erde. Alle Wesen der Urzeit flohen vor ihm: nur eine alte Frau in einer Erdhöhle blieb zurück. Sie schnitt sich eines Tages in den Finger, und aus ihrem Blut entstanden zwei Knaben, die schnell heranwuchsen. Die Zwillinge nahmen den Kampf mit dem schrecklichen Riesen auf und verwundeten ihn mit dem letzten Speer tödlich an den Hoden. Im Triumph setzten sich die Zwillinge auf den toten Riesen, feierten dann mit ihrer Mutter und den zurückgekehrten Urzeitwesen ein großes Fest, zerstückelten den Leichnam und verzehrten ihn in einer rituellen Mahlzeit. Damit en-

---

[14] *C. A. Schmitz*, Historische Probleme in Nordost-Neuguinea, Huon-Halbinsel (Wiesbaden 1960) 319–357, sowie *R. Schubert*, Methodologische Untersuchungen an ozeanischem Mythenmaterial (Wiesbaden 1970).

[15] *Baal*, a. a. O. (s. Anm. 10) 85. 106.

dete die Urzeit; den Zwillingen entstammen viele Töchter, die zu Stammüttern der matrilinearen Klane wurden.

Im Kult wurde dieses Geschehen vergegenwärtigt: das menschliche Opfer verkörperte bei den kannibalistischen Mahlzeiten den bösartigen Riesen. In diesem Mythos glaubt man auch kosmogonische Vorstellungen zu erkennen. Der menschenfressende Riese ist der männliche, aggressive Himmel, die alte Frau hingegen die mütterliche, fruchtbare Erde. Der Kampf beider Welten findet tagtäglich statt, denn der Mythos ist auch Sinnbild des steten Wechsels von Fruchtbarkeit und Zerstörung, von Geburt und Tod. Dem Himmelsriesen war das Schwein assoziiert, das bei den rituellen Mahlzeiten den Menschen ersetzen konnte. Ihn verkörperten auch große Schlitztrommeln und Skulpturen. Auf die Zwillinge bezogen waren anscheinend die sakralen, in den Männerhäusern verborgenen Bambusflöten, die immer nur paarweise gespielt werden durften.[16]

Im Kultdrama kulminierte das religiöse Leben der Melanesier. Besonders eindrucksvoll und aufwendig waren die Feste bei den Marind-Anim. Es gab bei diesem relativ großen Stamm fünf regionale Kultzyklen. Am besten bekannt ist der *Mayo,* der gewissermaßen der „offizielle“ Stammeskult war, während die anderen Kulte teils den Charakter einer Sekte, teils den einer durch die Randlage der Dörfer entstandenen Sonderform hatten. Die Riten wurden vor Außenstehenden streng geheimgehalten. Die Feiern des *Mayo* fanden in einer festgelegten Folge von Westen nach Osten entlang der Küste statt. So wiederholten sie sich in einem Dorf alle vier bis sechs Jahre und dauerten dann die Trockenzeit über fast ein halbes Jahr lang. In der Festzeit hatten alle anderen Kulthandlungen und die Kopfjagd zu ruhen. Hauptanlaß des *Mayo* war die Initiation der Knaben in die Welt der erwachsenen Männer und – von den Knaben getrennt – auch der Mädchen, das heißt, die Frauen nahmen am Kult zwar teil, waren aber nicht in alle Geheimnisse eingeweiht. Höhepunkte des Kults war die Vergegenwärtigung der mythischen *Dema.* Sie wurden durch den Auftritt prächtig ausstaffierter Darsteller verkörpert. Die einzelnen Kostüme wurden aus dünnen Bambusstangen und bemalten Blattrippen, Tierfellen und Vogelbälgen, Blätterbüscheln heiliger Pflanzen, Daunen von Enten und Tauben, Schwungfedern von Kasuaren, Reihern und Paradiesvögeln, farbigen Samen und Fruchtschalen gefertigt. Vielfach trugen die Darsteller figürliche Gebilde aus weichem Holz oder Flechtwerk (z. B. Vögel oder Fische) oder gar die Imitation einer Bananenstaude oder Sagopalme auf dem Haupt. Besondere Erwähnung verdient der Darsteller des das Feuer und die Sonne repräsentierenden *Dema.* Wie ein Strahlenkranz schwebte über seinem Haupt ein überwiegend weiß bemalter, etwa drei Meter hoher Fächer aus dünnen,

---

[16] *C. A. Schmitz,* Zum Problem des Kannibalismus im nördlichen Neu-Guinea, in: Paideuma 6 (Wiesbaden 1958) 381–410, sowie *Schubert,* a. a. O. (s. Anm. 14) 102–113.

dicht gesteckten Lamellen (Palmblattrippen), der auf Kopf und Schultern des Trägers ruhte. Die Darsteller gehören jeweils zu dem Klan des Dorfes, dessen Ahnherr der betreffende *Dema* ist. Dem Klan ist alles heilig, was mit seinem Dema in Zusammenhang steht, was aus ihm entstanden oder von ihm geschaffen wurde. Zu diesen Erscheinungen besteht eine Art Urverwandtschaft. Sie sind die Totems, so sagt man, der einzelnen Klane. Diese sind aber mehr als bloße Klan-Embleme, denn anscheinend ist damit auch eine mystische Verantwortung für deren Bestand verbunden. Offenbar sind alle den Marind-Anim faßbaren Erscheinungen der belebten und unbelebten Natur auf diesen oder jenen Klan bezogen.[17]

Die *Dema*-Kostüme der Marind-Anim sind sehr empfindlich und kaum ohne Beschädigung zu transportieren. In den Museen wirken sie künstlerisch nicht gerade überzeugend, sie gleichen abgelegten Theaterrequisiten. Imponierender sind dort die Masken aus Holz oder Baststoff, die bei vielen Stämmen Melanesiens im Kultdrama Verwendung fanden. Die Maskenträger waren meist in ein dichtes Blättergewand gehüllt und mit Federbüscheln und anderem Zierwerk versehen. Welche Bedeutung den Masken im Kult zukommen konnte, wurde von F. E. Williams in seinem schon klassisch zu nennenden Werk „Drama of Orokolo“ (1940) eindrucksvoll geschildert. Es geht dabei um den Stamm der Elema, die im Osten der Küste des Papua-Golfs von Neuguinea leben. Unter den vielen bei den Elema üblichen Masken dienten die *Hevehe* genannten, spitzovalen Baststoffmasken von mehreren Metern Höhe als Requisiten des Kultdramas. Mit der Einweihung eines neuen Männerhauses war ein Zyklus aufwendiger Feste verbunden. Höhepunkt war das Auftreten der durch die *Hevehe*-Masken verkörperten, monsterhaften Seegeister. Ihr Erscheinen erfolgte während eines stark von den Frauen bestimmten Tanzfestes, das allein einen Monat dauerte. Das Geschehen kulminierte mit dem Einzug der *Hevehe* in das Männerhaus, denn die Seegeister waren dessen „wahre“ Besitzer. Williams zählte einmal 122 und ein andermal 139 solcher riesigen Masken. Wenn die Seegeister wieder zurückgekehrt waren, wurden die Masken „getötet“ und verbrannt.[18]

Die Kultdramen der Melanesier bildeten keine simple Aufführung des Geschehens in der Art eines inszenierten Passionsspiels. Sie waren vielmehr die wirkungsmächtige Wiederholung der Schöpfung, die die Welt erneuert und ihren Bestand garantiert. Man beschränkte sich dabei auf Chiffren und Andeutungen, die nur den Eingeweihten vertraut sind. Daher blieb uns auch der Sinn mancher Handlung verborgen, er war vielleicht auch zur Zeit der Beobachtung dem agierenden Stamm nicht mehr bewußt. Wirkungs-

---

[17] Vgl. Anm. 13 sowie *G. Landtmann,* The Kiwai-Papuans of British New Guinea (London 1927).

[18] *F. E. Williams,* Drama of Orokolo (Oxford 1940) 190–192.

kräftige Riten überdauern auch ohne Sinngehalt. Faszinierend ist in jedem Fall der Aufwand und der Ideenreichtum der Kultdramen. Man könnte Dutzende Beispiele nennen. Die Mbowamb im Hochland von Neuguinea etwa errichteten auf dem Kultplatz als Hintergrund oder „Bühnenbild" des Kultdramas aus fünf farblich verschiedenen Blattarten eine „triumphbogenhafte" Laubfassade, die eine Breite von dreißig Metern und eine Höhe von achtzehn Metern erreichen konnte.[19] Die urtümlichen Baining im Innern der Gazelle-Halbinsel von Neu-Britannien schufen für das Kultdrama die größten Masken der Welt. Diese *Haraiga* bestanden aus einem Gerüst aus gesplissenem Bambus mit einem Überzug aus Baststoff. Durchweg hatten die Masken bzw. Kopfaufsätze eine Höhe von zehn Metern, doch gab es auch solche von fünfzehn Metern, und die größte der genau vermessenen Masken hatte eine Höhe von 28,5 Metern. Sie waren so schwer, daß sie ihren Träger erdrückt hätten, wären sie nicht schräg gehalten und mit Bambusstangen abgestützt worden. Die *Haraiga* sind wahrhaft schaurige Gebilde: Rumpf und Kopf bilden eine lange Röhre, von der winzige Gliedmaßen abgestreckt sind. Siebzig bis achtzig solch figuraler Kopfaufsätze sollen bei einem Fest aufgetreten sein.[20] Effektvoll war der in einigen Tälern der Huon-Halbinsel (Nordost-Neuguinea) beobachtete Kult, bei dessen Höhepunkt die Wassermassen einiger Dutzend in der Höhe des Tals angestauter Teiche zugleich in ein vorbereitetes Bett abgelassen wurden, so daß ein donnernder Wasserfall zu Tal rauschte. Die Sturzflut riß eine Anzahl in die Zuflüsse gepflanzter *Piok*-Bäume mit sich in die Tiefe. Nach der Überlieferung sind aus einem solchen Baum, der von einem göttlichen Wesen zertrümmert wurde, die ersten Menschen herausgefallen. Offenbar ist das grandiose Wasserspiel auf diesen Schöpfungsakt bezogen.[21]

Häufig war mit einem großen Kultfest auch die Initiation der Knaben verbunden. Sie wurden in die Seinsordnung ihrer Stammeswelt eingeweiht und in die Männergemeinschaft ihres Klans aufgenommen. Die Knabenweihe ist primär ein gesellschaftliches Phänomen. Bei vielen Stämmen war sie das wichtigste Ereignis im sozialen und religiösen Leben, bei manchen allerdings erscheint sie eher als ein beiläufiger Vorgang. Im allgemeinen erfuhren die Novizen eine strikte Seklusion, unterlagen Speiseverboten, waren oft grausamen Züchtigungen ausgesetzt und oft auch päderastischen Handlungen, die bei manchen Stämmen geradezu institutionalisiert waren.[22] Bei der entscheidenden Zeremonie klingt das Motiv von Tod und

---

[19] *Strauss*, a.a.O. (s. Anm. 7) 408, Abb. 4.

[20] Vgl. *W. Stöhr*, Kunst und Kultur aus der Südsee. Sammlung Clausmeyer Melanesien (Ethnologica N.F., Bd. 6) (Köln 1987) 140–142.

[21] Vgl. *C.A. Schmitz*, Beiträge zur Ethnographie des Wantoat Tales, Nordost Neuguinea (Kölner Ethnologische Mitteilungen, Bd. 1) (Köln 1960).

[22] *Baal*, a.a.O. (s. Anm. 10) 948–954; *G. Bateson*, Naven (Cambridge 1936) 129–136; *G.H. Herdt*, Guardians of the Flutes. Idioms of Masculinity (New York 1981).

Wiedergeburt an. Manchmal wurde dies geradezu überdeutlich demonstriert. Die Stämme im Purari-Delta am Papua-Golf fertigten zu diesem Zweck aus Flechtwerk eine *Kaia-imunu* genannte, mehr als drei Meter lange Figur eines Monsters mit aufgerissenem Rachen. Die Knaben wurden in den *Kaia-imunu* ihrer Gruppe gesteckt und von den Männern mehrfach hochgehoben. Sie mußten sich selbst aus dem Monster herausarbeiten.[23] Bei den Bukaua, Jabim, Tami und anderen Stämmen an der Küste des Huon-Golfs war die Initiation der Hauptanlaß des wichtigsten Festes. Im Mittelpunkt stand das Erscheinen eines mächtigen Urwesens, das vor allem unter dem Namen *Balum* bekannt geworden ist. Verkörpert wurde es von Maskenträgern, die in ein dichtes Blättergewand gehüllt waren, sowie durch das mit Masken behängte Festhaus. *Balum* erschien als ein Ungeheuer, um die Knaben zu verschlingen und gegen Schweineopfer wieder auszuspeien. Das bei der Beschneidung vergossene Blut symbolisierte den zeitweiligen Tod der Initianden. Über die Bedeutung des *Balum* läßt sich keine volle Klarheit gewinnen. Die ihn betreffende Überlieferung war um die Jahrhundertwende schon vergessen. Vielleicht manifestiert sich in ihm ein mythisches Urwesen, das die ganze Schöpfung keimhaft in sich trug.[24]

Das große Fest der Melanesier war über den religiösen Aspekt hinaus auch ein künstlerisches Ereignis. Im Kultdrama verbanden sich Tanz, Mimus und Musik sowie durch Masken und Requisiten auch die bildende Kunst zu einem Gesamtkunstwerk. Unter den zum Klingen gebrachten Schwirrhölzern, Trommeln, Blashörnern und Flöten, die immer sakralen Charakter besitzen und meist die Stimmen mythischer Wesen wiedergeben, finden sich die schönsten und symbolträchtigsten Werke traditioneller Kunst. Gegen ein Kultdrama der Melanesier verblaßt selbst das provozierendste Happening unserer Tage. Im Kultdrama gab es auch keinen Bruch zwischen den Akteuren und einem mehr oder minder beteiligten Publikum.

Die gesellschaftliche Bedeutung der großen Kultfeste ist evident. Im Grunde handelt es sich um eine Selbstdarstellung der Gruppe, die sich in ihrem Ursprung und Dasein feiert. Vielfach hatten die Feste einen orgiastischen Charakter. Unbedingt zum Fest gehören auch die Völlerei und das Verprassen von Besitz. Auch solchen Erscheinungen unterliegt ein religiöses Moment: In ihnen werden Reichtum und Überfluß der Schöpfung gefeiert und nachvollzogen. Große Mengen an Nahrungsmitteln mußten gehortet werden. Die Feste waren häufig Orgien in Schweinefleisch. Von

---

[23] *P. Wirz*, Beiträge zur Ethnographie des Papua-Golfes, Britisch-Neuguinea (Abhandlungen und Berichte der Museen für Tierkunde und Völkerkunde Dresden 19) (Leipzig 1934) 80–92, sowie *F. E. Williams*, The Pairama Ceremony in the Purari Delta, Papua, in: Journal of the Royal Anthropological Institute 53 (London 1923) 375–378.

[24] *C. A. Schmitz*, Zum Problem des Balum-Kultes in Nordost-Neuguinea, in: Paideuma 6, (Wiesbaden 1957) 275–280. *St. Lehner*, The Balum Cult of Huon Golf, New Guinea, in: Oceania 5 (Sydney 1934/35) 338–346.

der Tatsache, daß alles im Überfluß vorhanden war, hing nicht zuletzt auch das Prestige der festgebenden Gruppe ab. Bei vielen „Schweinefesten", von denen in den letzten Jahrzehnten berichtet wurde, scheint der Prestigefaktor sogar absolut zu dominieren.

Gestalt gewann der Mythos auch in den Männerhäusern mancher Regionen Melanesiens. In diesen Bauten manifestieren sich Sozialordnung und Weltbild der betreffenden Stämme. Für dieses Phänomen haben wir in unserer Zivilisation kein Äquivalent. Das Männerhaus ist Kultstätte, Versammlungsraum, Schatzkammer, Waffenarsenal und nicht zuletzt der bevorzugte Aufenthaltsort der Männer. Bewunderung verdienen vor allem die mächtigen Pfahlbauten in den Dörfern der Iatmul am mittleren Sepik (Nordost-Neuguinea). Skulpturen und Malereien beziehen die Urzeit, die mythischen Wesen und die Ahnengeister ein. Architektur und künstlerische Ausgestaltung weisen die Männerhäuser der Iatmul als Mikrokosmos aus, als Vergangenheit und Gegenwart, Tote und Lebende umfassende Urbilder oder Modelle der dörflich kleinen Welt der Menschen am mittleren Sepik. Man braucht sich nicht zu scheuen, sie mit unseren Kathedralen zu vergleichen. Nur eines der alten Männerhäuser – schon im Verfall begriffen – ist noch erhalten. Eine Weltgeschichte der Architektur darf die Bauten der Iatmul nicht ignorieren.[25]

350. Ahnen, Geister und magische Praktiken

Die Gestalten göttlichen Charakters, die im Mittelpunkt der großen Kultfeste standen, spielten im Alltag der Menschen nur eine geringe Rolle. In diesem Bereich dominierte ein Heer von Geistern, das heißt immaterieller Wesen, denen aber die gleiche Realität zugesprochen wurde wie den materiellen Dingen der Umwelt. Nicht wenige Stämme hatten eine Kollektivbezeichnung für die Geister aller Art, doch wußte man immer genau zwischen den guten und wohlwollenden Geistern auf der einen und den launenhaften und übelwollenden Geistern auf der anderen Seite zu unterscheiden. Die guten Geister sind diejenigen, mit denen man sich durch die Abstammung verbunden weiß. Es sind die Ahnen, die man wiederum teilt in die Gruppe der direkten Vorfahren, die nur durch ihre Nachkommen Verehrung finden, und in die hervorragenden Ahnen, die für die ganze Verwandtschaftsgruppe von Bedeutung gewesen sind. Die übelwollenden Geister sind dem Busch, den Gewässern und anderen Naturerscheinungen verbunden. Sie

[25] *M. Schuster,* Das Männerhaus. Zentrum und Angelpunkt der Kunst am Mittelsepik, in: *S. Greub* (Hrsg.), Kunst am Sepik (Basel 1985); *B. Hauser-Schäublin,* Kulthäuser in Nordneuguinea, in: Abhandlungen und Berichte des Staatlichen Museums für Völkerkunde Dresden 46 (Berlin 1989).

sind in ihrem Charakter eher gleichgültig oder launenhaft, und ihre Reaktion hängt weitgehend vom Verhalten des Menschen ab. Absolut bösartig sind aber die Seelen der gewaltsam Verstorbenen, der Erschlagenen, Verunglückten, vom Erdbeben Verschütteten. Sie irren an einsamen, unwirtlichen Plätzen umher und bedrohen die Menschen. Zu ihnen gehören auch die Frauen, die im Wochenbett gestorben sind, denn sie sind rachsüchtig auf alle Geschlechtsgenossinnen.[26]

Durch die Ahnen wußte man sich, als seien diese Glieder einer langen Kette, mit dem Stammvater, der Stammutter oder dem tiergestaltigen Wesen des Ursprungs verbunden. Die Ahnen sind auch von eminent sozialer Bedeutung, denn sie bilden die Klammer, die eine Verwandtschaftsgruppe zusammenhält. Im Grunde besteht ein Klan nicht nur aus den Lebenden, sondern auch aus den Toten und den noch Ungeborenen. Die Ahnen vermitteln zwischen ihren Nachkommen und der transzendenten Welt, greifen aber auch selbst in das Leben ein, bringen Heil und Kindersegen, fördern die Fruchtbarkeit der Felder und der Haustiere, schützen vor Krankheit und Not. Sie können aber auch strafen, wenn man gegen ihr Erbe, gegen Gesittung und Tradition verstößt. Die Sorge der Ahnen erfolgt aus wohlverstandenem Interesse, denn auch sie sind an den Klan gebunden. Würde sich dieser auflösen, würde er durch eine Seuche oder einen Krieg zerstört, so wäre das auch ihr Ende: Sie gingen in das Heer der übelwollenden Geister ein.

Die wichtigsten Formen der Ahnenverehrung sind Anrufung und Opfer. Die Opfergaben erscheinen allerdings recht kümmerlich. Die Ahnengeister begnügen sich mit der Seele des Dargebotenen. Beim Opfermahl erfreuen sie sich am Duft des Schweinefleischs. Entscheidend ist die Kommunion mit den Ahnen bei dieser Mahlzeit. Im allgemeinen erlischt die Erinnerung an einen bestimmten Toten nach zwei Generationen, er geht in das anonyme Kollektiv der Ahnen ein. Das Vergessenwerden hing natürlich weitgehend von der Position ab, die der einzelne im Leben seines Klans eingenommen hatte. Auch spielte die Zahl der Nachkommen eine gewichtige Rolle. Wichtige Ahnen standen in der Verehrung des Klans den Gestalten des Ursprungs nahe.

Der Ahnenkult war das stärkste Agens melanesischer Kunst. Wunsch und Wille, die Erinnerung an den Verstorbenen substantiell zu bewahren, seinem Geist einen festen Ort zuzuweisen, der zugleich Medium für Opfer und Anrufung ist, machten den Ahnen zum häufigsten Sujet. Die ideale Art, den Toten zu konkretisieren, ist die Mumifizierung. Immerhin verstanden es einige Gruppen im Südosten Neuguineas, die Verwesung der Leiche durch Dörren und Räuchern längere Zeit hinauszuschieben. Der

---

[26] *Lehner*, a. a. O. (s. Anm. 5) 5–15, mit einer Übersicht der Geister der Bukaua.

pseudo-mumifizierte Leichnam war augenscheinlich mit seinen tiefen Augenhöhlen und vorstehenden Rippen ein Vorbild anthropomorpher Darstellungen. Eine andere Möglichkeit, des Toten habhaft zu bleiben, war die Aufbewahrung des ganzen Skeletts entweder im Männerhaus (Zentral-Neuguinea) oder in prächtigen Steinsarkophagen und Beinhäusern (Salomonen). Meist jedoch stand bei den Melanesiern der Schädel pars pro toto für den Verstorbenen. Die Schädel wurden vielfach mit Ton, Wachs oder Kittmasse übermodelliert und bemalt. Bei den Iatmul steckten solche Schädel bzw. Kopfplastiken in Reih und Glied, wie ein altes Photo zeigt, auf den Zapfen langer Schädelhalter im Inneren ihrer Männerhäuser. Besser läßt sich die Einheit des Klans aus Lebenden und Toten nicht demonstrieren. Manche Gruppen steckten den Schädel auf einen hölzernen Körper oder in den riesigen, innen ausgehöhlten Kopf einer Figur. Die Frage, ob sich aus solchen Schädelreliquiaren die Ahnenfiguren entwickelt haben, ist nicht zu klären. Die Figuren erfüllen auf jeden Fall den gleichen Zweck wie die Ahnenschädel. Sie sind ein Medium zur Verehrung des Ahnen wie ebenfalls die Ahnenmaske, die zusammen mit dem Maskenträger den Ahnen auf dynamische Weise verkörpert. Es gibt noch viele andere Möglichkeiten, den Ahnen in künstlerisch gestalteter, aber auch in ungestalteter Weise zu vergegenwärtigen. Die vielen Objekte der Ahnenverehrung erscheinen den Besuchern der westlichen Völkerkundemuseen oft fremd und unheimlich; doch übersehen sie dabei, daß alle diese Phänomene auch in unserer Zivilisation zu finden sind. Der Unterschied ist nur, daß wir die Aufgaben und Funktionen des Ahnen auf Heilige und Reformatoren, auf Dynastien, auf die Großen und scheinbar Großen der Geschichte übertragen haben. Es gibt mumifizierte Heilige, Äbte, Könige und Staatsmänner. Schädelreliquiare besitzen wir von Heiligen und vielen anderen Gestalten, die dank ihrer Verdienste aus der Schar der anonymen Toten hervorragen. Modellierte Ahnenschädel unterscheiden sich von Totenmasken nur wie konvex und konkav, und Bismarck-Denkmäler von Ahnenfiguren nur graduell.[27]

Bei den Geistern, die keine genealogische Beziehung zum Menschen aufweisen und meist „Naturgeister" genannt werden, hängt viel vom Verhalten des Individuums ab. Sie sind in ihrem Charakter ambivalent, können dem Menschen helfen, aber auch schaden. Man versucht daher, mit allerlei Mitteln, dem Schabernack und den Bösartigkeiten der Naturgeister vorzubeugen. Ihr Ort ist die Wildnis, und man kann verstehen, daß „Gottes freie Natur", für die wir so schwärmen, den Melanesiern höchst suspekt ist. Im Grunde unterscheiden sich die Vorstellungen, die Vorsichts- und Abwehrmaßnahmen nicht wesentlich von denjenigen, die man bei den Völkern Afrikas und anderen Teilen der Welt findet.

---

[27] Vgl. *Stöhr,* a. a. O. (s. Anm. 20).

Interessant sind die „Seegeister", die bei Küstenstämmen in den Vordergrund des Kults treten können. Besonders ausgeprägt fand sich dies im äußersten Südosten der Salomonen. Die windstillen Wochen zwischen Dezember und März ist dort für die Männer mit dem Bonito-Fang die wichtigste Zeit des Jahres. Ihnen gilt der wohlschmeckende, um die zehn Pfund schwere, den Thunfischen verwandte Bonito als der König der Fische. Große Schwärme der räuberischen Bonitos geraten in der windstillen Zeit bei der Verfolgung ihrer Beutefische, die bei ruhiger See zur Oberfläche kommen, in die küstennahen Gewässer. Sie jagen in geordneter Formation und treiben eine Unzahl kleiner Fische auf engen Raum zusammen. Zahlreiche Haie und andere Raubfische begleiten den Schwarm. Das Meer wird durch die Masse der Fischleiber so aufgepeitscht, als ob es kochen und schäumen würde. Über dem Schwarm kreisen zahlreiche Seemöwen, die auch den kleinen Beutefischen nachstellen. Und ein Stockwerk höher kreisen die großen Fregattvögel (die damit den Fischern die Position des Schwarms verraten). Diese Flugkünstler fischen nicht, sie lassen fischen: Hat einer eine Raubmöwe mit einem Fisch erspäht, attackiert er diese so lange, bis sie den Fisch fallen läßt, den der Fregattvogel dann in der Luft fängt.

Das Herannahen eines Bonito-Schwarms ist ein grandioses Naturschauspiel, das von den Fischern als Manifestation des Göttlichen empfunden wurde. Seegeister bewirken und steuern die Schwärme, und es ist ihre Strafe, wenn die Bonitos vor der Küste ausbleiben. Darum waren der Bonito-Fang und alles, was mit ihm verbunden war, von sakralem Charakter. Das Unwägbare des Bonito-Fangs, der Wechsel von Triumph und Fiasko, die stets drohende Gefahr durch Wetterumschlag und Haifische erzeugten bei den Fischern ein Gefühl tiefer Abhängigkeit von den Seegeistern. Vorstellung und Verehrung, meist unter dem Namen Bonito-Kult zusammengefaßt, prägten das religiöse Leben in den Südost-Salomonen und hatten mehr Bedeutung als der ebenfalls wichtige Ahnenkult. Bezeichnend dafür ist, daß der Bonito-Kult im Mittelpunkt der Initiation stand. Die im Bootshaus seklusierten Knaben fuhren, wenn die Zeit ihrer Lehre zu Ende war, mit erfahrenen Fischern in den leichten, schnellen Bonito-Booten auf die See hinaus, um den ersten Bonito zu fangen. Hatten sie glücklich ihren ersten Fisch, preßten sie ihn bis zur Rückkehr an ihren Leib, benetzten sich im Bootshaus mit seinem dunklen Blut und tranken auch davon. Solche Riten sprechen für eine mystische Identifikation mit dem Bonito. Bei der Macht und Willkür der Seegeister sind beide zugleich Jäger und Gejagte. Höhepunkt der Initiation war die Schaustellung der Initianden auf einer hohen, reich verzierten Plattform, die anscheinend einen Bonito-Schwarm symbolisierte. Oben schwebten, auf Stangen gesteckt, hölzerne Fregattvögel, während im unteren Bereich die an den Ecken überstehenden Balken zu Haien und anderen Raubfischen skulptiert waren.

Die Seegeister, denen im Kult als Verursacher der Schwärme die größte Bedeutung zukam, wurden in den Südost-Salomonen als „fremde" Geister betrachtet, weil sie zuvor keine menschliche Existenzform hatten. Ihr Verhalten gegenüber den Menschen ist ambivalent: Sie können die Bonitos an die Küste treiben oder davon fernhalten, sie können den Fischern und Seefahrern Schutz und Hilfe bieten, sie aber auch in große Not und Gefahr bringen, sie können Krankheiten heilen und verursachen. Als Haupt tragen sie einen Fisch, ihren Körper zieren Flossen, und ihre Füße sind wiederum Fische. Negative Manifestationen der Seegeister sind Schwertfisch und Hai, Regenbogen und dunkle Wolken, die plötzliches Unwetter ankündigen. Positiv hingegen ist der Fregattvogel, der „Wegweiser" zu den Bonito-Schwärmen. Er ist im ganzen Südosten der Salomonen das heil- und glücksbringende Symbol schlechthin und darum das häufigste Motiv der Ornamentik, des Schmucks und der Tatauierung.[28]

Männer besonderer Mächtigkeit waren die Träger priesterlicher Funktionen. Die alten, führenden Männer der Klane waren faktisch auch die Leiter der Kult- und Opferhandlungen. Ihnen gegenüber standen die „Medizinmänner", denen die Krankenheilungen und die magischen Praktiken, also die mehr individuellen und privaten Bereiche des religiösen Lebens oblagen. Kein wichtiges Unternehmen, zu dem man den Medizinmann nicht befragt und seine Hilfe in Anspruch genommen hätte. Das mußte natürlich bezahlt werden, und in einigen Fällen liegen genaue Angaben über die Honorare vor. Man darf die Leistungen der Medizinmänner nicht unterschätzen. Sie verfügten meist über besondere psychische und wohl auch parapsychische Fähigkeiten sowie über die Kenntnis zahlreicher Gifte und Heilmittel.[29]

Die Vielzahl magischer Praktiken und Zauberhandlungen, die jeder vollziehen kann, der sich dazu fähig hält, stehen keineswegs im Gegensatz zur Religion, wie gelegentlich behauptet wird. Sie sind eher ein Randbereich des Religiösen, der aber zusammen mit der Geistervorstellung das religiöse Leben einer Gruppe dominieren kann. Man kann die Handlungen nach Ziel und Zweck in Liebes-, Schadens-, Todes-, Abwehr-, Jagd- und Fruchtbarkeits-Zauber unterscheiden. Vieles bleibt undurchschaubar; bei manchem ist ein religiöser Kern zu erkennen, bei anderem scheint es sich wirklich nur um „faulen Zauber" zu handeln, doch es gibt keine Kriterien, das eine vom anderen klar zu unterscheiden.[30]

Magische Praktiken können zusammen mit Geistervorstellungen einen

[28] Vgl. *W. Stöhr,* Der „Bonito-Kult" in der Kunst San Cristobals (Salomon Islands, Melanesien), in: Bulletin der Kölner Museen, Heft 2 (Köln 1983).

[29] *J. Sterly,* „Heilige Männer" und Medizinmänner in Melanesien (Köln 1965).

[30] *C. A. Schmitz,* Der Todeszauber in Nordost-Neuguinea, in: Paideuma 7 (Wiesbaden 1959) 35–67; *F. E. Williams,* Orakaiva Magic (London 1928); *B. Malinowski,* Coral Gardens and their Magic, 2 Vols. (London 1935).

Kult bestimmen. Beispielhaft ist der „Yams-Kult" der Abelam in Nordost-Neuguinea. Prestige und Rang eines Mannes wurden weitgehend von seinen Erfolgen beim Anbau extrem großer Yams-Knollen (Pfahlyams) bestimmt. Die normale Yams und andere Nutzpflanzen wurden von den Frauen angebaut. Die Pfahlyams jedoch pflanzten die Männer in sakralen, den Frauen verbotenen Gärten. Mit raffinierten Pflanzmethoden und, was den Abelam viel wirksamer erschien, magischen Praktiken, trachteten sie, möglichst große Knollen zu erzielen. Die bis zu vier Meter langen, „phallisch" wirkenden Knollen wurden zeremoniell geborgen und wie Geistwesen behandelt. Sie wurden mit Flechtmasken und anderem Zierat geschmückt und festlich zur Schau gestellt. Die Männer rühmten in langen Reden ihre Produkte. Die Größe der Knollen bezeugte ihre Kraft und Männlichkeit. Dann verschenkten die Pflanzer die Knollen an Männer aus anderen Gruppen. Vom eigenen Pfahlyams durfte man selbst nicht essen, denn man betrachtete ihn als blutsverwandt. Übrigens mußten die Beschenkten, wollten sie ihr Gesicht nicht verlieren, bei nächster Gelegenheit mindestens die gleiche Menge zurückgeben. Beim Yams-Kult erfolgte auch die Initiation der Knaben. Zwischen einem Abelam und seinem Pfahlyams bestand eine mystische Identität. Dieses Phänomen prägte auch die Kunst des Stammes. Die tier- und menschengestaltigen Geistwesen scheinen mit ihren rundlichen, schwellenden Formen alle die Pfahlyams zum Vorbild zu haben.[31]

Das Individuum stand nicht im Vordergrund der Religionen Melanesiens. Nur in seiner Gruppe hatte der Einzelmensch Anteil am Heilsgeschehen. Für die konkreten Nöte, Sorgen und Hoffnungen des Alltags blieben ihm neben der Anrufung der Ahnen faktisch nur die magischen Praktiken. Unter diesem Aspekt gewinnen auch die irrational scheinenden Zauberhandlungen ihren Sinn und ihre Bedeutung.

351. Die Polynesier – Herkunft und Gesellschaft

Die Polynesier bilden einen homogenen Menschenschlag von mittlerer Größe mit lichtbrauner Haut und schlichtem oder welligem Haar. Sie sind ausgesprochen schöne Menschen, und man kann die schwärmerische Begeisterung verstehen, die ihnen Ende des 18. Jahrhunderts in Europa entgegengebracht wurde. Verbunden mit der Insel Tahiti waren sie das Vorbild des „edlen Wilden", des unbeschwerten Naturmenschen Rousseauscher Prägung. Manche Entdecker fühlten sich bei den Polynesiern an Südeuropäer erinnert. Ihre nächsten Verwandten sind aber im Südostasiatischen Ar-

---

[31] *G. Koch,* Die Kultur der Abelam. Die Berliner „Maprik"-Sammlung (Berlin 1968).

chipel zu suchen. Die Polynesier bilden eine eigene Varietät der „Südmongoliden" und ihre Sprachen den „Polynesischen Zweig der Austronesischen Sprachfamilie".[32] Hat man in Melanesien weit über tausend Sprachen, sind es in Polynesien etwa zwei Dutzend, die einander oft sehr ähnlich sind.

Hawaiki, sagen die Maori auf Neuseeland und andere polynesische Gruppen, sei das Land ihrer Herkunft. Es läge jenseits des Ozeans irgendwo im Westen. Die Traditionen um *Hawaiki* sind aber zu dunkel und vage, um sie mit einem Land verbinden zu können. Schon im frühen 19. Jahrhundert wurden Theorien über die Herkunft der Polynesier veröffentlicht. Manche sahen in ihnen die Restbevölkerung eines versunkenen Kontinents oder gar die zehn verlorenen Stämme Israels. Prähistorische Ausgrabungen haben seit Beginn der fünfziger Jahre eine neue Situation geschaffen. Alle früheren Theorien sind wahrhaft überholt, auch die zuletzt von Thor Heyerdahl (1952) mit Emphase vertretene These, die Polynesier seien aus Amerika eingewandert.

Nach der prähistorischen Forschung wurden als erste Inseln um 1400 v. Chr. die Tonga- und um 1100 v. Chr. die Samoa-Gruppe besiedelt. Kennzeichnend für das Fundinventar sind Scherben einer Keramik, die nach einem Fundort „Lapita" genannt wird. Da für Tonga und Samoa von den ältesten Funden bis zur heutigen Zeit eine Kontinuität nachweisbar ist, müssen die Träger der „Lapita-Kultur" die direkten Vorfahren der Polynesier und somit wie diese hellhäutige „Südmongolide" und sprachlich „Austronesier" gewesen sein. Gruppen der Lapita-Kultur, die aus dem Südostasiatischen Archipel kamen, besiedelten um 1600 v. Chr. oder schon früher den Norden Melanesiens. Sie waren ungemein mobil und erreichten mit ihren Booten bald die anderen melanesischen Inseln. Sie wagten von den Neuen Hebriden aus die Fahrt über die offene See zu den Fidschi-Inseln (um 1500 v. Chr.), von dort nach Tonga und Samoa. Die meisten Träger der Lapita-Kultur blieben offenbar in Melanesien und mischten sich mit den Alteingesessenen. Somatisch setzten sich die dunkelhäutigen Melanesiden durch, da die hellhäutigen wegen höherer Malaria-Empfindlichkeit ausstarben. Sprachlich behauptete sich aber das Austronesische mit über 200 Idiomen – jeweils mit einer anderen Papua-Sprache als Substrat – als Melanesischer Zweig dieser Sprachfamilie. Das Resultat der Mischung sind die dunkelhäutigen, aber austronesisch sprechenden Melanesier.[33]

Kurz vor der Zeitenwende begann von Samoa aus der Vorstoß der Poly-

---

[32] Vgl. S. 94.

[33] Vgl. S. 147. Austronesisch sprechende Melanesier sind offenbar um 500 v. Chr. auf den Fidschi-Inseln zugewandert. Daher dominiert im somatischen Erscheinungsbild der dunkelhäutige, kraushaarige Typus der Melanesiden. Die Inselbevölkerung steht aber den Polynesiern näher als irgendeiner Gruppe der austronesisch sprechenden Melanesier.

nesier in den Zentral-Pazifik. Um 500 n. Chr. scheinen mit Ausnahme von Neuseeland alle wichtigen Inseln in Besitz genommen zu sein. Über Ablauf und Zeitpunkt mancher Aktionen läßt sich nur mutmaßen. Weitere Ausgrabungen werden hier wohl Aufklärung schaffen. Die Polynesier müssen um die Zeitenwende schon im Besitz großer Doppelboote gewesen sein. Nur mit diesen hervorragenden Seefahrzeugen, die zugleich zahlreiche Menschen und die für die Fahrt notwendigen Vorräte aufnehmen konnten, war das Wagnis so weiter Seereisen möglich. Die Polynesier vollbrachten mit der Besiedlung der pazifischen Inseln eine nautische Leistung, die selbst die der Wikinger in den Schatten stellt. Wie war es ihnen überhaupt möglich, die unbekannten, weithin über den Ozean verstreuten Inseln zu finden? Über die navigatorischen Kenntnisse der Polynesier ist man nur unzureichend informiert. Im 18. Jahrhundert hatten sie ihre weiten Seereisen längst aufgegeben. Vielleicht wurde manche Fahrt aus einer Not heraus „auf gut Glück" ohne Hoffnung auf Rückkehr unternommen. Da die alten Polynesier sicher keine Hasardeure waren, dürfte aber die geplante Expedition, die noch eine Chance zur Heimfahrt ließ, die Regel gewesen sein.

Kennzeichnend für die Gesellschaft der Polynesier war eine schroffe ständische Gliederung. Nur der Adel hatte Abstammung, nur er besaß eine Genealogie, die bis in die mythische Urzeit zurückreichte. Ihm gegenüber stand in mehr oder minder starker Abhängigkeit das breite Volk aus Landleuten und Handwerkern sowie oft noch rechtlose Hörige und Sklaven, meist Nachkommen von Kriegsgefangenen und Verbrechern. Der Unterschied zwischen den beiden Kasten manifestierte sich sogar in der körperlichen Erscheinung. Die Adligen waren durchweg größer und immer wohlbeleibt und hatten, da sie die körperliche Arbeit und die Sonne mieden, auch eine hellere Hautfarbe. Auch die Adelskaste war geschichtet. Entscheidend für die Entstehung und Entwicklung des Adels war das in Polynesien strikt befolgte Gesetz der Primogenitur: nur der Erstgeborene erbte den vollen Status der Eltern. Auf den Hawaii-Inseln unterschied man elf Adelsgrade. Den höchsten Rang hatten die als Götter verehrten Nachkommen einer fürstlichen Geschwisterehe. Die Herrscher der dortigen Kleinstaaten waren so „göttlich", daß ihnen nur – wie bei den Pharaonen Ägyptens – die leibliche Schwester als Ehefrau ebenbürtig war. Die elf Grade lassen sich aber, wie überall in Polynesien, in drei Stufen fassen: der hohe Adel von göttlichem Rang, der mittlere Adel mit vornehmlich politischen Aufgaben und der niedere, der schon unter dem breiten Volk lebte, aber von diesem durch ein höheres Prestige geschieden war. Auf den Marquesas-Inseln, der Osterinsel und Neuseeland, wo sich ein älteres Substrat der polynesischen Kultur behauptet hatte, gab es noch die alte Stammesstruktur. Zwar war dort auch der Adel von hoher Macht und Ansehen, doch die Menschen standen in genealogischen Verbänden und wußten sich über die Häuptlinge und den Adel mit den großen Stammesahnen und den

Göttern verbunden. In Zentral-Polynesien jedoch, und zwar vor allem auf den Hawaii- und Tahiti-Inseln, war die alte Stammesstruktur verschwunden. Stattdessen gab es eine lokale Organisation von mehreren von erblichen Dynastien beherrschten Kleinstaaten. Die Angehörigen des breiten Volks besaßen nicht den Status von Stammesgenossen, sondern waren einzig Untertanen.

Die Polynesier mit Ausnahme auf Neuseeland und der Osterinsel sind typische Pflanzer der Tropen. Knollenfrüchte liefern die Taro, die Yams und die Batate (Süßkartoffel), wichtig sind auch der Brotfruchtbaum, die Pandanus- und die Kokospalme. Haustiere sind Schwein, Huhn und Hund. Auf mancher Insel konnte das eine oder andere Tier fehlen; so kannte man früher auf Neuseeland nur den Hund, dessen Fleisch sehr geschätzt wurde. Die Jagd auf verwilderte Hausschweine und in Neuseeland auf Vögel war von geringer Bedeutung. Dagegen hatte der Fischfang an den Küsten und auf den Atollen eine enorme Bedeutung. Man kannte eine Vielzahl von Fangmethoden. Fisch war nahezu überall die wichtigste Eiweißnahrung. Im zentralen Polynesien spielte der Brotfruchtbaum eine große Rolle. Bei unzureichender Ernte drohte auf den Marquesas-Inseln sogleich eine Hungersnot. Man verstand den mehligen Pulp der Brotfrucht in mit Steinen ausgelegten Gruben durch saure Gärung zu konservieren. Der gesäuerte Teig war Hauptproviant auf Seereisen. Ähnliche Bedeutung hatten Kokospalmen auf den Atollen. Ohne sie ist das Leben dort unmöglich, zumal die Milch der noch grünen Frucht oft das knappe Trinkwasser ersetzen muß.

Fast alle Nutzpflanzen der Polynesier stammen aus Melanesien oder aus Südost-Asien. Nur die Süßkartoffel scheint aus Südamerika zu kommen. Sie muß in Polynesien schon vor tausend Jahren eingeführt und von Menschen verbreitet worden sein. Vielleicht haben sich die Polynesier diese Pflanze selbst in Südamerika geholt.[34] Die Süßkartoffel ist wichtig für die Hawaii-Inseln, mehr noch für die Osterinsel und vor allem für Neuseeland. Bei den dortigen Maori genossen die Götter der Süßkartoffel zwar nicht die höchste, aber doch die meiste Verehrung. Auf Neuseeland gab es ursprünglich einen *Moa* genannten Laufvogel, von dem eine der Arten bis zu drei Metern hoch werden konnte. Er fiel bald dem Jagdeifer der Vorfahren der Maori zum Opfer.

Die Technik der Polynesier war vor dem Kommen der Europäer noch jungsteinzeitlich. Metalle waren unbekannt. Von den wichtigsten neolithischen Fertigkeiten fehlte das Töpfern. Seine Kenntnis war aus Mangel an geeignetem Material verlorengegangen. Auch die Weberei war unbekannt. Stattdessen fertigten die Frauen die *Tapa* genannten Baststoffe. Die schmalen Bahnen der unter der Rinde liegenden Bastschicht des Papiermaulbeer-

[34] Vgl. *D. E. Yen,* The Sweet Potato and Oceania (Honolulu 1974).

baumes wurden durch Klopfen miteinander verfilzt und zu großen Stoffen verklebt. *Tapa* diente zur Kleidung, als Decken und auch zu kultischen Zwecken. Die Nahrung wurde im Erdofen zubereitet. Nicht nur Fleisch und Fisch, sondern auch alle vegetabilischen Speisen wurden darin im eigenen Saft gegart. Die Dörfer waren wirtschaftlich autark, und der geringe Handel vollzog sich in direktem Tausch.

Das einzige Genußmittel der Polynesier war das leicht euphorisierende *Kawa,* ein durch Auslaugen der zerstoßenen oder zerkauten Wurzel eines Pfefferstrauchs gewonnenes Getränk, das nur auf Neuseeland und der Osterinsel fehlte. Der Trank war allein den Männern vorbehalten und wurde gemeinschaftlich genossen. Das dabei befolgte Ritual bestätigte tagtäglich den Aufbau der örtlichen Gesellschaft. *Kawa* war somit von eminent sozialer und in gewissen Sinne auch von religiöser Bedeutung.

352. *Mana und Tabu*

Für das Leben des Polynesiers hatten die beiden Begriffe *Mana* und *Tabu* eine enorme Bedeutung. Sie waren für ihn sowohl von religiöser als auch sozialer Relevanz. Das polynesische *Mana* läßt sich kaum in unsere Sprache übertragen. Die Umschreibung „das außerordentlich Wirkungsvolle" kommt ihm nur einigermaßen nahe. *Mana* haben an erster Stelle die Götter und alle transzendenten Erscheinungen. Es eignet aber auch in sehr unterschiedlichem Maße den Menschen, vor allem den Adligen, und zwar um so mehr, je höher sie im Range stehen, und den Priestern, doch auch dem siegreichen Krieger, dem erfahrenen Seemann, dem erfolgreichen Fischer, dem Bootsbauer und nicht zuletzt auch dem Künstler. *Mana* besitzen aber auch Kultobjekte und Machtinsignien, weiterhin Vulkane, Gewitter, Wirbelstürme und andere gefahrbringende und unheimliche Naturerscheinungen, mächtige Tiere wie Pottwal, Haifisch und Fregattvogel, auch die bewährten Waffen und Werkzeuge, ja selbst ein guter Angelhaken.

Das polynesische *Mana* bezeichnet, so will es scheinen, eine aus der Schöpfung kommende Kraft oder Macht, die alles für den Menschen wirklich Bedeutende durchdringt und so vom Allgemeinen abhebt. Religionswissenschaftliche Theorien sahen in der Vorstellung des *Mana* den Glauben an eine unpersönliche, eigenständige Kraft oder Macht, die der Urgrund aller Religionen gewesen sei. Eine solche Auffassung wird aber heute kaum mehr vertreten, obwohl sie dem Wesen des Religiösen weit näher kam als die zuvor genannte „Animismus-Theorie". [35] Das polynesische *Mana* ist auf jeden Fall immer attributiv, das heißt, es ist immer an irgend-

[35] Vgl. S. 150–151.

wen oder irgendwas gebunden. Begriffe, die dem *Mana* mehr oder minder nahekommen, finden sich in allen Kulturen. In diesen Rahmen gehören auch die uns so geläufigen Ausdrücke wie Heil, Segen, Gnade, Autorität, Ausstrahlung und Glück bis hin zu Erfolg, Image und dem „gewissen Etwas" oder – für gehobenene Ansprüche – das Charisma, Fascinans, Numinose und Mysterium tremendum. Alle diese Begriffe und noch einiges mehr sind in *Mana* enthalten.

Was *Mana* im Leben des Polynesiers so folgenschwer macht, ist der enge Zusammenhang mit dem *Tabu.* Dieser Begriff fiel bereits Kapitän James Cook auf seinen Fahrten durch Polynesien (1769–1778) auf, während der Name *Mana* und seine Bedeutung erst ziemlich spät von der Wissenschaft erkannt wurde.[36] *Tabu* meint verboten und gefährlich, für Nichtbefugte unberührbar und konsekriert. Es kann sich sowohl auf Heiliges und Erhabenes als auch auf Unreines und Ekelhaftes beziehen. Am ehesten entspricht ihm unser Begriff „sakral", in etwa auch „heilig", denn das meint ja auch verboten und unberührbar (Nichts ist ihm heilig!), doch beide Ausdrücke erstrecken sich bei uns nur auf den erhabenen und positiven Bereich. Unsere Sprache kennt kein Wort, das dem *Tabu* voll und ganz entsprechen würde, und das erklärt wohl auch, daß wir es so begeistert in unseren Sprachgebrauch aufgenommen haben. Im ursprünglichen Sinne meinte *Tabu* das „deutlich gekennzeichnete" oder „mit Kennzeichen versehene", das damit klar vom *Noa,* dem Allgemeinen und Unbestimmten, abgehoben war. Auf jeden Fall war die Kenntnis von einem *Tabu* und die Kennzeichnung des Tabuierten eine notwendige Voraussetzung. Europäer konnten nach Auffassung vieler Polynesier keine *Tabus* verletzen, weil sie diese nicht kannten.

Viele *Tabus* hatten religiösen Charakter. Sie lassen sich aus der Ehrfurcht vor der transzendenten Welt und ihren irdischen Manifestationen erklären. Die Verletzung eines solchen *Tabus,* z. B. die Entweihung eines Kultplatzes, konnte mit dem Tode bestraft werden, und blieb die Tat unentdeckt, drohten dem Übeltäter Unheil, Krankheit und Tod. Andere Tabus waren hingegen sozial bestimmt und wurden von der Gesellschaft getragen. Man kann sie als ein Regulativ gegen Unordnung und Sittenverfall betrachten. Tabus wurden aber auch von einer (mächtigeren) Gruppe gegen eine andere verhängt, z. B. von den Männern gegen die Frauen, von Fürsten, Adligen und Priestern gegen das breite Volk. Sie gründeten sich auf Macht, gleich ob diese konkret vorhanden oder religiös begründet war. Je mehr *Mana* ein Adliger oder Priester besaß, desto zahlreicher und drückender waren die *Tabus,* die das Volk zu beachten hatte. Vor allem auf den Tahiti- und Hawaii-Inseln war die durch das Tabuierungsrecht den Fürsten und

---

[36] Die Bedeutung des Begriffs Mana wurde erstmals von dem Missionar und Forscher *R.H. Codrington* erkannt und publiziert (1891); vgl. Anm. 4.

dem Adel verliehene Macht geradezu schrankenlos. Manche *Tabus*, die das breite Volk gegenüber den Fürsten zu beachten hatten, erscheinen geradezu grotesk.

Zwischen den religiös und den sozial motivierten *Tabus* läßt sich nicht klar unterscheiden, zumal die Gesellschaftsordnung in der Religion begründet war. Wenn man bedenkt, wie viele *Tabus* noch mit dem Alltag (Feldbau, Fischfang, Handwerk etc.) und den Wechselfällen des Lebens (Geburt, Reife, Ehe, Krankheit und Tod) verbunden waren, muß man sich fragen, wie die Polynesier unter solchen Umständen überhaupt bestehen konnten. Ohne Zweifel wurde das ganze *Tabu*-System als eine schwere Last empfunden. Sonst wäre nicht zu erklären, daß die Konversion zum Christentum im frühen 19. Jahrhundert in vielen Teilen Polynesiens so rasch und weitgehend problemlos vor sich gehen konnte.

353. Götterlehre und Schöpfungsmythos

Die polynesische Götterlehre zeigt die ganze Skala polytheistischer Vorstellungen. Die irdische Ordnung spiegelt sich in der himmlischen Hierarchie wider. Bei *Tane, Tangaroa, Tu, Rongo* und dem listenreichen *Maui* denkt man unwillkürlich an die Gestalten des Olymps. Jeder der großen Götter ist mit einer Naturerscheinung verbunden, doch keiner ist eine Naturgottheit: Sie treten in den Mythen als handelnde, kämpfende und leidende Persönlichkeiten in Erscheinung. Die Götter waren dem Volk nicht fern: sie wurden in Gebeten, Anrufungen und Sprichwörtern genannt. Die minderen Götter, die quantitativ eine weit stärkere Verehrung fanden, scheinen nur einzelne Aufgaben und Aspekte der großen Götter zu verkörpern. *Tane, Tangaroa, Tu* und *Rongo* waren fast auf allen Inseln Polynesiens bekannt, doch hatten sie jeweils unterschiedliche Bedeutung und Gewicht.

Tane (oder *Kane*) hatte bei den Maori auf Neuseeland Vorrang. Er war es, der Himmel und Erde getrennt und das Firmament mit Gestirnen geschmückt hatte. *Tane* schuf *Hina*, die erste Frau, und damit die Menschen. Er war Herr des Waldes und der dort lebenden Tiere. Bootsbauer, Künstler und alle, die Holz für ihre Arbeit brauchten, riefen ihn an erster Stelle an. Sein Symbol in Zentral-Polynesien war die Steindechsel (Querbeil) als wichtigstes Werkzeug der Handwerker und Künstler.

Tangaroa (oder *Ta'aroa* und *Kanaloa*) war für die Maori und einige andere Gruppen der Gott des Meeres und allen Seegetiers, des Fischfangs und der Seefahrt. In West-Polynesien erschien er als uranfänglicher Schöpfergott, der durch seine Nachkommen die Welt regiert; die drei anderem Götter waren dort unbekannt. Auch in Teilen Zentral-Polynesiens sah man in *Tangaroa* das große Schöpferwesen, doch wurden in geringerem Maße auch die drei anderen Götter verehrt. Die Fruchtbarkeit des *Tangaroa*, der seine Nachkommen aus sich selbst heraus wachsen und entstehen läßt, kommt sogar in der Kunst zur Darstellung. Auf den Hawaii-Inseln betrachtete man *Kanaloa* als eine alte, abgetane Gottheit, die von den Tahiti-Inseln gekommen sei.

Tu (oder *Ku*) war der Gott des Krieges und der ungestümen Gewalt. Bei den Maori hatte er mehrere Erscheinungsformen. Besondere Wertschätzung erfuhr er auf den Hawaii-Inseln. Dort war er Haupt einer ganzen Gruppe von Kriegsgöttern. Dagegen galt er auf den Tahiti-Inseln nur als ein Helfer des Schöpfergotts *Tangaroa.* Kriegsgott war dort *Oro,* ein Sohn des *Tangaroa.* Ihn repräsentierte im Kult ein aus Kokosfaserschnur geknüpftes, sackähnliches Gebilde.

Rongo (oder *Ono* oder *Lono*) war auf Neuseeland der Gott des Feldbaus. Er verkörperte im Gegensatz zu *Tu* den friedlichen Aspekt des Daseins. Zusammen mit *Tane* war er Inkarnation der Fruchtbarkeit und Fortpflanzung. Der Name *Rongo* bedeutet Klang, und auf der Insel Mangaia war das Tritonshorn sein Symbol. Unter dem Namen *Lono* war er auf den Hawaii-Inseln der Gott des Feldbaus, der Erntefeiern und anderer Feste. Als Verkörperung der freundlichen Aspekte des Lebens war er der Widerpart des *Ku (Tu)* und der anderen Kriegsgötter. Das Emblem des *Lono* war eine Stange mit Querholz, an dem weißer Baststoff hing. Da man in den weißen Segeln der ersten Entdeckerschiffe dieses Zeichen zu erkennen glaubte, wurde James Cook zunächst für den Gott *Lono* gehalten.

Auf manchen Inseln gab es eine Art Nationalgott, der große Verehrung genoß. Auf der Osterinsel waren zwar *Tangaroa* und *Rongo* bekannt, doch Hauptgott war *Makemake,* der Schöpfer der Menschen und Schutzherr des dortigen Vogelkults. Manche Aspekte des *Makemake* erinnern an den Gott *Tane.*

Hina, Geschöpf und Frau des *Tane,* ist die einzige weibliche Gestalt des Pantheons, die den großen Göttern nahekommt. Sie wurde vom *Tane* aus Erde geformt, also aus dem Leib der „Mutter Erde“, und man kann sie als die Nachfolgerin dieser Urgottheit ansehen. Die Traditionen um *Hina* sind vielfältig und oft ungereimt. *Hina* ist die Stammutter der Menschen, Gottheit der Frauen und aller weiblichen Tätigkeiten, Göttin des Mondes, doch brachte sie auch den Tod in die Welt und erscheint auch als Herrin des Totenreichs. Von lokaler Bedeutung für die Hauptinsel der Hawaii-Gruppe war die Vulkangöttin *Pele,* die in vielen Aspekten *Hina* ähnlich ist und auf Hawaii große Verehrung erfuhr.[37]

Die Schöpfungsmythen der Polynesier stehen am Beginn der Stammes- und Adelsgenealogien. Die ersten Aufzeichnungen erfolgten um die Mitte des 19. Jahrhunderts. Damals hatten schon viele Polynesier Kontakt mit

---

[37] *H. A. Nimmo,* The Cult of Pele in Traditional Hawai'i , in: Bishop Museum Occasional Papers 30 (Honolulu 1990) 41–47.

dem Christentum. Seine Einflüsse sind oft unverkennbar.Sie verursachten bei manchen Trägern der Tradition eine Spekulation mit dem Ziel, das Neue der fremden Religion als längst vorhanden nachzuweisen. In diesem Sinne ist wohl die erst seit dem Ende des 19. Jahrhunderts bekannte, bei esoterischen Priestern der Maori herrschenden Lehre der Gottheit *Io* zu werten. In ihr manifestiert sich eine fast abstrakte Gottesidee: *Io* ist der Urgrund allen Seins, und die Götter handeln nur in seinem Auftrag und nach seinem Willen.[38]

Die Schöpfungsmythen der Maori lassen die Welt, die Götter und Menschen allein durch Zeugung und Geburt entstehen. Treibende Kraft ist die Sexualität. *Papa* und *Rangi,* Mutter Erde und Vater Himmel, die als Urphänomene dem Chaos entwuchsen, waren in der „Heiligen Hochzeit“ miteinander verbunden. Sie lagen in steter Umarmung dicht aufeinander. Ihren Nachkommen blieb kein Platz, und sie lebten in dauernder Finsternis. Die großen Götter, die Erstgeborenen, suchten diesen qualvollen Zustand zu verändern. Der Kriegsgott wollte die Eltern töten. *Tane* jedoch schlug vor, den Himmel nach oben zu treiben, dann bliebe ihnen *Papa* als nährende Mutter erhalten. Nur *Tane* gelang es, indem er sich auf den Rücken legte und mit den Füßen den Himmel nach oben stieß, *Papa* und *Rangi* zu trennen. *Tane* ist der Befreier und Lichtbringer. Ihm fiel nach einigen Kämpfen mit den Brüdern die Vormacht zu. *Tane* ist auch der Erbe der väterlichen Potenz und begattet alles, was ihm begegnet, und so wurde er Vater und Schöpfer der Bäume und Sträucher, der Landtiere und Vögel. Aus Sehnsucht nach seiner Mutter formt sich *Tane* aus Erde nach ihrem Bild seine künftige Frau *Hina.* Der Wiederholung der Himmel-Erde-Hochzeit entstammen die sterblichen Menschen.

Die Schöpfungsmythen der anderen Polynesier haben einen eher evolutionären Charakter. Sie gehen von *Tangaroa* als einem das Männliche und das Weibliche vereinenden Urwesens aus. Im Grunde ist er eine Personifizierung des Chaos, das ja keimartig die ganze Schöpfung in sich trägt. Vor allem in West-Polynesien war dieser Mythos ausgeprägt. Meist ist auch das sexuelle Moment vorhanden: *Tangaroa* bringt Mutter Erde und Vater Himmel hervor, die sich zur Urhochzeit finden.

Die meisten Mythen stellen die Menschen oder nur die Adligen in die generative Folge und führen sie so auf die Schöpferwesen zurück, doch manche Traditionen lassen die Menschen aus Erde, Sand, Stein oder gar einer Made entstehen. Auf vielen Inseln wurde der erste Mensch *Tiki* (oder *Ti'i* und *Ki'i*) genannt. *Tiki* bezeichnet aber auch das Glied des *Tane.* Dieser *Tiki* kann aber auch als eigener Gott erscheinen und die Erdfrau *Hina* be-

[38] Vgl. *D. B. Barrère,* Revisions and Adulterations in Polynesian Creation Myths, in: *G. A. Highland, et al.:* Polynesian Culture History. Essays in Honor of Kenneth P. Emory (Honolulu 1967) 103–120.

gatten. Mann und Phallus wurden, wie Beispiele aus der Kunst zeigen, weitgehend identifiziert.

Von den Heroen genoß der listenreiche *Maui* das höchste Ansehen. Um ihn ranken sich zahlreiche, nicht zum eigentlich religiösen Traditionsgut gehörende Geschichten. *Maui* verschaffte den Menschen das Feuer, fing mit einer Schlinge die Sonne ein und verlangsamte ihren Lauf, zog mit der Angel neue Inseln aus dem Meer. Er wurde als eine Fehlgeburt ins Meer geworfen und von seinen künftigen Pflegeeltern gerettet. *Maui* stand zwar den Göttern nahe, doch war er ein Sterblicher. Beim Versuch, die Unsterblichkeit zu erlangen, fand er im Leib der Todesgöttin sein Ende. Da *Maui* oft gegen die Normen verstieß und selbst den Göttern Streiche spielte, erfreuten sich seine Geschichten bei dem von zahllosen *Tabus* gegängelten Volk großer Beliebtheit.[39]

354. Kult, Kunst und religiöses Leben

In vielen Teilen Polynesiens bestand zwischen offiziellem Kult und religiösem Leben des breiten Volks eine Kluft. Der Kult war Sache der Fürsten, des Adels und der hohen Priester. Das Volk stellte allenfalls Komparsen und Statisten. Die Menschen konnten sich mit ihren Sorgen und Nöten nicht einmal an die Ahnen wenden, denn Abstammung besaß nur der Adel. Die Aufgaben, die auf den Marquesas-Inseln, der Osterinsel und Neuseeland, wo das Volk über seine Häuptlinge am Kult teilnahm, den Stammesahnen oblagen, übernahmen auf den Tahiti- und Hawaii-Inseln eine Legion minderer Götter und Schutzgeister. Von ihnen ging ein starker Impetus auf die Kunst aus. Auf Tahiti gab es Ende des 18. Jahrhunderts zahllose Geisterfiguren. Sie dienten für Zauberhandlungen, schützten das Haus und die Pflanzung. Solche Figuren zierten aber auch die Kriegskanus der Fürsten, und sie standen sicherlich auch in den Häusern des Adels. So schufen sie wenigstens eine Brücke zwischen den so schroff geschiedenen Klassen der Inselbevölkerung.[40]

Leiter des offiziellen Kults waren die hohen Priester. Ihr Name *Tohunga* (oder *Tofunga* und *Kahuna*) meint nichts anderes als „Experte“ und betrifft auch Bootsbauer, Tatauiermeister und Künstler. Entscheidend war der Beiname. Bei den Maori hießen die hohen Priester *Tohunga ahurewa* und auf Hawaii *Kahuna pule.* Sie hatten nichts mit den ebenfalls *Tohunga* genannten

---

[39] *K. Luomala,* Maui-of-Thousand-Tricks (P. B. Bishop Museum Bulletin 198) (Honolulu 1949).

[40] Nicht einmal 40 Figuren überdauerten die Christianisierung Tahitis; vgl. dazu *G. Archey,* The Art Forms of Polynesia (Bulletin of the Auckland Institute and Museum No. 4) (Auckland 1965).

Krankenheilern, Exorzisten und Zauberern zu tun. Die hohen Priester kamen durchweg aus dem Adel. Ihr Amt erforderte großes Wissen und eine lange Ausbildung. Die Priester waren Hüter der Tradition und Zeremonienmeister des „Götterdienstes“ in den Kultstätten. Ihnen oblagen die Riten bei Kriegsbeginn und Friedensschluß und alle anderen für die Allgemeinheit wichtigen Handlungen. Den Priestern wurden übernatürliche Kräfte zugesprochen. Eine ihrer Hauptaufgaben war die Divination, denn keine wichtige Angelegenheit wurde ohne Befragung der Götter und Ahnen entschieden.

Die Priester waren an bestimmte Kultstätten gebunden. Auf den Fidschi-, Tonga- und Samoa-Inseln besaß man Tempel, die den Priestern zur Kontaktaufnahme mit den Göttern dienten. Im übrigen Polynesien dienten reckteckige, mit Mauern oder Palisaden eingefaßte Plätze als Kultstätte. Dort fanden nur die der Dynastie oder der Allgemeinheit dienenden Zeremonien statt. Sie waren aber auch der Ort priesterlicher Meditation und Kontaktaufnahme mit den Göttern und Stammesahnen.

Die zentrale Kultstätte oder *Marae* der Tahiti-Inseln war *Taputapuatea* auf der Insel Raiatea. Die dortigen Priester hatten den Kult des Kriegsgotts *Oro* gestiftet, der teils mit Gewalt im ganzen Archipel verbreitet wurde. Alle *Marae* der Tahiti- und Tuamotu-Inseln hatten an ihrem Ende einen steinernen *Ahu*, eine altarartige, stufenförmig ansteigende Plattform, die nur von den hohen Priestern und den Fürsten betreten werden durften. Manche *Ahu* hatten eine beachtliche Größe. Auf Tahiti wurden noch Mitte des 18. Jahrhunderts ein *Ahu* in Form einer Stufenpyramide mit rund 82 Meter Länge, über 28 Meter Tiefe und über 15 Meter Höhe erbaut. Eine Besonderheit der Tahiti-Inseln war der Orden der *Arioi*, dem Männer und Frauen, Adlige und einfache Leute angehörten. Die *Arioi* zogen in Gruppen durchs Land und von Insel zu Insel. Sie wurden mit Ehrerbietung empfangen und mit allem Notwendigen versorgt. Sie entgalten alles mit Musik, Tanz und Pantomime. Die *Arioi* dienten dem Kriegsgott *Oro*, der den Orden gestiftet haben soll. Im Orden herrschte sexuelle Freiheit, doch war man wohl zum Zweck der Geburtenkontrolle zu absoluter Kinderlosigkeit verpflichtet.[41]

Auf den *Heiau* genannten Kultplätzen der Hawaii-Inseln standen oft zahlreiche Götterbilder. In einer Hütte lagerten die Kultobjekte, zu denen auch die „Stabgötter“ zählten, die bei festlichen Umzügen getragen wurden. Künstlerisch besonders reizvoll sind die Figuren der minderen Götter und der Schutzgeister, die nicht auf dem Kultplatz zu finden waren. Auffallendstes Bauwerk des *Heiau* war der aus langen Stangen errichtete „Orakelturm“, der den Priestern zum Kontakt mit den Göttern diente. Neben dem

---

[41] *W. E. Mühlmann*, Arioi und Mamaia (Wiesbaden 1955).

offiziellen Kult gab es mit den *Hula* viele Kultgruppen junger Männer und Frauen, deren Tänze und Pantomimen der Göttin *Laka* dienten. Sie war die Herrin der Waldpflanzen und Schutzpatronin der Dichtkunst und des Tanzes. Von sexueller Freiheit und Kinderlosigkeit ist bei den *Hula* nichts bekannt. 1819 kam es nach dem Tode des *Kamehameha*, des ersten Königs des Archipels, zu einer „Kulturrevolution". Seine Witwe veranlaßte ihren Sohn und neuen König zu einem gemeinsamen Festessen von Männern und Frauen. Damit war ein strenges *Tabu* gebrochen, doch die Strafe der Götter blieb aus. Daraufhin wurden die Priester entmachtet, die *Heiau* zerstört und Götterbilder verbrannt. Der erste Missionar kam erst 1820. Ihm kann man diese Zerstörungen der alten Kunst nicht anlasten.[42]

Die Kultstätten der Marquesas-Inseln waren Plattformen, die in der Technik der Zyklopenmauer ohne Mörtel gebaut wurden. Diese *Tohua* waren bis zu drei Metern hoch. Allein vierzehn solcher *Tohua* liegen im Taipi-Tal auf Nuku Hiva, auch die größte Plattform der Inseln mit 170 × 25 Meter Fläche, für die rund 9000 Kubikmeter Material bewegt werden mußten. Die *Tohua* waren kultische und soziale Zentren. Dort wohnte meist das Stammeshaupt: an den Seiten standen Häuser für die Priester, für junge Krieger und für Kultobjekte. In die Mauern waren mächtige Steinfiguren eingelassen, skulptierte Pfosten trugen die Hausdächer. Die Kunst war völlig in den Kult integriert. Ihr Thema waren die *Tiki* genannten Stammesahnen, die nach dem Vorbild des halb mumifizierten, halb schon in Verwesung begriffenen Leichnams gestaltet wurden. Auffallendstes Merkmal der *Tiki* sind neben einem dreigeteilten Mund, bei dem die Zunge zwischen die Lippen geschoben ist, riesige, kreisrunde Augen, die verblüffend an eine Brille erinnern. Sie bezeichnen die runden Klappen, die dem Verstorbenen über die eingefallenen Augenhöhlen gelegt und mit Schnur an den Ohren befestigt wurden. *Tiki*-Gestalt haben Holz- und Steinfiguren, deren Höhe zwischen einer Handspanne und drei Metern variiert, Stelztritte und Kanusteven; sie erscheint auf Holzschalen und Keulenköpfen und auf winzigem Schmuck aus Pottwalzahn und Schildpatt. Selbst die Ornamente der Tatauierung, die auf den Marquesas-Inseln so exzessiv betrieben wurde, daß kein Körperteil frei blieb, gehen auf die *Tiki*-Gestalt zurück.[43]

Imponierender noch sind die kultischen Werke der Osterinsel. In den berühmten Steinfiguren erreicht die Kunst Polynesiens eine an Hybris grenzende Monumentalität. Dabei haben auf der Insel selbst in der Blütezeit niemals mehr als 7000 Menschen gelebt. Auf der Osterinsel finden sich rund hundert steinerne Kultplätze, die langsam zu einem sockelartigen Al-

---

[42] Nur 147 figürliche Werke überdauerten die „Kulturrevolution" auf Hawaii; vgl. *J. H. Cox* with *W. H. Davenport*, Hawaiian Sculpture (Honolulu 1974).

[43] *K. von den Steinen*, Die Marquesaner und ihre Kunst. 3 Bde. (Berlin 1925/28).

tar für die Steinfiguren ansteigen. Der größte dieser *Ahu* ist 145 Meter lang; er war einmal für fünfzehn Statuen gedacht. Jeder Stamm und jede der Verwandtschaftsgruppen muß einen eigenen *Ahu* besessen haben. Man zählte 600 Steinfiguren auf der Insel, doch es muß früher noch weit mehr gegeben haben, denn viele liegen zerschlagen in der Erde. 230 Figuren standen auf den *Ahu*, und fast 300 befinden sich im Umkreis des Steinbruchs am Krater Rano Raraku, viele stehen dort – wie bestellt und nicht abgeholt – halb eingegraben am Hang. Es handelt sich immer um Halbfiguren aus gelblichem Tuffstein mit einer Standfläche in Lendenhöhe. Auf dem mächtigen Haupt der einander fast gleichen Gestalten ruhte als „Haarknoten" ein zylindrischer Block aus rotem Tuff. Schon die „normalen" Figuren sind mit drei bis fünf Metern Riesen. Die größte Statue auf einem *Ahu* ist 9,8 Meter hoch und 82 Tonnen schwer. Mit dem Kopfaufsatz erreichte sie 12,2 Meter. Eine noch am Steinbruch stehende Figur ist 11,5 Meter hoch und hätte mit „Haarknoten" 14 Meter erreicht. Die mit 20,9 Metern größte Figur liegt noch im Steinbruch. Immerhin hat man sich zugetraut, diesen Koloß transportieren zu können. Nirgendwo gibt es größere Steinfiguren. Der Tuff war bergfrisch auch mit steinzeitlichen Werkzeugen gut zu behauen, doch müssen mit einer Figur mehrere Bildhauer über Monate beschäftigt gewesen sein. Probleme schaffte der Transport, wie viele auf dem Weg zerbrochene Skulpturen zeigen. Über zweihundert Menschen müssen eine solche auf einer hölzernen Schleife gebettete Figur über Monate gezogen haben.[44] Die Aufstellung erfolgte mit Hilfe einer Rampe und war gleichfalls ein mühevoller Prozeß. Die Stämme der Osterinsel wollten einander mit der Höhe ihrer Ahnenfiguren übertreffen. Diese Rivalität muß im 17. Jahrhundert schon wahnwitzige Formen angenommen haben, wie die vielen, zum Abholen bereiten Figuren am Hang des Kraters Rano Raraku bezeugen. Die Bevölkerung der nicht besonders fruchtbaren Inseln wurde bis zu den Grenzen ihrer Möglichkeiten gefordert. Nach der Tradition kam es um 1680 durch einen blutigen Krieg zum Kollaps. Mit den kolossalen Steinfiguren war Schluß, und die noch stehenden Statuen wurden in späteren Kriegen umgestürzt. Hölzerne Ahnenfiguren wurden weiterhin geschnitzt, und sie gehören zu den reizvollsten Werken polynesischer Kunst.[45]

Überdauert bis weit ins 19. Jahrhundert hat auf der Osterinsel auch der rätselhafte Kult des „Vogelmannes". Er galt Gott *Makemake*, der im Pantheon den höchsten Rang einnahm. Ähnlich wie Gott *Tane* bei den Maori war er Befruchter, Menschenmacher und Prinzip des Männlichen. Seine

---

[44] Vielleicht kannte man auf der Osterinsel auch bessere Techniken des Transports; vgl. dazu *W. Mulloy*, A speculative Reconstruction of Techniques of Carving, Transporting, and Erecting Easter Island Statues, in: Archaeology and Physical Anthropology in Oceania 5 (Sydney 1970) 1–23.

[45] Vgl. zur Kunst der Osterinsel den Katalog: 1500 Jahre Kultur der Osterinsel. Schätze aus dem Land des Hotu Matua (Mainz 1989).

Erscheinungsform war die des „Vogelmannes“, der in der Kunst mit Vogelkopf und Menschenkörper dargestellt wurde. Alljährlich fand im Frühling zu seinen Ehren eine festliche Zeremonie statt. Zentrum des Kults war das Dorf Orongo gegenüber der kleinen Insel Moto Nui. Dort versammelten sich alle Häuptlinge mit ihren Kriegern. Sobald die heiligen Seeschwalben auf Moto Nui nisteten, durchschwammen junge Männer den sehr gefährlichen Meeresarm, um für ihren Häuptling ein Ei des Vogels zu holen. Wer von den Häuptlingen als erster ein Seeschwalbenei in Händen hielt, war für ein Jahr die irdische Manifestation des Gottes *Makemake.* Auf diesen Kult sind wohl auch die meisten Texte der noch nicht entzifferten Schrift der Osterinsel bezogen. Der Kult kommt als einziger in Polynesien den spektakulären Kultdramen der Melanesier nahe.[46] Zwar wurden auf allen Inseln große und aufwendige Feste gefeiert, und sie galten auch den Göttern, doch das soziale Moment stand überall im Vordergrund.

Die Kunst war bei den Maori auf Neuseeland der wichtigste Teil des Kults. Nahezu alles, was die Maori besaßen, war künstlerisch gestaltet, das heißt, durch Bildnis oder Emblem unter die Obhut der Ahnen gestellt. Eine Ausnahme bildeten nur die Wohnhäuser der einfachen Dorfbewohner. Voraussetzung der Kunst war der schier unerschöpfliche Bestand an dauerhaftem, aber leicht spaltbarem und zu bearbeitendem Holze. Die Maori besaßen keine Kultplätze außerhalb des Dorfes. Der hohe Priester zog sich für seine für die Divination notwendige Meditation und Inspiration in das *Tuaha* zurück, in ein kleines, abgeschirmtes Geviert, das für alle Dorfbewohner unter *Tabu* lag. Kultstätte war das große, von einem *Hapa* genannten Unterstamm bewohnte Dorf selbst, und sein Altar war das *Whare whakairo,* das Häuptlings- und Versammlungshaus. Jedes nur halbwegs wichtige Bauelement des *Whare whakairo* war künstlerisch gestaltet. Der Bau war eine Ahnengalerie, in ihm manifestierte sich Ursprung und Werden des *Hapa.* Aufschlußreich ist der Aufbau des Hauses. Der skulptierte Hauptstützpfosten des Daches repräsentierte den wichtigsten Stammesahnen, den Gründer des Unterstamms. Im Firstbalken und Dach manifestierte sich sein Vater, der Ahnherr des *Iwi* genannten Stammes, und im eindeutig weiblich gekennzeichneten Innenraum seine Mutter. Im übertragenen Sinne handelt es sich um Gott *Tane* (Stützpfosten), um *Papa* oder Mutter Erde (Innenraum und Fußboden) und *Rangi* oder Vater Himmel (Firstbalken und Dach). Alle wichtigen Kulthandlungen fanden im oder auf dem Platz vor dem *Whare whakairo* statt. Das Tor des stets mit Palisaden gesicherten Dorfes bestand aus einer dicken, meist fünf Meter hohen und anderthalb Meter breiten Planke. Der untere Teil war so durchbrochen, daß gerade ein Mensch passieren konnte. Der obere Teil trug das Relief des

---

[46] *H.-M. Esen-Bauer,* Untersuchungen über den Vogelmannkult auf der Osterinsel (Wiesbaden 1983).

wichtigsten Stammesahnen und Gründer des *Hapa.* Man schritt gewissermaßen zwischen seinen Beinen hindurch. Deutlicher kann die Identität von Ahnherrn und Dorf wohl nicht zum Ausdruck gebracht werden. Auch die Vorratshäuser der Dörfer sowie die mächtigen Steven der Kriegsboote waren in faszinierender Weise zu einer „Ahnengalerie", zu einem „Mikrokosmos" der Stammeswelt gestaltet. Die Großartigkeit der Maori-Kunst läßt sich natürlich ohne Anschauung nicht demonstrieren. Sie blüht übrigens heute noch. Nach einer Phase des Niedergangs im späten 19. Jahrhundert fand sie in einheimischen Kunstschulen eine Renaissance. Ihre Motive sind immer noch – wenn auch in modifizierter Form – *Papa* und *Rangi, Tane* und die Ahnen. So ist die heutige Maori-Kunst eine Brücke zwischen unserer Zeit und den vergangenen Religionen der Polynesier.[47]

355. Die Religionen der Mikronesier

Die Mikronesier gehören somatisch wie ihre Nachbarn im Osten und Westen, die Polynesier und Indonesier, zur Rasse der „Südmongoliden", doch ist auf vielen Inseln ein Einschlag der dunkelhäutigen, kraushaarigen Melanesiden unverkennbar. Sprachlich sind sie „Austronesier", die im Westen der Inselwelt zum Indonesischen, im Zentrum und Osten hingegen zum Melanesischen Zweig der großen Sprachfamilie gehören.[48] Mikronesien wurde von zwei Seiten her besiedelt. Einwanderer aus dem Südostasiatischen Archipel kamen vor drei- bis viertausend Jahren von Westen her und nahmen die Marianen, die Palau- und Yap-Inseln in Besitz. Etwa zur gleichen Zeit drangen Menschen von Süden her aus dem Raum des nördlichen Melanesiens nach Mikronesien vor und besetzten die Marshall- und Gilbert-Inseln sowie den größten Teil der Karolinen. Es waren sicher die Träger der „Lapita-Kultur", von denen ja auch die Polynesier abstammen. Auch diese Einwanderer waren hellhäutige Südmongolide, die aber schon Beimischungen der dunkelhäutigen Melanesiden aufwiesen.[49] Die Bevölkerungszahl der Mikronesier dürfte die Zahl Hunderttausend wohl nie überschritten haben.

Die Religionen der Mikronesier waren, als die ethnographischem Forschungen gegen Ende des 19. Jahrhunderts, auf vielen Inseln erst nach der Jahrhundertwende, in intensiverem Maße begannen, schon in rapidem Verfall begriffen oder fast ganz verschwunden. Einer der Hauptgründe ist der frühe Beginn der Missionierung, auf den Marianen schon im 16. Jahrhundert und auf den anderen Inseln ab der Mitte des vorigen Jahrhunderts. Als

---

[47] *S. M. Mead,* The Maori. Maori Art from the New Zealand collections (New York 1984).
[48] Vgl. 94.
[49] Vgl. 166.

die Forschung auf manchen Inseln begann, war die Mission oft schon in der zweiten Generation der Arbeit. Ein anderer Grund war der oft katastrophale Bevölkerungsrückgang im 19. Jahrhundert. Meist waren es gerade die älteren Menschen und Träger der Tradition, die von den eingeschleppten Krankheiten hinweggerafft wurden. Schließlich fanden in historischer Zeit auf einigen Inseln politische Auseinandersetzungen und Kriege statt, die dem Erhalt religiöser Traditionen auch nicht förderlich waren. Überdies gab es wohl niemals in den Religionen Mikronesiens Erscheinungen, die man in ihrer Bedeutung den spektakulären Kultdramen der Melanesier oder der imponierenden Götterlehre der Polynesier gleichsetzen könnte.

Die Chamorro auf den Marianen hatten die zweifelhafte Ehre, als erstes Volk der Südsee Kontakt mit Europäern zu haben. Am 6. März 1521 stieß Magellan mit seinen Schiffen nach über dreimonatiger Seefahrt in einer schon verzweifelten Situation auf Guam, die südlichste Insel der Marianen. Er erhoffte sich dort Nahrung und Trinkwasser, doch wegen lästiger Diebereien kam es zu einer widersinnigen Strafaktion, die vielen Einheimischen das Leben kostete und Magellan alle Hoffnungen zunichte machte; er mußte ohne Hilfe weitersegeln. 1565 wurden die Marianen von Spanien in Besitz genommen. Guam wurde zum Stützpunkt für die Galeonen auf der Fahrt von Manila nach Mexiko ausgebaut. Die Marianen wuren rigoros missioniert, und schon Ende des 17. Jahrhunderts war die Kultur der Chamorro zerstört. Reisende des frühen 19. Jahrhunderts fanden dort nur noch Reste einer Vorstellung, die sich auf ein „Urwesen" bezog, aus dessen Leib nach dem Tode Himmel, Erde, Sonne, Mond und der Regenbogen wurden. Ansonsten blieb von der Religion der Chamorro nur die Furcht vor den *Anite,* einer Vielzahl von Toten- und Naturgeistern.[50]

Die fruchtbaren Palau-Inseln waren erst ab der Jahrhundertwende stärkeren europäischen Einflüssen ausgesetzt. Sie waren damals relativ volkreich, doch schrumpfte auch dort die Bevölkerung im Laufe des 19. Jahrhunderts auf ein Viertel zusammen. Die Bewohner der Palau-Inseln hatten eine ungemein komplexe soziale und politische Ordnung, die sich in ihren wichtigen Elementen bis heute erhalten hat. Von enormer Bedeutung war das sakrale Geld: Perlen indischer oder orientalischer Herkunft, von denen man nicht weiß, wie sie auf die Inseln gekommen sind. Die jungen Männer eines Dorfes waren in „Klubs" zusammengefaßt. Ihre *Bai* genannten „Klubhäuser" sind das spektakulärste Phänomen der Inselkultur. Den Frauen des eigenen Dorfes war der Zutritt verboten, doch standen den jungen Männern die *Armongol* zu Diensten, das heißt, Mädchen aus den Nachbardörfern, die zeitweilig im *Bai* lebten und sich dort ihre Aussteuer verdienten. Der Giebel des *Bai* war mit flach reliefierten und be-

---

[50] Parallelen zum mythischen Urwesen finden sich in Indonesien; vgl. S. 105.

malten Brettern geschmückt, die als Bildstreifen übereinander viele Szenen aus der Überlieferung und Geschichten aus dem Leben wiedergaben. Sexuelle Motive waren nicht selten. Auf dem Giebel aber dominierte *Dilukai*, eine große, vollplastische Frauenfigur, die ihre Beine oft waagerecht wie im Spagat zur Seite streckt. Sie mit den dienstbaren *Armongol* in Verbindung zu bringen, ist sicherlich falsch. Frauengestalten in einer solch exhibitionierenden Position verkörpern, wie Parallelen aus anderen Regionen zeigen, die Vorstellung einer „Urmutter". Sie genau über den Eingang zu plazieren, soll ohne Zweifel bezeugen, daß der Innenraum des *Bai* ihr Leib ist.[51] Schließlich waren die Inselbewohner in matrilineare Klane organisiert, die ihre Abstammung jeweils auf eine „Stammutter" zurückführen. Wahrscheinlich ist *Dilukai* sogar eine Verkörperung der Urmutter *Latmikaik*, der sowohl die Götter als auch die Menschen ihre Existenz verdanken. Nach der Aussage der recht vagen und ziemlich wirren Überlieferung entsprang *Latmikaik* einem im Meer liegenden Felsen, allerdings begleitet von einem Mann, der sich danach in den Himmel begab, ohne daß von einer Befruchtung die Rede ist. Die Urmutter gebiert zuerst *Ugelianged*, den Himmelsgott und Weltenherrscher, und dann *Ugeldakt*, den Gott der Unterwelt, dann die anderen Götter und die Stammeltern der Menschen. Parallelen dieses mythischen Themas finden sich in Indonesien.[52] Alle transzendenten Wesen, vom Himmelsgott bis zum letzten Waldschrat, wurden auf den Palau-Inseln unterschiedlos mit dem Namen *Galid* zusammengefaßt. Über den *Galid*-Kult läßt sich kein klares Bild gewinnen. Offenbar erfuhren die minderen Götter, die Dämonen und Schutzgeister, weit mehr Verehrung als die großen Gestalten des Pantheons.[53]

Die nicht minder fruchtbaren, aber nicht ganz so volkreichen Yap-Inseln sind vor allem wegen ihres ausgefallenen Steingelds bekannt. Es stand und steht noch heute auf der Straße, denn es war zu groß und schwer, um in die Häuser gebracht zu werden. Auch sollte jeder sehen, wie reich man war. Das *Fä* sind runde, in der Mitte durchlochte Steinscheiben ab der Größe eines Schweizerkäses bis hin zu Mühlsteinen von über zwei Metern. Ein *Fä* besteht aus Aragonit, und dieses seltene Mineral mußte man auf den fast 300 Meilen entfernten Palau-Inseln brechen. Es war regelrechtes Zahlungsmittel, doch nahm man es nur zu wichtigen Zwecken, z. B. zur Begleichung einer Blutschuld oder zum Ankauf großer Mengen Nahrungsmittel für ein Fest. Bei der Übertragung blieb das *Fä* einfach stehen, denn dem Besitzer genügte es, daß jedermann wußte, wem die mächtige Scheibe gehört. *Fä*

---

[51] *D. Fraser*. The Heraldic Woman, in: *ders.* (Hrsg.), The Many Faces of Primitive Art (Englewood Cliffs N.J. 1966).

[52] Vgl. S. 105.

[53] *A. Krämer*, Palau (Ergebnisse der Südsee-Expedition), 5 Bde. (Hamburg 1917/29). Zum Galid-Kult vgl. Bd. 2, 334–346, und zur Gestalt der Latmikaik, Bd. 4, Gesch. 1 und 4.

hatte sakralen Charakter. Geld und Geldsachen waren auf Yap ein Teil des religiösen Lebens, denn der Besitz an *Fä* verlieh nicht nur Rang und Prestige, sondern bestimmte auch das Schicksal im Jenseits. Auf Yap war die soziale und politische Ordnung noch komplexer als auf Palau. Die Gesellschaft war zwar vorwiegend patrilinear organisiert, doch es gab auch matrilineare Verbände mit teilweise religiösem Charakter (Ahnenkult). Jede der Stammütter solcher Gruppen hatte ihre eigene Schöpfungsgeschichte. Die einen waren Pflanzen wie dem Bambus oder einem Kraut entsprungen, die anderen entstammten Tieren wie der Maus oder dem Delphin. Diese Tiere und Pflanzen waren dem betreffenden Verband als Totem heilig. Man kannte auf Yap zwar die Namen einer Anzahl von Himmelsgöttern, die das Weltgebäude und Gestirn geschaffen hatten; doch sie erfuhren, da sie sich vom irdischen Dasein völlig abgewandt hatten, keinerlei Verehrung. Wichtig waren hingegen sieben mindere, für die Fruchtbarkeit des Landes verantwortliche Götter, denen zu Ehren man nach den Regeln eines kultischen Kalenders regelmäßige Feste gab. Auf Yap waren anscheinend Geld und Geldsachen der wichtigste Teil des religiösen Lebens.[54]

Ponape, eine der drei hohen, vulkanischen Inseln der Karolinen, hat mit *Nan Matol* ein Monument der Vergangenheit, das in seiner Großartigkeit den Werken der Osterinsel nahekommt. Hinter dem Namen verbergen sich die Ruinen eines politischen und kultischen Zentrums, das in die Gewässer der Lagune im Osten der Insel gebaut worden war. *Nan Matol* besteht aus 92 Plattformen unterschiedlicher Größe und einer Anzahl Schutzmauern, die insgesamt eine Fläche von 70 Hektar bedecken. Jede Plattform hat ein Fundament und eine dicke Umfassungsmauer aus geschichteten Basaltsäulen; das Innere ist mit Korallensand aufgefüllt. Die Frage nach der Entstehung von *Nan Matol* ist noch offen. Wahrscheinlich begannen die Arbeiten vor rund 500 Jahren. Verlassen wurde diese „Lagunenstadt" mit ihren zahlreichen Kanälen vermutlich um 1800. Ganz Ponape muß in der Zeit von *Nan Matol* unter der Herrschaft einer mächtigen Dynastie gestanden haben. Nur der Adel und die Priester durften in den Häusern auf den Plattformen wohnen; ein beachtlicher Teil der Bauten diente als Tempel und Bestattungsplatz.[55]

Von der Religion der Insel Ponape und auch von Kusae, wo es ähnlich imposante Steinmonumente gibt, waren um die Jahrhundertwende nur noch „Trümmer" vorhanden. Beide Inseln waren seit 1852 die Zentren einer protestantischen Missionsgesellschaft. Die einheimischen Priester der beiden Inseln haben ihr Wissen mit ins Grab genommen. Was von der Religion der Inseln bekannt ist, gleicht im wesentlichen dem, was von den vielen Atollen der Karolinen sowie der Marshall- und Gilbert-Inseln berichtet

[54] *W. Müller-Wismar,* Yap (Ergebnisse der Südsee-Expedition), 2 Bde. (Hamburg 1917/18).
[55] *P. Hambruch,* Ponape (Ergebnisse der Südsee-Expedition), 3. Teilband (Hamburg 1936).

wird. Es sind mehr oder minder unterschiedliche Formen von Geisterglaube und Ahnenverehrung, von Krankenheilung und Zauberhandlungen. Das klingt ungerecht gegenüber den Forschern, die auf den Atollen jeder Einzelheit des religiösen Lebens nachgespürt haben. Aber es sind ihre Berichte, die zu einer solchen Feststellung zwingen. Man muß auch bedenken, daß die Atolle vom Bevölkerungsrückgang besonders hart getroffen wurden. Auf Nukuor am Südrand der Karolinen lebten um 1800 vermutlich tausend Menschen, doch 1878 waren es nur noch 124, und um 1910 hatte sich diese Zahl noch einmal um die Hälfte verringert. Natürlich fand man da und dort das Fragment einer Schöpfungsmythe. Interessant sind die zahlreichen Geschichten um einen trickreichen Heroen, der als *Olifat* oder unter anderen Namen bekannt ist. Selbstverständlich wurden auch Feste gefeiert, doch auf den kargen Koralleninseln mit ihren knappen Ressourcen fehlte es an Mitteln für besonderen Aufwand. Masken gab es einzig auf dem Lukunor-Atoll. Diese sind zwar künstlerisch hervorragend, doch im Kult spielten sie eine unbedeutende Nebenrolle. Wegen der harten Lebensbedingungen haben die Atolle auch in der bildenden Kunst kaum Bedeutsames hinterlassen. Die berühmte Ausnahme dieser Regel ist das schon erwähnte Nukuor. Die Bewohner des Atolls sprechen polynesisch. Ihre Vorfahren waren vor einigen Jahrhunderten von Samoa dorthin verschlagen worden. Sie verkörperten ihre vergöttlichten Ahnen in Bildwerken, die in tempelartigen Hütten aufbewahrt und zu Festzeiten mit Blumen bekränzt und einem diademartigen Kopfputz geschmückt wurden. Nach der Missionierung verbrannten oder verkauften sie jedoch ihre aus dem edlen Holz des Brotfruchtbaums geschnitzten Skulpturen. In diesen Götterbildern Nukuors findet die Menschengestalt eine Abstrahierung auf ihre Grundformen. Sie gehören zu schönsten und reizvollsten Zeugnissen ozeanischer Kunst, und die Anschauung dieser Bildwerke offenbart mehr von der Religiosität der Menschen auf Nukuor als alle Worte.[56]

---

[56] *K. Volprecht*, Nukuoro, in: Ethnologica NF., Bd. 4 (Köln 1968) 532–542, sowie *A. Eilers*, Die Inseln um Ponape (Ergebnisse der Südsee-Expedition). (Hamburg 1934) 157–380.

VIERUNDVIERZIGSTES KAPITEL

Totem, Traumzeit, Tjurunga – Die australischen Religionen

Waldemar Stöhr

356. Ursprung und Lebensumstände der Ureinwohner Australiens

Welche Menschengruppe kann wie die Ureinwohner Australiens eine Kontinuität von 40 000 Jahren aufweisen? Man entdeckte in Australien mehrere Fundplätze, die ein Alter von weit mehr als 30 000 Jahren haben.[1] Alle Anzeichen sprechen demnach dafür, daß die Vorfahren der heutigen Australier den fünften Kontinent vor mehr als 40 000 Jahren erreicht haben, als in Europa das Jungpaläolithikum begann.[2] Damals während der letzten Eiszeit war der Meeresspiegel wegen der im Eis gespeicherten Wassermassen wesentlich tiefer als heute. Die Schelfgebiete der Kontinente lagen trocken. Die Inseln Java und Borneo waren durch das „Sunda-Schelf" mit dem asiatischen Festland verbunden, und das „Sahul-Schelf" vereinte Australien und Neuguinea zu einer Landmasse. Die Makassar-Straße und andere Meeresarme konnten sicherlich mit einfachen Bambusflößen überwunden werden.

Ob die Einwanderer eine rassisch homogene Einheit waren, ob sie in mehreren Gruppen zu verschiedener Zeit kamen, ist eine noch offene Frage.[3] Unter den Ureinwohnern, die unter dem Namen „Australide" als eigenständige Varietät der Menschheit betrachtet werden, zeigen sich viele somatische Varianten, die sich aber in dem enormen Zeitraum von 40 000 Jahren bei der weitgehenden Isolierung einzelner Gruppen herausgebildet haben können. Die Australiden bilden im allgemeinen einen großwüchsigen, feingliedrigen und schlanken, aber doch kräftigen Menschenschlag mit dunkel- bis schwarzbrauner Haut und schlichtem bis stark welligem Haar. Das Gesicht wird von der sehr breiten, an der Wurzel eingebuchteten Nase, von starken Wangen- und wulstigen Stirnknochen sowie tiefliegen-

---

[1] *R. H. Pearce/M. Barbetti*, A 38 000-year Old Archaeological Site at Upper Swan, Western Australia, in: Archaeology in Oceania 16 (Sydney 1981) 173–178.

[2] Vgl. Bd. 1, Kap. 1.

[3] Vgl. *Ph. J. Habgood*, The Origins of the Australians. A Multivariate Approach, in: Archaeology in Oceania 21 (Sydney 1986) 130–137.

den, braunen Augen bestimmt. Im Südosten Australiens überwiegt ein kleinerer und gedrungener Typus mit negriden Zügen; auffallend ist vor allem sein Kraushaar. Er zeigt Ähnlichkeit mit den „Tasmaniden“, den ausgerotteten Ureinwohnern der südlich vorgelagerten Insel Tasmanien. Ihre Existenz läßt zwei Einwanderungen vermuten. Anscheinend wurden die Tasmaniden von den später kommenden Australiden nach Süden abgedrängt.[4]

Die Australier hielten bis in unsere Zeit zäh an dem Wildbeutertum und der paläolithischen Technik ihrer Vorfahren fest. Sie hätten die Möglichkeit gehabt, von den Papuas der Torres-Straße, mit denen sie Handel trieben, oder von indonesischen Seefahrern, die gelegentlich an der Küste Australiens landeten, den Bodenbau zu lernen und zu übernehmen. Offenbar war ihnen die traditionelle Wirtschaft genauso wichtig wie das von den Vorfahren übernommene Wertsystem. Die noch steinzeitlichen Waffen und Geräte sind hinsichtlich ihrer Lebensweise überaus zweckdienlich.[5] Die Steinwerkzeuge haben oft verschiedene Funktionen. Man kannte sogar ein Sägemesser aus geschäfteten Haifischzähnen. Die Körbe sind ungemein stabil, dennoch formschön und erstaunlich leicht. Es besticht in jedem Fall die handwerkliche Qualität. Dafür zeugt allein schon der Bumerang. Die Australier haben ihn wahrscheinlich nicht erfunden, ihn aber doch aufs höchste perfektioniert.[6]

Der materielle Besitz mußte notwendig gering und leicht zu transportieren sein. Die kleinen Gruppen, die in einem festumrissenen Territorium der Jagd und dem Sammeln nachgingen, mußten häufig, wollten sie sich nicht ihre Lebensgrundlagen zerstören, den Standort wechseln. Windschirme oder kleine Hütten schützten auf den Lagerplätzen vor den ärgsten Unbilden der Witterung. Die Größe eines Territoriums hing von seiner Fruchtbarkeit ab. Ausreichend Wasser zu finden, war wohl wichtiger, als immer genügend Nahrung zu haben. Die Meeresküsten bieten den Wildbeutern im allgemeinen am meisten (Fische, Seesäuger, Schnecken und Muscheln). Die Jagd oblag den Männern (Känguruhs und andere Beuteltiere, Emus und andere Vögel). Die Grundlage der Ernährung beschafften wohl die Frauen mit dem Sammeln wildwachsender Vegetabilien, Grassamen, eßbarer Wurzeln, Honig und allerlei Kleingetier. Besonders hart waren die Lebensumstände in den Wüsten. Die dort lebenden Gruppen galten den Australiern weit tüchtiger als die in anderen Gebieten. Fremde durften nur

---

[4] Die Tasmaniden zeigen weit mehr Ähnlichkeit mit den Papuas auf Neuguinea und den Negritos in Südostasien als mit den benachbarten Australiden. Die Frage nach den Rassen der Einwanderer kann aber nur von Spezialisten geklärt werden.

[5] Eine gute Anschauung der Geräte und Waffen vermittelt der Katalog: Aboriginal Australia (Australian Gallery Directors Council) (Melbourne–Sydney 1981/82).

[6] Vgl. *H. Peter,* Wesen und Bedeutung des Bumerangs (Veröffentlichungen zum Archiv für Völkerkunde, Bd. 9) (Wien 1986).

mit Erlaubnis in das Territorium, wollten sie sich nicht einem Angriff aussetzen. Man fühlte sich uneingeschränkt als Herr des ererbten Gebietes und zugleich auch als ein Teil desselben. Die enge Bindung der Australier an das Territorium ihrer Gruppe ist eine der wichtigsten Grundlagen ihrer Religion.

357. Die australischen Religionen und die Wissenschaft

1688 gelangte der Freibeuter und Entdecker William Dampier an die Nordwestküste Australiens und hatte Kontakt mit einem dortigen Küstenstamm. Nach der Rückkehr veröffentlichte er in seinen Tagebüchern (1697) eine lebendige Schilderung seiner Begegnung mit den Australiern. Für ihn sind sie die elendesten Menschen der Welt, ohne Kleidung und ohne Häuser, denen der nackte Erdboden als Schlafstätte dient. Die Australier hätten alle Säufernasen, so schreibt er, sie seien häßlich und vom Tier kaum zu unterscheiden. Neben solch subjektiven Äußerungen enthält dieser erste ethnographische Bericht über die Ureinwohner des fünften Kontinents auch manches informative Detail. Dampier rühmt ausdrücklich die Solidarität der Menschen innerhalb ihrer kleinen Gruppe. Sein vielgelesener Bericht prägte das Bild des Australiers in Europa. Folgenschwer war Dampiers Bemerkung, er habe keinerlei Anzeichen irgendeiner religiösen Verehrung feststellen können. Für lange Zeit galten die Australier als „Menschen ohne Gott".[7]

Das Vorurteil der Religionslosigkeit, das sich ja nur auf eine beiläufige Bemerkung von Dampier stützt, wurde in gewisser Weise von den vor der Jahrhundertwende entstandenen Theorien (Animismus und Praeanimismus) zum Ursprung und zur Entwicklung der Religion bestätigt. Die Australier waren Kronzeugen dieser Theorien. Sie standen ja im Sinne des Evolutionismus ganz unten auf der Entwicklungsleiter. Man konzedierte ihnen allenfalls Aberglauben und magische Praktiken, eine vage Seelenvorstellung und ein wenig Ahnenverehrung. Unvorstellbar schien der Gedanke, daß man bei den Australiern wie bei asiatischen oder europäischen Völkern von Religionen sprechen könnte. Besonders ausgeprägt waren solche Auffassungen im populärwissenschaftlichen Schrifttum der Zeit zu finden. Peinlich war für die Theoretiker, daß damals schon Traditionen australischer Stämme bekannt waren, die von dem schöpferischen Wirken urzeitlicher Wesen berichten, denen man das Attribut „göttlich" nicht absprechen konnte.[8] Nach dem

---

[7] Der Bericht findet sich im 1. Band des Werks von *William Dampier*, New Voyage round the world (London 1697).

[8] Vgl. z. B. *G. Taplin*, Narrinyeri (Adelaide 1873), sowie *A. W. Howitt*, Native Tribes of South-East Australia (London 1904) (Es handelt sich um die Zusammenfassung vieler früher erschienener Artikel).

Motto, daß nicht sein kann, was nicht sein darf, wurden solche Erscheinungen meist als Einflüsse christlicher Mission abgetan.[9] Die Theorien wirkten sich selbst auf die ethnographische Forschung aus. Die Autoren einiger wichtiger, um die Jahrhundertwende erschienener Werke, in denen bedeutende und eindeutig religiöse Phänomene beschrieben werden, vermeiden peinlichst die Begriffe „Religion“ und „religiös“.[10]

Ganz anders wurden die Traditionen der Australier, die auf den Glauben an ein göttliches Wesen bzw. einen „Hochgott“ hinweisen, von A. Lang (1898) und in seiner Nachfolge von Pater W. Schmidt (1912) gedeutet. Beide sind ebenfalls vom Evolutionismus geprägt, doch bei ihnen erscheint der Fortschritt als Degeneration. Am entschiedensten wurde diese Auffassung von Schmidt in seiner Theorie des „Urmonotheismus“ vertreten. Als Theologe erkannte er die alles relativierende Sprengkraft der Ethnologie für jedes festgefügte System, wie auch die katholische Kirche eines ist: Wenn alle Religionen nur ein Resultat der Evolution sind, kann keine mehr die Alleingültigkeit für sich in Anspruch nehmen. Mit seinem Postulat einer „Uroffenbarung“ Gottes bei den kulturell einfachsten bzw. den „primitiven“ Gruppen, den sogenannten „Urvölkern“, zu denen auch die Australier zählen, stellt er alles wieder auf ein festes Fundament. Zuerst gab es den Glauben an ein „Höchstes Wesen“, verbunden mit hoher Sittlichkeit (Monogamie, Solidarität etc.), dann erst folgen Mythologie, Seelenvorstellungen und Magie, die ihn überwuchern oder ganz verdrängen, bis die Offenbarung der Bibel wieder zum Ursprung zurückführt. In seinem monumentalen Werk „Der Ursprung der Gottesidee“ nennt Schmidt natürlich andere Gründe für den Urmonotheismus (z. B. die Befriedigung des Gesamtbedürfnisses des Menschen) als in den theologischen Schriften.[11]

Spätestens um 1930 verloren die großen Theorien ihre Bedeutung. Man hatte allenthalben erkannt, daß den Fragen nach Ursprung und Entwicklung der Religion mit empirischen Mitteln nicht beizukommen war. Zu dieser Zeit waren in Australien von den ursprünglich wahrscheinlich 300 000 Ureinwohnern nur noch rund 50 000 übriggeblieben. Die Stämme im fruchtbaren Südosten Australiens waren entweder ausgestorben oder in ihren Resten kulturell so stark gewandelt, daß nichts mehr von der alten Religion, Gesellschaft und Lebensweise zu finden war. Immerhin lebten in den anderen Regionen noch viele Gruppen, die kaum beeinflußt waren und ihre alten Traditionen behaupteten. So war es für die Wissenschaft von großer

[9] Vgl. *E. B. Tylor*, Limits of Savage Religion, in: The Journal of the Royal Anthropological Institute 21 (London 1891) 283–301, sowie *E. S. Hartland*, The ‚High-Gods‘ of Australia, in: Folklore 9 (London 1898) 290–329.

[10] Vgl. z. B. *W. B. Spencer/F. J. Gillen*, Native Tribes of Central Australia (London 1899) und Northern Tribes of Central Australia (London 1904), sowie Howitt 1904 (siehe Anm. 8).

[11] *W. Schmidt*, Der Ursprung der Gottesidee, Bd. 3 (Münster 1931) 565–1113 (vgl. auch Bd. 1 [Münster 1912, 2. Aufl. 1926]).

Bedeutung, daß 1925 an der Universität Sydney ein Institut für Anthropologie eingerichtet wurde.

In den folgenden Jahrzehnten lag die ethnographische Forschung weitgehend in den Händen australischer Ethnologen wie A. P. Elkin, T. H. G. Strehlow, F. D. McCarthy, W. H. C. Stanner, R. M. Berndt und Catherine H. Berndt, um nur einige Namen zu nennen. Ihre Arbeit war überaus erfolgreich, und unsere Kenntnis der Kultur und Lebensweise der Ureinwohner gewann eine neue Dimension. Zu würdigen sind auch ihre Bemühungen, bei der weißen Bevölkerung Australiens Verständnis für die schwere Situation der „Aborigines" zu wecken.

Großen Anteil an den Forschungen speziell über die Religion hat der aus Deutschland stammende Missionar und Ethnologe Pater E. A. Worms. Beteiligt an der ethnographischen Kenntniserweiterung sind auch deutsche Ethnologen wie A. Lommel und vor allem H. Petri mit mehreren wichtigen Publikationen. Von den alten Theorien ist in den neuen Werken, die sich speziell mit dem religiösen Leben der Australier befassen, nichts mehr zu finden. Man ist vielmehr strikt bemüht, sich von allen vorgefaßten Meinungen freizuhalten.

358. Gesellschaftliche Ordnung und Totemismus

Die „Horde" und der „Stamm" waren und sind zum Teil noch die wichtigsten sozialen Verbände für den Ureinwohner Australiens. Mit der nicht gerade glücklich gewählten Bezeichnung „Horde" ist die kleine Gruppe mit eigenem Territorium gemeint. Sie umfaßt mehrere Familien, die drei oder gar vier Generationen angehören. Die Kleinfamilie hätte, auf sich gestellt, unter den gegebenen Verhältnissen keine Lebenschancen gehabt. Der Personenstand einer Horde dürfte durchweg bei dreißig Männern, Frauen und Kindern gelegen haben. Diese Menschen leben gemeinsam in den Lagern und wirken tagtäglich bei der Nahrungsbeschaffung zusammen. Die Horden sind patrilinear und exogam, das heißt, nur die Männer sind blutsverwandt, die Frauen stammen aus einer anderen Gruppe. Dementsprechend wurden auch die Töchter in eine andere Horde verheiratet. Die Ehe innerhalb der eigenen Horde war absolut verpönt. Die Führung einer solchen lokal gebundenen Gruppe oblag dem Ältesten bzw. demjenigen, der die größte Erfahrung besaß. Diese betrifft nicht nur Kenntnisse bei der Jagd (Tierspuren, Wildwechsel etc.) und in der Sammelwirtschaft, sondern auch das Wissen um die religiöse Überlieferung und das angemessene Verhalten sowohl in sakraler als auch in profaner Hinsicht.

Die Horde regelte zwar die meisten ihrer Angelegenheiten selbst. Sie ist aber dennoch kein eigenständiger Verband, der für sich allein existieren könnte. Man braucht den Kontakt und die Zusammenarbeit mit anderen

Horden, und zwar allein schon wegen der Frauen, aber auch um Freunde und Helfer in Krisenzeiten zu haben. Eine Anzahl von Horden – vielleicht im Durchschnitt ein Dutzend – bildet den Stamm, der für das Leben des Einzelnen kaum weniger von Bedeutung ist. Zunächst ist der Stamm eine endogame Einheit, das heißt, man heiratete nicht über die Grenzen des Stammes hinaus; eine Ausnahme bildeten allenfalls die Horden, die an der Peripherie des Stammesgebietes lebten. Der Stamm ist weiterhin eine Spracheinheit.[12] Die Australier besaßen übrigens eine Zeichensprache, mit der man sich faktisch auf dem ganzen Kontinent verständigen konnte.[13]

Fast 600 Stämme sind namentlich bekannt und ihre Wohngebiete lokalisiert. Das ergibt bei den um 1800 schätzungsweise 300 000 Ureinwohnern einen Durchschnitt von rund 500 Menschen pro Stamm. Manche Stämme waren beachtlich größer, andere dementsprechend kleiner. Da es für jeden Stamm noch fast ein Dutzend alternativer Bezeichnungen gibt, ist das Identifizieren und Lokalisieren der Stämme fast schon eine Wissenschaft für sich. Jeder Stamm hatte Eigentümlichkeiten, die ihn vom Nachbarstamm unterschieden. In religiöser Hinsicht gab es aber innerhalb der großen Regionen des Kontinents (Süden und Südosten, Nordosten, Norden und Nordwesten, Westen und Zentralgebiet) weitgehende Übereinstimmungen. Die Führung eines Stammes lag in den Händen der Ältesten, die im Rat über alle Angelegenheiten entschieden, die über die einzelnen Horden und auch über den Stamm hinausgingen. Die politische Bedeutung des Stammes war gering. Er war vor allem der Träger des religiösen Lebens. Alle Männer kamen zu bestimmten Gelegenheiten zusammen, um die wichtigen Kulthandlungen zu vollziehen.

Horde und Stamm sind, so will es scheinen, recht einfache soziale Verbände. Nun gibt es aber noch Klane sowie Heiratsklassen, die sich in vier oder gar acht Sektionen teilen können, und diese Gruppen sind es, die die Gesellschaft der Australier zu einer höchst komplizierten und kaum mehr überschaubaren Erscheinung machen. Hinzu kommt, daß die genannten Gruppen „totemistischen" Charakter haben. Mit „Totemismus" bezeichnet man im allgemeinen die mystische Beziehung einer Gruppe von Menschen zu einer Tier- oder Pflanzenart oder zu einem anderen Naturphänomen. Diese Bindung gründet sich vorwiegend auf der Annahme gemeinsamer Abstammung von einem mythischen Wesen. In dieser Form hat der Totemismus fast weltweite Verbreitung. Im Grunde handelt es sich um ein religiöses Phänomen, das aber weitreichende soziale Auswirkungen hat.

[12] Für den Linguisten ist oft schwer zu entscheiden, was noch Dialekt und was schon eigene Sprache ist. Insgesamt rechnet man mit 150 eigenständigen Sprachen in Australien. Vgl. *S. A. Wurm*, Aboriginal Languages, in: *W. E. H. Stanner/H. Sheils* (Hrsg.), Australian Aboriginal Studies (Melbourne 1963) 127–148.

[13] Vgl. La Mont West, Aboriginal Sign Language. A Statement, in: *W. E. H. Stanner,/H. Sheils* (Hrsg.), Australian Aboriginal Studies (Melbourne 1963) 159–168.

Übrigens gab es um die Jahrhundertwende eine Theorie, die im Totemismus den Ursprung der Religion erblickte. Auch Sigmund Freud hat sich mit dem Werk „Totem und Tabu“ (1912/13) am Totemismus versucht. Die Formen des Totemismus sind höchst unterschiedlich. Mit „Individual-Totemismus“ bezeichnet man die durch einen Traum oder ein anderes Erlebnis ausgelöste Bindung an ein Totem und die damit verbundenen Verhaltensweisen. Beim „Geschlechts-Totemismus“ besitzen die Männer und Frauen eines Stammes je ein anderes Totem, und mit „Lokal-Totemismus“ ist die Bindung eines bestimmten Ortes und der dort lebenden Menschen an ein Totem gemeint. Alle diese Formen fanden sich in Australien, doch wichtig war nur der mit Gruppen verbundene Totemismus.

Totemistische Klane sind Gruppen von Menschen, die ihre Abstammung gemeinsam entweder patrilinear (nur väterlicherseits) oder matrilinear (nur mütterlicherseits) auf ein bestimmtes Totem-Wesen der Urzeit zurückführen und sich daher als verwandt betrachten. Da die Ureinwohner Australiens die klassifikatorische Verwandtschaft kannten, waren die Angehörigen eines Totem-Klans gleicher Generation Brüder und Schwestern und die vorhergehende Generation Väter und Mütter. Natürlich war man sich der wirklichen Blutsverwandtschaft bewußt, doch tat dies der klassifikatorischen Klanverwandtschaft keinen Abbruch. Die Klane gingen weit über die einzelnen Stämme hinaus. Man konnte bei einem fremden Stamm, dessen Sprache man nicht einmal verstand, mittels der Zeichensprache einen Angehörigen seines Klans entdecken und mußte ihn als Bruder betrachten. Früher kam so etwas aber kaum vor, da man sich faktisch nur im eigenen Stammesgebiet bewegte. Auch für den Klan herrschte strikte Exogamie, das heißt, der Partner mußte aus einem anderen Klan stammen. Sexueller Verkehr oder gar Heirat innerhalb des Klans galt als Inzest und als ein todeswürdiges Verbrechen. Für die kleine Lokalgruppe bedeutete dies, daß man die Frauen aus einer Horde wählen mußte, die einem anderen Klan angehörte. Gewöhnlich gehörten die Angehörigen einer Horde demselben Klan an, doch konnte es im Falle matrilinearer Deszendenz vorkommen, daß in einer Horde Menschen verschiedener Klanzugehörigkeit vereint waren, was die Verhältnisse noch wesentlich komplizierte.

Viele Stämme waren überdies noch in zwei totemistische Heiratsklassen geteilt. Der Ehepartner mußte unter Beachtung der Klan-Exogamie jeweils aus der anderen Klasse genommen werden. Solche Heiratsklassen, die den Stamm faktisch hälfteten, hatten auch antagonistischen Charakter. Alle Erscheinungen der kleinen Stammeswelt waren in polaren Gegensätzen wie Himmel und Erde, männlich und weiblich, rechts und links, schön und häßlich auf die beiden Stammeshälften bezogen. Nicht wenigen Stämmen genügte anscheinend diese „Dualorganisation“ noch nicht, denn bei ihnen sind die Stammeshälften noch einmal zwei- oder gar viergeteilt, so daß der Stamm in vier bzw. acht Sektionen zerfällt. Auf Einzelheiten der damit verbundenen Heiratsordnung einzugehen, erübrigt sich. Sie ist so komplex und so schwierig zu verstehen, daß sie nur von wenigen Spezialisten über- bzw. durchschaut wird. Ihre Publikationen lesen sich oft wie höhere Mathematik.[14]

Mit dem Totemismus waren zahlreiche Restriktionen und Vorschriften verbunden. Man durfte den irdischen Erscheinungsformen seines Klan-Totems keinen Schaden zufügen, geschweige denn, falls es sich um ein Tier handelte, dieses töten oder, falls es eine Pflanze war, diese essen. Manche Stämme waren in Hinsicht solcher Meidungsvorschriften weniger streng. Viele Verhaltensweisen lassen sich aus dem Gesellschaftlichen allein nicht erklären. Die vorwiegend religiösen Erscheinungen werden meist unter dem Begriff „Kult-Totemismus" zusammengefaßt.

In der Gesellschaft der Ureinwohner Australiens hatten die alten und erfahrenen Männer die führende Stellung. Man kann durchaus von einer Gerontokratie oder Altenherrschaft sprechen. Macht und Einfluß beruhten aber nicht allein auf dem Lebensalter und der profanen Lebenserfahrung. Diese Männer hatten mehrere religiöse Initiationen empfangen, sie waren mit der Überlieferung ihres Stammes vertraut gemacht worden. Dies verlieh ihnen den Rang und die Autorität, die Horden zu führen und die Angelegenheiten des Stammes in Absprache zu regeln.

359. Die Traumzeit und ihre göttlichen Wesen

„Traumzeit" ist ein neues Wort unserer Allgemeinsprache, das wir den Ureinwohnern Australiens zu verdanken haben. Nach H. P. Duerr ist Traumzeit, so will es scheinen, ein Synonym für das Irrationale schlechthin. Er hat sicherlich recht, wenn er meint, daß man diesem Wort mit unserer Begrifflichkeit nicht hinreichend beikommen kann. Man kann sich ihm allenfalls beschreibend nähern.[15] „Traumzeit" ist die freie Übersetzung des Wortes *Alcheringa* der Aranda-Stämme im Zentrum des australischen Kontinents. Australische Ethnologen bevorzugen statt „dream time" im allgemeinen „dreaming", doch will der Unterschied nicht viel besagen. Gleichbedeutende oder zumindest ähnliche Begriffe stammen aus anderen australischen Sprachen. „Traumzeit" meint die mythische Urzeit mit dem schöpferischen Wirken göttlicher Wesen, dem die Menschen, Tiere, Pflanzen und alles sonst Seiende die Existenz verdanken, aber auch die irdischen Manifestationen der göttlichen Wesen und die Vergegenwärtigung ihrer Schöpferkraft im Kult.

Merkwürdigerweise meiden die Ethnologen, die sich speziell mit den Ur-

---

[14] Vgl. z. B. *Pin-Hsiung Liu,* Murngin. A Mathematical Solution (Nankang, Taipei 1970).
[15] *H. P. Duerr,* Traumzeit (Frankfurt 1985) 184–200.

einwohnern Australiens befassen, meist die Begriffe „Gott, Götter und göttlich", so als wären diese Begriffe urheberrechtlich geschützt. Sie bestimmen dann die Gestalten der Traumzeit als „Heroen", „Kulturheroen", „Himmelswesen" oder „Demiurgen". Vielleicht spielt bei dieser begrifflichen Scheu die Abwehr der alten Theorien eine Rolle. Der Missionar und so verdienstvolle Forscher Pater E. A. Worms spricht ausdrücklich von „Heiligen Wesen" und sagt dazu, daß er kein einziges Geistwesen in Australien feststellen konnte, „dem eine unbeschränkte und ungeteilte Macht über alle geistigen und physischen Gegebenheiten zugesprochen werden könnte"[16]. Wer so strenge Maßstäbe anlegt, muß auch die Götter Griechenlands zu „heiligen Wesen" degradieren. Tatsache ist allerdings, daß die in der Traumzeit handelnden Gestalten eher Herakles als Zeus ähnlich sind. Unter diesem Aspekt erscheinen die Begriffe „göttliche Wesen" oder „göttliche Heroen" als akzeptabler Kompromiß.

Obwohl von der Überlieferung der Ureinwohner Australiens sicher nur ein geringer Teil aufgenommen werden konnte und somit erhalten blieb, begegnet man doch in den betreffenden Schriften einer verwirrenden Fülle von Gestalten, Tierwesen, Namen, Ereignissen und Bildern. Bei näherer Betrachtung zeigen sich aber in der Überlieferung der einzelnen großen Regionen Australiens, zwar nicht in den Einzelheiten, so doch in der allgemeinen Tendenz des mythischen Geschehens, gewisse Übereinstimmungen, die auf eine früher einmal gemeinsame Vorstellungswelt schließen lassen.

Eine dieser großen Regionen ist der fruchtbare Südosten des Kontinents, das Gebiet der heutigen Bundesstaaten Victoria und Neusüdwales. Die dort einmal lebenden Stämme waren die ersten, die der Konfrontation mit den seit Mitte des vorigen Jahrhunderts immer zahlreicher werdenden europäischen Siedlern ausgesetzt waren. Sie sind bis auf wenige Reste verschwunden; die Mehrzahl der Menschen fiel den eingeschleppten Krankheiten und dem Alkohol zum Opfer. Die wichtigsten Nachrichten über ihre Religion sind den bei ihnen wirkenden Missionaren zu verdanken.

Bei den Stämmen des Südostens dominiert im Geschehen der Traumzeit jeweils ein bestimmtes Schöpferwesen, das zwar in Menschen- oder Tiergestalt in Erscheinung tritt, doch immer als profilierte Persönlichkeit zu fassen ist. Die Namen dieser göttlichen Wesen, wie z. B. *Bunjil, Baiama* und *Daramulun,* haben einen hohen Bekanntheitsgrad. Sie waren Kronzeugen in der Auseinandersetzung der Theorien, von denen oben gesprochen wurde. *Bunjil* z. B. wurde von den früheren Stämmen im Umkreis von Melbourne verehrt. Er hat anscheinend seinen Ursprung in sich selbst, doch ist

[16] *E. A. Worms/H. Petri* 1968 (s. Bibliographie) 232.

er nach anderen Traditionen von Adler und Krähe geschaffen worden. Eine Erscheinungsform des *Bunjil* ist der Adlerfalke, und in der Krähe *Waang* hat er einen Helfer und zugleich Rivalen, der ihm an Macht zwar nicht gleich-, aber doch nahekommt. *Bunjil* hat Brüder, Frauen und Kinder. Als Schöpfer des Menschen nannten ihn die Stämme auch „Unser Vater". *Bunjil* schuf in der Zeit, da er auf Erden wandelte, die Erscheinungen der Umwelt auf der ursprünglich öden Erde und alle für das Leben der Menschen wichtigen Dinge. Er führte bei den Stämmen die Heiratsklassen ein, damit sie nicht mehr ungeregelt die Ehe schließen mußten. In Gestalt des Adlerfalken ist er das Totem der einen Klasse, das Totem der anderen ist die Krähe *Waang*. Zum Ende seines Wirkens versetzt sich *Bunjil* durch einen selbst veranlaßten Sturm in den Himmel und nimmt fortan keinen unmittelbaren Einfluß mehr auf das irdische Dasein.

Vielleicht haben die frühen Missionare aus ihrem christlichen Selbstverständnis heraus die „Göttlichkeit" des *Bunjil, Baiama, Daramulun, Nurunderi, Biral* etc. zu stark betont, doch nachprüfen lassen sich ihre Berichte nicht mehr. Pater W. Schmidt stilisiert sie im Sinne seiner Theorie des „Urmonotheismus" zu Erscheinungsformen des „Höchsten Wesens". Doch auch der skeptische australische Ethnologe A. P. Elkin hat, indem er diese Wesen der Traumzeit „Sky heroes" bzw. „Himmelswesen" nennt, ihre Göttlichkeit anerkannt.[17]

Von ganz anderem Charakter ist das Schöpfungsgeschehen der Traumzeit in der Überlieferung der Aranda-Stämme im zentralen Australien.[18] Auch sie kennen ein Himmelswesen, das aber, obwohl es den Namen „Großer Vater" *(Kngaritja)* trägt, kaum Bedeutung für die Menschen hat. Es hat Emu-Füße, seine Frau hingegen Hundefüße. Beide haben zahlreiche emufüßige bzw. hundefüßige Söhne und Töchter. Die Himmelswesen besitzen ewige Jugend. Sie ernähren sich im Himmel, der von der Milchstraße als breitem Fluß durchströmt wird, von den dort in Massen vorhandenen Früchten. Außer Vögeln gibt es jedoch keine Tiere. Das Himmelswesen hat die Erde nicht geschaffen, auch keine Tiere und Pflanzen. Es rief auch nicht die „Totem-Ahnen" der Menschen ins Leben und übte auf sie auch keinen Einfluß aus. Wie eine Mythe ausdrücklich sagt, hat es keinerlei Macht über Winde und Wolken, über Krankheit und Tod, es straft auch nicht den Übeltäter. Anscheinend ist dem Himmelswesen das irdische Dasein gleichgültig. Vielleicht wollten die Aranda mit dem prächtigen Himmel und dem schönen Leben der emu- oder hundefüßigen Himmelswesen eine Art Gegenwelt zu den diesseitigen Sorgen und Nöten entwerfen. Vielleicht

[17] *A. P. Elkin,* The Australian Aborigines (Sydney 1954) (3rd ed.) 212–214.

[18] Vgl. zu den Totem-Ahnen der Aranda die zusammenfassende Darstellung von *T. G. H. Strehlow,* Personal Monototemism in a Polytotemic Society, in: Festschrift für Ad. E. Jensen, hrsg. v. E. Haberland / M. Schuster / H. Straube, Teil II (München 1964) 723–754.

ist aber auch ein Teil ihrer Überlieferung verlorengegangen. Mit dem Schöpfungsgeschehen, das vorwiegend die Erde betrifft, hat dieser eigenartige „Große Vater“ offenbar nichts zu tun.

Am Anfang erscheint die Erde nach den Mythen der Aranda flach und ohne jegliche Kontur. Sie ist zwar wüst, aber nicht ganz leer. An manchen Orten, die später als Wasserlöcher und Salzseen zu erkennen sind, lagerten Massen embryonaler Vorformen des Menschen. Diese sind an den Gliedmaßen zusammengewachsen und bilden so eine Art Netz. Mund, Augen und Nase waren geschlossen. Die halbfertigen Menschen konnten nicht zu Männern und Frauen heranwachsen, aber auch nicht sterben und verwesen. Unter dem Erdboden jedoch schlummerten Tausende übernatürlicher Wesen in tiefem Schlaf; auch Sonne, Mond und Abendstern waren dort verborgen. Die Traumzeit beginnt, als diese Wesen, gemeinhin „Totem-Ahnen“ genannt, erwachen und den Erdboden durchbrechen. Auch das Gestirn steigt empor, und die Sonne wärmt nun die bislang nachtkalte Erde. Die „Geburtsorte“, wo die Totem-Ahnen die Erde durchbrachen, sind mit deren Leben und Kraft erfüllt. Sie werden später Kultplätze, die nur ein initiierter Mann zu bestimmten Gelegenheiten betreten durfte. Die Totem-Ahnen sind nach Aussage der Aranda „aus ihrer eigenen Ewigkeit geboren“. In ihrer Gestalt manifestiert sich die untrennbare Bindung von Mensch, Tier und Pflanze. Manche Totem-Ahnen gleichen dem Känguruh, dem Emu und anderen Tieren, doch sie denken und handeln wie Menschen. Andere haben eine Männer- oder Frauengestalt, die sie aber mit der eines Tieres wechseln können. Totem-Ahnen, die eine Beziehung zu Pflanzen aufweisen, haben unverändert eine menschliche Gestalt.

Die Totem-Ahnen wandern nach der Überlieferung der Aranda über die Erde und geben ihr Konturen. Die Entstehung aller Berge, Sandhügel, Ebenen, Täler, Sümpfe, Quellen und anderer Wasserstellen im weiten Gebiet der Aranda sind in den Mythen erwähnt. Als die embryonalen Vorformen der Menschen ins Leben gebracht werden, sind es die Totem-Ahnen, die sie aus dem Netzwerk herausschneiden und ihnen Mund, Augen und Nase öffnen. Manche betätigen sich als wahre „Kultur-Heroen“ und lehren, wie man Feuer macht, zur Jagd geht, die Nahrung zubereitet und die Waffen gebraucht.

Nachdem die Totem-Ahnen ihre Wanderungen beendet und ihre Taten vollbracht haben, überfällt sie große Müdigkeit. Sie kehren wieder in den Untergrund zurück, und diese Stellen werden wie die „Geburtsorte“ zu Kultplätzen. Manche Totem-Ahnen mußten während ihres Daseins auf Erden Schmerzen erleiden, manche fielen sogar dem Totschlag zum Opfer. Dennoch sind die Totem-Ahnen unsterblich, denn auch die Getöteten leben in Felsen, Bäumen und vor allem in bestimmten Kultobjekten fort. Und es gibt noch eine andere Art des Weiterlebens: Überall dort, wo die vielen Totem-Ahnen einmal gewandelt sind, und dort, wo sie sich in Felsen und Bäumen verkörpert haben, blieben Spuren ihrer Lebenskraft zurück, gewissermaßen Partikel oder Emanationen ihres Wesens. Diese können in den Körper einer schwangeren Frau eindringen und sich im Foetus reinkarnieren. Die Vorstellung präexistenter „Geistkinder" bedeutet nicht, wie gelegentlich behauptet wurde, daß den Aranda der physiologische Zusammenhang zwischen Zeugung und Geburt unbekannt sei, denn jeder Mensch hat eine zweite Seele, die eindeutig auf die Eltern zurückgeht. Im Grunde wiederholt sich im Geistkind, das dem Foetus Gestalt und künftige Persönlichkeit verleiht, die Schöpfungstat der Totem-Ahnen, die ursprünglich den embryonalen Vorformen des Menschen ins Leben half.[19]

Auffallend an den mythischen Traditionen der Aranda ist die Tatsache, daß die gesamte Schöpfung in den Totem-Ahnen und den embryonalen Vorformen des Menschen präexistent ist. Solche Vorstellungen sind häufig mit der Idee eines doppel- oder ungeschlechtlichen, menschen- oder tiergestaltigen Urwesens verbunden. Zwar läßt sich ein solches Urwesen bei den Aranda nicht nachweisen, denn weder der „Große Vater" im Himmel noch eine andere Erscheinung läßt sich eindeutig in diesem Sinne verstehen.[20] Doch fand sich bei den Stämmen im Norden und Nordwesten Australiens mit der „Regenbogenschlange" eine solche Vorstellung. Ihre Erscheinungsform und Bedeutung wechseln von Stamm zu Stamm, doch immer ist sie als Inbegriff des lebenspendenden Wassers der Urgrund von Schöpfung und Fruchtbarkeit. Bei den Stämmen in Kimberley ist die Regenbogenschlange eng mit den *Wondjinas* genannten Geistwesen verbunden, die ihr zu entstammen scheinen. Die *Wondjinas* haben annähernd menschliche Gestalt, doch fehlt ihnen der Mund. Auf den Felsbildern gleicht ihr Kopf fast einem Astronautenhelm, was ihnen zeitweilig ungewöhnliche Popularität verschaffte. Ihr Wirken während der Traumzeit entspricht in etwa dem der Totem-Ahnen der Aranda. Sie gestalten die Landschaft und vermitteln Menschen, Tieren und Pflanzen Leben und Fruchtbarkeit. Nach Abschluß ihres Wirkens gingen sie wieder in die Regenbogenschlange zurück. Jedoch blieb von den *Wondjinas* ein Teil der Lebenskraft auf Erden. Er kann sich in regenschweren Wolken manifestieren, und er findet als „Geistkind" den Weg zum Fötus einer Schwangeren. Die Idee vom „Geistkind" findet sich mehr oder minder deutlich bei fast allen Stämmen Australiens. Diese Art von Reinkarnation offenbart sich dem leiblichen Vater meist im Traum. Je-

[19] Vgl. zum Komplex der „Geistkind"-Vorstellung *M. F. Ashley-Montagu,* Coming into Being among the Australian Aborigines (London 1937); *T. G. H. Strehlow,* Aranda Traditions (Melbourne 1947); *ders.,* a. a. O. (s. Anm. 18) 729–732.

[20] *J. Winthuis,* Das Zweigeschlechterwesen bei den Zentralaustraliern und anderen Völkern (Leipzig 1928).

der Mensch ist durch das „Geistkind" direkt mit den Wesen der Traumzeit verbunden.[21]

Himmel und Erde sind in den Schöpfungsmythen der Ureinwohner Australiens meist irgendwie vorhanden. Das Weltganze ist von geringem Interesse, weit wichtiger sind die Entstehung der Landschaftsformen, der Berge, Täler und Wasserstellen, die Erschaffung der Menschen, der Jagdtiere und nutzbaren Pflanzen, der Ursprung sozialer Institutionen, der Werkzeuge und Waffen, die Stiftung der Kulthandlungen und Kultobjekte. Die Wesen der Traumzeit sind alles andere als ethische Vorbilder; sie rauben, morden und vergewaltigen. Dennoch kann man ihnen das Attribut „göttlich" zuschreiben, unabhängig davon, ob in der Traumzeit ein universales Schöpferwesen wirkt, ob eine kleine Gruppe oder ein antagonistisches Brüderpaar agiert oder ob eine Vielzahl von Geistwesen das Feld beherrscht. Gibt es doch in anderen Religionen manche weit weniger interessante Gestalten, denen dieser Rang verliehen wurde.

360. Tjurunga: irdische Manifestationen der Traumzeit

Die australischen Sprachen besitzen Wörter, die annähernd unserem „sakral" entsprechen. Diese bezeichnen keinen Gegensatz zur profanen Welt. Sie grenzen vielmehr etwas ab und heben es aus dem Allgemeinen hervor, und zwar im Sinne von „geheim", „gefährlich", „für Unbefugte konsekriert". Sakral sind Orte, Handlungen und Objekte, die unmittelbar mit den Wesen der Traumzeit und ihrem schöpferischen Wirken in Verbindung stehen.[22] Es können Felsen und andere auffällige Landschaftsformen sein, in denen sich solche Gestalten verkörpert haben. Es sind ihre Wanderwege und Lagerplätze, als sie der Erde Gestalt gaben. Es sind die Stellen, wo die zuvor genannten Totem-Ahnen der Aranda den Erdboden durchbrachen und danach wieder in ihm verschwanden. Solche Orte dienen häufig zu Kulthandlungen, die ebenfalls, da in ihnen die Traumzeitwesen gegenwärtig sind, sakral sind und nur von initiierten Männern vollzogen werden dürfen. Die Kultplätze sind in manchen Regionen Australiens mit Steinkreisen, Dolmen oder anderen Steinsetzungen gekennzeichnet.[23]

Tjurunga ist ein solches Wort für das Sakrale. Es stammt aus der Sprache

---

[21] Vgl. *A. Lommel*, Die Unambal (Hamburg 1952); *H. Petri*, Sterbende Welt in Nordwestaustralien (Braunschweig 1954). Vgl. auch die Zeitschrift „Oceania", Bd. 1 (Sydney 1930), mit mehreren Artikeln über die Mythe der „Regenbogenschlange".
[22] Vgl. S. 191–192.
[23] Vgl. *G. Odermann*, Holz- und Steinsetzungen in Australien, in: Paideuma 7 (Wiesbaden 1959) 99–114.

der Aranda in Zentral-Australien.[24] Im engeren Sinne ist *Tjurunga* die Bezeichnung der wohl wichtigsten Kultobjekte der Ureinwohner Australiens: brettartig flacher, länglich-ovaler Hölzer von mehr oder weniger als einem Meter Länge. Sie sind meist beidseitig mit feinen Mustern aus Kreisen, Mäandern, verschachtelten Rauten oder Quadraten bedeckt; selten sind ihnen auch figürliche Darstellungen eingeschnitten. Die Fertigung eines *Tjurunga* ist vom Fällen des Baumes an ein kultischer Akt. Die Ziermuster sollen bereits im Holz vorhanden sein und werden nach Ansicht der Australier vom Schnitzer nur freigelegt. Die Aranda in Zentral-Australien kannten zudem noch *Tjurunga* aus Schiefergestein. Sie haben eine ähnliche Form, sind aber nur selten größer als dreißig Zentimeter. Manche tragen ein asymmetrisches Muster aus Kreisen und Linien, die wie auf einer Landkarte den Wanderweg und die Lagerplätze der Totem-Ahnen wiedergeben. Die *Tjurunga* wurden früher „Seelenhölzer" genannt, doch dieser Name trifft allenfalls auf ganz kleine Stücke zu, die vom Besitzer meist im Haarschopf getragen wurden und auf sein „Geistkind" bezogen zu sein scheinen.[25] Die *Tjurunga* erlangten erst im Kult zusammen mit den rezitierten Mythen ihre Wirksamkeit. Ältere Stücke wurden zwar mit Respekt behandelt, konnten aber durchaus verkauft werden; schließlich hat Geld ebenfalls sakralen Charakter. In der Zeit zwischen den Kulthandlungen wurden die *Tjurunga* an einem sicher scheinenden Ort aufbewahrt. Da zu jeder Initiation neue Kultobjekte gefertigt wurden, lagen dort oft mehr als hundert von ihnen, auch die *Tjurunga* der Vorväter, bis diese schließlich durch die Witterung, durch Brand oder Termitenfraß zerstört wurden.

Die „Schwirrhölzer" sind nach Form und Verzierung den *Tjurunga* sehr ähnlich und werden meist auch so genannt. Sie sind schmaler und an einem der stärker zugespitzten Enden durchbohrt. Wenn die Hölzer mit einer Schnur im Kreis geschwungen werden, geben sie auf- und abschwellend einen summenden bis dröhnenden Klang, der bei den Kulthandlungen die Anwesenheit der Traumzeitwesen bezeugt. Auch andere Schallgeräte wie Blashorn und Klangstäbe haben sakralen Charakter und ebenfalls die Musik selbst, die ja ganz auf das Geschehen der Kulthandlungen bezogen ist.[26]

Man kennt wohl ein halbes Dutzend Abarten des *Tjurunga* und fast ein Dutzend Kultobjekte von ähnlichem Rang, die gleichfalls auf die Wesen der Traumzeit bezogen sind. Auffallend sind die „Fadenkreuze" aus zwei oder mehr kreuz- oder sternförmig angeordneten Stäbchen, um die Fäden aus Menschenhaar oder neuerdings aus bunter Wolle so gespannt sind, daß

---

[24] Über die Bedeutung des Begriffs *Tjurunga* vgl. *T. G. H. Strehlow*, Aranda Traditions (Melbourne 1947) 84–86.

[25] Vgl. S. 195.

[26] Vgl. *C. J. Ellis*, Aboriginal Music Making (Adelaide 1964), sowie *E. A. Worms/H. Petri* (s. Bibliographie) 178–195.

sie eine quadratische oder sternförmige Fläche ergeben, die meist noch mit flaumartigen Federn beklebt ist. Manche Fadenkreuze haben einen Durchmesser von rund einem Meter; die kleineren werden von den Männern meist als Tanzschmuck getragen.[27]

Imponierend sind die „Dendroglyphen", die man in Südost-Australien fand. Von einem Baum wurde ein relativ breites, oft bis zwei Meter hohes Stück Rinde entfernt, und der freien Holzfläche wurden geometrische Muster eingeschnitten, die von der späteren Vernarbung des Baumes wie von einem Rahmen eingefaßt sind. Dies muß mit noch steinzeitlichen Werkzeugen eine ungemein schwierige Arbeit gewesen sein.[28] Die Dendroglyphen standen an den Kultplätzen, wo während des Rituals große anthropo- und theomorphe Bilder in den Boden eingetieft wurden.[29] Quarzkristallen sprach man übernatürliche Kräfte zu. Im Nordwesten sah man in ihnen Ausscheidungen der Regenbogenschlange. Für die Arbeit der Medizinmänner waren sie unerläßlich.

Kultobjekte sind auch die Felsbilder, und ihre Galerien in Höhleneingängen und unter Felsüberhängen sind Kultstätten. Felsbilder als Gravierungen finden sich fast in allen Teilen des Kontinents. Besonders spektakulär sind die Felsmalereien in Nord- und Nordwest-Australien. Man kann dort mehrere Stilgruppen unterscheiden. Im Gebiet der Stämme Ngarinjin, Wunambal und Worora in Kimberley bilden die mundlosen *Wondjinas* das Hauptmotiv. Sie können Höhen von über drei Metern erreichen und finden sich meist in Gruppen ohne Komposition nebeneinandergestellt. Zu ihnen gesellen sich oft noch Totem-Tiere sowie die Regenbogenschlange.[30] Im Arnhemland ist die Kunst der Felsmalerei besonders reich entwickelt. Auffallend sind die Darstellungen von Känguruhs, Fischen, Krokodilen, Schlangen, Eidechsen und anderen Tieren im „Röntgen-Stil", das heißt, auch Rückgrat, Därme, Leber und Herz sind bei ihnen erstaunlich realistisch wiedergegeben. Künstlerisch reizvoll sind vor allem die Darstellungen der *Mimi* genannten Totengeister. Die Bilder zeigen eine erstaunliche Dynamik. Die zarten Geistwesen, die sich nach Auskunft der Einheimischen nur bei Windstille hervorwagen, stürmen vorwärts, tanzen und springen in Gruppen. An den *Wondjinas* wurde bis in unsere Zeit gearbeitet. Ansonsten gehören aber die Felsbilder längst der Vergangenheit an und reichen oft zurück bis in prähistorische Zeiten. Aus dem Arnhemland stammen auch die meisten Rindenmalereien. Die ersten dieser Tafelbilder wurden bereits um 1825 gesammelt. Offenbar fanden sie bei Initiationen

---

[27] Der ursprüngliche Sinn der fast weltweit verbreiteten Fadenkreuze läßt sich nicht ermitteln. Vgl. *G. Schlatter,* Bumerang und Schwirrholz (Berlin 1985) 152–161.

[28] Die eindruckvollsten Bilder von Dendroglyphen finden sich in *D. Stubbs,* Prehistoric Art of Australia (Melbourne 1974) 64–69.

[29] Vgl. S. 201.

[30] Vgl. S. 195.

Verwendung, um mythische Gesänge zu erläutern, danach wurden sie meist vernichtet. Die meisten Rindenmalereien in den Museen und Privatsammlungen wurden aber sicher schon für den Verkauf gefertigt, was ihrer künstlerischen Qualität jedoch keinen Abbruch zu tun braucht.

361. Initiation und andere Kulthandlungen

Die Initiation war ohne Zweifel die wichtigste Erscheinung im religiösen Leben der Ureinwohner Australiens. Diese „Knabenweihe" erforderte den höchsten rituellen Aufwand. Sie vollzog sich in mehreren Phasen über viele Monate und oft sogar über zwei Jahre hin. Im Vordergrund stand die erste Einweihung in religiöse Geheimnisse, in die mythische Überlieferung und die kultischen Handlungen. Der ganze Prozeß wurde unter dem Aspekt von Tod und Wiedergeburt gesehen. Die Überführung des Knaben in den Status eines erwachsenen Mannes war natürlich auch von eminent sozialer Bedeutung. Der Novize sollte durch Unterweisung und vielerlei Maßnahmen oft brutaler Disziplinierung zu einem vollwertigen Mitglied der Gesellschaft werden. In dieser Hinsicht sind Vergleiche mit unserer Firmung, Konfirmation und Jugendweihe abwegig, und man könnte da eher schon an das Rekrutendasein früherer Zeiten denken. In der Initiation vollzog sich auf jeden Fall eine in unserem Sinne totale Anpassung des Individuums. Die kleine Horde und auch die Stammesgemeinschaft waren auf jeden Mann angewiesen. Jemand, der aus der Reihe tanzte und die tradierten Normen ignorierte, konnte solche Gruppen in große Gefahr bringen.

Mit der Initiation waren Beschneidung und andere Mutilationen verbunden. Diese sind zwar überaus wichtige, aber keineswegs die entscheidenden Momente der Knabenweihe. Bei den Stämmen im Südosten und im Westen fehlte sogar die Beschneidung, und man kann daher annehmen, daß sie nicht zu den ältesten Kulturphänomenen Australiens gehört. Bei der schmerzhaften Operation lag der Initiand auf den Rücken dreier kniender Männer, ein Mann saß auf ihm, um ihn festzuhalten. Man kannte zwei Arten der Beschneidung: Bei der „Zirkumzision" wurde die ganze Vorhaut mit einem scharfen Stein und später mit einem Glassplitter abgeschnitten. Die andere Methode der Beschneidung ist die „Subinzision". Bei ihr wurde ganz oder teilweise auch die Harnröhre längs der unteren Seite des Penis aufgeschlitzt. Die Subinzision, die natürlich erst einige Zeit nach der Zirkumzision erfolgte, ist eine schwierige und blutige Operation.

Die Sitte der Beschneidung reicht tief in die Menschheitsgeschichte zurück, und es wäre naiv, eine plausible Erklärung ihres Sinns von den Ureinwohnern Australiens zu erwarten. Die Vorhaut wird nicht selten als ein weibliches Element erachtet, und mit der Entfernung sei erst die volle Geschlechtlichkeit des Mannes gegeben. Das könnte die Zirkumzision erklären, nicht aber die Subinzision, die überdies, wenn sie gänzlich durchgeführt ist, Folgen für die Zeugungsfähigkeit hat.[31] Mehr als zwei Drittel der Stämme vollzogen die Subinzision, die anderen hatten nur die Zirkumzision oder überhaupt keine Beschneidung. Bei den anderen Mutilationen, die bei fast allen Stämmen zu finden waren, handelt es sich um Skarifikation oder Narbenzier, um die Exzision eines der oberen Schneidezähne, das Durchbohren des Nasenseptums und selten des Ohrläppchens, die Öffnung einer Armvene, das Ausreißen von Haaren sowie Verbrennungen bei der sogenannten Feuerzeremonie. Sicher hatten diese Handlungen den Zweck, den Initianden einerseits Furcht und Schrecken einzuflößen, sie andererseits auch abzuhärten, damit sie „richtige Männer" würden. Das kann aber nicht ihr einziger Grund gewesen sein, doch über den Sinn der Mutilationen kann man nur mutmaßen. Wahrscheinlich sind einige als ein symbolischer Tötungsakt zu verstehen.

Der komplexe Ablauf der Initiation differiert in den Einzelheiten von Region zu Region, doch im allgemeinen lassen sich folgende wichtige Phasen erkennen: (1) Das Fassen des Novizen und seine Trennung von der Mutter. Das Ganze vollzog sich in einer fast dramatischen Weise. Die Frauen der Horde weinten und griffen zum Schutz des Novizen zu den Speeren. Der Knabe wurde mit Blut oder Ocker bemalt. (2) Einbringung und Empfang auf dem Kultplatz. Bei dieser Gelegenheit fanden Scheinkämpfe statt. Die Knaben wurden mehrfach in die Luft geworfen. (3) Das Hauptritual. Die Initianden erfuhren ihre erste mystische Begegnung mit den Wesen der Traumzeit, verkörpert durch bemalte und mit Flaumfedern beklebte Männer. Es erfolgten Beschneidung und andere Mutilationen, die als symbolischer Tod der Knaben betrachtet wurden. (4) Seklusion der Novizen. Die aus dem normalen Leben herausgerissenen Initianden galten in dieser Zeit als tot. Sie waren bestimmten Speiseverboten unterworfen und erhielten an dem verborgenen Platz erste Unterweisung in der Überlieferung, die ihnen aber erst in späteren Weihen voll und ganz erschlossen wurde. Die Zeit der Abschließung konnte im Extremfall bis zu einem Jahr andauern. (5) Blutopfer-Zeremonie. Den Initianden wurde aus einer Armvene Blut abgezapft und in einem Akt der Communio mit den anderen Männern getrunken. Blut war im höchsten Maße sakral und anscheinend die einzige Opfergabe. Auch das bei der Beschneidung vergossene Blut fand rituelle Verwendung. (6) Feuerzeremonie. Sie fand gegen Ende der Initiation statt und war eine Art Purifikation. Die Initianden mußten im

---

[31] Nach *Elkin*, a. a. O. (s. Anm. 17) 165, Anm. 1, soll die Subinzision kein Mittel der Geburtenkontrolle gewesen sein. Sie habe keinen Einfluß auf die Zeugungsfähigkeit der so beschnittenen Männer. Wenn dem so wäre, dann hätte man es bei den australischen Männern mit einem medizinischen Wunder zu tun. Vgl. auch *M. F. Ashley-Montagu*, The Origin of Subincision in Australia, in: Oceania 8 (Sydney 1937/38) 193–207.

Kreis in ein Feuer starren und wurden gelegentlich mit glühenden Holzstücken beworfen. War das Feuer niedergebrannt, mußten sie zusammen mit den anderen Männern die noch glimmende Asche mit den Füßen austreten. Diese Handlung soll ihnen, so wird berichtet, besonderen Eindruck gemacht haben, da sich die alten Männer als völlig unempfindlich gegen die Glut erwiesen hätten. (7) Rituelle Waschung und Rückkehr. Mit der Waschung sollten die Spuren von Blut und anderen sakralen Stoffen vor dem Treffen mit Frauen getilgt werden. Die Rückkehr in die Horde wurde als Wiedergeburt empfunden und gefeiert.[32]

Die Kultplätze für die Initiation waren meist in besonderer Weise gestaltet, und zwar besonders eindrucksvoll im Südosten Australiens. Bei den Kamilaroi im heutigen Neusüdwales bestand der Platz für die *Bora* genannte Initiation aus zwei umwallten Kreisflächen, die durch einen fast fünfhundert Meter langen Pfad miteinander verbunden waren. Inmitten des größeren Kreises von etwa fünfundzwanzig Metern Durchmesser stand ein hoher, mit einem Büschel Emu-Federn geschmückter Pfosten. Auf dem anderen Kreis waren zwei junge Bäume umgekehrt in den Boden gesteckt, so daß die Wurzeln den alten Männern, wenn sie mit den Novizen sprachen, als Sitz dienen konnten. Die ganze Anlage repräsentierte den ersten Lagerplatz des göttlichen Himmelswesen *Baiama* auf Erden.[33] Auf dem von allem Bewuchs gesäuberten Gelände neben dem langen Pfad waren flache Menschen- und Tierfiguren sowie ornamentale Gebilde in den Boden gearbeitet, die nach dem Ende der Initiation wieder zerstört wurden. Die mit fast fünf Metern größte und an einen plumpen Weckmann erinnernde Gestalt verkörperte *Baiama* selbst. Die kleineren Figuren beziehen sich auf mythische Wesen und die eigentlichen Stammeltern der Gruppe. Auffallend ist auch ein großer Emu, dem ein Speer im Körper steckte. Besonders interessant ist eine Gruppe von zwölf Figuren, die mit Händen und Füßen einander verbunden sind und so eine Art Netz bilden. Sie sollen junge Männer darstellen, die mit *Baiama* in seinem ersten Lager waren, doch sie gemahnen sehr an die Vorstellung der Aranda von den embryonalen Vorformen des Menschen.[34] Solche Bodenbilder fanden sich auch bei anderen Stämmen. Sie sind meist recht gut beschrieben und in einem Fall sogar mit den dort agierenden Männern um die Jahrhundertwende photographiert worden.[35] Bei einigen Stämmen des Arnhemlands (Nord-Australien) gab es neben der Regenbogenschlange auch die Idee einer „Urmutter“, eine wohl aus Mela-

---

[32] Zum Ablauf der Initiation vgl. *Elkin,* a. a. O. (s. Anm. 17) 169–179.
[33] Vgl. S. 192–193.
[34] Vgl. *R. H. Mathews,* The Bora, or Initiation Ceremonies of the Kamilaroi Tribe, in: Journal of the Anthropological Institute 24, S. 411–427, Pl. 21 and 25, S. 318–339 (London 1895/1996).
[35] Die Photographien finden sich bei *R. M. Berndt,* Australian Aboriginal Religion, in: Iconography of Religions V, 1, Fig. 42–56 (Leiden 1974).

nesien stammende Vorstellung. Dort waren auf dem Kultplatz Gruben ausgehoben, in die sich die Initianden verkriechen mußten, was einerseits Tod und Begrabenwerden, andererseits die Rückkehr in den Schoß der chthonischen Muttergottheit symbolisierte. Auf jeden Fall waren die Kultplätze deutlich vom Umfeld abgehoben und in manchen Regionen sogar mit Steinkreisen und anderen Steinsetzungen gekennzeichnet.[36]

Die Initiation war nur der Beginn der Einweihung in die mythische Überlieferung und das religiöse Leben. Ihr folgte ein komplexes System von Weihen, die oft über ein Dutzend verschiedener Grade über die Altersstufen hinweg zur Vollkommenheit des Mannes im hohen Alter führten. Sie waren aber rituell weniger aufwendig und erfolgten manchmal eher beiläufig. Die Initiation war zwar im allgemeinen die Sache des ganzen Stammes, doch ihr Vollzug lag vorwiegend in der Hand einer Gruppe alter Männer und männlicher Angehöriger des Initianden. Bei den berühmten *Corroborees* jedoch waren faktisch alle Männer des Stammes zugegen, so daß diese den Zusammenhalt der Gruppe förderten. Tänze rein religiösen Charakters gehören nicht in diesen Rahmen. Die *Corroborees* gingen auf Ideen, Trance- und Traumerlebnisse des priesterliches Ansehen genießenden *Corroboree-Doctors* zurück. Solche musikalischen und choreographischen Schöpfungen wanderten oft wie eine Mode von Stamm zu Stamm. In diesen Darbietungen kulminierten die musikalischen, mimischen und tänzerischen Fähigkeiten der Männer. Von *Corroborees* wurden schon vor der Mitte des 19. Jahrhunderts prächtige Bilder veröffentlicht. So wurden sie früh in Europa bekannt und zum Inbegriff der Kultur der Ureinwohner Australiens.[37]

Ein fast unüberschaubarer Komplex von Kulthandlungen war auf die Sicherung und den Erhalt der Schöpfung ausgerichtet. Vor allem ging es dabei um die jagdbaren Tiere, die nutzbaren Pflanzen und auch den Bestand der eigenen Gruppe. Die Vielzahl der von Region zu Region höchst unterschiedlichen, teils kollektiven, teils individuellen Handlungen wird unter den Begriffen „Kult-Totemismus" und „Vermehrungszeremonien" zusammengefaßt. Den Ureinwohnern Australiens genügte es nicht, das Schöpfungswerk der Traumzeitwesen zu kennen und zu verehren. Die Menschen mußten nach ihrer Auffassung einen Beitrag zur Erhaltung der Schöpfung leisten: Die Schöpfungstaten mußten im Kult vergegenwärtigt und nachvollzogen werden. Die einzelnen Gruppen hatten dabei eine besondere Verantwortung für ihre Totems, und zwar vor allem wenn es sich um Tiere und Pflanzen handelte. Das Totem war eine Erscheinungsform ihres Schöpfers und Ahnherrn. Tänze und Pantomimen, begleitet von liturgischen Rezitationen des Mythos, demonstrieren an den sakralen Orten, die

---

[36] Vgl. S. 196 Anm. 23.
[37] *G. F. Angas*, South Australia Illustrated (London 1847).

von der Lebenskraft der Traumzeitwesen geprägt sind, die Schöpfungstaten. Bei den Stämmen im Arnhemland mit einer „Muttergottheit" glichen die Handlungen schon Fruchtbarkeitskulten. Zu den Vermehrungsriten gehören unter anderem auch das Blutopfer an einem Felsen, der einen Totem-Ahnen verkörpert, das Bestreichen der *Tjurunga* und anderer Kultobjekte mit Blut oder Rötel, weiterhin die Felsgravierungen und Felsmalereien bzw. deren Erneuerung und Auffrischung. Im kultischen Totemismus offenbart sich die Totalität der australischen Religionen in besonderer Weise. Durch ihn waren die Menschen mit den Tieren, Pflanzen und anderen Erscheinungen ihrer kleinen Stammeswelt untrennbar verbunden. Eine solch enge mystische Beziehung kennt man auch von anderen stammesgebundenen Religionen, doch nirgends war sie so stark und so ausgeprägt wie bei den Ureinwohnern Australiens.

Männer hohen Alters, die alle Weihen empfangen hatten, erfüllten als Kenner der Tradition auch priesterliche Aufgaben. Ihnen oblagen als Zeremonienmeister die Initiationen und andere Kulthandlungen, die eine Gruppe als Ganzes betrafen. Auch die Spezialisten für das „Regenmachen" und für bestimmte Divinationen sowie der schon erwähnte *Corroboree-Doctor* sind ihnen zuzurechnen. Diesen Trägern priesterlicher Funktionen, deren Arbeit vorwiegend auf Wissen und Erfahrung beruhte, standen sogenannte „Medizinmänner" gegenüber, bei denen die psychischen Fähigkeiten wie Trance und Ekstase von Bedeutung waren. Ihre Hauptaufgaben waren neben der Krankenheilung vor allem die schwarze und weiße Magie: Sie konnten den Feinden in anderen Gruppen Schaden zufügen, aber auch den gegen die eigenen Leute gerichteten Schadens- und Todeszauber abwehren. Man könnte sie auch „Schamanen" nennen, obwohl sie nicht in allem dem nordasiatischen Urbild entsprechen.

Zum Medizinmann wurde man im Traum berufen. Die Adepten durchliefen eine Lehre bei älteren Medizinmännern und erfuhren eine spektakuläre Initiation, bei der sie den rituellen Tod erlitten, um dann – auch im Körper völlig umgestaltet – wiedergeboren zu werden. Die Medizinmänner nutzten für ihre Arbeit Quarzkristalle, Perlmuttschalen und andere wirkungskräftige Substanzen, die sie nach allgemeiner Ansicht aus ihrem Leib hervorbringen konnten, denn dort waren diese von übernatürlichen Wesen während ihres rituellen Todes eingesetzt worden. Beim Todeszauber brauchte man zugespitzte Menschenknochen („pointing bones"), die mittels magischer Gesänge in den Körper des Opfers plaziert wurden. Der Medizinmann besaß ein individuelles Totem, das ihm auch als Hilfsgeist diente. Sein soziales Ansehen wurde von seiner Wirkungskraft bestimmt. Bei manchen Stämmen hatten die Medizinmänner führende Positionen in der Gesellschaft inne.

Der Tod war für die Ureinwohner Australiens kein natürliches Phänomen. Er wurde vielmehr als Mord angesehen, und der Medizinmann mußte sofort den Verursacher des Todeszaubers ermitteln, um eine baldige Rache zu ermöglichen. Die Trauerhandlungen begannen schon während der Agonie und steigerten sich beim Hinscheiden bis zum Exzeß. Die Angehörigen brachten sich oft Verbrennungen und blutende Wunden bei. An Bestattungsformen fand man in Australien nahezu alles, was in dieser Hinsicht bekannt ist, und zwar von der Verbrennung und Beerdigung bis zur zeitweiligen Mumifizierung. Fast immer war die Bestattung mehrstufig, und die endgültige Beisetzung der Gebeine fand erst statt, wenn man dem Bedürfnis nach Rache in irgendeiner Form Genüge getan hatte. Nach dem Tode ging das schon genannte „Geistkind" nach allgemeiner Ansicht als ein zeitloses, das irdische Dasein überdauerndes Phänomen wieder in seine Präexistenz zurück, um erneut einen Fötus im Mutterleib zu beseelen.[38] Dagegen sind die Aussagen über die andere Seele des Menschen höchst widersprüchlich. Im Grunde handelt es sich bei ihr um den Toten selbst in seiner neuen Existenzform. Es gibt skeptische Aussagen, nach denen alles mit dem Tode vorbei ist, andere lassen die Totenseele nahe ihrer früheren Horde hausen, meistens jedoch ist von einem prächtigen Totenland die Rede, das in einem abgelegenen Landstrich, auf einer Insel vor der Küste, aber auch im Himmel, auf der Milchstraße oder auf den Magellanschen Wolken gesucht wird.

362. Vergangenheit und Gegenwart – Männer und Frauen

Wer von der Vergangenheit Australiens spricht, sollte als erstes der ausgerotteten Bevölkerung Tasmaniens gedenken. Als 1803 auf der Australien im Süden vorgelagerten Insel, damals noch Van-Diemens-Land genannt, eine britische Sträflingskolonie eingerichtet wurde, lebten dort rund 7000 Ureinwohner. Bald kam es zu Kämpfen zwischen ihnen und den Kolonisten. Ab 1825 begann mit dem „Black War" ein Kesseltreiben gegen die Ureinwohner, die sich nicht geduldig abschlachten ließen, sondern gegen die Übermacht erbitterten Widerstand leisteten. Ab 1832 wurden die Überlebenden des Massakers auf eine vorgelagerte Insel deportiert, wo sie rasch dahinsiechten. 1869 starb der letzte Mann und 1876 die letzte Frau. Die Vorfahren der Tasmanier kamen wohl schon gegen Ende der letzten Eiszeit auf die damals noch mit dem Festland verbundene Insel[39]. Als der Meeresspiegel wieder anstieg, wurden die Tasmanier für ungefähr 8000 Jahre von allen Kontakten mit der Außenwelt abgeschnitten. Sie waren wie die Ureinwohner Australiens reine Wildbeuter und lebten wie diese in kleinen lokalen Horden. Ihre materielle Ausrüstung war aber vergleichsweise küm-

---

[38] Vgl. S. 195 und 197.
[39] Vgl. S. 184–185.

merlich. Als Waffen hatten die Tasmanier nur den Holzspeer und eine plumpe Wurfkeule. Die Steinwerkzeuge sind nur grob bearbeitet. Immerhin wurden auch einige Fakten aus ihrem religiösen Leben überliefert. Recht gut informiert ist man über die Bestattungsformen und die Trauersitten. Auch bei ihnen sah man im Tod eines Angehörigen die Wirkung eines bösartigen Zaubers, dessen Verursacher man ermitteln und bestrafen wollte. Auch aus ihrer Überlieferung sind einige Fragmente bekannt. Insgesamt aber sind die Nachrichten so vage und unzureichend, daß man über die Religion der Tasmanier keine substantiellen Aussagen machen kann.

Im Vergleich zu den Tasmaniern kamen die um 1800 etwa noch 300 000 zählenden Ureinwohner Australiens fast noch glimpflich davon. Auch gab es auf dem Festland kein dem „Black War“ vergleichbares Massaker. Der dennoch erfolgende rapide Bevölkerungsrückgang war vor allem eine Folge eingeschleppter Krankheiten. Beim Zensus von 1976 bezeichneten sich 160 915 Personen selbst als „Aborigines“, doch dürfte nur ein Drittel von ihnen reinblütige Ur-Australier sein. Heute noch soll es einige wenige Gruppen geben, die in unwirtlichen Gebieten halbwegs in der traditionellen Weise leben. Jedoch dürften sich auch bei ihnen ebenso wie bei den Gruppen, die sich in der Nähe der Missionsstationen und der Viehfarmen niedergelassen haben, nur noch Reste der alten Überlieferung und des traditionellen religiösen Lebens finden. Schon vor Jahrzehnten wurden sie von Heilserwartungsbewegungen erfaßt, die neue Ideen und neue Kulte mit sich brachten.[40] Damit beginnt vielleicht ein neues Kapitel in der Geschichte der Ureinwohner Australiens, doch wenn man über die „Australischen Religionen“ berichtet, ist die grammatische Form der Vergangenheit angebracht.

Die Religionen der Ureinwohner Australiens waren Männersache. Die mythische Überlieferung wurde bis auf einige allgemeine Bereiche den Frauen vorenthalten. Absolut geheim waren die von den Männern getragenen Kulthandlungen. Eine Frau, die durch Zufall oder Absicht einen *Tjurunga* oder ein anderes geheimes Kultobjekt zu Gesicht bekam, lief Gefahr, getötet zu werden. Zwar gab es bei vielen Stämmen auch für Mädchen eine Art Initiation, doch es handelte sich um reine Pubertätsriten, die nicht mit den Knabenweihen zu vergleichen sind. Gelegentlich wurden die Mädchen einige Tage seklusiert, um auf ihre Rolle als Ehefrau und Mutter vorbereitet zu werden. Da und dort erfuhren sie nach der ersten Menstruation eine rituelle Waschung. Fast immer erfolgte zum Abschluß eine künstliche Defloration und oft ein erzwungener Geschlechtsverkehr mit mehreren Männern. Alle Maßnahmen zielten im Grunde darauf ab, die Frauen unterwürfig und gefügig zu machen. Ohne Zweifel gab es Geheimkulte der

---

[40] Vgl. *H. Petri/G. Petri-Odermann*, Nativismus und Millenarismus im gegenwärtigen Australien, in: Festschrift für Ad. E. Jensen (München 1964) 461–466.

Frauen, und es ergingen Warnungen an die Männer und Knaben, daß sie solchen Zeremonien fernzubleiben hätten. Hatten die Frauen denn Machtmittel, so muß man sich fragen, um eine Geheimhaltung durchsetzen zu können? Wahrscheinlich wurden solche Riten von den Männern völlig ignoriert, und ihre Verachtung war so groß, daß sie sich nicht einmal durch die Warnung anlocken ließen. Vor einigen Jahrzehnten entstanden Frauentänze mit stark erotischem Charakter, zu denen der Missionar und Ethnologe E. A. Worms „mißbilligend" bemerkte, daß man in diesen dekadenten Tänzen „frauenrechtlerische" Nachahmungen der kultischen Fruchtbarkeitsfeiern der Männer sehen könne.[41]

Die Frauen trugen auf jeden Fall in der traditionellen Lebensweise, wie Beobachter oft empört berichten, die ganze Last des Alltags. Die Religion war sicherlich eines der wichtigsten Machtmittel der Männer für die extreme Unterdrückung und Ausbeutung. Dabei besagen manche Traditionen, daß die Frauen früher einmal einen bedeutenden Anteil am kultischen Leben gehabt hätten. Manche der Traumzeitwesen sind weiblich. Bei den Aranda sind es die weiblichen Totem-Ahnen, die den *Tjurunga* und die wichtigsten Kulthandlungen gestiftet haben. Warum die Frauen ihrer ursprünglichen Würde verlustig gingen, dazu schweigen sich die Traditionen aus.[42] Man kann sich des Eindrucks nicht erwehren, daß die Männer eine unterschwellige Angst vor den unterdrückten Frauen hatten. Ende der dreißiger Jahre fand beim Stamm der Wunambal in Nordwest-Australien ein neuer Kult mit eschatologischen Zügen Eingang. Die Männer, die von A. Lommel 1938 zur Art des befürchteten Weltendes befragt wurden, gaben die bezeichnende Antwort, daß dann die Frauen alle Macht bekommen würden und die Männer die ganze Arbeit tun müßten, daß sie nur noch selten mit ihren Frauen schlafen könnten, und zwar nur dann, wenn es die Frauen erlaubten.[43]

Den Ureinwohnern Australiens ist im Laufe der Kolonialgeschichte viel Unbill und Ungerechtigkeit widerfahren. Zu dieser Einsicht ist man inzwischen auch in den gebildeten Schichten der weißen Bevölkerung Australiens gekommen, und man ist allenthalben bemüht, die Rechte der „Aborigines" zu wahren und ihre Gefühle nicht zu verletzen. Aus diesem Grunde fehlen seit einiger Zeit in den Büchern über die traditionelle Kunst und Religion der Ureinwohner jegliche Abbildungen von *Tjurunga* und anderen Kultobjekten. Auch aus den Vitrinen der Museen sind sie verschwunden. Diese nachkoloniale Fürsorglichkeit hat auch nach Europa übergegriffen. Einige Völkerkundemuseen ließen die Kultobjekte in ihren Magazinen verschwinden. Tatsache ist jedoch, daß es den australischen Männern völ-

---

[41] *E. A. Worms/H. Petri* (s. Bibliographie) 272.
[42] Vgl. *T. G. H. Strehlow,* Aranda Traditions (Melbourne 1947) 93–95.
[43] *A. Lommel,* Die Unambal (Hamburg 1952) 83.

lig gleichgültig ist, ob weiße Männer und Frauen die *Tjurunga* sehen: Ihren eigenen Frauen soll der Anblick verwehrt bleiben, denn die Kultobjekte waren und sind vielleicht noch ein wichtiges Machtmittel, die Frauen zu unterdrücken. Für uns gibt es keinen Grund, sich mit dieser Einstellung zu identifizieren. Würden die Frauen der Ureinwohner Australiens die *Tjurunga* sehen, gewönnen sie vielleicht ein wenig von ihrer ursprünglichen Würde zurück.

FÜNFUNDVIERZIGSTES KAPITEL

Familiengemeinschaft und kosmische Mächte – Religiöse Grundideen in westafrikanischen Religionen

Hans A. Witte

363. Überblick über die Forschungsgeschichte

Die Darstellung der Religionen Schwarzafrikas im Rahmen dieses Buches stößt auf Probleme, die charakteristisch für den aktuellen Stand der Forschung sind. Gleichzeitig lassen die ungelösten Probleme aber Wesentliches über diese Religionen erkennen. Bezeichnenderweise hat Schwarzafrika niemals große Religionsformen hervorgebracht, die eine umfassende Einheit in den ausgedehnten Gebieten hätten herbeiführen können. Wahrscheinlich bedarf die Entstehung einer Religion und ihre weitere Verbreitung schriftlicher Quellen, die Mythologien, Theologien und Philosophien festhalten wie auch soziale und moralische Vorschriften, welche Strukturen von nicht zeitgebundenem und interkulturellem Bezug hervorbringen.

Schriftlich festgehaltene religiöse Texte können von ihren Verfassern und von der Kultur, die sie hervorgebracht hat, losgelöst sein und von nun an Normen der Rechtgläubigkeit festlegen. Solche Texte setzen im übrigen eine Elite voraus, die lesen und schreiben kann und deren Aufgabe es wäre, diese Quellen im Hinblick auf die gemeinschaftliche Praxis auszulegen und anzupassen. Diese Situation ist in den Gegenden südlich der Sahara, wo die Schrift unbekannt ist und es mangels Gebildeter keine Priesterkaste gibt, nicht gegeben. Es finden sich wohl bei den Fon in Benin Priester, die damit beauftragt sind, die Gläubigen während einer langen Zurückgezogenheit einzuweihen[1]; diese Priester jedoch sind ungebildet und ihr Unterricht ist eher auf den Kult und seine Praxis als auf die Erkenntnis einer einsehbaren Ordnung ausgerichtet.

So sehen wir uns veranlaßt, folgende Tatsache, die in allen Kulturen Westafrikas zum Vorschein kommt, festzuhalten: Obwohl Westafrika im Laufe der Zeit große Staatsgebilde mit komplizierten politischen und religiösen Strukturen gekannt hat, war dort niemals das Bedürfnis vorhanden, Gesetze festzulegen oder Ideologien und politische Institutionen zu legiti-

---

[1] Vgl. *P. Mercier,* The Fon of Dahomey 210.

mieren. Daher werden die politischen und religiösen Würdenträger Schwarzafrikas nicht aus einer intellektuellen Elite ausgewählt, die geneigt wäre, Spekulationen anzustellen. Ihre Position hängt vom Alter, von der Erfahrung und vom gesunden Menschenverstand ab.[2] Generell gesehen sind die Religionen Schwarzafrikas durch ihre praktische Ausrichtung, die philosophische Überlegungen und mystische Betrachtungen zurückweist, gekennzeichnet.

Aber dennoch verhindert die Unkenntnis der Schrift und die fehlende Sensibilität für theoretische Überlegungen nicht Reichtum und Tiefe der religiösen Weltvorstellung der Afrikaner. Diese gründet in der Tat auf den komplexen und subtilen symbolischen Strukturen, die dem menschlichen Leben konkrete Werte von großer Tragweite verleihen. Die religiösen Vorstellungen der afrikanischen Welt konzentrieren sich auf das diesseitige Leben innerhalb der Gemeinschaft. Bedeutung und Erfüllung des menschlichen Lebens haben keine Verbindung mit einer Existenz nach dem Tod, die eine gewisse Teilhabe an irgendeiner transzendenten Wirklichkeit mit sich bringen kann und das Bewußtsein einer Situation, welche mehr oder weniger den Rückgriff auf Theorie und Mystik einschließt. Die religiöse Weltvorstellung Schwarzafrikas unterscheidet sich in der Tat mit all ihren Varianten in den verschiedenen Gebieten des Kontinents von derjenigen der großen Weltreligionen durch die Betonung des optimalen Gelingens der Beziehungen im Inneren der Gemeinschaft, in der man lebt.

Leider beraubt uns das Nichtvorhandensein von Schrift einer der wichtigsten Quellen, die wir nutzen könnten, um die Geschichte der afrikanischen Religionen kennenzulernen und ihre Entstehung und Entwicklung zu verstehen. Was schriftliche Quellen angeht, so sind wir auf Reisetagebücher arabischer und westlicher Besucher angewiesen, die in der Mehrzahl der Fälle weder geistige Offenheit noch Sympathie für die religiösen Vorstellungen der Afrikaner zeigten. Häufig haben gerade diese Vorstellungen die Besucher verwirrt und Abneigungen entstehen lassen, so daß ihre Informationen voller Mißverständnisse waren. Aber Afrika bietet uns auch keine zweite Informationsquelle, die für die Erforschung seiner Vergangenheit sehr wichtig wäre; nämlich Hinweise durch archäologische Ausgrabungen, die Erforschung von Ruinen und alten Gebäuden sowie die Untersuchung von Kunstobjekten und anderen Antiquitäten. Trotz lobenswerter Anstrengungen, insbesondere in Mali und Nigeria, steckt die westafrikanische Archäologie noch in den Kinderschuhen und wird nie das Ausmaß erreichen, das sie beispielsweise in Ägypten erreicht hat, und zwar auf Grund der Tatsache, daß verhältnismäßig wenig Bauwerke aus dauerhaftem Material vor-

---

[2] Vgl. *M. Fortes,* On the Concept of the Person Among the Tallensi 284. 289; *K. Little,* The Mende of Sierra Leone 112–115.

handen sind. Die traditionelle Kunst Schwarzafrikas gebraucht zu 90% Holz, das durch die klimatischen Verhältnisse und die Termiten schnell zerfällt. Daher kann die afrikanische Kunst uns im großen und ganzen nur wenig über die Vergangenheit aufklären, trotz aufsehenerregender Funde von Terrakotta- (Nok, Ife, Mali), Elfenbein- (Sierra Leone, Nigeria, Zaire) und Messingobjekten (Ife, Benin).

Da Schriftstücke und fast alle anderen materiellen Zeugen der Vergangenheit fehlen, sind wir zur Rekonstruktion der Geschichte Afrikas auf mündliche Traditionen, Königsgenealogien, Reisetagebücher und auch auf die schwierige Rekonstruktion der geschichtlichen Gegebenheiten mit Hilfe von Mythologien angewiesen. Folglich sind wir lediglich imstande, in Westafrika die Umrisse einiger großer Königreiche, z. B. das von Mali, von Ghana und von Songhai zu unterscheiden. Unsere Kenntnis über die Lokalgeschichte dagegen ist in den meisten Fällen äußerst eingeschränkt. Wenn die eher indirekten Zeugen, über die wir verfügen, uns etwas von der politischen und wirtschaftlichen Geschichte erkennen lassen, eröffnen sie nur Vermutungen über die religiöse Ideen der Vergangenheit. Deshalb bezieht sich unsere Beschreibung der traditionellen religiösen Weltvorstellung Westafrikas auf die Gegenwart und auf eine relativ junge Vergangenheit.

364. Der aktuelle Wissensstand über die traditionellen Religionen Afrikas

Wenn man sich der zeitgenössischen Geschichte der religiösen Ideen im traditionellen Afrika zuwendet, besteht das Problem nicht in einem Mangel, sondern eher in einer Überfülle an Informationen. Vor hundert Jahren waren selbst die geographischen Kenntnisse, die man im Westen über Afrika hatte, so mangelhaft, daß man noch nach den Quellen des Nil suchte. Vor zwanzig Jahren war man noch imstande, die Angaben, die man über Afrika hatte, in einem Gesamtüberblick mehr oder weniger zusammenzufassen und auszuwerten. Diese Zusammenfassung verdankte ihre Einheitlichkeit aber eher der Einordnung der Fakten nach westlichen Kategorien als ihrem internen Zusammenhang.

Der Stand der Ikonographie, die eine äußerst wichtige Informationsquelle in zahlreichen afrikanischen Religionen darstellt, gestattete vor zwanzig Jahren noch große Übersichten über die „afrikanische Kunst" im allgemeinen. Diese mußten angesichts der wenigen Monographien und lokalen Untersuchungen notwendigerweise auf Verallgemeinerungen und Mutmaßungen zurückgreifen, die noch durch westliche Psychologie und Ästhetik unterstützt wurden. Insofern sich die afrikanische Ikonographie von der Vormundschaft der westlichen Kunstgeschichte loslöst, kann sie zu einer sehr wertvollen Quelle für die Erforschung der religiösen Ideen werden.

Die Fülle der neueren ikonographischen Veröffentlichungen über die afrikanischen Kulturen liefert zahlreiche ikonologische Informationen, die unser Verständnis für diese Kulturen verstärken und vertiefen helfen. Eine afrikanische Ikonologie muß ihre Grenzen festlegen und das Feld ihrer Möglichkeiten eröffnen. Die Erforschung der afrikanischen Kulturen läuft angesichts der schlechten Quellenlage Gefahr, zuviel vom ikonographischen Material zu verlangen und es die Sprache des Forschers und nicht die der Kultur, die erforscht wird, sprechen zu lassen. Die Ikonographie ist eine Hilfswissenschaft; sie kann nur gültige Auskunft geben über die religiösen Vorstellungen und Fakten, indem sie sich anderen Quellen mit dem Blick auf Ergänzung öffnet.

In den letzten Jahren sind die allgemeinen Darstellungen und Zusammenfassungen über die afrikanischen Religionen praktisch verschwunden, wohingegen die Anzahl der Monographien und Einzelstudien anwuchs und gleichzeitig das Interesse für die religiösen Eigenheiten dieser Kulturen.

Ein wichtiges neues Element in der Forschung ist die Tatsache, daß zunehmend Frauen sich anschicken, an Ort und Stelle bei den erforschten Völkern zu arbeiten. Das Ergebnis ist in zweifacher Weise positiv: Einerseits vollzieht sich eine sehr aufschlußreiche Verlagerung hin zu den Problemen des praktischen Lebens, während man andererseits völlig neue Einblicke erhält, da ja eine Forscherin eher Zugang zur Welt der schwarzen Frau hat, der ihren männlichen Kollegen meist untersagt ist.

Die Menge an neuem Material hat unser Wissen über die afrikanischen Religionen in großem Maße vertieft und präzisiert. Gleichzeitig sind die Unterschiede zwischen den Religionen klarer hervorgetreten, so daß es unmöglich geworden ist, eine Zusammenfassung über das Gesamt der Religionssysteme, die sich auf diesem riesigen Kontinent entwickelt haben, zu geben. Ein allgemeiner Überblick über die religiösen Überzeugungen Schwarzafrikas, der dem aktuellen Stand der Forschung gerecht werden will, ohne diesen Anschauungen eine fremde Systematik aufzuzwingen, würde Gefahr laufen, in der Menge von Einzelinformationen unterzugehen. Glücklicherweise bieten die vorliegenden Bände dieses Werkes eine Grundlage zur Lösung dieses Problems. M. Eliade hat in der Tat eine Reihe großer Themen und religiöser Vorstellungen ins Licht gerückt, die mehr oder weniger ausdrücklich in den großen Weltreligionen zum Vorschein kommen. Aber er konnte zeigen, wie sich in jedem Fall die Symbole und Bilder zusammenfügen und verbinden, indem er auf bestimmten Aspekten bestand und den je eigenen Geist und die Züge der verschiedenen Kulturen zum Ausdruck brachte.

Obwohl der afrikanische Kontinent ein vielfältiges Mosaik religiöser

Weltvorstellungen bietet, präsentieren die afrikanischen Religionen Ausrichtungen und Eigenschaften, die eine Art gemeinsamer Eigenheit haben, wenn man sie mit den Weltreligionen, z. B. mit dem Christentum und den indischen Religionen vergleicht. Es wird sich für uns in diesem Beitrag darum handeln, die charakteristischen Themen und Ideen zu erkennen und sie in einem umfassenden Modell zu vereinen. Es ist verständlich, daß ein solches Modell nicht alle charakteristischen Besonderheiten jeder dieser Kulturen berücksichtigen kann.

Nichtsdestoweniger hat auch ein Modell, das umfassend sein will, seine Grenzen. Es erscheint uns unmöglich, ein ähnliches Modell für das Gesamt der Religionen Schwarzafrikas zu unterbreiten, ohne daß sein allgemeiner und schematischer Charakter in Banalität ausartet. Ein Modell, das für eine bedeutende religiöse Weltvorstellung gültig sein soll, kann nur in dem Maße entworfen werden, in dem die Realität, von der es abgeleitet wird, eine bestimmte Einheit wenigstens bezüglich der Gestaltung des Lebens bietet. Wir werden uns damit zufriedengeben, ein Modell zu skizzieren, das auf die Religionen *Westafrikas* beschränkt ist. Sind doch unseres Erachtens die religiösen Vorstellungen in diesem ausgedehnten Gebiet von der Größe Europas, im Gebiet zwischen Senegal und Kamerun, trotz großer ökologischer, politischer und sozialer Unterschiede, die hier festzustellen sind, im wesentlichen vergleichbar.

Dieses Modell gründet nicht auf der Voraussetzung, daß dieses Gebiet von einer einzigen biologischen Rasse beherrscht würde, deren Mitglieder als „wahre Schwarze“ („true negroes“)[3] bezeichnet werden könnten. Es hat sich tatsächlich als unmöglich erwiesen, innere biologische Gegebenheiten von einem Gesamt so differenzierter ökologischer, historischer und kultureller Faktoren zu isolieren. Wir sind der Ansicht, daß das religiöse Weltbild der verschiedenen Völker Westafrikas zusammenhängend genug ist, um daraus auf ein umfassendes Modell schließen zu können. Vom linguistischen Gesichtspunkt aus umfaßt Westafrika vier Sprachfamilien vom Niger-/Kongokomplex, nämlich die atlantische Familie, die Volta- und Kwafamilie sowie die Mandingo-Sprache.[4]

Im Anschluß an den Entwurf eines umfassenden Modells des religiösen Weltbilds der westafrikanischen Völker werden wir die wichtigsten Themen und Elemente dieser Vorstellungen untersuchen.

In der Bibliographie am Ende dieses Beitrags wird der interessierte Leser Monographien und Einzelstudien finden, damit er die Brauchbarkeit unseres Modells, seine Anwendbarkeit in diesem Gebiet prüfen kann.

---

[3] *A. Allard*, Human Biological Diversity in Africa.

[4] Vgl. *J. H. Greenberg*, African Languages.

Wir haben schon betont, daß das Fehlen der Schrift die afrikanische Mentalität tief geprägt hat, was in einer Abneigung gegen theoretische Überlegungen und Abstraktionen zum Ausdruck kommt.[5] Die Schrift nämlich bildet ein System formeller Zeichen, das Worte und Gedanken erstarren läßt. Diese kehren zum Leben zurück, sobald sie ausgesprochen sind. Sobald der Leser laut liest, wird er zum Sprachrohr und Vertreter eines anderen.

Das gesprochene Wort wird in Afrika als eine aktive Kraft betrachtet.[6] Es hat eine Wirkung auf die aufmerksamen Zuhörer, läßt sie reagieren. Manchmal hat ein geschriebener Text, der sich irgendwie vom Schreiber oder Schriftgelehrten losgelöst hat, an der Wirkungsweise des gesprochenen Wortes teil. Man findet ein einfaches Beispiel dieser Teilhabe bei einer bestimmten Art Amulett, das überall in Afrika verbreitet ist. Es besteht aus Koranversen, die auf ein in einen Lederbeutel eingenähtes Papier geschrieben sind.[7] Solche Amulette werden wegen ihrer schützenden Wirkung sehr geschätzt.

Die Abneigung gegen theoretische Abstraktionen hat in Westafrika sicherlich dazu beigetragen, daß die Menschen keine klaren Vorstellungen über das Leben nach dem Tod haben.[8] Der Sinn des Lebens wird durch solche Vorstellungen weder vermittelt noch erhellt. Der Mensch empfängt nach seinem Tod nicht im Paradies die Belohnung für ein verdienstvolles Leben, und er wird auch nicht in einer Hölle für seine Vergehen bestraft.[9]

Von Zeit zu Zeit findet man Beschreibungen von einer Ahnengemeinschaft, die die Menschen nach ihrem Tod in Empfang nimmt.[10] Solche Sichtweisen scheinen eher dem Christentum oder dem Islam entlehnt zu sein, denn sie korrespondieren nicht mit dem tiefen Sinn des Lebens, den die Afrikaner sehen. Vorstellungen von einem jenseitigen Leben bestimmen weder das Verhalten der Lebenden noch beeinflussen sie es in moralischer Weise. Wenn sich die Vollendung des Menschen für die Afrikaner nicht nach dem Tod vollzieht, bedeutet das nicht, daß sie nicht der Toten und der Ahnen gedenken. Die Ahnen haben ihren Platz unter den wichtigsten kosmischen Mächten, welche sich den Lebenden auf sehr ausdrückliche Weise offenbaren. Die Beziehung zu den Ahnen bestimmt zu einem großen Teil

---

[5] Vgl. *K. Little,* ebd. 112f.
[6] Vgl. z.B. *A. Lowery-Palmer,* Yoruba World View and Patient Compliance 67ff.
[7] Vgl. z.B. *K. Little,* a.a.O. 136; *S. O. Daramola,* A Descriptive Study of the Cultural Concepts and Traditional Care of the Yoruba Mentally Ill in Nigeria 42f. 158.
[8] Vgl. *M. Fortes,* Some Reflections on Ancestor Worship 126f.
[9] Vgl. z.B. *K. A. Busia,* The Ashanti of the Gold Coast 207; *G. Le Moal,* Quelques aperçus sur la notion de personne chez les Bobo 196.
[10] Z.B. *K. A. Busia,* ebd. 201; *K. Little,* ebd. 115; *E. B. Idowu,* Olodumare 196.

die westafrikanischen Religionen, wie wir noch sehen werden. Es muß hier jedoch betont werden, daß das Ideal des menschlichen Lebens bei den Lebenden und nicht in der Beziehung zu den Ahnen gesucht wird. Den Status eines Ahnen zu erreichen ist nicht die endgültige Verwirklichung des Lebens. Die Ahnen selbst sind völlig auf die Gemeinschaft der Lebenden ausgerichtet, in die sie in gewissem Sinne durch ihre Nachkommen zurückzukehren hoffen. Eine Existenz als Ahne bildet nicht in sich ein Ideal für die Lebenden. Sie hoffen aber, nach ihrem Tod in die Reihe der Ahnen aufgenommen zu werden, damit sie auf die Welt der Lebenden ausgerichtet bleiben können und der Zyklus von Geburt und Tod nicht unterbrochen wird.

Eine religiöse Weltvorstellung, die den Sinn des Lebens weder in einem Leben nach dem Tod noch in einer Überschreitung der irdischen Wirklichkeit sucht, legt das ganze Gewicht der Sinnfrage auf die irdische Existenz des Menschen. In Westafrika berücksichtigt diese Frage zunächst weder das Geschick noch eine Bewußtseinserleuchtung des einzelnen Menschen. Es geht vor allem um die lebendige Gemeinschaft der Menschen, um die Familiengemeinschaft.[11] Verständlich ist, daß die Kulturen, die die Sinnfrage fast einzig im individuellen Bereich stellen, den Glauben begünstigen, eine Vollendung des Lebens habe ihren Platz erst nach dem Tod. Die Frage nach dem Bösen nämlich, die unmittelbar mit der Sinnfrage verbunden ist, scheint in dieser Welt nur schwer lösbar zu sein, wenn sie lediglich im individuellen Bereich gestellt wird.

Indem die religiöse Weltvorstellung Westafrikas den Akzent auf die menschliche Gemeinschaft, die Familiengemeinschaft, und viel weniger auf die einzelne Person legt, betont sie die formenden Faktoren der Gemeinschaft, und zwar diejenigen, die die einzelnen Personen untereinander in der Einheit der Gemeinschaft verbinden. Gleichzeitig hat diese Betonung der lebenden Gemeinschaft zur Folge, daß sich im Inneren Westafrikas die religiösen Weltbilder soweit unterscheiden, wie die verschiedenen Gemeinschaften unterschiedlich strukturiert sind. (Die starke Auffächerung einiger fundamentaler religiöser Ideen, die wir in Westafrika feststellen, kann in diesem Überblick, der sich mit den großen Zusammenhängen beschäftigen soll, nicht ausführlich dargestellt werden. Wir müssen den interessierten Leser auf unsere Bibliographie verweisen.) Die tieferen Orientierungen, die einer Gemeinschaft Form und Einheit geben, können, auch wenn sie sich in den Sozialstrukturen ausdrücken, nicht auf sie reduziert werden. Die einer Kultur eigene Weltanschauung gründet nicht auf sozialen Strukturen als solchen; sie bezieht sich vielmehr auf ihnen zugrundeliegenden Symbolstrukturen. Ein Religionssystem bzw. ein Weltbild, das auf die

---

[11] M. Eliade stellt fest, daß schon in den neolithischen Kulturen die „wahre" Welt für den Akkerbauern der Raum ist, in dem er lebt: das Haus, das Dorf, die bebauten Felder; vgl. *M. Eliade*, Geschichte der religiösen Ideen II, 57.

Frage nach dem Sinn von Leiden und Tod Antwort gibt oder das den Menschen wenigstens mit diesen Fragen koexistieren läßt, erfordert ein kohärentes Symbolsystem. Die in den religiösen Symbolen zum Ausdruck kommenden Werte werden innerhalb einer Gemeinschaft durch deren Sozialstruktur sichtbar.

M. Eliade[12] hat gezeigt, daß die fundamentalen Aspekte einer religiösen Weltanschauung durch das rituelle Chaos, welches die strukturlose (oder: die noch nicht strukturierte?) Einheit des urzeitlichen Ursprungs symbolisiert, dargestellt werden können. V. Turner[13] hat betont, daß in den Übergangsriten die Übergangsphase, während der die Sozialstrukturen vorübergehend aufgehoben werden, alle Werte, die die Einheit der Gemeinschaft befürworten, symbolisiert. V. Turner merkt mit vollem Recht an, daß die Sozialstrukturen nicht nur der Gesellschaft ihre notwendige Gestalt geben, sondern auch zu Unterschieden und Trennungen zwischen ihren Mitgliedern führen.

In diesem Beitrag geht es also darum, zu versuchen, die Symbolstrukturen der religiösen Weltvorstellung Westafrikas aufzudecken. Die religiösen Symbole erreichen nämlich in der Tat nur in ihrem Zusammenhang und ihrer Interdependenz Bedeutung als Elemente einer strukturierten Einheit.

Die zentrale Stellung der menschlichen Gemeinschaft in der religiösen Weltvorstellung Westafrikas bedeutet nicht, daß es nicht auch andere wichtige Elemente darin gibt. Die menschliche Gemeinschaft erscheint im Zentrum einer viel umfassenderen Weltvorstellung, und sie ist ununterbrochen den kosmischen Mächten ausgesetzt, die dort am Werk sind. Die Mythen erklären die Natur und die Handlungsweise dieser Mächte; Kulte und Riten sollen die Gemeinschaft vor ihnen schützen oder sie zum Wohl der Gemeinschaft nutzen.

Die antispekulative Natur der afrikanischen Mentalität verhindert Fragen über das Wesen jeder dieser kosmischen Mächte, werden diese nun für sich allein oder in ihren wechselseitigen Beziehungen und ihrer Rangordnung betrachtet. In den Mythen wird manchmal vom Verhalten der Gottheiten und Geister untereinander gesprochen, aber diese Erzählungen haben immer ätiologischen Charakter und dienen dazu, Phänomene der menschlichen Erfahrung zu erklären.

Das Modell der religiösen Weltvorstellung Westafrikas, das wir vorstellen, fügt sich in eine Thematisierung der kosmischen Mächte ein. Ohne eine theologische und spekulative Reflexion ist jede thematisierende schematische Darstellung ein riskantes Unternehmen, das den afrikanischen Bedürfnissen nicht entspricht. Aber die zentrale Stellung, die die menschliche Gemeinschaft in der religiösen Weltvorstellung besitzt, legt dennoch

[12] Vgl. z.B. *M. Eliade,* Kosmos und Geschichte 49–54. 114f. 132.

[13] Vgl. *V. Turner,* The Ritual Process 94ff.; *ders.,* Drama, Fields, Metaphors 231ff.

eine gewisse funktionelle Aufschlüsselung der kosmischen Mächte nahe. Dies bestätigt die Analyse des Materials, über das wir verfügen. Diese Aufschlüsselung eröffnet zwei große Kategorien: die Mächte, die direkt mit den Menschen verbunden sind, und diejenigen, die sich von außen kommend in der Welt der Menschen äußern. In der ersten Kategorie erscheinen die Ahnen, die Hexen und die Zauberer.[14] In der zweiten Kategorie finden wir zunächst den Himmelsgott und dann die Gottheiten, die einen Namen tragen und die in den Mythen oder ihrem Kult mit eigenen Merkmalen ausgestattet sind, ja sogar bestimmte Persönlichkeiten darstellen. Die zweite Kategorie der kosmischen Mächte umfaßt auch die anonymen Mächte, die in der Atmosphäre oder in der Natur zum Ausdruck kommen.

Gewisse Anzeichen legen auch eine Aufteilung zwischen dem Himmelsgott und den männlichen Gottheiten einerseits und den weiblichen Erdgeistern andererseits nahe.[15] Es ist nicht erstaunlich, daß zwischen diesen beiden Kategorien zahlreiche Übergangselemente zu finden sind. So scheinen Zauberer und Hexen in der von E. E. Evans-Pritchard[16] befürworteten Bedeutung, nämlich Menschen, die bewußt oder unbewußt die Kräfte der Natur für ihre egoistischen und asozialen Ziele ausnutzen, in beiden Kategorien zugleich aufzutauchen. Dies gilt auch für bestimmte mythische Helden, wie die Schmiede in der Mande-Mythologie, sowie für Begründer von Königsdynastien, die Gottheiten und Ahnen zugleich sind. Wir werden darauf zurückkommen.

In einigen Kulturen sind die kosmischen Mächte nicht autonom; sie unterstehen einem Ordnungsprinzip, das jeder kosmischen Macht ihren Ort und ihr Betätigungsfeld zuweist. Bei den Yoruba handelt es sich um ein doppeltes Ordnungsprinzip, welches das gemeinsame Handeln vom Trickster Eshu und vom Orakelgott Orunmila oder Ifa erfordert.[17]

Die verschiedenen Weltvorstellungen in Westafrika beschreiben alle die menschliche Gemeinschaft als einen Teil der Welt, der den kosmischen Mächten ausgesetzt ist. Sie präzisieren die Handlungsweise jeder Macht und legen Regeln und Empfehlungen fest, nach denen die kosmischen Mächte zum Wohl der menschlichen Gesellschaft einzubeziehen sind. So

---

[14] Wir gebrauchen das Wort „Hexe" hier in der Bedeutung des englischen Begriffes „witch" und das Wort „Zauberer" gemäß der Bedeutung des englischen Wortes „sorcerer". Die Worte können zu Mißverständnissen führen, da in Westafrika Männer und Frauen „Zauberer" sein, in bestimmten Fällen Männer als „Hexen" betrachtet werden können. Wir kommen in § 6 auf diese Unterscheidung zurück.

[15] Vgl. *K. Dittmer,* Die sakralen Häuptlinge der Gurunsi im Obervolta-Gebiet 4 f; *J. Zwernemann,* Die Erde in Vorstellungswelt und Kultpraktiken der sudanischen Völker 307 f; *P. Mercier,* ebd. 219 und Nr. 1; *H. A. Witte,* Symboliek van de aarde bij de Yoruba.

[16] *E. E. Evans-Pritchard,* Witchcraft, Oracles and Magic among the Azande.

[17] Vgl. *H. A. Witte,* Ifa and Esu. Denselben Orakelvorstellungen begegnet man in Mesopotamien. Durch das Orakel erwies sich so „die Welt [...] als durch Strukturen gegliedert und von Gesetzen beherrscht", in: *M. Eliade,* Geschichte der religiösen Ideen I, 86.

legen sie einen bestimmten Religionstyp fest, der sich deutlich von der historisch-eschatologischen (z. B. dem Christentum) oder von der asketisch-mystischen Form (z. B. den indischen Religionen) unterscheidet.

Wenn man von Westafrika spricht, dann kann man genauso gut von *einer* religiösen Weltvorstellung oder von unterschiedlichen religiösen Weltvorstellungen sprechen, je nachdem, ob man die schematische Einheitlichkeit oder die reelle Unterschiedlichkeit betont.[18]

366. Der einzelne Mensch

Eine Untersuchung der Mächte, die wesentlich mit der Menschengemeinschaft verbunden sind, nämlich die Ahnen und die Hexen, erfordert zunächst eine Analyse der Elemente, die das menschliche Sein als eine physische und spirituelle Einheit ausmachen. Durch eine solche Analyse läßt sich feststellen, welches menschliche Element sich nach dem Tod in den Ahnen verwandelt und auf welche Weise die Macht der Hexen wirkt. Um die Elemente des menschlichen Wesens aufzudecken, ist es von Nutzen, die Mythen über die Erschaffung des Menschen zu untersuchen. Ein kurzer Überblick über diese Mythen zeigt uns, daß zunächst nicht von der Erschaffung des Menschen erzählt wird, sondern von der Entstehung der Gesellschaft. Bei den Yoruba ist die Geschichte von der Erschaffung des Menschen nur ein „Anhang" zum Mythos vom Scheitern der Gottheit Obatala an ihrem Auftrag, die zivilisierte Welt *(aiye)* zu erschaffen. Er betrank sich und wurde so unfähig, seine Aufgabe auszuführen. Zum Trost erhielt er das Recht, jeden menschlichen Körper zu formen.[19]

Der Vorrang, den die Erschaffung der kulturellen Welt vor der des Menschen hat, ist schon bezeichnend dafür, daß der einzelne Mensch in Westafrika durch die Stellung, die er innerhalb des Beziehungsnetzes in der Gemeinschaft besitzt, definiert wird, wie auch die Position der Ahnen und Hexen durch ihre Rolle in bezug auf die menschliche Gesellschaft festgelegt wird. Zahlreiche Mythologien Westafrikas berichten, daß der Himmelsgott oder einer seiner Diener den menschlichen Körper aus Erde formt.[20] Einmal geformt, wird der Körper durch den Himmelsgott, der ihm den Lebenshauch eingibt, zum Leben erweckt. Häufig wird der Atem bzw. die Lebenskraft als Atem des Himmelsgottes bezeichnet. Die Lebenskraft des Menschen wird infolgedessen als Teil des Himmelsgottes betrachtet,

---

[18] Vgl. *N. S. Booth,* African Religions 3.

[19] Vgl. *W. Bascom,* The Yoruba of Southwestern Nigeria 81; *E. B. Idowu,* ebd. 174; *H. A. Witte,* Symboliek 118 f.

[20] Dieselbe Vorstellung findet sich schon in Mesopotamien; vgl. *M. Eliade,* Geschichte der religiösen Ideen I, 65.

der im Menschen wohnt. So läßt sich diese Vorstellung bei den Ashanti[21], den Anlo-Ewe[22], den Fon[23], den Yoruba[24] und den Igbo[25] feststellen.

Die Lebenskraft des Menschen sitzt in der Atmung, im Blutkreislauf und in der Sexualität bzw. kommt darin zum Ausdruck. Nach der Vorstellung der Ashanti wird der Mensch im wesentlichen aus dem Blut seiner Mutter und dem Geist *(ntoro)* seines Vaters gebildet.[26] Nach dem Glauben der Mende wird das physische Element vom Vater beigesteuert, während der Geist *(ngafa)* von der Mutter stammt.[27]Die Tallensi betrachten die Atmung nicht als Quelle, sondern als Zeichen der Lebenskraft.[28]

Die Lebenskraft wird nicht für ein rein spirituelles, vom Körper klar unterschiedenes Phänomen gehalten. Diese Kraft kommt in den Emotionen und der psychischen Energie zum Ausdruck, die im Körper empfunden werden. E. B. Idowu[29] spricht für alle Westafrikaner, wenn er bemerkt, daß man fast allen inneren Organen, zusammen oder einzeln betrachtet, emotionale und psychische Funktionen zuspricht.

Es ist nicht nur die Lebenskraft, die vom Himmelsgott kommt, welche den Körper belebt; es gibt noch ein anderes spirituelles Element, das er von den Ahnen empfängt. Die Yoruba[30] und die Edo[31] bringen dieses von den Ahnen stammende Element mit dem Verstand und dem Schicksal in Verbindung.

Die Ahnen wohnen in einer anderen Welt, vage „am anderen Ufer des Flusses" lokalisiert, wie es viele westafrikanische Völker versichern.[32] Die Krobo sagen „am anderen Ende des Ozeans"[33] In einer anderen Welt lebend, „inkarnieren sich die Ahnen in den Menschen. Obwohl manchmal gesagt wird, dieser oder jener Ahne, an dessen Namen man sich noch erinnert, sei in einem oder mehreren Kindern wiedergekommen, wird sie oder er nichtsdestoweniger bei den Ahnen weiterleben. Diese Vorstellung, die an der Lehre von der Reinkarnation teilhat, setzt den Akzent nicht auf ein irgendwie geartetes Überleben einzelner, sondern auf den Fortbestand der

---

[21] Vgl. *K. A. Busia,* ebd. 197.
[22] Vgl. *G. K. Nukunya,* Some underlying beliefs in ancestor worship and mortuary rites among the Ewe 124.
[23] Vgl. *P. Mercier,* ebd. 227.
[24] Vgl. *E. B. Idowu,* ebd. 21; *J. E. dos Antos / D. dos Santos,* Esu Bara, Principle of Individual Life in the Nago System 47.
[25] Vgl. *H. M. Cole / C. C. Aniakor,* Igbo Arts 15.
[26] Vgl. *K. A. Busia,* ebd. 196.
[27] Vgl. *K. Little,* ebd. 123.
[28] Vgl. *M. Fortes,* Concept 300.
[29] Vgl. *E. B. Idowu,* Olodumare 170.
[30] Vgl. *H. A. Witte,* Symboliek 125–133.
[31] Vgl. *P. Ben-Amos,* The Art of Benin 59 f.
[32] Vgl. *E. B. Idowu,* Olodumare 191, für die Yoruba und die Senufo; *K. Little,* ebd. 115, für die Mende.
[33] *H. Huber,* The Krobo 198 f. 208. 221.

Familiengemeinschaft. Das von den Ahnen stammende Element im Menschen konstituiert die persönliche Bindung zwischen den einzelnen und der Gemeinschaft der Ahnen, die durch das Wohlergehen der einzelnen über das Gedeihen der Gemeinschaft wachen.

Die Tatsache, daß die Ahnen im wesentlichen auf ihre Rückkehr in die Gemeinschaft der Lebenden ausgerichtet sind, unterstreicht die zentrale Stellung, die diese Gemeinschaft in der religiösen Weltvorstellung der Afrikaner besitzt. Gleichzeitig erklärt diese Ausrichtung das Verhältnis zwischen dem von den Ahnen stammenden Element im Menschen und dem Schicksal. Unter allen kosmischen Mächten sind die Ahnen die einzigen, die ein großes Interesse am Wohlergehen der Gemeinschaft zeigen. Deshalb wachen die Ahnen darüber, daß die einzelnen Mitglieder der Gemeinschaft die Tradition mit ihren Verhaltensregeln und ihren von den Ahnen stammenden Normen und Werten respektieren, weil dies das einzige Mittel ist, Katastrophen zu vermeiden und das Wohlergehen der Gemeinschaft zu sichern.[34]

Die Ahnen schützen die Gemeinschaft und warnen die Lebenden vor Gefahren von außen und von innen. Sie strafen diejenigen, die die traditionellen Gesetze übertreten und dadurch die ganze Gemeinschaft in Gefahr bringen, weil sie ja damit Mißernten, Unfruchtbarkeit, Krankheiten und sogar den Tod provozieren. Die Ahnen versuchen, das Schicksal der Lebenden zu beeinflussen, damit diese innerhalb der Gemeinschaft den Platz einnehmen können, der ihnen zusteht.

Wir stellen also grob drei Elemente fest, die zusammengenommen den Menschen ausmachen: der Körper und zwei spirituelle Elemente, die ihn beleben, nämlich die Lebenskraft, die vom Himmelsgott kommt, sowie ein Element, das von den Ahnen empfangen wird. Wir können fast überall in Westafrika diese Dreiteilung wiederfinden, obwohl die genaueren Angaben in symbolischen Bildern sich bei den verschiedenen Kulturen unterscheiden.

Wir müssen nun noch zwei Elemente nennen, die oft erwähnt wurden, die aber in unserer Dreiteilung noch keinen Platz gefunden haben, nämlich den Schatten und die Emotionen.

Der Schatten stellt ein scheinbar unstoffliches Phänomen dar, das aber dennoch direkt an den Körper gebunden ist. Der Schatten des Menschen wird oft als die sichtbare Form eines spirituellen Elementes betrachtet; er wird bald mit der Lebenskraft, bald mit dem von den Ahnen stammenden Element in Verbindung gebracht. Bei den Fon beispielsweise ist der Schatten *(ye)* das Zeugnis für den Ahnen: „Das Kind ist bisweilen das genaue Abbild seines Ahnen, denn der Schatten hält die physische Form fest.[35]"

---

[34] Vgl. *H. Huber*, ebd. 221.
[35] *P. Mercier*, ebd. 227.

Ebenso wird bei den Anlo-Ewe, die mit den Fon verwandt sind, der Schatten mehr oder weniger mit dem *luvo* identifiziert, der die Ahnen verkörpert.[36] Bei den Yoruba dagegen ist der Schatten *(ojiji)* eher Zeichen für die Lebenskraft *(emi)*, d.h. für den Atem des Himmelsgottes.[37] Auch die Konkomba betrachten den Schatten in Verbindung mit der Lebenskraft und glauben, diese beiden Elemente würden durch die Hexen bedroht.[38]

Die Emotionen und andere psychosomatische Phänomene besitzen im Menschen eine Stellung, die zu der des Schattens analog ist. Der Schatten ist ein physisches Phänomen, das spirituelle Merkmale aufweist, während die Emotionen Phänomene spiritueller Art sind, die physische Rückwirkungen mit sich bringen. Wie der Schatten, so werden die Emotionen bald mit der Lebenskraft, bald mit den Ahnen in Verbindung gebracht. Sie werden immer in bestimmten Organen lokalisiert, z.B. im Herzen, in den Eingeweiden, in der Leber und im Magen, ohne daß man in den Beziehungen zwischen bestimmten Emotionen und Organen ein für ganz Westafrika strikt gültiges System entdecken könnte.

367. Die Ahnen

Die vorhergehenden Seiten haben klargemacht, daß nach den in Westafrika vorherrschenden Meinungen jedes menschliche Wesen eine besondere Verbindung zu den Ahnen hat. Ein Mensch existiert nicht nur durch seine leiblichen Eltern, die zusammen mit dem Schöpfergott seinen Körper geschaffen haben. Man findet schon auf der körperlichen Ebene die spirituellen Komponenten des Menschen: den Himmelsgott oder einen seiner Gesandten, welcher den Körper geformt hat, und die leiblichen Eltern, welche die Ahnen verkörpern.

Betrachten wir die Verbindung zwischen dem einzelnen und seinem Ahnen näher. Nach dem Tod schließt sich das von den Ahnen stammende Element den Ahnen an, um den Augenblick zu erwarten, in dem es wieder als Bestandteil eines oder mehrerer Nachkommen gebraucht wird. Wir sahen schon, daß wir hier von einer Art Reinkarnation sprechen können, doch handelt es sich nicht um die Rückkehr individueller Personen. Das, was über die Generationen hinweg bleibt, wenn der Ahne zu den Seinen zurückkehrt, ist die Familiengruppe. Es ist wahr, daß man manchmal in einem Neugeborenen gewisse Charaktereigenschaften eines Ahnen während des-

[36] Vgl. *G. K. Nukunya*, ebd. 125.
[37] Vgl. *W. Bascom*, ebd. 75; *H. A. Witte*, Symboliek 122f.
[38] Vgl. *D. Tait*, Konkomba Sorcery 156.

sen eigenen Lebens wiedererkennt[39]; dieser wird indessen nicht in seiner isolierten Individualität betrachtet, sondern als ein Repräsentant der Gemeinschaft der Ahnen, der die Familiengruppe auf der Erde weiterhin stärkt und beschützt. Daß es sich nicht um das Überleben eines Individuums handelt, wird dadurch klar, daß der Ahne manchmal in mehreren Kindern sogar unterschiedlichen Geschlechts wiedererkannt wird, und durch die Überzeugung, daß sie oder er trotz ihres bzw. seines Wiedererscheinens weiterhin von der anderen Welt aus über die Familie wacht. Die von den Ahnen stammende Seele, die im Körper der Lebenden ihren Sitz hat, bleibt weiter mit den Ahnen verbunden. Sie wird diese nach dem Tod dessen, den sie bewohnt, wiedertreffen. Deshalb sind die Yoruba der Ansicht, das von den Ahnen stammende Element im Menschen verfüge über eine Art Doppelgänger in der anderen Welt, nämlich einen Ahnengeist, der speziell über das Leben und das Schicksal dieses oder jenes Menschen wacht.[40] Die Idee, das Schicksal hänge generell von den Ahnen ab, wird bei den Tallensi im Gespräch zwischen Vater und ältestem Sohn im Laufe von Begräbnisriten dargestellt.[41]

Die von den Ahnen stammende Seele ist das Element, das jedes menschliche Wesen nicht nur mit seiner Vergangenheit, also mit seinen Ahnen, sondern auch mit seiner Zukunft, nämlich seinen Nachkommen, verbindet. Durch die von den Ahnen stammende Seele wird der Mensch über seine Hinfälligkeit und seine Grenzen in Zeit und Raum hinausgehoben, weil er als Teil einer Familiengruppe betrachtet wird – und sich auch so fühlt –, die sich über Generationen erstreckt und fortsetzt.

Die Frage nach dem Sinn des Lebens zu stellen – die Grundfrage jeder Weltanschauung – mag als ein Versuch betrachtet werden, die Absurdität, die durch die Verzettelung der Existenz in Zeit und Raum zum Ausdruck kommt, zu beseitigen. Die Kulturen Westafrikas sehen in der menschlichen Gemeinschaft eine Realität, die das raumzeitliche Fortbestehen nicht im Chaos untergehen läßt. Diese Überzeugung verstärkt die Beziehung des einzelnen zu seiner Gemeinschaft insofern, als er sich eng mit ihr verbunden fühlt. Aber es handelt sich nicht nur um die Gemeinschaft der Lebenden in einem Abschnitt von drei oder vier Generationen. Denn die Gemeinschaft der Lebenden, die das Zentrum der religiösen Weltvorstellung einnimmt, umfaßt zugleich die Ahnen, die vorausgingen und die weiterhin die Gemeinschaft der Lebenden tragen und schützen, ebenso wie die Nachkommen, die virtuell schon in den Lebenden anwesend sind und die garantieren, daß die Gemeinschaft über den Tod hinaus fortbestehen wird. Unter diesem Gesichtspunkt ist die Ahnenverehrung, die ihre Wurzeln in

---

[39] Vgl. *W. Bascom,* ebd. 71; *P. Mercier,* ebd. 227; *K. Little,* ebd. 123; *M. P. Marti,* Le nom et la personne chez les Sabé 323; u. a. m.
[40] Vgl. *W. Bascom,* ebd. 72 f.; *H. A. Witte,* Symboliek 131.
[41] Vgl. *M. Fortes,* Concept 305.

der Vergangenheit hat und sich zur Zukunft hin orientiert, das Zentrum der religiösen Weltvorstellung Westafrikas. Dies ist auch die Ansicht von D. K. Fiawo[42], der den Ahnenkult bei den Ewe in Ghana untersucht hat und meint, daß die Wurzel des religiösen Gefühls sowohl durch den Kult als auch durch die sozialen Beziehungen, die notwendig sind für das Wohlergehen der Gemeinschaft, begründet wird.

Es gibt eine offensichtliche Kontinuität zwischen den verantwortlichen Ältesten der Gemeinschaft, die noch am Leben sind, und den Ahnen, die sie weiterhin beschützen. Die Ältesten bereiten sich auf ihre Stellung als Ahnen vor[43], und manchmal nennt man sie „die lebenden Ahnen“[44]. Umgekehrt bezeichnen die Krobo die ältesten Familienmitglieder und die Ahnen mit demselben Wort *wanimeli*[45]. Dennoch unterdrückt die Kontinuität zwischen den Ältesten und den Ahnen nicht die fundamentale Schranke des Todes, der sie trennt.

J. Brain[46] betont die Unterscheidung zwischen den Ältesten und den Ahnen, indem er bemerkt, daß die Geschenke, die man den Ältesten macht, nicht den Opfern entsprechen, die den Ahnen dargebracht werden. M. Fortes[47] fügt hinzu, daß die Weise zu existieren und die Macht und Handlungsweise, die den Ahnen zugesprochen werden, sich total von denen der Ältesten unterscheiden. Die Tallensi fassen diese Unterschiede zusammen, indem sie sagen: „Du kannst mit einem lebendigen Ältesten diskutieren, nicht mit einem Ahnen.[48]

Nicht jeder Tote erreicht automatisch den Status des Ahnen. Ausgeschlossen sind diejenigen, die jung sterben oder die die Gemeinschaft nicht durch Kinder bereichert und deshalb keine Nachkommen haben[49], und diejenigen, die eines gewaltsamen Todes oder an Krankheiten sterben.[50] Um ein Ahne zu werden, ist es unbedingt notwendig, daß dem Verstorbenen die Totenriten zuteil wurden, so daß er den Aufenthaltsort der Ahnen erreichen kann.[51] Kurz: Der einzelne muß, um den Status des Ahnen zu erreichen, volljährig sein und legitime Nachkommen haben, und ihm müssen nach seinem Tod die Totenriten zuteil geworden sein.[52]

---

[42] Vgl. *D. K. Fiawo,* Characteristic Features of Ewe Ancestor Worship 263.
[43] Vgl. *H. A. Witte,* Initiation à la responsabilité dans la société.
[44] *I. Kopytoff,* Ancestors and elders in Africa.
[45] Vgl. *H. Huber,* ebd. 22.
[46] Vgl. *J. Brain,* Ancestors and Elders in Africa – further thoughts 121.
[47] Vgl. *M. Fortes,* An Introductory Commentary 2.
[48] Ebd.; vgl. auch *H. Huber,* ebd. 221, für die Krobo.
[49] Vgl. *M. D. McLeod,* The Asante 37.
[50] Vgl. *G. K. Nukunya,* ebd. 122f; *M. Fortes,* Commentary 8.
[51] Vgl. *R. C. Bradbury,* Father and Senior Son in Edo Mortuary Ritual 100; *W. H. Newell,* Good and Bad Ancestors 19; *A. J. Glaze,* Art and Death in Senufo Village 149f; *S. S. Farrow,* Faith, Fancies and Fetich of Yoruba Paganism 72. 108; *H. A. Witte,* Symboliek 139; u. v. m.
[52] Vgl. *M. Fortes,* Concept 299.

Die Verstorbenen, die aus irgendeinem Grunde den Status der Ahnen nicht erreichen, sind durch den Tod endgültig von der Gemeinschaft und der Kontinuität der aufeinanderfolgenden Generationen abgeschnitten. Sie sind dazu verurteilt, ohne Ruhe wie bedrohliche Gespenster umherzuirren.

Die Totenriten helfen dem Verstorbenen, sich entschlossen von der Welt der Lebenden abzuwenden und sich zum Aufenthaltsort der Ahnen in der anderen Welt auf den Weg zu machen. Das Ziel der Totenfeiern für einen Erwachsenen ist es, öffentlich das Band zu zerschneiden, das ihn mit den Lebenden verbindet, ihn endlich der Welt der Ahnen anzuvertrauen, und zwar auf eine Weise, die seinem Leben entspricht.[53] Nur durch seinen Zustand als Ahne nämlich wird der Verstorbene heilbringende Kontakte mit der Welt der Lebenden aufrechterhalten können, in die er zurückzukehren hofft, wie wir bereits beschrieben haben. Der Verstorbene, der vom Aufenthaltsort der Ahnen ausgeschlossen ist, bedeutet dagegen eine Bedrohung für die Gemeinschaft, weil der Tod für ihn die endgültige Trennung vom Netz der sozialen Beziehungen bedeutet. Von einem Verstorbenen, der von der Gemeinschaft ausgeschlossen ist, kann man kein soziales und verantwortliches Verhalten erwarten.[54]

Nach den inzwischen zu Klassikern gewordenen Untersuchungen von van Gennep und Eliade haben zahlreiche Forscher[55] für Westafrika erklärt, daß die Beerdigungsriten nicht nur dazu dienen, eine Trennung zwischen den Lebenden und den Toten aufzurichten, sondern auch dazu, den Verstorbenen als Ahnen in die Gemeinschaft der Lebenden zurückzuführen. Der neue Ahne wird in den Familienaltar oder das Ahnenheiligtum inthronisiert bzw. eingegliedert, wo die Familienmitglieder ihre Gebete und Opfer darbringen und Gunst und Schutz erflehen können. Im übrigen können die Ahnen die Initiative ergreifen, indem sie in Träumen, durch das Orakel oder bestimmte kultische Praktiken weniger institutionalisierte Kontakte herstellen. Sie können sich an Straßen, an einsamen Orten oder in der Nacht offenbaren. Sie können sich offenbaren, um zu beschützen und zu raten, aber sie können auch warnen, drohen oder bestrafen.

Innerhalb der Kategorie der Ahnen kann man noch unterscheiden zwischen denen, an deren Namen, Charakter oder bestimmte Taten sich die Lebenden noch erinnern, und denjenigen, deren individuelle Züge im Inneren einer mythischen und unpersönlichen Gesamtheit verblaßt sind. W. H. Newell[56] hat die Regel aufgestellt, daß die Ahnen, an deren Namen und Eigenarten man sich noch erinnert, eher als strenge Autoritäten in der Fami-

---

[53] Vgl. *T. Northern*, The Art of Cameroun 70.
[54] Vgl. *H. M. Cole / C. C. Aniakor*, ebd. 16.
[55] Z. B. *E. B. Idowu*, Olodumare 190 f.; *M. Fortes*, Commentary 14; *B. Lawal*, The Living Dead 54; *J. Pemberton*, Engungun Masquerades of the Igbomina Yoruba 40.
[56] Vgl. *W. H. Newell*, ebd. 22 f.

liengruppe betrachtet werden, die die Autorität der lebenden Ältesten fortsetzen. Die Ahnen dagegen, deren Individualität durch die genealogische Entfernung verlorengegangen ist, zeigen sich eher wohlwollend und tolerant als gefährlich und aggressiv.

W. H. Newell[57] betont, daß das Wesen des Ahnen nichts mit dem Charakter zu tun hat, den er während des Lebens trug und den man vielleicht in seinen Enkeln wiedererkennt. Das Verhalten der Ahnen wird vielmehr durch ihre Situation als solche bestimmt.[58]

V. C. Uchendo[59], der über die Igbo schreibt, gebraucht den Ausdruck „Lebend-Toter" im selben Sinn wie J. S. Mbiti[60]: „Solange man sich noch an den Namen des Vaters oder des Großvaters erinnert, wird der Verstorbene als ‚Lebend-Toter' und nicht als Ahne betrachtet." Nach Uchendo wird bei den Igbo auch den Toten ein Kult zuteil, aber dieser Kult ist dem Ahnenkult moralisch untergeordnet. Man kann den Totenkult für asoziale und unmoralische Ziele mißbrauchen, wohingegen der Ahnenkult nur dazu dient, die Gemeinschaft zu beschützen und zu unterstützen. Bei den Ewe stellt D. K. Fiawo[61] ebenfalls „eine begriffliche Unterscheidung zwischen dem Totenkult und der Ahnenverehrung" fest.

Um auf den böswilligen oder wohlwollenden Charakter der Ahnen zurückzukommen, ist es nützlich, ihre Handlungsweise mit der der Ältesten zu vergleichen. Unter diesem Gesichtspunkt schreibt M. Fortes[62]: „Es ist zu vermuten, daß der Tod der Teilhabe einer Person am Leben und an den Aktivitäten seiner Familie und seiner Gemeinschaft kein Ende setzt, sondern einen Weg zu einer anderen Weise der Teilhabe eröffnet, die sich von der des irdischen Lebens unterscheidet." I. Kopytoff[63] ist wahrscheinlich zu weit gegangen, als er die Ahnen mit den Ältesten identifizierte, aber er hat dennoch auf eine evidente und wesentliche Eigenart des Ahnenkultes hingewiesen, nämlich daß dieser Kult in der Eltern-Kind-Beziehung wurzelt und die Kontinuität der Familie über die verschiedenen Generationen hinweg sichern soll. Es ist in Afrika von wesentlicher Bedeutung, sich legitime Nachkommen zu sichern. Nur derjenige, der verheiratete Söhne – oder manchmal auch Töchter – hat, die das Fortbestehen der Familie garantieren, kann sich als erwachsen im Vollsinn des Wortes betrachten. Nur er kann sicher sein, den Status des Ahnen über den Durchgang durch den Tod und die Reise zur anderen Welt zu erreichen. Ein Ahne muß durch seine

[57] Ebd.
[58] Vgl. auch *M. Fortes,* Some Reflections on Ancestor Worship 133.
[59] VGl. *V. C. Uchendo,* Ancestorcide 293f.
[60] *J. S. Mbiti,* Afrikanische Religion und Weltanschauung 104; *ders.,* Concepts of God in Africa 230ff, vgl. in diesem Band S. 251ff.
[61] *D. K. Fiawo,* ebd. 268.
[62] *M. Fortes,* Commentary 5.
[63] Vgl. *I. Kopytoff,* ebd.

Nachkommen zeigen können, daß er effektiv an der Kontinuität seines Volkes mitgearbeitet hat, und sei es nur als Garant der Zukunft des Volkes und seiner Fähigkeit, diese Zukunft zu verlängern.

Tatsächlich wachen die Ältesten ebenso wie die Ahnen über das Wohlergehen der Gemeinschaft, indem sie dafür sorgen, daß die traditionellen Werte und Verhaltensregeln respektiert werden. Die Ältesten sind schon imstande, diese Rolle zu spielen. Denn sie haben durch ihr Alter und ihre Nachkommenschaft bewiesen, daß sie begriffen haben, wie Überleben mitten unter den kosmischen Mächten möglich ist, denen die Menschen ausgeliefert sind. Die Kunst des Überlebens wird durch die traditionellen Verhaltensregeln gelehrt.

Für die Igbo fassen H. M. Cole und C. C. Aniakor[64] die Beziehungen zwischen den Lebenden und den Ahnen folgendermaßen zusammen: „Menschen und Ahnen schützen und beeinflussen sich wechselseitig, indem sie durch Gebete, Opfer, Symbole, Musik und Tanz in Verbindung miteinander stehen. Der höchst wichtige Fortbestand der Ahnenreihe wird z. B. in dem häufigen Männernamen ‚Obeichina' ausgedrückt, der bedeutet, ‚daß der *obi* (Familienaltar) niemals sein Ende erreiche'".

Es ist offensichtlich, daß die Erinnerung an die Ahnen von Königen und Oberhäuptern, wie die der Ashanti, der Mossi, der Fon und der Yoruba, deren Genealogien in den offiziellen Listen festgehalten sind, viel weiter in die Vergangenheit hineinreicht als die Erinnerung an die gewöhnlichen Vorfahren. Die Genealogie der Yorubakönige, die auf mythische Gestalten göttlichen Ursprungs wie Odudua, Shango oder Oranmiyan zurückgeht, verleiht (ganz klar ihrem Königsamt) die Legitimation. Die königlichen Ahnen sind immer von größerer Bedeutung für den Schutz und das Wohlergehen der Gemeinschaft als die Ahnen anderer Familien oder Clans. Unter diesem Gesichtspunkt ist es interessant, eine Rivalität zwischen Gottheiten und königlichen Ahnen im Ahnenkult des Königs im alten Dahomey festzustellen. Es ist den Mitgliedern der königlichen Familie untersagt, an anderen Ahnenkulten als ihren eigenen teilzunehmen; bestimmte Mitglieder des Hofes können die Erlaubnis erhalten, am Kult dieser Ahnen teilzunehmen.[65] Das direkte Interesse der königlichen Ahnen am Wohlergehen der Gemeinschaft hat immer politische Bedeutung. Auch in ihrem Fall stellen wir fest, daß die Unterscheidung zwischen Ahnen und Gottheiten zu verlöschen beginnt. Wir werden in unserem letzten Paragraphen auf diesen Punkt zurückkommen.

Nichtsdestoweniger gibt es in der religiösen Weltvorstellung Westafrikas vom Gesichtspunkt der Gemeinschaft aus einen grundlegenden Unterschied zwischen Gottheiten und Ahnen. Die Ahnen beschützen die Ge-

---

[64] *H. M. Cole / C. C. Aniakor,* ebd. 14f.

[65] Vgl. *W. J. Argyle,* The Fon of Dahomey 111.

meinschaft im eigenen Interesse. Ihre Existenz ist völlig auf die Familie ausgerichtet, in die sie in gewissem Sinne durch ihre Nachkommen zurückzukehren hoffen. Die Gottheiten dagegen sind kosmische Mächte mit eigenem *modus operandi,* eigenen Tätigkeitsfeldern, eigenem Charakter. Daher folgt ihr Eingreifen bis zu einem gewissen Grade Gesetzen und Vorhersagen, so daß die Menschen, vor allem spezialisierte Priester, fähig sind, diese Mächte zum Wohl der Gemeinschaft zu nutzen. Da diese Mächte sich nicht für irgend etwas ihnen fremd Erscheinendes interessieren, folgen sie blind ihrer Bestimmung. Dieses Phänomen erlaubt den Menschen merkwürdigerweise, ihre Aktivitäten fernzuhalten oder auszunutzen. V. C. Uchendo[66] schreibt über die Igbo, daß sie die Gottheiten und Geister gleichzeitig als Objekte der Verehrung und der Manipulation ansehen.

In den Ausstellungskatalogen im Museum Rietberg in Zürich stellen E. Fischer und H. Himmelheber[67] die religiöse Weltvorstellung der Dan dar, und P. Meyer[68] skizziert die der Lobi, ohne die Ahnen zu erwähnen. Diese scheinen in den Ikonographien dieser beiden Völker keine Rolle zu spielen, so daß anscheinend die Naturmächte die beschützende Rolle der Ahnen übernehmen. Die Ikonographie kann daher nicht den Anspruch erheben, sie spiegele die religiöse Weltvorstellung als Ganzes wider.

Im Prinzip interessieren sich die Gottheiten weder für das Wohlergehen der Gemeinschaft noch für das Heil derjenigen, die sie verehren. Aber sie haben auch nicht die Absicht, die Menschen zu vernichten. Die Götter und Gottheiten beschützen und bestrafen nicht, wie es die Ahnen tun. Die Gottheiten können die Menschen vernichten, die sich ihnen in den Weg stellen, sie können auch Fruchtbarkeit und Nachkommenschaft verleihen, aber in all ihren Tätigkeiten sind sie blind für das Schicksal der Menschen. Die Menschen sprechen vom Zorn oder vom Wohlwollen der Gottheiten, aber diese Ausdrucksweise bezieht sich im Grunde auf das Ergebnis ihres Eingreifens, nicht auf die Absicht.

Bis zu einem gewissen Grade können die Ahnen selbst zu den kosmischen Mächten gezählt werden. Deshalb sind sie besser als die Ältesten fähig, die Gefahren, die der Gemeinschaft drohen, zu begreifen. Diese kommen nicht zwangsläufig von Mächten außerhalb der Gemeinschaft, die sich bis zu einem gewissen Punkt manipulieren lassen. Die Gefahren kommen ebenso aus der Gemeinschaft selbst, nämlich durch diejenigen ihrer Mitglieder, die die traditionellen Werte und Verhaltensregeln nicht respektieren und sich weigern, ihre persönlichen Interessen dem Wohl der Gemeinschaft unterzuordnen.

---

[66] Vgl. *V. C. Uchendo,* ebd. 288.
[67] Vgl. *E. Fischer / H. Himmelheber,* Die Kunst der Dan.
[68] Vgl. *P. Meyer,* Kunst und Religion der Lobi.

Nachlässigkeit bezüglich der Tradition führt zu zerstörerischer Unwissenheit und Unerfahrenheit in bezug auf die Harmonie der Gemeinschaft, und deshalb zählen Gehorsam der Kinder und Respekt der Jugend für die Ältesten in Westafrika zu den höchsten Tugenden. Ein schwerer Bruch mit der Tradition kann eine grundlegende antisoziale Desorientierung hervorrufen, wie bei den Hexen und Zauberern. In einem solchen Fall handelt es sich nicht mehr um eine Störung der traditionellen Ordnung, die durch Opfer und Sühnegebete wiederhergestellt werden könnte.[69]

368. Hexen und Zauberer

Neben den Ahnen existiert noch eine zweite Gruppe von Wesen, die im weiteren Sinne zur menschlichen Gemeinschaft gehört und eine wichtige Rolle im Spiel der kosmischen Mächte innehat, das die religiöse Weltvorstellung Westafrikas ausmacht. Es handelt sich um die Hexen und Zauberer, die wir am Ende des vorausgehenden Paragraphen erwähnt haben.

Im Gegensatz zum Einfluß der Ahnen ist die Aktivität der Hexen und Zauberer immer unheilvoll, soweit sie auf Menschen abzielt.

Dennoch nennen die Yoruba, für die die Personen, die Hexerei dank einer angeborenen Fähigkeit ausüben, immer Frauen sind, die Hexen „unsere Mütter". Für dieses Volk sind die Hexen also nicht nur asoziale und boshafte Wesen, die es aus der Gemeinschaft auszumerzen gilt. Sie erweisen sich zunächst als die Repräsentantinnen einer kosmischen weiblichen Macht *(ashe)*, die Fruchtbarkeit spendet und deshalb von entscheidender Bedeutung für die Gemeinschaft ist.[70] Alle Frauen sind nach dem Glauben der Yoruba potentielle Hexen, aber nur einige sind es aktiv, indem sie ihr *ashe* mit antisozialen und verbrecherischen Zielen anwenden.

Die hauptsächlich positive Meinung der Yoruba über die Hexen bildet in Westafrika eine Ausnahme von der Regel oder, wenn man so will, eine Entwicklung und Präzision in dieser Regel. Die gängige Meinung scheint meist mit den Beschreibungen E. E. Evans-Pritchards[71] einherzugehen, die für die meisten Afrikaforscher einen Ausgangspunkt bilden. Nach diesen Beschreibungen bilden die Hexen und die Zauberer gemeinsam eine einzige Kategorie, insofern diese beiden Gruppen zum Schaden anderer ihren eigenen Vorteil verfolgen; aus diesem Grund betrachtet die Gemeinschaft, in der sie leben, sie als schädlich und gefährlich.

---

[69] Vgl. *M. Fortes,* Commentary 9.
[70] Vgl. *H. J. Drewal,* Art and the Perception of Women in Yoruba Culture; *H. A. Witte,* The Invisible Mothers.
[71] Vgl. *E. E. Evans-Pritchard,* ebd.

Bezüglich des Unterschieds zwischen Hexen und Zauberern erklärt E. E. Evans-Pritchard[72], daß die Hexen nur durch Anwendung innerer Kräfte das Böse ausführen. Eine Hexe vollzieht keine Riten, spricht keine Zaubersprüche aus und gebraucht keine mit unheilvoller Kraft beladenen Materialien. Die Zauberer dagegen tun das Böse bewußt, indem sie Riten und Zaubersprüche benutzen und auf physische Mittel zurückgreifen.[73]

Um zwischen den Praktiken der Hexerei durch physische Mittel oder durch angeborene Kräfte zu unterscheiden, ist es problematisch, die deutschen Bezeichnungen „Zauberer" und „Hexe" zu gebrauchen, da hier die erste Form einzig Männern und die zweite ausschließlich Frauen zugeordnet wird, wohingegen für Afrikaner die Unterscheidung zwischen den beiden Formen der Zauberei nichts über das Geschlecht derer aussagt, die sich ihrer bedienen.

Diejenigen, die Hexerei ausüben, können durch Wahrsager, die ein Orakel benutzen, oder durch spezielle Hexenjäger entdeckt werden. Man benutzt Materialien, die mit Kräften versehen sind, um sich gegen verbrecherische Angriffe zu schützen.

Die böse innere Veranlagung der Hexen soll manchmal durch eine besondere Substanz im Inneren ihres Körpers zutage treten, so daß man glaubt, sie könne nach dem Tod durch eine Autopsie entdeckt werden. In bestimmten Gegenden glaubt man, daß auch die Hexenjäger eine bestimmte Substanz im Körper besitzen, die sie den Hexen Widerstand leisten läßt. Dieses Anti-Hexen-Mittel würde an einem bestimmten durch Husten erzeugten Schleim erkennbar.

Wenn die Macht der Hexe in einer physischen Substanz Gestalt annimmt, wird der Unterschied zwischen Hexen und Zauberern weniger durchsichtig, obwohl der Hexe selbst weder die Anwesenheit dieser Substanz noch ihre Aktivität als Hexe bewußt ist; sie muß durch das Orakel oder durch spezialisierte Befrager überführt werden. Im allgemeinen ist es nicht möglich, diese Unterscheidung, die E. E. Evans-Pritchard bei den Zande gefunden hat, im Detail für ganz Afrika aufrechtzuerhalten, wie L. Mair[74] es zuerst für die Bantuvölker aufgezeigt hat. Am Ende bleibt der unterschiedliche *modus operandi*, der von der speziellen inneren Disposition der Hexe abhängt.

Die Hexen führen ein nächtliches Doppelleben: während ihr Körper zu Hause schläft, projizieren sie wie in einem Traum ihre Lebenskraft, um die eines anderen aufzusaugen. Ihre Opfer siechen dann dahin und sterben. In bestimmten Gegenden Westafrikas erzählt man, daß die Hexen sich zu

[72] Ebd. 21.
[73] Vgl. z.B. *H. Huber*, ebd. 286ff, für die Krobo; *P. Meyer*, ebd. 47f, für die Lobi.
[74] Vgl. *L. Mair*, La sorcellerie 18–24.

nächtlichen Zusammenkünften versammeln. Die Yoruba glauben, daß „die Mütter“ von Baumwipfeln aus die nächtlichen Feiern beobachten, die der Efebund ihnen zu Ehren abhält.[75] Auch die Krobo[76] und die Ashanti[77] glauben, daß die Hexen sich um Mitternacht in großen Bäumen versammeln.

Bei den Tiv in Nigeria schließen sich die Hexen in einer furchterregenden Geheimgesellschaft zusammen, die Leichen schändet und als Aufnahmepreis verlangt, daß die Hexe ihnen eines ihrer eigenen Kinder opfert.[78] Die Ashanti glauben ebenfalls, daß die Hexen ihre eigenen Eltern angreifen, denn ihre Hexereien sind gegenüber Fremden unwirksam.[79] M. D. McLeod[80] fügt hinzu, daß die Ashanti annehmen, die Hexen töteten ihre Kinder. Die Hexen der Krobo bringen das Blut ihrer Opfer zu ihren Zusammenkünften mit.[81] Bei den Lobi herrscht der Glaube, die Hexen tauschten auf Hexenmärkten die gefangenen „Seelen“ aus, die nicht von ihrem eigenen mütterlichen Clan stammen und die sie deshalb nicht essen können.[82]

Manchmal glaubt man, daß die verheerende Macht der Hexe die Gestalt eines Nachttieres annimmt, das sich schnell und geräuschlos fortbewegen kann. Die Hexen sollen auch wie Vögel fliegen[83] oder sich in Elefanten oder Affen verwandeln können, die als Zerstörer der Ernte gelten.[84] Die schlimmste Kategorie bilden jene Hexen, die die Seelen der Menschen im Schlaf verschlingen. Man glaubt zuweilen, die Hexen in Feuer- und Lichtformen, die durch die Nacht fliegen, wiederzuerkennen.[85]

Bei einigen Völkern Westafrikas wird die angeborene Veranlagung zur Hexerei vor allem, wenn nicht sogar ausschließlich, Frauen zugeschrieben. Diese Überzeugung erklärt sich aus der Tatsache, daß eine der größten dem Menschen angeborenen Kräfte, nämlich die Fruchtbarkeit, aufgrund der Phänomene der Menstruation und der Schwangerschaft als eine wesentlich weibliche Eigenschaft erscheint. Die Yoruba glauben, die Lebenskraft der Frau sei der des Mannes überlegen und erweise sich als geheimnisvoller, da Frauen sich besser beherrschen und ihre Geheimnisse

---

75 Vgl. *R. F. Thompson,* Black Gods and Kings. Kap. 14/4; *H. J. Drewal / M. Thompson Drewal,* Gelede. Art and Female Power among the Yoruba 17 f.
76 Vgl. *H. Huber,* ebd. 287.
77 Vgl. *R. S. Rattray,* Religion and Art in Ashanti 30.
78 Vgl. *L. und P. Bohannan,* The Tiv of Central Nigeria; *R. M. Downes,* Tiv Religion.
79 Vgl. *R. S. Rattray,* ebd. 28.
80 Vgl. *M. D. McLeod,* ebd. 37.
81 Vgl. *H. Huber,* ebd.
82 Vgl. *H. Labouret,* Les tribus du rameau Lobi 479–488; *P. Meyer,* ebd. 48.
83 Vgl. *P. Verger,* Grandeur et décadence du culte d'Iyami Osoronga (ma Mère la Sorcière) chez les Yoruba.
84 Vgl. *P. Meyer,* ebd. 47.
85 Vgl. *R. S. Rattray,* ebd. 30; *G. Parrinder,* Religion in an African City 53.

besser bewahren können als Männer.[86] Bei anderen Völkern, wie den Gwari[87], den Lobi[88] und den Krobo[89], glaubt man hingegen, die Männer verfügten genauso wie die Frauen über diese inneren Kräfte. Unseres Wissens gibt es in Westafrika kein Volk, bei dem angeborene Hexerei ausschließlich von Männern praktiziert würde.

Was bedeutet der Glaube an die Zauberei für die religiöse Weltvorstellung Westafrikas? In einer Weltvorstellung, die sich auf die Gemeinschaft der Lebenden konzentriert, bedeutet die Zauberei eine innere Gefahr. Die Gefahr liegt nicht darin, daß man okkulte Fähigkeiten oder geheime Kräfte der Natur nutzt, da diese Kräfte ja sowohl für soziale als auch für antisoziale Ziele genutzt werden können. Die Tätigkeit der Zauberer (im Sinne von E. E. Evans-Pritchard) beruht gerade auf einer bewußten und methodischen Beobachtung der kosmischen Kräfte, die in der Natur verborgen sind. Die Pflanzenkundigen arbeiten mit denselben Kräften, die diese Zauberer nutzen, aber die ersteren tun es zum Wohle der Gemeinschaft. Die Hexen sind selbst mehr oder weniger Opfer ihrer Fähigkeiten, von deren Dasein sie selbst nichts wissen. Es ist rätselhaft, daß egoistische Gefühle oder Wünsche bei Hexen, nicht aber bei anderen Menschen, diese schrecklichen Fähigkeiten auslösen. Die Art und Weise, diese Fähigkeiten zu nutzen, und ihre unheilvollen Ergebnisse sind nur zu bekannt.

Bedrohlich für die Gemeinschaft ist nicht die Art oder die Natur der Kräfte, auf die die Hexen und Zauberer zurückgreifen, sondern das egoistische Gefühl und infolgedessen die asoziale Ausrichtung, mit der diese Kräfte angewandt werden. Bei den Yoruba sind die Kräfte, über die „unsere Mütter, die Hexen“[90] verfügen, für die Gemeinschaft notwendig; es ist nur die unheilbringende Absicht eines Menschen, die sie gefährlich macht. Indem sie der Gemeinschaft das Einzelwesen gegenüberstellt, schädigt die Hexerei die Grundlage der ganzen Gemeinschaft: den Zusammenhalt der Familiengruppe. In Westafrika, wo die Gemeinschaft das Zentrum der religiösen Weltvorstellung bildet, stellt Hexerei eine tödliche Bedrohung dar.

Man hat mit vollem Recht betont, daß Anschuldigungen wegen Hexerei jenen Spannungen zwischen den Menschen ein Ventil schaffen, die nicht auf eine Weise gelöst werden können, die die bestehenden Regeln einer Kultur billigen. Man findet Beispiele intitutionalisierter Konfliktlösungen in der üblichen Rechtsprechung in den Scherzbeziehungen (joking relationship). In den großen Städten haben feindliche Parteien eher Gelegenheit als in den Dörfern, sich aus dem Weg zu gehen. Anschuldigungen

---

[86] Vgl. *H. J. Drewal,* Art and the Perception of Women in Yoruba Culture; *H. A. Witte,* The Invisible Mothers.
[87] Vgl. *F. Nadel,* Witchcraft in four African societies: an essay in comparison.
[88] Vgl. *P. Meyer,* ebd. 47.
[89] Vgl. *H. Huber,* ebd. 286.
[90] Vgl. *P. Verger,* Grandeur.

wegen Hexerei setzen Reibereien und mißgünstige Gefühle, Ärger und Haß voraus, die man nicht offen ausdrücken kann, weil die in der Kultur geltenden Verhaltensregeln fordern, daß diejenigen, um die es sich handelt, freundschaftliche oder wohlwollende Beziehungen unterhalten.[91] Diese Regel betrifft zunächst die Mitglieder derselben Familie. Doch handelt es sich hier um eine moralische Forderung und nicht um eine legale Verpflichtung, die die Rechtsprechung auferlegen könnte. F. Nadel[92] bemerkt dazu, daß die Beschuldigung wegen Hexerei mithilft, das Idealbild zu schützen, das die Gemeinschaft von sich selbst hat. Die Hexen entsprechen nicht diesem Idealbild, was notgedrungen Frustrationen mit sich bringt, sei es, daß die Hexen selbst unter diesen Frustrationen leiden, sei es, daß sie sich zurückziehen. So zeigt der Glaube an die Hexerei die Schwachpunkte im Gesamt der sozialen Institutionen, Schwachpunkte, die im übrigen durch diesen Glauben nicht aufgehoben werden, sondern, ganz im Gegenteil, fortbestehen. Denn dieser Glaube stellt niemals die sozialen Strukturen, durch die die Spannungen hervorgerufen werden, in Frage.

In der religiösen Weltvorstellung Westafrikas bedeuten Anschuldigungen wegen Hexerei dennoch viel mehr als nur ein Ventil für soziale Spannungen. Bei diesen Anschuldigungen handelt es sich darum, Werte, die das Zentrum der religiösen Weltvorstellung bilden, zu verteidigen, denn sie drücken die grundlegende und notwendige Solidarität in einem Gemeinschaftsleben aus. L. Mair[93]hat mit Recht bemerkt, daß sich in einer Anschuldigung wegen Hexerei der Vorwurf verbirgt, jemand hege Gefühle des Grolls und der Rache. „Die enge Beziehung, die in Afrika die Hexerei an versteckte Gefühle bindet, spiegelt den großen Wert harmonischer Beziehungen wider. Diese sind inmitten einer kleinen Gemeinschaft etwas anderes als das Nichtvorhandensein erklärter Feindschaft." Das Wissen um Hexerei bedeutet im Grunde nichts anderes als „das generelle Wissen, daß Zorn und Haß als solche anderen schaden können"[94].

Es handelt sich nicht um kollektive Gefühle der Verachtung, des Hasses oder des Grolls, die ein ganzes Volk gegenüber Fremden hegen kann, auch nicht um offene, verletzende Streitigkeiten, die im Inneren einer Gemeinschaft entstehen können. Es geht vielmehr um Eifersucht und Haß, die dazu führen, daß ein einzelner sich auf sich selbst zurückzieht und sich der Gemeinschaft widersetzt, indem er seinen eigenen Vorteil auf Kosten der gemeinsamen Interessen sucht. Ein solcher Rückzug auf sich selbst zerstört Beziehungen, die ein Grundvertrauen voraussetzen, und dies sind genau

---

[91] Vgl. *L. Mair,* ebd. 210ff.
[92] Vgl. *F. Nadel,* ebd. 278.
[93] Vgl. *L. Mair,* ebd. 221ff.
[94] Ebd. 223.

solche Beziehungen, die die Grundlage der Gemeinschaft bilden. Daher bildet die Hexerei in Westafrika die größte Bedrohung innerhalb der religiösen Weltvorstellung.

369. Der Himmelsgott

Es scheint zu überraschen, daß in dieser allgemeinen Übersicht über die religiösen Ideen Westafrikas die Götter und Gottheiten an letzter Stelle behandelt werden.[95] Der Grund hierfür ist, daß die Götter und Gottheiten nur eine relativ untergeordnete Rolle in diesem Spiel der kosmischen Kräfte innehaben.[96] Dafür spricht die Beobachtung, daß nur die Yoruba und die von ihnen beeinflußten Nachbarvölker, wie die Bini und die Fon, ein mehr oder weniger ausgeprägtes Pantheon aufgebaut haben.

Alle Völker Westafrikas glauben an die Existenz eines Himmelsgottes, der die menschliche Gemeinschaft erschaffen hat, sei es, daß er sie selbst geschaffen hat, sei es, daß er die Vermittlung seiner Diener oder seiner Söhne in Anspruch genommen hat.[97] Der Himmelsgott wird fast immer als männlich angesehen, manchmal androgyn, z. B. bei den Fon, den Senufo und vielleicht bei den Dan[98] u. a.

Doch der Himmelsgott und Schöpfer nimmt nicht die Stellung in der religiösen Weltvorstellung ein, die man vielleicht aufgrund einer theologischen Reflexion erwartet. In der Mehrzahl der Fälle gibt es weder Priester noch einen regelmäßigen Kult; man bringt ihm direkt auch keine materiellen Opfer dar. Ausnahmsweise wird, wie nebenbei, ein bestimmter Kult erwähnt, der dem Himmelsgott vorbehalten ist: K. Dittmer[99] hat bei den Gurunsi Altäre zur Ehre des Himmelsgottes entdeckt, auf denen man opferte und dabei um Regen, Gesundheit und Fruchtbarkeit betete. R. S. Rattray[100] berichtet, daß es für Nyame, den Himmelsgott der Ashanti, früher einen Kult mit Tempeln und Priestern gab. Heute bildet bei den Ashanti[101] und anderen Völkern ein Tongefäß auf einem Dreifuß den privaten kultischen Ort, an dem der Himmelsgott Blut- und Trankopfer aus der Hand des Familienoberhauptes erhält. Bei den meisten Völkern jedoch ist der

---

95 Wir behalten die Bezeichnung „Gott“ dem Himmelsgott vor; jene kosmischen Mächte, die einen Namen tragen und die ein genau abgegrenztes Betätigungsfeld haben, bezeichnen wir als „Gottheiten“, während wir die anderen kosmischen Kräfte mit dem Ausdruck „Geist“ benennen.

96 Vgl. *M. Eliade,* Die Religionen und das Heilige 72.

97 Vgl. ebd. 69 ff.

98 Vgl. *E. Fischer / H. Himmelheber,* ebd. 6.

99 Vgl. *K. Dittmer,* ebd. 4.

100 Vgl. *R. S. Rattray,* Ashanti 94. 142. 144. 175.

101 Vgl. *K. A. Busia,* ebd. 192; *M. D. McLeod,* ebd. 57 f.

Himmelsgott nicht mehr als ein Name, der in rituellen Formeln [102] oder Anrufungen in Situationen der Angst, der Trauer oder plötzlicher Freude [103] erwähnt wird, oder der anläßlich von Opfern zu Ehren der Gottheiten ins Gedächtnis zurückgerufen wird. [104]

Manche Autoren haben versucht, dem Himmelsgott in Westafrika eine Stellung zu verleihen, die derjenigen Gottes in der westlichen Theologie entspricht. Diese Analogie setzt einen westlichen Transzendenzbegriff voraus. [105]Man hat sich sogar bemüht, den afrikanischen Himmelsgott mit Eigenschaften wie Allmacht, Allwissenheit und Allgegenwart zu versehen. [106] So sollte die Würde der afrikanischen Weltvorstellung zu Ehren gebracht werden, indem man sie in ein streng monotheistisches System umwandelte, gemessen an einem moralischen und intellektuellen Niveau, das höher ist als das des Pantheismus. Obwohl diese Ansichten auch von aus Westafrika stammenden Autoren unterstützt werden, lassen sie unserer Meinung nach der wesentlichen Grundlage der religiösen Weltvorstellung keine Gerechtigkeit widerfahren: nämlich der wesentlichen Ausrichtung auf die Gemeinschaft der Lebenden und der Ablehnung theologischer Überlegungen, die auf Abstraktion beruhen.

Die Himmelsgötter Westafrikas sind beinahe typische Beispiele für den *deus remotus*, den man oft als *otiosus* bezeichnet hat. Man hat versucht, diese Qualifikationen unendlich abzustufen, um eine Analogie mit dem westlichen Transzendenzbegriff zu suggerieren. Die Himmelsgötter Schwarzafrikas erhalten die Schöpfung mit ihrer Lebenskraft, aber sie offenbaren sich dort nicht direkt. Sie zeigen weder Interesse für das menschliche Einzelschicksal noch für das Geschick der Gemeinschaft. Darüber hinaus sagt man, der Himmelsgott habe das Schicksal der Menschen vor ihrer Geburt festgelegt [107], und er bleibe nunmehr teilnahmslos, sogar wenn ihn die Menschen bei den Lobi aufgrund ihres Schicksals verfluchen. [108] Wenn man manchmal bis zu einem gewissen Grade von „nationalen Göttern“ sprechen kann, handelt es sich um Gottheiten unterhalb des Himmelsgottes, die besonders im königlichen Clan verehrt werden. Diese nationalen Gottheiten interessieren sich übrigens auch nicht für das Wohlergehen der Nation, sondern das Volk, das sie besser kennt als die anderen, hat einfach besser gelernt, sich ihrer zu bedienen; im übrigen können ihr Name und ihr Kult der Aussöhnung und der Vereinigung von Nationalgefühlen dienen.

---

[102] Vgl. *P. Ben-Amos*, ebd. 45; *H. Cole / C. C. Aniakor*, ebd. 15.
[103] VGl. *H. Huber*, 3bd. 234; *E. Fischer / H. Himmelheber*, ebd. 6; *E. B. Idowu*, Olodumare 37; *M. Eliade*, Religionen ...
[104] Vgl. u. a. *K. Dittmer*, ebd. 4 f.
[105] Vgl. *E. Dammann*, Die Religionen Afrikas.
[106] Vgl. *E. B. Idowu*, ebd. 38 ff.
[107] Vgl. ebd. 173 f.
[108] Vgl. *P. Meyer*, ebd. 23.

Die Himmelsgötter haben den Zweck, den Ursprung der Schöpfung und die Lebenskraft in den Menschen und Gottheiten zu erklären. Sie lenken weder die Schöpfung noch halten sie sie instand, und sie bringen auch keine Harmonie in die kosmischen Mächte. Bei den Völkern, die ein Pantheon herausgebildet haben, ist die Gottheit des Orakels, die die Harmonie der kosmischen Mächte unterstützt, vom Himmelsgott verschieden. [109]

Um zu erklären, warum der Schöpfer so viel Abstand von seiner Schöpfung genommen hat, erzählen viele Völker, daß *in illo tempore* Himmel und Erde einander so nahe waren, daß der Himmelsgott von den Menschen belästigt wurde, und zwar besonders durch die Hausfrauen, die den Himmel mit ihrem Stößel beschädigten oder ihr Schmutzwasser dort ausschütteten. [110]

Die direkte Verbindung zwischen dem Himmelsgott und jedem Menschen liegt darin, daß der Mensch von ihm den Lebenshauch erhalten hat. Infolgedessen hat er an den kosmischen Mächten teil, die sich in der Natur sowie in den Gottheiten und Geistern zeigen. Dank des Lebenshauchs wird der Mensch selbst eine Kratophanie (Manifestation der Macht; Anm. d. Übers.) des Himmelsgottes.

Der Lebenshauch oder die Lebenskraft im Menschen wird dennoch nicht als Sitz der menschlichen Personalität betrachtet. Nach dem Tod kehrt der Lebenshauch zum Himmelsgott zurück, wo er seinen individuellen Charakter verliert. Das, was vom menschlichen Sein fortbesteht, ist nicht der Lebenshauch, sondern das von den Ahnen stammende Element. Die Rückkehr des Lebenshauchs zum Schöpfer wird nicht als die Rückkehr des Menschen zu seinem Ursprung oder als Vollendung seines Schicksals angesehen. Das von den Ahnen stammende Element kehrt zu den Ahnen zurück; diese wiederum hoffen, zu den Lebenden zurückzukommen.

Um die Stellung zu verstehen, die der Himmelsgott und die Gottheiten in dieser religiösen Weltvorstellung einnehmen, muß man sich daran erinnern, daß diese einen dynamischen Charakter hat und ihr Zentrum durch die Gemeinschaft der Lebenden gebildet wird. Dieser dynamische Charakter bewirkt, daß diese Weltvorstellung vielmehr aus wirkenden Mächten als aus Wesenheiten besteht. Auch der Mensch wird zunächst nicht als ein individuelles Wesen gesehen; er wird wesentlich in seinen dynamischen Beziehungen zum Inneren des Gemeinschaftsnetzes betrachtet, das M. Fortes [111] als „Verwandtschaftsnetz" charakterisiert hat. Die Vollendung des einzelnen besteht in der Tat im Wohlergehen der Gemeinschaft, an dem er mitar-

---

[109] Vgl. *H. A. Witte,* Ifa and Esu.

[110] Vgl. u. a. *K. A. Busia,* ebd. 192; *H. Huber,* ebd. 235. Man findet entsprechende Ideen im alten China, vgl. *M. Eliade,* Geschichte der Religiösen Ideen, II 20.

[111] *M. Fortes,* The Web of Kinship Among the Tallensi.

beiten muß. Unter diesem Gesichtspunkt sind die Götter, Gottheiten und Geister nur soweit wichtig, wie ihre Offenbarungen eine Bedrohung oder eine Unterstützung für die Gemeinschaft bedeuten. Ihre Existenz an sich und ihre inneren Eigenschaften außerhalb der Gemeinschaft interessieren niemanden. Als Schöpfer der sichtbaren Welt erklärt der Himmelsgott die Existenz des Lebenselementes im Menschen, aber er ist kein personaler Gott, der das Heil des einzelnen oder den Wohlstand der Gemeinschaft wünscht. Er ist *remotus,* weil er keine persönlichen Beziehungen unterhält. Für den Menschen hat er kein Aussehen, selbst wenn Mythen ihm manchmal ein Geschlecht, einen bestimmten Charakter und ein bestimmtes anthropomorphes Verhalten zuschreiben.

370. Die Kratophanien

Die unterschiedlichen Offenbarungen der Himmelsmächte können als Kratophanien des Himmelgottes angesehen werden. Durch ihre konkrete und ergreifende Natur haben diese Mächte die Tendenz, sich in der Nähe der Menschen zu vereinzeln; sie werden nämlich nur in zweiter Instanz als Offenbarungen des Himmelsgottes betrachtet, der sich anscheinend sehr weit hinter die sichtbare Welt zurückgezogen hat. Für die Erfahrung verhüllt die sichtbare Realität den Himmelsgott, sie offenbart ihn viel weniger.

Man könnte die Religionen Westafrikas als einen Versuch des Menschen bezeichnen, die auf die Welt der Lebenden wirkenden Mächte zu begreifen und deren Offenbarungen zu charakterisieren, um sich vor ihnen zu schützen und sie, wenn möglich, zu nutzen.

In den Kulturen, die die menschliche Gemeinschaft in die Mitte der religiösen Weltvorstellung stellen, werden die Mächte, die im Inneren dieser Gemeinschaft zum Guten oder zum Schlechten wirken, als wichtiger eingeschätzt als die Kratophanien, die sich von außen offenbaren. Wir haben bereits gesehen, daß das beschützende und bewachende Handeln der Ahnen die größte schöpferische Macht im Inneren der Gemeinschaft bildet, während die größte innere Bedrohung in der Hexerei liegt. Schließlich muß die Gemeinschaft sich gegen ihre Mitglieder verteidigen, die auf die eine oder andere Weise die traditionellen Vorschriften und Werte, die das Fortbestehen der Gemeinschaft garantieren, ignorieren oder verletzen.

Alle Mächte, die keinen direkten Bezug zur Gemeinschaft haben, können als Naturmächte im Unterschied zu den Kräften der Kultur qualifiziert werden. Sofern eine Kratophanie der Natur für die Gemeinschaft wichtig ist, kann sie zum Kultobjekt für die Gottheit oder den Geist werden, der sich hier offenbart.

Die Beschreibung, die H. M. Cole und C. C. Aniakor[112] von den Schutz gottheiten der Igbo geben, kann in dieser Hinsicht als charakteristisches Beispiel dienen:

„Diese Schutzgottheiten sind den Menschen nahe, sie handeln schnell, was das Gute und das Böse betrifft, sie zeigen sich oft launisch und fordern deshalb große Aufmerksamkeit und Opfer. Sie alle besitzen die Macht, Kinder zu schenken – der größte Segen im Leben der Igbo – oder sie zu verweigern, Krankheiten zuzufügen oder zu heilen, Böses zu tun oder die Bösen zu schädigen, Streitigkeiten zu schlichten und gute Ernten zu begünstigen. Eine Reihe dieser Gottheiten steht in einem guten Ruf wegen spezieller Dienste, die sie leisten, wie das Wiederfinden verlorener Dinge oder die Heilung von Krankheiten, von denen der Bittsteller glaubt, ‚sein' Fluß, ‚sein' Wald, ‚sein' Hügel habe sie verursacht."

Indem sie so handeln, scheinen die Schutzgottheiten und -geister sich exakt wie die Ahnen zu verhalten, und die klare Unterscheidung zwischen Gottheiten und Ahnen, die wir betont haben, scheint zu verschwimmen. Es bleibt dennoch wahr, daß die Gottheiten und Geister der Natur sich außerhalb der Kultur aufhalten, trotz ihrer Schutzfunktion, die nur soweit auf das Interesse der Menschen abzielt, wie sie durch Opfer und Unterwerfung unter ihre Wünsche Nutzen daraus ziehen.[113]

Die Kulte für die Gottheiten und Geister können als Reaktion der Kultur gegenüber der Natur gesehen werden. Deshalb dürfen sie nicht neben die oder außerhalb der Ahnenkulte eingeordnet werden. Als Beschützer und Verteidiger der Kultur spielen auch die Ahnen eine wichtige Rolle in den Kulten der Gottheiten und Naturgeister. Denn die Ahnen unterstützen und garantieren die Tradition, die die Menschen lehrt, wie sie die Mächte der Natur gebrauchen müssen und auf welche Weise sie den Wohlstand der Gemeinschaft inmitten dieser Mächte fördern können. Die Ahnen sind nicht das Objekt, sondern vielmehr die Wächter des Kultes für die Gottheiten und Geister. Und nochmals, die Ahnen sind es, die im Zentrum der religiösen Weltvorstellung Westafrikas stehen.

Die Kratophanien werden nicht als unvorhersehbare Ausdrucksformen von blinden und irrationalen Gottheiten verstanden. Die Gottheiten und Geister verfügen zwar über eine Eigenenergie, die das Wohlergehen der

---

[112] *H. M. Cole / C. C. Aniakor*, ebd. 16.

[113] In der Beschreibung, die *P. Meyer*, ebd. 21 f, von der Mythologie der Lobi gibt, hat der Himmelsgott den unsichtbaren und übermenschlichen Mächten *(thila)* den Auftrag anvertraut, den Menschen zu helfen, nachdem diese den göttlichen Gesetzen zuwidergehandelt und sich von ihm abgewandt haben. Die *thila* bringen den Menschen Hilfe im Kampf gegen Krankheit, Hunger und Tod, die nach seinem „Sündenfall" das Schicksal des Menschen geworden sind. Es scheint also, als hätten wir hier einen Fall, in dem im Gegensatz zu dem, was wir gesagt haben, die Geister der Natur wesentlich auf das Wohlergehen der Menschen ausgerichtet sind. Dennoch fügt P. Meyer hinzu, daß die *thila* die Menschen nur unter der Bedingung schützen, daß diese die Verbote und Befehle der Geister respektieren. Schließlich wachen die *thila* „nur über das Wohlergehen der Menschen, wenn ihre eigenen Wünsche erhört werden" (ebd.)

Gemeinschaft nicht berücksichtigt. Ihre Aktivität verfügt aber über ein eigenes Tätigkeitsfeld und folgt ihren Regeln in Einklang mit ihrem Wesen. Die traditionelle Weisheit weiß Zusammenstöße mit diesen Mächten zu vermeiden und sie durch Opfer, Kult und Rituale zu besänftigen.

Die Kulte der Gottheiten und Geister dienen völlig dem Schutz und dem Fortschritt der Gemeinschaft. Jedes Individuum besitzt größere Nähe zum einen oder anderen Kult infolge seiner Familientradition, seines Berufes oder aufgrund einer persönlichen Neigung. Die Bauern sind gegenüber den Mächten der Erde und des Wassers besonders aufmerksam, die Schmiede handeln in Einverständnis mit der Erde und dem Feuer, und die Jäger trotzen den Buschgeistern.

Bestimmte Gottheiten oder Geister überraschen die Menschen auf dramatische Weise, wie durch einen plötzlichen Blitzschlag, Krankheit oder Besessenheit. Manche Menschen werden mehr oder weniger gezwungen, als Medium oder Priester für einen Kult zu dienen, z. B. bei den Ashanti[114], den Krobo[115] und den Bobo[116]. So bilden sich Kultzentren, an denen man Schutz, Rat oder Heilung sucht. Oft erlischt ein Kult, wenn der Priester oder die Priesterin, die für ihn verantwortlich ist, stirbt, oder wenn die Gottheit sich zurückzieht.[117]

Man kann nicht sagen, daß es sich bei diesen Kulten um Frömmigkeit des Priesters im Sinne einer inneren Beziehung von Person zu Person handelt, sondern eher um eine gewisse Anpassung seinerseits an die Mächte, die sich im persönlichen Leben offenbaren. Andere Personen als er können daraus Nutzen ziehen, und die ganze Gemeinschaft wird vor den Mächten geschützt, die gefährlich werden könnten.

Obwohl die Gottheiten sich ohne Grund und ohne Bedingungen offenbaren und obwohl neue Kulte zu Ehren bis dahin unbekannter Gottheiten entstehen und vergehen, muß sich jeder Kult an die Regeln der Kultur, die durch die Ahnen sanktioniert wurden, anpassen und mit ihnen im Einklang stehen.

371. Der Erdkult

Die Naturmächte zeigen sich nicht nur, indem sie plötzlich durch unvorhergesehene Ereignisse erscheinen. Die Gemeinschaft kann nicht existieren, ohne regelmäßig und fortwährend diese Mächte in (etablierten) und dauerhaften Kulten, sowohl öffentlich als auch privat, zu nutzen. Es er-

---

[114] Vgl. *K. A. Busia,* ebd. 193 ff; *M. D. McLeod,* ebd. 58.
[115] Vgl. *H. Huber,* ebd. 236 f.
[116] Vgl. *G. Le Moal,* Les Bobo 137 f.
[117] Vgl. *M. D. McLeod,* ebd.

staunt nicht, daß unter den Kulten für die Naturmächte der Erdkult eine bedeutende Rolle spielt. Die Erde bildet indessen ein doppeldeutiges Element aufgrund der Zweiteilung zwischen Natur und Kultur. Die Erde kann als Trägerin der ungezähmten Natur angesehen werden, und damit ist sie bedrohlich für die Kultur. Bis zu einem gewissen Grad muß die Kultur die wilde Natur unterwerfen und unaufhörlich gegen die verheerenden Kräfte dieser Natur geschützt werden. Andererseits ist die Natur gleichzusetzen mit der Erde, der Trägerin der auf ihr errichteten Kultur. In der Form der fruchtbaren Erde ist die Natur eine Mutter, die die Kultur unterstützt, indem sie den Menschen und Feldern Fruchtbarkeit gewährt. Der Leser der drei vorliegenden Bände dieser „Geschichte der religiösen Ideen" wird nicht über die Tatsache erstaunt sein, daß auch die Afrikaner sich die Erde meist weiblich vorstellen.

Der doppeldeutige Charakter der Erde drückt sich auch in den religiösen Vorstellungen in bezug auf die Landwirtschaft aus. Diese hat eine lebenswichtige Bedeutung für fast alle Kulturen Westafrikas. Die Felder bilden als kultivierter Busch eine Zwischenzone zwischen Kultur und Natur.[118] Sie haben den Busch erobert, der sie wieder in Besitz nehmen wird, wenn sie nicht instand gehalten werden. Die große Bedeutung der Erde für die Gemeinschaft erklärt die Tatsache, daß der Erdkult in ganz Westafrika verbreitet ist.[119] Die Zweideutigkeit der Erde ist vielleicht der Grund dafür, daß gute Ernten und Fruchtbarkeit oft nicht direkt von der Erde, sondern von den Ahnen erbeten werden.[120] Es existiert übrigens eine enge Verbindung zwischen dem Ahnen- und dem Erdkult. Die Ahnen wohnen der Vorstellung nach in der Erde.[121] Sie gelten als Kulturheroen, die einen Vertrag mit der Erde geschlossen haben, und seitdem haben ihre Nachkommen das Recht und die Pflicht, für die Felder und den Erdkult zu sorgen. Die Igbo nennen die Ahnen „das alte Volk des Landes"[122]. Eroberer können die Eingeborenen eines Landes ihren Gesetzen unterwerfen, aber strenggenommen haben sie nicht das Recht, der Erde zu opfern; ein Recht, das den Nachkommen der ersten Bewohner zukommt. In diesen Ideen liegt die Unterscheidung zwischen den politischen Oberhäuptern und den „Oberhäuptern der Erde" bei den Voltavölkern.[123]

---

[118] Vgl. *J. Pemberton,* Engungun Masquerades 40ff; *H. M. Cole / C. C. Aniakor,* ebd. 18.
[119] Vgl. *J. Zwernemann,* Die Erde in Vorstellungswelt und Kultpraktiken der sudanischen Völker.
[120] Vgl. *K. Dittmer,* ebd. 5; *D. Tait,* Konkomba 229.
[121] Vgl. *J. Zwernemann,* ebd. 323–326.
[122] *H. M. Cole / C. C. Aniakor,* ebd. 14.
[123] Vgl. *J. Zwernemann,* ebd. 179–187; *K. Dittmer,* ebd.

Bei den Yoruba und einigen Nachbarvölkern, wie den Fon und den Bini, hat sich ein Pantheon von Gottheiten entwickelt, von denen jede einen geregelten Kult hat. Obwohl die lokalen Gottheiten oft eine vorherrschende Stellung in den Pantheons der Yoruba-Stadtstaaten innehaben, hat sich der Kult einiger dieser Gottheiten *(orisha)* über sämtliche Yoruba-Territorien verbreitet. Einerseits finden bestimmte Elemente der religiösen Weltvorstellung Westafrikas von diesen Pantheons her eine Erklärung und werden verständlicher; andererseits zeigen diese Erläuterungen und Erhellungen den relativen Wert unserer schematischen Darstellungen. Wir werden auf diesen Punkt zurückkommen.

In der Vorstellung, die man sich gewöhnlich von der religiösen Weltvorstellung der Yoruba macht, regiert der männliche Himmelsgott Olorun, auch Olodumare genannt, über die ganze Schöpfung; er herrscht – wie ein König über seine Untertanen – über die Gottheiten, die Naturgeister, die Ahnen und die Menschen.[124] Wir verfügen dennoch über genügend Hinweise, die Wohlbegründetheit dieses pyramidalen Modells bei den Yoruba anzuzweifeln.[125] Schon in den Schöpfungsmythen begegnen wir neben dem Element *orun* (Himmel), der das Herrschaftsgebiet Oloruns mit seinen Untertanen, den *orisha*, ist, einem zweiten Element, nämlich den schlammhaltigen Urwassern (*ile:* Mischung aus Erde und Wasser).[126] Dieses zweite Element ist das Herrschaftsgebiet der Erdmutter Onilè, die so alt wie Olorun und nicht seine Untertanin ist. Olorun ist nicht das Objekt eines geregelten Kultes, sondern sein Kult ist sozusagen eingeschlossen und aufgesplittert in den der *orisha*, die seine Söhne oder seine Diener genannt werden.

In der Mythologie der Yoruba erscheint Onilè praktisch nicht, obwohl sie einen Kult hat. Nach der gängigen Meinung wird sie im mächtigen Ogboni-Bund verehrt, die vom sozialen und religiösen Standpunkt aus einen ausschlaggebenden Einfluß bei den Ijèbu und den Egba hat, aber sonst kaum zu existieren scheint. Der Grund für die Ungewißheiten, mit denen der Ogboni-Bund umgeben ist, liegt darin, daß seine Rituale durch ein Initiationsgeheimnis geschützt sind, das streng vorgeschrieben ist und respektiert wird.[127] Zwei Yoruba-Spezialisten, H. J. Drewal (persönliche Gesprä-

---

[124] Dieselbe Vorstellung findet sich bei den Dan, vgl. *E. Fischer / H. Himmelheber,* ebd. 6, und bei den Lobi, vgl. *P. Meyer,* ebd. 22.

[125] Vgl. *P. Morton-Williams,* Cult Organization of the Oyo Yoruba; *H. A. Witte,* Symboliek.

[126] Vgl. *M. Eliade,* Geschichte der religiösen Ideen I, 63.

[127] Vgl. *P. Morton-Williams,* The Yoruba Ogboni Cult in Oyo. *D. Williams,* The Iconology of the Yoruba Edan Ogboni; *Th. A. H. M. Dobbelmann,* Het geheime Ogbonigenootshap; *W. J. Dewey,* Yoruba brasscasting and the importance of the Ogboni cult; *H. A. Witte,* Symboliek.

che) und J. Pemberton[128] haben kürzlich die Hypothese nahegelegt, daß die Ogboni nicht Onilè (Besitzerin der Erde), sondern Onile (Besitzerin des Hauses, was eher auf die Ahnen hindeutet) verehren und daß demnach die ganze Literatur über Onilè auf einem Schreibfehler ihres Namens beruhe. Hier ist nicht der Ort, dieses Problem zu vertiefen. Wie dem auch sei, es erscheint nicht wünschenswert, die Symbolik der Erdmutter auf die Dimensionen der mysteriösen Onilè einzuengen. Unserer Meinung nach sind nämlich die weiblichen Flußgottheiten und die „Große Mutter" *(Iyanla)*, die Anführerin der Hexen, Verwandlungsformen der Erdmutter.[129]

Sehr wichtig ist in unseren Augen die Feststellung, daß man in der religiösen Weltvorstellung der Yoruba zweierlei Mächte antrifft, die anscheinend von außen auf die zivilisierte Welt einwirken *(aiye):* die eher männlichen Kräfte der *orisha* und die eher weiblichen Erdmächte.

Die komplexe Symbolik der Erde ist nicht nur auf die Erdmutter und -geister beschränkt; sie umfaßt auch die Hexen und die Ahnen.[130] Die kosmischen Mächte wirken nicht nur von außen auf die Gemeinschaft. Über die Ahnen und Hexen übertragen die Erdmächte wesentliche Elemente in die Gemeinschaft. Diese Tatsache wird durch die Yoruba-Überzeugung verstärkt, daß die Hexen nicht einfach boshafte Frauen sind, die verbissen gegen die Lebensenergie der Menschen kämpfen, sondern daß sie zunächst die Kräfte der Fruchtbarkeit repräsentieren, die von wesentlicher Bedeutung für die Gemeinschaft sind.

Die Himmelsmächte, die durch die *orisha* dargestellt werden, zeigen sich der Gemeinschaft von außen. Es gibt allerdings auch Argumente gegen diese Auffassung. Die traditionellen Yorubakönige lassen ihre Herkunft auf Odudua zurückgehen, der wie ein *orisha* als männlich angesehen wird und von *orun* kommt. Es gibt auch andere *orisha,* die in den Königsgenealogien Platz haben, z. B. die Gewittergottheit Shango. Dennoch erscheinen diese *orisha* ausschließlich als „Ahnen" der Könige, um diesen das Recht auf die Krone und von daher die Ausübung ihrer einflußreichen Rolle im öffentlichen Leben zu garantieren. Sie stellen eher politische als physische Ahnen dar. Für die anderen Mitglieder der Königsfamilie wird diese Rolle der *orisha* als Ahnen schwächer. Auf jeden Fall sind die *orisha* der Königsgenealogien deswegen nicht den Menschen gleichgestellt; sie sind im Gegenteil dazu da, den Königen eine göttliche Stellung zu sichern.

Es gibt Argumente, die eine enge Verbindung von Olorun und den Gottheiten mit den Menschen nahebringen wollen. Obatala, der auch Orishanla genannt wird, „der Große *Orisha*", und der an der Spitze aller *orisha* steht,

---

[128] *J. Pemberton,* Compte rendu de Witte 1984 in: African Arts 88–91, und persönliche Gespräche.

[129] Vgl. *H. A. Witte,* Symboliek; *ders.,* Mothers.

[130] Vgl. *H. A. Witte,* Symboliek; *ders.,* Mothers.

formt als „Oloruns Bildhauer" den Körper jedes Menschen, bevor dieser das Leben dank Oloruns Atem erhält. Der Körper und der Lebenshauch sind konstitutive Elemente des menschlichen Ganzen, aber sie gehen im Inneren der menschlichen Person, die nach dem Tod bei den Ahnen bleibt, nicht ineinander auf. Der Körper (der übrigens zur Erde zurückkehrt) und der Lebenshauch sind für die Menschen notwendig, aber es ist das von den Ahnen stammende Element im menschlichen Ganzen, das die Gemeinschaft bildet. Die *orisha* interessieren sich nicht direkt für die Gemeinschaft, die die Mitte der religiösen Weltvorstellung Westafrikas darstellt.

Im Vergleich zu den Erdmächten sind die Himmelsmächte nicht für die Gemeinschaft konstitutiv, sie stehen ihr deshalb fern.

Die kosmischen Mächte, die auf die Gemeinschaft einwirken, sind in der religiösen Weltvorstellung der Yoruba durch eine Unterscheidung zwischen männlichen Himmelsmächten und weiblichen Erd- und Naturmächten bestimmt. Die letzteren offenbaren sich vor allem in der Fruchtbarkeit der Felder und in Menstruation und Schwangerschaft der Frau. Deshalb kann man die Erdmächte gleichzeitig als innerhalb und als außerhalb der Gemeinschaft wirkend betrachten. Sie wirken innerhalb, insofern die menschliche Fruchtbarkeit den Fortbestand und die Kraft der Gemeinschaft sichert; sie sind außerhalb von ihr in dem Maße, wie die Erdmächte sich gegen die Mächte des Busches offenbaren, die für die Gemeinschaft sowohl eine Bedrohung als auch eine Herausforderung bilden. Die Natur ist eine Herausforderung, insofern sie sich urbar machen läßt oder Wild und Heilpflanzen einbringt.

In den Kulturen Westafrikas wird die Unterscheidung zwischen und die Ergänzung von Mann und Frau in allen Bereichen des sozialen und religiösen Lebens betont. Es ist also unvermeidbar, daß diese Unterscheidung sich auch in der Beschreibung der beiden komplexen Symbolbereiche Erde und Himmel findet. Die männlichen Gottheiten gehören zum Himmel, die weiblichen Geister wohnen in der Erde. Ohne an dieser Unterscheidung etwas aussetzen zu wollen, möchten wir die Tatsache betonen, daß diese Unterscheidung eine Komplementarität impliziert und daß sie sich nicht radikal entgegengesetzt in exklusive Kategorien einteilen läßt. Bei den Yoruba können die Himmelsgottheiten und die Erdgeister den Bereich wechseln und gleichzeitig auch manchmal ihr Geschlecht ändern. Unter diesem Gesichtspunkt spiegelt die religiöse Weltvorstellung das öffentliche und soziale Leben wider, das der Bereich des Mannes ist, bei den Yoruba aber einigen Frauen eine wichtige Rolle zugesteht. [131]

Diese Betrachtungen über die religiöse Weltvorstellung der Yoruba zeigen schließlich die Notwendigkeit, nicht den Wert und Sinn von Gegensät-

---

[131] Vgl. *H. A. Witte,* Symboliek; *ders.,* Mothers.

zen zu betonen. Wenn man in diese Falle hineinliefe, würden alle Unterscheidungen zwischen den der Gemeinschaft innerlichen und äußerlichen Mächten, zwischen Kultur und Natur, Himmel und Erde, weiblich und männlich in schematische Gegensätze geraten, die nicht mehr die religiösen Ideen Westafrikas ausdrücken würden.

Bibliographie

Allard Jr., A., Human Biological Diversity in Africa, in: *E. P. Skinner* (Hrsg.), Peoples and Cultures of Africa; an anthropological reader (New York 1973) 59–70.

Argyle, W. J., The Fon of Dahomey. A History and Ethnography of the Old Kingdom (Oxford 1966).

Bascom, W., The Yoruba of Southwestern Nigeria (New York 1969).

Ben-Amos, P., The Art of Benin (London 1980).

Bohannan, L. u. P., The Tiv of Central Nigeria. Ethnographic Survey of Africa (London 1953).

Booth Jr., N. S., African Religions (New York 1977).

Bradbury, R. C., Father and Senior Son in Edo Mortuary Ritual, in: *M. Fortes / G. Dieterlen* (Hrsg.), African Systems of Thought (London 1965).

Brain, J., Ancestor and Elders in Africa – further thoughts, in: Africa 43 (1973) 122–133.

Busia, K. A., The Ashanti of the Gold Coast, in: *D. Forde* (Hrsg.), Studies in the cosmological ideas and social values of African peoples (London ²1970).

Cole, H. M. / Aniakor, C. C., Igbo arts. Community and Cosmos (Los Angeles 1984).

Dammann, E., Die Religionen Afrikas (Stuttgart 1963).

Daramola, S. O., A Descriptive Study of the Cultural Concepts and Traditional Care of the Yoruba Mentally Ill in Nigeria (Ann Arbor 1977).

Dewey, W. J., Yoruba brasscasting and the importance of the Ogboni cult. Dissertation Northwestern University (o. O. 1981).

Dobbelmann, Th. A. H. M., Het geheime Ogbonigenootschap. Een bronskultuur uit Zuid-West Nigeria (Berg en Dal 1976).

Downes, R. M., Tiv Religion (Oxford 1971).

Drewal, H. J., Art and the Perception of Women in Yoruba Culture, in: Cahiers d'Etudes Africaines 68 (1977) 545–567.

– / *Thompson Drewal, M.*, Gelede. Art and Female Power Among the Yoruba (Bloomington 1983).

Eliade, M., Die Religionen und das Heilige. Elemente der Religionsgeschichte (Salzburg 1954).

–, Kosmos und Geschichte. Der Mythos der ewigen Wiederkehr (Düsseldorf 1966).

–, Geschichte der religiösen Ideen I. Von der Steinzeit bis zu den Mysterien von Eleusis (Freiburg ⁵1985).

–, Geschichte der religiösen Ideen II. Von Gautama Buddha bis zu den Anfängen des Christentums (Freiburg ⁴1987).

–, Geschichte der religiösen Ideen III/1. Von Mohammed bis zum Beginn der Neuzeit (Freiburg ²1985).

Evans-Pritchard, E. E., Witchcraft, Oracles and Magic among the Azande (Oxford ⁴1963). Deutsche Übers.: „Hexerei, Orakel und Magie bei den Zande" (Frankfurt 1978).

Farrow, S. S., Faith, Fancies and Fetich of Yoruba Paganism. Being some Account of the Religious Beliefs of the West-African Negroes, particularly of the Yoruba Tribes at Southern Nigeria (New York 1926, Nachdruck 1969).

Fiawo, D. K., Characteristic Features of Ewe Ancestor Worship, in: W. H. Newell (Hrsg.), Ancestors (The Hague 1976) 263–282.

Himmelheber, H., / Fischer, E., Die Kunst der Dan (Zürich 1976).

Fortes, M., The Web of Kinship among the Tallensi. The second part of an analysis of the social structure of a Trans-Volta tribe (London 1949).

–, Some Reflections on Ancestor Worship, in: *ders. / G. Dieterlen* (Hrsg.), African Systems of Thought (London 1965).
–, On the Concept of the Person Among the Tallensi, in: *G. Dieterlen* (Hrsg.), La notion de la personne en Afrique noire (Paris ²1981) 283–320.
–, An Introductory Commentary, in: *W. H. Newell*, Ancestors (The Hague 1976) 1–16.
Glaze, A. J., Art and Death in an Senufo Village (Bloomington 1981).
Greenberg, J. H., African Languages, in: *E. P. Skinner*, Peoples and Cultures of Africa (New York 1973) 71–80.
Huber, H., The Krobo. Traditional, Social and Religious Life of a West African People (St. Augustin ²1973).
Idowu, E. B., Olodumare. God in Yoruba Belief (London 1962, Nachdruck 1977).
–, African Traditional Religion. A Definition (o. O. ³1975).
Kopytoff, I., Ancestors and Elders in Africa, in: Africa 42 (1972) 129–142.
Labouret, H., Les tribus du rameau Lobi (Paris 1931).
Lawal, B., The Living Dead: Art and Immortality Among the Yoruba of Nigeria, in: Africa 47 (1977) 50–61.
Le Moal, G., Les Bobo. Nature et fonction des masques (Paris 1980).
–, Quelques aperçus sur la notion de personne chez les Bobo, in: *G.Dieterlen* (Hrsg.), La notion de personne en Afrique noire (Paris ²1981) 193–204.
Little, K., The Mende of Sierra Leone, in: *D. Forde* (Hrsg.), African Worlds. Studies in the cosmological ideas and social values of African peoples (London ²1970) 111–137.
Lowery-Palmer, A. L., Yoruba World View and Patient Compliance (Ann Arbor 1980).
Mair, L., La sorcellerie (Paris 1969). Deutsche Übers.: Magie im schwarzen Erdteil (München 1969).
Marti, M. P., Le nom et la personne chez les Sabé (Dahomey), in: *G. Dieterlen* (Hrsg.), La notion de personne en Afrique noire (Paris ²1981) 321–326.
Mbiti, J. S., Concepts of God in Africa (New York 1970).
–, Afrikanische Religion und Weltanschauung (Berlin 1974).
McLeod, M. D., The Asante (London 1981).
Mercier, P., The Fon of Dahomey, in: *D. Forde* (Hrsg.), African Worlds. Studies in the cosmological ideas and social values of African peoples (London ²1970) 210–234.
Meyer, P., Kunst und Religion der Lobi (Zürich 1981).
Morton-Williams, P., The Yoruba Ogboni Cult in Oyo, in: Africa 30 (1960) 362–373.
–, Cult Organization of the Oyo Yoruba, in: Africa 34 (1964) 243–260.
Nadel, F., Witchcraft in four African societies: an essay in comparison, in American Anthropologist 54 (1952) 18–29.
Newell, W. H., Good and Bad Ancestors, in: *ders.*, Ancestors (The Hague 1976) 17–32.
Northern, T., The Art of Cameroon (Washington 1984).
Nukunya, G. K., Some underlying beliefs in ancestor worship and mortuary rites among the Ewe, in: *G. Dieterlen* (Hrsg.), La notion de personne en Afrique noire (Paris ²1981) 119–130.
Parrinder, G., Religion in an African City (Westport 1953, Nachdruck 1972).
Pemberton, J., Egungun Masquerades of the Igbomina Yoruba, in: African Arts 11/3 (1978) 40ff.
–, Compte rendu de Witte 1984, in: African Arts 18/2 (1985) 88–91.
Rattray, R. S., Ashanti (London 1923).
–, Religion and Art in Ashanti (London ³1959).
Elbein J., dos Santos / D. dos Santos, Esu Bara, Principle of Individual Life in the Nago System, in: *G. Dieterlen* (Hrsg.), La notion de personne en Afrique noire (Paris ²1981) 45–60.
Tait, D., The Konkomba of Northern Ghana (London 1961, Nachdruck 1964).
–, Konkomba Sorcery, in: *J. Middleton* (Hrsg.), Witchcraft and Curing (New York 1967) 155 bis 170.
Thompson, R. F., Black Gods and Kings (Bloomington 1971, Nachdruck 1976).
Turner, V., The Ritual Process. Structure and Anti-Structure (Chicago ⁶1977).
–, Drama, Fields, Metaphors. Symbolic Action in Human Society (Ithaca – London ²1978).
Uchendo, V. C., Ancestorcide. Features of Ewe Ancestor Worship, in: *W. H. Newell* (Hrsg.), Ancestors (The Hague 1976) 283–296.

Verger, P., Grandeur et décadence du culte d'Iyami Osoronga (ma Mère la Sorcière) chez les Yoruba, in: Journal de la Société des Africanistes 35/1 (1965) 141–243.

–, Notion de personne et lignée familiale chez les Yoruba, in: *G. Dieterlen* (Hrsg.), La notion de personne en afrique noire (Paris ²1981) 61–72.

Williams, D., The Iconology of the Yoruba Edan Ogboni, in: Africa 34 (1964) 139–165.

Witte, H. A., Symboliek van de aarde bij de Yoruba (Ann Arbor 1982).

–, Initiation à la responsabilité dans la société: le modèle Ogboni chez les Yoruba, in: Réseaux. Revue interdisciplinaire de philosophie morale et politique 41/43 (1982) 57–66.

–, Ifa and Esu. Iconography of order and disorder (Soest 1984).

–, The Invisible Mothers. Female Power in Yoruba Iconography, in: Visible Religion 4/5 (1985/86) 301–325.

Zwernemann, J., Die Erde in Vorstellungswelt und Kultpraktiken der sudanischen Völker (Berlin 1968).

SECHSUNDVIERZIGSTES KAPITEL

Im Kreis der Lebend-Toten – Religiöse Ideen im östlichen Zentralafrika

John Mbiti

373. Zielsetzung und Grenzen der Betrachtung

Wir befassen uns hier mit den religiösen Ideen der Völker des östlichen Zentralafrika, insbesondere der Regionen, die sich von Kenia und Uganda in Richtung Süden und Westen erstrecken und Tansania, Ruanda, Burundi, Malawi, Sambia und Simbabwe umfassen. Dabei konzentrieren wir uns auf die Völker, die eine zur Bantu-Familie gehörende Sprache sprechen. Entsprechende religiöse Vorstellungen und Handlungsweisen finden sich jedoch auch in anderen Völkern dieser Region und in anderen Gebieten Afrikas, gibt es doch keine religiösen Grenzen entlang ethnischer oder sprachlicher Trennungslinien. Es geht uns darum, wesentliche Glaubenselemente afrikanischer Religion vorzustellen; nur kurz wenden wir uns am Ende dem Christentum und dem Islam zu, die auch beide in dieser Region stark vertreten sind.

In der zweiten Hälfte dieses Jahrhunderts wurden – im Vergleich zu West- und Südafrika – verhältnismäßig wenige Studien über religiöse Ideen in Ost- und Zentralafrika erarbeitet. Darüber hinaus kann man anthropologischen und soziologischen Studien häufig mehr Informationen entnehmen als denen von Religionswissenschaftlern oder Theologen. Die ersten anfangs unseres Jahrhunderts erstellten Studien waren auch anthropologisch orientiert. Zu ihnen zählen z.B. die von J. Roscoe in Uganda[1], G. Lindblom und J. Kenyatta in Kenia[2], C. Dundas in Tansania[3], E. W. Smith und A. M. Dale in Sambia[4] und C. Bullock in Simbabwe[5]. Nur eine Studie wurde von einem Afrikaner verfaßt, nämlich diejenige über die Gi-

---

[1] *J. Roscoe,* The Baganda (London 1912); *ders.,* The Northern Bantu (Cambridge 1915); *ders.,* The Bakitara or Banyoro (Cambridge 1923); *ders.,* The Bagesu (Cambridge 1924).
[2] *G. Lindblom,* The Akamba in British East Africa (Uppsala 1920); *J. Kenyatta,* Facing Mount Kenya (London 1938).
[3] *C. Dundas,* Kilimanjaro and its People (London 1924).
[4] *E. W. Smith / A. M. Dale,* The Ila-Speaking Peoples of Northern Rhodesia, Vol. I (London 1920).
[5] *C. Bullock,* The Mashona (Cape Town 1928).

kuyu von Jomo Kenyatta, alle anderen von britischen und europäischen Wissenschaftlern.

In der zweiten Hälfte des zwanzigsten Jahrhunderts nahm die Zahl der Studien ständig zu. Einige dieser Studien widmen sich vorrangig dem religiösen Leben, andere befassen sich mit der Anthropologie im allgemeinen. Wiederum sollen ein paar Beispiele angeführt werden: A. Kagame in Ruanda[6], A. B. T. Byaruhanga-Akiiki in Uganda[7], M. Wilson und R. E. S. Tanner in Tansania[8], V. W. Turner in Sambia[9] und B. Bernardi und G. Wagner in Kenia[10]. Afrikanische Wissenschaftler haben Dutzende von Magisterarbeiten und Dissertationen über das religiöse Leben ihrer Völker verfaßt, leider sind jedoch viele dieser Arbeiten nicht veröffentlicht worden. Immerhin gibt es ein paar Publikationen, die einen allgemeinen Überblick über die afrikanische Religion entweder im östlichen Afrika oder auf dem gesamten afrikanischen Kontinent geben[11].

374. Historischer Abriß

Von einigen wenigen Aufsätzen abgesehen, die aber keineswegs umfassende Studien darstellen, liegen keine Untersuchungen der afrikanischen Religion in dieser Region (oder Afrikas im allgemeinen) vor. Auf einer Konferenz über die „historische Erfassung afrikanischer religiöser Systeme", die im Juni 1970 in Dar es Salaam in Tansania stattfand, wurden die folgenden drei Methoden zur Rekonstruktion der frühen religiösen Geschichte Afrikas vorgestellt: 1. Herleitungen der religiösen Geschichte auf der Basis der Archäologie oder 2. mittels der historischen Linguistik und 3. die Interpretation und Verwendung von Mythen[12].

---

[6] *A. Kagame,* La Philosophie Bantu-Rwandaise de l'Etre (Brüssel 1956); *ders.,* La Philosophie Bantu Comparée (Paris 1976).

[7] *A. B. T. Byaruhanga-Akiiki,* Religion in Bunyoro (Nairobi 1982).

[8] *N. Wilson,* Rituals of Kinship among the Nyakyusa (Oxford 1959); *R. E. S. Tanner,* Transition in African Beliefs (Maryknoll–New York 1967).

[9] *V. W. Turner,* The Forest of Symbols: Aspects of Ndembu Ritual (Ithaca 1967); *ders.,* The Drums of Affliction. A Study of Religious Processes among the Ndembu of Sambia (Oxford 1968).

[10] *B. Bernardi,* The Mugwe. A Failing Prophet (Oxford 1959); *G. Wagner,* The Bantu of North Kavirondo, 2 Bde. (Oxford 1949 und 1956).

[11] Hier eine Auswahl: *J. S. Mbiti,* African Religion and Philosophy (London – Nairobi u. a., ²1990); *ders.,* Introduction to African Religion (London – Nairobi u. a., 2. Aufl. in Vorbereitung); *J. Mugambi / N. Kirima,* The African Religious Heritage (Nairobi 1976); *V. Mulago,* La religion traditionnelle des Bantu et leur vision du monde (Kinshasa ²1980); *N. S. Booth, Jr.* (Hrsg.), An Approach to African Religions. A Symposium (New York 1977). Zu weiteren Beiträgen von afrikanischen Wissenschaftlern siehe *D. Westerlund,* African Religion in African Scholarship (Stockholm 1985).

[12] Hierzu vgl. die Abhandlungen von *M. Posnansky,* „Archaeology, Ritual and Religion", *C. Ehret,* „Language Evidence and Religious History", *M. Gilsenan,* „Myth and the History of

Da es aus der Zeit vor dem neunzehnten Jahrhundert nur wenige schriftliche Darstellungen der afrikanischen Religion in dieser Region gibt, müssen auch andere Quellen herangezogen werden, z. B. die Sprache, die Archäologie, mündliche Überlieferungen, Rituale, Symbole, Legenden, die Mythologie und religiöse Texte (Gebete und rituelle Anrufungen), Kulte, Namen von Menschen und Orten, klimatische Veränderungen, Völkerwanderungen und Veränderungen der geographischen Gegebenheiten etc. Die geographischen Besonderheiten der Umgebung sind von großer Bedeutung für die afrikanische (oder auch andere) Religion und müssen in jedem Fall berücksichtigt werden, wenn man die religiösen Ideen und das religiöse Leben der Völker des östlichen Afrikas verstehen will.

Die Geschichte der afrikanischen Religion kann unter Verwendung verschiedener Methoden und Quellen bis zu einem gewissen Grad rekonstruiert werden. Sie verdient jedoch mehr Aufmerksamkeit, als ihr bislang geschenkt wurde. Selbstverständlich ist sie mit der allgemeinen Geschichte jedes einzelnen Volkes auf eine solche Weise verknüpft, daß es unangemessen wäre, sie in eine sogenannte „heilige“ und eine „weltliche“ Geschichte zu teilen. Tatsächlich habe ich kein afrikanisches Wort für „Religion“ als solche gefunden. Nur in Suaheli wird das afrikanisierte arabische Wort *dini* verwendet. Es bezeichnet normalerweise spezifische Ausdrucksformen religiösen Lebens, z. B. den Sonntags- oder Freitagsgottesdienst, die Kleidung und andere Glaubenskundgebungen wie das Fasten oder rituelle Waschungen (bei den Moslems).

Ich bin kein Historiker und werde daher nicht von einem historischen Ansatz ausgehen. Dennoch bin ich der Meinung, daß der Geschichte eine größere Bedeutung zukommen sollte als bislang geschehen, um ein besseres Verständnis der Entwicklung religiösen Denkens und religiöser Handlungsweisen – z. B. im östlichen Zentralafrika – zu gewinnen. Hier sind ohne Zweifel die Werke von Wissenschaftlern wie Mircea Eliade und Claude Lévi-Strauss eine große Hilfe.

375. Gottesvorstellung

Was ein Historiker im Hinblick auf eine andere ethnische Gruppe – die Padhola im östlichen Uganda an der Grenze zu Kenia – hervorhob, gilt in gleicher Weise für die bantusprechenden Völker. Professor Bethwell

African Religious History“, in: *T. O. Ranger / I. Kimambo* (Hrsg.), The Historical Study of African Religion (London – Nairobi u. a. 1972). Weniger direkt auf die Geschichte bezogen sind *W. van Binsbergen / M. Schoffeleers* (Hrsg.), Theoretical Explorations in African Religion (London u. a. 1985).

A. Ogot (früher an der Universität von Nairobi) schreibt: „Während der letzten fünfhundert Jahre, seitdem die Padhola als eigenständiges Volk existieren, beten sie zu einem einzigen Gott.“ [13] Die Vorstellung von dem einen Gott, dem Schöpfer aller Dinge, ist unter den Völkern Ost- und Zentralafrikas überall anerkannt. Sie geben ihm in ihren Sprachen Eigennamen, z. B.: [14]

Volk	*Land*	*gebräuchlichste Namen*
Abaluyia	Kenia	Wele
Akamba	Kenia	Mulungu
Ankore	Uganda	Ruhanga
Baganda	Uganda	Katonda
Banyarwanda	Ruanda	Imana
Banyoro	Uganda	Ruhanga
Barundi	Burundi	Imana
Bemba	Sambia	Mulungun
Chagga	Tansania	Ruwa
Gikuyu	Kenia	Murungu
Gogo	Tansania	Mulungu
Ila	Sambia	Leza
Meru	Kenia	Murungu
Shona	Simbabwe	Mwari
Sukuma-Nyamwesi	Tansania	Mulungu
Swahili	Kenia, Tansania	Mungu
Tumbuka	Malawi	Chiuta
Yao	Malawi, Mozambique	Mulungu

Selbst aus solch einer kurzen Liste wird ersichtlich, daß manche Namen in mehreren Völkern gebräuchlich sind. Linguistische Untersuchungen ergeben eine bemerkenswert große Anzahl von ähnlichen „Grund“wörtern in den in dieser Region vorkommenden Sprachen. Viele Wörter deuten durch einen gewissen Grad an Einheitlichkeit auf eine gemeinsame Ursprache hin, die sich im Laufe der Zeit in mehrere Sprachen verzweigte. Zu diesen Wörtern zählen z. B. Bezeichnungen für Wasser, Haus, Feuer, Haustiere, wie Katze, Ziege und Rindvieh, und Lebensmittel. Namen für Gott und Bezeichnungen für Geister gehören zu den ältesten Wörtern mit gemeinsamen Wurzeln. In manchen Fällen blieben die Gottesnamen noch lange unverändert erhalten, obgleich sich die Sprachen selbst in zahlreiche Formen verzweigt hatten. Das vielleicht deutlichste Beispiel ist der Name *Mu-*

---

[13] *B. A. Ogot,* „On the Making of a Sanctuary: Being some thoughts on the History of Religion in Padhola“, in: *T. O. Ranger / I. Kimambo,* u. a.: 8 122.

[14] Diese Beispiele stammen aus *J. S. Mbiti,* Concepts of God in Africa (London 1970) 326–336. Siehe ebenda für eine ausführlichere Liste von Gottesnamen.

lungu (Mungu, Murungu), der in weiten Teilen Ost- und Zentralafrikas vorkommt. Seine Verbreitung deutet darauf hin, daß die Vorstellung von Gott – Mulungu – sehr alt ist. Tatsächlich bleibt die Etymologie des Wortes im dunkeln, man weiß nur, daß es eine Bezeichnung für Gott ist.

Neben den Eigennamen für Gott gibt es beschreibende Namen, die viel über die unterschiedlichen Vorstellungen von Gott aussagen. Professor A. B. T. Byaruhanga-Akiiki (Makerere University) hat insgesamt einhundert „Namen Gottes in Runyoro", der Sprache seines Volkes (der Banyoro in Uganda), gesammelt und aufgelistet. Seiner Meinung nach ist selbst diese Liste nicht erschöpfend.[15] Von anderen afrikanischen Völkern dieser Region existieren solche langen Listen persönlicher und beschreibender Gottesnamen nicht. Suchte man nach solchen Namen, fände man sie sicher in der reichen mündlichen Tradition der Völker (z. B. in Sprüchen, Geschichten, Legenden, Liedern, Gebeten, prophetischen Weissagungen etc.). Sie stellt einen Schatz dar, der voll von Gottesvorstellungen ist, die die Menschen im Laufe ihrer Geschichte formuliert haben. In diesem Zusammenhang ist es sehr bedeutsam, daß nirgends in Afrika bildliche oder andere künstlerische Darstellungen von Gott zu finden sind. Die Menschen stellen sich ihn nicht in einer körperlichen Gestalt vor, etwa mit Hilfe von Holz- und Steinfiguren oder anderen Kunstwerken; er ist unsichtbar und zu groß, als daß er sich durch menschliche Werke abbilden ließe.

Die verschiedenen Gottesnamen wie auch Rituale und Zeremonien vermitteln uns einen Eindruck von den allgemein verbreiteten Gottesvorstellungen. In manchen von ihnen erscheint Seine Natur und Sein Wesen als allmächtig, überall anwesend, allwissend und heilig (ohne Schuld), aber auch als Geist, weder männlich noch weiblich, aus sich selbst heraus existierend, ewig, nicht faßbar, gleichzeitig nahe und doch weit entfernt, gut, freundlich, gerecht und gnädig. Andere Namen und Eigenschaften geben Auskunft über seine Taten oder Werke, z. B. über die Schöpfung, die Erhaltung der Welt, die Rettung der Menschen in Gefahrenzeiten (wie Krieg, Katastrophen, Hungersnot, Unterdrückung) oder über die Tatsache, daß er Kinder schenkt, Menschen und Natur beschützt, die Welt regiert und gerecht urteilt.

Es gibt Namen und Eigenschaften, die Gott als anthropomorphes Wesen beschreiben, indem sie zu seiner Beschreibung den menschlichen Körper und seine Handlungen verwenden: Vater und Mutter, der „große Alte", Freund, König. Er hört, sieht, fühlt, wird böse, bestraft, liebt; manche Völker sagen, daß er schläft, frohlockt, sich erinnert und spricht. In manchen Fällen werden bestimmte Eigenschaften Gottes mit Naturdingen oder -phänomenen in Verbindung gebracht, entweder direkt oder als Personifizie-

[15] *A. B. T. Byaruhanga-Akiiki*, Religion in Bunyoro (Nairobi 1982) 241–244.

rungen seines Wesens und seiner Taten. Beispiele hierfür sind die Sonne als Gottes „Auge", der Donner als Gottes „Stimme", der Blitz als der sich sehr schnell von einem Teil der Welt zum anderen bewegende Gott, der Regen als Gottes „Spucke", mit der er die Erde segnet. Berge, wie z. B. der Kilimanjaro (6963 m hoch) und der Mount Kenya (5194 m hoch), sind besondere Wohnorte Gottes oder werden auf andere Weise mit ihm in Verbindung gebracht.

Gottesdienst wird durch Gebete und Opfer gefeiert. Im allgemeinen gibt es keine gemeinschaftlichen Gottesdienste. Bei Bedarf können sie aber dennoch stattfinden. Die Gikuyu (Kenia) sagen z. B., man solle Gott nicht durch zu häufiges Beten belästigen. Tritt jedoch eine Notsituation ein, beten sie unter dem heiligen Feigenbaum und bringen Schafsopfer dar. Dabei blicken sie in Richtung Mount Kenya.

Häufiger beten die Menschen zu Gott, als daß sie Tieropfer darbringen. Viele Gebete werden noch immer mündlich tradiert, nur wenige wurden schriftlich oder auf Tonbändern festgehalten. Im allgemeinen sind sie kurz und werden im Namen der Familie oder Gemeinschaft von einer Person rezitiert. Viele werden von einer Generation an die nächste weitergegeben; andere werden bei einer bestimmten Gelegenheit spontan abgefaßt. Ihr Inhalt umfaßt Lobpreisungen für erhaltene Wohltaten oder von Gottes Größe, Bitten um eine ganze Anzahl verschiedener Dinge, z. B. Gesundheit, Schutz vor Gefahr, Heilung von Krankheit, Kindersegen für kinderlose Familien, Segen für Menschen, Felder und Haustiere, Frieden, Regen und eine gute Ernte. Andere Gebete dienen nur dazu, Gott den Zustand der Menschen oder des Landes mitzuteilen. Ein solches Gebet von den Meru (aus Kenia) wird hier beispielhaft wiedergegeben. Es wird vom traditionellen Stammesarzt während der Behandlung eines Kranken gesprochen:

Gott helfe diesem Mann, daß er gesund werde,
daß er sich morgen aufrichte;
mögest du diesem Mann helfen, gesund zu werden;
und wie du das Böse durch Überwältigung bezwingst,
überwinde auch all diese Mühsal, und sei mir gnädig;
denn wir wissen nicht,
wie wir auf andere Weise zu Murungu (Gott) beten sollen,
als wir es jetzt tun.[16]

Einem solchen Gebet sind verschiedene Gottesvorstellungen zu entnehmen: Gott ist ein persönlicher Gott, die Menschen haben Zugang zu ihm

[16] *B. Bernardi*, The Mugwe. A Failing Prophet (Oxford 1959) 129. Weitere traditionelle Gebete finden sich in *J. S. Mbiti*, The Prayers of African Religion (London – New York 1975), und *A. Shorter*, Prayer in the Religious Traditions of Africa (Oxford – Nairobi 1975).

und sprechen ihn direkt an, er heilt, er überwindet das Böse, er ist gnädig, die Menschen können ihn um Hilfe bitten.

376. Geister

Einen weiteren wichtigen Bereich des Glaubens nehmen die Geister ein. Die Wörter, die zu ihrer Benennung verwendet werden, zeigen in verschiedenen Regionen des östlichen Zentralafrika große Übereinstimmung. Dies deutet darauf hin, daß der Glaube an die Existenz von Geistern bis in die älteste Zeit zurückreicht. Allgemein gesprochen gibt es zwei verschiedene Arten von Geistern: diejenigen, die mit der Natur, und diejenigen, die mit den Menschen in Verbindung gebracht werden. Naturgeister sind oft Personifizierungen von Dingen und Phänomenen der Natur, z. B. Donner, Erdbeben, Berge, Wälder, Seen und Epidemien. Manche haben mit „himmlischen" oder „Himmels"-Phänomenen zu tun, andere mehr mit der Erde. In einigen Gesellschaften, z. B. bei den Baganda, Banyoro und Basoga (in Uganda), werden Naturgeister über andere erhoben und Göttlichkeiten (divinities) genannt, z. B. Donner, Erdbeben und die Pest. Die wichtigsten Geister bei den Baganda sind als *Balubale* bekannt und werden vorrangig mit der Natur in Verbindung gebracht, einige wenige hingegen waren menschliche Helden. Sie haben Namen wie *Musoke* (aus Luft und Wasser), *Walumbe* (vom Tod), *Mukasa* (aus den Seen) und *Kibuka* und *Nnende* (beide: vom Krieg). Früher gab es Tempel für sie, in denen Priester und als Medium tätige Menschen arbeiteten[17]. Im allgemeinen spiegelt diese hierarchische Struktur in der Welt der Geister die politische Struktur der menschlichen Welt. Sie ist vorwiegend bei Völkern wie den Baganda und den Banyoro zu finden, die traditionell Monarchen haben (oder hatten), denen Stammesfürsten und deren Stellvertreter unterstellt waren.

Jedes ost- und zentralafrikanische Volk glaubt, daß die Geister der Verstorbenen in der Geisterwelt weiterleben. Die Lebenden halten Verbindung mit den Geistern von Familienmitgliedern, die bis zu vier oder fünf Generationen vor ihrer Zeit gestorben sind. In vielen Bantusprachen werden solche Geister mit dem Begriff *muzimu* (Plural: *mizimu*) oder einer seiner vielen Varianten *(mudimu, iimu, irimu, muzuka, mzimu)* bezeichnet. Diese Geister, die immer noch an die persönliche Familiengeschichte gebunden sind, bezeichnen wir als *Lebend-Tote* (Living-dead – ein Begriff, den ich 1962 geprägt und 1969 zum ersten Mal veröffentlicht habe).[18] Die Lebend-Toten behalten auch nach ihrem Dahinscheiden eine bedeutende Rolle in der

---

[17] *A. M. Lugira,* Ganda Art (Kampala 1970) 18 ff.
[18] *J. S. Mbiti,* African Religions and Philosophy (London u. a. 1969, zweite Auflage 1990) 25 f et passim.

menschlichen Familie. Die Menschen, die sie während ihres menschlichen Lebens kannten, erinnern sich ihrer bei ihren Namen. Die Familien halten den Kontakt zu den Verstorbenen aufrecht, pflegen die Kameradschaft mit ihnen und bezeugen ihre Achtung vor den Toten, indem sie ihnen in kleinen Schreinen im Haus oder draußen auf den Feldern kleine Portionen an Essen und Getränken darreichen. Manchmal sprechen sie auch mit den Lebend-Toten.

All dies ist jedoch nicht als Gottesdienst zu verstehen, sondern als Ausdruck der Anerkennung und des Bewußtseins, daß die Lebend-Toten in der Geisterwelt lebendig und immer noch Mitglieder der menschlichen Familie sind. Mit Hilfe von als Medium tätigen Menschen, Träumen oder „Visionen" können die Lebend-Toten ihre Wünsche kundtun, und die Menschen geben sich große Mühe, solche Wünsche zu erfüllen – teils aus Achtung vor den Lebend-Toten und teils aus der Befürchtung heraus, daß eine Nichtanerkennung zu Unglück oder Krankheit in der Familie führen würde. Dieser fortlaufende Kontakt mit den Lebend-Toten entspringt einem Gefühl der Liebe, der Zuneigung und des Andenkens. Er ist jedoch nach außen hin weniger deutlich sichtbar und aktiv als die (oft teuren) Huldigungen, die in Europa den Verstorbenen dargebracht werden. Dort werden die Gräber mit Blumen oder auch mit Kerzen und Photographien der Verstorbenen geschmückt, die Wiederkehr der Todestage wird feierlich begangen, und (vorwiegend ältere) Menschen besuchen die Gräber ihrer verstorbenen Verwandten und geben sich viel Mühe, sie zu pflegen.

Sei es in Afrika oder in Europa, beide Traditionen bezeugen Gefühle der Zuneigung, nicht der Anbetung der Verstorbenen. Sie sind auch ein Ausdruck der Trauerarbeit, die nach dem Tod eines lieben Menschen geleistet werden muß, und der Verarbeitung des Paradoxons von Leben und Tod. Es ist falsch, dies im afrikanischen Kontext als „Anbetung der Vorfahren" oder „Ahnenkult" verstehen zu wollen. Diese irreführenden Begriffe wurden von fremden Missionaren und Anthropologen gebraucht, die über die afrikanische Religion sprachen, aber dem, was in ihren eigenen Ländern in Europa und Amerika vorging, keine Aufmerksamkeit schenkten, obwohl gerade dort das Problem, wie man mit dem Tod und den Toten zurechtkommt, eine große Rolle spielt.

Es gibt Geister unbekannter Personen in Menschengestalt. Diese werden oft als „gefährlich" betrachtet, aus dem Glauben heraus, daß sie von Menschen Besitz ergreifen oder sie krank machen können. Zur gleichen Zeit werden einige von ihnen bei der Wahrsagerei eingesetzt, andere dienen dazu, Glück und Erfolg zu bringen. Von einem Geist besessen zu sein ist in vielen Regionen ein allgemein bekanntes Phänomen, das sich auf verschiedene Weise äußern kann. Frauen und Mädchen werden häufiger von Geistern heimgesucht als Männer. Die Aufgabe, mit den Geistern umzugehen, ist den Priestern vorbehalten und oft mit der medizinischen Praxis verbunden. Durch als Medium tätige Menschen verständigen sich die Wahrsager mit den Geistern. Im Falle, daß ein Mensch ungewollt von einem Geist besessen sein sollte, exorzieren die Wahrsager und traditionellen Stammesärzte die Geister oder treffen Vorsichtsmaßnahmen, um die Geister daran zu hindern, Menschen und Haustiere heimzusuchen.

Die Frage, ob Geister tatsächlich existieren und ob die Menschen von ihnen heimgesucht werden können, soll hier nicht weiter diskutiert werden. Sie werden von den afrikanischen Völkern als eine Realität erfahren; und nach dem zu urteilen, was ich von dem Phänomen, das sie als Besessensein durch einen Geist beschreiben, gesehen habe, habe ich keinen Zweifel, daß es eine sehr starke Realität ist, die körperliche und psychische Konsequenzen hat, welche nicht vernachlässigt werden dürfen.

Die folgende Aussage stellt einen Versuch dar, auf anthropologische Weise das Besessensein durch Geister zu erklären: „Dort, wo – wie es in kleinen vorliterarischen Gesellschaften oft der Fall ist – kein ausreichendes empirisches Wissen vorhanden ist, das die Menschen dazu befähigen würde, auf praktische Weise mit vielen Gefahren des Lebens fertigzuwerden, können diese Gefahren sozusagen personifiziert und in Geister verwandelt werden, mit denen man sich dann durch rituelle und symbolische Handlungen auseinandersetzen kann ...“ [19] Es ist natürlich falsch, dieses Phänomen nur auf die sogenannten „vorliterarischen Gesellschaften“ zu begrenzen. Es gibt Menschen mit Universitätsbildung, die dieses Phänomen nicht nur kennen, sondern sogar persönlich davon betroffen sind. Mir sind Fälle von Besessensein auch in Europa bekannt.

Die afrikanischen Völker sind sich der spirituellen Dimension der Wirklichkeit sehr bewußt. Sie sprechen offen darüber, begreifen sie in der Form von Geistern, von Besessensein durch Geister, von als Medium tätigen Menschen und von Kommunikation mit der Geisterwelt. Moderne Wissenschaft kann Größe und Gewicht der Geister nicht messen, doch sollte uns dies nicht dazu verleiten, die Tatsache zu verkennen, daß Menschen Erfahrungen mit Geistern machen und in dem Wissen und Glauben handeln, daß sie existieren. Selbstverständlich sollte das empirische Wissen so weit wie möglich herangezogen werden, um ein besseres Verständnis unserer physischen und spirituellen Welten, ihrer Verbindung untereinander, mit der Umwelt und den Überzeugungen und Handlungsweisen der Gesellschaft zu erlangen.

---

[19] *J. Beattie / J. Middleton* (Hrsg.), Spirit Mediumship and Society in Africa (London 1969) XIX.

377. Mystische Kraft

Ein weiterer Bereich religiösen Denkens, der nicht nur in Ost- und Zentralafrika, sondern auf dem ganzen Kontinent zu finden ist, umfaßt den Glauben an eine mystische Kraft. Er wurzelt in der Überzeugung, daß es im Universum eine von Gott geschaffene mystische Kraft gibt. Menschen (und Geister) haben in unterschiedlichem Maße Zugang zu ihr. Manche Menschen wissen besser als andere, wie diese mystische Kraft zu erlangen und zu verwenden ist.

Wenn die mystische Kraft von jemandem zum Nachteil oder Schaden anderer Menschen, ihrer Besitztümer und ihres Handelns verwendet wird, wird sie als böse Magie, Zauberei oder Hexenwerk betrachtet. Die Gesellschaft verurteilt solchen Mißbrauch, und Menschen, die für den Gebrauch von Hexerei und Zauberei bekannt sind oder dessen verdächtigt werden, werden ausgestoßen. Wenn sie ernsthaften Schaden – wie Krankheit oder Tod – anrichten, werden solche Menschen (Hexen oder Zauberer) von der Gemeinde durch Steinwürfe, Schläge oder sogar mit dem Tod bestraft. Frauen werden öfter als Männer Opfer solchen gemeinschaftlichen Zorns, und manche von ihnen werden sogar, ohne es zu wollen, in die Rolle von Hexen gedrängt. Selbst heutzutage ist es nicht ungewöhnlich, in Zeitungen darüber zu lesen, daß Menschen der Hexerei bezichtigt und deshalb von der aufgebrachten Menge schwer geschlagen oder getötet wurden. Die Glücklicheren unter ihnen werden nur gefangengenommen und vor Gericht gestellt. Von Zeit zu Zeit werden Zeremonien zur Hexenaustreibung inszeniert, durch die die Menschen, die der Hexerei bezichtigt werden, geläutert (oder von ihr befreit) und andere Menschen vor ihr geschützt werden.

Es ist in Familien und Gemeinschaften weit verbreitet, jemanden der Hexerei zu verdächtigen, wenn z. B. Krankheiten auftreten oder Unfälle passieren, eine Ernte ausfällt oder eine Unternehmung mißglückt. Ein Beispiel hierzu soll genügen: David kommt bei einem Autounfall ums Leben. Dadurch stellen sich die Menschen zwei Fragen. Die erste lautet: „*Wodurch* wurde der Unfall verursacht, in dem David ums Leben kam?“ Diese Frage könnte leicht durch eine der folgenden Erklärungen beantwortet werden: Bremsversagen, schlechte Straßenverhältnisse, ungünstige Wetterbedingungen, ein schlechter Allgemeinzustand des Fahrzeugs, unvorsichtige Fahrweise, zu schnelles Fahren, Fahren unter dem Einfluß von Alkohol oder anderen Drogen, Übermüdung des Fahrers oder mangelnde Beachtung der Verkehrszeichen. Dies sind „wissenschaftliche“ Erklärungen, und sie sind für ihren Bereich zutreffend.

Die zweite Frage der Menschen lautet: „*Wer* verursachte den Unfall und somit Davids Tod?“ In diesem Fall bezieht sich das *wer* nicht darauf, welcher Fahrer oder welche Person schuldig ist. Es zielt vielmehr auf die tiefergehende Frage ab, wer mystische Kraft (als Magie) gebrauchte, um den Unfall zu verursachen, der zu Davids Tod führte. Weitere Fahrzeuge waren zu derselben Zeit unter ähnlichen Bedingungen auf derselben Straße unterwegs. Diese waren jedoch nicht in einen Unfall verwickelt. Außerdem befanden sich noch mehr Passagiere in dem Fahrzeug, mit dem David unterwegs war. Er war jedoch der einzige, der starb. *Wer* gebrauchte die mystische Kraft, um den Unfall zu verursachen, der zu seinem Tod führte? Ein Mitglied des weiteren Familienkreises oder der Gemeinschaft wird herausgegriffen und als Schuldiger verdächtigt, und zwar derjenige, von dem man annimmt, daß er sich der Hexerei oder bösen Magie bediente, um David Schaden zuzufügen. Dies geschah vielleicht nach einem ernsten Streit, vielleicht aus Eifersucht, vielleicht aus Rache an David oder seiner Familie. Oftmals warnt eine Partei die andere nach einem Streit mit den Worten: „Paß nur auf, du wirst schon sehen, was passiert!"

Diese „Wer"-Fragen werden im Dorf und im Leben eines jeden Menschen immer wieder gestellt, wenn etwas Schlimmes passiert. Die Menschen scheuen keine Mühe, um sich gegen Magie und Hexerei zu schützen. Maßnahmen dagegen werden oftmals von den traditionellen Stammesärzten durchgeführt, die zusammen mit den Wahrsagern auch diejenigen sind, die die Antwort auf die ständige Frage nach dem „Wer"? suchen. Manche Afrikaner glauben, daß Magie und Geister einigen Einzelpersonen zu Diensten sind. Diese können sie selbst für sich nutzbar machen oder einen Experten dafür einstellen. Die folgende Geschichte – eine von vielen – veranschaulicht diesen Bereich des Denkens und Lebens sehr gut. Sie ist einem Interview entnommen, das ich 1985 mit Frau Ruth Ndumbu führte:

„Es geschah vor nicht ganz zwei Jahren in der Nähe des Ortes, in dem ich arbeite. Die Leute fragten mich: ‚Warst du noch nicht bei dem Ehepaar, das von unsichtbaren Menschen geschlagen wird?' Ich fragte: ‚Was ist das denn für eine Geschichte?' – ‚Es gibt in Utheru (einem Ort in Nairobi) eine Familie – die Polizei war schon dort, die Journalisten waren dort, auch der Pfarrer und andere Christen waren dort, um zu beten.' Worum ging es?

Der Mann wohnte eine geraume Zeit lang bei einer Frau, die er auf der Straße getroffen hatte. Sie waren nicht verheiratet. Es kam die Zeit für ihn zu heiraten. Er ging fort, nahm eine andere Frau und heiratete sie. Die erste Frau war wütend, weil sie so lange mit ihm zusammengelebt und erwartet hatte, daß er sie heiraten würde. Sie bedrohte ihn und sagte: ‚Wir werden sehen, wer ist wer! Paß auf!' Nun begannen die Schwierigkeiten: Als die neue Frau zu kochen begann und Wasser kochte, um *Ugali* (dicken Maisbrei) zuzubereiten, erhoben sich die Kohlen unter dem Topf und purzelten in das Wasser im Topf. Das passierte fortan immer häufiger. Die Frau konnte nicht mehr kochen. Dies ging immer so weiter. Dann wurde sie von jemandem geschlagen, ohne daß sie sehen konnte, wer sie schlug. Das Ehepaar rief die Polizei, die zu Hilfe kam. Die Kirchenleute kamen auch, und als sie beteten, hörten sie viel Lärm und Trommeln. Das Wasser erhob sich von selber aus den Kübeln und spritzte die Leute naß ... Das ging immer weiter so, bis das Ehepaar die Wohnung (das Haus) verließ." Jedermann im Dorf glaubte und sagte, daß die erste Frau sich der Magie und der Geister bedient hatte, damit das Paar keinen Frieden haben sollte, bis es sein Haus verlassen hätte und weggezogen wäre.

Sehr oft jedoch wird die mystische Kraft zu einem guten Ende eingesetzt. Manche Menschen verwenden sie, um Liebesbeziehungen zu pflegen, andere, um ihre geschäftlichen Unternehmungen zu fördern. Schulkinder und Universitätsstudenten rufen sie auch heutzutage noch um Unterstützung an, um ihre Prüfungen zu bestehen. Von Politikern wird berichtet, daß sie sie einsetzen, um Wahlen zu gewinnen oder andere Posten zu erlangen. Sportclubs versuchen, mit ihrer Hilfe ihre Gegner zu besiegen. Eltern befestigen Talismane, die mystische Kraft in sich tragen sollen, um den Hals oder die Taille ihrer Kinder, um sie vor Krankheit und Unglück zu bewahren. Manche Menschen vergraben talismanartige Objekte in ihren Feldern, um die Ernte zu vergrößern und gegen den „bösen Blick" zu schützen. Menschen tragen auf Reisen oder wenn sie von jemandem einen Gefallen erbitten, Talismane bei sich, um Schutz gegen Unfall und Gefahren zu haben oder um ihre Wünsche erfüllt zu bekommen. Andere verwenden sie, um ihren Besitz gegen Diebe zu schützen oder um Diebe auf frischer Tat zu ertappen. Traditionelle Stammesärzte setzen die mystische Kraft bei der Behandlung der Kranken ein oder geben dem Patienten Talismane, um sie vor der bösen Magie zu schützen. Die Verwendung der mystischen Kraft zu guten Zwecken hat bei den afrikanischen Völkern große Bedeutung, und zwar nicht nur beim normalen Volk, sondern auch bei führenden Persönlichkeiten der Gesellschaft – wenn man den Geschichten glauben darf! Die Menschen nehmen die mystische Kraft ernst, sowohl in ihren negativen wie in ihren positiven Erscheinungsformen. Sie fürchten sich in gewisser Hinsicht vor Magie, Hexerei und Zauberei und machen sie dafür verantwortlich, wenn die wichtigen Dinge im Leben – Gesundheit, Unternehmungen, Geschäfte, und sogar Politik – einen ungünstigen Verlauf nehmen [20].

Die Gesundheit beschäftigt jedes Volk der Welt. Unter den Völkern Afrikas werden gesundheitliche Probleme vorrangig in der Gemeinschaft gelöst. Dabei stellt die Familie die Kerngruppe dar. Wir haben schon darauf hingewiesen, daß im Falle einer Krankheit oder eines Unglücks nicht nur die Frage gestellt wird, *was* diese Krankheit verursacht hat, sondern auch *wer* dafür verantwortlich ist. Es gibt Medizinmänner und -frauen (traditio-

---

[20] Jedes Buch, das afrikanische Religion beschreibt, hat etwas über Magie, Hexerei und Zauberei zu sagen. Eine gute Studie in unserem Bereich, die darauf im besonderen eingeht, ist *J. Middleton / E. H. Winter* (Hrsg.), Witchcraft and Sorcery in East Africa (London 1963).

nelle Stammesärzte) und Wahrsager, die sich in ihrer Gemeinschaft um die Gesundheit und das allgemeine Wohl kümmern. Gesundheitliche Probleme umfassen einen großen Bereich menschlichen Leids. Dazu gehören körperliche Krankheit, psychische Krankheit, das Besessensein von Geistern, die Auswirkungen von Verfluchungen (die von den Eltern oder anderen „höheren" Mitgliedern der Großfamilie ausgesprochen wurden), die Unfruchtbarkeit von Menschen, Tieren und Land, Kinderlosigkeit, mißglückte Vorhaben, Unglück, Probleme in der Liebe usw. Die Tätigkeit des Stammesarztes umfaßt fünf Arbeitsschritte: 1. Er beobachtet und erkennt das Problem (das auf Hexerei, einen formellen Fluch, den bösen Blick, böse Worte, Belästigung durch einen Geist, gebrochene Tabus oder eine natürliche Ursache zurückzuführen sein kann). 2. Er macht die verantwortliche Person ausfindig. 3. Er diagnostiziert die Krankheit oder die anderweitigen Sorgen seiner Patienten. 4. Er wendet die angemessene Behandlung an (Arzneien, Rituale, Opfergaben, die Erfüllung von Versprechen oder Bitten der Lebend-Toten, sofern es welche gibt). 5. Schließlich trifft er Vorkehrungen, die ein nochmaliges Auftreten des Problems verhindern sollen. Wahrsager haben weniger mit dem Heilen zu tun. Sie kümmern sich mehr um die Bewältigung allgemeinerer Sorgen, z. B. vorherzusagen, ob eine Unternehmung erfolgreich verlaufen wird oder nicht, welche Geister die Menschen belästigen könnten, wer etwas gestohlen hat, wo verlorene Dinge wiedergefunden werden können usw. In vielen Fällen werden sie von einem Medium, normalerweise eine Frau oder ein Mädchen, unterstützt.

Die traditionellen Stammesärzte wie auch die Wahrsager müssen eine lange Lehrzeit absolvieren. Während dieser Zeit sind sie Lehrlinge anderer Ärzte und Wahrsager. Sie sind Freunde ihrer Gemeinschaft und werden für ihre Arbeit hoch angesehen. Die Stammesärzte haben eine genaue Kenntnis der Kräuter, die sie, zusammen mit weiteren Zutaten, für die Behandlung der Kranken und Bedürftigen verwenden. Sie müssen, genau wie die Wahrsager, verschiedene Zeremonien und Rituale kennen, die mit ihrer Arbeit verbunden sind. Sie sind nicht nur für die körperliche Gesundheit ihrer Gemeinschaften verantwortlich, sondern auch für ihre psychischen, geistigen und „geistlichen" Bedürfnisse. Viele erkennen an, daß es nicht sie sind, die die Kranken heilen, sondern Gott, und viele von ihnen beten um seine Hilfe, um heilen oder den bestehenden Bedürfnissen ihrer Patienten nachkommen zu können[21].

---

[21] Vgl. hierzu z. B. *R. Harjuly,* Mirau and his Practice. A Study of the Ethnomedicinal Repertoire of a Tanzanian Herbalist (London 1980); Vgl. *K. Appiah-Kubi,* Man Cures, God Heals (New York 1981) (behandelt Ghana, ist aber sehr relevant für Ostafrika); *E. de Rosny,* Healers in the Night (New York 1985) (behandelt die Arbeit traditioneller Ärzte in Kamerun, welche viele Parallelen zu derjenigen der Ärzte im östlichen Zentralafrika hat).

378. Mythen

Wie andere Regionen des Kontinents ist das östliche Zentralafrika als im wesentlichen mündlich geprägte Kultur erwartungsgemäß reich an Mythen. Bis heute wurden diese Mythen noch nicht systematisch gesammelt und untersucht. Allerdings sind viele in den zwei Studien von E. Baumann und E. G. Parrinder enthalten, die sich mit Afrika als ganzem befassen.[22]

Die meisten Mythen handeln vom Ursprung und vom Tod der Menschen und von einigen wichtigen Gebräuchen. Viele Mythen berichten, daß die ersten Menschen vom Himmel herabgekommen seien, in Form eines oder zweier Paare. Diese Mythen finden sich nicht nur bei den Völkern des östlichen Afrika. Sie sind auch in Zentralafrika, dem oberen Niltal und Westafrika weit verbreitet. Andere Mythen erzählen, daß die ersten Menschen von einem Baum herabgestiegen seien. Diese Gruppe von Mythen hat ihre Heimat in Tansania und vereinzelt auch im südlichen und südwestlichen Afrika. Außerdem kennt man Mythen, die darüber berichten, daß Gott die ersten Menschen aus Lehm geformt habe. Diese Vorstellung hat ohne Zweifel dazu geführt, Gott Namen zu geben, die ihn als „Töpfer“ (Schöpfer) oder „Modellierer“ beschreiben.

Den Zustand der ersten Menschen stellen sich die Afrikaner als einen Zustand großen Glücks, tiefen Friedens und einer familiären Beziehung zu Gott vor. Er gab ihnen, was sie brauchten: Kinder, Essen, Schutz (Unterschlupf), Gesundheit und die Weisheit, die sie für ihr Leben benötigten. Es gab weder Krankheiten noch Nöte, weder Gefahr noch Tod. Die ersten Menschen führten ein wahrhaft paradiesisches Leben. Sie erhielten ein oder mehrere Geschenke von Gott: Unsterblichkeit, Verjüngung (wenn sie alt wurden) und Wiederauferstehung (wenn sie starben).

Ähnlich weit verbreitet sind Mythen über den Verlust des Paradieses, über kommendes Leid, Krankheit und Tod. In einigen wird von verbotenem Essen oder Früchten erzählt, die die ersten Menschen verzehrten und so den Tod auf sich herabbeschworen. Andere Mythen berichten von Regeln, die die Menschen hätten einhalten sollen. Da sie es aber nicht taten, habe ihr Ungehorsam zum Verlust des Paradieses geführt. In manchen Mythen ist die Rede von einem Wissensdurst, der die ersten Menschen überkommen habe, was den Verlust der drei ursprünglichen Geschenke zur Folge hatte. In wieder anderen wird die „Schuld“ einem Vogel (dem Webervogel), dem Chamäleon, der Eidechse oder einem anderen Tier gegeben, die Gott mit einer Nachricht zu den Menschen geschickt habe. Sie hätten jedoch diese Nachricht entweder verändert, auf dem Weg zu den Men-

---

[22] *E. Baumann,* Schöpfung und Urzeit des Menschen im Mythus der afrikanischen Völker (Berlin ^{2}1964); *E. G. Parrinder,* African Mytholoy (London 1967).

schen verweilt oder den genauen Wortlaut dessen, was Gott ihnen mitteilte, vergessen und deshalb die Nachricht fehlerhaft oder zu spät überbracht.[23]

So erzählen z. B. die Rwanda, daß Imana (Gott) vor langer Zeit die Menschen wiederauferweckt habe, nachdem sie gestorben waren. Eines Tages beschloß er, auf die Jagd zu gehen und den Tod zu vernichten, damit die Menschen nicht mehr sterben müßten. Er wies alle Menschen an, in den Häusern zu bleiben. Am nächsten Morgen jagte er dem Tod nach. Die Entfernung zwischen ihnen verringerte sich zusehends. Da hörte jedoch eine alte Frau, die draußen auf den Feldern war, den Tod rufen: „Hab Mitleid mit mir! Versteck mich, ich bin in Todesgefahr!" Sie hatte Mitleid mit ihm und fragte ihn: „Wo soll ich dich verstecken?" Er sagte: „Unter deinen Kleidern!" Gerade als sie das getan hatte, kam Gott heran und sagte zu ihr: „Was für ein Jammer für die Menschen, sie sind die Opfer ihrer eigenen Dummheit. Solange der Tod sich im Busen der Frau befindet, werden sie mit dem Siegel des Todes geboren werden!" Seit dieser Begebenheit ist der Tod in der Welt geblieben.[24]

Eine faszinierende Mythe wird von den Meru in Kenia darüber erzählt, wie sie von einem anderen Land namens Mbwa, wo sie unterdrückt und verfolgt waren, nach Kenia kamen. Sie existiert in mehreren Versionen. Eine berichtet, daß „die Meru, als sie in Mbwa waren, von ihren Verfolgern mehreren Prüfungen unterzogen wurden ... (Sie bestanden die Prüfungen, wurden aber dennoch niedergeschlagen.) Da war jedoch Komenjue, ein sehr guter und weiser Mann ... Er riet uns, jenes Land zu verlassen. Wir kamen an ein großes Wasser. Komenjue schlug mit seinem Stab auf das Wasser, und es teilte sich. Wir durchquerten es. Diejenigen, die während der Nacht hindurchgingen, wurden *njiru,* die Schwarzen, genannt; diejenigen, die in der Morgendämmerung hindurchgingen, wurden *ntune,* die Roten, genannt; diejenigen, die hindurchgingen, als die Sonne hoch stand, wurden *njeru,* die Weißen, genannt. Daraufhin schloß sich das Wasser wieder."

In einer anderen, längeren Version erscheint ein Führer, *Mugwe,* der „vor uns herging und das Wasser nach einer Möglichkeit absuchte, es zu durchqueren ... Er sagte: ‚Nun, nur *Mwene inya,* der Allmächtige, weiß, was er tun wird. Wir selbst können nichts tun. Er allein wird sich um sein Volk kümmern.' Er betete: ‚Ach, Einziger Körper und Besitzer der Kraft, hilf mir, damit ich dieses Dein Volk von all seinem Leid befreien kann. Höre meinen Wunsch an und den Deiner Kinder, die Dich hochachten.' Und dann schlug er mit seinem Stab auf das Wasser, und er sah, wie sich das

---

[23] Vgl. *Baumann,* a. a. O., 202–242 für detailliertere Angaben.

[24] *A. Karamaga,* Dieu au pays des mille collines (Lausanne 1988) 26 ff. Einige Sammlungen von afrikanischen Todesmythen finden sich in *H. Abrahamsson,* The Origin of Death (London 1952); *U. Beier,* The Origin of Life and Death (London 1966).

Wasser teilte. Er sah trockene Erde und wußte, daß hier ein Durchgang war. Alle gingen hindurch, und so führte er uns hierher." [25]

Wir finden diese Mythe sonst nirgends im östlichen Afrika. Sie weist Ähnlichkeiten mit dem biblischen Exodus aus Ägypten auf, deutet aber auch auf Unterschiede hin. Die Institution, das Amt und die Arbeit des Mugwe hat so tiefe Wurzeln und eine so lange Geschichte im Leben der Meru, daß wir sie mit einiger Sicherheit als den Meru eigen ansehen können und nicht als eine Kopie der biblischen Geschichte vom Exodus der Kinder Israels aus Ägypten verstehen müssen. Europäische Missionare und Reisende drangen erst in der zweiten Hälfte des neunzehnten Jahrhunderts bis in das Innere Kenias vor (wo die Meru leben). Die Exodusmythe der Meru und die Institution des Mugwe waren zu dieser Zeit aber schon vorhanden. Der Mugwe ist auch heute noch eine bedeutende Figur im religiösen und kulturellen Leben des Volkes.

379. Lebensstadien

Ein wichtiges Merkmal der Religiosität der Menschen ist das bewußte Erleben und die festliche Begehung der verschiedenen Lebensabschnitte von der Geburt bis zum Tod. Viele Völker im östlichen Afrika feiern einen oder mehrere der wichtigsten Augenblicke des Lebens: die Geburt, die Namensgebung, die Initiation, die Eheschließung, die Fortpflanzung, den Tod und das Begräbnis, das Weiterleben in der Welt der Geister nach dem Tod. Das Leben des Menschen ist eine religiöse Reise durch eine religiöse Welt.

Die Schwangerschaft wird von der Familie und der größeren Gemeinschaft besonders geachtet. Sie wissen, daß ein menschliches Leben im Entstehen ist. Die Mutter und das Kind müssen beschützt werden, schon bevor das Kind geboren ist. Die werdende Mutter darf bestimmte Lebensmittel nicht essen, sie darf mit bestimmten Personen nicht sprechen und bestimmten Beschäftigungen nicht nachgehen. In manchen Fällen werden zu ihrem und des Babys Schutz Gebete verrichtet. Im allgemeinen findet die Geburt zu Hause statt, obwohl heutzutage mehr und mehr Kinder in überfüllten Krankenhäusern geboren werden. Im Juli 1989 brachte ich eine junge Frau zur Entbindung in ein Distrikthospital in Kenia. Die Geburtshilfe-Station war so überfüllt, daß alle gebärenden Frauen während ihres Aufenthaltes auf der Station die Betten miteinander teilen mußten. Auch nachdem das Baby geboren war, bekamen sie kein eigenes Bett und wurden noch am selben oder am darauffolgenden Tag wieder nach Hause geschickt.

Traditionellerweise wird die Geburt der Kinder – und auch die Namens-

---

[25] Vgl. *B. Bernardi,* The Mugwe. A Failing Prophet (Oxford 1959) 56–62.

gebung – mit verschiedenen Zeremonien begangen und gefeiert. Afrikanische Namen haben spezielle Bedeutungen. Manche weisen auf die Familiensituation zur Zeit der Geburt des Menschen hin; manche erinnern an die Jahreszeit und die Wetterbedingungen, die zur Zeit der Geburt herrschten, wie z. B. Regen, Trockenheit, Pflanzzeit, Erntezeit, Zeit mit vielen Raupen etc. Manchmal werden Namen von verstorbenen Familienmitgliedern übernommen, um an sie zu erinnern oder um sie zu ersetzen. Manche Namen weisen auf Wünsche hin, die an Gott gerichtet werden, andere wiederum geben Auskunft über Gottesvorstellungen, z. B. *Byaruhanga* bei den Banyoro (Uganda) oder *Mungai* bei den Gikuyu (Kenia). Sie bedeuten beide „zu Gott gehörend".

Initiationsriten werden von vielen Völkern des östlichen Zentralafrika durchgeführt. Diese umfassen unter anderem die Beschneidung von Jungen und Mädchen im Alter von fünf bis zwanzig Jahren. Das Alter der Beschneidung variiert von Volk zu Volk. Das Blut, das bei dem Initiationsritus aus ihren Geschlechtsorganen – den Organen, die zur Fortpflanzung dienen – fließt, tropft auf den Boden und bindet die Mädchen und die Jungen mystisch an die Erde. In manchen Fällen ziehen sich die jungen Leute danach in die Einsamkeit zurück, wo sie von traditionellen Lehrern und Lehrerinnen unterwiesen werden. Das Leben in der Einsamkeit währt ein paar Tage oder mehrere Wochen (früher sogar bis zu zwei Jahren). Daraufhin kehren sie zu ihrer Familie zurück, bereit, in das Erwachsenenleben einzutreten. Möglicherweise haben sie sogar neue Namen bekommen. Das ganze Ereignis vollzieht sich wie ein Tod und die darauffolgende Wiederauferstehung: Sie sterben, um das Leben der Kindheit und Unschuld zu verlassen, und auferstehen in das Leben des Erwachsenseins und der Weisheit. Jetzt ist es ihnen unter anderem gestattet, zu heiraten und Kinder zu bekommen, und nach und nach die Verantwortung, die das Erwachsenenleben mit sich bringt, zu übernehmen.

Wie in allen afrikanischen Gesellschaften ist die Ehe bei den Völkern des östlichen Afrika eine Pflicht. Von jedem Menschen wird erwartet, daß er heiratet und Kinder bekommt. Bei den Hochzeitsbräuchen gibt es große Unterschiede. Ist einer der Ehepartner unfruchtbar, werden hierfür Lösungen gesucht. Beispielsweise kann ein Mann weitere Frauen heiraten. Einer Frau, die einen impotenten Mann hat, wird die Möglichkeit gegeben, Kinder mit einem engen Verwandten (dem „Bruder" im Sinne enger Verwandtschaft) zu zeugen. Zum Thema Ehe in Afrika gibt es umfangreiche Literatur.[26]

Tod und Begräbnis erfordern viele und manchmal kunstvolle Verfahren

---

[26] *E. Hillman*, Polygamy Reconsidered (New York 1975); *H. Huber*, Marriage and the Family in Rural Bukwaya (Fribourg 1973); *J. S. Mbiti*, Love and Marriage in Africa (London 1973); *T. D. Verryn* (Hrsg.), Church and Marriage in Modern Africa (Johannesburg 1975).

und Riten. Begräbnisriten weisen klar auf den Glauben hin, daß der Tod nicht das letzte Ende des menschlichen Lebens bedeutet. Der Verstorbene lebt als Lebend-Toter in der Welt der Geister weiter. Begräbnisse müssen deshalb sorgfältig durchgeführt werden, um die Toten zu ehren und Frieden mit ihnen zu bewahren. Die Toten werden im Bereich ihres Heims begraben, manchmal sogar in den Häusern, in denen sie früher lebten. Danach folgen in manchen Gesellschaften (Stämmen) weitere Zeremonien, mit denen die Geister der Toten in die nächste Welt geschickt werden. Aufgrund der Überzeugung, daß der Tod religiöse Unreinheiten über die Familie und die Gemeinschaft bringt, werden in vielen Fällen Reinigungszeremonien abgehalten. Die Unreinheiten müssen beseitigt und der Tod neutralisiert werden, damit das normale Leben wiederaufgenommen und fortgesetzt werden kann. Manche Gesellschaften rasieren den Mitgliedern einer Familie, in der jemand gestorben ist, die Köpfe. Der neue Haarwuchs stellt ein Symbol des Lebens dar, das den Tod besiegt.

Die Verstorbenen werden – als Lebend-Tote – über lange Zeit weiterhin als Mitglieder der menschlichen Familien angesehen. Sie erhalten symbolische Essens- und Getränkegaben als Zeichen der Zuneigung und als Anerkennung der Tatsache, daß sie immer noch zur Familie gehören. Manche erscheinen den Lebenden in Träumen oder in offenen Visionen und können mit ihnen direkt oder manchmal durch ein Medium Kontakt aufnehmen. So geht das Leben trotz des Todes weiter. Die einzelne afrikanische Familie stirbt „nie“, egal, was sie ansonsten erdulden muß.[27]

380. Kontakte zu Christentum und Islam

Die Ostküste Afrikas trat wahrscheinlich im siebzehnten Jahrhundert durch arabische Händler zum ersten Mal in Kontakt mit dem Islam. Seine Ausdehnung in das Innere dieser Region erfolgte aber viel später, nämlich erst im neunzehnten Jahrhundert. Man kann sich des Eindrucks nicht erwehren, daß die arabischen Moslems damals ein größeres Interesse an der Versklavung der afrikanischen Völker hatten als daran, ihnen ihren Glauben zu bringen. Trotzdem schlug der Islam an der Küste nach und nach Wurzeln und verschaffte sich Eingang in die Kulturen und Religion der Küstenvölker. Seine Ausdehnung in das Innere folgte zunächst den Sklavenhändlerrouten. Dies gilt insbesondere für Tansania. Später, im neunzehnten und frühen zwanzigsten Jahrhundert, beschritt er die neuen Wege,

[27] Weitere Informationen und Diskussionen sind in den meisten Büchern zu finden, die sich dem Studium einzelner Stämme widmen, sowie in denen, die afrikanische Religion im allgemeinen behandeln, z. B.: *J. S. Mbiti*, African Religion and Philosophy (London ²1990) 107 bis 161; *J. Mugambi / N. Kirima*, The African Religious Heritage (Nairobi 1976) 39–59.92–107.

die von den Kolonialherren eingerichtet wurden, und ließ sich von nun an mehr in den Ortschaften im Inland nieder. Doch hat er die afrikanische Religion nicht verdrängt, selbst nicht an der Küste, wo er schon viele Jahrhunderte existierte. Laut Statistik hatte der Islam 1980 weniger Anhänger als das Christentum (in % der Gesamtbevölkerung): in Burundi 0,9%, in Kenia 6%, in Malawi 16,2%, in Ruanda 8,6%, in Tansania 32,5%, in Uganda 6,6%, in Sambia 0,3% und in Simbabwe 0,9%.

Das Christentum erreichte die Ostküste im frühen sechzehnten Jahrhundert, zunächst auch an einem oder zwei Orten, verbreitete sich aber nur unter den Matrosen, die zwischen Europa und Indien hin und her segelten. Erst im neunzehnten Jahrhundert erhielt die Missionsarbeit, die den afrikanischen Völkern an der Küste und im Inland das Christentum bringen sollte, neuen Aufschwung. Afrikanische Christen selbst begannen, eine führende Rolle bei der Verbreitung des christlichen Glaubens unter ihren Völkern zu spielen und waren in einigen Fällen, z. B. in Uganda, zum Märtyrertum verdammt oder Verfolgungen ausgesetzt. Im zwanzigsten Jahrhundert erfuhr das Christentum eine zunächst langsame und später zusehends schnellere Ausdehnung. Dies betrifft nicht nur die Zahl der Bekehrten. Es zeigt sich auch im Bau von Schulen, Kirchen, Krankenhäusern und sozialen Einrichtungen sowie in der theologischen Unterweisung, christlicher Literatur und der Meinungsäußerung in der Politik, trotz des Unbehagens einiger Politiker, die kritische und konstruktive Positionen von Kirchenführern nur schwer tolerieren können. Es muß jedoch gesagt werden, daß viele Politiker auch eifrige Kirchgänger sind und daß der Kampf gegen die Kolonialherrschaft gerade durch christliche Politiker und Nationalisten ausgelöst wurde, die durch ihren Glauben entsprechende christliche Grundsätze und Lehren angenommen hatten. Es sind wiederum die Kirchen, die ihre prophetische Stimme gegen den Mißbrauch der Menschenrechte, wo auch immer sich ein solcher findet, gegen Korruption, Ungerechtigkeiten und die Unterdrückung der afrikanischen Völker durch die sich in der Minderheit befindenden Immigranten im südlichen Afrika erheben. Von den moslemischen Führern hingegen hört man keine Stellungnahmen zu diesen Übeln in der Gesellschaft.

Statistisch gesehen, ist das Christentum die wichtigste Religion in Ost- und Zentralafrika. 1980 erreichten die Christen die folgenden Anteile an den Gesamtbevölkerungszahlen (in %): in Burundi 85,5%, in Kenia 73%, in Malawi 64,5%, in Ruanda 73%, in Tansania 44%, in Uganda 78,3%, in Sambia 72% und in Simbabwe 58%. Das Christentum breitet sich immer noch mit größerer Geschwindigkeit aus, als die Bevölkerung wächst, und Hochrechnungen sagen für das Jahr 2000 einen – im Vergleich zu heute – viel größeren Anteil an Christen in der Bevölkerung voraus.

In gewisser Hinsicht gab es zwischen der afrikanischen Religion und dem Christentum in seiner kolonialen Ausprägung religiöse Auseinandersetzungen. Dabei waren oder sind diese Konflikte im Grunde eher kultureller als theologischer Natur. Trotzdem hat die afrikanische Religion die Ausbreitung des Christentums in vieler Hinsicht erleichtert und unterstützt. Viele Afrikaner fühlen sich in der Bibel „zu Hause" und haben keine Bedenken, die Religion der Bibel so anzunehmen, wie sie sie verstehen. Zu viele kirchliche Gruppierungen und Bekenntnisse haben die Völker des östlichen Afrika mit Macht überfallen. Dabei brachte jede Gruppierung ihre eigene Ausprägung des Christentums mit. Einige Gruppen kämpften einen ideologischen Kleinkrieg gegeneinander, und manche Missionare verwendeten den Reichtum und das politische Gewicht ihrer Heimatländer dazu, um ihre eigenen Vorstellungen und Formen des Christentums durchzusetzen. Viele afrikanische Christen haben auch – unter eigener Führung – ihre eigenen Bekenntnisse ausgebildet, die als Unabhängige (oder Einheimische) Kirchen bekannt geworden sind. Diese versuchen unter anderem, das Christentum in der afrikanischen Kultur heimisch zu machen. Viele Elemente der traditionellen Religion dringen in das Leben dieser Kirchen ein. In diesem Sinne tragen sie dazu bei, den biblischen Glauben in das Leben der Einheimischen hineinzutragen. Es werden auch Versuche unternommen, das Zusammentreffen afrikanischer Religion mit dem Christentum theologisch zu deuten.

Die afrikanischen Religionsformen sind überall dem Einfluß des Christentums, des Islam, und des modernen säkularen Lebens ausgesetzt. In mancher Hinsicht nehmen sie sie auf, in anderer Hinsicht weisen sie sie zurück, und in wieder anderer Hinsicht adaptieren sie sie und lassen sich selbst in sie aufnehmen. Sie waren wohl immer recht flexibel, wahrscheinlich weil sie keine festgeschriebene Glaubenslehre besaßen, die ihnen eine gewisse Starrheit gegeben hätte, von der weder das Christentum noch der Islam ganz frei waren. Es ist sicher, daß die afrikanische Religion überleben wird, selbst wenn sie weiterhin von den Gegebenheiten des modernen Lebens verändert wird, insbesondere von der modernen Erziehung und der Wanderung der Bevölkerung vom Land in die Städte. Auf jeden Fall wird sie in den kommenden Jahrzehnten keinen schnellen Niedergang erleiden.

SIEBENUNDVIERZIGSTES KAPITEL

Schamanismus und die Reise ins Totenreich – Religiöse Vorstellungen der Indianer des südamerikanischen Tieflands

María Susana Cipolletti

„Die Schöpfung hat unzählige Namen: Wir nennen sie *Njuema,* auch *Hahkwawe Meredje* – das ist die Schnelle, das Getöse der Erde. Wir würden sie vergebens suchen, können sie nicht finden, hören nur ihr Getöse."
(*Piaroa*-Indianer[1])

381. Die Quellenlage

Da die präkolumbischen indianischen Kulturen Südamerikas keine Schrift entwickelten, könnten schriftliche religiöse Quellen über die Bewohner des außerandinen Südamerika frühestens Anfang des 16. Jahrhunderts entstanden sein. Das Tiefland wurde im Verhältnis zum Andenraum jedoch erst spät betreten und okkupiert[2].

Ein weiterer Grund für das Fehlen früher religiöser Quellen liegt in einem der Merkmale der Eroberung Amerikas: daß nämlich die indianischen Glaubensvorstellungen in den Augen der Conquistadoren und Kolonisatoren nur auszumerzendes Teufelswerk waren.

Nicht einmal die – vor allem im 17. und 18. Jahrhundert entstandenen – Schriften der Missionare ändern diese Situation grundlegend: Von ihnen erfährt man zwar einiges über Siedlungsraum, Demographie, Kleidungs- und Eßgewohnheiten mancher indianischen Ethnie; Auskünfte über die jeweiligen Religionen dagegen sind äußerst spärlich.

Mit wenigen Ausnahmen stammen die Quellen über die Religionen des Tieflands aus dem 19. und 20. Jahrhundert. Das bedeutet einerseits, daß es eine „Geschichte" jener Religionen im engeren Sinne – die z. B. mit Vergleichen zwischen älteren und neueren Texten arbeiten würde – nicht geben

[1] *Boglár* 1982, 27. Die *Piaroa* leben in Venezuela.
[2] Während die *Guaraní*-Indianer an der brasilianischen Küste schon früh Kontakt mit den Eroberern hatten, kam dieser in manchen Regionen des Tieflands erst sehr spät – manchmal erst im Lauf des 20. Jahrhunderts – zustande.

kann. Andererseits verleiht gerade dieser „Mangel" den südamerikanischen Religionen einen besonderen Platz in der Religionswissenschaft: Anders als bei der Erforschung von Religionen, deren Dogmen und Texte seit langem bekannt sind und bei der nur Forschungsrichtungen und Interpretationen sich ändern, verstrich dort selten längere Zeit, ohne daß bis dahin unbekannte religiöse Texte – besonders Mythen – aufgezeichnet und publiziert wurden.

Die meisten Religionen dieses Gebiets sind denn auch nicht – allen hartnäckigen Missionierungsversuchen zum Trotz – von christlichen Lehren überlagert worden oder zu bloßen Randphänomenen herabgesunken. Gerade ihre Präsenz und Unmittelbarkeit sind für die Religionen des Tieflands charakteristisch.

Dank der genauen Erfassung religiöser (schamanischer) Gesänge und Formeln[3], der Veröffentlichung einer großen Zahl mythologischer Texte[4] und der Aufzeichnung zahlreicher Kosmogramme hat die Forschung der letzten Jahrzehnte unser Bild jener Religionen nicht nur quantitativ, sondern auch qualitativ verändert. In diesem Zeitraum sind auch Monographien entstanden, die Religion und Schamanismus zum zentralen Thema hatten.[5]

In neuerer Zeit hat aber auch eine Forschungsrichtung auf sich aufmerksam gemacht, deren Relevanz für die Religionsethnologie erst nach und nach deutlich wird: die Ethnoastronomie. In den Mythen der Indianer wird nicht selten beschrieben, wie sich ihre Protagonisten in Himmelskörper verwandelt haben bzw. von Himmelskörpern dargestellt werden. Oft wird das Firmament von den Indianern wie ein mythischer Text „gelesen".[6]

Die zunehmend genaueren Untersuchungen über den rituellen Gebrauch von Halluzinogenen in Amazonien und im Orinoco-Becken prägen ferner seit etwa zwei Jahrzehnten den Gang der Erforschung religiöser Konzepte. Der Gebrauch halluzinogener Drogen ist keine bloße Technik zum Hervorrufen eines Trancezustands; er spielt auch eine zentrale Rolle bei der Enkulturation des Individuums und dessen Auffassung von nicht-alltäglichen Realitäten und außermenschlichen Personen, denn unter Drogeneinfluß sieht man die mythischen Wesen, oder besser: lernt, sie zu sehen.[7]

Von wenigen Ausnahmen abgesehen[8], ist das religiöse Leben der Tief-

---

[3] *Bidou/Perrin* 1988 passim.

[4] *Chumap/García* 1979; *Lizot* 1975 und die von *Wilbert/Simoneau* (1970 ff) edierten Mythensammlungen. Für eine gesamte Interpretation der südamerikanischen Mythologie s. *Lévi-Strauss* 1964, 1966, 1968, 1971.

[5] So z. B. *Baer* 1984; *Chaumeil* 1983; *Illius* 1987; *Perrin* 1976.

[6] Siehe hierzu die zusammenfassende Arbeit von *Magaña* (1986) und deren Literaturverweise.

[7] Einen Einstieg in die immense Bibliographie des Themas verschaffen *Furst* 1976, *Harner* 1973, *Langdon* 1986 und *Luna* 1986.

[8] Bei den *Aché* Paraguays (*Münzel* 1978, 419 f), bei den bolivianischen *Sirionó* und bei einigen *Gé*-Völkern Brasiliens (*Métraux* 1967, 81 f) ist keine Form des Schamanismus bekannt.

landindianer vom jeweiligen Schamanen nicht zu trennen.[9] Die Auseinandersetzung mit diesen Persönlichkeiten zieht sich wie ein roter Faden durch alle Gebiete der südamerikanistischen Religionsethnologie. Der Schamane ist Heiler, er ist Vermittler zwischen Menschen und mythischen Wesen und erfüllt noch viele andere wichtige Funktionen im religiösen Leben seines Volkes – z. B. als Geleiter der „Totenseele" ins Jenseits. Schamanen konservieren, übermitteln und elaborieren die religiösen Traditionen. Besonders in Amazonien stellen sie die „Intellektuellen" ihrer Kultur dar.

Ein Kennzeichen des Schamanismus im Tiefland sind die unentbehrlichen Attribute des religiösen Spezialisten: Kürbisrasseln, Schemel in Tiergestalt (besonders im Xingu-Gebiet Brasiliens und in Guayana), Zeremonialstäbe und Schnupfgeräte, die der Zubereitung und Verabreichung von Halluzinogenen dienen.[10]

Eine besondere Rolle spielt die innige Beziehung zwischen dem Schamanen und der Vogelwelt. Entweder gleicht sich der Schamane dem Vogel an, indem er einen entsprechenden Federschmuck anlegt (um an dessen spiritueller Energie zu partizipieren), oder aber der Schamane strebt mit Hilfe von Drogen oder Psychotechniken die Verwandlung in einen Vogel an, um andere Schichten des Kosmos zu bereisen.[11]

Eigentümlichstes Merkmal des Schamanen im Tiefland ist jedoch sein Verhältnis zu den katzenartigen Raubtieren. Oft sind sie seine Helfer, oder der Schamane selbst kann sich in eines, etwa einen Jaguar, verwandeln.[12]

Das Tiefland Südamerikas ist kein kulturell homogener Raum: Einige hundert Kulturen und Sprachen sind dort heimisch. Die folgende Auswahl behandelt vor allem Gemeinsamkeiten und die Religionen prägende zentrale Themen: Kosmogonie und Kosmologie, das Wirken der „Höchsten Wesen" oder Schöpfergottheiten, die mythische Herkunft der Menschen, die Vorstellungen von kosmischen Kataklysmen und die Auffassungen vom Tod und einer Weiterexistenz im Totenreich.

---

[9] Die Bezeichnung Schamane benütze ich in der von *Eliade* (1975, 13) vorgeschlagenen Bedeutung von „Spezialist der Trance", dessen „Seele" den Körper verlassen und sich auf Himmels- oder Unterweltsreisen begeben kann. *Eliades* Warnung (ebd.), nicht jeden Medizinmann als Schamanen zu bezeichnen, wird leider oft mißachtet. So wird z. B. im Falle von Heilern *(curanderos)* aus dem Andenraum ungerechtfertigterweise von „Schamanen" gesprochen, da dort keine Trance vorliegt.

[10] Siehe hierzu die vergleichenden Arbeiten von *Zerries* (1953, 1970, 1973–74, 1977, 1981).

[11] Vgl. *Zerries* 1977, 1979.

[12] Über die Merkmale des südamerikanischen Schamanismus vgl. *Furst* (1987, 212–223), der allerdings auf die meisten der o. g. Beiträge nicht eingeht. Zum Schamane-Jaguar-Komplex s. a. *Reichel-Dolmatoff* 1975.

382. Kosmogonie und Kosmologie

In den meisten südamerikanischen Mythologien finden sich nur knappe Auskünfte über die Kosmogonie. Die Erschaffung der Welt wird meist nur mit wenigen Sätzen als Einführung zu anderen für diese Religionen relevanteren Themen abgehandelt.

Der Kosmos entsteht nicht durch eine *creatio ex nihilo.* In vielen Kosmogonien gestaltet eine Gottheit die Welt aus etwas bereits Vorhandenem; es handelt sich eher um eine Verwandlung als um eine Schöpfung im eigentlichen Sinne.

Die Betonung liegt also auf einer Auffassung vom Kosmos als einer immer schon existierenden Welt, in der jene mythologischen Zyklen ablaufen, die die Entstehung von Pflanzen und Tieren bis hin zu Institutionen und Sitten erklären.

Obwohl eine große Anzahl südamerikanischer Kosmogonien diese Züge aufweist, herrscht in einigen Religionen des nördlichen Südamerika eine Tendenz zur Abstraktion. Dort entstand die Welt durch Gedanken oder Worte, die in den folgenden Beispielen als zwei eng verwandte Konzepte erscheinen: Der Schöpfergott *Moma* (= Mond) der *Uitoto* (Kolumbien) ist der Anfang der Welt und allen Daseins. Er entstand durch das Wort: „Im Anfang gab das Wort *(naikino)* dem Vater den Ursprung.“[13]

Der Schöpfergott *Moma* wird auch *Rafuema* genannt, „der die Erzählungen hat“ oder auch „der die Erzählungen ist“, sowie *Nainuema,* der Nichtvorhandene, das Unerklärliche, der alle Dinge der Welt aus dem jeweiligen „Scheinding“ (d. h. dem Zustand der Dinge vor ihrem Erscheinen) entstehen ließ:

„Die Weltschöpfung ... geht davon aus, daß Vater Nainuema, obwohl nichts existierte, ein geheimnisvolles ... Wahngebilde ... berührte und es infolge eines Traumes festhielt, und zwar vermittelst eines Traumfadens durch den Hauch seines Mundes. Als er aber den trügerischen Grund ... versuchte, war nichts da. Weitertastend drückte er auf das Leere ... den Zauberklebstoff *arebaike* fest und hielt es, wiederum träumend, mit dem dunstartigen Zaubermittel *iseike.* Dann stampfte er wiederholt den Truggrund eben und ließ sich auf dem Geträumten ... – dieses ist der Name der Erde – nieder. Indem er das Wasser seines Mundes ausspuckte (damit Vegetation hervorkomme), hatte er das Scheinding *(Naino)* in seiner Gewalt und nahm von der Erde ... den Himmel heraus ... Darauf schuf Rafuema am Grunde des Himmels, d. h. in der Unterwelt, nach langem Nachdenken diese Erzählung, damit wir sie oben auf die Erde brächten.[14] Auf der Erde entstanden alle Bäume und Schlingpflanzen, und er schuf die Grille, die Tiere des Waldes, die einzeln aufgezählt werden, die Vögel in der Luft, deren Namen wir ebenfalls erfahren, und im Wasser die große und die kleine Kröte ... .“[15]

---

[13] *Preuss* 1921, 25 f. *Preuss* selbst *(ebd.)* hat auf die verblüffende Ähnlichkeit mit dem biblischen Text hingewiesen: „Im Anfang war das Wort, und das Wort war bei Gott, und Gott war das Wort“ (Joh 1, 1).

[14] Das bedeutet, daß das Menschengeschlecht aus der Unterwelt stammt.

[15] *Preuss* 1921, 27 f.

Die Bedeutung der Schöpfergottheit der *Uitoto* kann aus der Beobachtung der Rituale allein nicht erschlossen werden, da sie nicht in Zeremonien verehrt wird – ein weitverbreitetes Merkmal vieler Tiefland-Religionen; dennoch wären alle Gesänge und Rituale ohne diese Gottheit unwirksam. Sie bewirkt auch die Fruchtbarkeit der Nutzpflanzen, d. h. ihr Wirken im Hintergrund gewährleistet das Bestehen der Welt.

Bei anderen Religionen des nördlichen Südamerika besteht ebenfalls eine innige Verknüpfung zwischen Worten, Gedanken und Schöpfung: Die *Piaroa*-Indianer aus Venezuela sprechen von einer Zeit, in der es nichts gab. Zuerst kam der Himmel zum Vorschein, dann entstand *Buoka*, der erste von drei zentralen Kulturheroen, der die Mehrzahl aller Dinge schuf. Er entstand aus einer Brise, aus Worten und Gedanken: „Er ist aus dem Nichts zum Ganzen geworden.“ [16]

Nach den Traditionen der *Kogi* (Kolumbien) gab es am Anfang nur das Wasser. Eine weibliche Gottheit schuf mit der Kraft und Konzentration ihrer Gedanken die aufeinanderfolgenden Schichten des Kosmos. [17] Für die *Secoya* (Ecuador) gab es vor der gegenwärtigen Erde eine andere, die durch einen Kataklysmus zerstört wurde. Übrig blieb nur schlammiges Wasser und eine Gottheit (*Ñañë* = Mond), die ein Gürteltier aus der Tiefe rief, das auf seinem Panzer ein winziges Stück Schlamm transportierte, welches die Gottheit so lange festtrat, bis mit Hilfe der Kraft ihrer Gedanken die Welt daraus entstand. [18]

Im Gegensatz zu diesen Beispielen fehlt in mehreren Religionen des Tieflands eine Kosmogonie völlig: Die Menschen, die aus einer anderen kosmischen Region stammen, fanden die Welt so vor, wie sie heute ist. Hier besteht das wesentliche Ereignis der Urzeit darin, daß die Vorfahren der heutigen Menschen auf die Erdoberfläche gelangten. Mit ihrem Erscheinen beginnt in gewisser Weise die Existenz der Welt. Diese Kosmologien findet man unter anderem bei den *Sherente* [19], *Shipaya*[20], den *Cayapó*[21] sowie den *Cubeo*[22] (Kolumbien).

Ein zentrales Prinzip in der gesamten Kosmologie des Tieflandes ist, daß die Menschen nicht als die einzigen bewußt handelnden Bewohner des Kosmos angesehen werden; Oberwelt, Unterwelt und entfernte – für die Menschen erreichbare oder unerreichbare – Gebiete auf der gleichen Kos-

---

16 *Boglár* 1982, 26 f.

17 *Reichel-Dolmatoff* 1985, II, 17 ff.

18 *Cipolletti* 1988 a, 57 ff und 1989 b. Das Motiv eines Urwassers, aus dem die Erde herausgefischt wird, ist – anders als in Nordamerika – in Südamerika kaum zu finden, so daß es von *Ehrenreich* (1905, 29) als in diesem Raum nicht vorhanden erklärt wurde.

19 *Nimuendajú* 1967, 84.

20 *Nimuendajú* 1919/20, 1008.

21 *Lukesch* 1968, 26.

22 *Goldman* 1940, 242.

mosschicht wie die Menschenwelt (am „Weltrand") sind von anderen (mythischen) Wesen bevölkert. Dieses Prinzip ist grundlegend für das Verständnis der indianischen Religionen, da es vielerorts einen großen Teil der Rituale bestimmt, deren Ziel es ist, mit jenen Wesen in Kontakt zu treten, sie zu zähmen und zu besänftigen.

Diese anderen Welten sind aber auch eine unerschöpfliche Quelle von Erzählungen, die um Kontakte mit den Mitgliedern jener Gesellschaften kreisen. Sie sind ein Prüfstein im Selbstverständnis einer Gesellschaft, da diese Wesen einerseits den Menschen ähnlich sind, andererseits diese Ähnlichkeit oft nur äußerlich und trügerisch ist. Meist sind diese anderen Welten „verkehrte Welten", die die Sitten der Menschen und die Merkmale ihres gesellschaftlichen Lebens verfremden und verspotten.

In fast allen indianischen Kosmologien besteht der Kosmos aus mehreren Schichten oder „Stockwerken". Der Versuch, horizontale oder vertikale Strukturen der südamerikanischen Kosmologien aufzuzeigen[23], ist zwar auf den ersten Blick faszinierend, doch ist eine solche Strukturierung eher von untergeordneter Bedeutung. Was die einzelnen Kulturen in dieser Hinsicht eigentlich unterscheidet, ist die jeweilige Bedeutung, die den Kosmosschichten beigemessen wird. Die Tatsache, daß die Verstorbenen der *Toba*-Indianer (Argentinien) in der Unterwelt weilen, wo man mit ihnen in Kontakt treten kann, macht diese kosmische Schicht für die *Toba* wichtiger als etwa für andere Kulturen, wo die Unterwelt nur ein ungenau umgrenzter Raum ist, der von Zwergen bevölkert wird und im Leben der Menschen keine Rolle spielt.

Die indianischen Religionen des Tieflands beinhalten vielerorts das Konzept der *axis mundi:* eines Baums, einer Säule oder einer Leiter als Verbindung der Erde – der Welt der Menschen – mit der Oberwelt. Für die *Makiritare* Venezuelas ist diese *axis mundi* sehr gegenwärtig: Den unteren Teil der Säule kann man nämlich auf dem Gipfel eines bestimmten Berges „sehen".[24]

Noch zahlreicher sind die Traditionen, nach denen in der Vergangenheit eine dauernde Kommunikation zwischen Erde und Oberwelt existierte, aber aufgrund einer Panne oder des Willens eines mythischen Wesens zerstört wurde oder ausfiel. Hier kann man eher von einer nostalgischen Erinnerung an die *axis mundi* sprechen, die als Symbol einer Zeit steht, in der ein paradiesähnlicher Zustand herrschte, dem die heutigen Menschen nachtrauern.

Mehrere Chaco-Völker (Paraguay und Argentinien) glaubten, daß früher die Menschen durch einen Baum in die Oberwelt gelangen und in den dort gelegenen reichen Jagdgründen des Mondes jagen konnten. Dieser

---

[23] *Baldus* 1968/69.

[24] *Barandiarán* 1962, 61.

Baum wurde gefällt – für die *Maká*[25] (Paraguay) durch den über seinen Besitz eifersüchtig wachenden Mond selbst, für die *Matako*[26] (Argentinien) durch einen alten Mann, der wegen einer zu klein bemessenen Fleischration beleidigt war.

Während diese Aussagen zum Allgemeingut der Tradition einer Ethnie gehören, denen zufolge die *axis mundi* nicht mehr existiert, ist sie auf einer versteckten individuellen Ebene noch präsent: Die *Toba*-Schamanen (argentinischer Chaco) klettern nämlich im Traum durch einen „schwarzen Baum" zur Oberwelt.[27] Dieser Zug ist für viele Gesellschaften des Tieflands charakteristisch: Was für die Mehrzahl der Menschen verschlossen ist, steht dem Schamanen noch offen. Er verfügt über die Möglichkeit, die Urzeiten zu „betreten".

Die Vorstellung von einer früheren *axis mundi*, die Erde und Himmel verband, findet man auch bei den *Gé*-Völkern Brasiliens. Gerade die Zerstörung der *axis mundi* verlieh für die *Cayapó* der heute existierenden Welt ihre Struktur: Früher lag der Himmel parallel zur Erdoberfläche, von der er durch eine Säule getrennt und gestützt wurde. Der Tapir nagte so lange an der Säule, bis sie zerbrach. Der Himmel stürzte daraufhin an den Seiten herab und bildete so das Himmelsgewölbe.[28]

Die verbalen Beschreibungen des indianischen Kosmos sind vielerorts durch Kosmosskizzen und -zeichnungen ergänzt worden. Ihre Genauigkeit und die Betonung einer korrekten Abbildung ihrer Angaben zeigt, daß wir es hier mit einem tief verankerten Anliegen der Religionen des Tieflandes zu tun haben.[29] Die Zeichnungen sind dem Bild des Kosmos entsprechend schlicht oder von einer Kompliziertheit, die das Nachdenken der Schamanen „verrät".[30]

Besonders bezüglich dieses Themas ergeben sich beträchtliche Unterschiede zwischen dem Weltbild von Medizinmännern oder Schamanen und anderen, religiös nicht spezialisierten Individuen. Diese Unterschiede sind etwa bei den *Shipibo-Conibo* Perus so gravierend, daß bei ihnen zwischen einer „Spezialisten-Kosmologie" und einer „Jedermanns-Kosmologie" unterschieden wird.[31] Dies läßt sich folgendermaßen erklären: Die Schamanen sind diejenigen, die in Trance die verschiedenen kosmischen Regionen bereisen, und damit die einzigen Personen ihrer Kultur, die ein Wissen aus

---

[25] *Chase-Sardi* 1970, 240.
[26] *Métraux* 1939, 9.
[27] *Wright* 1988.
[28] *Banner* 1957, 48.
[29] Als Ausnahmen scheint bei den *Akwé-Shavante* Brasiliens (s. *Maybury-Lewis* 1967, 284) und den *Sirionó* Boliviens (s. *Holmberg* 1950, 117) kein Interesse an Wissen über die Struktur des Kosmos zu bestehen.
[30] Siehe etwa die Wiedergabe der komplizierten kosmologischen Vorstellungen der venezolanischen *Warao* bei *Wilbert* 1973.
[31] *Illius* 1987, 128.

„erster Hand" besitzen; da sie auf diesen Reisen durchaus pragmatische Ziele verfolgen, wie z. B. das Wiederfinden einer von einem mythischen Wesen geraubten „Seele" eines Individuums, müssen sie sich einer eindeutigen „Kosmoskarte" bedienen, denn es weilen Wesen im Kosmos, denen zu begegnen für die Mission des Schamanen eine Gefahr darstellen würde.

Für den Außenstehenden sind visuelle Darstellungen in Form von Kosmosskizzen und -zeichnungen für das Verständnis der kosmologischen Vorstellungen – und damit auch für das Selbstverständnis der Menschen als solcher – äußerst hilfreich. Sie wurden entweder vom indianischen „Kosmographen" selbst gezeichnet oder nach seinen Anweisungen vom Ethnologen. Bis auf einige Ausnahmen sind indianische Kosmoszeichnungen in den letzten zwei Jahrzehnten erhoben worden.[32] Dies zeigt das zunehmende Interesse moderner Forscher, die einheimischen Konzepte eingebettet in ihren kulturellen Rahmen und von „innen" heraus zu verstehen.

In den verschiedenen Kosmosschichten wohnen zahlreiche Wesen, die für das Leben der Menschen eine Rolle spielen: Nicht nur verschiedene Gottheiten finden hier ihren Platz, sondern auch heterogene mythische Wesen – vom „Herrn der Tiere" über koboldhafte Wesen bis hin zu den Seelen der Verstorbenen. Alle diese Wesen haben durchaus Bedeutung für das Alltagsleben des Indianers. So kann beispielsweise eine gestörte Beziehung eines Jägers zum „Herrn der Tiere" seinen Jagderfolg vereiteln.[33]

Neuerdings ist der Versuch unternommen worden, eine allgemeine „basale" Kosmologie für den amazonischen Teil des südamerikanischen Tieflandes herauszuarbeiten.[34] Kennzeichnend dafür ist die Erstellung von Gegensatzpaaren, eine Vorgehensweise, die aber nur zum Teil der Denkweise der Indianer gerecht wird. Die indianischen Ideenwelten sind meist viel komplizierter und können nicht durch simple Dichotomien ausgedrückt werden.[35]

---

[32] U. a. Kosmogramme der *Maká* (*Chase-Sardi* 1970, 242), *Pauserna* (*Riester* 1972, 265), *Sherente* (*Nimuendajú* 1967, 90), *Tapirapé* (*Baldus* 1970, 357), *Kamayurá* (*Münzel* 1971, 289 ff.), *Matsigenka* (*Baer* 1984, 226 ff), *Shipibo-Conibo* (*Gebhart-Sayer* 1987, 26, 32, 48; *Illius* 1987, 143; *Roe* 1982, 128), *Campa* (*Weiss* 1975, 276), *Tatuyo* (*Bidou* 1977, 7), *Yanomama* (*Chagnon* 1968, 27), *Surara* und *Pakidai* (*Becher* 1974, 208), *Cuna* (*Nordenskiöld* 1930: Abb. I, II und III).

[33] Die Vorstellung vom Herrn der Tiere, der über alle Waldtiere herrscht, bzw. von Herren der verschiedenen Tierarten, ist in Südamerika weit verbreitet (s. *Zerries* 1954, passim).

[34] *Roe* 1982.

[35] Siehe *Roe* 1982. Im Gegensatz zu seiner überzeugenden Darstellung der Kosmologie der Shipibo Perus, bei denen der Autor geforscht hat, vermag sein – auf vergleichenden Literaturstudien beruhendes – Modell des „amazonischen Kosmos" in vieler Hinsicht nicht zu überzeugen. Die Sachverhalte werden z. T. bis zur Unkenntlichkeit vereinfacht. So gibt *Roe* (1982, 132) eine Gleichung „up : good things :: down : bad things" oder „upper : benevolent :: lower : malevolent" (ebd. 134). Die Unterwelt als schlecht oder übelwollend zu bezeichnen, vernachlässigt verschiedene mit ihr verknüpfte Vorstellungen: Daß sie „unten" liegt, bedeutet nur, daß sie für den Schamanen schwieriger (für andere Personen oft gar nicht) zu erreichen ist. Insofern ist die Region kryptisch und u. U. gefährlich, nicht (immer) aber „böse". Für die Ethnien,

383. *Das Höchste Wesen*

Das religionswissenschaftliche Konzept „Höchstes Wesen" oder „Hochgott" bezeichnet das Wesen, das den Kosmos und die Menschen schuf. Die verschiedenen Höchsten Wesen werden oft als unsterblich, allwissend und allmächtig angesehen. Manchmal verlassen sie, nachdem sie ihre Taten auf der Erde vollbracht haben, die Welt der Menschen und weilen in einer anderen Kosmosregion. Wenn sie nichts mehr mit der heute existierenden Welt zu tun haben, zeigen sie die Merkmale eines *deus otiosus.*

Die Diskussion um die Existenz des Höchsten Wesens erlebte vor allem in Deutschland und Österreich während der ersten Hälfte dieses Jahrhunderts einen Höhepunkt; sie wird hier erwähnt, weil die „Prüfsteine" der Theorien des P. Wilhelm Schmidt in Form eines Hochgottes bei den Indianern u. a. in Südamerika gesucht wurden.[36]

Die heute durch den Andrang weißer Siedler ausgestorbenen Feuerland-Gruppen *Selk'nam, Yamana* und *Alakaluf* galten als sogenannte „marginale" Völker: Ihren Lebensunterhalt bestritten sie ausschließlich mit Jagd, Fischfang und Sammeln – ohne jede Form des Pflanzenanbaus. Sie galten als eines der ersten Völker, die Südamerika besiedelten; man nahm auch an, daß ihre Situation als Bewohner von Rückzugsgebieten darauf zurückzuführen sei, daß sie von neu angekommenen entwickelteren Gesellschaften verdrängt wurden.

Bei allen drei Gruppen fand sich die Konzeption eines unsichtbaren, allwissenden und allmächtigen Gottes, der im Himmel wohnte. Er wurde als körperlos und unsterblich angesehen und war der Weltschöpfer, spielte aber keine Rolle im täglichen Leben. Die Feuerländer wurden somit das Paradebeispiel zur „Bestätigung" der Theorien von P. W. Schmidt, nach denen der Urmonotheismus die älteste Religionsform war und gerade deshalb in „primitiven" (= alten) Völkern zu finden sein sollte.[37]

Seitdem suchte man während einiger Jahrzehnte in den Kulturen Südamerikas nach den Spuren eines Höchsten Wesens. Verschiedene Ansätze zum „Urmonotheismus" in den indianischen Religionen – u. a. bei verschiedenen Karib-Gruppen in den Guayanas wie den *Arikena* – gaben Raum für weitere Spekulationen über die Attribute des Höchsten Wesens.[38]

Die Diskussion über das Konzept eines „Höchsten Wesens" als Urform der Religionen überhaupt ist jedoch beendet. Es bleibt aber die Tatsache

---

für die die Urheimat der Menschen in der Unterwelt liegt, ist das unten Gelegene weder „böse" noch „schlecht".

36 *Schmidt* 1912–55. Zusammenfassung der Diskussion bei *Sullivan* (1987, 166–181).

37 Vgl. *Gusinde* 1931, 1937; *Koppers* 1958; siehe auch *Eliade* 1968, 1970–71.

38 Vgl. *Kruse* 1951–52, 1955 und die religionswissenschaftlichen Spekulationen bei *Haekel* 1958.

bestehen, daß – wie in vielen anderen Religionen – auch in Südamerika der Glauben an einen Hochgott sehr verbreitet ist.[39] Die vorwiegend als männlich aufgefaßten Schöpfergottheiten[40] Südamerikas schufen die Welt und in vielen Fällen auch die Menschen. Manchmal ist es nicht ein Wesen, sondern ein Brüderpaar, das die Welt schuf, wie u. a. bei den *Yanomama* in Venezuela.[41]

Die südamerikanischen Hochgötter wurden als „a-mythisch" bezeichnet, da gerade sie mit keinem längeren Erzählzyklus verknüpft sind.[42] Ihre Taten beschränken sich auf die Schöpfung oder Gestaltung der Welt.

Die Höchsten Wesen haben außerhalb der Andenkulturen nur selten mit Ritualen oder Kulten zu tun, d. h., sie sind keine Erscheinungen im täglichen Leben, ihre Funktion ist eher die Rechtfertigung des Kosmos, so wie er heute ist. Der Hochgott *Moma* der *Uitoto* schuf den Kosmos, er wird aber nicht in religiösen Zeremonien verehrt. Sein Wirken ist tief verankert: Er bewirkt die Fruchtbarkeit der Nutzpflanzen, und ohne seine Existenz wären alle Riten und Gesänge unwirksam.[43] Seine Bedeutung wird daher nicht in Ritualen sichtbar, sondern liegt gewissermaßen auf ontologischer Ebene.

Wenn man von dieser Erklärung oder Rechtfertigung des Daseins der Welt einmal absieht und statt dessen das alltägliche religiöse Leben der Tieflandindianer betrachtet, sieht man, daß hier andere Akzente gesetzt werden. Die verschiedenen „Kulturheroen", „Herrn der Tiere" und „Buschgeister" spielen – im Vergleich zu den Hochgöttern – eine unmittelbare Rolle im Leben. Sie sind die Akteure und Protagonisten von Mythen und Legenden, sie greifen in das Leben der Menschen ein und bestimmen es.

384. Die mythische Herkunft der Menschen

Die Herkunft der Menschen nimmt in den südamerikanischen Religionen eine zentrale Stellung ein. Es ist dabei angebrachter, über die Herkunft der „Menschen" und nicht die der „Menschheit" zu sprechen, da sich die indianischen Mythologien im Prinzip mit der Entstehung der eigenen Gruppe –

---

[39] Über Hochgötter in südamerikanischen Religionen siehe *Métraux* 1948, 560; *Zerries* 1961, 272–302.

[40] Eine weibliche Gottheit ist die *Kuma* der *Yaruro* Venezuelas; s. *Petrullo* (1939, 563), ebenso ein Wesen bei den brasilianischen *Kalapalo,* aus dessen Körper die Menschen stammen (*Basso* 1973, 78).

[41] *Zerries* 1964, 237 ff.

[42] *Zerries* 1961, 276.

[43] *Preuss* 1921, 32.

den Menschen *par excellence* – beschäftigen. Schöpfung heißt hier: die eigene Schöpfung. Mit dem Bekanntwerden anderer Gruppen – wie den Weißen oder den Schwarzen – wurden andere „Entstehungslösungen“ angeboten, d. h., ihnen wurde nachträglich ein Platz in der eigenen Mythologie eingeräumt (s. u.).

Die Mythen über die Herkunft bzw. Entstehung der Menschen können sich drei verschiedenen Typen zuordnen lassen:

– Belebung einer anthropomorph geformten Figur;
– Entstehung des Menschen durch eine Verwandlung aus einem Gegenstand oder Tier mittels des Willens einer Gottheit;
– Ankunft der Menschen aus einer anderen kosmischen Schicht, der Oberwelt oder Unterwelt. Hier gibt es keine „Schöpfung“ im engeren Sinne. Eine Gottheit oder ein mythisches Wesen spielen jedoch eine Rolle, indem sie die Menschen in ihrer Urheimat „entdecken“ oder ihnen helfen, auf die Erdoberfläche zu kommen.

Wenden wir uns zuerst jenen Mythologien zu, nach denen sich die Menschwerdung aus einer oder mehreren anthropomorphen Figuren vollzog. Für die *Mosetene* in Bolivien[44] und die *Yupa* Venezuelas[45] entstanden die Menschen aus Holz- oder Tonfiguren, die eine Gottheit in Gestalt eines Menschen formte.

Einige Mythologien beinhalten das Motiv „mehrere Versuche“: Die Menschwerdung gelang nicht gleich beim ersten Mal. Die Menschen bedurften eines zusätzlichen Prozesses der Vervollkommnung. Nach dem Entstehungsmythos der venezolanischen *Guahibo* formte *Kuwai*, der Schöpfergott, die ersten Menschen aus Ton; sie lösten sich aber im Regen auf. Ein zweites Mal schuf er sie aus Wachs; dieser Stoff erwies sich als ungeeignet, da die Menschen schmolzen. Erst in einem dritten Schritt erschuf er sie aus einem harten Holz, was sich bewährte.[46]

Solche Prozesse der Vervollkommnung sind für viele südamerikanische Religionen charakteristisch – sowohl für die Entstehung der Welt als auch für die der Menschen. Die Gottheiten, die jene erschaffen, sind oft – im Gegensatz zu Religionen der Alten Welt – weder allmächtig noch allwissend. Die Entstehung des Kosmos und des Menschengeschlechts ist oft von „Pannen“ begleitet. Erst nach erfolgreichem Überstehen der Pannen werden der Kosmos und die Menschen endlich zu dem, was die Gottheit wollte.

In einigen Mythologien wird die Sterblichkeit der Menschen mit ihrer Entstehungsweise erklärt. Die Notwendigkeit des Sterbens ist somit in der Urzeit verankert: Für die *Campa* in Peru sind die Menschen sterblich, weil

[44] *Nordenskiöld* 1924, 139.
[45] *Wilbert* 1960, 139 f.
[46] *Morey* und *Metzger* 1974, 107.

sie aus Lehm – einem als vergänglich angesehenen Material – geschaffen wurden.[47] Während hier die Sterblichkeit als Konsequenz des für die Schöpfung benutzten Rohstoffs gesehen wird, ist bei anderen Religionen in dieser Region die Sterblichkeit eher auf einen Zufall zurückzuführen. So waren nach den kolumbianischen *Chocó* die Menschen anfangs unsterblich, weil Gott sie aus Holz schnitzte. Als er sich jedoch in die Hand schnitt, formte er sie von da an aus Ton. Aus diesem Grund sind die Menschen sterblich.[48]

In anderen Mythologien spielen ebenfalls bestimmte Wesen eine Rolle bei der Entstehung der Menschen, aber nicht indem sie anthropomorphe Figuren formen, sondern indem sie eine Verwandlung bewirken. Die *Shipaya* (Brasilien)[49] schreiben die Entstehung der Menschen *Kumaqari* zu, der in der Urzeit eine große Menge Pfeilrohre nebeneinanderlegte und sie anblies, woraufhin sie sich in Menschen verwandelten. Hier ist es offensichtlich der mächtige schöpferische Atem des *Kumaqari*, der die Verwandlung vollbrachte. Auch bei den *Tukuna*, einer anderen Ethnie Brasiliens, kommt dem Urzeitwesen, *Dyai*, eine Rolle bei der Entstehung der Menschen zu: *Dyai* ging fischen; die Fische warf er ans Ufer, wo sie sich in Menschen verwandelten.[50]

Der dritte verbreitete Themenkreis über die Herkunft der Menschen geht lediglich auf ihr Erscheinen auf der Erdoberfläche ein. Hier entfällt der Schöpfungsakt im engeren Sinne. Diesen Traditionen zufolge stammen die Menschen aus einer anderen Kosmosschicht und wanderten – aus verschiedenen Gründen – zur Erdoberfläche. Über ihren Ursprung wird nichts gesagt – ihr Ursprung fällt mit ihrem Erscheinen zusammen. Als Herkunftsregionen werden die Oberwelt und – noch häufiger – die Unterwelt genannt.

Die Oberwelt als mythische Urheimat der Menschen findet sich vor allem in Mythologien des nördlichen Südamerika, wie bei den *Warao*[51] und den *Bari*[52] (beide leben in Venezuela) und in zahlreichen Kulturen Guayanas.[53] Diesen Traditionen zufolge stiegen die Menschen aus der Oberwelt zur Erde hinunter. Aufgrund einer Panne (die Liane, an der sie hinabkletterten, zerriß; eine schwangere Frau verstopfte das Himmelsloch etc.) konnten nicht alle Menschen hinabklettern; ein Teil blieb in der Oberwelt zurück – bis heute. Als Konsequenz dieses Unfalls betrachten sich diese Gesellschaften als zweigeteilt.

---

47 *Weiss* 1975, 407.
48 *Wassén* 1933, 10.
49 *Nimuendajú* 1919/20, 1015.
50 *Nimuendajú* 1952, 129.
51 *Wilbert* 1960, 32f, 46f.
52 *Montoya* 1973, 23ff.
53 *Roth* 1915, 141.

Eine Ausnahme von der im nördlichen Südamerika vorwiegenden Tradition vom Ursprung der Menschen in der Oberwelt ist die Mythologie der *Cayapó* Brasiliens.[54] Bei ihnen ist der Anfang der Menschen mit einem Ritual verknüpft, durch das alljährlich an den Ursprungsmythos erinnert wird: Längere Zeit vor der Maisernte unternehmen sie einen Rundgang durch ihr Territorium. Das stellt die erste Wanderung dar, die die ersten Menschen nach dem Betreten der Erde unternahmen. Während dieser Zeit ernähren sie sich von wildem Honig.[55] Diese Wanderung vergegenwärtigt also ein Ereignis der Urzeit, was hier deutlich durch den Verzicht auf „Kulturnahrung" (in diesem Falle wäre das Mais) unterstrichen wird.

Eine zusätzliche Bedeutung erhält der Mythos von der Herkunft der Menschen aus der Oberwelt bei einigen Kulturen, für die diese zugleich das Totenreich ist. Für die *Bakairi* in Brasilien[56] und die *Bari* in Venezuela[57] ist die Oberwelt der Ort, von dem die ersten Menschen ausgewandert sind, und auch der Ort, wo der Einzelne nach dem Sterben hinwandert. Die mythischen Wurzeln der Menschen und auch ihre Zukunft sind also im gleichen Raum angesiedelt. Die „ewige Wiederkehr"[58] ist hier keine zeitliche, sondern eine räumliche.

In anderen südamerikanischen Religionen dagegen stammen die Menschen aus der Unterweltsschicht des Kosmos.[59] Die mythischen Episoden enthalten verschiedene Erklärungen: So z. B. stiegen die ersten Menschen mit Hilfe eines Seils an die Erdoberfläche, wie bei den *Mundurucú* (Brasilien).[60] Hier wird die Unterwelt als eine Region vorgestellt, die ähnlich der Erde ist, also eine „Oberwelt" besitzt (= die Erdoberfläche), zu der man klettern konnte. In diesem Mythos ist die „Entdeckung" der Erde auf einen Zufall zurückzuführen.

Bei anderen Kulturen dagegen spielt eine Gottheit eine entscheidende Rolle beim Auftreten der ersten Menschen: Sie zieht die ersten *Yaruro* (Venezuela)[61] aus der Unterwelt heraus, oder – wie bei den *Secoya* und *Siona* (Ecuador) – sie „verführt" die Menschen, auf die Erdoberfläche zu kommen, indem sie ihnen eine im heutigen Leben für die Ernährung wichtige Frucht zu essen gibt.[62]

---

[54] Vgl. *Dreyfus* 1963, 143; *Lukesch* 1968, 21 f, 221 f; *Métraux* 1960, 8.

[55] *Lukesch* 1972, 257.

[56] *v. d. Steinen* 1894, 349.

[57] *Montoya* 1973, 23 ff.

[58] Vgl. *Eliade* 1986.

[59] Die Unterwelt gilt bei über dreißig Ethnien als mythische Urheimat.

[60] *Murphy* 1958, 78.

[61] *Petrullo* 1939, 236.

[62] Die Frucht, die *Ñañë* (der Mond) den Vorfahren der Menschen gab, ist die der Palme *Bactris gasipaes.* Ñañë verlieh den Menschen auch ihre endgültige Gestalt: Früher hatten sie Schwänze, die er ihnen abschnitt, als sie durch das Erdloch kletterten (*Cipolletti* 1988 a, 1988 b).

Parallel zu den oben genannten Mythen, nach denen die Oberwelt Urheimat und zugleich Totenreich ist, ist hier die Unterwelt Urheimat und Totenreich, wie für die *Carajá* Brasiliens[63] und für die *Uitoto* Kolumbiens.[64]

In diesen Herkunftsmythen wird nicht nur die Herkunft der Menschen erklärt; diese erhalten darin auch ihre Identität als Gruppe und die Merkmale ihrer Gesellschaft. Für die *Akwé-Shavante*[65] entstand im Augenblick des Heraustretens aus der Unterwelt die Einteilung in Klane, die für ihre Gesellschaft charakteristisch ist. Um ähnliche Konzepte kreisen die Traditionen mehrerer Gruppen der Osttukano Kolumbiens: Für die *Desana*[66] und die *Barasana*[67] bevölkerten ihre Vorfahren ihr heutiges Territorium, indem sie die Flüsse entlangfuhren. Ihr Kanu war eine riesige Wasserschlange. Diese war in Abteilungen gegliedert, die von vorne nach hinten mit Häuptlingen, Tänzern und Sängern, Kriegern, Schamanen und Knechten besetzt waren. Diese Hierarchie spiegelt die der Gesellschaft wider.[68] Auch der Anspruch der Klane auf ihre Territorien hängt von der Reihenfolge ihres Aussteigens aus dem mythischen Kanu ab.

Plastizität und Lebendigkeit der indianischen Mythologien des Tieflands drücken sich auch in jenen Situationen aus, die für die indianischen Gesellschaften einen tiefen Schock bedeutet haben: Je nach der Region vollzog sich der Kontakt mit den Weißen zwischen dem 16. und dem 19. Jahrhundert. Während dieser Zeit lernten die Indianer viele neue Kulturgüter kennen. Diese wurden in „neuen“ Mythen festgehalten bzw. in neuen Episoden, die in vorhandene Mythen eingeschoben wurden.

Auf diese Weise wurden z. B. Güter, die die Indianer vor der Eroberung Amerikas nicht kannten – wie das Eisen – in traditionelle Herkunftsmythen der einheimischen Pflanzen und Tiere „eingebaut“. Andere Traditionen gehen auf die Frage ein, weshalb die Weißen „reich“ sind, die Indianer dagegen nicht.[69]

In diesen Beispielen erscheint der Mythos als ein Phänomen, das gerade deshalb weiterlebt, weil es in der Lage ist, neue Situationen im alten, bekannten Muster zu verarbeiten. So gesehen, ist der Mythos „une machine à traiter l'histoire“.[70]

---

[63] *Lipkind* 1940, 249.
[64] *Preuss* 1921, 34.
[65] *Maybury-Lewis* 1967, 286.
[66] *Reichel-Dolmatoff* 1968.
[67] *Hugh-Jones* 1979, 34 f
[68] Die heutige soziale Wirklichkeit entspricht nicht mehr dieser Herkunftsmythe. So z. B. gibt es keine Krieger mehr. Die Mythe wird aber weitererzählt – wohl weil sie das Ideal der *Tukano*-Sozialordnung wiedergibt.
[69] Vgl. *Gerhards* 1981 passim.
[70] *Bidou* 1986.

385. *Kosmische Kataklysmen: die Vorstellungen vom Weltuntergang*

Der Kosmos hat keine für immer bestehende Gestalt; vielmehr gibt es in Religionen des Tieflands die Vorstellung von kosmischen Kataklysmen, die eine oder mehrere vorangegangene Erden zerstörten bzw. die gegenwärtige Erde zerstören werden. Nicht immer ist klar zu unterscheiden, ob die kosmischen Kataklysmen nur in der Vergangenheit oder nur in der Zukunft geschehen, zumal oft geglaubt wird, daß sie sowohl in der Vergangenheit geschahen als auch in der Zukunft geschehen werden. In diesen letzten Fällen zeichnet sich die Gesellschaft durch eine zyklische Auffassung der Zeit aus.

Die am häufigsten angenommenen Arten des Weltuntergangs sind die durch Flut und Feuer (Weltbrand). Das besagen u. a. die Traditionen der *Sherente.*[71] Für die *Tapirapé*[72] ist die gegenwärtige Erde die dritte; vorangegangen sind ihr zwei andere, von denen die erste durch eine Flut, die zweite durch einen Weltbrand vernichtet wurde.

Eine Kombination von kosmischen Kataklysmen enthalten die Traditionen der *Tacana* in Bolivien: Die heute existierende Welt folgte einer anderen, die durch eine große Flut zugrunde ging.[73] Sie wird ebenfalls einen Weltuntergang – durch Flut oder Feuer – erleben. Eine dritte Tradition besagt, daß der Weltuntergang sich durch Umdrehen der Erde vollziehen wird, wobei die jetzige Unterwelt an die Stelle der gegenwärtig von den Menschen bewohnten Erde kommen wird. Für die *Tacana* lauern noch weitere Bedrohungen im Kosmos: Verantwortlich dafür ist ein Faultier, dessen Kot bei seinem Aufprall auf der Erdoberfläche Löcher verursachen könnte. Die Erde würde sich dann öffnen und eine vernichtende Flut würde aus ihr strömen. Auch ein mythischer Jaguar, der mithilft, die Erde zu stützen, könnte – falls er ermüden und sterben würde – den Weltuntergang verursachen.

Aus diesen Beispielen wird ersichtlich, daß – anders als in den Religionen der Alten Welt – das Weltende nicht mit einem Konzept der Sünde verknüpft ist. Hinter den verbreiteten Vorstellungen von kosmischen Kataklysmen steht eher eine als notwendig angesehene Erneuerung des Kosmos. Die Notwendigkeit einer Erneuerung bestimmt sogar bei Kulturen, die die Vorstellung vom Weltuntergang nicht kennen, die Durchführung bestimmter Rituale, die die Welt kräftigen und re-novieren sollen.[74]

---

[71] *Nimuendajú* 1967, 93.

[72] *Wagley* 1940, 254.

[73] *Hissink/Hahn* 1961, 37. Von der Frühzeit des gegenwärtigen Kosmos wird mit der Anfangsformel vieler Erzählungen berichtet: „Als die Erde noch weich war ...“ (ebd.).

[74] Nach Meinung der *Tatuyo* (Kolumbien) befindet sich der Kosmos in einem ständigen Prozeß der Schwächung. Alles verliert seine Kraft, und besonders die Gedanken der Schamanen verlieren an Klarheit. Dann „sieht“ der Schamane nicht mehr gut. Aus diesem Grund veran-

Die Idee des Weltuntergangs, so zentral sie für verschiedene Gesellschaften des Tieflands sein mag, führte doch in sonst keiner zu so schwerwiegenden Folgerungen, wie sie verschiedene Gruppen der *Tupí-Guaraní* zogen. Das Wissen um ein bevorstehendes Weltende hat sie nämlich zu räumlich und zeitlich ausgedehnten Wanderungen veranlaßt, die von Religionswissenschaftlern als einzigartiges Phänomen in der Neuen Welt bezeichnet wurden[75]:

Die *Guaraní*-Völker leben zerstreut in einem großen Raum Südamerikas, besonders südlich des Amazonas; früher reichte ihr Gebiet bis zur Atlantikküste Brasiliens. Ihre südliche Siedlungsgrenze ist heute im Norden Argentiniens. Die Wanderungen einiger Gruppen der *Tupí-Guaraní* sind seit Mitte des 16. Jahrhunderts belegt. Einige dieser frühen Wanderungen hatten das Ziel, sich von den immer näherrückenden Weißen zu entfernen und gleichzeitig ein „Land ohne Übel" – auch „Land der Unsterblichkeit" oder „Land ohne Schlechtes" – zu erreichen. Auf der Suche nach diesem Land legten die *Guaraní* manchmal über tausend Kilometer zurück.[76]

Die am besten bekannten Wanderungen sind die der *Apapocuvá-Guaraní*, die vom Staat Matto Grosso bis zur atlantischen Küste Brasiliens führten. Sie hatten gegen 1800 begonnen und wurden 1912 in ihren letzten Zügen von dem Ethnologen Nimuendajú miterlebt und beschrieben. Kurz darauf wurden sie abgebrochen, als die *Apapocuvá* in ein Reservat gewiesen wurden.[77]

Zentral in den religiösen Vorstellungen der *Apapocuvá-Guaraní* ist die Erschaffung der Welt durch den Gott *Ñanderuvusú.* Als es die Welt noch nicht gab, brachte er ein Holzkreuz, legt es in Richtung Osten, trat darauf und fing an, die Erde zu formen. Würde man diese Erdstütze wegziehen, würde die Erde zusammenstürzen. Diese Möglichkeit ist ebenfalls mit den Vorstellungen einer sich ausbreitenden Sintflut und eines Weltbrands verknüpft. Nach weiteren Taten zog sich *Ñanderuvusú* aus der Welt zurück (eine andere mythische Figur nimmt daraufhin seinen Platz ein und ist verantwortlich für die weitere Gestaltung der Welt). Er hat mit der gegenwärtigen Welt nichts mehr zu tun, er hat sie aber geschaffen und wird auch ihr Zerstörer sein.

Eine entscheidende Rolle bei der Durchführung der Wanderungen spiel-

---

stalten die *Tatuyo* periodische Feste, deren Ziel es ist, die Welt zu erneuern. Durch die Einnahme eines Halluzinogens (einer Lianenart, *Banisteriopsis sp.*) werden die Männer an den Ort und in die Zeit der Herkunft des Stammes transportiert (*Bidou* 1977, 54f). Wie tief das Erlebnis der Erneuerung war, sieht man daran, daß gerade nach diesem Fest der Schamane dem Ethnologen die betreffenden Mythen erzählte und Kosmogramme zu ihrer Erläuterung anfertigte.

[75] *Eliade* 1976, 144.

[76] Siehe *Métraux* 1927 passim, der alte Quellen verarbeitet; vgl. auch *Clastres* 1975; *Lindig* 1961.

[77] *Nimuendajú* 1914.

ten die Medizinmänner, die prophezeiten, das Weltende sei nah. Um nicht vernichtet zu werden, sollte man sich auf die Suche nach dem Land ohne Krankheiten und Tod machen. Dieses Land wurde manchmal im Innern Brasiliens gesucht, ein andermal jenseits des Meeres, das unüberwindlich war. Fasten und Tanzen gehörten zu den Übungen der *Guaraní*, durch die sie „leicht" werden wollten, was die Voraussetzung für den Zugang zum ersehnten Land war.

Der Grund für den Weltuntergang war nach den Aussagen der Schamanen vor allem die Ermüdung der Welt, die alt geworden war und sich nach Ruhe sehnte. Die Konzeption des Altwerdens des Kosmos ist auch in anderen indianischen Religionen gegenwärtig (s.o.); eine Besonderheit des *Guaraní*-Glaubens ist es, daß die Menschen der daraus resultierenden Katastrophe entgehen können.

Da im 17. und 18. Jahrhundert mehrere *Guaraní*-Gruppen unter dem Einfluß der Jesuiten standen, wurden Zweifel an der Authentizität dieser Vorstellungen geäußert. Vor allem entstand die Frage, ob die Untergangsstimmung und die Idee eines Hochgottes nicht einen Einfluß der Christianisierung darstellten, und darüber hinaus, ob diese Stimmung nicht aus dem Schock der Besetzung der indianischen Territorien durch die Weißen entstanden wäre.[78] Auf diese Diskussion kann hier nicht eingegangen werden. Da aber für die Wanderungen eine Erklärung im Mythos gefunden werden kann, ist es sehr wahrscheinlich, daß der Schock der Eroberung jene indianische Stimmung vertieft, aber nicht verursacht hat.[79]

Die Wanderungen der *Guaraní* gehören mittlerweile der Vergangenheit an; das Wissen um den drohenden Weltuntergang und die daraus resultierende Sorge bestehen jedoch weiter.[80]

386. Der Tod und das Jenseits

Würde man grandiose Begräbnisfeiern bei den Tieflandkulturen Südamerikas erwarten – etwa wie die langwierigen Begräbnisrituale vornehmer Leute auf Bali oder anderen indonesischen Inseln –, würde man enttäuscht. Hier sind die Begräbniszeremonien weder besonders ausdrucksvoll noch besonders wichtig – was sich u.a. mit dem egalitären Charakter der Gesellschaften erklären läßt.

---

[78] *Lindig* 1961; *Schaden* 1952, 180.

[79] Siehe *Eliade* 1976, 145. *Eliade* ist von der Ursprünglichkeit der *Guaraní*-Wanderungen überzeugt. Er ist aber nicht der Meinung, daß das für alle prophetischen Indianerbewegungen zutrifft, denn ähnliche Bewegungen nordamerikanischer Indianer sieht er als Folgen des Kulturschocks an.

[80] Z.B. bei den *Pauserna* (*Riester* 1972, 427) und bei den *Chiripá* Argentiniens (*Bartolomé* 1979, 118).

Zentral für alle Religionen – und bei den indianischen Kulturen ein elaboriertes Thema – sind die Auffassungen vom Schicksal des Individuums nach dem Tod. Im folgenden soll nur auf einige der wichtigsten Punkte in diesem Zusammenhang eingegangen werden.[81]

Sterben heißt in den Kulturen des Tieflands kein plötzliches Aufhören der Persönlichkeit[82], vielmehr handelt es sich dabei um einen allmählichen Prozeß. Diese Grundidee erklärt viele Praktiken der Hinterbliebenen.

Die Sterblichkeit der Menschen wird meistens nicht als rein biologische Tatsache angesehen, sondern sie ist mit einem Mythos verknüpft, nach dem der Tod in der Urzeit durch ein bestimmtes Ereignis erst „eingeführt" wurde. Die Ursache dieses „Unglücks" ist oft ein Fehlverhalten der Menschen: In einer bestimmten Situation etwa waren sie angewiesen, wachsam zu sein und einen Ruf zu beantworten. Sie schliefen aber ein und verloren so die Möglichkeit, unsterblich zu werden. Nach anderen Mythologien – wie z. B. bei den Feuerländern[83] – ist die Sterblichkeit der Menschen auf die Entscheidung eines Urzeitwesens zurückzuführen. In wieder anderen Fällen sind die Menschen sterblich als Folge des bei der Menschenschöpfung verwendeten Rohstoffes (s. o.).

Charakteristisch für die Mehrzahl der Religionen des Tieflands sind eschatologische Vorstellungen, die sich in verschiedene Phasen – Reise, Ankunft, Eingliederung in die Welt der Toten – aufteilen lassen. Dahinter steht die Vorstellung eines Totenreiches, in dem die „Totenseelen"[84] weiterexistieren. Die Rituale nach dem Tod eines Menschen haben das Ziel, dem Toten diese Weiterexistenz zu ermöglichen, ihn zugleich aber für immer aus der Welt der Lebenden zu entfernen und damit die Hinterbliebenen und die ganze Gruppe vor der Macht des Todes zu schützen.

Die „Reise", die ins Totenreich führt, wird oft sehr anschaulich geschildert: Für einige Kulturen ist sie kurz und bereitet wenig Schwierigkeiten; bei anderen dagegen ist sie mühselig und erfordert das Bestehen vieler Proben, die wie Initiationsproben (was sie eigentlich auch sind) anmuten. U. a. muß die Totenseele zwischen zwei Pfaden wählen, von denen einer ins Verderben führt, oder sie wird von gefährlichen Wesen bedroht, die versuchen, sie von ihrem Ziel abzulenken oder sogar zu vernichten. Eine der häufigsten Proben, die die Totenseele bestehen muß, ist die Überquerung eines Flusses, der oft als Grenze zwischen der Welt der Lebenden und der der

---

[81] Ich folge hier im wesentlichen meiner früheren Untersuchung (*Cipolletti* 1983). Zu den südamerikanischen Vorstellungen über den Tod vgl. *Koch [-Grünberg]* 1900.

[82] Ausnahmen bilden manchmal ausgesprochen a-soziale Individuen, die nach dem Tod den Weg ins Totenreich nicht finden können oder auf dem Weg dorthin vernichtet werden.

[83] *Gusinde* 1931, I, 588 f; 1931, II, 1182 f.

[84] Auf die verschiedenen „Seelenvorstellungen" kann in diesem Rahmen nicht eingegangen werden. Hier wird von „Seele" gesprochen im Sinne eines Identitätsaspekts des Individuums, der nach dem physischen Tod weiterexistiert.

Toten gesehen wird, gewissermaßen eine der verschiedenen Pforten des Totenreichs darstellt.

Das Totenreich kann in der Oberwelt angesiedelt sein, wie nach den Traditionen der *Yanomama*[85], in der Unterwelt, wie bei mehreren Chaco-Völkern Paraguays und Argentiniens, oder – seltener – auf der gleichen Kosmosschicht wie die Welt der Lebenden bzw. an den von ihnen verlassenen Wohnorten, wie bei mehreren *Gé*-Völkern Brasiliens.

Die Struktur der Totenreiche ist recht verschieden: Sie reicht von wohlorganisierten Reichen, in einem genau umgrenzten Raum und mit sozialen Beziehungen ihrer Bewohner untereinander[86], bis zu Totenreichen, in denen es nur je ein alleinstehendes Haus für jede Verwandtschaftsgruppe gibt.[87] Die Fortsetzung des gesellschaftlichen Lebens einerseits und andererseits das Trügerische dieser Kontinuität sind charakteristisch für die indianischen Auffassungen vom Totenreich.

Oft gibt es – je nach Todesart oder früherer Position des Verstorbenen – unterschiedliche Aufenthaltsorte für die Seelen. Schamanen z. B. können aufgrund ihrer Stellung im Leben ein von den anderen Stammesmitgliedern abweichendes postmortales Schicksal haben: Sie weilen an einem besonderen, nur ihnen vorbehaltenen Ort, oder aber ihre Totenseele verwandelt sich bzw. inkarniert sich in einen Jaguar.

Da das Sterben nicht die Auslöschung des Individuums bedeutet, haben die Menschen des Tieflands auf verschiedene Weise mit ihren Toten Kontakt: Zahlreiche Erzählungen berichten von Treffen der Lebenden mit Verstorbenen. Diese erscheinen manchmal als eine Art „Buschgeister", launenhafte Wesen, die die Menschen mit Tricks und Schabernack plagen.[88] So gibt es unzählige Geschichten und Anekdoten, in denen einer der Protagonisten ein Toter und der zweite ein von ihm besuchter oder heimgesuchter lebendiger Mensch ist.

Auch das Gegenteil ist nach Auskunft vieler indianischer Traditionen möglich: Unter bestimmten Umständen kann ein lebender Mensch das Totenreich besuchen. Diese Erzählungen sind insofern von Bedeutung, da sie das „Wissen" darüber beinhalten, was die Menschen nach dem Tod erwartet. Sie bestätigen in vielen Fällen die bestehenden Traditionen.[89]

Wie eng bei den Religionen des Tieflands verschiedene religiöse Konzepte miteinander verknüpft sind, läßt sich am Totenfest der *Kamayurá*,

---

85 *Zerries/Schuster* 1974, 156 f.

86 So beispielsweise bei den *Guajiro* (*Perrin* 1976).

87 So bei verschiedenen Gruppen der *Jibaro* in Ecuador und Peru. Siehe *Harner* 1972, 150; *Chumap/García* 1979, II, 627 ff.

88 *Zerries* 1954, 294 ff.

89 *Cipolletti* 1983, 144–213.

einer aus nur etwa 200 Personen bestehenden Ethnie im Xingú-Gebiet in Brasilien exemplarisch zeigen[90]:

Hier findet sich eine ausgeprägte Parallele von Mythos und Ritual. Den Traditionen der *Kamayurá* zufolge beabsichtigte der Schöpfergott *Mavutsiné,* den Menschen die Fähigkeit zur Wiederauferstehung zu verleihen. Er schnitzte drei anthropomorphe Figuren aus *kwarup*-Holz und bewirkte, daß sie in der Nacht schon begannen, sich in Fleisch zu verwandeln und ihre Glieder zu bewegen.[91] Diese lebendig gewordenen Figuren durften nur von jenen gesehen werden, die zuvor keinen sexuellen Verkehr hatten. Ein Mann, der dieser Vorschrift nicht entsprach, konnte jedoch seine Neugier nicht überwinden und warf einen Blick auf die Figuren. Damit war die Hoffnung auf Erlangung der Unsterblichkeit zunichte: Die drei Gestalten wurden wieder zu Holz, und die Menschen blieben sterblich.

Die *Kamayurá* veranstalten alljährlich die *kwarup*-Zeremonie. Dabei werden beschnitzte Holzpfähle ausgestellt, die die jüngst Verstorbenen und zugleich die Vorfahren darstellen. Das Ritual ist die Wiederholung des Schöpfungsaktes selbst: Beim Tanz um die Pfosten (die aus dem gleichen Holz wie die mythischen Figuren geschnitzt sind), wird der Gesang angestimmt, den *Mavutsiné* bei der Erschaffung der Menschen sang. In diesem Augenblick beenden Jungen und Mädchen, die sich zuvor in Seklusion befanden, ihre Abgeschiedenheit und nehmen wieder am sozialen Geschehen teil. Ab jetzt sind sie heiratsfähig.

Diese Zeremonie hat für die *Kamayurá* somit verschiedene Bedeutungsebenen: Sie wiederholt den Schöpfungsakt und erinnert gleichzeitig die Menschen daran, daß sie aus eigener Verantwortung sterblich sind. Die jüngst Verstorbenen werden durch die Zeremonie aus dem Kreis der Lebenden verabschiedet, und gleichzeitig erlangt die Gesellschaft neue vollwertige Mitglieder, indem Jungen und Mädchen inkorporiert werden.

Ein Überblick der religiösen Auffassungen der Kulturen des Tieflands mag – da keine Kultur vollständig dargestellt werden kann – den Eindruck erwecken, es handele sich dabei etwa um abstrakte Sphären, die das Alltagsleben wenig berühren. Genau das Gegenteil trifft aber zu: Die Religionen des Tieflands zeichnen sich durch ihre Unmittelbarkeit, ihre Verbundenheit mit der Erzählkunst und darüber hinaus durch ihre Betonung der individuellen Erfahrungen aus. Mythisches Geschehen ist hier selten eine abgeschlossene, überholte Vergangenheit; die Wesen der Urzeit wirken in der Gegenwart weiter.

Im Gegensatz zu anderen Weltregionen, in denen die Schrift die Mythologie zum Erstarren brachte, gibt es im Tiefland kein „heiliges Buch", kei-

---

[90] Im Folgenden nach *Oberg* 1953, 49f; *Münzel* 1971; *Villas Boas* 1975, 55f.

[91] Diese und andere Tieflandmythen über „belebte Holzfiguren" sind von *Zerries* 1973–74 untersucht worden.

nen Text, der als Paradigma gelten könnte, auf den man sich besinnen sollte. Festgelegte Texte werden hier vom gesprochenen Wort der Schamanen und aller derjenigen, die das Traditionsgut weitertragen und ausarbeiten, ersetzt.

Sogar im Vergleich zu anderen oralen Traditionen scheinen die der Indianer Südamerikas eher in der Lage, sich weiter zu entwickeln. Um nur ein Beispiel zu nennen: In den oralen Traditionen der sog. „Volksreligionen" Indonesiens sind die Rezitationen von Genealogien wichtig. Der genaue Platz von Ahnen und Vorfahren muß berücksichtigt werden. Die Reihenfolge, in der sie erscheinen, ist oft streng.

Ein ähnliches Phänomen besteht kaum oder gar nicht im südamerikanischen Tiefland. Das könnte einer der Gründe dafür sein, daß die Mythologien Südamerikas in der Lage sind, neue Akteure und Ereignisse zu inkorporieren, ohne sich grundsätzlich zu ändern.

Das Tiefland Amerikas ist ein Raum, in dem die Kulturen, so verschieden sie untereinander sein mögen, eine ähnliche Neigung zum Erzählen aufweisen. Die Erzählkunst ist stark geprägt von persönlichen Erlebnissen der Erzähler: Dieser Mann hat ein bestimmtes mythisches Wesen erblickt; einem anderen erschien ein verstorbener Verwandter, mit dem er sich unterhielt; ein Dritter kennt jemanden, der sich einmal im Wald verirrte und mit „anderen" Wesen Kontakt hatte ... Die ethnographischen Quellen sind übervoll von solchen und ähnlichen Informationen. Diese Unmittelbarkeit der religiösen und mythischen Konzepte, die, in Worte gekleidet, das persönliche Erlebnis verarbeiten und weitergeben, scheint ein durchgängiges Merkmal der Religiosität der Indianer des Tieflands zu sein.

Ethnische Gruppen

1 Aché
2 Akwé-Shavante
3 Alakaluf
4 Apapocuvá-Guaraní
5 Arikena
6 Bakairi
7 Barasana (Osttukano)
8 Bari
9 Campa
10 Carajá
11 Cayapó
12 Cubeo
13 Cuna
14 Chriripá
15 Chocó
16 Desana (Osttukano)
Feuerländer, siehe Alakaluf, Selknam, Yamana
17 Guahibo
18 Guajiro
19 Jibaro
20 Kalapalo
21 Kamayurá
22 Kogi
23 Machiguenga
24 Maká
25 Mataco
26 Mosetene (= Chimane)
27 Mundurucú
28 Pauserna
29 Piaroa
30 Secoya y Siona
31 Selknam
32 Sherente
33 Shipaya
34 Shipibo
35 Sirionó
36 Surara und Pakidai
37 Tacana
38 Tapirapé
39 Tatuyo (Osttukano)
40 Toba
41 Tucuna
42 Uitoto
43 Umutina
44 Warao
45 Yamana
46 Yanomama
47 Yaruro
48 Yupa

Bibliographie

Baer, Gerhard, 1984: Die Religion der Matsigenka. Ost-Peru. Basel.

Baldus, Herbert, 1968–69: Vertikale und horizontale Struktur im religiösen Weltbild südamerikanischer Indianer. In: Anthropos (63–64) 16–21.

– 1970: Tapirapé. Tribo Tupí no Brasil Central. São Paulo.

Banner, Horace, 1957: Mitos dos Indios Kayapó. In: Revista de Antropologia (5, 1) 37–66. São Paulo.

Barandiarán, Daniel de, 1962: Shamanismo Yekuana o Makiritare. In: Antropológica (11) 61–90. Caracas.

Bartolomé, Miguel Angel, 1979: Shamanism among the Avá-Chiripá. In: D. L. Browman und R. Schwarz (Hrsg.), Spirits, Shamans, and Stars (95–148). The Hague, Paris usw.

Basso, Ellen A., 1973: The Kalapalo Indians of Central Brazil. Case Studies in Cultural Anthropology. New York usw.

Becher, Hans, 1974: Poré/Perimbó. Einwirkungen der lunaren Mythologie auf den Lebensstil von drei Yanomámi-Stämmen. Völkerkundliche Abhandlungen (VI). Hannover.

Bidou, Patrice, 1977: Représentations de l'espace dans la mythologie Tatuyo. (Indiens Tucano). In: Journal de la Société des Americanistes (LXI) 45–108. Paris.

– 1986: Le mythe: une machine à traiter l'histoire. In L'Homme (XVI, 4) 65–89. Paris.

Bidou, Patrice und *Michel Perrin* (Hrsg.), 1988: Lenguaje y palabras chamánicas. Quito.

Boglár, Lajos, 1982: Wahari. Eine südamerikanische Urwaldkultur. Leipzig und Weimar.

Chagnon, Napoleon, 1968: Yanomamö. The Fierce People. Case Studies in Cultural Anthropology. New York.

Chase-Sardi, Miguel, 1970: Cosmovisión Mak'á. In: Suplemento Antropológico de la Universidad Católica (5, 1–2) 239–246. Asunción (Paraguay).

Chaumeil, Jean-Pierre, 1983: Voir, savoir, pouvoir. Le chamanisme chez les Yagua du Nord-Est péruvien. École des Hautes Études en sciences sociales. Paris.

Chumap-Lucía, A. und *M. García-Rendueles,* Duik múun. Universo mítico de los Aguaruna. Serie Antropológica II. Centro Amazónico de Antropología y Aplicación Prática. Lima.

Cipolletti, María Susana, 1983: Jenseitsvorstellungen bei Indianern Südamerikas. Berlin.

– 1988 a: Aipë koká. La palabra de los antiguos. Tradición oral secoya. Quito.

– 1988 b: Die mythische Zeit und ihre Protagonisten bei den Secoya-Indianern Ost-Ecuadors. In: Münchner Beiträge zur Völkerkunde (1) Festschrift L. Vajda 33–52. München.

Clastres, Hélène, 1975: La Terre sans mal. Le prophétisme tupí-guarani. Paris.

Dreyfus, Simone, 1963: Les Kayapó du Nord. Etat de Para-Brésil. Contribution à l'étude des Indiens Gé. Paris.

Ehrenreich, Paul, 1905: Die Mythen und Legenden der südamerikanischen Urvölker und ihre Beziehungen zu denen Nordamerikas und der alten Welt. In: Zeitschrift für Ethnologie (37) Suppl.

Eliade, Mircea, 1968, 1970–71: South American High Gods. In: History of Religions (8) 338 bis 354, (10) 234–266. Chicago.

– 1975: Schamanismus und archaische Ekstasetechnik. Frankfurt/M. (Erste Ausgabe 1951).

– 1976: Die Sehnsucht nach dem Ursprung. Von den Quellen der Humanität. Baden-Baden (Erste Ausgabe 1969).

– 1986: Kosmos und Geschichte. Der Mythos der ewigen Wiederkehr. Frankfurt/M. (Erste Ausgabe 1949).

Furst, Peter, 1976: Hallucinogens and Culture. San Francisco.

– 1987: South American Shamanism. In: M. Eliade (Hrsg.), The Encyclopedia of Religion (13) 219–223. New York und London.

Gebhart-Sayer, Angelika, 1987: Die Spitze des Bewußtseins. Untersuchungen zu Weltbild und Kunst der Shipibo-Conibo. Münchner Beiträge zur Amerikanistik (21). Hohenschäftlarn.

Gerhards, Eva, 1981: Mythen im Wandel. Veränderungen in der Mythologie verschiedener Ethnien des außerandinen Südamerika durch den Kontakt mit den Weißen. Münchner Beiträge zur Amerikanistik (4). Hohenschäftlarn.

Goldman, Irving, 1940: Cosmological Beliefs of the Cubeo Indians. In: Journal of American Folklore (53) 242–247. New York.

Gusinde, Martin, 1931: Die Feuerland Indianer (I) Die Selk'nam. Mödling bei Wien.
– 1937: Die Feuerland Indianer (II) Die Yamana. Mödling bei Wien.
Haekel, Joseph, 1958: Purá und Hochgott. Probleme der südamerikanischen Religionsethnologie. In: Archiv für Völkerkunde (XIII) 25–50. Wien.
Harner, Michael, 1972: The Jivaro. People of the Sacred Waterfalls. New York.
– 1973: Hallucinogens and Shamanism. London, Oxford etc.
Hissink, Karin und *A. Hahn,* 1961: Die Takana, I. Erzählungsgut. Veröffentlichungen des Frobenius-Institutes an der J. W. Goethe-Universität. Frankfurt/M.
Holmberg, Allan R., 1950: Nomads of the Long Bow. The Siriono of Eastern Brazil. Inst. Soc. Anthrop. Smiths. Inst. Publ. (10). Washington.
Hugh-Jones, Christine, 1979: From the Milk River: Spatial and temporal processes in Northwest Amazonia. Cambridge usw.
Illius, Bruno, 1987: Ani Shinan: Schamanismus bei den Shipibo-Conibo (Ost-Peru). Tübingen.
Koch [-Grünberg], Theodor, 1900: Zum Animismus der südamerikanischen Indianer. In: Internat. Archiv für Ethnographie (13) Suppl. Leiden.
Koppers, Wilhelm, 1958: Die Originalität des Hochgottglaubens der Yamana auf Feuerland. In: Wiener Völkerkundliche Mitteilungen (VI, 1) 5–18. Wien.
Kruse, Albert, 1951–52: Karusakaybë, der Vater der Mundurukú. In: Anthropos (46–47). St. Augustin.
– 1955: Purá, das Höchste Wesen der Arikéna. In: Anthropos (50). St. Augustin.
Langdon, E. Jean, 1986: Las clasificaciones del yajé dentro del grupo Siona: etnobotánica, etnoquímica y etnohistoria. In: América Indígena (XLVI, 1) 101–116. México.
Lévi-Strauss, Claude, 1964: Mythologiques I. Le cru et le cuit. Paris.
– 1966: Mythologiques II. Du miel aux cendres. Paris.
– 1968: Mythologiques III. L'origine des manières de table. Paris.
– 1971: Mythologiques IV. L'homme nu. Paris.
Lindig, Wolfgang H., 1961: Wanderungen der Tupí-Guaraní und Eschatologie der Apapocuvá-Guaraní. In: W. Mühlmann (Hrsg.) Chiliasmus und Nativismus. Studien zur Psychologie, Soziologie und historischen Kasuistik der Umsturzbewegungen. 19–40. Berlin.
Lipkind, William, 1940: Carajá Cosmography. In: Journal of American Folklore (57) 248–251. New York.
Lizot, Jacques, 1975: El hombre de la pantorrilla preñada y otros relatos Yanomami. Fundación La Salle de Ciencias Naturales. Monografía (21). Caracas.
Lukesch, Anton, 1968: Mythos und Leben der Cayapó. Acta Ethnologica et Linguistica (12). Wien.
– 1972: Aspekte aus der indianischen Gefühlswelt: Kayapó-Gé. In: Zeitschrift für Ethnologie (97) 257–267. Berlin.
Luna, Luis E., 1986: Bibliografía sobre el ayahuasca. In: América Indígena (46). México.
Magaña, Edmundo, 1986: South American Ethno-astronomy. In: E. Magaña und P. Mason (Hrsg.) Myth and the Imaginary in the New World. Latin American Studies (34). CEDLA. Amsterdam.
Maybury-Lewis, David, 1967: Akwẽ-Shavante Society. Oxford.
Métraux, Alfred, 1927: Migrations historiques des Tupí-Guaraní. In: Journal de la Société des Américanistes (XIX) 1–45. Paris.
– 1939: Myths and Tales of the Matako Indians. In: Etnologiska Studier (9) 1–127. Göteborg.
– 1948: Religion and Shamanism. In: Handbook of South American Indians (V) 559–600. Bureau of Am. Ethnol. Smithsonian Inst. Bull. 143. Washington.
– 1960: Mythes et Contes des Indiens Cayapó. In Revista do Museu Paulista (XII) 7–35. São Paulo.
– 1967: Le chaman dans les civilisations indigènes des Guyanes et de l'Amazonie. In: ders.: Religions et magies indiennes d'Amérique du Sud. Paris.
Montoya Sánchez, M. J., 1973: Antología de creencias, mitos, teogonías, cosmogonías, leyendas y tradiciones de algunos grupos aborígenes de Colombia. Bogotá.
Morey, R. und *D. Metzger,* 1974: The Guahibo: People of the Savanna. Acta Etnologica et Linguistica (31). Wien.
Münzel, Mark, 1971: Medizinmannwesen und Geistervorstellungen bei den Kamayurá. Diss. Frankfurt/M.

– 1978: Mittel- und Südamerika. Von Yucatán bis Feuerland. In: W. H. Lindig und M. Münzel: Die Indianer. Kulturen und Geschichte der Indianer Nord-, Mittel- und Südamerikas. München.

Murphy, Robert F., 1958: Mundurucu Religion. Univ. of California. Public. in Amer. Arch. and Ethnol. (49, 1). Berkeley und Los Angeles.

Nimuendajú, Curt, 1914: Die Sagen von der Erschaffung und Vernichtung der Welt als Grundlagen der Religion der Apapocuva-Guarani. In: Zeitschrift für Ethnologie (47) 284–403. Berlin.

– 1919–1920 – 1921–1922: Bruchstücke aus Religion und Überlieferung der Šipáia-Indianer. In: Anthropos (XIV–XV) 1002–1039 und (XVI–XVII) 367–406. St. Augustin.

– 1952: The Tukuna. Univ. California Public. Amer. Arch. and Ethnology (XLV). Berkeley und Los Angeles.

– 1967: The sĕrente. Publ. of the F. Webb Hodge Anniv. (4). The Southwest Museum. Los Angeles 1942.

Nordenskiöld, Erland, 1924: Forschungen und Abenteuer in Südamerika. Stuttgart.

– 1930: Picture-Writings and other Documents by Nele, Charles Slater, Charlie Nelson and other Cuna Indians. Comparative Ethnographical Studies (7, II). Göteborg.

Oberg, Kalervo, 1953: Indian Tribes of Northern Matto Grosso, Brasil. Smithsonian Institution (15). Washington.

Perrin, Michel, 1976: Le chemin des indiens morts. Mythes et symboles Guajiro. Paris.

Petrullo, Vincenzo, 1939: The Yaruros of the Capanaparo River, Venezuela. Anthrop. Papers (11). Smithsonian Inst. Bureau of American Ethnology. Washington.

Preuss, Konrad Theodor, 1921: Religion und Mythologie der Uitoto. Bd. 1. Göttingen.

Reichel-Dolmatoff, Gerardo, 1968: Desana: Simbolismo de los Indios Tukano del Vaupés. Universidad de los Andes. Bogotá.

– 1975: The Shaman and the Jaguar: A Study of Narcotic Drugs Among the Indians of Colombia. Philadelphia.

– 1985: Los Kogi. Una tribu de la Sierra Nevada de Santa Marta, Colombia. 2 Bde. Bogotá.

Riester, Jürgen, 1972: Die Pauserna Guarašug'wä. Monographie eines Tupí-Guaraní-Volkes in Ostbolivien. Collectanea Instituti Anthropos (3). St. Augustin.

Roe, Peter G., 1982: The Cosmic Zygote. Cosmology in the Amazon Basin. New Brunswick, New Jersey.

Roth, Walter E., 1915: An Inquiry into the Animism and Folk-Lore of the Guiana Indians. Smithsonian Institution. Bureau American Ethnology. Washington.

Steinen, Karl von den, 1894: Unter den Naturvölkern Zentral-Brasiliens. Berlin.

Sullivan, Lawrence E., 1987: Supreme Beings. In: M. Eliade (Hrsg.), The Encyclopedia of Religion (14) 166–181. New York und London.

Schaden, Egon, 1952: Der Paradiesmythos im Leben der Guarani-Indianer. In Proceedings 30th Intern. Congress of Americanists 179–186. London.

Schmidt, Wilhelm, 1912–1955: Der Ursprung der Gottesidee. 12 Bde. Münster.

Schultz, Harald, 1961–62: Informações etnográficas sobre os Umutina. In: Revista do Museu Paulista (XIII) 75–313. São Paulo.

Sullivan, Lawrence E., 1987: Supreme Beings. In: M. Eliade (Hrsg.), The Encyclopedia of Religion (14) 166–181. New York/London.

Vázquez, Juan A., 1978: The Present State of Research in South American Mythology. In: Numen (XXV, 3) 240–276.

Villas Boas, Orlando und Cláudio, 1975: Xingú. The Indians, their Myths. Norwich.

Wagley, Charles, 1940: World View of the Tapirapé Indians. In: Journal of American Folklore (53) 252–260. New York.

Wassén, S. Henry, 1933: Cuentos de los indios Chocó. In: Journal de la Société des Américanistes (25) 103–137. Paris.

Weiss, Gerald, 1975: Campa Cosmology. The world of a forest tribe in South America. Anthropol. Papers of the Am. Museum of Nat. Hist. (52). New York.

Wilbert, Johannes, 1960: Zur Kenntnis der Parirí. In: Archiv für Völkerkunde (XV) 80–153. Wien.

– 1973: Eschatology in a Participatory Universe. Destinies of the Soul among the Warao In-

dians of Venezuela. In: E. Benson (Hrsg.), Death and the Afterlife in Pre-Columbian America. Washington.
Wilbert, Johannes und *Karin Simoneau* (Hrsg.), 1970: Folk Literature of the Warao Indians. UCLA Latin American Center Publications. Univ. of California. Los Angeles.
– 1975: Folk Literature of the Selknam Indians. Los Angeles.
– 1977: Folk Literature of the Yamana Indians. Los Angeles.
– 1978–1984: Folk Literature of the Gê Indians (2 Bde.). Los Angeles.
– 1982: Folk Literature of the Mataco Indians. Los Angeles.
– 1982: Folk Literature of the Toba Indians (1). Los Angeles.
– 1983: Folk Literature of the Bororo Indians. Los Angeles.
– 1984: Folk Literature of the Tehuelche Indians. Los Angeles.
– 1985: Folk Literature of the Chorote Indians. Los Angeles.
– 1986: Folk Literature of the Guajiro Indians. 2 Bde. Los Angeles.
– 1987: Folk Literature of the Chamacoco Indians. Los Angeles.
– 1987: Folk Literature of the Nivaklé Indians. Los Angeles.
– 1988: Folk Literature of the Mocoví Indians. Los Angeles.
Wright, Pablo Gerardo, 1988: El tema del árbol cósmico en la cosmología y shamanismo de los Toba de la provincia de Formosa (Argentina). In: P. Bidou und M. Perrin (Hrsg.), Lenguaje y palabras chamánicas. 81–100 Quito.
Zerries, Otto, 1953: Kürbisrasseln und Kopfgeister in Südamerika. In: Paideuma (V, 6) 323 bis 340). Wiesbaden.
– 1954: Wild- und Buschgeister in Südamerika. Studien zur Kulturkunde (11). Wiesbaden.
– 1961: Die Religionen der Naturvölker Südamerikas und Westindiens. In: Religionen der Menschheit (7) 269–384. Stuttgart.
– 1964: Waika. Die kulturgeschichtliche Stellung der Waika-Indianer des Oberen Orinoco im Rahmen der Völkerkunde Südamerikas. München.
– 1970: Tierbank und Geistersitz in Südamerika. In: Ethnologische Zeitschrift (1) 47–66. Zürich.
– 1973–74: Holzgeschnitzte Menschen leben. In Paideuma (XIX–XX) 365–443. Wiesbaden.
– 1977: Die Bedeutung des Federschmuckes des südamerikanischen Schamanen und dessen Beziehung zur Vogelwelt. In Paideuma (23) 277–318. Wiesbaden.
– 1979: Das Federdiadem. Ein Sonnensymbol bei südamerikanischen Indianern. In: R. Hartmann und U. Oberem (Hrsg.), Estudios Americanistas (II) 314–321. Collect. Inst. Anthrop. 21. St. Augustin.
– 1981: Atributos e instrumentos rituais do xamã na América do Sul não andina e o seu significado. In: Coleção Museu Paulista, Série Ensaios (4) 319–360. São Paulo.
Zerries, Otto und *Meinhard Schuster,* 1974: Mahekodotedi. Monographie eines Dorfes der Waika-Indianer (Yanoama) am Oberen Orinoco (Venezuela). München.

ACHTUNDVIERZIGSTES KAPITEL

Im Zeichen des Sonnentanzes – Religiöses Weltbild und Ritualismus der Oglala-Sioux Nordamerikas

Peter Bolz

Die folgende Darstellung behandelt diejenigen traditionellen religiösen Vorstellungen der Oglala, die auch heute noch die Grundlage für das zeremonielle Leben auf der Pine-Ridge-Reservation abgeben. Obwohl die Oglala seit über hundert Jahren von den Angehörigen der verschiedenen christlichen Glaubensrichtungen missioniert werden, hat sich das Fundament ihrer traditionellen Religion bis in die Gegenwart erhalten, wenn es auch vielfach von christlichen Vorstellungen überlagert wird. Da hier jedoch nicht der Ort ist, die zahlreichen synkretistischen Elemente der Oglala-Religion zu analysieren, will ich mich darauf beschränken, diejenigen Glaubensäußerungen zu beschreiben, in denen die traditionellen Formen am deutlichsten zum Ausdruck kommen.

387. Historischer Überblick

Die Oglala leben heute auf der Pine-Ridge-Reservation in South Dakota, USA. Sie gehören zu den Teton-Sioux oder Lakota, wie sie sich selbst bezeichnen, dem westlichen Zweig der ehemals sieben Untergruppen der Sioux.

Seit ihrer Wanderung aus dem oberen Mississippital in die Ebenen westlich des Missouri im 18. Jahrhundert lebten sie ausschließlich als nomadische Bisonjäger. Vor allem die Erlangung von Pferden um 1760 ermöglichte ihnen eine weitere Expansion nach Westen, so daß die Oglala als zahlenmäßig stärkste Teton-Gruppe zum bedeutendsten Machtfaktor auf den nördlichen Plains wurden. Ihre Wanderung nach Westen, die Übernahme des Pferdes und die Entwicklung einer reinen Bisonjägerkultur brachten eine Reihe von ökonomischen und sozialen Veränderungen mit sich, die sich auch im Bereich der Religion niederschlugen.

Die Blütezeit ihrer Kultur als Reiternomaden dauerte nur etwa hundert Jahre, bis zur Einrichtung der „Great Sioux Reservation“ im Jahre 1868. Bis 1876 wehrten sich die Lakota zusammen mit anderen Plains-Stämmen erfolgreich gegen die immer weiter in ihr Land vordringenden Weißen, doch der Hunger, bedingt durch die Dezimierung der Bisons, und die Übermacht der US-Armee zwangen sie schließlich, die ihnen zugewiesenen Agenturen aufzusuchen. Dort standen sie unter der Aufsicht eines Indianeragenten und sollten mit Hilfe von Missionaren und Lehrern „zivilisiert" und zu Farmern „umerzogen" werden. Die erste christliche Kirche wurde bereits 1872 von den Episkopalisten eingerichtet, 1888 folgten die Jesuiten, und bis heute haben sich insgesamt zwölf christliche Glaubensgemeinschaften auf der Pine-Ridge-Reservation etabliert. Der Einfluß der Missionare führte dazu, daß der Sonnentanz, die bedeutendste religiöse Zeremonie der Oglala, 1881 offiziell verboten wurde. In den Regierungs- und Missionsschulen war die Verwendung der Lakota-Sprache untersagt, und darüber hinaus versuchten die Indianeragenten, die Macht und den Einfluß der traditionellen Führer zu brechen, indem sie den Weißen freundlich gesonnene „Häuptlinge" einsetzten. Dies führte bereits in der frühen Reservationszeit zur politischen Spaltung der Oglala in „Traditionalisten" und „Progressive". Der „Indian Reorganization Act" von 1934 führte zwar zur Abschaffung des Agentursystems und der Einführung der Selbstverwaltung auf den Reservationen, doch wurde durch ihn der bestehende politische Fraktionalismus weiter verfestigt.

Da die Regierungsprogramme zur ökonomischen Entwicklung der Pine-Ridge-Reservation alle fehlschlugen, stieg die Zahl der arbeitslosen Oglala immer mehr an. In den fünfziger Jahren ergriff die US-Regierung durch das sogenannte „Relocation Program" gezielte Maßnahmen, Indianer in amerikanische Großstädte umzusiedeln, um dadurch die Arbeitslosigkeit auf den Reservationen zu verringern und die Indianer in die angloamerikanische Gesellschaft zu integrieren. Seit dieser Zeit gibt es in den Metropolen des amerikanischen Westens, von Minnesota bis Kalifornien, große Indianergemeinden, in denen die Lakota zahlreich vertreten sind. Vor allem in den siebziger Jahren haben diese „Stadtindianer" versucht, Einfluß auf die Reservationspolitik zu nehmen, indem sie Mißstände anprangerten und gezielte Aktionen durchführten. Die spektakulärste dieser Aktionen fand 1973 auf der Pine-Ridge-Reservation statt, wo etwa zweihundert bewaffnete Anhänger des American Indian Movement (AIM) den Ort Wounded Knee besetzten, Schauplatz des Massakers von 1890, das den Geistertanz beendete, und elf dort lebende Weiße als „Geiseln" festhielten. Im Verlauf der siebziger Jahre konnte AIM seinen Einfluß auf Pine Ridge weiter ausdehnen, was sich vor allem beim Sonnentanz bemerkbar machte, doch seit Beginn der achtziger Jahre ist dieser Einfluß zunehmend geschwunden und hat einer „gemäßigten" Stammespolitik Platz gemacht.

388. Zur Quellenlage

Sämtliche Quellen, die detailliert über die traditionelle Kultur der Oglala Auskunft geben, stammen aus der frühen Reservationszeit um die Jahrhundertwende. Dies bedeutet, daß die befragten Informanten die Vorreservationszeit lediglich als Knaben oder junge Männer erlebt hatten, wenn überhaupt. Diese Art der „Memory Ethnography" birgt daher die Gefahr, daß die Befragten die „guten alten Zeiten" in einem besonders glorifizierenden Licht sehen und dazu neigen, ihre vergangene Kultur zu idealisieren. Hinzu kommt der jahrzehntelange Einfluß der Missionare, der dazu führte, daß religiöse Begriffe oder Mythen eine stark christliche Färbung annahmen.

Der zwischen 1896 und 1914 auf der Pine-Ridge-Reservation tätige Arzt James Walker hat das umfangreichste Material über die Oglala zusammengetragen. Er veröffentlichte 1917 eine Synthese davon, die lange Zeit die wichtigste Quelle zur Oglala-Religion bildete. Die Edition der Originalaufzeichnungen Walkers und seiner Informanten durch DeMallie und Jahner (Walker 1980, 1982, 1983) ermöglicht es uns heute, die ursprünglich gesammelten Texte mit Walkers Synthese zu vergleichen.

Walkers wichtigster Informant war George Sword, der für ihn eine große Zahl von Texten niederschrieb. Als Ella Deloria, eine Sioux-Ethnologin, die im Auftrag von Franz Boas 1937/38 Walkers Material untersuchte, einen Teil von Swords Texten analysierte, stellte sie fest, daß es dazu keinerlei Parallelen gab. Die Leute, die sie befragte, versicherten ihr, daß sie Geschichten dieser Art niemals gehört hatten (Jahner in Walker 1983, 13). George Sword hatte als Erwachsener Lesen und Schreiben gelernt und verbrachte endlose Stunden damit, sein Wissen für James Walker niederzuschreiben. Dadurch veränderte sich nicht nur der Stil der ursprünglich rein oralen Traditionen, sondern es floß auch eine Menge „Zeitgeist" mit ein, vor allem in Form von christlichem Gedankengut (Jahner in Walker 1983, 16). Ella Deloria geht sogar so weit, Swords Erzählungen als „Fiction" zu bezeichnen, als eigene Kreationen, die sie als den Beginn von fiktiver Schriftstellerei unter den Oglala ansieht (Jahner in Walker 1983, 22–23; Jahner 1987, 50). Dies bedeutet nicht, daß Swords Texte für uns heute wertlos sind, doch müssen wir in jedem einzelnen Fall prüfen, welches Gedankengut sie zum Ausdruck bringen.

Aber auch Walker selbst konnte sich bei seinen Forschungen von christlich-abendländischen Vorstellungen nicht freimachen. So suchte er bei den Oglala vergeblich nach einer Mythe über die Erschaffung der Welt, die mit der biblischen Genesis vergleichbar wäre. Da es eine solche Mythe nicht gab, zumindest nicht als zusammenhängende Erzählung, nahm Walker die verschiedensten Fragmente, die er auf der Reservation gehört hatte, und setzte sie zu seiner eigenen Version der Schöpfungsgeschichte zusammen, die er „Creation of the Universe“ nannte (Walker 1983, 206–245; Jahner 1987, 46; Melody 1977, 152).

Die folgende Zusammenfassung stützt sich in hohem Maße auf Walkers Quellenmaterial, da es zu bestimmten Themen der Oglala-Religion kein anderes gibt, zieht dazu jedoch bevorzugt die Arbeiten von Raymond DeMallie heran, der gegenwärtig als der zuverlässigste Interpret der Schriften Walkers und seiner Informanten anzusehen ist.

389. Die Grundlagen der Oglala-Religion

Bei seiner Suche nach einer Schöpfungsgeschichte ist Walker offenbar entgangen, daß nicht ein Weltenschöpfer, sondern ein sakraler Gegenstand im Mittelpunkt der religiösen Verehrung der Oglala steht: die Heilige Pfeife. Und aus diesem Grund ist die Geschichte von White Buffalo Woman (auch White Buffalo Calf Woman genannt) die wichtigste Mythe für alle Lakota. Sie berichtet zwar nicht über den Ursprung der Welt oder der Menschen, aber über den Ursprung der Lakota-Religion. Die Mythe, die meist als „The gift of the Sacred Pipe“ betitelt wird, ist vor allem durch die Version von Black Elk bekannt geworden (Brown 1971, 3–9): Zwei Männer waren auf der Jagd, als sie eine wunderschöne Frau auf sich zukommen sahen, die ganz in weißes Hirschleder gekleidet war. Einer der Männer hatte Verlangen nach ihr und wurde deswegen von ihrer Macht vernichtet. Den anderen schickte sie ins Lager zurück mit der Anweisung an sein Volk, alles zu ihrem Empfang vorzubereiten. Als sie dort eintraf, brachte sie die Heilige Pfeife mit und unterwies die Lakota in den sieben Riten, in denen die Pfeife gebraucht werden sollte. Danach verwandelte sie sich nacheinander in ein Büffelkalb, einen weißen und einen schwarzen Büffel und verschwand.

Diese Mythe zeigt, in welcher Gestalt sich für die Lakota das Heilige manifestierte, worin sich ihre Welt begründete und wie sie sich in Raum und Zeit orientierten. Der Name der mythischen Frau, White Buffalo Calf Woman, bezieht sich auf ihre Verwandlung in einen Bison, das wichtigste Jagdtier der Oglala, das als heilig galt. Der Name der Pfeife wiederum, die sie den Lakota brachte, wird in der Regel mit „Buffalo Calf Pipe“ oder abgekürzt „Calf Pipe“ wiedergegeben, ein deutlicher Hinweis auf ihre Abkunft vom mythischen Büffelvolk. Noch heute wird diese Pfeife in einem heiligen Bündel, dem „Sacred Pipe bundle“, in der Nähe des Ortes Green Grass auf der Cheyenne-River-Reservation in South Dakota aufbewahrt, und ein Mitglied der dort nahebei lebenden Familie, Arval Looking Horse, ist als Bewahrer der Pfeife eingesetzt (Bolz 1986, 205; DeMallie und Parks 1987, 3). Dies bedeutet, daß auch am Ende des zwanzigsten Jahrhunderts die Heilige Pfeife nichts von der hohen Verehrung, die ihr die Lakota seit jeher entgegenbringen, verloren hat.

Auch wenn die Lakota keine Schöpfungsgeschichte im Sinne von James Walker aufweisen können, so besitzen sie dennoch gewisse Vorstellungen, wie die Menschen auf die Erde gekommen sind. Zusammen mit den Bisons und anderen Jagdtieren lebten sie zunächst in einer Höhle unter der Erde. Tokahe, ein junger Mann, der die Führung übernahm, geleitete sie unter Überwindung zahlreicher Schwierigkeiten auf die Erdoberfläche, wo sie zunächst einmal lernen mußten, sich ihren Lebensunterhalt durch die Jagd auf Tiere und durch das Anfertigen von Zelten und Kleidung zu verschaffen. „Thus Tokahe and his friends were the first people on the world and their children are the Lakota" (Walker 1917, 182). Aus diesem Grund wurden die Menschen *wicaša akantula*, „men on top", genannt (DeMallie 1987, 28).

Die Lakota unterschieden nicht zwischen „natürlich" und „übernatürlich" und sahen auch keinen Gegensatz zwischen Menschheit und Natur oder Natur und Kultur, wie er im abendländischen Denken so wesentlich ist. In diesem Sinne bildeten für sie Menschen und Natur eine Einheit. Sie unterschieden jedoch zwischen dem Allgemeinen oder Gewöhnlichen und dem Außergewöhnlichen oder Unbegreiflichen. Das Unbegreiflichste für sie war das Universum. Es war ihnen weder vertraut, noch konnten sie es in irgendeiner Weise kontrollieren. Daher standen die Menschen zugleich voller Ehrfurcht und Furcht vor den Geheimnissen des Universums, verehrten es und bemühten sich, es mit ihren begrenzten Möglichkeiten so gut wie eben möglich zu beeinflussen. Diese Unbegreiflichkeit des Universums wurde von den Lakota als *wakan* bezeichnet (DeMallie und Lavenda 1977, 154; DeMallie 1987, 28).

Walker hatte sich bemüht, Material zu dem Begriff *wakan* zu sammeln, mußte jedoch erkennen, daß die Oglala selbst keine einheitliche Definition besaßen, sondern einen weiten Spielraum von Interpretationen zuließen, je nach dem Zusammenhang, in dem der Begriff Verwendung fand. Ein Informant erklärte Walker, daß mit *wakan* all das bezeichnet werde, was schwer zu verstehen sei (Walker 1980, 70).

Die Summe alles Unbegreiflichen war für die Lakota *Wakan Tanka*, „das große Geheimnisvolle". Mit *Wakan Tanka* wurde alles Mysteriöse, Mächtige oder Heilige bezeichnet. Es hatte keinen Anfang und kein Ende. *Wakan Tanka* erschuf das Universum, verkörpert jedoch kein Einzelwesen, sondern die Totalität der Existenz und die Einheit des Universums. Im abstraktesten Sinne ist *Wakan Tanka* daher als „Macht des Universums" zu interpretieren, die jedoch in keiner Weise personifiziert verstanden werden darf (DeMallie und Lavenda 1977, 154; DeMallie 1987, 28).

Der Einfluß des Christentums führte dazu, daß *Wakan Tanka* von den Lakota allgemein als „Great Spirit" bezeichnet und mit dem christlichen Gott gleichgesetzt wurde, so daß Walker zu seiner Zeit bereits große Schwierigkeiten hatte, die ursprüngliche Bedeutung dieses Begriffes zu erfassen. Er unterschied daher zwischen der traditionellen Bedeutung, die er mit *Wakan Tanka* wiedergibt, und der „modernen" (christlichen) Interpretation der Lakota, die er in einem Wort als *Wakantanka* bezeichnet (Walker 1917, 57).

Die Schamanen, bei den Oglala *wicaša wakan* („heilige Männer") genannt, beeinflußten die Mächte des Universums. Mit Hilfe ihrer persönlichen Erfahrungen versuchten sie, ein Ordnungssystem im Verständnis von *Wakan Tanka* zu schaffen. Gemäß ihrer heiligen Zahl Vier klassifizierten sie die *Wakan*-Wesen als *Tobtob kin* („the four times four"), eine Gruppe von sechzehn wohlwollenden *Wakan*-Mächten, die von den Lakota meist als „Geister" (spirits) oder „Götter" (gods) angesehen wurden. Viele von ihnen hatte man als nichtmenschliche Wesen mit menschlichen Charakterzügen ausgestattet. Dazu gehörten Naturerscheinungen wie Sonne, Mond, Wind, Donner, Erde und Felsen, außerdem eine Reihe von unsichtbaren Geisterformen (Walker 1917, 79–81; 1980, 94–99).

Außerhalb dieser *Wakan*-Klassifikation gab es andere *Wakan*-Wesen, die ihre Macht zu bösen Zwecken einsetzen konnten. Das heißt, *wakan* war keine neutrale Macht, sondern konnte sowohl im guten wie im schlechten Sinne auftreten.

Die Schamanen als rituelle Spezialisten waren offensichtlich die einzigen, die das komplexe System der *Wakan*-Wesen in seiner Gesamtheit überschauten. Außerdem benutzten sie eine rituelle Sprache, die der Allgemeinheit den Zugang zu den religiösen Geheimnissen erschwerte, so daß man davon ausgehen kann, daß nur wenigen Oglala die komplexe Struktur der *Wakan*-Wesen bekannt war. Die Oglala setzten daher im allgemeinen *Wakan Tanka* mit der Sonne gleich, in der sie die höchste Macht des Universums verkörpert sahen (W. Powers 1977, 64–67; siehe auch W. Powers 1986).

Die Schamanen, die die *Wakan*-Wesen kontrollierten, erhielten von diesen die Macht, einen Gegenstand mit einem *tunwan* (Geist) zu versehen. Die wichtigste Kategorie dieser Gegenstände bildete das *wasicun*, die persönliche „Medizin", die die Krieger im Kampf beschützte. Schamanen waren meist solche Leute, die durch physischen Streß oder Krankheit eine bedeutende Vision erlangten, die ihnen die Macht verlieh, mysteriöse Dinge zu vollbringen (DeMallie und Lavenda 1977, 158).

Jedes neugeborene Baby erhielt einen Schutzgeist *(sicun)*, der es vor bösen Geistern beschützte. *Sicun* repräsentierte die Potenz von *Wakan Tanka*, die sich in einem menschlichen Wesen verkörperte. Weiterhin erhielt jeder Mensch bei der Geburt einen Geist *(niya)*, der von den Sternen kam. Darüber hinaus besaß jede Person einen Geist *(nagi)*, der ein nicht-materielles, jedoch unsterbliches Spiegelbild des Körpers darstellte. Die Oglala glaubten, daß der Schutzgeist *(sicun)* nach dem Tode einer Person den Geist *(nagi)* in die Geisterwelt begleitete, die sich jenseits der Milchstraße befand.

Sicun und *niya* kehrten anschließend zu den Orten zurück, von denen sie vor der Geburt des Kindes herkamen. Der Körper des Toten jedoch verfällt zu Nichts (DeMallie 1987, 30).

Die Lakota unterschieden nicht zwischen heilig und profan. Da sie glaubten, daß jedes Ding einen Geist besitzt, wurde es als *wakan* angesehen. Dieser Geist wurde *tunwan* genannt und besaß eine Kraft, die die Macht verlieh, *Wakan*-Dinge zu tun. Die *tunwan* waren jedoch nicht gleich, sondern reflektierten die äußeren Unterschiede lebendiger Formen. Die äußeren Gestalten der Dinge wurden daher nicht als real, sondern lediglich als physische Manifestationen der inneren Kräfte angesehen (DeMallie 1987, 30).

Die Einheit der verschiedenen *Wakan*-Wesen wurde in verwandtschaftlichen Termini zum Ausdruck gebracht. Sie wurden als Mütter, Väter, Großväter usw. angesprochen, um zu demonstrieren, daß alle Dinge im gesamten Universum miteinander verwandt sind. Dies kommt beispielsweise durch White Buffalo Woman zum Ausdruck, die vom „Büffelvolk" ausgesandt wurde, um eine verwandtschaftliche Beziehung zwischen diesem und den Menschen herzustellen, so daß diese immer mit Nahrung versorgt seien und sich vermehren könnten.

Die Heilige Pfeife, die White Buffalo Woman gebracht hatte, bildete das direkte Bindeglied der Lakota zu *Wakan Tanka.* Ihr Rauch trug die Gebete direkt hinauf zur Macht des Universums. Das Beten war für die Lakota eine Beschwörung der Verwandtschaftsbeziehungen. Man erwartete von den *Wakan*-Wesen, daß sie sich so gefällig und großzügig verhielten wie enge Verwandte (Deloria 1979, 19–20). Das verwandtschaftliche Verhältnis zwischen den Menschen, den Bisons und dem Rest des Universums wurde durch den Kreis symbolisiert, unendlich und ganzheitlich.

390. Das zeremonielle Leben

Die Oglala besitzen einen großen Reichtum an Ritualen, die alle Aspekte des Lebens durchdringen. Einige davon, so glauben sie, hatte White Buffalo Woman ihnen beigebracht, andere hatten ihren Ursprung in Visionen.

Die Basis aller Rituale ist die Reinigungszeremonie in der Schwitzhütte (*ini kagapi,* sweat lodge), die sowohl eine körperliche als auch eine geistige Reinigung der Teilnehmer darstellt. Sie kann als eigenständiges Ritual durchgeführt werden oder als Vorbereitung für eine weitere Zeremonie dienen.

Die Rituale sind nicht nur eine Umsetzung des Glaubens in konkrete Handlungen, sondern bieten auch die Möglichkeit zu neuen persönlichen Erfahrungen, vor allem für Männer. Da es keine standardisierte Theologie und keine dogmatischen Glaubensvorschriften gibt, kann sich jedermann über die allgemein akzeptierten Konzepte hinaus sein eigenes Glaubenssystem schaffen, das nur für ihn allein Gültigkeit besitzt. Das wichtigste Mittel dazu ist die Visionssuche.

Die jungen Männer gehen normalerweise während der Zeit ihrer Pubertät auf Visionssuche, denn das Ritual markiert gleichzeitig ihren veränderten Status in der Gesellschaft. Sie begeben sich dazu auf einen abgelegenen Hügel, um in der Einsamkeit zu fasten und zu beten. Der Lakota-Name für die Visionssuche lautet *hanbleceyapi* („crying for a vision") und besagt, daß der Suchende das Mitleid der *Wakan*-Wesen erflehen muß, indem er sich nackt, mit ungekämmtem Haar, tränenreich und demütig zeigt. Damit versucht er die *Wakan*-Wesen zu bewegen, seine Gebete anzuhören, das heißt, ihr Verwandtschaftsverhältnis zu ihm zu akzeptieren. Er steht dabei auf einer Lage aus Sage, dem heiligen Kraut der *Wakan*-Wesen, dessen aromatischer Duft die übelwollenden Kräfte fernhält. Die vier Himmelsrichtungen sind markiert mit Pfählen, an denen bunte Tücher als Opfergaben befestigt sind. Innerhalb dieses heiligen Platzes erfleht er laut eine Offenbarung. Der Visionssuchende erwartet, daß die *Wakan*-Wesen mit ihm in Kommunikation treten. Ist dies der Fall, so weiß er, daß er dazu auserwählt wurde, eine bestimmte Aufgabe in der Welt zu erfüllen. Er erhält zwar keine konkreten Handlungsanweisungen, doch das Muster seiner Vision determiniert bestimmte Verhaltensweisen oder die Übernahme besonderer Pflichten. So kann er dazu bestimmt sein, zukünftig als Heiler zu fungieren oder als *heyoka*, der alles „rückwärts" tun muß.

Obwohl die Visionssuche ein individueller Vorgang ist, ähneln viele Visionsmuster einander, so daß sich die Betreffenden früher zu losen Vereinigungen zusammenschlossen, um die zugehörigen Rituale gemeinsam durchzuführen. Auf diese Weise ist die Vision zur gleichen Zeit ein individuelles und ein kollektives Erlebnis (DeMallie 1987, 33–42).

Die Bedeutung der sieben Riten, die den Lakota von White Buffalo Woman in mythischer Vorzeit gebracht wurden, hat sich bis heute teilweise gewandelt, einige sind sogar völlig in Vergessenheit geraten. Zu diesen gehören die Mädchenpubertätszeremonie und das „Aufwerfen des Balles", ein rituelles Ballspiel, das den Lauf des menschlichen Lebens symbolisiert (siehe Brown 1971, 116–138).

Das Bewahren des Geistes eines Verstorbenen ermöglichte es, mit Hilfe einer seiner Haarlocken seinen Geist für ein Jahr lang bei der Familie festzuhalten. Anläßlich der rituellen Freilassung fand eine Gedenkfeier statt, bei der die betroffene Familie all ihren Besitz verschenkte. Heute wird das eigentliche „Ghost Keeping" nicht mehr durchgeführt, doch der Brauch, den Verstorbenen ein Jahr nach seinem Tod durch eine Gedenkfeier zu ehren, hat sich bis heute erhalten. Dabei werden die Gäste reich bewirtet, und am Ende findet eine Geschenkverteilung in Form eines „Giveaway" statt (Bolz 1986, 171–174).

Die *Hunka*-Zeremonie war ursprünglich eine rituelle Adoption, bei der verwandtschaftliche Bande hergestellt wurden, die noch stärker waren als die der Blutsverwandtschaft. Die Beziehung verpflichtete zur gegenseitigen Hilfeleistung, wobei meist der Ältere den Jüngeren unterstützte. Während der Reservationszeit wandelte sich die *Hunka*-Zeremonie immer mehr in ein Segnungsritual für kleine Kinder, die damit geehrt und zu einem „Child-beloved" gemacht wurden. Sie übernahmen dabei die Verpflichtung, als Erwachsene besonders großzügig und freigiebig zu sein.

Die heutige Form der *Hunka*-Zeremonie erfüllt in erster Linie die Funktion eines Pubertätsrituals, sowohl für Jungen als auch für Mädchen. Ihr Zweck besteht darin, öffentlich kundzutun, daß die Kinder bereit sind, verantwortungsbewußte Mitglieder des Stammes zu werden und die kulturellen Werte der Lakota aufrechtzuerhalten. Sie füllt damit das rituelle Vakuum aus, das der Wegfall der Mädchenpubertätszeremonie hinterlassen hat (M. Powers 1986, 194–195).

Schwitzbad, Visionssuche und Sonnentanz sind bei den Oglala diejenigen traditionellen Zeremonien, die die größte kulturelle Kontinuität aufweisen. Selbstverständlich haben sich ihre äußeren Formen teilweise den veränderten Lebensumständen angepaßt, doch der ursprüngliche Sinn dieser Zeremonie ist bis heute gleichgeblieben.

Immer mehr Oglala bauen sich heute eine Schwitzhütte bei ihrem Haus, um zusammen mit Freunden und Verwandten Schwitzbäder zu nehmen. Dazu muß kein besonderer Anlaß vorliegen, die Zeremonie dient der Entspannung und der Stärkung des Gemeinschaftsgefühls und stellt gleichzeitig ein Bekenntnis zu den traditionellen Werten der Oglala-Gesellschaft dar. Neben der körperlichen Reinigung durch das Schwitzen bedeutet die Teilnahme an dieser Zeremonie vor allem eine geistige Reinigung, bei der durch Gebete und Gesänge alle bösen Gedanken vertrieben werden sollen. Diesem Reinigungsritual muß man sich vor allem dann unterziehen, wenn man wichtige religiöse Handlungen vornehmen will, z. B. auf Visionssuche geht oder am Sonnentanz teilnimmt.

Die klassische Form der Visionssuche wurde oben bereits geschildert. Sie diente in erster Linie der Erlangung von spiritueller Macht, die der Visionär danach in Form von symbolischen Gegenständen zu bewahren suchte. In früherer Zeit wurde diese Macht vor allem dazu benutzt, ein erfolgreicher Jäger und Krieger zu werden.

Heute hingegen ist die Visionssuche vornehmlich ein Prozeß, durch den viele Lakota ihre Identität klären wollen. Sie lernen dabei die religiösen Gebräuche und moralischen Unterweisungen ihres Volkes genau kennen und gewinnen Klarheit über die Ziele ihres Lebens und die Position, die sie als Mitglied ihres Stammes einnehmen. Daher gehen heute nicht nur Männer, sondern vermehrt auch Frauen auf Visionssuche: als Danksagung, um spirituelle Leitlinien zu suchen, oder einfach um in der Einsamkeit zu beten.

397. Der Sonnentanz

Der Sonnentanz war und ist auch heute noch das zentrale rituelle Ereignis im Jahreslauf der Oglala. Die Lakota-Bezeichnung lautet *wi wanyang wacipi* („sun gazing dance") und ist vom In-die-Sonne-Starren abgeleitet, das bei den Oglala als Teil des Rituals durchgeführt wird. Es handelt sich nicht um eine Sonnenverehrung, sondern, wie bei den meisten Plains-Stämmen, um eine Welterneuerungszeremonie und ein Bitten um Fruchtbarkeit.

Durch körperliche Entbehrungen und Kasteiungen versuchen die Sonnentänzer, das Mitleid von *Wakan Tanka* zu erregen, um auf diese Weise den Fortbestand des Stammes zu garantieren. Bei den meisten Plains-Stämmen steht dabei das Fasten im Mittelpunkt, die Torturen spielen nur eine untergeordente Rolle. Lediglich bei den Lakota, allen voran den Oglala, gelten die Torturen als ein wesentlicher Bestandteil des Rituals.

Der Arbeit von James Walker (1917) verdanken wir die umfassendste Synthese des Oglala-Sonnentanzes, die Werner Müller (1970, 81) nicht zu Unrecht als „Bibel des Oglala-Glaubens" bezeichnet hat. Da Walker jedoch niemals einen Sonnentanz selbst miterlebt hat, konnte er aus den Angaben seiner Informanten lediglich eine idealtypische Rekonstruktion anfertigen, der es leider an lebendiger Anschaulichkeit mangelt. Vom Ende des 19. Jahrhunderts gibt es jedoch einige Berichte von Augenzeugen, die Walkers Angaben ergänzen oder bestätigen, so daß wir über die ursprüngliche Form des Sonnentanzes recht gut informiert sind (siehe Bolz 1986, 208–209).

Es handelt sich dabei um ein viertägiges Ritual, bei dem die Teilnehmer innerhalb einer kreisförmigen „Hütte" von etwa zwanzig Metern Durchmesser von morgens bis abends tanzen. Der äußere Ring dieser Konstruktion besteht aus einem Schattendach aus Kiefernzweigen, unter dem die Zuschauer Platz nehmen. In der Mitte steht der heilige Baum, an dem Tuchstreifen und andere Gegenstände als Opfergaben befestigt sind. An ihm befinden sich auch die Seile für die Tänzer, die sich dem „Piercing" unterziehen. Im Westteil der Hütte ist ein kleiner Erdaltar errichtet, auf dem ein Bisonschädel liegt. Daneben sind die Pfeifen der einzelnen Tänzer an einem Holzgestell angelehnt.

Am Sonnentanz nehmen all diejenigen Oglala teil, die ein entsprechendes Gelübde abgelegt haben, meist aus Gründen der Dankbarkeit für die Hilfe aus einer persönlichen Krise oder der Notsituation eines nahen Verwandten. Die Vorbereitungen und rituellen Details sind sehr zahlreich und unterliegen einer großen Variationsbreite, so daß kein Sonnentanz exakt dem anderen gleicht. Geleitet wird er von einem erfahrenen Schamanen, der zahlreiche Helfer hat und in das Ritual meist seine individuellen religiösen Vorstellungen mit einbringt.

Die Tänze werden vom Morgen bis zum frühen Abend durchgeführt, und da der Sonnentanz stets im Hochsommer, Ende Juli oder Anfang August, stattfindet, sind die Tänzer den ganzen Tag der prallen Sonne ausgesetzt. Dabei gilt ein strenges Fastengebot, d. h., die Tänzer dürfen während dieser Zeit keine Nahrung oder Flüssigkeit zu sich nehmen. Das Tanzen erfolgt in einzelnen Zyklen so lange, wie die Trommler und Sänger ihre speziellen Sonnentanzlieder intonieren. Nach jedem Zyklus bieten die Tänzer den Sängern eine ihrer Pfeifen zum Rauchen an. Solange die Pfeife die Runde macht, dürfen sich die Tänzer unter dem Schattendach ausruhen. Ist die Pfeife ausgeraucht, erfolgt die nächste Tanzrunde.

Unter diesen Bedingungen stellt das Tanzen in der heißen Sonne bereits ein entbehrungsreiches körperliches Opfer dar, das noch dadurch verschärft wird, daß die Männer ständig auf ihren Pfeifinstrumenten aus Adlerknochen blasen, was den Durst zusätzlich erhöht. Die schwerste Prüfung für die männlichen Teilnehmer kommt am vierten Tag, wenn sie sich dem „Piercing" unterziehen. Sie werden dazu auf ein Bisonfell am heiligen Pfahl gelegt, und der Schamane macht jeweils zwei parallele Schnitte in die Haut oberhalb der Brustwarzen, durch die zwei hölzerne Spieße gesteckt werden. An diesen befestigen sie die Schlaufen eines Seils, das mit dem Pfahl verbunden ist. Die teilnehmenden Frauen dürfen sich zwar nicht dem eigentlichen „Piercing" unterziehen, doch auch sie bringen ein schmerzvolles Opfer dar, indem sie sich kleine Hautstückchen aus den Oberarmen schneiden lassen. Bei dieser Gelegenheit bekommen auch Kinder die Ohren durchbohrt, ein symbolischer Akt, durch den sie in die Gemeinschaft des Stammes aufgenommen werden.

In der Schlußphase des Sonnentanzes müssen die Tänzer versuchen, sich vom heiligen Pfahl zu befreien, mit dem sie durch das Seil verbunden sind. Dazu tanzen sie hin zum Pfahl, um dort zu beten, und wieder zurück, wobei sie sich weit nach hinten lehnen, um das Seil zu straffen, so daß ihre Brusthaut nach vorn gezogen wird. Dies wiederholen sie zweimal, und beim viertenmal werfen sie sich mit ihrem ganzen Gewicht rückwärts gegen das Seil, so daß die Haut durchreißt und sie vom Pfahl loskommen. Das Singen und Tanzen wird erst dann beendet, wenn sich auch der letzte Tänzer vom Pfahl befreit hat. Für alle Beteiligten stellt der Sonnentanz ein echtes Opfer dar. Selbst für diejenigen, die sich nicht dem „Piercing" unterziehen, bedeutet er eine schwere Prüfung für ihre Tapferkeit und ihr Durchhaltevermögen (Bolz 1986, 208–212).

Als die US-Regierung den Sonnentanz 1881 auf Drängen der Missionare verbot, wurde vor allem das blutige Opfer als Begründung aufgeführt, das die Weißen als grausam und barbarisch ansahen. Für die Oglala hingegen stellt der Sonnentanz den höchsten Ausdruck ihrer Verehrung von *Wakan Tanka* dar und bildet die Quelle des Wachsens und Gedeihens und der Erneuerung aller Dinge. Der entbehrungsreiche und schmerzvolle Akt ist eine Danksagung und ein Opfer im Namen des gesamten Volkes.

Bei Black Elk heißt es wiederholt: „O *Wakan Tanka,* be merciful to me, that my people may live! It is for this that I am sacrificing myself“ (Brown 1971, 87). Es genügt also nicht, *Wakan Tanka* irgendeinen Gegenstand oder ein Tier zu opfern, es muß etwas sein, das einem Menschen wirklich wertvoll und teuer ist: sein eigenes Fleisch und Blut.

Auch in einer Mythe über den Ursprung des Sonnentanzes wird deutlich darauf hingewiesen, daß es ohne Blutvergießen nicht geht, um die Ernsthaftigkeit des Teilnehmers unter Beweis zu stellen (Walker 1917, 214–215).

Trotz des Verbotes von 1881 wurde der Sonnentanz bei den Oglala heimlich weiter durchgeführt, so daß seine Kontinuität auch nach der Jahrhundertwende erhalten blieb. In den sechziger Jahren jedoch schien nur noch die ältere Generation Interesse an diesem Ritual zu haben, das Verschwinden des Sonnentanzes war offenbar nur noch eine Frage der Zeit. Zwar versuchte der Stammesrat, aus der Zeremonie eine Touristenattraktion zu machen, doch mit wenig Erfolg.

Zu Beginn der siebziger Jahre zeigte sich jedoch ein neues Selbstbewußtsein unter den Indianern Nordamerikas. Die Red-Power-Bewegung machte von sich reden, und vor allem junge Leute wandten sich wieder verstärkt ihren Traditionen zu. Auf der Pine-Ridge-Reservation hatte das American Indian Movement (AIM) einen starken Einfluß auf den Sonnentanz erlangt und sorgte dafür, daß sich der äußere Rahmen der Zeremonie vollständig veränderte. Alle touristischen und nicht-religiösen Aktivitäten wurden abgeschafft und die Benutzung von Kameras oder Tonbandgeräten verboten. Damit sollte alles vermieden werden, was den religiösen Charakter des Festes stören konnte, und der Sonnentanz sollte wieder zur großen integrierenden Stammeszeremonie werden. Die Zahl der Teilnehmer stieg ständig an, und es waren vor allem junge Mitglieder des American Indian Movement, die zum Sonnentanz auf die Reservation kamen, um dort ihr traditionelles Erbe zu suchen. Sie betrachteten ihre Teilnahme an dieser Zeremonie als wichtige Station auf dem Wege ihrer kulturellen Erneuerung und als öffentliches Bekenntnis ihres Indianertums. Damit wurde der Sonnentanz der Lakota weit über die Reservationsgrenzen hinaus zu einem allgemeinen Symbol für „Widerstand gegen Integration“ und zu einem kulturellen Merkmal, das eine positive ethnische Identität vermittelt (Bolz 1986, 214–218).

Die Oglala sind sich zwar der Tatsache bewußt, daß sich ihre Kultur und damit auch ihre Religion in den letzten hundert Jahren stark gewandelt hat, doch sind sie davon überzeugt, daß sich an den Grundsätzen ihres traditionellen Glaubens nichts geändert hat. Der Lakota-Künstler Arthur Amiotte (1987, 89) hat dies folgendermaßen zum Ausdruck gebracht:

> „Despite our having taken on many aspects of modern technology, the sacred intent contains to remain the same. That is the very core of the meaning of sacred Lakota traditions.“

Bibliographie

Amiotte, Arthur, The Lakota Sun Dance. Historical and Contemporary Perspectives, in: *Raymond J. DeMallie / Douglas R. Parks* (Hrsg.), Sioux Indian Religion – Tradition and Innovation (Norman 1987) 75–89.

Bolz, Peter, Ethnische Identität und kultureller Widerstand. Die Oglala-Sioux der Pine-Ridge-Reservation in South Dakota. Campus Forschung 490 (Frankfurt 1986).

Brown, Joseph Epes, The Sacred Pipe. Black Elk's Account of the Seven Rites of the Oglala Sioux (Baltimore 1971).

Deloria, Ella C., Speaking of Indians (Vermillion 1979).

DeMallie, Raymond J., Lakota Belief and Ritual in the Nineteenth Century, in: *Raymond J. DeMallie / Douglas R. Parks* (Hrsg.), Sioux Indian Religion – Tradition and Innovation (Norman 1987) 25–43.

DeMallie, Raymond J. / Lavenda, Robert H., Wakan. Plains Siouan Concepts of Power, in: *R. R. Fogelson / R. N. Adams* (Hrsg.), The Anthropology of Power (New York 1977) 153 bis 165.

ders. / Parks, Douglas R. / (Hrsg.), Sioux Indian Religion – Tradition and Innovation (Norman 1987).

Jahner, Elaine A., Lakota Genesis. The Oral Tradition, in: *Raymond J. De Mallie / Douglas R. Parks* (Hrsg.), Sioux Indian Religion – Tradition and Innovation (Norman 1987) 45–65.

Melody, Michael E., Maka's Story. A Study of Lakota Cosmogony (Journal of American Folklore 90, 1977) 149–167.

Müller, Werner, Glauben und Denken der Sioux (Berlin 1970).

Powers, Marla N., Oglala Woman – Myth, Ritual, and Reality (Chicago 1986).

Powers, William K., Oglala Religion (Lincoln 1977).

–, Sacred Language. The Nature of Supernatural Discourse in Lakota (Norman 1986).

Walker, James R., The Sun Dance and other Ceremonies of the Oglala Division of the Teton Dakota (Anthropological Papers of the American Museum of Natural History 16/2, 1917) 55–221.

–, Lakota Belief and Ritual. Hrsg. v. *Raymond J. DeMallie/Elaine A. Jahner* (Lincoln 1980).

–, Lakota Society. Hrsg. v. *Raymond J. DeMallie* (Lincoln 1982).

–, Lakota Myth. Hrsg. v. *Elaine A. Jahner* (Lincoln 1983).

NEUNUNDVIERZIGSTES KAPITEL

Shintô und Volksreligion – Japanische Religiosität im historischen Kontext[1]

Nelly Naumann

392. Begriffsklärungen

Das Wort Shintô ist wohl jedem vertraut, der sich für Japan interessiert. Man kann es in allen Büchern über Japan lesen: Shintô ist die einheimische oder (wie manche sagen) die Nationalreligion Japans, die aus Natur- und Seelenkult, aus Ahnenverehrung und mythologischen Vorstellungen entstanden ist. Eine einfache Definition für eine einfache Sache. Ich möchte allerdings hinter diese Definition ein Fragezeichen setzen.

Daß die Sache nicht ganz so einfach ist, zeigt sich schon an der mehrdeu-

---

[1] Ursprünglich als Vortrag gehalten. Bei der Drucklegung wurde seinerzeit auf Anmerkungen verzichtet, da die damals erreichbare Literatur in westlichen Sprachen in bezug auf die Geschichte der einheimischen Religion Japans nicht weiterführen konnte. Die „Japanische Religionsgeschichte" von *Wilhelm Gundert* (Stuttgart 1935) ist heute gerade in dieser Beziehung überholt; neuere Publikationen sind entweder ahistorisch orientiert wie z. B. diejenigen von *Jean Herbert* (Aux sources du Japon. Le Shintô [Paris 1964]; Les dieux nationaux du Japon [Paris 1965]), *Edmond Rochedieu* (Der Schintoismus [Genf 1973]), *Floyd Hiatt Ross* (Shinto, the way of Japan [Boston 1965]), oder sie sind zu kursorisch (wie z. B. *H. Byron Earhart*, Japanese Religion. Unity and Diversity [Belmont, Calif., 1968]), in überholten Klischees befangen (z. B. die entsprechenden Teile von *Joseph M. Kitagawa*, Religion in Japanese History [New York 1966]), von der Methode her untragbar (z. B. *Matthias Eder*, Geschichte der japanischen Religion, 2. Vols. [Tokyo 1978]). Nunmehr kann jedoch verwiesen werden auf *Nelly Naumann*, Die einheimische Religion Japans, Teil 1: Bis zum Ende der Heian-Zeit (Handbuch der Orientalistik, Fünfte Abt. Japan, Bd. 4, 1. Abschn.) (Leiden 1988).

Zu einigen Einzelproblemen, auf die oben Bezug genommen wird, seien folgende Arbeiten genannt: *Josef Kreiner*, Die Kultorganisation des japanischen Dorfes (Wien 1969); *Toshio Kuroda*, Shinto in the History of Japanese Religion, in: Journal of Japanese Studies, Vol. 7–1 (1981) 1–21; *Alicia Matsunaga*, The Buddhist Philosophy of Assimilation. The historical Development of the honji-suijaku-Theory (Tokyo 1969) (bezieht sich auf die Vermischung von Buddhismus und einheimischer Religion). *Nelly Naumann*, Yama no kami – die japanische Berggottheit, Teil I u. II, in: Asian Folklore Studies, Vol. 22 (1963) 133–366; Vol. 23–2 (1964) 48–199. – Einige Bemerkungen zum sogenannten Ur-Shintô, in: Nachrichten der Gesellschaft für Natur- und Völkerkunde Ostasiens, Nr. 107/108 (1970) 5–13. – Zu einigen religiösen Vorstellungen der Jômon-Zeit, in: Zeitschrift der Deutschen Morgenländischen Gesellschaft, Vol. 127–2 (1977) 398–425. – Zur ursprünglichen Bedeutung des harahe, in: Bonner Zeitschrift für Japanologie, Bd. 1 (1979) 169–190. – Sakahagi: The „Reverse Flaying" of the Heavenly Piebald Horse, in: Asian Folklore Studies, Vol. 41–1 (1982) 7–38. – Die webende Göttin, in: Nachrichten der Gesellschaft für Natur-Völkerkunde Ostasiens, Nr. 133 (1983) 5–76.

tigen Verwendung des Wortes Shintô im heutigen japanischen Sprachgebrauch. Hier gilt Shintô dem einen als Sammelbegriff für alle einheimischen religiösen Vorstellungen; der andere aber versteht unter Shintô speziell Kulthandlungen, die mit Götterschreinen verknüpft sind, und Glaubensinhalte, die von der Priesterschaft dieser Schreine formuliert und vertreten werden. Shintoistische Theologen wiederum teilen ihren Shintô gleich in vier verschiedene Shintôs auf: einen Shintô des Kaiserhauses, einen Schrein-Shintô (der dem eben beschriebenen speziellen Shintô-Begriff entspräche), den Sekten-Shintô und einen Volksshintô. Charakterisiert werden diese vier Arten des Shintô folgendermaßen: Der Shintô des Kaiserhauses bildete ursprünglich den Kern des Staatsshintô. Er wird, nachdem der Staatsshintô 1945 auf Befehl der Amerikaner abgeschafft wurde, in Form von Riten im Kaiserhaus weitergeführt. Diese stellen die ältesten religiösen Zeremonien dar, z. T. innerhalb der beteiligten Priesterschaft geheim überliefert und daher Außenstehenden unbekannt. Auch der Schrein-Shintô bestand aus Staatsritualen; zugleich aber fanden in den Schreinen auch volkstümliche Zeremonien statt, so daß der Schrein-Shintô heute auch als volkstümliche Religion überlebt.

Der Sekten-Shintô ist das Resultat einer religiösen Entwicklung des Shintô in neuerer Zeit. Er wurde von der Abschaffung des Staatsshintô ebensowenig berührt wie der Volksshintô, der nach Ansicht dieser Theologen aus Magie und zeremoniellen Praktiken des Volkes besteht, so daß man auch einfach von „Volksglauben“ sprechen könnte. Für die Volkskundler, die sich gerade mit dem Volksglauben befassen, ist Volksglaube mehr als nur eine Summe volkstümlicher Vorstellungen von Gottheiten und Geistern, deren Kult im Brauchtum verankert ist. Für sie liegen diese Vorstellungen des einfachen Volkes an der Wurzel aller einheimischen Religion. Manches allerdings, was das Volk glaubt und praktiziert, ist auch ihnen schlicht Aberglaube.

Wieder anders sehen es manche Religionswissenschaftler. Unter Volksglauben verstehen sie eine breite Schicht vager religiöser Vorstellungen, die dem Leben und Denken aller Japaner zugrunde liegen sollen. Diese Vorstellungen sollen zwar beherrscht sein vom Gedanken der Ahnenverehrung, gleichzeitig aber auch unterschiedlich durchsetzt mit buddhistischem, konfuzianischem und taoistischem Gedankengut. Dieses schwer greifbare, kaum näher definierbare Gemisch wird auch als Volksreligion bezeichnet.

Der besondere Charakter des Shintô wird von Shintô-Theologen schließlich noch folgendermaßen beschrieben: „Die Tatsache, daß der orthodoxe Shintô durch keine bindenden Schriften und Dogmen eingeengt wird, daß er den Gegensatz zwischen den Religionen transzendiert und daß er eine lange Tradition als Staats- und Nationalkult besitzt – all dies stellt den Shintô des Kaiserhauses und den Schrein-Shintô in eine Kategorie außerhalb der Frage nach Religionsfreiheit und ruft in der Tat die Frage hervor, ob Shintô – mit Ausnahme der Sekten – überhaupt eine Religion ist oder nicht."

In dieser Selbstdarstellung wird also von vornherein alles ausgeklammert, was unter Volksshintô verstanden werden könnte. Für die Hüter der Großen Tradition des offiziellen Shintô ist die Kleine Tradition, die mündliche Überlieferung des Volkes, so unwichtig, daß man sie einfach übersieht. Sie existiert nicht. Orthodoxer Shintô, das ist Shintô des Kaiserhauses und Schrein-Shintô, und diese sind identisch mit Staats- oder Nationalkult. Abgesehen von dem Widerspruch, wie sich Orthodoxie ohne bindende Schriften und Dogmen festlegen läßt, öffnet sich hier unversehens ein klaffender Riß zwischen einer außerordentlichen Fülle religiöser Erscheinungen einerseits und einem Shintô-Begriff, der nicht nur äußerst eng gefaßt, sondern zudem außerhalb des Religiösen angesiedelt wird, und zwar unter Berufung auf die Tradition.

Man sieht schon aus diesem wenigen, wie verwickelt die Situation, wie verschieden die Meinungen sind. Die einfache Frage, was ist Shintô, läßt sich nicht ohne weiteres beantworten. Immerhin ist festzustellen, daß Shintô und einheimische Religion nicht einfach identisch sind. Daraus ergibt sich die Notwendigkeit eines Auseinanderhaltens der beiden Erscheinungen. Zudem müssen wir uns fragen, ob die verwirrende Situation der Gegenwart nicht ihre Erklärung findet, wenn wir etwas in die Vergangenheit zurückblicken.

393. Historischer Rückblick

Vom Beginn der siebziger Jahre des vorigen Jahrhunderts an bis 1945 war unsere Frage per Gesetz entschieden, da war Shintô jener Staatskult, dem jede religiöse Komponente abgesprochen wurde. Daß es aber eine religiöse Komponente gab, zeigte der Widerstand der Priesterschaft mancher alter, traditionsreicher Schreine. Der Propagierung des Shintô als Staatskult war indessen eine Maßnahme vorausgegangen, die für das religiöse Leben Japans viel einschneidender war als später dessen Abschaffung, nämlich die ebenfalls staatlich verordnete Trennung von Buddhismus und Shintô. Sie wirft ein Licht auf das, was Shintô vor der Meiji-Zeit gewesen sein muß, nämlich synkretistischer, religiöser Glaube. Konnte man aber nach einem Zeitraum von mehr als 1000 Jahren innigen religiösen Miteinanders überhaupt noch erkennen, was ursprünglich Shintô war? Nun, hier hatten Gelehrte Vorarbeit geleistet, die sich vom ausgehenden Mittelalter an auf philologischer Basis mit den Schriften des Altertums befaßten. Zwar stritt und polemisierte man noch im 17. und 18. Jahrhundert darüber, was Shintô denn eigentlich sei, doch allmählich setzten sich jene durch, die Shintô als die Essenz einheimischen Denkens und Glaubens im Gegensatz zu allem Fremden, Buddhismus wie Konfuzianismus, betrachteten. Das Wesen des Shintô aber sahen sie am reinsten verkörpert in den ältesten Schriftdenkmälern Japans, vorab in der Mythologie und frühesten Geschichte, wie sie das *Kojiki* berichtet, das den Buddhismus mit keinem Wort erwähnt.

Aus Mythologie und Idealisierung des Altertums drängte sich erneut der Gedanke an die Göttlichkeit des Kaisers, an seinen himmlischen Herrschaftsauftrag in den Vordergrund. Dies war in einer Zeit der völligen Entmachtung und Bedeutungslosigkeit des Tennôtums gleichzeitig ein eminent politischer Gedanke. Aus der Idealisierung des Altertums und aus der Interpretation der Mythen, wie sie von diesen Gelehrten entwickelt wurde, ergab sich aber auch die Idealisierung des eigenen Volkes, das ein auserwähltes Volk sein mußte. Selbst den Mangel versuchte man dabei in Tugend umzumünzen: daß z. B. der eigenen Tradition jeder Moralkodex fehlt, schien das beste Zeichen dafür, daß das auserwählte Volk von vornherein keinen nötig hatte. In dieser in Gelehrtenstuben entwickelten Lehre, die weit davon entfernt war, den eigentlichen religiösen Gehalt der Mythen zu erfassen, sind die direkten Wurzeln des modernen Staatsshintô zu sehen.

Die Lehre, die sich als Shintô begriff, ignorierte zweierlei: die religiösen Vorstellungen des Volkes, die in den alten Schriften nicht vorgeprägt waren, und die Entwicklung der einheimischen religiösen Vorstellungen unter dem Einfluß fremder Religionen oder Denksysteme. Auf heftige Ablehnung stießen als Shintô bezeichnete synkretistische mittelalterliche Lehrsysteme, die teils von Schreinpriestern, teils von buddhistischer Seite entwickelt worden waren: Hier war die reine Lehre bestenfalls entstellt und verfälscht. Was die Lehrer der Nationalen Schule jedoch selbst an theologischer Exegese zu bieten hatten, war wenig, und das Wenige ist oft mehr Zeugnis naiver Frömmigkeit denn religiöser oder religionshistorischer Einsicht.

Es ist das Verdienst einer modernen Religionswissenschaft und Volkskunde, die Erforschung dieser Gebiete in Angriff genommen zu haben. Man hat sich dabei allerdings nicht immer freihalten können von Prämissen, Hypothesen und Theorien, die den Geist der alten Nationalen Schule atmen, auch wenn, wie bei den Volkskundlern, statt der Großen jetzt die Kleine Tradition des Volkes in den Mittelpunkt gestellt wird. Zu den Prämissen gehört neben dem Glauben an die Homogenität der japanischen Kultur auch der Glaube an ihre Einmaligkeit, besonders im Hinblick auf die Phänomene des Religiösen, die entsprechend hochstilisiert werden. Es gehört weiterhin dazu der Glaube an eine Kontinuität vor allem der religiösen Seite der Volkskultur seit der frühesten Vorzeit. Diesen Prämissen kann man sich nicht ohne weiteres anschließen. In der Tat zeichnet sich deutlich eine Kontinuität gewisser religiöser Phänomene seit dem Altertum, d. h. seit der frühesten konkret erfaßbaren Zeit ab; gleichzeitig sehen wir aber auch, wie Buddhismus, Taoismus und Konfuzianismus dazu beigetragen haben, diese Vorstellungen zu modifizieren, zu verändern, zu bereichern. Des weiteren zeichnet sich erst innerhalb dieses ganzen Prozesses auch die Rolle und die Eigenentwicklung jenes Komplexes ab, der den Namen Shintô trägt.

Wenn wir nun diesen Prozeß und sein Ergebnis als Ganzes erfassen wollen, müssen wir als erstes die grundlegenden Prinzipien der einheimischen religiösen Vorstellungen Japans kennenlernen.

394. Prinzipien einheimischer religiöser Vorstellungen Japans

Am ehesten können wir die japanische Religion als eine Religion der *kami*-Verehrung bezeichnen. Wir haben für das Wort *kami* kein eigentliches Äquivalent. Wie alle japanischen Wörter zeigt es weder Geschlecht noch Anzahl an: *kami* kann ein weibliches oder männliches göttliches Wesen, ein einzelnes oder viele bezeichnen; es wird für den christlichen alleinigen Gott ebenso verwendet wie für Wesen, die wir eher als Geister ansehen würden: Wald- und Wassergeister, Hausgeister und viele andere Kollektivgeister. Da der Begriff so umfassend ist, läßt er sich kaum genauer umreißen. Am ehesten kann man ihn negativ fassen: *kami* sind weder allwissend noch allmächtig, weder grundlegend gütig noch grundlegend böse, sie sind nicht einmal allgegenwärtig. Tatsächlich bilden Herbeirufen der Gottheit vor Beginn einer Kulthandlung und ihr Wegsenden nach Beendigung der Feier einen wesentlichen Bestandteil des Rituals an Götterschreinen – ein sicheres Zeichen dafür, daß die Gottheiten normalerweise nicht anwesend sind. Der *shintai*, der „Gott-Körper", wie er in den jeweiligen Heiligtümern aufbewahrt wird – Spiegel, Schwert, Kamm, Stein oder irgendein anderer Gegenstand – gilt nur als Symbol der Gottheit oder als ihr Sitz, wenn sie zur Kulthandlung erscheint. Manchmal werden aber auch Bäumchen, Pfosten, Opferstäbe oder andre, meist in die Höhe ragende Gegenstände als temporärer Sitz der Gottheit aufgestellt, was zu der Schlußfolgerung veranlaßte, die *kami* kämen von oben, vom Himmel herunter.

Der Besucher eines Götterschreins verhält sich allerdings so, als sei die Gottheit anwesend. Er klatscht in die Hände, um ihre Aufmerksamkeit zu erregen, und verneigt sich dann ehrfürchtig vor ihr. Das soll jedoch eine neue Entwicklung darstellen, ausgelöst durch die wachsende Reiselust der Menschen in den letzten zwei Jahrhunderten, die sich vornehmlich in ausgedehnten Wallfahrten äußerte. Hier wird indessen ein wichtiger Faktor bei der Ausbildung der neueren Gottesvorstellung außer acht gelassen, nämlich die intensive Durchdringung von einheimischen Vorstellungen und Buddhismus. Die buddhistischen Nothelfer sind ja immer da und haben stets ein offenes Ohr für die Nöte der Menschen – sollte es da bei den *kami* anders sein, da die *kami* doch, wie man durch Jahrhunderte glaubte, nur andere Erscheinungsformen der Buddhas und Bodhisattvas, der buddhistischen Heiligen und Nothelfer waren?

So ist denn auch für den einfachen Menschen heute ein *kami* in der Hauptsache ein Nothelfer, nicht unähnlich den katholischen Heiligen. Zum einen wallfahrten die Studenten vor ihren Examina, zum anderen werdende Mütter, einer heilt Augenleiden oder Zahnweh, ein anderer hilft, wenn man in den Ehestand treten will und noch nicht das Richtige gefunden hat.

Mag man nun im Ungewissen sein, ob die *kami* in ihren Schreinen stets gegenwärtig sind oder nicht – will man sie an anderer Stätte verehren, so ist die Übertragung einer „Abspaltung" vonnöten. Sie ist so unsichtbar, wie normalerweise die *kami* selbst unsichtbar sind. Zu ihrer prinzipiellen Unsichtbarkeit tritt indessen die Fähigkeit, sich sichtbar zu machen, als Lebewesen oder als Gegenstand in Erscheinung zu treten bzw. in einem Gegenstand gegenwärtig zu sein.

Wiederum kann man davon ausgehen, daß man sich die Götter prinzipiell anthropomorph vorstellt. Doch müssen wir hier Einschränkungen machen. In der Mythologie und im Volksglauben treten bestimmte Gottheiten auch in Schlangengestalt auf; es gibt Berggottheiten, die in der Gestalt von Jagdtieren erschienen, und manches läßt darauf schließen, daß die tiergestaltigen Boten einiger *kami* einen Hinweis auf deren eigene frühere Tiergestalt geben. In diesem Zusammenhang ist wieder zu erwähnen, daß der Anblick der Gottheit dem Menschen letztlich Verderben bringt und daher unbedingt zu meiden ist.

Wir haben das Wort *kami* bis jetzt in seiner weitgespannten Bedeutung genommen. Wollten wir aufgrund des bisher Gesagten das Wesen des *kami* näher definieren, so könnte man etwa sagen, *kami* sind Geistwesen im Besitz von besonderen Kräften, die sie dem Menschen überlegen machen und die sie befähigen, dem Menschen in verschiedenen Nöten zu helfen.

Trotz dieser allgemeinen Charakteristik sollten wir nun eine Trennung vornehmen in Gottheiten mit einem individuellen Eigennamen und in Gottheiten oder Geister, deren Bezeichnung lediglich auf ihre Funktion hinweist. Eine solche Trennung wird schon durch die Mythologie nahegelegt und läßt sich mühelos bis auf den heutigen Tag verfolgen.

Es sind die *kami* mit individuellem Namen, die in der Mythologie als handelnde Personen auftreten; gleichzeitig sind solche *kami* Ahnen oder Ahnengötter der verschiedenen Sippen, die im frühen Japan eine Rolle spielten, und wiederum sind es dieselben *kami,* die bis auf den heutigen Tag in den eigentlichen Shintô-Schreinen verehrt werden. Freilich treten zahlreiche Götter in der Mythologie nur blitzartig mit ihrem Namen hervor und bleiben im übrigen und für alle Zeit vollständig in Dunkel gehüllt.

Eine weitere Kategorie von Göttern mit individuellem Namen, die allenthalben in Schreinen Verehrung genießen, wird durch eine nicht kleine Schar von *kami* gebildet, die sich den Menschen im Traum oder durch Orakel kundgetan haben. Beispiele dieser Art kennen wir schon aus der frühesten Geschichte Japans, wir kennen sie aber auch aus der jüngsten Vergangenheit, wenn wir nur einen Blick auf die Gründungsgeschichte mancher der „neuen Religionen" werfen. Das Schema der Offenbarungen ist dabei im Prinzip stets dasselbe. Die Gottheit, die sich im Traum oder durch den Mund eines Mediums vernehmen läßt, bezeichnet sich als Urheber eines bestimmten Fluches: Plötzlicher Tod einer hohen Persönlichkeit, Mißernte, Seuchen, Katastrophen oder auch einfach nur der krankhafte, verzweifelte Zustand des Mediums sind ihr Werk. Ihren Fluch wird sie zurücknehmen, sobald ihr an der und der Stelle ein Schrein errichtet und Land vermacht wird, Priester eingesetzt und Opfer dargebracht werden, oder auch einfach nur, sobald das Medium sich ihr vollständig und vorbehaltlos anheimgibt. Solche Offenbarungen können von bekannten oder bislang unbekannten Gottheiten ausgehen, aber auch von rächenden Totengeistern, die einen Groll auf die Lebenden hegen. Hier gewinnt die Gottheit eine neue Dimension: Sie erscheint als eifernde und rachegierige Gottheit, die dem Menschen Böses schickt, sich jedoch versöhnen läßt, wenn man ihren Anweisungen folgt.

Anders die Kollektivgötter oder -geister: die Götter und Geister der Berge und Wälder, Flüsse und Meere, der Felder, der Bäume, der Steine und Wege usw. Von ihnen erfahren wir in der Mythologie nur, daß sie gezeugt und geboren wurden wie alles auf dieser Welt; wir erfahren, daß sie wild und ungestüm waren und von den Göttern und Helden des Yamato-Volkes gebändigt werden mußten. Aber immer noch sind es – oder waren es doch bis in jüngste Zeit – diese namenlosen Götter und Geister, die im täglichen Leben des einfachen Mannes eine weit größere Rolle spielten als die Götter der großen Schreine. Mit jenen kam man eher selten in Berührung, auf einer Wallfahrt etwa, und im übrigen erwirbt man sich zu Beginn des Jahres von durchziehenden Händlern einen Amulettzettel von diesem oder jenem Schrein, den man hinter dem Wandbrett für die Opfergaben an die Wand klebt, um ihn vermutlich wieder zu vergessen. Die Verehrung der namenlosen Götter und Geister jedoch, ihre bescheidenen Feste im Rahmen des Jahreslaufs wie im Lebenslauf des einzelnen waren von ausschlaggebender Bedeutung. Sie bedurften keiner Schreine und keiner Priesterschaft. Es ist selbstverständlich, daß Berg- und Waldgötter ihren Wohnsitz im Wald haben, wo sie immer anzutreffen sind – man braucht sie nicht erst zu rufen. Im Gegenteil! Sie sind da, ob man will oder nicht, und achten streng darauf, daß der Mensch, der im Wald zu tun hat, sich richtig verhält, d.h., daß er alle Tabu-Vorschriften befolgt. Ihre Opfergaben erhalten sie zu den durch den Brauch festgesetzten Zeiten an den Stellen, die seit Generationen dazu dienten. Es gehört sich aber auch, daß der Jäger, der ein Wild erlegt, der Waldarbeiter, der einen besonders schönen Baum fällt, für dieses Geschenk der Gottheit besonderen Dank abstattet. Nicht anders der Fischer bei seinem Fang, der Bauer nach der Ernte. Ein jedes Ding hat seinen Spender oder seinen Herrn, der über ihm wacht. Der Feldergott ist gegenwärtig in der letzten Garbe, dem Herdgott opfert die Hausfrau auf dem Deckel des großen Kochkessels, der Gott der Wege mit seinen vielen Aufgaben wird in einem Stein verehrt, der an der Dorfgrenze steht. Dort kann er die Seuchengötter abwehren und die Reisenden auf den Wegen beschützen, und da er ein phallischer Gott ist, sorgt er auch für Fruchtbarkeit, wo immer sie gewünscht wird. Am Wohlwollen dieser namenlosen *kami* hängt das ganze Leben, und von vielen heißt es, daß sie zornig sind und Unheil schicken, wenn man sie nicht in der richtigen Weise ehrt und ihre Vorschriften nicht befolgt. Doch bedarf es dazu keiner Medien und Träume, denn das Herkommen, die alten Bräuche lehren den Menschen, wie er sich ihnen gegenüber zu verhalten hat.

395. Kult und Kultstätten

Trotz alledem bleibt das Gottesbild der einheimischen Religion Japans vage. Erst recht sehen wir aber innerhalb einer Religion, die keine Dogmen, keine verbindliche Lehre kennt, keine Möglichkeit, den Inhalt irgendeiner Glaubenslehre zu formulieren. Was man am ehesten als Grundlage des Glaubens bezeichnen möchte, nämlich die Mythologie, bezieht sich nicht auf den praktizierten Glauben. Am ehesten bieten sich Kult und Kultstätten dem Verständnis dar. Der Schrein gilt als Wohnstätte der Gottheit. Das innerste Heiligtum enthält den *shintai,* den Gott-Körper. Davor liegen Opferhalle und Anbetungshalle, wo der Gläubige im Hof die Möglichkeit hat, die Gottheit zu verehren. Eine Reihe weiterer Gebäude kann die Anlage ergänzen: neben Schreinchen für Nebengottheiten finden sich häufig Tanzbühne, Speicher, Küche zur Herstellung der Opferspeisen, Brauhaus für den Opferwein, Schatzhaus, Schreinbüro, in neuester Zeit auch häufig ein Gebäude zur Durchführung der Hochzeitszeremonie nach Shintô-Ritus – eine ganz neue Einrichtung, möglicherweise in Anlehnung an die christliche Eheschließung entstanden, die sich größter Beliebtheit erfreut. Ein Zaun umgibt die ganze Anlage, die oft in einem Hain mit alten Bäumen liegt, und noch außerhalb des eigentlichen Tores zeigen die charakteristischen *torii* an, daß man sich einem Shintô-Schrein nähert. Niemand allerdings weiß so recht, was diese *torii* bedeuten.

Gleich hinter dem eigentlichen Eingang plätschert ein Brünnlein, und hölzerne Schöpfer zeigen an, daß man sich hier Mund und Hände spülen sollte, um als reiner Mensch das Heiligtum zu betreten. Denn Reinheit, wird bedeutet, ist das zentrale Anliegen des Shintô. Wenn man aber nacheinander mehrere Heiligtümer aufgesucht hat, wird schnell klar, daß Anspruch und Wirklichkeit sich nicht decken. Der größere Teil der Besucher läßt das klare Wasser links liegen. Kaum einer, der sich ein paar Tropfen Wasser über die Finger rinnen läßt, spült auch noch den Mund. Verfall der Sitten in unserer modernen Zeit, wie Eiferer klagen? Mitnichten! Klagen über mangelnde Reinheit und Reinlichkeit im Zusammenhang mit Götterschreinen sind schon aus dem 8. Jahrhundert überliefert, und es sind nicht die einzigen geblieben im Lauf der Geschichte. Doch die Nachlässigkeit der Masse wird kompensiert durch die rigorose Einhaltung der strengen Reinheitsvorschriften, die der Priesterschaft und denjenigen Laien auferlegt sind, die aktiv an einer Kulthandlung teilnehmen.

Was ist aber nun unter Reinheit im Rahmen der japanischen Religiosität zu verstehen? Das Spülen von Hand und Mund ist selbstverständlich eine symbolische Reinigung, ebenso das Bad, dem sich Priester und Laien vor einer Kulthandlung unterziehen – eine strenge Übung, wenn das Bad bei eisiger Winterkälte im Meer oder unter einem Wasserfall genommen wird! Man nennt eine solche Reinigung durch Abwaschen mit Wasser *misogi.* Körper und Geist sollen dadurch von Befleckung befreit werden.

Dasselbe bezweckt eine andere Form der Reinigung, die man *harae,* wegfegen, nennt. Jeder religiösen Zeremonie geht ein *harae* vorauf. Der Priester spricht ein Gebet und schwenkt einen mit Papier- oder Stoffstreifen behängten Stock – damit ist jede Befleckung weggefegt. Um sich bei bestimmten Anlässen selbst zu reinigen, streicht man mit einer Papierpuppe über den Körper und läßt sie dann im Wasser davonschwimmen – um nur ein Beispiel für verschiedene Praktiken zu individueller Reinigung zu nennen.

Vor der aktiven Teilnahme an Kultfesten muß man sich weiteren Vorschriften unterziehen, die demselben Zweck dienen. Sie reichen von einfacher Enthaltsamkeit – kein Fleisch, kein Alkohol, kein Geschlechtsverkehr – bis zu völliger Isolation für einen gewissen Zeitraum, verbunden mit täglichen Waschungen, Gebet, Meditation und dem alleinigen Genuß von Speisen, die an einem eigenen Feuer bereitet wurden, um sicherzustellen, daß sie frei von Befleckung sind. Hier zeigt sich wohl am deutlichsten, daß die Auffassung von Befleckung, von rein und unrein, nicht unbedingt unseren Vorstellungen entspricht. Moderne Shintô-Theologen versichern zwar, daß ein reines Herz und Aufrichtigkeit das zentrale Anliegen seien und daß die Reinigungsriten dazu dienen, das unschuldige Gemüt wiederherzustellen, das notwendig ist, um sich mit der Gottheit zu vereinigen. Nehmen wir aber die Zeugnisse der älteren Zeit, nehmen wir die Fakten, wie sie uns allenthalben bis heute zu Gebote stehen, die Praxis auf dem Lande etwa, wo man nach alter Sitte verfährt, da zeigt es sich, daß eine solche Auffassung von Reinheit relativ neu ist und unter dem Einfluß anderer Religionen entstand. Denn es sind zunächst die Götter selbst, die Reinheit fordern, und das besagt: niemand, der durch Tod oder Blut befleckt ist, darf in ihre Nähe kommen, darf an einer Kulthandlung teilnehmen. Vom reinen Herzen ist da nie die Rede, aber wer in der Verwandtschaft einen Todesfall hatte, wer nur mit jemandem zusammenkam, der Speisen von einem „befleckten" Feuer genossen hatte – der war befleckt. Von einer indirekten Befleckung konnte man sich relativ schnell reinigen, aber über einen Todesfall in der eigenen Familie mußte eine beträchtliche Zeit vergehen, bis das möglich war und damit die Teilnahme am Kult, ja auch nur das Betreten des Schreinbezirks wieder erlaubt waren. Das gleiche galt für die Geburt eines Kindes. Selbstverständlich durfte eine Frau, die ihre Tage hatte, keinen Schrein besuchen, und um ihre Familie nicht unrein zu machen, kochte sie mindestens ihr Essen an einem eigenen Feuer. Denn das Feuer ist ein Medium, das nicht nur jede Verunreinigung auf sich zieht – es gibt sie über die auf ihm gekochte Speise weiter.

Da nun Befleckungen äußerer Art so wichtig sind, ist man versucht, auch nach Befleckungen im Inneren zu fragen, nach der Sünde. Daß aus der japanischen Religiosität keine Ethik hervorgegangen ist, wurde schon erwähnt. Auch dies läßt sich am ehesten aus historischer Sicht erklären. Noch bevor sich aus bescheidenen Ansätzen einheimischer Vorstellungen eine Morallehre hätte entwickeln können, hatten buddhistische Gebote und konfuzianische Ethik die leere Stelle bereits eingenommen.

Diese Ansätze sind jedoch von besonderem Interesse. Für uns ist Sünde ein beabsichtigtes böses Tun, bewußtes Überschreiten göttlicher Gebote. Von begangener Sünde machen wir uns frei durch Reue, wir leisten unter Umständen Buße, und wir hoffen auf Vergebung. Die moderne Shintô-Theologie, die sich einerseits modernem Denken und modernen Problemen nicht verschließen kann, andererseits von den alten Texten ausgehen muß, auf die der Shintô der Neuzeit pocht, erklärt dagegen, die Ursache für eine böse Handlung sei nicht im Inneren des Menschen zu finden, sie entstehe vielmehr unter äußerem Einfluß. Daher kann das Böse ohne weiteres durch ein *harae* weggefegt werden. Überhaupt kann eine Handlung nicht an sich gut oder böse sein. Ihre Bewertung hängt ganz allein von den Umständen ab.

Wie stellen sich jedoch die alten Vorstellungen selbst dar? Schon die ältesten Texte kennen das Wort *tsumi*, das häufig mit „Sünde" übersetzt wird. Aber die Begriffe decken sich nicht, wenngleich das Wort im modernen Sprachgebrauch vorwiegend diese Bedeutung hat, orientiert am Buddhismus und an westlichem Denken. Etymologisch betrachtet, ist *tsumi* etwas, was man jemandem zur Last legt, womit man ihn belastet. Von der auferlegten Last, seiner Schuld, befreit sich der Betroffene durch ein *harae*. Dieses *harae* ist Bußgeld oder Kompensation, die der Geschädigte selbst einfordert. Somit ist das *harae* Teil einer Rechtsordnung, und die Schuld, die zur Last gelegt wird, ist – wie die Beispiele zeigen – keineswegs moralisch zu verstehen.

Mitte des 7. Jahrhunderts, mit der Neuordnung des Rechts nach chinesischem Vorbild, wird das *harae* als Rechtspraxis abgeschafft. Das als Rechtsbrauch obsolet gewordene *harae* wird jedoch einige Jahrzehnte danach, mit neuem Geist erfüllt, in Form einer Staatszeremonie zu neuem Leben erweckt. Aus dem ganzen Staatsgebiet waren vorgeschriebene Sühnegaben abzuliefern, eine Art Sondersteuer, und in der schließlich auf das Ende des 6. und des 12. Monats festgelegten Zeremonie der Großen Reinigung erfolgte dann die Lossprechung von allen *tsumi*, die möglicherweise im Lande begangen worden waren. Der amtierende Priester schwenkte ein Büschel Hanffasern, um das Wegfegen sichtbar zu vollziehen.

Ganz offenkundig wird dem *harae* damit ein ähnlicher Sinn unterlegt wie dem *misogi*, der kultischen Reinigung durch Wasser. Was aber unter *tsumi* zu verstehen ist, geht aus dem Ritualgebet hervor, das bei der Zeremonie rezitiert wird, denn darin werden die „himmlischen" und die „irdischen" *tsumi* im einzelnen aufgezählt. Letztere bestehen aus folgenden Vergehen: Schneiden von lebendiger und von toter Haut; Leukodermie; Auswüchse; verschiedene Arten des Inzests; Beischlaf mit Tieren; Heimsuchung durch kriechendes Gewürm, durch Gottheiten von oben, durch Vögel von oben; Tothexen von Tieren, Hexerei.

Hier sind Dinge zusammengefaßt, die teils vom Menschen selbst ausgehen, teils ihn von außen treffen. Erstere lassen sich als „Sünde" begreifen, doch weder Hautkrankheiten noch Heimsuchungen der genannten Art kann man als Sünde ansehen – aber man kann auch diese Erscheinungen jemandem zur Last legen. Denn *daß* den Menschen solches betroffen hat, das kann nur ein Zeichen göttlicher Mißbilligung sein, was immer die Ursache sein mag.

Die Nennung der „himmlischen" *tsumi* zeigt das Bestreben, die neue Zeremonie an ein mythisches Vorbild anzuschließen: als himmlische *tsumi* gelten nämlich die Untaten des Gottes Susanoo, deretwegen sich die Sonnengöttin in die himmlische Felsenhöhle zurückzog und die Welt im Dunkel ließ. Die Analyse des Mythos läßt zwei Gruppen von Untaten erkennen. Die eine Gruppe, Störung der Feldbestellung und des Erntefestes der Sonnengöttin, gehört zu einer jüngeren Schicht. Man kann hier geradezu von einer Diffamierung des Gottes sprechen, der als Gegenspieler der Sonnengöttin zum Bösewicht gestempelt werden soll. Dieser Gruppe von Vergehen entspricht ein dem Gott auferlegtes *harae*, er hat Bußgegenstände zu entrichten. Hier erscheint das *harae* als Rechtsbrauch einfach in die Götterwelt übertragen und erhält so einen religiösen Hintergrund. Eine bedeutend ältere Schicht des Mythos zeigt eine andere Art von Untaten des Gottes. Durch sein Weinen verursacht der Gott nämlich den Tod alles Lebendigen auf Erden. Dann steigt er zum Himmel auf und bringt den Gestirnen den Tod. Das *harae,* das ihm die Götter diesen Taten entsprechend auferlegen, ist ein Exorzismus: die negativen Kräfte des Gottes werden ausgetrieben, positive Kräfte werden eingeladen; der weinende Gott Susanoo wird durch seine Tränen und seinen Speichel zum Lebensspender. Er setzt damit den ewigen und universalen Kreislauf vom Tod zum Leben, vom Leben zum Tod in Gang. Nicht nur die einzelnen in diesem Zusammenhang auftretenden äußerst altertümlichen Motive wurden jedoch längst nicht mehr verstanden – verschüttet sind schon bei der Niederschrift auch die religiösen Erkenntnisse, die der Mythos einmal vermitteln wollte. Deutlich zeigen die Varianten des Mythos den Überlagerungs- und Rationalisierungsprozeß, durch den unverständlich Gewordenes ausgemerzt oder verständlich gemacht werden sollte. Am weitesten fortgeschritten ist dieser Rationalisierungsprozeß in dem erwähnten Ritualgebet.

Wir müssen es uns versagen, auf die weitere Umformung des *harae* bis zu seiner heutigen Bedeutung einzugehen. Wir haben, bevor wir uns dann der historischen Entwicklung im ganzen zuwenden, noch einen Blick auf den Kult zu werfen. Wir haben schon gesehen, daß der Einzelne den Schrein nach Belieben aufsucht, um Verehrung zu bezeigen oder Bitten vorzubringen. Es ist auch weithin üblich, Kinder einen Monat nach der Geburt in den Schrein zu bringen, den man als den Pfarr- oder Gemeinde-Schrein bezeichnen könnte, um dort dem Schutzgott der Gemeinde vorgestellt zu werden. Desgleichen lassen sich heute – wie schon gesagt – viele junge Paare im Schrein trauen, eine Zeremonie, die früher ganz auf die Familie beschränkt war. Mit dem Tod hingegen will der heimische Kult nichts zu tun haben, auch das Leben nach dem Tode interessiert ihn nicht: Tod und Jenseits sind ganz die Domäne des Buddhismus. Lediglich Priesterfamilien und Verächter des Buddhismus, ein sehr kleiner Prozentsatz der Bevölkerung, lassen sich nach einem ebenfalls neu geschaffenen Shintô-Ritual bestatten. Die Geister ihrer Vorfahren werden analog in einem „Seelenhäuschen“ in der Nähe ihres Götteraltars verehrt, während normalerweise die Seelentafeln im buddhistischen Hausaltar ruhen.

Ein Priester wird selbstverständlich jeden Tag die Götter seines Schreins verehren, Opfer darbringen und irgendwelche Übungen absolvieren. Darüber hinaus aber gibt es nichts, was in irgendeiner Weise unserem Gottesdienst gleichkäme. Als Kult im engeren Sinne können wir eigentlich nur die großen und kleinen Feste betrachten, die im Laufe eines Jahres bei den einzelnen Schreinen anfallen. Hier folgt aber jeder Schrein in vielen Dingen seinen eigenen Gewohnheiten.

Versucht man, das Allgemeine herauszugreifen, so gliedert sich ein solches *matsuri* in zwei Teile: einen feierlichen, ernsten und einen populären, fröhlichen. Der eigentliche Ritus umfaßt dabei das Herbeirufen der Götter, das Rezitieren von Gebeten, Darbringen von Opfergaben, Verzehren der Opfergaben. Diese Handlungen werden von der Priesterschaft durchgeführt, an Schreinen, deren Kult in der Hand von Laien liegt, durch die jeweils dazu Auserwählten. In manchen Schreinen werden Riten überliefert, die nicht nur unter Ausschluß der Öffentlichkeit stattfinden, sondern überdies als Geheimüberlieferung gelten, die seit uralten Zeiten von Priester zu Priester weitergegeben wurde. Vieles ist allerdings heute in der Fachliteratur publiziert worden und damit der Forschung zugänglich. Dabei stellt sich dann manchmal heraus, daß die Tradition nicht gar so alt sein kann, wie sie gerne sein möchte, und manches, von dem man sich unerhört viel Aufschluß versprach, sind nur ein paar leere Worte.

Der fröhliche Teil, der unbedingt zu einem *matsuri* gehört und die volle Teilnahme der Gemeinde einschließt, umfaßt häufig eine Prozession, bei welcher die Götter in Tragschreinen fortbewegt werden und zu der man sich in historische Gewänder kleidet; es gehören dazu Tanz- und Theaterdarbietungen, Wettkämpfe und reichlich Essen und Trinken, Buden, an denen man neben Alltagsdingen vor allem besondere Glücksbringer kaufen kann, die mit dem Schrein oder Fest in Beziehung stehen. Ein *matsuri* hat also recht viel Gemeinsames mit unserer Kirchweih. Auch die Klagen gehören dazu, daß die großen Feste heutzutage nur noch Volksbelustigung seien und daß der ehemalige tiefreligiöse Geist darüber ganz verlorengegangen, die Nebensache zur Hauptsache geworden sei. Dabei übersieht man aber, daß es schon vor 1000 Jahren nicht anders war! Es gibt dafür konkrete Beispiele, und selbst die hohe Staatsgewalt war da machtlos. Vom Fest des Gion-Schreins in Kyôto, heute noch das größte Fest der ehemaligen Hauptstadt, hören wir aus dem Jahre 999, daß Akrobaten, Gaukler, Musikanten und Schausteller auftraten. Sie erregten z. T. das kaiserliche Mißfallen, und so wurden ihre Auftritte verboten, und man sperrte einige ein. Der Volkszorn reagierte darauf so heftig, daß man das Verdikt schnell wieder aufhob.

Einen anderen Charakter tragen weitgehend die bäuerlichen Jahresfeste, die aus dem Volksglauben heraus entstanden und nicht im Zusammenhang mit einem Schrein stehen müssen, wenngleich es hier zahlreiche Möglichkeiten und Beispiele für Mischformen gibt, auf die wir hier nicht eingehen können.

Anders stellen sich uns auch die religiösen Staatsriten dar, auf die wir dann im Zusammenhang mit der historischen Entwicklung des Shintô zu sprechen kommen.

Diese Grundzüge einheimischer Religiosität gelten im wesentlichen für die Gegenwart. Auf einer *kami*-Verehrung der geschilderten Art basierten jedoch auch schon die Lokal- und Stammeskulte vor Einführung des Buddhismus. Träger dieser Kulte waren ihre jeweiligen Priester sowie die lokalen Herren (soweit diese nicht ohnedies identisch waren) bzw. die Sippen- und Stammeshäupter, insgesamt eine adlige Oberschicht. Es gibt Indizien dafür, daß das gemeine Volk an diesen Kulten nicht oder nur wenig teilhatte und statt dessen auch damals schon jene Kollektivgötter verehrte, die ihm bis in jüngste Zeit am Herzen lagen. Auch die Lokal- und Stammeskulte dürfen wir nicht als eine einheitliche Religion betrachten. So wenig wir von diesen Dingen wissen, können wir doch gravierende Unterschiede etwa zwischen dem lokalen Kult von Izumo und dem Stammeskult der Yamato-Herrscher und der mit ihnen verbundenen Sippen erkennen.

396. Religiöse Staatsriten

Zu eben dieser Zeit gab es in Yamato, im Herzen Japans, bereits einen starken Zentralstaat, der die ehemaligen Kleinstaaten im Westen und Süden weitgehend absorbiert hatte. Der nördliche Teil der Hauptinsel lag noch außerhalb der Machtsphäre des Yamato-Reiches, dafür aber war es seit langem im Besitz eines Zipfels von Südkorea und versuchte von da, Einfluß auf die politischen Verhältnisse in Korea zu nehmen. 562 aber verlor das Yamato-Reich dieses Gebiet, und rund 100 Jahre später wurden die letzten noch im verbündeten Gebiet stationierten japanischen Truppen geschlagen und damit der Yamato-Hof endgültig aus der Festlandspolitik ausgeschaltet.

Im Inneren dieses Reiches hatte etwa im selben Zeitraum die Einführung des Buddhismus die Labilität der Machtverhältnisse an den Tag gebracht. Aus den überlieferten Daten geht klar hervor, daß man zu jener Zeit im Buddhismus nichts anderes sah als den Kult einer Gottheit, eines *kami,* wie man sie auch sonst verehrte, nur daß dieser *kami* aus der Fremde stammte und sich nicht selbst geoffenbart hatte. Man überließ den Kult der neuen Gottheit einer Adelsfamilie, die sich dazu bereit erklärte – ganz offenbar, weil sie darin ein Machtinstrument sah, und nicht anders, wie eben jede Sippe ihre eigenen *kami* verehrte. Die folgenden Jahrzehnte sind angefüllt mit Sippenfehden, bei denen es – ohne viel Rücksicht auf das Herrscherhaus – um die Macht im Staate geht. Vorgeschoben werden die Götter. Sind es einmal die alten Götter, die Pestilenz und Hungersnot schicken, aus Zorn über den Kult des neuen Gottes, dessen Kultstätten und Bilder man daraufhin zerstört, so ist es ein halbes Jahr darauf der Fluch des neuen Gottes, der aus Zorn über die Zerstörung neue Katastrophen verursacht. So erkämpft sich der fremde Gott allmählich die Gleichberechtigung, während der politische Machtkampf die prekäre Stellung des angestammten Herrscherhauses bloßlegt. Ende des 6. Jahrhunderts tritt jedoch in Kronprinz *Shôtoku* ein Mann in Erscheinung, dessen Klugheit und Gelehrtheit den Grundstein für eine neue Entwicklung legen. Er erfaßt als erster den Buddhismus als eine Religion: er erkennt nicht nur die Überlegenheit der chinesischen Kultur und des chinesischen Staatswesens, sondern strebt als erster bewußt deren Übernahme an. Dabei soll die chinesische Staatsphilosophie die Machtverhältnisse stabilisieren helfen: wie es am Himmel nur eine Sonne gibt, so kann es auf Erden – und das heißt für ihn auch in Yamato, nicht nur in China – jeweils auch nur einen Herrscher geben. Selbstverständlich berührten solche Gedankengänge sowenig wie die tiefe, buddhistische Frömmigkeit des Prinzen den einheimischen Kult, der von den daran Interessierten weiter ausgeübt wird.

Die Politik des Prinzen wird von seinen Nachfolgern glückhaft weitergeführt. Die Macht liegt schließlich wieder ganz und ungefährdet beim Herrscherhaus. Mit der Taika-Reform von 645 beginnt man systematisch, den Geschlechter-Staat des Yamato-Reiches umzuwandeln in einen zentralistischen Beamtenstaat nach chinesischem Vorbild. Da die außenpolitischen Ambitionen ein Ende gefunden haben, wirft man sich voll und ganz auf die Innenpolitik. Nichts, was China bietet, bleibt ohne Nachahmung. Nun aber schlägt die Geburtsstunde des Shintô.

Nach einem heftigen Thronfolgekrieg hatte 673 mit Kaiser *Temmu* ein Mann den Thron bestiegen, dem wohl persönliche Erfahrung die Sinne geschärft hatte für eine latente Gefahr, die der Herrscherfamilie gerade durch die chinesische Staatslehre drohte.

Nach chinesischer Auffassung ist der Herrscher vom Himmel auserwählt, er hat das Mandat des Himmels erhalten. Das Verhalten des Kosmos und das Verhalten des Herrschers stehen in engster Beziehung: jedes Fehlverhalten des Herrschers bewirkt eine Störung des Kosmos. Sowohl Naturkatastrophen wie auch Rebellion haben ihre Ursachen in solchem Fehlverhalten des Herrschers. Wird der Herrscher gar durch einen Rebellen gestürzt, so bedeutet das, daß der Himmel dem Unwürdigen das Mandat entzogen und es statt dessen dem Würdigen, nämlich dem erfolgreichen Usurpator, verliehen hat. Diese Lehre ruft einen machthungrigen Mann mit Rückhalt geradezu zur Rebellion auf, eine gefährliche Lehre für eine Dynastie, die ihre Macht auf Dauer gesichert sehen möchte.

Temmu sah ebenfalls klar, daß die japanische Adelsgesellschaft sich nicht ohne weiteres in das chinesische Schema pressen ließ und daß die Geschlechter weiterhin versuchten, eigene Familienpolitik zu betreiben, die dem Kaiserhaus eines Tages zum Verhängnis werden konnte. Er fand das wirkungsvollste Mittel, eine solche Entwicklung zu verhindern, in der Verbindung alter Familientradition mit ausgewählten chinesischen Ideen. Dabei kam es ihm nicht darauf an, die Tradition nach eigenen Vorstellungen zurechtzubiegen und die Tradition anderer Familien als falsch zu deklarieren. Und um die Dinge ein für allemal in seinem Sinne festzulegen, gab er das älteste erhaltene japanische Geschichtswerk in Auftrag, das die Annalen des Kaiserhauses zum Mittelpunkt hat, die kaiserlichen Ahnen hinaufführt bis zum göttlichen Ursprung als Nachfahren der Sonnengöttin und schließlich den Herrschaftsanspruch der Familie legitimiert als Auftrag der Sonnengöttin diese ihre Nachkommen sollten das Land Japan für alle Zeiten regieren. An die Stelle des himmlischen Mandats chinesischer Prägung, das den einzelnen Herrscher legitimiert, war damit der Auftrag der Sonnengöttin getreten, der die Dynastie legitimiert.

Die chinesische Vorstellung sieht im Herrscher den „Sohn des Himmels", und sie bezeichnet ihn als den „Heiligen". Im *I-ching,* dem Buch der Wandlungen, finden wir zur Charakterisierung kaiserlichen Wirkens den schönen Satz: „Der Heilige läßt des Himmels göttlichen Weg erschauen, so daß die vier Jahreszeiten nicht von ihrer Regel abweichen. Der Heilige benützt den göttlichen Weg, um Belehrung zu spenden, und die ganze Welt fügt sich ihm." Nun sieht sich der japanische Herrscher statt dessen als Nachkomme der Sonnengöttin, und in logischer Folge geht man entsprechend dazu über, analog zum „Heiligen", im regierenden Kaiser eine „gegenwärtige, leibliche Gottheit" zu sehen. Daß in diesem Zusammenhang der eben zitierte Satz des *I-ching* eine Rolle spielte, zeigt die Tatsache, daß man ihm die Bezeichnung entnimmt, mit der das Verhalten des Kaisers als gegenwärtige, leibliche Gottheit charakterisiert wird, nämlich: Shintô.

Der göttliche Weg des Himmels, den der Heilige erschauen läßt, der göttliche Weg, den er benützt, um Belehrung zu spenden, so daß sich ihm die ganze Welt fügt, das ist chinesisch *shen-tao,* japanisch ausgesprochen shintô.

In einer alten Glosse wird Shintô zudem erläutert als *kamu nagara no michi:* „Der Weg in der Eigenschaft als Gott." Das besagt wiederum nichts anderes als „Der Weg, den der Kaiser als gegenwärtiger, leiblicher Gott einzuschlagen hat."

Man hat in der Folgezeit keine Gelegenheit versäumt, um die neue Maxime vor allem da zur Selbstverständlichkeit werden zu lassen, wo es am notwendigsten war. Die kaiserlichen Erlasse des 8. Jahrhunderts prägen es dem Hochadel, der die Beamtenschaft stellt, unermüdlich ein: „Wir, der Kaiser, als Nachkomme der Sonnengöttin gegenwärtiger, leiblicher Gott und kraft Auftrags dieser Sonnengöttin gleichzeitig der einzig legitimierte Herrscher ..." Dieser Maxime gemäß hat sich der Kaiser zu verhalten – das ist Shintô in seinem ursprünglichen Sinn. Ich darf vielleicht hinzufügen, daß das im Altertum äußerst selten verwendete Wort an anderer Stelle wohl die Bedeutung „göttliches Walten" in einem ganz allgemeinen Sinne hat, im Sinne einer einheimischen *kami*-Religion aber erst Jahrhunderte später verwendet wird.

Doch wir müssen, ehe wir mit größeren Schritten voraneilen können, noch einmal zurück zu Kaiser *Temmu.* Er ist eine Schlüsselfigur für die ganze zukünftige Entwicklung dessen, was später Shintô genannt wird.

Temmu hat auch den zu seiner Zeit schon fast erloschenen Kult der Sonnengöttin in Ise erneut belebt. Es war zeitweise üblich gewesen, eine kaiserliche Prinzessin als Kultprinzessin an das Heiligtum zu schicken, das etwa im Verlauf des 4. Jahrhunderts gegründet worden war. Aber allzu große

Bedeutung kam in früher Zeit offenbar weder Schrein noch Kultprinzessin zu. Über mehr als 50 Jahre vor *Temmu* war keine Prinzessin mehr nach Ise geschickt worden. *Temmu* greift jedoch die Übung wieder auf, und bezeichnenderweise hören wir jetzt auch erstmals etwas über den Modus der Entsendung, die zur Staatsangelegenheit wird. Das kann man nur im Zusammenhang mit den übrigen Bestrebungen *Temmus* sehen, seinen „Kaisergedanken" nach allen Seiten abzusichern.

Ise ist in dieser Zeit keineswegs ein Heiligtum der Allgemeinheit. Von der Priesterschaft abgesehen hat, niemand Zutritt außer der kaiserlichen Familie selbst, als deren Ahnenschrein das Heiligtum nun gilt. Möglicherweise hat sich der Kult der kaiserlichen Ahnherrin in Ise sogar erst unter *Temmu* im einzelnen herausgebildet. Daß dabei in großem Maßstab Ideen der chinesischen Naturphilosophie Pate standen, hat sich in neueren Untersuchungen herausgestellt.

Schließlich hat *Temmu* auch den Anfang gemacht in der Institutionalisierung der meisten religiösen Staatszeremonien, vorab der Feier zum Kosten des Neuen Reises, die als Erntedank jährlich, nach der Thronbesteigung eines Kaisers jedoch in besonderer Weise abgehalten wird.

Im Rahmen der gesetzgebenden Tätigkeit, die das 8. Jahrhundert kennzeichnet, werden aber nicht nur die Staatszeremonien festgelegt, die zu einem Teil auch heute noch am Hof durchgeführt werden, es wird auch eine eigene Behörde für den staatlichen Götterkult eingerichtet, die nominell an der Spitze der übrigen Behörden steht. Vor allem aber wird ein Rangsystem für Götter bzw. für ihre Schreine eingeführt, das dem Rangsystem der adligen Beamtenschaft nachgebildet ist, und zwar mit allen Konsequenzen: Wer sich nützlich zeigte, wurde befördert. Das bedeutete Prestigegewinn und handfeste materielle Vorteile, vor allem Zugewinn an Ländereien. Nutzen brachte diese Entwicklung denjenigen, die hinter den jeweiligen Schreinen standen: den Sippen, um deren Schreine es sich handelte, und der beteiligten Priesterschaft.

Die Vermutung, daß bei dieser Reglementierung das eigentlich Religiöse, die Beziehung des Menschen zum Numinosen, völlig ausgeschaltet blieb, ist naheliegend. Als das staatliche Kultsystem bis in letzte Feinheiten ausgeklügelt war – mittlerweile, zu Beginn des 10. Jahrhunderts, waren es 2861 Schreine mit insgesamt 3132 *kami,* die einen ihrer Bedeutung für das Kaiserhaus entsprechenden Rang erhalten hatten und bei entsprechenden Staatsanlässen mit staatlichen Opfern beschickt wurden –, da hatte es sich auch schon selbst überlebt. Daran trugen nicht nur der finanzielle Ruin des Staates und der Machtverfall des Kaiserhauses schuld, sondern gleichermaßen eine Entwicklung, die dem religiösen Bedürfnis mehr entgegenkam.

397. Die Konfrontation mit dem Buddhismus

Die erste Konfrontation zwischen Buddhismus und einheimischen Kulten hatte zu keinem anderen Ergebnis geführt, als daß man im Buddhismus einen weiteren Kult in der Art der eigenen *kami*-Verehrung sah. Inzwischen aber hatte ein langsamer, stetiger Lernprozeß stattgefunden, der wesentliche neue religiöse Ideen zum geistigen Besitz der gebildeten Oberschicht hatte werden lassen. Schon gegen Ende des 7. Jahrhunderts hatte man ein Stadium erreicht, in dem das Nebeneinander religiöser Vorstellungen aus verschiedenen Sphären eine Selbstverständlichkeit geworden war. Noch aus dieser Zeit datiert die erste Erwähnung eines buddhistischen Tempels innerhalb einer Schreinanlage, dessen Wirken dem Schrein zugute kommen sollte. Solche Schrein-Tempel werden zu einer festen Einrichtung. Umgekehrt führte der Gedanke, daß lokale *kami*, die Herren des betreffenden Ortes, Schutzfunktionen gegenüber buddhistischen Tempeln und Klöstern übernehmen könnten, zum Errichten von Götterschreinen bei buddhistischen Anlagen.

Diese äußere Entwicklung läßt sich anhand von Dokumenten relativ leicht verfolgen. Die innere, eigentlich religiöse Entwicklung ist schwieriger zu fassen, denn noch fehlt jeder zeitgenössische Versuch einer Klärung einheimischer Vorstellungen. So poetisch etwa die Phrasen der in dieser Zeit erstmals aufgezeichneten Ritualgebete des Staatskultes klingen, so wenig sagen sie letzten Endes aus. Die Götter, an die sie sich wenden, bleiben blutleere, gestaltlose Wesen. Der Inhalt der Gebete läßt sich auf die Kurzformel bringen: „Das und das bringt euch der Nachkomme der Sonnengöttin dar, also gewährt eine reiche Ernte und verhütet Unheil, damit euch Weiteres dargebracht werden kann und auch für den genannten Nachkommen etwas übrigbleibt. Schützt und bewahrt ihn, seinen Palast usw., damit er lange in Frieden regiert ..." Dokumente, die sich mit dem Wesen und Inhalt des heimischen Götterglaubens befaßt hätten, fehlen gänzlich. So dürfen wir uns wohl fragen, ob den an buddhistischen, konfuzianischen und taoistischen Schriften gebildeten Gelehrten der schlichte *kami*-Glaube nicht einfach zu unbedeutend und zu naiv war, um sich mit ihm zu befassen, wenn man auch die Existenz der *kami* nicht anzweifelte. Die erste Aufstellung von „Glaubenswahrheiten" der einheimischen Religion – wenn man so sagen darf – erfolgte erst im letzten Viertel des 13. Jahrhunderts.

Innerhalb dieses Zeitraums von annährend 400 Jahren hat sich aber nicht nur ein Verschmelzungsprozeß vollzogen, der in der *honji-suijaku*-Theorie Ausdruck fand – jener Lehre, der zufolge die *kami* „die herabgelassene Spur eines ursprünglichen Standes", d. h. die Manifestation eines Buddha oder Bodhisattva sind. Die am Buddhismus geschulte Vorstellungskraft war vielmehr gar nicht mehr imstande, die eigenen Götter anders zu sehen, als sie Buddhas oder Bodhisattvas sah und begriff. Für die weitere Entwicklung des *kami*-Kultes, die bis heute nachwirkt, scheint mir dieser Wandel der Vorstellung, der sich unmerklich vollzogen hat, sogar der wichtigere Teil. Er brachte die Individualisierung und Vermenschlichung einheimischer Gottheiten, die wir vorher vergeblich suchten. Handgreiflich zeigt sich das an den hölzernen Kultbildern der *kami*, die erstmals im 9. Jahrhundert entstanden: subtiler in einer Praxis, die schon im 8. Jahrhundert aufkommt, dann aber immer weitere Kreise zieht, nämlich im Darbringen und Lesen von buddhistischen Sutren in Götterschreinen, im Entsenden von Novizen in bestimmte Klöster „für einen bestimmten *kami*", alles Anstrengungen, die dem betreffenden *kami* zugute kommen sollten, die zu seiner Erlösung im buddhistischen Sinne beitragen sollten.

Hier stellt der einheimische Gott nur mehr eine Seinsstufe innerhalb der verschiedenen Seinsmöglichkeiten des Buddhismus dar – eine hohe Seinsstufe, aber nicht die höchste, also verlangt er nach Erlösung. Er ist also völlig einbezogen in die buddhistische Heilslehre. Soll man nun von einer Toleranz des Buddhismus sprechen, der sich mit dieser Eingliederung zufriedengibt? Soll man das zähe Weiterleben einheimischer Tradition hervorheben? Oder sind es beide zusammen, die ein friedliches Miteinander schufen? Nimmt man nur die Theorie von der buddhistischen Urgestalt und dem *kami* als deren herabgelassener Spur, wobei schließlich Buddha und *kami* am Ende nur noch einen Leib in zwei Erscheinungsformen bilden, so könnte man an Partnerschaft denken. Doch von der höheren geistigen Warte des Buddhismus her gesehen, liegt hierin auch eine Herablassung im übertragenen Sinn. Damit wird aber überhaupt dem Buddhismus die Rolle des aktiven Teils zugewiesen.

Die Schlichtheit, ja Primitivität des einheimischen religiösen Denkens darf aber nicht darüber hinwegtäuschen, daß wir es mindestens zu einem Teil mit Menschen einer besonderen religiösen Disposition zu tun haben, mit Menschen nämlich, die fähig und bereit sind, göttliche Inspiration zu empfangen, sich ihr zu unterwerfen, sie weiterzugeben. Hier übernimmt auch die einheimische Religion eine aktive Rolle. Die auf dieser Basis jetzt neu entstehenden Kulte sind allerdings von Anfang an *auch* buddhistisch orientiert. Es sind dies vor allem Kulte rächender Totenseelen, die zwischen 8. und 10. Jahrhundert zahlreich entstehen und sich verbreiten.

Hinter all den Kulten, Schreinen, Gottheiten, die in dieser Zeit neu zu Ruhm gekommen sind, steckt jedoch keine eigene religiöse Lehre, die sich mit einem gewissen Anspruch an die Menschen wendet. Es ist die alte Furcht vor dem Numinosen, das gefährlich werden könnte und das man daher versöhnen muß oder dessen Beistand man gewinnen möchte. Nur daß dieses Numinose durch die allmähliche Einwirkung des Buddhismus etwas individuellere und menschlichere Züge bekommen hat und dadurch dem Menschen etwas nähergerückt ist. Dies allerdings auf ganz andere Weise, als es die verwalterische Beschäftigung mit dem Numinosen über die Gesetzgebung versucht hatte, indem sie das Numinose dem Menschen unterordnete.

Das 12. und 13. Jahrhundert bringen innerhalb des japanischen Buddhismus eine Reihe von neuen Gedanken und Lehren, die den Anlaß auch zu einer weiteren Entwicklung der *kami*-Religion geben. Den Anreiz zum Überdenken der Vorstellungen boten möglicherweise weniger die Doktrinen an sich als vielmehr der Streit der Sekten untereinander, die sich alle im alleinigen Besitz der Wahrheit wähnten.

Im letzten Viertel des 13. Jahrhunderts verfaßte *Watarai Yukitada*, Priester des Äußeren Schreins von Ise, mehrere Schriften, in denen eine Art neuer Theologie vorgelegt wird. Äußerlich gesehen, befassen sich die Schriften mit der legendären Geschichte der Ise-Schreine, ihrer Anlage, Neuerrichtung, ihren Einzelteilen usw. bis hin zu Tabu-Worten und Verboten für die im Schrein dienenden Mädchen. Des weiteren jedoch gewinnt man den Eindruck, es mit einem Sammelsurium von Gedankensplittern zu tun zu haben, die allen damals bekannten philosophischen und religiösen Systemen entlehnt sind, angereichert (wenn nicht im Mittelpunkt stehend) mit Spekulationen über die Identität von Gottheiten. Neu ist dabei, daß die einheimischen Gottheiten jetzt nicht nur mit Buddhas und Bodhisattvas in eins verschmolzen werden, sondern daß man in erster Linie chinesisch-taoistische Vorstellungen mit einbezieht und daß man weiterhin die *kami* untereinander identifiziert. Es blieb jedoch nicht nur bei der von Yukitada aufgestellten Reihe von Identifikationen, andere folgten. Was die Priesterschaft damit letztlich beweisen wollte, war schlicht die Superiorität der jeweils eigenen Götter oder doch ihre Ranggleichheit. Neue Glaubenswahrheiten, die darüber hinausgehen, tauchen nicht auf. Und da auch die alten Glaubenswahrheiten sehr bescheiden sind, werden sie durch kurioses Beiwerk aufgebauscht. Dazu treten Legenden, halbhistorische und historische Überlieferungen, Spekulationen in bezug auf einzelne Einrichtungen der Schreine. Sie zehren alle aus denselben Quellen. Obwohl solche neuen Spekulationen neben dem buddhistischen fast gänzlich im taoistischen Denken wurzeln, hat eine spätere Theologie es verstanden, das hinein- oder herauszulesen, was in ihr eigenes, völkisches (wenn nicht nationalistisches) Konzept paßte. Sie tut es bis heute. Den Kern der Philosophie des Ise-Shintô, wie man diese Richtung nennt, möchte ich in folgendem Satz sehen: „Das Prinzip der Verwandlung und Durchdringung hört niemals auf."

Das nächste theologische System, das beim Ise-Shintô einige Anleihen gemacht hat, nämlich der Ryôbu-Shintô, der Shintô der Zwei Teile, bringt Spekulationen, die darüber noch hinausgehen. Ryôbu ist ein Ausdruck des Shingon-Buddhismus, der die gesamte Welt in zwei Teile gliedert: die Diamant-Welt und die Mutterschoß-Welt. In dieses System bezieht die Shingon-Lehre nun die beiden Ise-Schreine als die höchsten des Landes mit ein, indem sie in ihnen Repräsentanten der beiden Welten sieht.

Hatte der Shingon-Buddhismus damit seinen eigenen Shintô geschaffen, so wollte die Tendai-Lehre, die den anderen großen Zweig des esoterischen Buddhismus bildet, nicht zurückstehen. Ihre Schule ist als Sannô-Shintô bekannt geworden. Später, zu Beginn des 17. Jahrhunderts, entwickelte sich die Lehre unter dem Tendai-Mönch *Tenkai* schließlich zum „Shintô der Einen Wahrheit" (Ichijitsu-Shintô), der, wie andere in der Zwischenzeit ins Leben gerufene Shintô-Lehren, das Verhältnis zwischen Buddhas und *kami* umkehrt: Nicht die *kami* sind Manifestationen der Buddhas, nein, Buddhas und Bodhisattvas sind nichts als Manifestationen der *kami.*

Fußen diese Lehren größtenteils auf den bisherigen, so nahm der gelehrte *Kitabatake Chikafusa* das kaiserliche Schisma nach 1333 zum Anlaß, der politischen Komponente der Lehre wieder zum Durchbruch zu verhelfen. Sein Buch von der Wahren Gott-Kaiser-Herrschaftslinie preist die Einzigartigkeit einer solchen Dynastie und eines Landes, das eine solche Dynastie besitzt: dem Gott-Kaiser entspricht das Götterland.

Unter all den neuen Lehren ist schließlich noch der Yoshida-Shintô herauszuheben, der auch als „Ausschließlicher Shintô" (Yuiitsu-Shintô) bezeichnet wird. Sein Begründer *Yoshida Kanetomo* (1435–1515) nannte ihn auch Uranfänglichen Shintô und erhob damit den Anspruch, daß seine Lehre den Urgrund für alle übrigen Lehren bilde. Buddhismus, Konfuzianismus und Taoismus sind seiner Meinung nach völlig überflüssig. Hier wird nicht das Verhältnis zwischen *kami* und Buddhas umgekehrt, wie im Shintô der Einen Wahrheit, hier wird die totale Abkehr vom Fremden gefordert und das Eigene, Japanische als das einzig Notwendige und Wahre hingestellt. Allerdings kann sich auch diese Lehre von fremden Einflüssen keineswegs freihalten. Und hier wird nun das Wort *shintô* dezidiert zur Bezeichnung der eigenen wie der vorausgegangenen Lehren verwendet.

In der Tat, nehmen wir die nicht durch Buddhismus oder chinesische Vorstellungen geprägte, eigentlich religiöse Lehre, die sich aus den Shintô-Theorien des Mittelalters herauskristallisieren läßt, so bleibt wenig übrig. Es läßt sich nach wie vor in die wenigen Worte fassen: „Verehre die Gottheiten, halte die Reinheitsvorschriften ein." Ein Neues kommt schließlich hinzu, das man nicht unbedingt auf den direkten Einfluß des Buddhismus oder Konfuzianismus zurückführen muß, da es sich auch selbständig herausgebildet haben könnte, die Forderung: „Sei aufrichtig und gerade." Das ist die ganze Shintô-Religion, wenn man sie ihres Beiwerks entkleidet. Es ist eine alte religiöse Wahrheit, doch trotz der wenigen Worte vielleicht nicht so gering zu veranschlagen, da sie dem einzelnen unerhört viel Spielraum läßt. Hier liegt eine Gefahr, die jeder allzu schlichte Glaube birgt: Er läßt sich jederzeit und zu jedem Zweck mißbrauchen. Die Aktivierung und Reaktivierung des naiven Glaubens für die Politik auf dem Boden des Gelehrtenfleißes, von dem wir anfangs sprachen, kann man als einen solchen Mißbrauch betrachten, dessen üble Folgen noch nicht vergessen sind.

FÜNFZIGSTES KAPITEL

Religion und Politik – Die Entwicklung des japanischen Buddhismus bis zur Gegenwart

Heinrich Dumoulin

A. MAHĀYĀNA-BUDDHISMUS IN JAPAN

398. Ortsbestimmung

Die religiöse Lage im modernen Japan ist durch einen Pluralismus gekennzeichnet, in dem religiöse Traditionen indischer, chinesischer und altjapanischer Herkunft, säkularisierte Ideologien des Westens und christliches Glaubensgut ziemlich unvermittelt nebeneinander liegen. Japan ist kein buddhistisches Land wie manche Länder Südostasiens. Der Buddhismus war nie im eigentlichen Sinne die japanische Staatsreligion, aber buddhistisches Denken und Fühlen haben während einer mehr als tausendjährigen Geschichte der japanischen Kultur unauslöschlich ihr Siegel aufgedrückt. Viele Kunstwerke des Landes sind von buddhistischem Geist geprägt. Der Buddhismus führt in Japan keineswegs ein ausschließlich museales Dasein. Gerade in jüngster Vergangenheit drängt die buddhistische Ingredienz der japanischen Psyche ans Licht.

Der Hinweis auf die aktuelle Bedeutung des Buddhismus im modernen Japan führt unmittelbar in die Problematik hinein, um die es im folgenden geht. Eine Untersuchung über den japanischen Buddhismus der Gegenwart muß auf zwei Fragen Antwort geben, nämlich erstens: Welche Bedeutung hat der Buddhismus im heutigen Japan?, und zweitens: Welche Einflüsse strahlen vom japanischen Buddhismus in den Weltbuddhismus und die Weltkultur ein? Diese beiden Fragen hängen eng miteinander zusammen, lassen sich aber angesichts der Komplexität der religiösen Weltlage kaum eindeutig und allseitig befriedigend beantworten.

In diesem Beitrag soll der Leser zuerst darüber unterrichtet werden, was japanischer Buddhismus ist, wie er sich in der Geschichte entwickelt hat, welche Besonderheiten er im Vergleich mit anderen Ausformungen der buddhistischen Religion, etwa mit dem indischen, südostasiatischen oder chinesischen Buddhismus, aufweist. Kurzum, es geht um eine geistige Ortsbestimmung des japanischen Buddhismus. Dafür ist ein Rückgriff auf die Anfänge und die geschichtliche Entwicklung wünschenswert. Die zweite

Komponente unseres Themas betrifft die Gegenwart. Alle Religionen der Welt befinden sich heute im Zusammenhang mit dem ungeheuren Umbruch der Weltzivilisation in einer tiefgreifenden Wandlung. Auch im japanischen Buddhismus ist ein Modernisierungsprozeß in Gang gekommen, dessen Ergebnisse sich noch nicht scharf abzeichnen.

Zum Ausgangspunkt nehmen wir im folgenden die besondere Situation, in der sich die Religionen und insbesondere der Buddhismus nach dem Ende des Pazifischen Krieges (1945) in Japan befanden.

399. Die Situation nach dem Ende des Pazifischen Krieges

Die moderne Zeit hat in Japan zwei Anfänge, einmal zu Beginn der *Meiji*-Ära (1868) bei der Öffnung des Landes für die Westmächte, zweitens und endgültig nach der Niederlage im Pazifischen Krieg. Vorbereitungsphasen und Anzeichen des Neuen zeigten sich schon während der vorausgehenden Periode der Abschließung des Landes unter der *Tokugawa*-Herrschaft (1600–1868). Die Niederlage im Pazifischen Krieg führte zu einem so totalen Umbruch, wie ihn die japanische Geschichte sonst nicht kennt. Das japanische Volk zog aus innerster Überzeugung den Schlußstrich unter seine feudale Vergangenheit. Die Problematik des modernen Japan, die nun zu Tage trat, ist mit der allgemeinen Problematik der modernen Welt eng verknüpft und in der besonderen Aufgabe des japanischen Insellandes als Brücke zwischen Asien und dem Abendland begründet.

Am Ende des Pazifischen Krieges waren alle Religionen Japans durch die besondere Situation der Niederlage aufgefordert, den japanischen Menschen in der Ausweglosigkeit des Zusammenbruchs Licht und Hoffnung zu spenden, aber sie haben insgesamt versagt, da sie das aufklaffende geistige Vakuum nicht ausfüllen konnten. Insbesondere stimmen die Beurteilungen darin überein, daß der überkommene Buddhismus sich den ihm zufallenden neuen Aufgaben nicht gewachsen zeigte. Buddhisten sprachen offen vom „Niedergang des japanischen Buddhismus" und fanden es begreiflich, wenn Christen zu dem Urteil kamen, „daß der Buddhismus in Japan schon ausgestorben sei". Der bekannte protestantische Theologe *Emil Brunner* formulierte das Ergebnis seiner Eindrücke, die er im Lande empfangen hatte, in einer Art Todeserklärung des Buddhismus und fügte hinzu: „Laßt die Toten die Toten begraben!" Ihn bedrückte vor allem das Versagen des Buddhismus in bezug auf die drängenden sozialen Fragen.

Die Niedergangssituation des japanischen Buddhismus am Ende des Pazifischen Krieges hat eine äußere und eine innere Seite. Harte äußere Schläge trafen in der Kriegs- und Nachkriegszeit alle buddhistischen Sekten Japans. Durch die Luftangriffe des letzten Kriegsjahres wurden zahlreiche Tempelgebäude, Wohnungen und Verwaltungseinrichtungen zerstört, andere mußten im Zuge militärischer Maßnahmen geräumt werden. Außerdem fielen beträchtliche Teile des reichen Landbesitzes der buddhistischen Tempel der Bodenreform der ersten Nachkriegsjahre zum Opfer. Die Zahlen der (in Japan besonders unzuverlässigen) Religionsstatistiken jener Jahre zeigen für den Buddhismus kein günstiges Bild. Während die Gesamtbevölkerung nach Kriegsende rasch anwuchs, änderten sich die Mitgliederzahlen der alten buddhistischen Sekten nur wenig. Besonders empfindlich machte sich der Mangel an Nachwuchs von Mönchen und Tempelpriestern spürbar.

Doch sind die erlittenen Kriegsschäden nicht der Hauptgrund für den Niedergang. Tief eingewurzelte innere Übelstände tragen die größere Schuld, wenn die immerhin zahlreichen buddhistischen Tempel in Stadt und Land während der schweren Nachkriegsjahre keine lebendige religiöse Funktion auszuüben vermochten. Vor allem ist der jahrhundertealte, bis heute nicht behobene Krebsschaden der Tempelvererbung innerhalb der Familien zu nennen. Dieses im überlieferten japanischen Buddhismus verbreitete System untergräbt die echte religiöse Begeisterung, indem es die Tempelbetreuung zu einer weltlichen Berufstätigkeit macht. Viele Tempel wurden so zu Begräbnisinstituten, deren Verwalter sich vornehmlich mit den gut honorierten Totenriten befassen. Wenn der Religionsvertreter im Tempel nur in wenigen Ausnahmefällen eine wirklich innerlich ergriffene religiöse Persönlichkeit ist, bleiben notwendigerweise die religiösen Bedürfnisse der Gläubigen unbefriedigt.

Das Phänomen der Niedergangssituation des japanischen Buddhismus in der Nachkriegszeit ist komplex, und es ist naturgemäß besonders erregend für die japanischen Buddhisten selbst. In den Nachkriegsjahren erwachte im Zuge der allgemeinen Demokratisierung die buddhistische Selbstkritik und befaßte sich ernstlich mit den Verfallserscheinungen, wie zahlreiche Zeitschriftenartikel und Interpellationen auf buddhistischen Kongressen bezeugen. Dieser Fragenkomplex wird im Zusammenhang mit den positiven Erneuerungs- und Modernisierungsbewegungen innerhalb des japanischen Buddhismus später eingehender ins Auge zu fassen sein.

Die Schilderung der Situation des japanischen Buddhismus bei Kriegsende darf sich jedoch nicht im Negativen erschöpfen. Wie das Erwachen der buddhistischen Selbstkritik beweist, war der japanische Buddhismus trotz arger Mißstände niemals völlig tot. Immer gab es in den Klöstern, auf dem Lande, aber auch unter den Gläubigen der Großstädte, religiöse Menschen, die sich vom Buddhismus, seiner in den einzelnen Familien überlieferten Tradition, seinen feierlichen Riten und seinen religiösen Persönlichkeiten von Rang inspirieren ließen. Die Verwachsenheit des Buddhismus mit dem japanischen Volk brachte es mit sich, daß die volkstümliche Religiosität, da wo sie sich entfaltete, vielfach buddhistischen Charakter zeigte. Auch bemühten sich in den verschiedenen Schulen des japanischen

Buddhismus verantwortliche Führer um eine Erneuerung. Auch diese positiven Momente gehören zum Situationsbild des Nachkriegsbuddhismus in Japan.

Der Zwischenzustand zwischen Niedergang und Modernisierung, in dem sich der japanische Buddhismus seit Kriegsende befindet, lädt zu einem Blick nach rückwärts und nach vorwärts ein. Nach rückwärts, denn die Ursachen der Verfallserscheinungen reichen weit in die Vergangenheit zurück und können nur im Lichte der geschichtlichen Besonderheiten des japanischen Buddhismus richtig beurteilt werden. Aufspaltung in Sekten, Formalismus, sittliche Laxheit, magische Elemente – um nur einige der Hauptursachen des Verfalls zu nennen – sind als Ergebnisse der geschichtlichen Entwicklung scheinbar unlöslich in das Gewebe des japanischen Buddhismus mit hineinverflochten. Aber auch die positiven Elemente der Erneuerung weisen in die Vergangenheit zurück. Muß nicht jede buddhistische Erneuerung in Japan einen Hauptansporn aus der bedeutenden buddhistischen Vergangenheit des Landes empfangen? Alles, was heute an Erneuerung innerhalb des Buddhismus vor sich geht, steht irgendwie in Beziehung zur Erneuerung während der *Kamakura*zeit (1185–1333), die für den japanischen Buddhismus die hervorragendste Blütezeit war.

Der Doppelcharakter der Nachkriegssituation des japanischen Buddhismus läßt auch nach vorwärts schauen. Jede wirksame Modernisierung muß notwendigerweise bei der Ausräumung der unzeitgemäßen Dekadenzerscheinungen einsetzen. Die buddhistische Selbstkritik mahnt zu entsprechenden Reformmaßnahmen, während die geistige Führungsschicht sich um eine Anpassung an die Zeitbedürfnisse bemüht. Ziel aller Bestrebungen ist ein innerlich erneuerter, modernisierter japanischer Buddhismus.

400. Geschichtliche Entwicklungen – Anfänge und erste Hochblüte während der Narazeit

Der japanische Buddhismus gehört mit allen seinen Schulen dem Mahāyāna-Buddhismus an. Damit ist sein Ort angesichts der Scheidung in Theravāda-Buddhismus und Mahāyāna-Buddhismus bestimmt. Doch besitzt der japanische Buddhismus auch innerhalb des Mahāyāna-Buddhismus seine Besonderheit, die teils im japanischen Volkscharakter gründet, teils aus der geschichtlichen Entwicklung resultiert. Deshalb ist der Rückgriff auf die Geschichte unerläßlich, wenn die Frage beantwortet werden soll: Was ist japanischer Buddhismus?

Der Buddhismus wurde um die Mitte des 6. Jahrhunderts (offizielles Datum 552) aus Korea, das den Buddhismus etwa zwei Jahrhunderte früher von China empfangen hatte, nach Japan eingeführt. Bis zum Beginn der Neuzeit blieb der japanische Buddhismus in einem Abhängigkeitsverhältnis zu China. Schon früh entwickelte sich ein lebhafter Austausch zwischen beiden Ländern. Die meisten Schulen und Lehrstufen des chinesischen Buddhismus fanden in Japan Eingang. Und erstaunlich ist, daß diese Schulen, die im chinesischen Mutterland bis auf wenige ausstarben, im kulturfreudigen Japan mit ihrem Reichtum an Lehre, Kult und Meditationspraxis erhalten blieben. Der japanische Buddhismus bietet das profilierteste Bild des Mahāyāna-Buddhismus in Asien.

Für das Verständnis der geschichtlichen Entwicklung ist der Umstand entscheidend wichtig, daß der Buddhismus in Japan von Anfang an seine allseitige, philosophisch-religiöse und ästhetisch-kulturelle Überlegenheit im Wettbewerb mit den autochthonen Religionsformen bewies. Die erste große Gestalt der japanischen Geschichte, der Prinzregent *Shōtoku Taishi,* der im Namen seiner kaiserlichen Tante *Suiko Tennō* die Regentschaft führte (593–621), entschied sich mit ganzer Seele für die buddhistische Lehre und sicherte dem Buddhismus eine Vorrangstellung, ja er brachte die Lehre Buddhas dem japanischen Volke nahe, so daß er trotz seines chinesischen Gewandes, seiner überwiegend chinesischen Terminologie und vieler aus China eingeführten Riten vom Volk als japanisch empfunden wird. Der Prinzregent bevorzugte unter den Sutren bezeichnenderweise das „Lotos-Sutra" (skr. *Saddharmapundarīka-sūtra,* jap. *Hokkekyō*), das im japanischen Buddhismus dauernd eine Vorrangstellung innehatte. Dieses Mahāyāna-Sutra ist reich an religiösen Motiven, aber seit der Frühzeit wird es besonders wegen seines magisch-mystischen Charakters geschätzt. Ja, man kann ohne Übertreibung sagen, daß ein vom „Lotos-Sutra" ausgehender magischer Strom bis heute den japanischen Buddhismus durchzieht.

Die sechs buddhistischen Schulen der *Nara*zeit (710–794) sind keine als Sekten organisierten Religionsgemeinschaften, sondern durch wissenschaftliche oder religiöse Interessen charakterisierte Zweige innerhalb des Buddhismus. Die *Nara*-Schulen widmeten sich hauptsächlich einzelnen Studienobjekten. Der repräsentative Traktat der *Sarvāstivāda*-Schule *„Abhidharmakośa"* (jap. *kusharon*) des *Vasubandhu* diente in alter Zeit und dient auch heute noch als unersetzbare Einführung in die buddhistische Philosophie. So ist als erste Schule der *Nara*zeit eine *Kusha*-Schule zu nennen, obgleich die Religiosität des südlichen Theravāda-Buddhismus keine deutliche Spur in Japan hinterlassen hat. Dagegen spielte die ebenfalls auf *Vasubandhu* zurückgehende, idealistisch-monistische Mahāyāna-Schule des *Vijñānavāda* (jap. *Hossōshū*) in der religiösen Praxis eine bedeutende Rolle. Diese Schule besteht bis auf den heutigen Tag. Zwei weitere *Nara*-Schulen haben sich auf das Studium mahayanistischer Lehrtraktate spezialisiert, die *Sanron*-Schule (wörtlich *„Schule der drei Traktate"*) auf das Studium der grundlegenden Schriften des „Mittleren Weges" (skr. *mādhyamika,* jap. *chūdō*) des *Nāgārjuna,* die *Jōjitsu*-Schule auf das Studium des Traktates *„Satyasiddhi-śāstra"* des Inders *Harivarman.*

Neben den akademischen Schulrichtungen bemühte sich die in der *Nara*zeit aufblühende Schule des *Vinaya* (jap. *Risshū*) um die mönchische Observanz. Die *Vinaya*-Schule schenkte dem japanischen Buddhismus bedeutende Männer wie *Shunjō* (1165–1227) und *Eison* (1201–1290), konnte aber nie zur Blüte gelangen. Ihr Schicksal weist auf eine Grundproblematik des japanischen Buddhismus hin, nämlich auf den Widerstreit zwischen religiös fundierter Sittlichkeit und zur Laxheit tendierenden Zeitströmungen. Der japanische Buddhismus ist solchen Strömungen niemals völlig erlegen und bewies sogar gegenüber esoterischen Abwegen eine erstaunliche Widerstandskraft, doch blieb der Mangel an Mönchszucht in den Tempeln eine beständige Ursache für eine empfindliche Schwächung des religiösen Geistes.

Die sechste buddhistische Schule der *Nara*zeit, nach dem „Kegon-Sutra" benannt, erlangte für die geistige Ausprägung des japanischen Buddhismus außerordentliche Bedeutung. Das „Kegon-Sutra" (skr. *Avatamsaka-sūtra*), eines der großen Mahāyāna-Sutren und ein Literaturwerk von hohem Rang, kommt in seiner monistisch-naturalistischen Denkrichtung einem Wesenszug der japanischen Religiosität entgegen. Politisch gedeutet konnte das vom Sutra proklamierte Einheitsideal sich auf das japanische Staatswesen beziehen und die dem japanischen Buddhismus von früh an eigene national-politische Note betonen. Die Kolossalstatue des *Buddha Vairocana* im Haupttempel der *Kegon*-Schule, dem Tōdaiji in Nara (eingeweiht 752), drückt die Einheitsidee der *Kegon*-Schau künstlerisch aus. Über allen Kultformen des japanischen Buddhismus ragt fortan die kosmische *Buddha*-Gestalt als Verkörperung des absoluten *Buddha*-Wesens.

Der Buddhismus führte während der *Nara*zeit die erste kulturelle Hochblüte in Japan herbei, die von der indo-griechischen Gandhāra-Kunst beeinflußte hochrangige Werke bezeugen. Wenn diese Kunst den Geist jener Zeit unverfälscht widerspiegelt, dann verdankt Japan dem Buddhismus eine erstklassige geistige Bereicherung und Verfeinerung. Doch lassen sich schon im Buddhismus der *Nara*zeit Dekadenzkeime entdecken, die in der folge immer wieder nachteilige Wirkungen hervorriefen, vor allem Hinneigung zu magischen Riten und Vermischung des Geistlichen mit dem Weltlichen. Der blühende Buddhismus der *Nara*zeit besitzt keine einzige überzeugende große religiöse Persönlichkeit. Alle geistlichen Männer der Epoche waren tief in die Politik verstrickt. Trotzdem fanden, vornehmlich durch das reich entfaltete Zeremoniell der Totenfeiern und Reueriten, die unweltlichen religiösen Motive des Buddhismus im Volksbewußtsein Eingang. Die Flüchtigkeit des Menschenlebens und die Vergänglichkeit der Erdendinge werden in der zeitgenössischen Literatur, besonders in vielen Liedern des *Manyōshū*, tief erlebt. Auch gewann die sittliche Lebensführung nach der *Buddha*-Lehre religiöse Motivierungen.

401. *Tendai und Shingon in der Heianzeit*

Der frühe Name der alten japanischen Hauptstadt Kyoto, Heian, bedeutet Frieden. Während der langen *Heian*zeit, der Periode des Friedens, als Kaiserresidenz und Regierung sich in Kyoto befanden, erreichte der japanische Buddhismus seine höchste Machtentfaltung. Die zwei Berge in der Umgebung Kyotos, Hiei und Kōya, die Zentren der beiden buddhistischen Hauptschulen jener Zeit, *Tendai* und *Shingon*, wurden von den Begründern *Saichō* (*Dengyō Daishi*, 767–822) und *Kūkai* (*Kōbō Daishi*, 774–835) aus geistlicher Vorliebe für die Bergwildnis aufgesucht und waren als Stätten religiösen Lebens gedacht, in denen sich die Mönche in der Einsamkeit dem Studium der heiligen Schriften, der Meditation und dem Kult widmen konnten. Doch wahrten die Mönche den Bergfrieden schlecht und stiegen oft nicht bloß zum Vollzug religiöser Zeremonien, sondern zur Festigung ihrer politischen Beziehungen in die intrigenreiche Hauptstadt des Friedens hinunter. Die Verweltlichung nahm von Generation zu Generation zu, bis gegen Ende der Periode die Mönche, die nun zum Schutz ihres Tempelbesitzes nicht selten Soldaten anwarben oder gar selbst das Kriegshandwerk pflegten, zu einer wahren Plage wurden.

Die von *Saichō* und *Kūkai* von China nach Japan gebrachten umfassenden Lehrsysteme von *Tendai* und *Shingon* fügten sich unschwer in den japanischen Buddhismus ein und waren während der *Heian*periode die beherrschenden Formen der buddhistischen Religion im Lande. Der Buddhismus der *Heian*zeit barg bei allem äußeren Glanz schon alle Niedergangselemente in sich, gegen die der japanische Buddhismus im Laufe der Jahrhunderte anzukämpfen hatte. Die schon während der *Nara*zeit angeknüpften engen Beziehungen zum „Öffentlichen" (d. h. zum staatlich-politischen Bereich) gestalteten sich in neuer Form immer enger. Während der *Heian*periode wurde der Buddhismus zwar nicht rechtlich, aber *de facto* zur Staatsreligion.

Für die religiösen Führer aus den Schulen von *Tendai* und *Shingon* war es eine ausgemachte Sache, daß die *Buddha*-Religion das japanische Land befriede, vor Unheil bewahre und im Wohlstand befestige. Wenn also die *Buddha*-Religion das Staatswohl garantierte, so durfte füglich vom Staat die Förderung des Buddhismus erwartet werden. Demgemäß nahmen die beiden Schulhäupter *Saichō* und *Kūkai* eifrig ihre religionspolitischen Interessen bei Hofe wahr und pflegten innige Beziehungen zur herrschenden Adelsklasse. Beide Schulen, *Tendai* und *Shingon*, bedienten sich bei der Erfüllung ihrer staatspolitischen Aufgaben vorzüglich esoterischer Praktiken. Denn nichts konnte gemäß dem Glauben jener Zeit den materiellen Wohlstand und das irdische Glück des Volkes sicherer gewährleisten als der richtige Vollzug magischer Zeremonien.

Neben der Verquickung mit den politischen und nationalen Belangen ist die Schwerpunktsverlagerung der Religionsausübung ins Magische ein Übelstand des japanischen Buddhismus seit der Frühzeit. Die *Tendai*-Schule besitzt zwar ein hoch metaphysisches Lehrsystem, aber in Japan trat die exoterische *Tendai*-Doktrin *(kenkyō)* in der religiösen Übung vor dem Esoterismus der Geheimlehre *(mikkyō)* zurück. *Shingon*, die japanische Version des buddhistischen Tantrismus, gilt in Japan als Esoterik schlechthin. Beide Schulen beherrschtem mit ihrem magischen Ritual, dem *taimitsu* des Tendai und dem *tōmitsu* des Shingon, die unreflexe Volksreligiosität des Mittelalters, aber ihre magischen Riten spielen auch heute noch eine beträchtliche Rolle.

Als Quelle vieler Übelstände muß auch die synkretistische Tendenz angesehen werden, die ebenfalls in der *Nara*zeit ihre Anfänge hatte und während der *Heian*periode zur vollen Entfaltung kam. Im Schutze der mächtigen Sekten von *Tendai* und *Shingon* entwickelten sich die Systeme des *Sannō*- oder *Ichijitsu-Shintō*, die für das Volk die Unterschiede zwischen Buddhismus und einheimischer *Kami*-Religion verschwinden ließen. Die Buddhas und Bodhisattvas blieben während der ersten Phase der Vermischung als *„himmlischer Urstand"* *(honji)* höchster Kultgegenstand, aber deren *„herabgelassende Spur"* *(suijaku*, jap. Äquivalent für *avatar)*, die *Kami*, konnten ebenfalls kultische Verehrung beanspruchen. Das magische Ritual der buddhistischen Esoterik erfuhr durch die primitiven *Shintō*-Praktiken sowie durch den starken Einstrom aus der uralten, schier unerschöpflichen chinesischen Volksmagie des Taoismus eine ansehnliche Bereicherung. Offensichtlich ließen sich die religiösen Volksbildner, vorab der um die japanische Volkskultur hoch verdiente *Kōbō-Daishi*, bei der Einführung, Organisation und Propagandierung der synkretistischen Religionsausübung vornehmlich durch die Rücksicht auf den vermeintlichen praktischen Nutzen des Volkes leiten. Doch keine Volkstümlichkeit kann den Schaden wettmachen, den der japanische Buddhismus in seiner Geistigkeit und seinem sittlichen Ethos durch die synkretistische Vermischung erlitt.

402. Die Reformbewegungen des Mittelalters: Zen, Amidismus, Nichiren

Niedergangsmomente bestimmten während der Heianzeit weitgehend den geschichtlichen Ablauf. Die Verfallserscheinungen traten im Verlauf der Epoche immer stärker hervor. Deshalb setzte in der folgenden Periode eine Erneuerungsbewegung mit scharfer Kritik und durchgreifender Reform ein. Es ist bezeichnend, daß alle großen religiösen Wegbereiter der *Kamakura*zeit (1185–1333) in den Klöstern des Hiei-Berges ihre Einführung ins mönchische Leben erhielten, dann aber, vom Geist getrieben, in die Hauptstadt zum notleidenden Volk herabstiegen. Der Aspekt der Volksrettung trat im *Amida*-Glauben und in der prophetischen Verkündigung *Nichirens* besonders stark hervor, während die *Zen*-Schule sich um eine Konzentration auf das Wesentliche und um Verinnerlichung bemühte.

Während die buddhistische Meditation seit langem in Japan bekannt war, kamen die beiden Meditationsschulen des chinesischen *Zen*-Buddhismus, *Rinzai* und *Sōtō,* erst zu Beginn der *Kamakura*zeit endgültig vom Festland herüber. In China genoß die *Rinzai*-Schule das größere Ansehen. In Japan forderte sie mit ihrer radikalen Abkehr von äußerem Formalismus und mit ihrer paradoxen Geistigkeit die herrschenden Lehrsysteme und Riten heraus. Der frische Windstoß des neuen Geistesfrühlings fegte viel dürres Holz hinweg. Die *Rinzai*-Schule wirkte vornehmlich in den oberen Gesellschaftsschichten, erfreute sich der Protektion der Kaiser und Militärregenten und befruchtete die japanische Geisteskultur in vielfacher Weise.[1]

Die *Sōtō*-Schule des *Zen* war im Äußeren unansehnlicher und bescheidener. Die reformatorische Durchschlagskraft dieser Schule war in der großen religiösen Persönlichkeit ihres japanischen Stifters, *Dōgen* (1200–1253), konzentriert, der mit dem urbuddhistischen Ideal der Weltentsagung letzten Ernst machte. Während die *Rinzai*-Schule in den Hauptstädten Kyoto und Kamakura je fünf glänzende Tempelsitze besaß, mied *Dōgen* die Einflußsphäre des Kaiserhofes und der Militärregierung und zog sich in immer abgelegenere Bergeinöden zurück. Reichtümer und Ehrungen lehnte er ab. Die wahre Zauberformel *(dhāranī)* ist nach ihm die *Zen*-Meditation, *Zazen,* die allein und in allem genügte. *Dōgen* mochte vom Sektenwesen innerhalb des Buddhismus nichts wissen, verwarf die Bezeichnung *„Sōtō-Sekte“* oder *„Sōtō-Schule“* und erstrebte die Rückkehr zum Urbuddhismus in der Abkehr vom Politischen, im Verzicht auf Besitz und im Vorrang der Meditation. Diese Motive, die *Dōgen* überzeugend vorlebte, werden von ernsten buddhistischen Reformbewegungen immer wieder aufgenommen und angestrebt.

Die Schule vom *„Reinen Land“,* von *Hōnen* (1133–1212) zu einer japanischen Religionsgemeinschaft organisiert, verdankte ihre Entstehung weniger dem Reformwillen des Stifters als einem Wunsch, den notleidenden Menschen der *Endzeit (mappō)* den leichten Heilsweg zu eröffnen. *Hōnen* hatte sich auf dem Hiei-Berg eine umfassende Kenntnis der mahayanistischen Lehren und Riten angeeignet, aber es ging ihm nicht um Kritik und Läuterung des bestehenden Buddhismus, sondern um die Befriedigung der drängenden religiösen Bedürfnisse seiner Zeitgenossen. Er hatte großen Zulauf unter dem Volk und konnte die *Amida*-Gläubigen zu einer neuen, mächtigen Sekte zusammenschließen. Man wird den Reformwert der Be-

[1] Eine national-politische Note zeigt sich in der Schrift des Stifters der japanischen *Rinzai*-Schule, *Eisai* (1141–1215) Kōzen Gokokuron (Über den Schutz des Staates durch Verbreitung des Zen). Vgl. Kapitel „Zen in Kultur und Künsten“, in *H. Dumoulin,* Geschichte des Zen-Buddhismus, Bd. II (Bern 1986) 186–222.

wegung verschieden beurteilen, je nachdem man die Gestalt des Stifters *Shākyamuni* oder die religiöse Lebendigkeit der Antwort auf die Zeitbedürfnisse zur Norm nimmt[2].

Der eigentliche Reformator des Jahrhunderts war *Shinran* (1173–1262), dem seine persönliche Erfahrung zum Gericht des eigenen religiösen Weges und zum Maßstab für die Erneuerung des Buddhismus seiner Zeit wurde. *Shinrans* Religion beruht auf der Erfahrung des *tariki*, der Heilserlangung durch fremde Hilfe, in der das Erfassen der eigentlichen radikalen Sündhaftigkeit sich mit dem bedingungslosen Vertrauen auf die erlösende Kraft des Gelübdes des *Buddha Amida* verbindet. *Shinran* zählt zu den großen religiösen Geistern der Menschheit. Als *„Sünder"* tat er das, was in der Religionsgeschichte bei Reformatoren nicht selten ist: er heiratete. Er gab das bislang gültige geistliche Ideal des zölibatären Mönchtums auf und entschied sich für die Laientätigkeit in der Welt nicht trotz, sondern gerade wegen seiner religiösen Überzeugung. Die institutionell geregelte Religionsübung des Buddhismus der *Heianzeit* war ihm fragwürdig. In seiner Religion ist kein Platz für Magie. Gemäß einer uralten, von vielen Völkern gehegten Überzeugung ist die Macht über magische Kräfte an die Ehelosigkeit, im alten Indien *„Brahma-Wandel" (brahmacarya)* genannt, geknüpft. Es lag in der Logik der Laizisierung seines persönlichen Lebens, wenn *Shinran* in der Religionsausübung alle Formen von Magie und Synkretismus ausschloß. Seine reformatorische Leistung liegt vornehmlich in der Konstituierung des Buddhismus als Laienreligion für das Volk. Die Zeitverhältnisse bedingten Abstand von den politischen und nationalen Angelegenheiten. Zeit seines Lebens verfolgt und verkannt, lebte *Shinran* fern von der Gunst der Großen, was zweifellos den geistlichen Zielen seines Wirkens zugute kam. Wenn in der Folgezeit das religiöse Ideal der amidistischen Laienbewegung verblaßte und in der zur mächtigen Organisation angewachsenen Stiftung *Shinrans*, der *„Wahren Schule vom Reinen Land" (Jōdo shinshū)*, Mißbräuche wucherten, so rührten die Entartungen zum großen Teil von der Schwächung der buddhistischen Moral durch die einseitige Betonung des *tariki*-Prinzips her.

Die durch *Nichiren* (1222–1282) ins Leben gerufene religiöse Volksbewegung kann nicht im eigentlichen Sinne als Reformbewegung angesprochen werden, insofern Reform an Bestehendes anknüpft, Mißstände beseitigt und durch den Rückgriff auf heile Kräfte der Vergangenheit eine innere

---

[2] *S. Watanabe* ist besonders streng in seiner Beurteilung *Hōnens*, weil dieser die alleinige Praxis der Anrufung des Namens des *Buddha Amida (senjū nembutsu)* empfahl und die übrigen legitimen buddhistischen Wege aufgab: „Hōnen war nicht vom Motiv beseelt, die ursprüngliche echte Form des Buddhismus zu erfassen ... Er suchte das Heil entsprechend den Zeitläuften und der Fähigkeit des Volkes, wobei er das Verfolgen der absoluten Wahrheit aufgab. Durch diese neue Richtung ... wurde das Grundverdienst des Buddhismus, nämlich die Idee des Bodhi-Geistes, völlig verlassen" (Japanese Buddhism, A critical Approach, 52).

Erneuerung anzielt. Bei *Nichiren* handelt es sich um keine innere buddhistische Reform, sondern um einen neuen Anfang innerhalb des Buddhismus. So wird *Nichiren* auch von den modernen japanischen Volksreligionen der Gegenwart verstanden, die bezeichnenderweise alle auf seine Form des Buddhismus zurückgreifen. Offensichtlich hat es die große Gestalt *Nichirens* den modernen religiösen Führern Japans angetan, seine Volkstümlichkeit, sein glühender, an Fanatismus grenzender Eifer, sein zuweilen auflodernder Prophetenzorn, aber vor allem sein Verständnis und sein Herz für die Nöte des Volkes.

Nichiren bekämpfte alle buddhistischen Schulen seiner Zeit, die komplizierten Lehrsysteme von *Kegon, Tendai* und *Shingon,* aber auch *Amida*-Glauben und *Zen*-Meditation. Seine Botschaft ist einfach: Alles Heil liegt im Glauben an die Wundermacht des „Lotos-Sutras“, die in dem Namen dieser heiligen Schrift konzentriert ist. Als Hauptübung empfahl er die Anrufung des Namens des „Lotos-Sutras“. Das Wohl des Vaterlandes lag ihm als glühendem Patrioten vor allem am Herzen. Seine prophetische nationale Sendung brachte ihn in Widerstreit mit allen Autoritäten. Weder *Nichiren* noch seine modernen Anhänger werten das Politische und das Magische in der Religion als Übelstände. Deshalb vollziehen die modernen japanischen Volksreligionen in dieser Hinsicht nur insofern eine Modernisierung, als sie Politik und Magie in die neuen Zeitverhältnisse übertragen.

403. Stagnation während der Tokugawaperiode und der Buddhismus in der Meijizeit

Die Mannigfaltigkeit der Sekten ist eine Besonderheit des japanischen Buddhismus. Die sogenannten *„18 Sekten des Kleinen Fahrzeugs“* in Indien waren keine selbständigen buddhistischen Religionsgemeinschaften, sondern Schulrichtungen innerhalb der gleichen Klöster. In China gab es während der *Sui-* und *T'ang*periode unterschiedliche Sekten. Doch hatte die Vielheit keinen Bestand, da die Sekten später zu einem umfassenden Volksbuddhismus verschmolzen, in dem sich nur *Amida*-Glaube und *Zen*-Meditation deutlich abheben.

In Japan konstituierte sich zuerst die *Tendai*-Schule zur Sekte, ihr folgten die frühen *Nara*-Schulen *Hossō, Ritsu* und *Kegon;* seit der *Heian*zeit stellte auch *Shingon* eine selbständige Religionsgemeinschaft dar. Während der *Kamakura*zeit blühten *Rinzaishū, Jōdoshū, Jōdo Shinshū* und *Nichirenshū* auf und bildeten ebenfalls eigene Sekten. Von den religiösen Führern jener Zeit wehrte sich allein *Dōgen* gegen das Sektentum im Buddhismus, konnte aber nicht verhindern, daß die auf ihn zurückgehende Schule des *Sōtō-Zen* in der Folgezeit zu einer der zahlenstärksten Sekten wurde. Die Liste der buddhistischen Sekten in Japan weist außerdem nur noch wenige Namen von selbständigen Organisationen auf, so die Schulen *Yūzū-Nembutsu, Ji* und *Ōbaku.* Die Sekten teilten sich in zahlreiche Untersekten. Während des zweiten Weltkrieges wurden die buddhistischen Körperschaften auf 28 reduziert, man zählte 13 Hauptsekten und 28 Untersekten des Buddhismus.

Der in Sekten organisierte Buddhismus stand im nach außen abgeriegelten *Tokugawa*-Staat unter der ständigen Kontrolle des Polizeiregimes. Unter diesen Umständen war das, was von den frischen Impulsen der religiösen Erneuerungsbewegungen der *Kamakura*zeit die schweren, langwierigen Kriegswirren zu Ende des Mittelalters überlebt hatte, zum Absterben verurteilt. Die führenden Buddhisten zu Beginn der *Tokugawa*periode, vorab der *Rinzai*-Mönch *Sūden* († 1633) und der *Tendai*-Priester *Tenkai* († 1643), stellten sich vorbehaltlos den politischen Zielen des Regimes zur Verfügung. Während der folgenden zwei Jahrhunderte gab es nur wenige spirituell orientierte Männer im Buddhismus. Der Populärbuddhismus überwog. In den Klöstern widmeten sich Mönche dem Studium der Sutren und der zugehörigen Kommentarliteratur. Anklang beim Volk fanden besonders die Zen-Meister Takuan (1573–1645), Bankei (1622–1693) und Hakuin (1685–1768), die zu den bedeutenden religiösen Gestalten im japanischen Buddhismus zählen. Die weit ausgebreitete Stagnation brachte es mit sich, daß der japanische Buddhismus zur Zeit der Öffnung des Landes zunächst nur wenig Vitalität zeigte.

Zu Beginn der *Meiji*-Ära (1868–1912) weckten scharfe Maßnahmen der Reformregierung die buddhistischen Sekten jäh aus ihrer Schläfrigkeit. Einen Augenblick schien eine allgemeine Unterdrückung des Buddhismus zu drohen. Aber ihre jahrhundertealten Verbindungen zu den höchsten Gesellschaftskreisen erwiesen sich als stark genug, um der Buddha-Religion auch im neuen Japan eine angesehene Existenz zu sichern. Allerdings kann zu diesem Zeitpunkt von einer echten, durchgreifenden Reform innerhalb des Buddhismus nicht die Rede sein. Die traditionellen Mißstände, wie magische Riten, Vorherrschen der Totenzeremonien, Tempelvererbung, synkretistische Tendenzen u. a., blieben im ganzen unverändert. Unser geschichtlicher Überblick hat uns mit den Hauptformen des japanischen Buddhismus, seinen Besonderheiten und Motiven und auch mit seinen eingewurzelten Übelständen und schwelenden Krisenherden bekannt gemacht.

B. MODERNISIERUNGSBESTREBUNGEN IM ÜBERKOMMENEN JAPANISCHEN BUDDHISMUS

404. Grundsätzliche Neuorientierungen: das humanistische Leitbild

Der Wandel ist das Grundgesetz der Geschichte und eine wesentliche Triebkraft im Leben der Menschen und Völker. Auch die Religionen, obgleich durchwegs konservativ auf Erhaltung bedacht, haben am Fortschritt der Menschheit Anteil. Die Modernisierungsvorgänge im japanischen Buddhismus hängen zutiefst mit dem allgemeinen Zeitwandel zusammen. Die Motive der Neuzeit brachten, wenn auch nur langsam und im Kampf gegen beträchtliche Widerstände, alle buddhistischen Schulen in Bewegung. Die Vorgänge sind weitschichtig und kompliziert, und es ist nicht leicht, alle Einzelmomente herauszuheben und die sich vielfach überschneidenden Prozesse richtig einzuordnen. Grundsätzliche Neuorientierungen bewirkten einen geistigen Aufbruch und führten zu Neuanfängen und Umbildungen in der religiösen Praxis.

Das Menschenbild und die Gesellschaftsform der Neuzeit sind maßgebend an allen Religionsformen unseres Jahrhunderts beteiligt. Dies gilt für Japan ebenso wie für die westlichen Länder. Nach abendländischem Vorbild ist das humanistische Ideal das Leitbild für eine große Anzahl von Neuorientierungen und Modernisierungen. So wie buddhistische Gelehrte in *Buddha* den *„ersten Humanisten der Welt"* verehren[1], so bemüht sich die Führungsschicht des japanischen Buddhismus um ein konsequent humanistisches Verständnis der *Buddha*-Religion.

Der Entwurf eines Programms, das die buddhistische Lehre für den modernen japanischen Menschen neu darzustellen versucht, erkennt im Buddhismus *„die Möglichkeit, zur Grundlage des neuen Humanismus zu werden"*, der in der gegenwärtigen Weltzeit den von der Renaissancezeit überkommenen neuzeitlichen Humanismus zu vollenden berufen ist. „Wahrlich, jetzt ist die Stunde da", so betont das Programm emphatisch, „zu der die Buddha-Gläubigen klar ihren Weltberuf erkennen, den neuen Humanismus der Gegenwart zur Leitidee zu erheben".[2] Das humanistische Ideal klingt auch im Manifest eines „Allbuddhistischen Kongresses" in Gifu an, dessen Slogan *„Buddhismus der neuen Zeit"* den *„neuen Menschen"*

---

[1] *S. Miyamoto* in einem Aufsatz: Atarashii jidai no Bukkyō (= Buddhismus der neuen Zeit), in der buddhistischen Monatszeitschrift „Daihōrin" (Januar 1956) 14–19.

[2] *„Bukkyōto Kenshō Sōan"* (= Entwurf einer Verfassung für Buddhisten), in der japanischen buddhistischen Wochenzeitung „Bukkyō Times", Nr. 697 (11.3.1967). Das buddhistische Jahrbuch „Bukkyō Dainenkan" (= Großes Jahrbuch des Buddhismus [Tokyo 1969]), veröffentlicht die „Verfassungsurkunde der Buddhisten" *(Bukkyōto kenshō)* in endgültiger Form. Das erste Aktionsprinzip lautet: „Die Lehre des Buddhas glauben, die zum geistigen Tragpfeiler eines neuen Humanismus werden kann" (S. 70).

fordert und die Teilnehmer zum *„wahrhaft menschlichen Daseinswert"* erweckt.[3]

Ein Symposium von Repräsentanten der verschiedenen buddhistischen Schulen und Richtungen Japans, das zu den religiösen Hauptthemen wie Lebenssinn, Glück, Leiden, Gemeinschaft, Sünde, Tod usw. mit dem Bestreben der Anpassung an Zeitbedürfnisse und an die Erkenntnisse der modernen Wissenschaft Stellung nahm, ließ sich ebenfalls vom Leitbild eines neuen buddhistischen Humanismus inspirieren. Die Ergebnisse der langen Aussprachen schienen die Mühe der Übersetzung ins Englische zu lohnen. Das Buch erschien mit dem Titel „Lebendiger Buddhismus in Japan". Der bekannte japanische Literat *Imaoka Shinichiro* beginnt das Nachwort, in dem er seine *„Eindrücke und Wertungen"* formuliert, bezeichnenderweise mit der Feststellung, daß in diesem Buch „der Buddhismus als eine Form des Humanismus dargeboten ist", nämlich mit nur wenigen übermenschlichen Faktoren, als Ergebnis menschlicher Erfahrung und leicht verständlich. Doch, so fährt *Imaoka* fort, „mein zweiter Eindruck ist, daß dies nicht die Ansichten der buddhistischen Gläubigen im allgemeinen sind, sondern Darlegungen der buddhistischen Ideen durch erstklassige Führer und Gelehrte der buddhistischen Welt. Deshalb konnte ich in diesem Bericht den fortgeschrittensten, modernsten Buddhismus Japans studieren."[4]

Somit kann man wohl in diesem Symposium die Richtung erkennen, in der die Modernisierungsbewegung des japanischen Buddhismus voranzuschreiten sucht. Das Ziel beschreibt als eine Art Zukunftsvision der *Zen*-Forscher *Masunaga Reihō* wie folgt: „Der zukünftige Buddhismus durchbricht die Schalen [der Unterschiede von] Mann und Frau, weise und töricht, hoch und niedrig, sowie der völkischen Besonderheiten, er ist weltweit offen für alle, gründet in einer Philosophie, die die Naturwissenschaften einbezieht und in einem Humanismus, der die Menschennatur achtet, befreit und pflegt ..."[5] In dieser Schilderung sind einige Merkmale des buddhistischen Humanismus hervorgehoben. Wir wenden uns den einzelnen Motiven zu.

405. Kritischer Geist, Rationalisierung, Entmythologisierung

Der im Abendland zugleich mit dem neuzeitlichen Selbstbewußtsein erwachte kritische Geist hat während der vergangenen Jahrhunderte bei jeder Neuorientierung und Intensivierung die überkommenen Religionen neu in

---

[3] S. Bericht in „Bukkyō Times", Nr. 725 (14.10.1967).
[4] Living Buddhism in Japan, hrsg. von *Y. Tamura / W. P. Woodard* (Tokyo [2]1965) 70.
[5] „Gendai no Bukkyō" (= Buddhismus der Gegenwart), in: Shakason to Nihon no Bukkyō (= Shākyamuni und der japanische Buddhismus [Tokyo 1959]) 19.

Frage gestellt und zu neuen Adaptionen gezwungen. Auch in Japan zeigten sich schon während der Periode der Abschließung des Landes die ersten Äußerungen einer früher unbekannten kritischen Haltung zur Tradition. Die kargen Beziehungen zum Westen, besonders durch den Kontakt mit den Holländern, mögen zum Aufkommen dieser Haltung beigetragen haben, doch ist sie allem Anschein nach vornehmlich aus innerer Notwendigkeit hervorgegangen. Während der *Tokugawa*zeit begannen japanische Gelehrte zu zweifeln, prüfende und forschende Selbsteinkehr zu halten, für alte Fragen neue Lösungen zu suchen. Die wichtigsten buddhistischen Namen in diesem Zusammenhang sind *Tenkei Denson* (1648–1735), *Bankei Yōtaku* (1622–1693) und *Suzuki Shōsan* (1579–1653). *Tenkei*, ein Meister der *Sōtō*-Schule, kritisierte in einem Kommentarwerk zum „Shōbōgenzō" Ansichten des Gründers *Dōgen*. *Bankei* aus der *Rinzai*-Schule verließ sich lieber auf seine eigene Zunge, als daß er wie sein Meister *Lin-chi* (japan. *Rinzai*) Stockschläge und Andonnern benutzte. Am weitesten trieb *Suzuki Shōsan* schon zu einem frühen Zeitpunkt die Kritik voran. Er kann, wie *Nakamura Hajime* in ausführlichen Studien dargetan hat, als ein bemerkenswert liberaler Geist angesprochen werden. Er gehörte der Herkunft nach zur *Sōtō*-Schule, aber er übte Kritik am Gründer *Dōgen* und anderen buddhistischen Schulhäuptern. Nach seiner Ansicht ist das Meditieren ein müßiges Unterfangen. Die Mönche sollten lieber arbeiten als meditieren. Trotz seiner ungewöhnlichen Ideen genoß er, vorzüglich wegen seines tadellosen religiösen Lebenswandels, bei seinen Zeitgenossen hohes Ansehen.

Die frühen Ansätze neuzeitlicher Kritik blieben jahrhundertelang ohne erhebliche Folgen. Das religiöse Leben des Buddhismus konnte während der *Tokugawa*periode weder durch einzelne markante Persönlichkeiten noch durch gelegentlich geübte Kritik geweckt werden. Die *Meiji*erneuerung brachte hier zunächst kaum eine wesentliche Veränderung. Erst als in der zweiten Hälfte der Epoche mit dem Einstrom der westlichen Kultur auch die europäische Orientalistik ins Land kam und Fuß faßte, kam es hinsichtlich der Kenntnis und Bewertung des japanischen Buddhismus (zunächst im engen Kreis der Fachgelehrten) zu einer Neuorientierung. Die japanischen Mahāyāna-Schulen wurden nun mit den anderen Zweigschulen des Buddhismus konfrontiert. Besonders rückte die Erforschung der indischen Philosophie die buddhistische Lehre in neues Licht. Die buddhologische Wissenschaft nahm vom Anfang dieses Jahrhunderts an rasch einen ungewöhnlichen Aufschwung und erreichte das internationale Niveau, wobei den japanischen Gelehrten die Vertrautheit mit den schwierigen chinesischen Schriftzeichen von unschätzbarem Nutzen war. Als eine Folge entstand im japanischen Buddhismus eine Kluft zwischen der Wissenschaft der Universitäten und dem um Tempel und Klöster zentrierten religiösen Leben, die bis heute nicht völlig überbrückt ist.

Der kritische Geist stellte in der Neuzeit die Religionen vor das Forum der emanzipierten Ratio. Im Westen führte die Bewegung des Rationalismus in verschiedenen Phasen von der Aufklärung im 18. Jahrhundert über den Rationalismus im 19. Jahrhundert bis zur Entmythologisierung in der Gegenwart. Im Buddhismus konnte die Bewegung des Rationalismus an verschiedene Grundschemata anknüpfen, die das buddhistische Denken als metaphysisch, undogmatisch und kritisch erweisen. Im Mahāyāna-Buddhismus relativiert die Einsicht in die Leere *(śūnyatā)* alle Lehraussagen als vorläufig. In unseren Tagen greift die Skepsis von den Kreisen der Intellektuellen ins Volk über und findet besonders bei der jungen Generation einen fruchtbaren Boden. Bei dem oben erwähnten Symposium kamen bezüglich der Karma-Lehre neben dem traditionellen Standpunkt – gemäß dem jede Tat die ihr entsprechende Wirkung hervorbringt, sei es augenblicklich oder im Kreislauf der Existenzen nach vielen hundert Jahren, und jede Wirkung durch frühere Taten verursacht ist –, auch fortschrittliche Auffassungen zu Wort, die die freie Willensentscheidung und die sittliche Verantwortung des Menschen gesichert sehen wollen. Die Meinungsäußerungen einiger junger buddhistischer Wissenschaftler, die dem Buch im Anhang beigegeben sind, gehen bezüglich dieses Punktes ebenso auseinander wie die Anschauungen der repräsentativen Teilnehmer des Symposiums. Während in einer Aussage die Karma-Idee einfachhin fallengelassen wird, bemühen sich andere um eine für den modernen Menschen befriedigende Erklärung aus der allgemeinen Solidarität der Menschen und der kosmischen Ursachenverknüpfung. Die Aufhebung der herkömmlichen Unterscheidung zwischen individuellem und kollektivem Karma kann nach dieser Ansicht das richtige Verständnis der Karma-Beziehung erleichtern.[6]

Die Entmythologisierung läßt sich hinsichtlich der konkreten buddhistischen Jenseitsvorstellungen leichter bewerkstelligen. Allerdings ist der Glaube an ein Fortleben nach dem Tode in irgendeiner Form im japanischen Buddhismus weit verbreitet. Der folgende Erfahrungsbericht dürfte die buddhistische Volksreligiosität gut widerspiegeln: „Der leibliche Tod ist unausweichlich, aber dies bedeutet nicht das Ende des Lebens. Im vergangenen Herbst erkrankte ich ernstlich und dachte, ich werde sterben. Ich erinnere mich, wie sehr ich mich freute bei dem Gedanken, daß ich meine verstorbenen Freunde im Paradies auf dem Gipfel des Geierberges wiedertreffen könne."[7] Vermutlich ist der Universitätsprofessor und bedeutende buddhistische Gelehrte, der so aus seiner Erinnerung erzählt, sich des mythischen Charakters des Paradieses auf dem Geierberggipfel völlig bewußt. Auch die meisten japanischen *Amida*-Gläubigen von heute bedürfen keiner Entmythologisierung, um die phantastischen Schilderungen vom Paradies

---

[6] Zum vorigen s.: Living Buddhism in Japan, a. a. O. (s. Anm. 4) 13f, 33ff, 37f, 83ff.
[7] Ebd. 38, vgl. 49.

des *Buddhas Amida* im Westen, dem „*Reinen Land*", nicht für buchstäbliche Wirklichkeit zu halten. *Amida* und sein „*Reines Land*" werden als ein „*Ideal*" oder „*geheiligte Traumwelt*", in buddhistischer Terminologie als ein „*Kunstgriff*" (skr. *upāya*, jap. *hōben*) angesehen, der den Gläubigen zum Erfassen der Wirklichkeit verhilft.[8]

Die neuzeitliche Ratio gipfelt in den exakten Naturwissenschaften und der auf diesen fußenden modernen Technik. Der Buddhismus fühlt sich aufgrund der ihm eigenen Mischung von Rationalität und Mystik in besonderer Weise der modernen Naturwissenschaft nahe. Unter Berufung auf die Autorität des *Buddhas*, die in seiner durch Erleuchtung gewonnenen Erfahrung gründet, betonen die heutigen Buddhisten aller Länder den wissenschaftlichen Charakter der *Buddha*-Religion.[9] Die japanischen buddhistischen Gelehrten entwickelten dieses Thema sowohl nach der philosophischen wie nach der naturwissenschaftlichen Seite hin. In diesem Zusammenhang heben sie den Unterschied zwischen der buddhistischen Weltanschauung und der christlichen Schöpfungslehre hervor, die sie für unvereinbar mit den Erkenntnissen der modernen Naturwissenschaft halten. Der Buddhismus hat hier eine Chance, die *Masunaga Reihō* wahrnimmt, wenn er schreibt: „Der Buddhismus ist die einzige Weltreligion, die sich den naturwissenschaftlichen Geist anzueignen vermag. Die künftige Kultur muß den Geist einer die Naturwissenschaften umfassenden religiösen Ethik zur Grundlage nehmen ... Die rationale Kritik des Buddhas wird in wachsendem Maße ins Rampenlicht der Zeit treten."[10]

Die buddhistischen Gelehrten der Theravāda-Länder fanden in der pluralistischen, analytischen und dynamischen Theravāda-Philosophie viel Vergleichsmaterial, mittels dessen sie die Harmonie zwischen *Buddha*-Lehre und modernen Naturwissenschaften darzutun versuchen. Von japanischen buddhistischen Gelehrten wurden aus Mahāyāna-Sicht vorzüglich zwei Gedanken beigesteuert. Einmal ist, wie sie glauben, die *Buddha*-Religion wegen ihres geistig-ethischen Charakters vorzüglich dazu geeignet, unzureichende oder falsche Anschauungen der Naturwissenschaften zu ergänzen oder zu berichtigen. Denn von seiten der Naturwissenschaften drohen dem modernen Menschen auch Gefahren. Ja, es ist geradezu das Hauptübel unserer Zeit, daß „die Naturwissenschaften des religiösen Geistes ermangeln".[11]

Ferner ist der Versuch anzumerken, die Kernlehre des Mahāyāna, nämlich die *śūnyatā*-Philosphie des „*Mittleren Weges*", mit der modernen Natur-

---

[8] Ebd. 51.

[9] Vgl. dazu das Kapitel „Buddhismus und moderne Wissenschaft", in: *E. Benz*, Buddhas Wiederkehr und die Zukunft Asiens (München 1963) 171–180.

[10] In: „Gendai no Bukkyō", a.a.O. (s. Anm. 5) 18.

[11] Ebd. 20f.

wissenschaft inhaltlich in Beziehung zu setzen. Der buddhistische Naturwissenschaftler *Yamamoto Yōichi,* Professor an der Nihon-Universität in Tokyo, stellt seine Gedanken über das Verhältnis zwischen Naturwissenschaften und Buddhismus in einem umfangreichen Zeitungsartikel in acht Fortsetzungen unter das Motto: „Die Buddha-Lehre bringt die Naturwissenschaften in die rechte Ordnung, die richtige Naturwissenschaft bestätigt die Buddha-Lehre." Ausgangspunkt und Inbegriff seiner Abhandlung ist das mahayanistische Grundaxiom von der allgemeinen Leere (jap. *issai kaikū*). Die Leere, der Grund aller Dinge und aller Erscheinungen, so führt *Yamamoto* aus, muß heute im Einklang mit den Aussagen der modernen Naturwissenschaft verstanden werden.[12]

Die offensichtlich einseitige Deutung *Yamamotos* kann zwar die japanische Buddhisten in ihrer Überzeugung von der Vereinbarkeit der buddhistischen Weltanschauung mit dem rationalen, naturwissenschaftlichen Gegenwartsdenken bestärken, doch werden diese deshalb nicht „dem Vorurteil und der Illusion des modernen Menschen" verfallen, „alles lasse sich auf naturwissenschaftlichem Wege lösen"[13]. Japanische *Amida*-Buddhisten lassen sich in ihrem transzendenten Glauben nicht irre machen, wenn sie mutig behaupten, daß *Amida* und das *„Reine Land"* „naturwissenschaftlich nicht erklärbare Wunder sind ..." und zugleich an der Überzeugung festhalten, „daß Amida Buddha real existiert und der Fromme im Paradies des ‚Reinen Landes' wiedergeboren wird"[14]. Der Buddhismus versteht sich als existentieller Heilsweg und religiöse Wahrheit für den Menschen. „Von hier aus ergibt sich der Anspruch, daß der religiösen Einsicht des Buddhismus eine Führerrolle auch gegenüber der wissenschaftlichen Erkenntnis zufällt."[15]

406. Hinwendung zum Diesseits und zu Diesseitsaufgaben

Offenheit gegenüber dem Diesseits und Bereitschaft für die religiösen Diesseitsaufgaben kennzeichnet den japanischen mahayanistischen Buddhismus, der sich hier im Unterschied zum weltflüchtigen, monastischen Theravāda-Buddhismus weiß. Die drei in der *Kamakura*zeit entstandenen, bis heute fortwirkenden, echt japanischen buddhistischen Schulen *Zen, Amida*-Frömmigkeit und die Schule *Nichirens* akzentuieren jede auf ihre Art diesen Wesenszug: das *Zen* durch die ihm eigentümliche Weltfreu-

[12] „Bukkyō Times", in den Nummern 711, 712, 714, 716, 717, 718, 719, 720 (vom 24.6. bis 2.9.1967).
[13] So der *Shingon*-Priester *Nagaoka,* ebd. Nr. 691 (28.1.1967).
[14] „Chūgai Nippō" (buddhistische Tageszeitung [am 19.11.1966]).
[15] *Benz,* a.a.O. (s. Anm. 9) 179f.

digkeit, die *Amida*-Schulen durch ihren leichten, auch dem Sünder zugänglichen Erlösungsweg für alle, *Nichiren* durch seine kraftvolle Volkstümlichkeit, die ihm bei allen Ständen, bei den armen Fischern und Bauern auf dem Lande wie unter der wohlhabenden Stadtbevölkerung viel Anhang verschaffte. Wenn somit die Hauptschulen des japanischen Buddhismus schon in ihren Grundrichtungen Anknüpfungspunkte für die diesseitsfreudigen Modernisierungstendenzen der Gegenwart bieten, so zeigen sich während der *Tokugawa*zeit Ansätze solcher Tendenzen mit ausgesprochen neuzeitlichem Akzent.

Der hervorstechende Zug des Buddhismus der *Tokugawa*zeit ist seine weltliche Laienethik, deren Grundgesetz die *Zen*-Meister zu Beginn der Epoche prägnant in der Gleichsetzung von *Buddha*-Gesetz und weltlichem Gesetz formulieren[16]. Das *Buddha*-Gesetz wird durch die Beobachtung des weltlichen Gesetzes erfüllt. Hier kündigt sich etwas Neues an. Die *Amida*-Buddhisten lehrten die Möglichkeit des Heils für die Laien trotz der weltlichen Berufstätigkeit. Die Laien waren ja, wenn sie ein Handwerk wie das des Fischers, des Jägers oder des Schlächters ausübten, wegen der mit ihrem Beruf notwendig verbundenen Tötung von Lebewesen, buddhistisch gesehen, sündhaft und verdankten nach der Lehre der *Amida*-Buddhisten ihre Rettung ausschließlich der grundlosen Erbarmung des *Buddhas Amida.* Die *Zen*-Meister der *Tokugawa*zeit gingen weiter und entdeckten den inneren Wert der weltlichen Berufsarbeit. Jede Berufsarbeit kann zur buddhistischen Übung werden, betonte *Suzuki Shōsan:* „Du sollst die Buddhaschaft durch deine Arbeit erlangen. Es gibt keine Arbeit, die nicht eine buddhistische Übung wäre." Er nannte den Bauern, den Schmied und den Schreiner, aber auch den Kaufmann und Krieger. Alle diese mannigfaltigen weltlichen Beschäftigungen tragen zum Wohlstand der Menschen bei und sind *„Funktionen des Einen Buddhas."*[17]

Trotz der positiven Leistungen einiger *Buddha*-Mönche war der japanische Buddhismus während der ganzen *Tokugawa*zeit wegen seiner unpassenden Weltferne heftigen Angriffen von seiten der Konfuzianer und während der zweiten Hälfte der Periode auch von seiten der vom *Shintō* inspirierten *Kokugaku* ausgesetzt. Die Konfuzianer vermißten im Buddhis-

---

[16] Vgl. die Studie von *S. Furuta* über die buddhistische Apologetik gegenüber dem Konfuzianismus während der Tokugawazeit: Bukkyō ga hijinrinteki de aru to iu bônan ni taishite no bukkyôsha no hanron (= Widerlegung der Buddhisten bezüglich des Vorwurfs der Nicht-Sittlichkeit des Buddhismus [Sapporo 1959]). *Furuta* führt die Buddhisten *Takuan, die* Nonne *Soshin, Ryūkei Shōsen, Chōon Dōkai* und *Hakuin* an. Vgl. zum gleichen Thema *Nakamura,* Modern Trends (zitiert in 208), 574 ff, 578 f, 591 ff.

[17] *Nakamura* entdeckt in *Suzuki Shōsan,* der in einem Traktat über das Tageswerk des Kaufmanns eine Art Wirtschaftsethik entwickelt, einen Vorläufer des kapitalistischen Geistes und zieht die Parallele zu *Calvin* und der europäischen Geistesgeschichte. S. den Aufsatz: Suzuki Shōsan and the Spirit of Capitalism in Japanese Buddhism, in: Monumenta Nipponica XXII (Tokyo 1967), bes. 5 ff, 8 ff.

mus die sozialen Tugenden der Kindesliebe *(kō)* und Vasallentreue *(chū)*, erhoben aber auch den umfassenden Vorwurf, der *Buddha*-Weg weiche vom Weg des Himmels ab. Die buddhistische Apologetik der Epoche bemühte sich um die Abwehr der Angriffe, konnte aber keine durchschlagenden Erfolge erzielen.

Das Anliegen einer buddhistischen weltlichen Laienethik meldete sich nach dem Ende des Pazifischen Krieges mit erhöhter Dringlichkeit an. Da der Shintoismus durch die Niederlage im Krieg bis ins Mark getroffen wurde und zunächst ausschied, waren die überkommenen buddhistischen Religionsgemeinschaften aufgerufen, das geistige Vakuum auszufüllen. Wo sie versagten, sprangen die sogenannten modernen Volksreligionen *(shinkō shūkyō)* ein. Doch auch der überkommene japanische Buddhismus wandte sich mit wachsendem Eifer den religiösen Diesseitsaufgaben zu. Auf den Aufschrei der geistigen Not bei Kriegsende folgten Jahre des Ringens um die Befriedigung der materiellen Lebensnotwendigkeiten, bis die geistigen und religiösen Nöte aufs neue an die Oberfläche drängten. Zwei buddhistische Laien, angesehene Führer des japanischen Wirtschaftslebens, befaßten sich in einer Zeitungsdiskussion mit dieser Problematik und betonten angesichts der religiösen Bedürfnisse des japanischen Volkes nachdrücklich die Wichtigkeit weltoffener buddhistischer Laientätigkeit. Im Laufe der Diskussion berichteten sie von eigenen Initiativen im Stil der modernen Volksreligionen.[18] Solche Versuche zeigen unverkennbar die Ausrichtung auf die Bewältigung religiöser Diesseitsaufgaben.

Man bemüht sich auch, den buddhistischen Laien passende religiöse Motivierungen und ethische Richtlinien für den Alltag zur Verfügung zu stellen. In einer Artikelserie über „Laienethik im frühen Buddhismus" greift Professor *Nakamura* auf das „Singālovādasutta" (jap. *Roppō Raikyō*) des Pāli-Kanons zurück, das sich in den Ländern des Theravāda-Buddhismus großer Beliebtheit erfreut. Das Sūtra ist in die japanische Umgangssprache übersetzt und handelt von den sechs zwischenmenschlichen Beziehungen zwischen Mann und Frau, Eltern und Kind, zwischen Freunden, zwischen Meister und Jünger, Kleriker und Laie, Herr und Knecht; es bietet eine umfassende Sozialethik, die der konfuzianischen Ethik der fünf Beziehungen ähnlich ist. Jede dieser Beziehungen begründet, wie *Nakamura* ausführlich dartut, ein gegenseitiges Verhalten, das sittliche Verpflichtungen einschließt und zur vollen Verwirklichung persönliches Verantwortungsbewußtsein erfordert.

Die Ausbildung einer religiös fundierten, diesseits gerichteten weltlichen Ethik muß notwendig vom Lebensgefühl der Diesseitsbejahung getragen

---

[18] „Bukkyō Times" Nr. 718 (19. 8. 1967).

sein, die wiederum eine religiöse Note besitzen muß. Im alten Buddhismus lebt das überkommene, bei der Kultfeier rezitierte Wort: „Schwierig ist es, als Mensch geboren zu werden, schon haben wir es empfangen; schwierig ist es, die Buddha-Lehre zu hören, schon haben wir sie gehört ..." Ein viel gelesener japanischer buddhistischer Schriftsteller wendet dieses Traditionswort auf die Situation des modernen Buddhisten in der Welt an. Der Buddhist lebt als Mensch „dieses kostbare Leben" „*herrlich*", es ist für ihn „das höchste Glück, ehrfürchtig den Eltern zu dienen, liebevoll seine Familie zu unterhalten und mit ehrenhafter Arbeit beschäftigt zu sein". „Die buddhistische Position" will, daß wir dieses Leben „voll leben" und „zu guter Letzt die Ansicht haben sollen, daß das große Ereignis für uns dieses Leben ist."[19]

Trotzdem ist es für den seit alters bestehenden japanischen Buddhismus nicht leicht, die modernen Japaner vom diesseitigen Nutzen der buddhistischen Religion zu überzeugen. Zu tief ist beim Volk die Ansicht eingewurzelt, daß der Buddhismus mehr eine Religion für die Zukunft als für dieses gegenwärtige Leben sei. Die Menschen und ganz besonders die heutigen Menschen verlangen nach Hilfe in ihren Diesseitssorgen, aber „*wenn man bloß dartut*", so erklärt der Verfasser eines Zeitungsartikels das Versagen der Propagandaaktion einer Zentrale des *Amida-Buddhismus*, „daß, wer an das Gelübde *(des Buddhas Amida)* glaubt, im ‚Reinen Land' wiedergeboren wird, wird nicht klar, welche Beziehung dies zum wirklichen Leben des Menschen hat".[20]

In der japanischen buddhistischen Presse wird seit geraumer Zeit die Bedeutung des diesseitigen Nutzens der Religion erörtert. Diese Problematik wurde im Hinblick auf die modernen Volksreligionen akut, die bewußt den Diesseitsvorteil in den Vordergrund stellten und eben damit außerordentliche Erfolge erzielten. Die Alt-Buddhisten neigten dazu, die Diesseitsfunktion der Religion abzuwerten oder gar zu leugnen. Während noch unlängst ein *Amida*-Gläubiger schrieb: „Wer behauptet, in unserer Schule vom ‚Reinen Land' müsse auf den Diesseitsvorteil hingewiesen werden, begreift überhaupt nicht das Wesen der Religion", verlangt die junge Generation nach einer Lehrverkündigung, die nicht nur „die höchsten Prinzipien von Nirvāna und Buddhaschaft, Wiedergeburt und Befreiung vom Kreislauf der Geburten" kennt, sondern auch dem Diesseitigen den ihm zukommenden Platz gewährt. In diesen Zusammenhang gehört die von der buddhistischen Selbstkritik oft gerügte einseitige Hinneigung des alten japanischen Buddhismus zu Wissenschaft und Kunst. Ein Zeitungsartikel klagt bitter über die Haltung vieler buddhistischer Gelehrter, die als Mahāyāna-Buddhisten dem Bodhisattva-Weg verpflichtet seien und wie der Bodhi-

---

[19] *Masutani Fumio,* in: Living Buddhism ..., a.a.O. (s. Anm. 4) 2, 40.
[20] „Chūgai Nippō" (am 24.12.1966).

sattva, der sich in gleicher Weise dem eigenen wie dem fremden Nutzen widmet, die Wissenschaft pflegen und zum Nutzen der anderen wirken sollten.[21]

407. Solidaritätsbewußtsein und Sozialdienst

Wenn in der modernen Zeit ein neues Sozialbewußtsein erwacht ist und die Buddhisten aller Länder sich aus religiösem Verantwortungsgefühl aufs neue zu sozialem Einsatz den Mitmenschen gegenüber verpflichtet wissen, so erinnern sie sich an die urbuddhistische Lehre von der Entstehung aller Dinge in gegenseitiger Abhängigkeit, in der die vom östlichen Menschen tief erfahrene kosmische Verflechtung der Wirklichkeit ihre buddhistische Begründung hat. Der Mensch, der als Mikrokosmos in seinem Selbst das All trägt und spiegelt, ist mit der ganzen Menschheit verbunden. Und diese Verbundenheit des Menschen begründet, wie moderne Buddhisten klar begreifen, eine sittliche Verantwortung. Während buddhistische Aussagen aus früherer Zeit beim Aufweis der kosmischen Verflechtungen stehenbleiben, drängt das moderne Verständnis zur Erfassung der persönlichen Solidarität in der universalen Gemeinschaft der Menschen. Typisch in dieser Hinsicht ist der oben zitierte Programmentwurf, der die Ursachenverknüpfung in gegenseitiger Abhängigkeit zusammen mit der Leere für die Grundprinzipien der modernen Menschheitszivilisation erklärt, um bei der Entfaltung ins Menschliche hinein Person und Gemeinschaft nebeneinanderzustellen und die Hochachtung vor der *„Würde der freien Persönlichkeit jedes Menschen“* sowie die *„soziale Solidarität von Mensch zu Mensch, von Mensch zu Gesellschaft, von Nation zu Nation“* zu fordern. Der buddhistische Mensch wird sich so *„mit Mit-leiden und Geduld durchdringen lassen, sich mit Herz und Tat für das Gute einsetzen, zur Wohlfahrt der Menschheit beisteuern und am ewigen Frieden mitwirken“*.[22]

Die starke Betonung der Sozialverpflichtung im Zuge der buddhistischen Erneuerung in unserer Zeit ist bezeichnend für den Umbruch der modernen japanischen Gesellschaft. Im alten Japan mit seinen umfassenden Sozialstrukturen von Familie, Sippe, Nachbarschaft und Landbezirk bis hin zum Staat war auch das religiöse Leben ganz selbstverständlich in die Gemeinschaft eingebettet. Die buddhistischen Tempelklöster übten eine Sozialfunktion aus. Berühmte Mönche wie *Dōshō, Eisai, Eison, Ninshō, Tetsugen, Hakuin* und viele andere waren Männer des Volkes und bemühten

---

[21] Siehe zum vorigen Artikel in: „Chūgai Nippō“ (am 24.12.1966, 29.1.1967, 14.2.1967, 15.2.1967).

[22] „Bukkyō Times“ Nr. 697 (11.3.1967). Vgl. ähnliche Ausführungen über Person und Gemeinschaft: Living Buddhism ..., a.a.O. (s. Anm. 4) 5f, 10.

sich um die Behebung der mannigfachen leiblichen und sittlichen Notstände ihrer Zeit. Mit dem Hinschwinden der überlieferten Strukturen kam dieser Sozialdienst weitgehend aus der Übung. Heute beklagen eifrige Buddhisten den Verfall der religiösen Gemeinschaftsverbundenheit und des Verantwortungsgefühls gegenüber der Familie und den anderen natürlichen Körperschaften. Eine jahrhundertealte Tradition erlischt. Der moderne Individualismus, der sich statt dessen ausbreitet, wird als der Religionsausübung und dem Gemeinschaftsleben abträglich erkannt.

Wenn „der moderne Mensch sein Augenmerk auf die gesellschaftliche Entwicklung richten muß", bedarf es einer sozialen Neuausrichtung des Buddhismus, die von vielen nachdrücklich gefordert wird. Bloßes Anknüpfen an die Tradition karitativen und volkstümlichen Wirkens vergangener Jahrhunderte kann den heutigen Ansprüchen nicht genügen. Das oben erwähnte Symposium über den lebendigen Buddhismus von heute befaßt sich ausführlich, ja ringt geradezu mit der sozialen Frage, ohne jedoch eine voll befriedigende Antwort geben zu können. Während Vertreter des konservativen Standpunktes der Religion als solcher die soziale Funktion absprechen (allerdings sollten buddhistische Politiker und Wirtschaftler persönlich religiös sein und ihre religiöse und soziale Gesinnung praktisch betätigen), möchten manche buddhistische Führer auch durch die buddhistischen Organisationen zur Verbesserung der sozialen Strukturen beitragen. Die Buddhisten der jungen Generation setzen wesentlich stärkere Akzente. Da liest man im Kommentar zur Diskussion der Führer: „Viele buddhistische Führer ermangeln des sozialen Bewußtseins und kennen die politischen und wirtschaftlichen Probleme nicht." *Imaoka Shinichiro* bedauert in seinem wertenden Nachwort zu den Berichten des Symposiums den Mangel einer konstruktiven Soziallehre für unsere Zeit, wie aus seinen Ausführungen deutlich hervorgeht: „... Ich möchte, daß die Teilnehmer mit diesen Problemen mit mehr Kraft und Klarheit ringen. Ich möchte von ihnen klargelegt sehen, daß jemand, der glaubt ‚jeder Tag ist ein guter Tag', auch wenn er keine Nahrung für morgen besitzt, sich doch um Erwerb von Nahrung bemühen kann; und daß man, auch wenn man einen so starken Glauben besitzt, daß einem niedrige Löhne gleichgültig sind, sich dennoch den Bestrebungen zur Hebung der Löhne anschließen kann. Ich möchte mehr die Position des japanischen Mahāyāna-Buddhismus oder Laien-Buddhismus erörtert sehen, demzufolge Bemühungen um Erlangung von Nahrung und Besserung der Löhne in sich selbst Religion sind."[23]

Die neue soziale Ausrichtung ist trotz mancher Überbleibsel aus der feudalistischen Vergangenheit unverkennbar und drängt zur Verwirklichung. Mehr als Worte beweisen eine Anzahl von konkreten Realisierungen das

[23] Living Buddhism ..., a.a.O. (s. Anm. 4) S. 78; vgl. über Sozialreform 17–26, 84–86.

Erwachen eines neuen Gemeinschaftsgeistes und die ernsthafte Hinwendung zum Sozialdienst. Wir werden im folgenden Abschnitt von verschiedenartigen Initiativen zu berichten haben, die jeweils für sich und zusammen das heute im überkommenen japanischen Buddhismus wirksame moderne Verantwortungsbewußtsein für das menschliche Gesellschaftsleben zeigen.

408. Neuanfänge und Umbildungen in der Praxis: Selbstkritik

Nichts widerlegt die in der Nachkriegsperiode oft gehörte Behauptung, der Buddhismus sei in Japan tot, überzeugender, als das erstaunliche Ausmaß ernster Selbstkritik, die seit Jahren in der buddhistischen Presse dieses Landes geübt wird. Wo Selbstkritik aufrichtig und beharrlich beschieht, da ist auch Leben. Sicher nimmt die japanische buddhistische Selbstkritik zunächst die von außen kommenden, oft recht harten Kritiken auf, aber sie beschränkt sich nicht auf das Wiederholen der gängigen Argumente, sondern setzt neue, besondere Akzente und ist eben dadurch immer schon auf dem Wege zu einer Erneuerung. Denn die Selbstkritik läßt die erkannten Mängel nicht als unabänderliche Übel gelten, sondern bildet aus dem Gewissensstachel den Reformwillen empor. Sie ist deshalb wirksamer als alle Kritik von außen, weil sie ins Innere vorzudringen vermag. Wo beispielsweise das Urteil Außenstehender sich damit begnügt, den Formalismus der Tempelfunktionen und das Vorherrschen der Begräbnisriten anzuprangern, erkennt die Selbstkritik die tieferen Ursachen des Versagens.

Die buddhistische Selbstkritik formuliert ihre Aussage im Hinblick auf die gegenwärtige Zeitsituation, sei es, daß der Gegensatz zur *„alten Zeit“* der glorreichen Tradition und des reich entfalteten Kultdienstes an den Tempeln erfahren wird, sei es, daß die völlig neuartigen, dringlichen Erfordernisse der gegenwärtigen Zeit des Umbruchs die Blickrichtung bestimmen. Eine fromme buddhistische Hausfrau, die selbst aus einer Tempelfamilie stammt, vergleicht die gute Zeit ihrer Jugend, als die buddhistischen Gläubigen noch ihr Leben in engster Verbindung mit dem Tempel als geistiger Mitte führten, mit der gegenwärtigen Situation und klagt: „Früher herrschte beim Tempel ein herzlicher Verkehr zwischen den Gläubigen des Sprengels ... Heute springt der trockene Formalismus stark in die Augen. Begräbnisfeiern und Totengedächtnisse sind von einer Geldsumme abhängig, man möchte eher von Begräbnisfunktionären als von religiösen Männern sprechen ...“ Es folgen strenge Tadelworte über die Vernachlässigung der religiösen Pflichten bei den Tempeln, als deren Folge sie den weit verbreiteten Mangel an religiösem Sinn bei der Jugend beklagt. Doch bleibt sie nicht bei der negativen Kritik stehen, sondern weiß konkret Besserungsvorschläge zu machen. Sie selbst kennt buddhistische Tempelpriester, die

„nach dem Totengedächtnis eine kurze, moderne Predigt halten, einen Abschnitt aus dem Sutra auf ein Blatt drucken lassen und rezitieren". Doch solches allein genügt nicht. Damit die Tempel noch einmal „Zufluchtsstätten für das Herz der Menschen" werden können, muß der Glaube zum Ausdruck kommen und ins konkrete Leben übertragen werden.[24]

Wir stellen neben die Aussage der buddhistischen Frau einen ebenso eindrucksvollen Herzenserguß aus der Feder eines jungen Buddhisten, den die aktuelle Zeitnot gepackt hat. Er faßt die wesentlichen Zeitübel scharf ins Auge. „Das Menschenleben wird wie ein Papierfetzen weggeworfen." Als Buddhist schmerzt ihn besonders die frivole Verachtung des Lebens: „Ich glaube keinem Buddhisten, der den Tod des Menschen nicht streng anschaut, weil ihm notwendigerweise auch der strenge Blick für das Leben und das strenge Fragen nach dem Lebenssinn fehlt ... Was der japanischen buddhistischen Jugend heute mangelt, ist mehr noch als eine weitblickende Vision das strenge Anschauen der Wirklichkeit." Doch trifft auch die junge Generation die Kritik, daß es „bei der Jugend aller buddhistischen Schulen viel Müßiggang und wenig strenges Suchen nach dem Weg" gebe.[25]

Wenn sich nach Kriegsende viele Gläubige überkommener buddhistischer Schulen den neu aufkommenden Volksreligionen zuwandten, liegt der Hauptgrund in dem Mangel an Zeitgemäßheit der alten Schulen. Der Stolz auf die wissenschaftlichen Leistungen buddhistischer Gelehrter konnte ebenso wenig wie die Freude an den herrlichen Kunstwerken der alten Tempel darüber hinwegtäuschen, daß die eigentlichen religiösen Bedürfnisse im überkommenen Buddhismus keine Befriedigung mehr fanden. Wissenschaft und Kunst sind eben nur ein schwacher und letztlich ungenügender Ersatz für die Religion. Wenn einige moderne Japaner in den geistig hochstehenden buddhistischen Publikationen eine Orientierung zu finden vermochten, so ist die Zahl derer ungleich größer, die vergebens buddhistische Tempelpriester um eine persönliche Führung und Hilfe angingen, die diese wegen ihres Unverständnisses für die modernen Zeitnöte nicht zu geben vermochten. Die Mehrzahl der Tempelbesucher wünscht heute nur noch die aufbewahrten herrlichen Kunstschätze zu besichtigen. Aber vielleicht trifft dies im Zeitalter des Tourismus mehr oder weniger auf alle alten Religionen als Hüter von Kunstschätzen und Überlieferer des Geistes vergangener Generationen zu. Die buddhistische Selbstkritik setzt sich mit diesen unerwünschten Zeiterscheinungen streng auseinander. Und auch buddhistische Gelehrte erkennen in neu erwachtem Verantwortungsbewußtsein, daß sie durch positive Leistung und fortschreitende Spezialisie-

---

[24] „Bukkyō Times" Nr. 697 (11.3.1967).

[25] Das erste Zitat stammt aus der leidenschaftlichen Antwort eines jungen Buddhisten auf mehrere zaghafte Artikel eines Führers der alljapanischen buddhistischen Jugendorganisation in: „Chūgai Nippō" am 1.2.1967, das zweite Zitat aus dem Leitartikel, ebd. (am 31.3.1967).

rung allein ihre Berufung nicht erfüllen können. Sie quält „das Leid der buddhistischen Gelehrten", daß in Japan „die buddhistische Wissenschaft blüht, der Buddhismus aber dahinsiecht".[26]

Man wird die positiven Ansätze der buddhistischen Selbstkritik nicht übersehen können. In den programmatischen Forderungen sind oft bestimmte konkrete Punkte herausgehoben. So zählt der Verfasser eines Zeitungsartikels zunächst negative Erscheinungen im japanischen Buddhismus auf, um dann drei positive Wünsche zu formulieren: er fordert eine einheitlichere Organisation, mehr religiösen Eifer und eine klarere und verständlichere Lehre. Damit sind wichtige Kernpunkte bei der Modernisierung und Popularisierung des japanischen Buddhismus genannt[27]. Wenn der Verfasser in seinem Artikel schließlich noch eindringlich vor Aberglauben und blindem Glauben warnt, so ist ein gangbarer Weg der Erneuerung aufzeigt. Wir gehen im folgenden einigen Neuerungen nach, die sich aufgrund der Selbstkritik ergaben.

409. Organisatorische Vereinheitlichung

In kaum einer Aufzählung der zu berücksichtigenden Reformpunkte fehlt die Forderung nach organisatorischer Vereinheitlichung. Frühere Geschlechter japanischer Buddhisten haben das Sektenwesen in ihrer Religion nicht unbedingt als einen Mangel angesehen, sondern sich über den Reichtum an Lehre und Kult innerhalb der großen buddhistischen Familie gefreut und insbesondere voll Stolz auf die großen Gestalten der Schulhäupter, der Patriarchen und Gründer neuer Linien im japanischen Buddhismus geblickt. Heute überwiegt eine andere Stimmung. Die Zersplitterung in einzelne Sekten widerspricht dem modernen Zeitempfinden. Führende buddhistische Gelehrte fordern nachdrücklich das Zurückstellen von Sektenunterschieden im Interesse der buddhistischen Einheit. Tatsächlich läßt sich eine Abschwächung des Sektenbewußtseins bei den japanischen Buddhisten unschwer feststellen, ein Umstand, der teilweise mit der Betonung der Einheit der buddhistischen Religion im Zuge der internationalen Bewegung des Gesamtbuddhismus, teilweise auch mit der in Japan beobachteten Rückbesinnung auf den Urbuddhismus zusammenhängt. Zweifellos sind in Japan die Voraussetzungen für einen innerbuddhistischen Ökumenismus vorhanden, nämlich ein gemeinsames Bewußtsein aller japanischen Buddhisten sowie das Verlangen nach Vereinheitlichung. Trotzdem sind konkrete Auswirkungen wenig zu spüren, wie dies bei den

[26] „Chūgai Nippō" (am 31.3.1967).
[27] Ebd. (am 4.2.1967).

entgegenstehenden eingewurzelten Vorurteilen und den konkreten Hindernissen auch kaum anders zu erwarten ist.

Als Zielsetzung steht die Bemühung um organisatorische Vereinheitlichung an erster Stelle. Dabei treten zwei Bestrebungen deutlich hervor, nämlich einmal das Bemühen um eine stärkere Zusammenfassung innerhalb der bestehenden Schulen und Sekten, ferner die Aktivierung allbuddhistischer Organisationen zur Verwirklichung konkreter Ziele, wie z.B. die „Allgemeine Buddhistische Vereinigung Japans", der „Buddhistische Frauenverein", die „Buddhistische Jugendliga", eine über den Sekten stehende „Körperschaft zur Erschließung von Finanzquellen" u.a. Alle organisatorischen Bestrebungen wahren eine große Zurückhaltung im Hinblick auf das ökumenische Grundanliegen der Verständigung und der Annäherung bezüglich der Lehrinhalte. Dies mag damit zusammenhängen, daß in Japan die Lehre nicht unbedingt als das Wichtigste der Religion empfunden wird. Erst unter westlichem Einfluß bringen religiöse Persönlichkeiten im Hinblick auf ihre eigene komplexe Erfahrung verschiedene buddhistische Richtungen, wie z.B. die *Zen*-Meditation einerseits und das vertrauensvolle Anrufen des *Buddha*-Namens *(Nenbutsu)* andererseits, als die *jiriki* (= Erlösung aus eigener Kraft)-Linie und die *tariki* (= Erlösung durch fremde Hilfe)-Linie in dialogische Beziehung. Dagegen vermeiden die offiziellen Organisationsleiter Lehrgespräche. Die Lehrgegensätze gelten als ärgstes Hindernis für die gemeinsame Aktion. So berichtet der Vertreter der allbuddhistischen Jugendliga: „Man kann wohl sagen, die Schwierigkeit für den Fortschritt der alljapanischen buddhistischen Vereinigungen rührt daher, daß bei der Entfaltung von über den Sekten stehenden Organisationen Lehrfragen *tabu* sind ... Wenn man in einer über den Sekten stehenden Vereinigung und auch in der allbuddhistischen Jugendvereinigung *Nenbutsu* sagt, erscheinen allsogleich *Zen* und *Hokke* (‚Lotossutra', Nichiren) auf dem Plan ..."[28] Deshalb sind vorerst Lehrfragen bei den Vereinigungsbestrebungen ausgeklammert.

Der organisatorische Zusammenschluß aller japanischen buddhistischen Schulen zu einem einzigen monolithischen Gesamtbuddhismus Japans dürfte von keinem realistisch denkenden Verfechter der Vereinheitlichung ernstlich angestrebt werden. Vorerst freut man sich über jeden erfolgreichen Einzelschritt in der gewünschten Richtung, so wenn z.B. die altehrwürdige *Tendai*-Schule ankündigt, daß nach langen Verhandlungen die Verbindung der Hauptsekte (Zentrum auf dem Hiei-Berg) mit zwei Zweigsekten *(Washū* und *Shō-Kannonshū)* geglückt ist. Die drei Sekten hoffen auf den Anschluß noch anderer *Tendai*-Sekten und versprechen sich von ihrer Union ein neues Aufblühen der Schule.

---

[28] Ebd. (am 2.1.1967).

Es gibt viele unverbindliche und lose Kontakte zwischen Sekten der gleichen Schulen, dagegen sind feste organisatorische Verbindungen nach Art der *Tendai*-Union selten. Oft bemühen sich Zweigsekten zunächst um einen festeren Zusammenschluß und um die Aktivierung ihrer Landtempel. Im *Zen*-Buddhismus wird die Einheit mehr durch die großen Gestalten der *Zen*-Meister, die oft Äbte berühmter Tempel sind und eine Jüngerschar um sich sammeln, als durch organisatorische Strukturen gewährleistet. Doch besitzen die *Zen*-Schulen auch Organisationsformen, die von denen der anderen buddhistischen Schulen kaum verschieden sind. Die *Rinzai*-Schule zerfällt in zahlreiche nach den Tempeln benannte Zweigsekten. Dagegen ist die *Sōtō*-Schule straff in einer einzigen Organisation zusammengefaßt, deren über das ganze Land zerstreute Priester den gewöhnlichen Tempeldienst (Begräbnisse, Totenriten usw.) versehen. Das Leben in der *Zen*-Halle ist wenigen Tempelklöstern vorbehalten, in denen sich die Jünger in der *Zen*-Meditation üben.

Von allen japanischen buddhistischen Schulen kommt der *Shin*-Buddhismus der westlichen kirchlichen Organisationsform am nächsten. Deshalb verdienen die Einigungsbestrebungen seiner zwei Haupttempel in Kyoto, des *Higashi* (Ost) – *Honganji (Ōtani-Sekte)* und *Nishi* (West) – *Honganji* (*Honganji*-Sekte) besondere Beachtung. Der Sektenzwist geht bis zum Anfang des 17. Jahrhunderts zurück, als östlich des ursprünglichen *Honganji*-Tempels ein zweiter Tempel von gleicher Größe für den vom Shōgun *Ieyasu* begünstigten Bruder des von seinem Vorgänger *Hideyoshi* eingesetzten Patriarchen aus der *Ōtani*-Familie errichtet wurde. Kein Lehrunterschied berechtigt zur Trennung der beiden Tempel, vielmehr ist ein friedliches Auskommen, ja eine Zusammenarbeit und möglicherweise eine Einigung wünschenswert. Die bestehenden Unterschiede betreffen vorzüglich den Kult, besonders das Totenritual und die Rezitationsform der Sutrentexte. So kommt es, daß die beiden Tempel wohl Lehrvorgänge und Versammlungen, aber keine Kultfeier gemeinsam veranstalten können. Besonders wird die unterschiedliche Bestimmung des Todesgedächtnistages für den Stifter *Shinran* als störend empfunden. Der Ost-Tempel begeht ihn gemäß dem neuen Sonnenkalender am 16. Januar, der West-Tempel am 28. November nach dem alten Mondkalender.

Die Bemühung um Vereinheitlichung der *Nichiren*-Schulen ist am weitesten fortgeschritten. Alle Linien der überkommenen *Nichiren*-Schule verbanden sich in einem losen Zusammenschluß mit dem Haupttempel Kuonji auf dem Minobu-Berge, und auch von der Nichiren-Schule herkommende moderne Volksreligionen wie *Reiyūkai, Risshō Kōseikai, Myōchikai* u.a. fanden sich zur Zusammenarbeit bereit, von der sich die *Nichiren*-Anhänger eine bedeutende Stärkung des Buddhismus des „Lotos-Sutras" versprechen, besonders weil sie hoffen, mit vereinten Kräften die notwendigen Modernisierungen wirksamer durchführen zu können. Der Bericht über die gemeinsame Versammlung nennt als angestrebte Ziele besonders „die Hebung des Bewußtseins der Zugehörigkeit zur Schule Nichirens, die Vereinfachung der Lehre, die Modernisierung der Propaganda, die Reedukation der Mönche, die finanzielle Sicherung und die Fixierung eines Budgets für die Neuerrichtung eines religiösen Übungsgebäudes auf dem Minobu-Berg". [29]

410. Anpassungen an die moderne Zeit

Ein führender japanischer Buddhist beschreibt die konkreten Anpassungen des japanischen Buddhismus an die moderne Zeit wie folgt: „Die meisten japanischen Priester tragen heute westliche Kleidung, einige langes Haar, auch ihre Namen klingen nicht wie Mönchsnamen. Manche Sekten gestatten den Nonnen Haarfrisuren. Auch Tempelbauten und Kultzeremonien werden modernisiert. Einige jüngst erbaute Tempel gleichen christlichen Kirchen oder zeigen teilweise Formen westlicher Art. Westliche Musik wird buddhistischen Hymnen angepaßt, die im westlichen Stil verfaßt sind. So entsteht eine frische Atmosphäre, teilweise auf Kosten der klassischen Stimmung." Der Verfasser dieser Zeilen, *Tomomatsu Entai*, gehört zur modernen Richtung. Er hat in dem von allen Schulen unabhängigen Tempel Kandadera, einem modernen Stahlbau mitten in Tokyo, ein buddhistisches Kulturzentrum geschaffen, das für Vortragsabende, Versammlungen der Frauen- und Jugendvereine, Verlagsunternehmen, Sozialwerke und die sonntägliche Kultfeier zur Verfügung steht. Bei der Kultfeier werden in modernes Japanisch übersetzte Texte aus Theravāda- und Mahāyāna-Sutren sowie Gebete rezitiert, außerdem Hymnen nach westlicher Art gesungen. Die Lehre und das Ritual sind auf ein Mindestmaß zurückgeführt. Im einfachen Kultraum nimmt eine eingeschreinte Holztafel mit den chinesischen Schriftzeichen für die „Drei Kleinodien" *Buddha, Dharma* (= Lehre) und *Sangha* (= Gemeinde) die Stelle des *Buddha*-Bildes ein. Aller Nachdruck liegt auf praktischer Lebensführung und Sozialarbeit. [30]

Kandadera, das Zentrum einer der aktivsten, fortschrittlichsten und einflußreichsten buddhistischen Erneuerungsbewegungen, kann als Modell für moderne Anpassungen innerhalb des überkommenen japanischen Buddhismus angesehen werden. In dem zitierten kurzen Text sind eine Reihe der wichtigsten konkreten Neuerungsmaßnahmen genannt. Die Modernisierung kann offenbar nur dann mit durchschlagendem Erfolg rechnen, wenn die Aktivierung der Jugend in größerem Umfang gelingt. Diesem Ziel gelten auch die meisten Anstrengungen. Bei einer Umfrage der

---

[29] Ebd. (am 25.12.1966).

[30] Vgl. *E. Tomomatsu*, Japanese Buddhism since 1945, in: Kandadera Series, Nr. 9 (Tokyo 1960) 7f.

Ōtani-Sekte des *Shin*-Buddhismus in Tokyo wurde nach der richtigen Art und Weise, der Jugend die Lehre nahezubringen, gefragt. In den zahlreichen Antworten, die alle die Berechtigung der Frage anerkennen, findet sich wiederholt der Hinweis auf die Notwendigkeit einer leicht verständlichen Sprache beim Lehrvortrag und bei der Sutrenrezitation. Wichtig ist die Benutzung der seit Kriegsende veröffentlichten zahlreichen modernen japanischen Übersetzungen klassischer Texte. Einige Antworten gehen indes in ihren Forderungen erheblich weiter und erinnern in ihrer bisher im japanischen Buddhismus ungehörten, neuen Sprache an moderne religiöse Bewegungen im Westen. „*Die Alten*" sollen nicht „*die Jungen*" belehren, sondern „*mit den Jungen zusammensein*", gemeinsam sollen Alt und Jung die Lehre des *Buddhas* empfangen. Nur durch neue Leitbilder und neue religiöse Formen lasse sich die junge Generation noch einmal für den überkommenen Buddhismus gewinnen[31]. Offenbar haben die alten buddhistischen Schulen und Sekten große Schwierigkeiten, sich dem neuen Geist zu öffnen. Auch die „Allbuddhistische Jugendvereinigung", die bis in die Vorkriegszeit zurückreicht und seit Kriegsende große Anstrengungen macht, vermag ihre eifrigen, modern gesinnten jugendlichen Anhänger, wie deren Kritik beweist, nicht voll zu befriedigen.

Im überkommenen Buddhismus übt das *Zen* die größte Anziehungskraft auf die junge Generation aus, und zwar ohne daß es dabei einer besonderen Anpassung an die moderne Zeit bedürfte. Allerdings fand das *Zen* in Japan erst in den letzten Jahren, teilweise infolge einer Rückwirkung der durch *Suzuki Daisetsu* und andere im Westen geweckten *Zen*-Begeisterung, wieder Eingang und Verbreitung in weiteren Kreisen. Heute erfreuen sich die *Zen*-Übungen großer Beliebtheit, auch und sogar vornehmlich bei der studierenden Jugend, die durch das *Zen* nicht selten ein neues Verhältnis zur Tradition gewinnt. Die *Zen*-Übung scheint als Meditation und Weg zum Selbst eine Mission in der modernen Zeit zu erfüllen. Überdies sind die meisten *Zen*-Meister weitherzig genug, auf die psychologischen Vorbedingungen ihrer modernen Jünger Rücksicht zu nehmen. Die praktische *Zen*-Übung geschieht heute vielfach in sogenannten „*Zazenkai*", d.h. Vereinigungen zur *Zazen*-Übung, in denen sich eine Anzahl von *Zen*-Jüngern einmal im Monat oder auch öfter für einen Tag oder einen halben Tag zur *Zen*-Meditation zusammenfindet. Eine solche Übung ist viel weniger streng als die mönchischen, eine volle Woche andauernden Übungsperioden *(sesshin)* im Tempel. Daß die heutigen *Zen*-Meister in Klugheit und Milde zu weitgehender Anpassung an die physischen und psychischen Möglichkeiten ihrer Schüler bereit sind, konnte ich beim zufälligen Besuch eines *Zen*-Tempels in einer Provinzstadt Nordjapans feststellen. Ich betrat

---

[31] „Tōkyō Honganji-hō (= Monatsblatt des Honganji-Tempels in Asakusa, Tokyo) Nr. 67 (Januar 1967).

den Tempelbezirk zur späten Nachmittagsstunde, als gerade ein *Zazen*-Kurs für Mädchen des Obergymnasiums zu Ende ging, und durfte der Schlußversammlung in der weiten Kulthalle beiwohnen. Die Mädchen hockten in ernst-fröhlicher, gesammelter Haltung. Auf den festlichen Einzug der Mönche im Kultornat folgten eine kurze Sutrenrezitation und einige Ansprachen, die dazu aufmunterten, die Früchte der Übung im Alltag zu bewahren und durch fleißige Meditation weiterzuentwickeln. Ungefähr 200 junge Mädchen waren zum dreitägigen *Zen*-Kurs gekommen und hatten täglich in acht kurzen Meditationen von je 30 Minuten gehockt, außerdem ebensoviele Kurzvorträge über Fragen der Selbsterziehung und Lebensführung angehört, aber dazwischen auch Lieder und Tänze eingeübt und in Aussprachekreisen ihre eigenen Gedanken vorgelegt, also ein Programm bewältigt, das eine dem jugendlichen Alter gut angepaßte Variation der asketisch harten, eintönigen *Sesshin*-Periode darstellt, bei der die Teilnehmer praktisch den ganzen langen Tag mit nur kurzen Unterbrechungen in Hockmeditation verharren. Wie mir die Leiter versicherten, war das Resultat des Ferien-*Zen*-Kurses der Gymnasiastinnen ausgezeichnet. Die Mädchen hatten auf Wunsch ihre Eindrücke niedergeschrieben und dabei zwar auch von der schmerzlichen Seite ihrer Meditationsübungen erzählt, aber einmütig die wohltätigen Wirkungen der *Zazen*-Meditation gepriesen.

Auch andere buddhistische Schulen suchen sich an die moderne Zeit anzupassen. Die buddhistischen Zeitungen berichten von Schulungstagungen an Tempeln und buddhistischen Universitäten für Gläubige und Studenten. Beratungsstellen an Tempeln sind für einzelne und Gemeinschaften eine Hilfe, nicht selten im Zusammenhang mit Kindergärten, die in großer Zahl von buddhistischen Tempeln betreut werden. Solche Bemühungen beweisen die Lebendigkeit des überkommenen Buddhismus, vermögen aber der Flut der die breiten Volksmassen mit sich fortreißenden Säkularisierung keinen wirksamen Widerstand zu leisten.

411. Rückkehr zum Urbuddhismus

„Bedeutet die Modernisierung nicht Rückkehr zur Organisation der frühen buddhistischen Gemeinde? Die Gemeinde zur Zeit Shinrans oder des Frühbuddhismus besaß die Eigenschaften, die den modernen Menschen ansprechen. Ohne Klassentrennung, Erblichkeit (der Ämter) und starke Autoritätsansprüche waren alle durch den Glauben miteinander verbunden; deshalb war die Atmosphäre hell und froh. Eine solche Art der Organisation entspricht der modernen Zeit“ [32]. Diese Worte eines buddhistischen

[32] Ebd., in einer Antwort auf die Frage einer Enquête über Modernisierung der Organisation der Religionsgemeinschaft.

Gläubigen sprechen aus, weshalb heute viele japanische Buddhisten im Urbuddhismus ihr religiöses Ideal erblicken; sie nennen zwar in erster Linie die Gemeindeorganisation, fühlen sich aber auch dem Geist des Urbuddhismus nahe, der jenes spontane, einfache und aufrichtige Gemeindeleben schuf.

Das Interesse für den ursprünglichen Buddhismus wurde in den Nachkriegsjahrzehnten bei den Japanern durch äußere Ereignisse angeregt, besonders durch den internationalen Kongreß der „Buddhistischen Weltvereinigung" in Tokyo 1952, der Buddhisten aus allen Ländern, auch zahlreiche Anhänger des Theravāda-Buddhismus aus Sri Lanka und den Ländern Südostasiens nach Japan brachte, und die in der ganzen buddhistischen Welt begangenen Gedächtnisfeiern zum 2500sten Jahrestag des *„Buddha Jayanti"*, des Einganges Shākyamunis ins Nirvāna. Hinzu kommen die häufigen Pilgerfahrten, die zahlreiche japanische Buddhisten zu den heiligen Stätten des Urbuddhismus unternahmen. Indienreisen japanischer Buddhisten gehören heute zum festen Programm der religiösen Aktivität des japanischen Buddhismus. Es gibt kaum eine Nummer einer größeren japanischen buddhistischen Zeitschrift oder Zeitung, die nicht von Pilgerbesuchen oder Ausgrabungen bei den geschichtlichen Stätten des Frühbuddhismus berichtete. Mögen diese Reisen auch für viele hauptsächlich einen touristischen Wert besitzen, so üben sie doch einen nachhaltigen Einfluß auf ernstgläubige Buddhisten aus, denen sie eine neue, tiefe Verbundenheit mit der Persönlichkeit des Stifters ihrer Religion, *Shākyamuni*, schenken.

Yamada Mumon, der unlängst gestorbene Abt eines *Zen*-Klosters und Präsident einer buddhistischen Universität, der zu den höchsten Ämtern in der Rinzai-Schule aufstieg, schildert ergreifend seine Pilgerfahrt ins heilige Land des Buddhismus. Bodhgaya, die Stätte der Erleuchtung *Buddhas*, ist für ihn, den *Zen*-Meister, bei weitem der wichtigste Erinnerungsort. Dort weint er beim Anblick der Stūpa und des Bodhi-Baumes Tränen der Ergriffenheit und dichtet in Form eines japanischen Kurzgedichtes *(waka):*

„Während zur hohen Stūpa
ich aufschaue,
die in den rötlichen Morgenhimmel ragt,
fließen sanft meine Tränen."[33]

Durch die Hinwendung zum Urbuddhismus trat die Gestalt des historischen *Buddhas* zum ersten Mal ins religiöse Bewußtsein der japanischen *Buddha*-Gläubigen ein. Trotz der herrlichen *Buddha*-Bilder (sie bedeuten dem Japaner mehr das Symbol kosmischer Weisheit und unendlichen Er-

---

[33] Shaka-son ni kaere (= Kehre zum erhabenen Buddha zurück! [Tokyo 1967]) 200. Das Büchlein enthält mit anderen Essays einen bewegenden Pilgerbericht über eine Indienreise zu den heiligen Stätten des Urbuddhismus.

barmens als die Darstellung einer individuellen Persönlichkeit) war die Person des Religionsstifters *Shākyamuni* den japanischen Buddhisten eigentlich immer fremd geblieben. Der vom chinesischen Festland über Korea eingeführte japanische Buddhismus besaß jahrhundertelang keine direkte Verbindung zum indischen Mutterland. Die großen Patriarchen der Schulen, vorzüglich Chinesen und Japaner, nahmen den ersten Platz ein, der eigentlich dem Stifter *Shākyamuni* zukam. Erst um die Wende zum 20. Jahrhundert setzte mit dem Aufschwung der vom Westen angeregten japanischen buddhistischen Wissenschaft eine intensive Beschäftigung mit den indischen Quellen der *Buddha*-Religion ein. Die wissenschaftlichen Vorarbeiten halfen zusammen mit den internationalen Kontakten jene Hinkehr zum Urbuddhismus herbeizuführen, die zu einem Kennzeichen der Modernisierung des japanischen Buddhismus der Gegenwart wurde.

Heute kann es vorkommen, daß man einen japanischen Buddhisten nach seiner Sektenzugehörigkeit fragt und die Antwort erhält: „Ich bin Buddhist und nichts weiter." Besonders bei Gelehrten, Künstlern, Schriftstellern, Journalisten, aber auch bei Politikern und Sozialführern, die sich ihrer Überzeugung nach zum Buddhismus bekennen, nimmt die Ablehnung des Sektenwesens zu, weil sie die Einheit der *Buddha*-Religion entdeckten.

Die gleichen Modernisierungsmotive wie in den überkommenen Schulen finden sich in den vom Buddhismus inspirierten modernen Volksreligionen, in denen die Modernisierung weiter fortgeschritten ist.

C. MODERNE JAPANISCHE VOLKSRELIGIONEN BUDDHISTISCHER PRÄGUNG

412. Zwei Gründungen aus dem Geiste Nichirens

Das Aufkommen spontaner religiöser Volksbewegungen ist eines der charakteristischen Merkmale der japanischen Neuzeit. Wenn ein ursächlicher Zusammenhang mit dem Wandel der Gesellschaftsstrukturen, der etwa um die Mitte der *Tokugawa*zeit einsetzt, angenommen werden darf, so sind die modernen Volksreligionen von Anfang an gesellschaftlich bedingt. Die ersten Volksreligionen, die während der letzten Phase der *Tokugawa*periode aufkamen, wandten sich mit einer synkretistischen, vom *Shintō* beeinflußten Lehre, an die breiten Volksmassen. Auch die um die Mitte der *Meiji*zeit entstandenen *Ōmoto*-Religionsgemeinschaften werden gewöhnlich zum Sekten-*Shintō* gerechnet. Der Buddhismus erholte sich erst während der zweiten Hälfte der *Meiji*periode von den Bedrückungen durch das Polizeiregime der *Tokugawa* und den harten Regierungsmaßnahmen während der ersten Jahre der *Meiji*-Ära.

Die buddhistische Erneuerung erfaßte innerhalb der *Nichiren*-Schule zu Beginn dieses Jahrhunderts breitere Volksschichten. Intellektuelle und religiöse Männer aus dem Volk begeisterten sich für den buddhistischen Propheten der *Kamakura*zeit. Als früher Vertreter des neuzeitlichen *Nichirenismus* ist *Takayama Chōgyū* (1871–1902) zu nennen, ein Vorkämpfer des chauvinistischen Japanismus *(Nippon Shugi)* und glühender Bewunderer *Nietzsches,* der sich vor Ende seines kurzen, bewegten Lebens zum Apostel *Nichirens* wandelte und in dem mittelalterlichen Propheten des „Lotos-Sutras" eine Verkörperung seines aus „Idealismus, Heroenkult, Patriotismus und Romantik" gemischten individualistischen Freiheitsideals sah[1]. Die Gestalt *Nichirens,* der in einer Zeit des Unterganges als einziges Heilmittel die Bekehrung zum wahren Dharma predigte, alle Verfolgungen mannhaft überstand, an den *Ewigen Buddha* glaubte und den Seinen ein diesseitiges *Buddha*-Land verhieß, sprach viele Zeitgenossen an und schien rasche, greifbare Erfolge und allseitiges Glück als Frucht der einfachen religiösen Betätigung des Lotosglaubens zu gewährleisten. Im neuen Verständnis *Nichirens* und des „Lotos-Sutras" kündigen sich wichtige Wesenszüge der kommenden modernen buddhistischen Volksreligionen an, insbesondere Interesse für Aktualität, Diesseitsorientierung, soziales Verantwortungsbewußtsein und kämpferisches Engagement.

Zwei im *Nichiren*-Buddhismus entstandene, miteinander kontrastierende, bis heute fortbestehende Gründungen der *Taishō*periode (1913–1926) können als Vorläufer der modernen buddhistischen Volksreligionen angesprochen werden. Die Vereinigung *Kokuchūkai* des *Tanaka Chigaku* (1914 gegründet) verdankte ihr rasches Aufblühen der nationalistischen Zeitwelle, fungiert aber auch noch nach dem Ende des Pazifischen Krieges mit einer bescheidenen Anhängerzahl als offiziell anerkannte Religionsgemeinschaft. Die Bewegung hat sich heute der neuen Situation angepaßt und stellt wie die anderen Volksreligionen Menschenglück und Weltfrieden in die Mitte ihrer Zielsetzungen, bleibt aber den Grundideen der prophetischen Verkündigung *Nichirens* verpflichtet[2]. Sie gliedert sich grundsätzlich in die gegenwärtige demokratische Gesellschaftsstruktur ein, kann aber die Neuregelungen in der Politik und im öffentlichen Leben nicht als Erfüllung ihres Ideals ansehen. Deshalb verfolgt sie mit wachem Interesse das politische Zeitgeschehen, enthält sich jedoch gemäß dem Grundsatz der Trennung von Religion und Politik jeder direkten politischen Aktion.

Die zweite nichirenistische Neugründung der *Taishō*periode, die Bewegung des *Nihonzan Myōhonji Daisanga* (1917 gegründet), war anfänglich ebenfalls nationalistisch gefärbt, nahm aber eine ganz andere Entwicklung. Der Gründer *Fujii Nichitatsu,* eine von religiösem Eifer glühende Persön-

---

[1] *M. Anesaki,* History of Japanese Religion (London 1930) 379.

[2] Vgl. die Ausführungen über Nichiren und Nichirenismus im folgenden Kapitel.

lichkeit, trennte sich in jungen Jahren von der bestehenden *Nichiren*-Schule, in der er den wahren Geist des Stifters vermißte, und machte sich auf die Wanderschaft, um gemäß einem prophetischen Wort *Nichirens,* das für die Endzeit die Rückkehr des japanischen Buddhismus ins Mutterland Indien verheißt, die Bewegung vom „Wunderbaren Gesetz des ‚Lotos-Sutras'" über ganz Asien auszubreiten. Er wirkte vor allem in der Mandschurei, wo in Dairen ein Zentrum der Bewegung entstand. Im Zuge der japanischen Expansion breitete sich die neue Form des *Nichiren*-Glaubens in Korea und China aus, ja es gelang, Zweigtempel in Hongkong, Taiwan und Burma und sogar in Indien und Sri Lanka zu gründen.

Doch mitten während des blutigen Kriegsgeschehens vollzog sich eine innere Wandlung, die die Expansion und den Zusammenbruch Japans überdauern sollte. Der Führer der Bewegung, *Fujii Nichitatsu,* bekehrte sich, von den Kriegsgreueln innerlich zutiefst erschüttert, zum radikalsten Pazifismus und nahm die Folgen seiner Gewissensentscheidung auf sich. Er selbst erzählt den Vorgang wie folgt: „... Der Pazifische Krieg tobte immer heftiger. Nicht länger konnte ich, der ich die Lehre des heiligen Nichiren überliefert habe, zum Kriege schweigen, in dem die Menschen sich gegenseitig töteten. So wanderte ich durch ganz Japan und predigte den Widerstand gegen den Krieg und das Gebet für den Frieden. Es war eine Zeit, in der jeder, der nur vom Widerstand gegen den Krieg sprach, schon allein deshalb ins Gefängnis kam ..."[3] Doch alle Leiden, die nun über ihn kamen, konnten ihn nicht von der gewonnenen Gewissensüberzeugung abbringen, daß „das gegenseitige Töten der Menschen böse ist" und der klaren Lehre *Buddhas* zuwiderläuft. Heute wirkt die Bewegung ausgesprochen im Sinne des Pazifismus. Die einzige Kultübung der Gläubigen besteht in der Anrufung des heiligen Sutranamens unter unablässigem rhythmischem Anschlag der Trommel, das den Frommen in die Harmonie mit dem Kosmos versetzt. Die Trommel heißt bei den Anhängern der Bewegung die Friedenstrommel. Sie bemühen sich, überall im Lande als Gedenkzeichen des Friedens *Buddha*-Pagoden, auch Friedenspagoden genannt, zu errichten.

413. Die Reiyūkai-Bewegung

Reiyūkai (= „Vereinigung der Freunde der Geister der Verstorbenen"), die älteste eigentlich moderne buddhistische Volksreligion (erster Zusammenschluß 1919, offizielle Gründung und Namensbestimmung 1925) ist nach Entstehen und Wesen engstens mit dem *Nichiren*-Buddhismus verknüpft. Von der Mitgründerin und Präsidentin *Kotani Kimi* (1901–1971) wurde

[3] „Daihōrin" (Januar 1965) 26–31 (Abdruck eines Vortrags). Vgl. den Aufsatz: Hokkekyō to heiwashisō (= Das „Lotos-Sutra" und die Friedensidee), in: „*Daihōrin*" (März 1968) 148–155.

das Programm dieser Religion auf folgende Kurzformel gebracht: „Dem Großen Prinzip des Lotos-Sutras folgen, die im Sutra gezeigten Geheimnisse des Ahnendienstes vollziehen, die Gläubigen ein gutes Leben im Dienst der menschlichen Gesellschaft lehren." Tatsächlich bildet der Ahnendienst das Herzstück der religiösen Lehre und Übung. Dem Mann aus dem Volke leicht verständlich, öffnet er einen breiten Zugang zur unsichtbaren Welt der Geister oder Seelen, mit der die schamanistisch begabte Mitstifterin regen Umgang pflegte. In allen Kultstätten der Bewegung werden umfangreiche Totenregister aller verstorbenen Familienangehörigen geführt, und jeder Gläubige ist angehalten, eine Ahnenliste seiner Familie auf dem Hausaltar aufzubewahren. Der täglich geübte Totendienst sichert den Schutz der Geisterwelt und gilt als wirksamstes Gebet für den Frieden und die Wohlfahrt der Menschheit.

Die *Reiyūkai*-Bewegung ist in vieler Hinsicht typisch für das Aufkommen und die Eigenart der modernen japanischen Volksreligionen. Diese nach dem Ende des Ersten Weltkrieges in einer Notzeit entstandene und nach dem großen Erdbeben in Tokyo (1923) endgültig als Religionsgemeinschaft organisierte charismatische Laienbewegung appellierte mit Untergangsdrohungen und Heilsversprechungen an das religiöse Empfinden der Volksmassen. Beide Gründer der Bewegung, *Kubo Kakutarō* (von Beruf Schreiner) und *Kotani Kimi* (die Ehefrau von dessen älterem Bruder *Yasukichi,* eines Gastwirts in Tokyo), wußten ihre Landsleute und Schicksalsgenossen aus dem einfachen Volk lebendig anzusprechen. Verbundenheit mit den Armen und Sozialhilfe blieben bis heute ein Merkmal der Bewegung, die von ihren Anhängern tägliche religiöse Übung verlangt. Jeder Gläubige besitzt das sogenannte „Blaue Lehrbuch" *(aoi kyōkan),* eine Art Gebetbuch, das Anrufungen der Buddhas und Bodhisattvas, Sutrentexte, eine Gebetsformel der Verdienstübertragung *(ekō-shō)* zugunsten der Verstorbenen sowie Reueformeln enthält. Die Sutrentexte sind aus drei Mahāyāna-Sutren ausgewählt: Das „Lotos-Sutra" bringt die Grundlehren vom *Buddha* und der Weisheit ins Glaubensbewußtsein, das „Sutra von unermeßlicher Bedeutung" (jap. *Muryōgikyō,* skr. *Amitārtha-sūtra*) ermutigt zum Beschreiten des Erleuchtungsweges, das Sutra von der Übung des Bodhisattva *Samantabhadra* schärft aufgrund des Karma-Glaubens Ahnendienst und Reueübung *(sange)* ein.

Andere typische Merkmale der modernen japanischen Volksreligionen, wie starke religiöse Führerschaft und Aktivierung der Kräfte des einzelnen bei akzentuierter, das Gefühl der den einsamen Gegenwartsmenschen beschwingenden Massenaktion, lassen sich auch in der *Reiyūkai*-Bewegung beobachten, treten aber in den späteren Religionsgemeinschaften stärker hervor. Wenn die Schaffung mächtiger Zentren ebenfalls ein Charakteristikum der modernen Volksreligionen ist, reiht sich die *Reiyūkai*-Bewegung auch in dieser Hinsicht in das Schema ein. Ihr 1964 vollendetes „Mekka" auf der Halbinsel Izu beim Tōkasa-Berg zeigt zwei beachtliche Eigenarten. Einmal gelang hervorragend die Verwirklichung einer Zukunftsvision, zum andern ist die Verwurzelung in die japanische Volkstradition besonders stark. Wie die Präsidentin *Kotani Kimi* bei der Einweihungsfeier des Tempelbezirks ausführte, wurde das Zentrum zur Erfüllung des Gelübdes des Stifters *Kubo Kakutarō* erbaut, der, von der Geister-Welt *(reikai)* inspiriert, bei seiner Wallfahrt zum Shintō-Heiligtum der *Amaterasu* nach Ise (1931) die Errichtung einer Weihebühne *(kaidan)* zur Errettung der Menschheit aus drohender Gefahr versprach. Weil die neue Religionsgemeinschaft bald nach Kriegsende in arge Schwierigkeiten geriet, konnten die Bauarbeiten erst viele Jahre nach dem Tode des *Kubo Kakutarō* (1944) in Angriff genommen werden; sie dauerten volle fünf Jahre und waren von den im *Shintō*-Ritual vorgesehenen üblichen Exorzismen und Einweihungen begleitet. Im Jahre 1960 fand die Beschwichtigung der Erdgeister *(jichinsai)* statt, im folgenden Jahr nach Anfang der Konstruktionsarbeiten ein Ritus zur Festigung des Erdbodens *(chi-katame no shiki)*, im Jahr 1962 wurde eine dritte Shintō-Zeremonie beim Richtfest *(mune-age-sai)* abgehalten. Das Zentrum der *Reiyūkai*-Bewegung ist dem Buddha der Zukunft *Maitreya* (jap. *Miroku*) geweiht, dessen Kolossalstatue der Hauptkultgegenstand der architektonisch gut gelungenen, dreistöckigen und achtseitigen Pagode ist. Aus der Pagode tritt oben durch die tragende Lotosblume der kosmische Turm, über dem das Symbol des Wasserschaumes leuchtet. Das Holz für die Statue lieferte ein „heiliger Baum" *(shimboku)*, nämlich ein mächtiger, vierhundertjähriger Kampferbaum aus dem Bezirk eines Shintō-Schreins im Distrikt von Kumamoto auf der Südinsel Kyushu.

Das Zentrum vom „Berge *Maitreyas*" *(Miroku-san)* dient vorzüglich der asketischen Übung der Jungmannschaft, aber auch aller anderen Gläubigen. Damit berühren wir einen wichtigen Programmpunkt der *Reiyūkai*-Bewegung, nämlich die Betonung der ganzheitlichen asketischen Übung, die nach fernöstlicher Auffassung Geist und Körper umfaßt. Photographien der Jugendzeitschrift zeigen Gruppen junger Menschen bei der Hockmeditation, die sie allerdings nicht in der klassischen *Zazen*-Haltung des Verschränkungssitzes *(kekka-fuza)*, sondern in der Hockweise des *seiza* üben. Eine weitere asketische Übung ist die im Sommer unternommene Wallfahrt zum Shichimen-Berge, auf dessen mehr als zweitausend Meter hohem Gipfel ein Gedächtnisturm für den *„Erhabenen verehrten Lehrer"*, nämlich den Stifter *Kubo Kakutarō*, drei Jahre nach dessen Tode errichtet wurde. In langen Reihen steigen Männer und Frauen – ins weiße Wallfahrtskleid gehüllt – schweigend die steile Berghöhe hinan.

Die *Reiyūkai*-Bewegung zeigte während der ersten Jahrzehnte ihres Bestehens eine beständige, zeitweilig rasche Aufwärtsentwicklung, während andere Religionsgemeinschaften unter den unruhigen Zeitläufen viel zu leiden hatten. Der zahlenmäßige Aufstieg ist vor allem der rastlosen Aktivität der charismatischen Gründerin Kotani Kimi und deren shamanistischen Heilkräften zu verdanken. Während der ersten Nachkriegsjahre war Reiyūkai wohl die stärkste und einflußreichste moderne japanische Volksreligion, erlitt aber danach empfindliche Einbußen infolge zahlreicher Absplitterungen, die zum guten Teil der Unzufriedenheit vieler Anhänger über den autoritären Stil der nach *Kubos* Tod zur alleinigen Führerschaft gelangten Präsidentin zuzuschreiben sind. Allein während der zwei Jahre 1950 und 1951 (nach dem sogenannten ersten „*Reiyūkai*-Ereignis") trennten sich mehrere Gruppen von der Mutterorganisation und bildeten eigene Religionsgemeinschaften. Aus der *Reiyūkai*-Bewegung gingen mehr als zehn verschiedene religiöse Organisationen hervor, die das Bedürfnis engerer Verbindung untereinander empfanden und sich mit einer beträchtlichen Anzahl anderer moderner Volksreligionen shintoistischer oder synkretistischer Provenienz im Jahre 1952 zu einer „Vereinigung der Neuen Religionen" (jap. *Shinshūkyō-dantai Rengōkai,* abgekürzt: *Shinshūren*) zusammenschlossen[4]. *Reiyūkai* gehört nicht zu dieser Vereinigung, sondern sucht eher Kontakt zur überkommenen *Nichiren*-Schule. Mit etwa 3 Millionen Anhängern[5] ist sie zahlenmäßig eine der größten modernen japanischen Volksreligionen. Ihre Sozialfunktion, nämlich „Druck-Kompensator für die sozial wenig Begünstigten" und „Ausdrucksmedium des gemeinen Mannes" zu sein[6], hat ebenso wie die Praxis der intimen Aussprachegruppen (jap. *hōza*) nicht wenig zu ihrer Anziehungskraft beigetragen.

Eine neue Periode der Reiyūkai-Bewegung beginnt mit der Übernahme der Leitung durch Kubo Tsugunari (geb. 1936), den Sohn des Gründers Kubo Kakutarō, nach dem Tode der zweiten Präsidentin Kotani Kimi im Jahre 1971. Die Persönlichkeit des jungen dritten Präsidenten war imstande, den Anhängern der Religionsgemeinschaft neues Vertrauen einzuflößen und zugleich das soziale Ansehen der Bewegung zu erhöhen. Tsugunari widmete sich ernsthaften buddhistischen Studien an der Universität Tokyo und ergänzte sein Wissen durch Auslandsaufenthalte. Als Präsident bemüht er sich um missionarische Kontakte mit Anhängern in Nord- und Südamerika. Im Jahre 1975 konnte er das neue Hauptquartier mit Tempelhalle und Versammlungsräumen in Tokyo einweihen. Am gleichen Ort entstand als Sitz des Zweiges der internationalen buddhistischen Ge-

---

[4] Die Vereinigung (gegründet am 15. 10. 1951) umfaßt mehr als 100 religiöse Körperschaften, veröffentlicht eine zweiwöchentliche Zeitung (mit dem vierfachen Motto: Religiöse Zusammenarbeit, Religionsfreiheit, Trennung von Politik und Religion, Glaube für alle im Volk) und pflegt zwischenreligiöse Kontakte.

[5] Diese und die weiteren Zahlenangaben bezüglich der modernen Volksreligionen folgen (insoweit keine anderen Quellen angemerkt sind) den offiziellen Religionsstatistiken, die vom Erziehungsministerium aufgrund von Angaben der betr. Religionskörperschaften angefertigt werden.

[6] *H. Neill McFarland,* The Rush Hour of the Gods (New York 1967) 230f.

sellschaft ein Zentrum für buddhistische Studien, dessen hervorragende Bibliothek Fachgelehrte aus aller Welt anzieht. So konnte die Reiyūkai-Bewegung in kurzer Zeit eine besondere Stellung im modernen japanischen Buddhismus erlangen.

414. *Neue Religionen der Shingon-Linie*

Alle zahlenmäßig großen modernen buddhistischen Volksreligionen gehören der *Nichiren*-Linie an. Doch sind auch in Abhängigkeit von anderen buddhistischen Schulen religiöse Neubildungen entstanden, von denen einige dem Mutterboden der altjapanischen, mit dem Volksbrauchtum eng verbundenen *Shingon*-Schule verpflichtete, von besonderem Interesse sind. Vor allem sind zu nennen *Gedatsukai* und *Shinnyoen*, die beide schon vor dem Pazifischen Kriege gegründet wurden.

Gedatsukai, mit vollem Namen *Gedatsu Hōon Kansha-kai* (wörtliche Bedeutung „Vereinigung des Dankes und der Vergeltung der Befreiung"), stellt den urbuddhistischen Begriff der Befreiung (skr. *vimukti*, jap. *gedatsu*) in den Mittelpunkt, aber die Befreiung betrifft nicht bloß oder nicht einmal in erster Linie wie im Urbuddhismus die total leidvolle menschliche Existenz, sondern bedeutet Hilfe und Linderung bei den konkreten Alltagsleiden, bei Krankheit, körperlichen Gebrechen und physischem Schmerz, bei Sorge, Angst, Einsamkeit, ungerechter Behandlung, bei Mangel an irdischen Gütern wie Nahrung, Kleidung, Wohnung. Alle diese Leiden stören das Gleichgewicht und die Harmonie, sie sind von religiösem Belang. Doch gehören die von der *Gedatsu*-Religion empfohlenen Heilmittel für die vielen ausführlich aufgezählten Übel des Menschenlebens zumeist dem Bereich der natürlichen Lebenskunst an. Die guten Vorschläge beweisen den für die modernen Volksreligionen so charakteristischen Optimismus, der nach dem Rezept *„Immer gibt es eine Lösung"* für alle Zufälle des Lebens ein passendes Mittel weiß und in dem Rat gipfelt, das *„Paradies in unseren täglichen Erfahrungen zu genießen"*. Dieser um die metaphysische Angst des Menschen wenig bekümmerte Optimismus erhebt sich zu menschlicher Höhe, wenn er die soziale Note anrührt: „Die sich auf den Dienst an der Menschheit konzentrieren und Leben und Energie für das Allgemeinwohl einsetzen, besitzen geistigen Reichtum und können stets in materiellem und geistigem Überfluß leben." Diesen ist auch über die Grenzsituation dieses Lebens hinaus die Zukunft garantiert, sie werden „eine helle, freudvolle Existenz erfahren in der Sicherheit, daß die Zukunft immer mit Freude, Hoffnung und Geistesfrieden im göttlichen Lichte ausgefüllt sein wird".[7]

---

[7] *E. Kishida*, Gateway to Gedatsu (= Torweg zur Befreiung), kurze englische Einführung in

Der Gründer der *Gedatsu*-Religion, *Okano Shōgen*, posthum *Gedatsu Kongō* genannt (1881–1948), ursprünglich Priester der *Shingon*-Schule, löste sich zur Betonung des unsektiererischen Charakters des von ihm eröffneten neuen religiösen Weges mit seinen Anhängern aus dem organisatorischen Verband der *Shingon*-Schule, nachdem er in der Jugend das mühsame Training der *Daigo*-Sekte des *Shingon* bis zu den höchsten Stufen gemeistert hatte. Im *Shingon*-Buddhismus der *Daigo*-Sekte ist seit dem neunten Jahrhundert die mit shintoistischen und taoistischen Elementen durchsetzte asketisch-esoterische Übung des *Shugendō* heimisch. Dieser Übung eignet nach der Überzeugung des Gründers *Gedatsu Kongō* ein universaler, die Sekten übersteigender Charakter. Die *Gedatsu*-Gemeinschaft ist deshalb für Gläubige aller Religionen offen. In ihr sind viele Elemente aus dem *Shingon* lebendig, doch wird als *„einziger und charakteristischer Dienst"* das *„Opfer des himmlischen Tees" (amacha-kuyō)*[8] vollzogen. Diese Kulthandlung des Übergießens der *Buddha*-Statue mit Tee ist im übrigen Buddhismus auf die Geburtstagsfeier des historischen *Buddhas Shākyamuni* beschränkt. In der Kulthalle von *Gedatsukai* geschieht sie unablässig zu allen Stunden an allen Tagen des Jahres. Nach dem *Gedatsu*-Glauben vermag der Nektardienst des Tees, in dem die Harmonie des Weltalls verwirklicht wird, alle unliebsamen Gleichgewichtsstörungen aus dem Leben der Einzelmenschen und der Gesellschaft zu beseitigen. Andere Religionsübungen treten gegenüber dem Teeopfer zurück. Nach Art des *Nenbutsu* wird in beständiger Wiederholung die Anrufung *„Namu Gedatsu Kongō"* geübt. Auch symbolische Mandala-Bilder sind bekannt. Aus der *Shingon*-Tradition wurde die Meditation des Buchstabens A (jap. *Ajikan*, entspricht der Meditation des heiligen Lautes Om im tibetischen Buddhismus) übernommen. Eine graphische Tabelle, die das Gesamtsystem mit allen seinen Verbindungsfäden und Beziehungslinien darstellt, enthält außer Begriffen des exoterischen und esoterischen Buddhismus shintoistische, konfuzianische und taoistische Termini sowie Fachausdrücke aus der modernen szientistischen Psychologie. Schließlich ist zu berichten, daß die Religionsgemeinschaft *Gedatsukai* im Bezirk von Sai-

---

die *Gedatsu*-Religion, 24 f. – Vgl. die ausführliche Darstellung im japanischen Buch: Gedatsu Kongō to sono kyōgi (= Gedatsu Kongō und seine Lehre [Tokyo 1964]).

[8] In der *Gedatsukai*-Religion bedeutet *„amacha"* den *„himmlischen Tee"*, geschrieben mit den Schriftzeichen für *„Himmel"* (altjapanisch gelesen: *„ama"*) und *„Tee"*; siehe *Kishida*, Gedatsu Kongō ..., a. a. O. (s. Anm. 7) 156 f. Die gewöhnliche Schreibweise bedient sich für *„ama"* des chinesischen Schriftzeichens für *„süß"*, *„amacha"* ist dann die japanische Version für das vedische *„amrta"* (wörtlich: *„Himmelswein"*), den Trank der Unsterblichkeit, der im Japanischen durch *„kanro" (= „süßer Tau")* wiedergegeben wird. Den *„süßen Tau"* vertritt in der Kultfeier des Geburtstags *Buddhas* süßer Tee (*„amacha"*). Vgl. *H. Nakamura* (Hrsg.), Shin Bukkyō Jiten (= Neues Buddhistisches Lexikon [Tokyo 1962]) 12, 102; ferner *W. E. Soothill/L. Hodous*, A Dictionary of Chinese Buddhists Terms (London 1937) 195.

tama, unweit von Tokyo, einen prächtigen Landtempel besitzt, das „Mekka" der Bewegung.

Shinnyoen, wie *Gedatsukai* eine Religionsgemeinschaft mit beschränkter Anhängerzahl, verdankt die Entstehung (1936) dem frommen *Shingon*-Priester *Itō Shinjō,* der ebenfalls durch das harte Training der *Daigo*-Sekte ging und die esoterischen und exoterischen Riten meisterte. Dieser Religionsstifter ist dem *Shingon* engstens verbunden, liebt die esoterischen Riten, vollzieht das dem vedischen Brandopfer *(homa)* nachgebildete tantrische Feueropfer *(goma)* und führt eine kleine Anzahl erlesener Jünger in die Mysterien der *Shingon*-Schule ein. Es ist ihm ein Herzensanliegen, religiösen Menschen den innersten Kern der Esoterik zu erschließen. Bei diesem Bemühen fand er einen, wie er glaubt, unübertroffenen Weg, der die neue Stiftung in die buddhistische Erneuerung der Gegenwart einordnet. Eine persönliche Vorliebe für den Nirvāna-Buddha ließ ihn zum Urbuddhismus zurückfinden, und zwar zum vorbildlichen Ereignis des Eingangs des historischen *Buddhas Shākyamuni* ins Nirvāna. Er hat die Gestalt des zur Vollendung Gelangten künstlerisch geformt, eine phantasievolle, würdige Plastik, die in der Versammlungshalle als Hauptkultbild von den Gläubigen verehrt wird. Nach der Überzeugung des Stifters ist die Quintessenz der *Buddha*-Lehre im „Großen Nirvāna-Sutra" des *Mahāyāna*-Kanons enthalten. Die in diesem Sutra mit einem Hauch warmer Menschlichkeit verbundene Akzentuierung des absoluten, höchsten *Buddha*-Wesens gibt seiner und der Frömmigkeit seiner Anhänger die besondere Note. Die Anrufung des Titels des Sutras nach Art des *Nenbutsu* ist eine beliebte Devotion im *Shinnyoen.*

Nicht alle Wesensmerkmale der modernen japanischen Volksreligion lassen sich bei allen Religionsgemeinschaften gleichermaßen deutlich beobachten. Charismatisch begabte und nicht selten schamanistische Führerpersönlichkeiten markieren gewöhnlich den Anfang der Bewegungen. Beim *Shinnyoen* ist die Persönlichkeit des religiös wie künstlerisch hoch begabten Stifters die Seele der Religionsgemeinschaft, die sich von dem liebenswürdigen, geistvollen Mann gern inspirieren läßt und ihm außergewöhnliche Wunderkräfte (jap. *jinzū,* skr. *abhijñā*) zuschreibt, kraft deren er die im Nirvāna-Sutra verborgenen Kräfte des *Buddha*-Geistes zu erfassen vermöge. Zweifellos ist *Itō Shinjō* eine der anziehendsten der schöpferischen und vitalen Persönlichkeiten der modernen japanischen Religionsbewegungen, aber er selbst betont, daß die von ihm ins Leben gerufene Religionsgemeinschaft keine neue Religion, sondern „eine Schöpfung gründend in einem Sutra" sei[9]. Wie sehr er in der Tat der Tradition verbunden ist, be

[9] *S. Itō,* The Way to Nirvāna (englische Zusammenfassung der Lehre) (Tokyo 1967) 6.

weisen die in Kult und Lehre auffallend starken Ingredienzien aus der esoterischen *Shingon*-Überlieferung.

415. Risshō Kōseikai: Frühgeschichte und Grundlehren

Die vom *Nichiren*-Buddhismus inspirierten modernen japanischen Volksreligionen, die durch eine Abzweigung von der *Reiyūkai*-Bewegung entstanden, gleichen einander in der Konzentrierung des Glaubensbewußtseins auf das „Lotos-Sutra", in der organisatorischen Struktur und in der Zuhilfenahme volkstümlicher, oft schamanistischer Praktiken. Die *Risshō Kōseikai*-Bewegung besitzt viele überkommene, charakteristische Merkmale dieser Gruppe. Doch verdient diese Bewegung sowohl wegen ihrer zahlenmäßigen Stärke (über 5 Millionen Anhänger) als auch wegen ihrer inneren Entwicklung besondere Beachtung. Keine andere moderne Volksreligion konnte mit gleicher Zielstrebigkeit neue Elemente integrieren und eine so breite Schicht des Mittelstandes ansprechen.

Überdies erlangte Risshō Kōseiksi unter der weisen Führung des charismatischen Präsidenten Niwano Nikkyō eine maßgebende Stellung im japanischen Buddhismus, als dieser während der letzten Jahrzehnte in wachsendem Maße sich seiner Verantwortung zur Bewältigung der heute die gesamte Welt bedrängenden Aufgaben bewußt wurde. Dieser Aspekt wird im folgenden Kapitel zur Sprache kommen. In diesem Kapitel begnügen wir uns damit, die Frühgeschichte sowie die grundlegenden Bestrebungen und Aktivitäten der Bewegung in den Blick zu nehmen. Präsident Niwano hat rückblickend in seiner programmatischen Neujahrsrede vom Januar 1968 die Frühgeschichte von Risshō Kōseikai in drei Abschnitte geteilt. Seine überschwenglich preisenden, zuweilen auch nachdenklich besinnlichen Aussagen gewähren einen Einblick in den Werdegang und das Wesen der Bewegung. Das erste Jahrzehnt von der Gründung (am 5.3.1938) bis zur offiziellen gesetzlichen Anerkennung (18.6. und 1.8.1948) ist durch einige harte, zuweilen sogar die Existenz der Religionsgemeinschaft gefährdende Prüfungen gekennzeichnet. Die Gründe für die Trennung von der *Reiyūkai*-Gemeinde werden im *Risshō Kōseikai*-Schrifttum nicht ausführlich erörtert. An diesem Punkt ist meistens mit einer stereotypen Wendung vom mangelnden Eifer der *Reiyūkai*-Führer bezüglich der Sorge um die wahre Kenntnis und Verehrung des „Lotos-Sutras" die Rede. Es dürften wohl noch andere, mehr persönliche Gründe mitgespielt haben, die die beiden Gründer *Niwano Nikkyō* (geb. 1906; seinen Rufnamen *Skikazō* änderte er aus Verehrung für den großen Patriarchen *Nichiren* in *Nikkyō*) und *Naganuma Myōkō* (1889–1957; auch ihr zweiter Name ist religiös-buddhistisch, ursprünglich hieß sie *Masa*) zum Exodus veranlaßten. Der Name der Neustiftung ist religiös bedeutsam. *Risshō*, ein wichtiger

Terminus im Schrifttum *Nichirens,* bedeutet *„Errichtung des Rechten"* (d. h. des rechten Dharmas oder der rechten Lehre). Das in den Namen der Mitgründerin aufgenommene Schriftzeichen *„kō"* (mit dem Wortsinn von „Gemeinschaft" oder „Umgang") verbindet die neue Gemeinde mit ihrer inspirierten „Mutter", während das Schriftzeichen *„sei"* (= „werden") sowohl das Werden bei der Erlangung der Buddhaschaft als auch das Werden bei der Persönlichkeitsformung meinen kann. Die neue Gesellschaft *(kai)* hatte die „weiteste Ausbreitung der Verehrung des Lotos-Sutras" als erstes Aktionsziel. Unter großen Schwierigkeiten ging es nur langsam voran, und noch am Ende des Pazifischen Krieges (1945) war die Zahl der Gläubigen verhältnismäßig klein. Doch hatte die Bewegung in einigen Bezirken der Hauptstadt Tokyo festen Fuß gefaßt, und gegen Ende der Gründungsperiode entstand das erste Hauptquartier, ein schlichter Holzbau im Bezirk von Nakano, von dem aus intensive missionarische Bemühungen zum Nutzen der kriegsmüden, ausgebombten und notleidenden Bevölkerung der sprunghaft zur Weltstadt anwachsenden japanischen Metropole unternommen werden konnten.

Die zweite Phase (1948–1958), ebenfalls genau zehn Jahre umfassend, wird in der Geschichtsschreibung von *Risshō Kōseikai „Periode der Entwicklung"* genannt, womit einerseits die zahlenmäßige Zunahme der Gläubigen und der Ausbau ansehnlicher Organisationen für Erziehung, Sozialhilfe, Publikationen usw. bezeichnet, anderseits auch eine gewisse Unreife und Unausgeglichenheit des Suchens nach entsprechenden Formen angedeutet ist. Die Lehrweise während der beiden ersten Perioden wird mit dem buddhistischen Terminus *hōben* (= vorläufiges Hilfsmittel, skr. *upāya kauśalya*) aus dem „Lotos-Sutra" gekennzeichnet. Wie in den meisten japanischen Volksreligionen bediente man sich zur Ausbreitung ziemlich kritiklos einfacher, mit Aberglauben und Magie vermischter Methoden. Die neuen Anhänger suchten vor allem Hilfe für körperliche Leiden und wirtschaftliche Not; das später zur Wirksamkeit gebrachte Motiv der ganzheitlichen persönlichen Vervollkommnung klingt vorerst nur schwach an.

Der geschichtliche Rückblick setzt für den Beginn der dritten Periode das Jahr 1958 an. Genau genommen ist der 5. Januar der entscheidende Tag. An diesem Tag kündigte der Präsident *Niwano* in seiner Neujahrsproklamation die Neuorientierung feierlich an und kennzeichnete sie in ihren Hauptzügen. Zu beachten ist, daß im Herbst des Vorjahres (am 10. 9. 1957) die Mitgründerin *Naganuma Myōkō* gestorben war, von allen Gläubigen und vom Präsidenten der *Risshō Kōseikai*-Gemeinde tief betrauert. Trotzdem kann man sich des Eindrucks nicht erwehren, daß erst der Tod der charismatischen, schamanistisch begabten Frau den Weg zur neuen Entwicklung freigab.

Das Programm der dritten Periode soll die äußere und innere Entwicklung vorantreiben. Nach wie vor steht unter den Bemühungen nach außen die Verbreitung der Bewegung an erster Stelle. Diesem Zweck dienen die Errichtung von Kirchen *(kyōkai)* und religiösen Übungsstätten *(dōjō)* sowie eine netzartige Organisation, die die planmäßige missionarische Aktion im Lande stützt und in Schulungskursen Gläubige zu Lehrkräften ausbildet. Eine Vorrangstellung nimmt die Jugendarbeit ein, für die eine eigene Jugendzeitschrift gegründet wurde (1963). Das wichtigste äußere Ereignis dieses Jahrzehnts ist die Einweihung der „Großen Kulthalle" im Bezirk Nakano in Tokyo (März 1964). Der imposante Riesenbau bildet den äußeren Rahmen für die vielen Massenveranstaltungen der Bewegung. Das mächtige *Buddha*-Bild, das den Hauptkultgegenstand der Halle bildet, versinnbildlicht das Glaubensbewußtsein der neuen Religion und veranschaulicht die Sinnrichtung der inneren Entwicklung, die während der dritten Periode zum Durchbruch gelangte.

Die nach den Anweisungen des Präsidenten gestaltete Kolossalstatue des stehenden *Buddhas* in der „Großen Kulthalle" bedeutet den Wesenskern der *Risshō Kōseikai*-Lehre, wie ihn der junge *Niwano Nikkyō* am 15. November 1945 bei einer inneren Erleuchtung erschaute[10]. Die Vision erschloß ihm das im 16. Buch enthüllte Geheimnis des „Lotos-Sutras". Dort offenbart sich der geschichtliche *Buddha Shākyamuni* vor unzähligen Bodhisattvas und himmlischen Wesen als Urgrund des Weltalls und Heilsspender für alle Lebewesen. Nach dieser Vision faßte *Niwano Nikkyō* den Entschluß, dieser *Buddha Shākyamuni* des „Lotos-Sutras", der Stifter der buddhistischen Religion und zugleich die Verkörperung der Wahrheit, solle der Hauptkultgegenstand *(go honzon)* und der religiöse Mittelpunkt der *Risshō Kōseikai*-Gemeinde sein. Eigentümlich ist in dieser Konzeption die Verbindung des Lotosglaubens mit der ursprünglichen *Buddha*-Lehre, die doch wohl kaum als die eigentliche Intention des „Lotos-Sutras" angesehen werden kann. Das Sutra verkündigt ja nirgendwo die ursprünglichen Lehren des Buddhismus, sondern kennt als echte Mahāyāna-Schrift ein Pantheon zahlloser Buddhas und Bodhisattvas, unter denen allerdings dem *Buddha Shākyamuni* die (eben in jener großen Offenbarung des 16. Buches manifestierte) Vorrangstellung gebührt. Während Präsident *Niwano* sich bei der Vorbereitung auf die Errichtung des großen *Buddha*-Bildes in der Kulthalle der altbuddhistischen asketischen Übung der Sutrenabschrift widmete und mit eigener Hand in 83 Tagen die drei „Lotos-Sutren" abschrieb, eröffneten sich ihm die Tiefen dieser Schrift, und er begriff, wie er selbst bezeugt, jenes mystische Ineinssein der geschichtlichen Person *Shākyamunis* mit der absoluten *Buddha*-Wahrheit. In dieser Einheit bedeutet der geschichtliche *Shākyamuni* gleichsam die Aufstiegslinie von unten her, während das „Lo-

---

[10] *Niwano* erzählt über seine persönlichen Erfahrungen mit dem Lotossutra in seiner japanischen Autobiographie „Mugen e no tabi" (= Reise zum Unendlichen [Tokyo 1963]), bes. 171f, englische Ausgabe „Travel to Infinity" (Tokyo 1968).

tos-Sutra" den Abstieg von oben her offenbart. *Shākyamuni,* der große Wohltäter und Führer der Menschheit, erreichte in der Erleuchtung die absolute Buddhaschaft. Die urbuddhistische Lehre empfängt ihren Wert von der ewigen *Buddha*-Wahrheit, die der geschichtliche *Shākyamuni* in sich verkörpert und zeigt.

Die *Risshō Kōseikai*-Religion sucht durch das Kultbild *Shākyamunis* als des ewigen *Buddhas (Kuon Hombutsu)* die zwei darin veranschaulichten Lehrkomponenten, nämlich den Lotosglauben und den urbuddhistischen Heilspfad, ihren Gläubigen nahezubringen und zur inneren Erfahrung werden zu lassen [11]. Der Glaube an das „Lotos-Sutra", der nach Ansicht des Präsidenten *Niwano* „den Japanern im Blut liegt", zog seit den ersten Tagen der Bewegung durch die Überzeugung von der oft magisch verstandenen Heilsmächtigkeit dieses Sutras Tausende religiös suchender Menschen an. Wie die beiden Gründer von *Risshō Kōseikai* einstimmig verkündigten, erfüllt das „Lotos-Sutra" als *König der Sutren* eine besondere Sendung in der Gegenwart. Und die Anrufung des heiligen Sutranamens, ein Gemeingut aller Schulen des *Nichiren*-Buddhismus, entspricht auch dem besonderen Glaubensbewußtsein der *Risshō Kōseikai*-Gemeinde.

Wenn also das „Lotos-Sutra" von Anfang an in der Devotion der religiös wenig gebildeten, jedoch traditionsverwurzelten Gläubigen den Vorrang innehatte, so war es andererseits keine leichte Aufgabe, die urbuddhistische Lehre diesen einfachen Menschen nahezubringen. Die oben erwähnte Tendenz der Rückkehr zum Urbuddhismus, die heute im japanischen Buddhismus beobachtet wird, ist mehr in der intellektuellen Oberschicht beheimatet. Es bedarf nicht geringer Anstrengung, den urbuddhistischen Heilspfad den japanischen Mittelstandsbürgern nahezubringen. In dem Leitfaden für neue Mitglieder ist zwar das Kultbild *Shākyamunis* in die Mitte gerückt, aber die urbuddhistischen Lehren werden nur leicht gestreift. Man hält sie augenscheinlich für weniger leicht zugänglich für Neukommende. Daß es der *Risshō Kōseikai*-Religion dennoch mit diesem Wesensstück der buddhistischen Erneuerung ernst gemeint ist, zeigen die zahlreichen Bezugnahmen des Präsidenten *Niwano* auf den Urbuddhismus. *Niwano* befaßt sich in vielen Vorträgen mit der Erklärung altbuddhistischen Lehrguts und fordert nachdrücklich zur „Rückkehr zur ursprünglichen Absicht Shākyamunis" auf. Das „Lotos-Sutra" gilt ihm als Ausdruck frühbuddhistischer Erleuchtungsweisheit [12].

Niwano macht die urbuddhistische Grundwahrheit von der Unbeständigkeit aller Dinge in ausdrücklicher Absetzung von der pessimistisch welt-

---

[11] Vgl. die Erklärung des Hauptkultgegenstandes im Leitfaden für neue Mitglieder („*Atarashii kaiin no tame ni*" [Tokyo 1964]) 44 f.

[12] Vgl. (auch zum folgenden) einen ausführlichen Vortrag *Niwanos* über den Urbuddhismus, abgedruckt in „Kōsei Shimbun", Nr. 369 (19. 11. 1965).

flüchtigen Stimmung der buddhistisch inspirierten japanischen Literatur (z. B. des „Heikemonogatari") zum Ausgangspunkt einer positiven, ethisch ausgerichteten Weltanschauung. Wohl bestimmen Vergänglichkeit und Leiden die menschliche Existenz, aber das Leiden kann durch persönliche Anstrengung überwunden werden. So erreicht der Mensch das Nirvāna-Ziel, von *Niwano* diesseitig als Zustand vollkommener Herzensharmonie im zwischenmenschlichen Verkehr jeder Art bis hin zum allgemeinen Weltfrieden verstanden. Er macht Anleihen bei der modernen Psychologie, wenn er die Unwissenheit *(avidyā),* das erste Glied der leidhaften Kausalkette, als das Unbewußte und den Durst *(trshnā)* als *libido* erklärt und den Kreislauf der Wiedergeburten durch die Tatsachen des Unterbewußtseins und der Vererbung verständlich zu machen sucht. Die ethischen Inhalte des achtgliedrigen Pfades (jap. *hasshōdō*) und der vollkommenen Tugenden (skr. *pāramitā,* jap. *haramitsu*) gelangen bei ihm zur vollen Geltung, während der Meditation (skr. *jñāna,* jap. *zen*) und der Versenkung (skr. *samādhi,* jap. *jō*) nicht das Gewicht zugemessen wird, das sie sonst wohl in der buddhistischen Lehre und Praxis haben.

416. Menschenbildung und Lebensführung

Die hervorragende Stellung, die in der Lehre und in der Praxis von Risshō Kōseikai der Menschenbildung zugewiesen ist, erweist die Modernität dieser Religion. In der kurzen Lehrformel, einer Art Credo oder Gelöbnis, das die Gläubigen bei feierlichen Anlässen rezitieren, sind buddhistischer Heilsweg und Persönlichkeitsformung miteinander verbunden. Beide werden auf dem Bodhisattva-Weg des achtgliedrigen Pfades und der sechs Tugenden erlangt. Präsident *Niwano* liegt, wie seine vielen Vorträge und Bücher über Lebensführung beweisen [13], die nach seiner Ansicht wesentlich sozial bestimmte Selbstvervollkommnung besonders am Herzen. Das buddhistische Weltbild mit dem Grundprinzip der Leere (skr. *śūnyatā,* jap. *kū*) gibt ihm zusammen mit dem modernen Evolutionsdenken die metaphysischen Auskünfte über Herkunft und Ziel des Menschen. Die *„Leere"* ist die letzte Quelle aller Wirklichkeit, auch des menschlichen Selbst. Das Menschenleben muß im Einklang mit dieser Grundwahrheit gelebt werden.

Die Hauptforderungen der Persönlichkeitsbildung sind die Überwindung des angeborenen Egoismus und die Einübung in allseitige Sympathie

---

[13] *Niwano* legt in seinem grundlegenden Werk von der „Rückkehr zum Menschen" (*Ningen e no fukki* [Tokyo 1966]) seine anthropologischen Anschauungen dar, in zwei folgenden Büchern gibt er praktische Anweisungen für die rechte Art des *„Menschlich-Lebens"* (*Ningenrashiku ikiru* [Tokyo 1966]) und das Familienleben (*Ningen wo sodateru kokoro* [Tokyo 1967]).

und Harmonie. Im Alltag muß der Mensch lernen, wie er *„angenehm"*, *„stark"*, *„klug"*, *„aufrichtig"*, *„glücklich"* und *„hochgesinnt"* leben kann. Viel Lebensweisheit aus Ost und West, aus der Literatur und dem Leben, aus eigener Erfahrung und Begegnungen mit anderen Menschen ist zusammengetragen, um dem Leser zu zeigen, wie er seinen Tag gut beginnen und beenden, Arbeit und Muße verbinden, sich dem Rhythmus seines Temperaments und dem der fortschreitenden Gesellschaft angleichen, in Schwierigkeiten den Frohsinn bewahren und im Umgang mit seinen Mitmenschen elastisch und hilfsbereit sein kann. Im Sinne der modernen Volksreligionen ist diese Lebensführung optimistisch. Der Mensch wird zum Einsatz aller seiner Kräfte aufgefordert, aber er kann sein Leben meistern und glücklich gestalten, freilich fordert *Niwano* den Willen zur Überwindung und wiederholt dreimal emphatisch: *„Anstrengung"*. Es ist erstaunlich, mit wieviel Selbstverständlichkeit (in scharfem Kontrast zur in Japan grassierenden existentialistisch-nihilistischen Verzweiflungsliteratur) hier ein erquickender, beinahe naiver Optimismus gepredigt wird, der seine Wirkung bei den breiten Volksmassen nicht verfehlt.

Des Menschen Lebenskunst wird immer und überall um das Glück kreisen. Bei der Erwägung des Glücks stößt *Niwano* tief in den religiösen Bereich vor, denn nach seiner Ansicht ist das Vertrauen auf das absolute Wesen die unabdingbare Voraussetzung für den Besitz auch des irdischen Glücks. Der Mensch, der sich und sein Leben vertrauensvoll dem höchsten Wesen, sei es Gott oder *Buddha*, anheimstellt, vermag sich seines Lebens zu freuen. Von hier aus öffnet sich der Zugang zur Höhe des Gebens, das seliger ist als das Nehmen, ein oft wiederholtes Lebensprinzip *Niwanos*, offenbar in persönlicher Erfahrung aus den Quellgründen der wahren Religion geschöpft. Trotzdem gelingt es ihm nicht, das Wesen der Liebe als personale *communio* zu begreifen, weil er bei der Erklärung der Liebe die mahayanistische Metaphysik der Leere heranzieht. Liebe und Weisheit münden bei ihm in die Freiheit, deren religiösen Bezug er folgendermaßen beschreibt: „... Es gibt keinen höheren Ort der Freiheit, als wenn sich der Menschengeist dem absoluten Wesen (zettaiteki na mono) anvertrauen kann ... Ein solcher kann wohl der höchste ‚freie Mensch' genannt werden: Das absolute Wesen ist nichts anderes als das ‚Große Leben des Weltalls'. Einige nennen es ‚Gott', andere nennen es ‚Buddha'. Wie dem auch sei, dieser Grundkraft und letzten Wahrheit sich anvertrauen, heißt an Gott und Buddha glauben. Deshalb bin ich überzeugt, daß der Mensch, wenn er im rechten Glauben gründet, ein im höchsten Sinne ‚freier Mensch' werden kann."[14]

[14] Rückkehr zum Menschen, a. a. O. (s. Anm. 12) 316f.

417. Religiöse Praxis

Der Persönlichkeitsbildung dient in der Praxis der *Risshō Kōseikai*-Bewegung vornehmlich das Gruppengespräch *(hōza)*, das von den Gründern aus der *Reiyūkai*-Religion übernommen, ausgebaut und zur Kernübung ihres Laienbuddhismus geformt wurde. Alle Mitglieder sind Gesprächsgruppen zugeteilt, die regelmäßig offizielle Zusammenkünfte veranstalten. Außerdem treffen sich täglich im Hauptquartier und an den Versammlungsstätten der Bewegung Gläubige zum freien *hōza*-Gespräch, das Gelegenheit zu persönlicher Aussprache und Beratung bietet. Die *hōza*-Übung wird im Schrifttum der Bewegung mit der Beichte der katholischen Kirche verglichen. Tatsächlich gilt das Moment der Reue und Sündentilgung *(sange)* als wesentlich für die *hōza*-Praxis. Die Gläubigen bekennen im Gruppengespräch nicht nur ihre Tatsünden, sondern eröffnen auch ihre intimen Herzensgedanken, wozu, wie der Leitfaden für neue Mitglieder bemerkt, nicht geringer Mut erforderlich ist[15]. Um so wohltätiger sind die Wirkungen, die augenblicklich eintreten, besonders Herzensreinigung, aber auch Aneiferung zu gutem Tun. In der Betonung dieser zweiten heilsamen Wirkung liegt die Besonderheit des *sange* der *Risshō Kōseikai*-Gemeinde im Vergleich mit der allgemeinen buddhistischen Praxis. Das reuige Bekenntnis weckt Mut und Eifer zur Vollbringung guter Taten. Durch das Gruppengespräch werden die Gläubigen zum *„Führen" (o michibiki)* bereitet und angespornt. Dieses *„o michibiki"* unterscheidet sich von den der *Sōka gakkai*-Bewegung zugeschriebenen gewaltsamen Methoden des *„shakubuku"* durch den Geist sympathischer Einfühlung und des Mit-leidens[16].

Die in der *Risshō Kōseikai* gesammelte religiöse Gemeinschaft befleißigt sich bemerkenswerter Mäßigung. Allen wird der Nutzen des täglichen Gruppengesprächs eingeschärft, aber die tägliche Teilnahme wird nicht zur Pflicht gemacht. Ähnlich sind die Gläubigen gehalten, täglich zweimal – am Morgen und am Abend – den Akt kultischer Verehrung für die Verstorbenen *(go kuyō)* zu vollziehen, aber wer sehr beschäftigt ist, darf sich mit ein paar Minuten stillen dankbaren Gedenkens an die Vorfahren begnügen. Die äußeren Zeichen der Frömmigkeit wie Gebetsschnur *(juzu)*, Band *(tasuki)* und Grußverneigung mit zusammengelegten Händen *(gasshō)* fördern das Gemeinschaftsleben und regen zur Andacht an. Deshalb mahnt der Katechismus für neue Mitglieder: „Wenn wir Laiengläubigen den Buddha-Kult üben, dürfen wir unseren sündenbefleckten Leib nicht unbedeckt

---

[15] Leitfaden, a. a. O. (s. Anm. 11) 59; vgl. den ganzen Abschnitt über *„hōza"* 56–64, ferner 115, 118.

[16] Die „Kōsei-Zeitung" bringt in Nr. 472 (12. 1. 1968) einen Artikel über *„O michibiki no kokoro"* (= Das Herz des Führens) und eine ausführliche Anweisung in „12 Kapiteln über das Führen".

lassen, sondern müssen wenigstens das mit dem [Sutra-]Namen beschriebene Band anlegen und so vor den Buddha hintreten. Auch diese Form erweist unsere Herzensgesinnung."[17]

418. Sōka-gakkai: Die Anfänge der Bewegung

Unter den japanischen Volksreligionen der Nachkriegszeit nimmt Sōka-gakkai eine besondere Stellung ein. Obgleich ebenfalls von Nichiren herrührend und in Lehre und Praxis mit den anderen vom Nichiren-Buddhismus geprägten neuen Religionsgemeinschaften weitgehend übereinstimmend, beansprucht diese Massenbewegung für sich ein Monopol alleiniger Orthodoxie. Das Geheimnis ihres Erfolges liegt wahrscheinlich in dem fanatischen Glauben an ihre Absolutheit, aus dem ihr innere Stoßkraft und äußere Macht zuwächst. Durch das Geltendmachen eines in Japan unerhörten Absolutheitsanspruches rief Sōka-gakkai viel Widerstand, Furcht und Zorn hervor. Inzwischen ist wie in allen modernen japanischen Volksreligionen eine gewisse Stabilisierung sowohl innerhalb der Bewegung als hinsichtlich der Beziehungen nach außen eingetreten, doch besitzt Sōka-gakkai unvermindert eine beträchtliche Stärke und übertrifft alle vergleichbaren Organisationen an gesellschaftlichem Einfluß. Die politische Dimension tritt weitaus stärker als bei Risshō Kōseikai hervor. Darüber soll im folgenden Kapitel im Zusammenhang mit dem Phänomen des politischen Buddhismus gehandelt werden. Wir versuchen zuerst die Entstehungsgeschichte und die wichtigsten religiösen Grundlinien aufzuzeigen, wobei wir auf eine breitere Darstellung der dramatischen Vorgänge der Frühzeit verzichten.

Der Ausgangspunkt für die Entstehung der Sōka-gakkai-Bewegung liegt in einem Zufall, den die Gläubigen eine Buddha-Fügung *(Butsu-en)* nennen. Der Gründer Makiguchi Tsunesaburō (1871–1944), geboren im Bezirk Niigata, war zuerst als Volksschullehrer auf der Nordinsel Hokkaidō tätig, dann seit 1901 in Tokyo, wo er viele Jahre als Hauptlehrer einer Volksschule wirkte. Dieser vielseitig interessierte und um seine Weiterbildung besorgte Mann, dessen frühe wissenschaftliche Neigungen auf geographischem und volkskundlichem Gebiet in Buchpublikationen ihren literarischen Niederschlag fanden, entdeckte bei seinen Bemühungen um Fragen der Weltanschauung und Lebensführung ein neues Wertsystem, das ihm nicht nur für eine längst fällige Erziehungsreform in Japan, sondern für das Glück der Menschheit schlechthin von größter Bedeutung zu sein schien. Er stieß – und dies ist der schöpferische Zufall oder die *„Buddha-Fügung"* seines Lebens – in vorgerücktem Alter auf die damals ziemlich unbe-

[17] Leitfaden, a.a.O. (s. Anm. 11) 53.

deutende Sekte *Nichiren Shōshū* (wörtlich „*Wahre Schule Nichirens*"). *Mitani Sokei*, ein Kollege im Lehramt und Anhänger von *Nichiren Shōshū*, gewann ihn für den kämpferischen *Nichiren*-Glauben, und *Makiguchi* wurde Mitglied (1928). Über die Motive seines Beitritts ist wenig bekannt. Jedenfalls fand er durch diesen Schritt eine Bereicherung und Abrundung, vor allem aber eine religiöse Vertiefung seiner Weltanschauung. Nach dem Rücktritt vom Lehramt widmete er sich literarischer Tätigkeit und der Leitung einer von ihm ins Leben gerufenen „Wissenschaftlichen Vereinigung für Werte-schaffende Erziehung" *(Sōkakyōiku-gakkai)*, in der er seine neu entdeckte Wertlehre verbreitete. Diese „Werttheorie" *(kachiron)* wird in der Fachphilosophie kaum je Beachtung finden, sie ist auch nicht als philosophische Theorie, sondern für den realen Nutzen des kleinen Mannes ersonnen. *Makiguchi* war von seinem Temperament her und aus Überzeugung Nonkonformist und daher seit langem mit der bestehenden Ordnung und insbesondere mit dem offiziellen Erziehungsprogramm unzufrieden. Da er aufs Praktische ausgerichtet war, spürte er die Mängel der damals vorherrschenden Philosophie des deutschen Idealismus. Und noch weniger waren die großen Worte des zu Beginn jedes Schuljahres feierlich verlesenen Erziehungsediktes des Kaisers *Meiji* nach seinem Geschmack. Da er auch den bei der Jugend umgehenden revolutionären Geist der proletarischen sozialistischen Erziehungsbewegung nicht mochte, ließ er sich von den bürgerlichen Zeitströmungen des Pragmatismus und des Soziologismus inspirieren. Seine neue Werttheorie setzt das Nützliche an die Stelle des Wahren und ersetzt die klassische Dreierformel des Wahren, Guten, Schönen unter Abänderung der Reihenfolge durch das Schöne, Nützliche, Gute. Als Hauptwert gilt das Nützliche, es ist der dauernde Totalwert des Menschenlebens, während das Schöne als momentaner Teilwert für den Einzelmenschen und das Gute als das für die Gemeinschaft Nützliche erklärt wird.

In der Tätigkeit *Makiguchis* bildet die Gründungsversammlung der „Wissenschaftlichen Vereinigung für Werte-schaffende Erziehung" (1937) den Wendepunkt vom Pädagogischen zum Religiösen. Hatte er sich in jungen Jahren vorzüglich um Lehrerschulung bemüht, so widmete er sich nun mit wachsendem, ja geradezu fanatischem Eifer der religiösen Propaganda bei allen Volksständen. Kleinbürger, Kaufleute, Handwerker, Hausfrauen und Studenten schlossen sich der Bewegung an. Der Glaube an das „Lotos-Sutra" stand gleichrangig neben der Wertlehre, ja er gewann bei den Gläubigen die größere Bedeutung. Die Propaganda vollzog sich in Gruppenversammlungen und bei Einzelgesprächen, jedoch blieben die Ergebnisse bescheiden. Die Mitgliederzahl von *Sōka-gakkai* wird für das Jahr 1941 (vor dem Eintritt Japans in den Krieg) mit etwa 3000 angegeben.

Die *Sōka-gakkai*-Bewegung erregte während des Pazifischen Krieges das Mißfallen der Regierung, deren Maßnahmen hinsichtlich des Zusammenschlusses der bestehenden Religionsgemeinschaften sie sich ebenso wie der Teilnahme an *Shintō*-Riten standhaft widersetzte. Innerhalb der *Nichiren Shōshū* fehlte es nicht an Anhängern, die sich zu Zugeständnissen gegenüber den Wünschen der Regierung bereit erklärten, aber *Makiguchi* kannte kein Nachgeben. Im Juli 1943 schlug die Regierung zu. Er und die führenden Männer der *Sōka-gakkai*-Bewegung, insgesamt 21, wurden festgenommen. Die meisten beugten sich und wurden nach kurzer Zeit aus der Haft entlassen. *Makiguchi* und zwei seiner Jünger, der eine hieß *Toda Jōsei*, harrten aus. *Makiguchi* starb im November 1944 im Gefängnis, *Toda* erlangte kurz vor Kriegsende die Freiheit wieder. Die Massenbewegung *Sōka-gakkai* hält die Erinnerung an die erlittene Verfolgung lebendig.

Nach Kriegsende kam die Führung an *Toda Jōsei* (1900–1958), der ebenfalls vom Lande stammte und zeitweilig Lehrer war, sich aber im übrigen so ziemlich in allem von seinem Meister und Vorgänger *Makiguchi* unterschied. Während dieser akademische Neigungen hegte und theoretischem Grübeln nachhing, war *Toda* ein gewandter Geschäftsmann, der sich in vielen Lebensumständen zurechtfand. Er arbeitete zeitweise in einer Versicherungsgesellschaft und eröffnete später zusammen mit seiner Frau ein Studentenheim, in dem er Lehrkurse zur Vorbereitung auf die Eintrittsexamina in die Universität einrichtete. Er war verschiedentlich im Verlagswesen tätig, wo er mit der Veröffentlichung von populären Unterhaltungsromanen einigen Erfolg erzielte. Durch *Makiguchi* für die *Sōka-gakkai*-Bewegung und die „*Wahre Schule Nichirens*“ gewonnen, blieb er dem Meister in allen Wechselfällen des Lebens treu ergeben, half bei der Herausgabe seiner wissenschaftlichen Werke, betrieb mit ihm religiöse Propaganda und teilte seine Kerkerhaft. Während *Toda* in der Frühzeit seines Lebens kaum besonders stark religiös gewesen zu sein scheint, packte ihn im Gefängnis jener unwiderstehliche Eifer, der das Merkmal des Patriarchen *Nichiren* und seiner Jünger ist. Von der Todesnachricht seines Meisters *Makiguchi* erschüttert, gelobte er, den heiligen Sutra-Namen zweimillionenmal zu rezitieren und machte sich allsogleich an die Ausführung. Während dieser Übung soll er ein inneres Erlebnis gehabt haben. Vielleicht versetzte ihn die unaufhörliche Namensanrufung in einen ekstatischen Bewußtseinszustand. Kurz vor der Erfüllung seines Gelübdes verließ er verwandelt das Gefängnis, ein Mann von unerschütterlicher, fanatischer religiöser Überzeugung.

Nach der Entlassung aus der Haft bezog *Toda Jōsei* ein bescheidenes Haus zwischen den Trümmern Tokyos, an dessen Tür er nicht lange nach Kriegsende ein kleines Schild mit der Aufschrift „*Sōka-gakkai*“ (wörtlich „*Wissenschaftliche Vereinigung zum Werteschaffen*“) heftete. Das Wort „*Erziehung*“ war aus dem Namen gestrichen. Die Entwurzelten und Ratlosen der Gesellschaft, deren es unzählige gab, rief er zu Vorlesungen über das „Lotos-Sutra“, die er mit nützlichen Ratschlägen fürs praktische Leben würzte. Seine Gefängniserfahrung verlieh ihm Autorität. Die Werttheorie trat zurück, innerhalb der religiösen Verkündigung verschob sich der Akzent vom „Lotos-Sutra" auf die prophetische Gestalt *Nichirens.* Allmählich fanden sich zerstreute alte Anhänger aus der Vorkriegszeit wieder ein. Entscheidend wurde der Umstand, daß eine große Anzahl von Jugendlichen sich von *Toda* ansprechen ließ. Die meisten Führer der Bewegung, allen voran *Ikeda Daisaku,* wurden in jenen schweren Nachkriegsjahren gewonnen. *Toda* appellierte besonders an die unteren Schichten, die trotz Nahrungsmangel und Arbeitslosigkeit in ihrer großen Mehrzahl vom Kommunismus und einer Revolution mit Gewaltanwendung nichts wissen wollten. „Der Widerstand gegen die radikale Linksorientierung ist", gemäß der scharfsichtigen Beobachtung eines japanischen Soziologen, „in der Masse als starke Unterströmung vorhanden."[18] Die *Sōka-gakkai*-Bewegung verkündigte dem Volk als Heilmittel die Religion, und zwar die wahre Religion *Nichirens.* Wie alles Unglück letztlich von den falschen Religionen herrühre, so gebe es kein Heil ohne die allein wahre Frömmigkeitsübung der Anrufung des heiligen Sutranamens.

Die an kühnen Unternehmungen und gefahrvollen Krisen reiche Phase des Neuanfangs reicht bis zum Jahr 1951. Durch jährliche Kongresse und Sommerkurse im Haupttempel Daisekiji, durch die Schaffung von Zweigstellen und Jugend- und Frauenvereinen, die Gründung einer Monatszeitschrift und Verbreitung über das Land konstituierte sich die Religionsgemeinschaft. Zur vollkommenen Organisation fehlte noch die Bestimmung eines Präsidenten. In den ersten Nachkriegsjahren hatte *Toda Jōsei* aus persönlichen Rücksichten das Amt nicht übernehmen können. Nun löste er sich von allen geschäftlichen Bindungen und erreichte durch kühnes Vorgehen seine Einsetzung als zweiter Präsident. Die Einsetzungsfeier fand am 3. Mai 1951 im *Nichiren*-Tempel Jōseiji in Tokyo statt.

Damit beginnt eine neue, durch die Veröffentlichung des Propagandabuches *„Shakubuku Kyōten"* (1951) charakterisierte Phase. Die Entwicklung zur Massenbewegung vollzog sich hauptsächlich durch die stürmische und konsequente Anwendung der *Shakubuku*-Methode. Die Mitgliederzahl schnellte rasch empor. Hinter den Zahlen der offiziellen Statistiken verbirgt sich eine ungewöhnliche Propagandatätigkeit, die rücksichtslos alle Mittel einsetzte und der Bewegung den Ruf besonderer Gefährlichkeit einbrachte. Zweifellos war *Toda* ein Mann mit einem außerordentlichen Organisationstalent. Unter seiner Ägide entstanden das viel bewunderte, horizontal und vertikal gegliederte Organisationsgefüge, die Examensordnung, die jedem Mitglied den Aufstieg bis zu den höchsten Stufen im Lehrapparat gestattet, und gewisse militärische Aktionsformen.

Nach *Todas* Tod stellte sich allen Mutmaßungen zum Trotz heraus, daß der Nachfolger bereitstand, und zwar in der Person seines engsten Mitar-

---

[18] *A. Saki,* Sōka gakkai no shisō to kōdō (= Ideen und Handeln von Sōka-gakkai), in: Gendai Nihon shūkyō hihan (= Kritik der Religionen im modernen Japan [Tokyo 1967]) 132.

beiters und bevorzugten Jüngers *Ikeda Daisaku (geb. 1928)*, der seine außergewöhnlichen Führereigenschaften schon in schwierigen Situationen unter Beweis gestellt hatte. Besonders war er als Führer der Jugendabteilung und während der Wahlkampagne für das Oberhaus 1956 hervorgetreten. Er schien nur einen einzigen Mangel zu besitzen: sein jugendliches Alter. Deshalb erhielt er zunächst die Stellung eines Generalsekretärs, die er mit der ihm seit 1954 anvertrauten Leitung des Planungsbüros verband. Tatsächlich nahm er die Führung der Bewegung fest in die Hand. Das zahlenmäßige Wachstum hielt an. Am 3. Mai 1960 wurde *Ikeda* als dritter in das Amt des Präsidenten der *Sōka-gakkai*-Bewegung eingeführt.

Ikeda hat von seiner Kindheit und Jugend in einem Buch „Tagebuch meiner jungen Tage" *(„Wakaki hi no nikki")* erzählt. Im ärmlichen Elternhaus in einer Vorstadt von Tokyo erfuhr er die bittere Not der Kriegsjahre. Während seine vier Brüder im Feld standen, arbeitete er, noch ein Kind, im Kleingeschäft der Familie mit und teilte das Leid der Eltern, als einer der Brüder in Burma fiel. Mit seiner schwächlichen Konstitution war er den Strapazen der harten Arbeit bei ungenügender Ernährung nicht gewachsen. Er erkrankte und konnte seine Studien nicht zu Ende führen. Nach Kriegsende zählte er zu den vielen, die in körperlicher und seelischer Not nach Rettung ausschauten. Sein Retter wurde *Toda Jōsei*, der ihn zum *Nichiren*-Glauben bekehrte, nach Kräften unterwies und im eigenen Geschäftsbetrieb arbeiten ließ. *Ikedas* Verbundenheit mit *Toda* steht außer Frage, dennoch sind beide nach Temperament, Charakter und in ihrer menschlichen Art grundverschieden. Deshalb mußte der jugendliche *Ikeda* einen Stimmungswechsel im Hauptquartier der *Sōka-gakkai*-Bewegung herbeiführen, er hat auch eine Kursänderung gebracht.

Unter seiner energischen, optimistischen Führung trat die *Sōka-gakkai*-Bewegung in eine neue Phase ein. Seine Initiativen zielen auf eine Öffnung gegenüber der Gemeinschaft des Volkes und der Menschheit hin. Seine Auslandsreisen führten die Weltdimension in das Denken dieser modernen *Nichiren*-Religion ein. Die aufkommende Kulturfreudigkeit führte zu intensiver Kulturtätigkeit auf allen Gebieten unter dem schlagwortartigen Programmwort der *„Dritten Zivilisation" (Dai san bummei)*, das auch das politische Wollen beflügelt.

419. Nichiren Shōshū und Sōka-gakkai

Die Verdeutlichung der Hauptlinien der *Sōka-gakkai*-Religion muß von zwei völlig verschiedenen Ansätzen ausgehen. Einmal beginnt die Bewegung mit *Makiguchis* Erfindung einer neuen Werttheorie, zum zweiten ist die jahrhundertealte buddhistische Schule von *Nichiren Shōshū* anzuvisieren, der *Makiguchi* seine Werte-schaffende Gesellschaft eingliederte. Es ist grundfalsch, wenn der *Nichiren*-Glaube, wie dies öfters in westlichen Darstellungen geschah, als zweitrangiges Moment angesehen wird. Im Gegenteil, die Werttheorie trat schon unter dem zweiten Präsidenten *Toda* zurück.

Nichiren Shōshū geht zurück auf *Nikkō* (1240–1333), einen der sechs Hauptjünger *Nichirens,* denen der Meister kurz vor seinem Tod die Sorge um sein Grab auf dem Minobu-Berg, der Wohnstätte seiner friedvollen und furchtreichen Altersjahre, anvertraute. Alljährlich wechselnd sollte einer der sechs „Altjünger" die heilige Stätte betreuen. Doch verblieb dieses Amt hauptsächlich bei *Nikkō,* sei es, daß dieser den größeren Eifer zeigte oder daß die anderen Jünger die Ausbreitung der *Nichiren*-Lehre über das Land für dringlicher hielten. Nicht lange dauerte es, bis unter den Jüngern Zwiespältigkeiten entstanden. *Nikkō* verließ den Minobu-Berg (1289) und nahm auf dem anderen Ufer des nahen Fuji-Flusses Wohnung. Dort erbaute er zwischen dem Flußufer und dem Fuß des Fuji-Berges in herrlicher Landschaft den Tempel Daisekiji, der zum Zentrum einer neuen *Nichiren*-Sekte und der Massenbewegung *Sōka-gakkai* wurde. Die neue *Nichiren*-Sekte wurde im Laufe der Jahrhunderte mit vielen Namen benannt; selbst nannte sie sich die *„Wahre Schule Nichirens" (Nichiren Shōshū).*

Der geschichtlich begründete Antagonismus zu allen übrigen *Nichiren*-Schulen, der sich im Namen bekundet, blieb durch die Jahrhunderte bestehen. Die Auseinandersetzung betraf vor allem die wahre Traditionslinie, bei deren Beweis die Echtheit des von *Nikkō* beim Verlassen des Minobu-Berges angeblich mitgeführten eigenhändigen Mandalas *Nichirens* und anderer Reliquien in Frage steht. Andere theologische Streitpunkte betreffen das Verständnis des „Lotos-Sutras" und der Schriften *Nichirens.* Diese Streitigkeiten kamen nie ganz zur Ruhe, flackerten aber mächtig empor, als die *Sōka-gakkai*-Bewegung auf den Plan trat.

Die einzigartige Verbindung von *Nichiren Shōshū* und *Sōka-gakkai,* eines der merkwürdigsten Phänomene der modernen Religionsgeschichte, wurde durch die schlichte Tatsache der Bekehrung des ersten Präsidenten der *„Werte-schaffenden Gesellschaft für Erziehung" Makiguchi* zum *Nichiren*-Glauben der *„Wahren Schule Nichirens"* herbeigeführt. Die tiefere Begründung für das weittragende Ereignis liegt nach den Theologen der Schule darin, daß der „Zeitpunkt" jener letzten, universalen Offenbarung *Nichirens* als des Höchsten Buddhas, von dem eine dunkle Stelle in *Nichirens* Schriften andeutend spricht, durch die Ankunft von *Sōka-gakkai* gekommen ist. Zu diesem Zeitpunkt soll der *Nichiren*-Glaube durch *Nichirens „Wahre Schule"* über die ganze Erde ausgebreitet werden. Die Begegnung und gegenseitige Durchdringung der beiden Gemeinschaften bilden den Anfang der für die Endzeit erwarteten, weltweiten Verkündigung *(kōsen rufu)* des „Lotos-Sutras" nach dem Verständnis *Nichirens.*

Der tatsächliche Vorgang der Vereinigung kam einer totalen Machtergreifung von *Sōka-gakkai* gegenüber *Nichiren Shōshū* gleich. Der zweite Präsident *Toda* ging dabei planmäßig voran. Organisatorisch gab die um ein Vielfaches größere Zahl der Mitglieder von *Sōka-gakkai* den Ausschlag. Der Widerstand einer Minderheit widerstrebender Mönche von *Nichiren Shōshū* wurde durch jene gezielte Maßregel gebrochen, die als *„Dachs-Fest“ (tanuki-matsuri)* in die Annalen eingegangen ist und die Führungsposition von *Sōka-gakkai* gesichert hat.

420. Die Kernlehren Nichirens im neuen Glaubensverständnis

Die Lehre Nichirens ist in ihrer Konzentrierung auf das „Lotos-Sutra“ und dessen Titel eine ungeheuer vereinfachte Form des Buddhismus, birgt indes in sich komplizierte Unterschiede. Die *Sōka-gakkai*-Bewegung versteht die *Nichiren*-Lehre gemäß der Interpretation von *Nichiren Shōshū*, die der Abt *Nikkan* (1665–1726) vom Daisekiji in seinem „Sechs-Bände-Auszug“ systematisierte. Die beiden Präsidenten *Toda* und *Ikeda* rückten die Schriften *Nichirens* in die Mitte der Lehre und verfaßten zu ihnen ausführliche Kommentare. Was in der Religionspraxis der *Sōka-gakkai*-Gläubigen von der *Nichiren*-Lehre lebendig ist, enthalten die „Drei großen geheimen Dharma“ oder die „Drei großen Geheimnisse“ *(san daihibō)*. Die Verkündigung dieser Geheimnisse durchzieht das ganze Lebenswerk *Nichirens*. Deshalb sind sie von zentraler Wichtigkeit, auch wenn die Schrift mit dem Titel „Die drei großen geheimen Dharma“, wie manche Kritiker meinen, späteren Ursprungs sein sollte. Die besondere Art der Akzentuierung und Realisierung der drei Hauptstücke veranschaulicht einige in der *Sōka-gakkai*-Bewegung wirksame Anpassungstendenzen an die moderne Zeit.

Das erste der drei Geheimnisse lautet *„Go Honzon“*. Dieses Wort läßt sich unmöglich so übersetzen, daß alle darin enthaltenen Elemente zur Geltung kommen. In wörtlicher Übersetzung bezeichnet es den *„geehrten Hauptkultgegenstand“*, nämlich das Mandala, das in allen *Nichiren*-Schulen kultisch verehrt wird. *Nichiren* verfertigte kultische Mandalas, die in symbolischer Darstellung den Gesamtinhalt seiner Religion, d.h. die absolute Wirklichkeit gemäß der Vision des „Lotos-Sutras“, ausdrücken. Unter den vielen Mandalas aus dem Schreibpinsel *Nichirens* kommt nach der Lehre von *Nichiren Shōshū – Sōka-gakkai* jenem Mandala eine besondere Bedeutung zu, das der fromme Stifter am 12. Tag des 10. Monats im zweiten Jahr der Periode *Kōan* (1279) schrieb und seinem Jünger *Nikkō* übergab, der es beim Abschied vom Minobu-Berg mit über den Fuji-Fluß brachte. Dieses Mandala allein ist absolut und von universaler Wirkmächtigkeit, während alle anderen Mandalas für einen bestimmten Zweck angefertigt und daher von geringerem Wert, ja im Vergleich zu diesem einen wahren Mandala geradezu wertlos sind. Dieses Mandala enthält keine Bilddarstellungen von

Buddhas und Bodhisattvas, sondern ausschließlich chinesische Schriftzeichen in vertikaler Anordnung und in der Mitte die fünf Schriftzeichen der Anrufung des heiligen Namens: „*Namu Myōhō Renge-kyō*". Über die Echtheit der Schrift des heute im Daisekiji gehüteten Mandalas ist viel gestritten und geschrieben worden.

Religiös ist das Mandala als „*Go Honzon*" Mitte und Inbegriff des *Sōka-gakkai*-Glaubens. Der heilige Name begreift das ganze „Lotos-Sutra" in sich, welches die ganze *Buddha*-Lehre enthält, vor allem aber die Offenbarung des Ewigen *Buddhas* als absolute Wirklichkeit. Nach der Interpretation von *Sōka-gakkai* ist *Nichiren* dieser *Buddha* der Endzeit *(mappō)*, und zwar als Reinkarnation des Bodhisattvas *Viśishtacāritra* (jap. *Jōgyō*) (15. Buch des „Lotos-Sutras"). Diese Theologie wurde von vielen Buddhisten, auch von solchen anderer *Nichiren*-Schulen, nicht nur heftig bestritten, sondern erschien ihnen geradezu als Skandal, weil sie den Stifter *Shākyamuni* aus dem Zentrum seiner Religion verdrängt. Allerdings läßt sich die Verabsolutierung *Nichirens* als *Buddha* in den Termini der monistischen Mahāyāna-Philosophie durchaus rechtfertigen. Doch kam es der *Sōka-gakkai*-Bewegung keineswegs auf metaphysische Spekulationen an. Es galt, in den Gläubigen eine absolute konkrete religiöse Haltung gegenüber dem konkreten absoluten Gegenstand zu wecken. Dies ist bestimmt gelungen. Das „*Go Honzon*" besitzt nach der Lehre von *Sōka-gakkai* alle Eigenschaften eines religiösen Kultobjektes. Der Neubekehrte empfängt beim Eintritt eine Abbildung jenes Mandalas, das im Daisekiji aufbewahrt wird. Er ist gehalten, alle fremden Kultgegenstände aus seinem Haus zu entfernen und als einzigen Gegenstand der Verehrung sein „*Go Honzon*" im Hausaltar einzuschreinen. Dieses ist wirkmächtig und vor allem ein „*Glücksmacher*" *(kōfuku seizōki)*. Für das tiefere religiöse Verständnis des Gläubigen bedeutet es die absolute Wirklichkeit und den *Buddha*.

Dadurch, daß die absolute Wirklichkeit im konkreten großen Heiligen und *Buddha Nichiren* gegenwärtig geglaubt wird, entsteht Raum für persönliche Hingabe, Vertrauen und inständiges Bitten. Die persönliche Note ist besonders stark in der Spiritualität *Ikedas*, der die Gläubigen zu beten lehrt: „Go Honzon, laß mich heute dieses vollbringen! Heute möchte ich dieses tun." Oder: „Heute habe ich diesen verantwortlichen Kampf zu kämpfen. Laß mich alle Kraft einsetzen!" Dann wieder sucht er eine Situation vom „*Go Honzon*" her anzusehen. Der so geschulte Gläubige folgt nur dem „*Go Honzon*"; *Ikeda* läßt ihn sein Gelöbnis in die Worte fassen: „Ich diene nur dem Go Honzon."[19] Das dialogische Gebetsbewußtsein, das sich in einem solchen religiösen Verhalten ausspricht, ist unverkennbar. Hier läßt sich jene theistische, personale Tendenz wahrnehmen, die sich dem ebenso

---

[19] *Ikeda*, Shidōshū – shitsumon ni kotaete (= Sammlung von Fragen und Antworten über Führung [Tokyo 1967]) 35ff, 55, 135, fortan zitiert: Sammlung.

weitverbreiteten humanistischen Zug der modernen japanischen Volksreligionen nähert. *Sōka-gakkai* fügt sich so trotz aller Besonderheiten doch recht gut in das Gesamtbild der Modernisierungsbewegungen des japanischen Buddhismus ein.

Die Anrufung des Namens des „Lotos-Sutras" ist bei allen *Nichiren*-Gruppen die Hauptübung seit jenem 17. Mai 1253, an dem *Nichiren* frühmorgens von einem Hügel aus die über dem Meer zu seinen Füßen aufgehende Sonne mit dem Ruf begrüßte: „*Namu Myōhō Renge-kyō*", „Ehre sei dem Lotossutra vom Wunderbaren Gesetze!" Es gibt in der Religionsgeschichte zahlreiche Beispiele der ununterbrochenen Wiederholung der gleichen Gebetsformel. Eine solche Übung kann verschiedene religiöse Bedeutungen besitzen. Es kann sich um eine durch ehrfürchtige Verehrung und inständiges Bitten zum Ausdruck gebrachte schlichte Devotion oder aber um eine meditative Rezitation zur Erlangung eines höheren Bewußtseinszustandes oder zur Vereinigung mit dem Inhalt der Formel handeln. Das magische Moment ist besonders dann deutlich vorhanden, wenn sich mit der Wiederholung des heiligen Wortes schamanistische Riten verbinden. Bei der Anrufung des Namens des „Lotos-Sutras" spielt die Meditation keine Rolle, da *Nichiren* und seine Jünger *yoga*-artige Meditationspraktiken ausdrücklich verwarfen. Eine Art der Devotion kann angenommen werden. Wir konnten ja sogar eine personalistische Tendenz in der Spiritualität der *Sōka-gakkai*-Religion feststellen. Man mag es als Magie bezeichnen, wenn „*Go Honzon*" durch die unablässige Rezitation des „*Großen Namens*" *(Daimoku)*, geradezu unter Druck gesetzt wird, wunderbare Wirkungen, besonders Krankenheilungen und materielle Güter, zu schenken.

Die Anrufung des „*Großen Namens*" vor dem „*Go Honzon*" ist für die *Sōka-gakkai*-Gläubigen die religiöse Praxis *par excellence.* Durch die Namenanrufung erfüllt der Gläubige täglich morgens und abends seine „*Pflicht*" *(gongyō)*, die ihm Gewinn bringt und deren Vernachlässigung Strafe nach sich zieht. Präsident *Ikeda* schärft unermüdlich den Primat dieser religiösen Pflichterfüllung ein und bezeichnet sie als schlechthin wichtigste Lebensaufgabe. Bei Festen ist der weite Tempelbezirk des Daisekiji in den von lautem Trommelschlag begleiteten Murmelton der Rezitation des Namens wie eingetaucht.

Wer die unablässige Anrufung des Sutranamens im Nichiren-Buddhismus als eine primitive Praxis ansehen wollte, die wenig ins 20. Jahrhundert hineinpaßt, würde nicht bloß den oben bezeichneten Sinn der Übung, sondern auch wesentliche psychologisch-soziologische Grundgesetze verkennen. Die Namenanrufung im vieltausendstimmigen Chor, eine Erfahrung, die jeder *Sōka-gakkai*-Gläubige an den religiösen Hochtagen seines Lebens macht, erlöst ihn aus der „*einsamen Menge*", durchbricht seinen armseligen, eintönigen Alltag und läßt ihn in der Gemeinschaft der wahrhaft Glaubenden den Inbegriff alles Sinnvollen mitvollziehen. Der moderne Mensch braucht starke *stimuli*, um die hoffnungslose Einsamkeit seines Alltags zu überwinden. Mit dem Massenerlebnis verbindet sich die vor allem im gemeinsamen Werbegang zum *Shakubuku* und im Diskussionszirkel *(zadankai)* aktivierte Gruppenbdynamik. Durch die methodische Anwendung dieser Mittel wird *Sōka-gakkai* zu einer äußerst effektiven, modernen religiösen Massenbewegung.

Die im universalen Anspruch des „Lotos-Sutras" und seiner Geheimnisse vom *„Go Honzon"* und *„Großen Namen"* grundgelegte soziale Dimension ist in der Idee der Weihebühne *(Kaidan)* entfaltet. Die Weihebühne, eine frühbuddhistische Einrichtung, dient ursprünglich der Mönchsordination. Mit den Lehren und Riten kamen auch die Mönchsregel und die Weihebühne nach Japan. Bei *Nichiren* ist die Weihebühne ins Symbolische gewandt. Das japanische Land selbst ist als heiliges *Buddha*-Land zur Weihebühne ausersehen. In der Endzeit *(mappō)* werden alle Völker zur Weihebühne Japan als dem Mittelpunkt der Erde wallen. Der chauvinistische Unterton der eschatologischen Prophetie ist unverkennbar, und tatsächlich wurde die Vorstellung von der Weihebühne zur Zentralidee des nationalistischen Nichirenismus. Bei tieferem Eindringen in die Schriften und den Geist *Nichirens* entdeckt man jedoch das von Anfang an in seiner Lehre vorhandene wache soziale Verständnis. Das *Buddha*-Gesetz, wie *Nichiren* es sieht, ist nicht Sache des einzelnen, sondern bringt dem ganzen Volk und der Menschheit Heil. Das Heil ist diesseitig verstanden; daraus ergibt sich unmittelbar ein lebendiges Interesse für die sozial-politischen Aufgaben der Religion.

421. Die Werbeaktion: Shakubuku

Der Hauptgrund für den ungewöhnlichen Erfolg der *Sōka-gakkai*-Bewegung und zugleich die Zielscheibe der erbittertsten Anfeindungen von außen ist ihre ungeheuer wirksame, modern anmutende Werbemethode des *Shakubuku*, im Buddhismus beheimatet und von *Sōka-gakkai* in die Gegenwart verpflanzt. Frühe Mahāyānasutren (z. B. das *„Srīmālādevīsimhanādasūtra"*, jap. *„Shōmangyō"*, und das *„Mahāvairocana-sūtra"*, jap. *„Dainichikyō"*) kennen zwei Arten der Hinführung zur buddhistischen Lehre, nämlich eine freundliche, tolerante Bekehrungsweise, die den Partner umfängt und überzeugt *(shōju)*, und ein scharfes, aggressives Vorgehen, das den Irrtum zerstört und zum Folgen zwingt *(shakubuku)*. Beide Methoden wurden in den mahayanistischen Schulen nebeneinander angewandt. *Nichiren* zeigte eine große Vorliebe für das kämpferische *Shakubuku*. Wie er in seinen Schriften ausführt, gilt es in der Endzeit *(mappō)* die Falschheit der vorläufigen Lehren zu entlarven und die absolute Wahrheit des zweiten Hauptteils *(hommon)* des „Lotos-Sutras" zum Siege zu führen. Insbesondere ist das scharfe Schwert des „*Shakubuku*" gegen „*Lästerer des Dharma*" zu richten.

Es ist wichtig, bei der Beurteilung des „*Shakubuku*" die Verwurzelung im buddhistischen Mutterboden zu beachten. Wer den religiösen Kern der Methode übersieht, muß ihr Wesen verfälschen. Allerdings hat die *Sōka-gakkai*-Bewegung, wenn auch nur ein Bruchteil von dem, was ihre Gegner ihr aufgrund von Gerüchten oder Aussagen einzelner Betroffener vorwerfen, zutrifft, in ihrer „*Shakubuku*"-Praxis oft die Grenzen des Erträglichen überschritten. Doch führen die *Sōka-gakkai*-Führer zur Verteidigung ihrer Werbemethode zwar nicht zur Rechtfertigung hinreichende, aber doch teilweise zutreffende Gründe an. So legen sie den Finger auf die grassierende religiöse Gleichgültigkeit bei den Massen in Japan und auf die selbstgenügsame, stolze Religionsverachtung vieler japanischer Intellektueller. Auch das durch innere Schwäche und Haltlosigkeit verursachte Versagen der überkommenen Religionen sowie der buddhistisch inspirierten modernen Volksreligionen fordert, wie sie glauben, schärfsten Widerstand heraus. Weil die religiöse Verwirrung der Gegenwart das genaue Gegenstück zur Verfallssituation des 13. Jahrhunderts, der Zeit *Nichirens,* darstelle, seien auch heute die von dem prophetischen Stifter propagierten Mittel, vorab das „*Shakubuku*", einzusetzen.

Das „*Shakubuku*" ist in der *Sōka-gakkai*-Bewegung an die heutigen Zeitbedürfnisse angepaßt. Eine Werbung muß sich, um für den modernen Menschen annehmbar zu sein, als rational erweisen. Die Einbeziehung der Werttheorie *Makiguchis* dient diesem Zweck. Die Unterscheidung und die Einstufung der Werte und ihr Verhältnis zum urteilenden Subjekt sind rationale Gegebenheiten und als solche dem Mann aus dem Volk erkennbar und zugänglich. Daß ihm rationale Wissenschaft geboten wird, gewinnt sein Vertrauen; daß er zur eigenen Wertentscheidung aufgefordert ist, erhöht sein Selbstwertgefühl. *Makiguchis* Wertlehre, die den Nutzen als Höchstwert erweist, führt in der Anwendung beim „*Shakubuku*" unweigerlich zum Glauben der „*Wahren Schule Nichirens*", weil allein die Verehrung des absoluten Kultgegenstandes „*Go Honzon*" allen Nutzen mit sich führt. Der rational denkende moderne Mensch wird sich bei rechter Wertunterscheidung diesen Höchstnutzen nicht entgehen lassen.

Verbürgt somit die Bekehrung zur „*Wahren Schule Nichirens*" die Erlangung des höchsten Gewinnes, so wird dieser Gewinn – und dies ist ein weiteres Anziehungsmoment für den modernen Menschen – vorzüglich als diesseitiger Gewinn aufgefaßt. Die *Sōka-gakkai*-Gläubigen können sich mit ihrer betonten Diesseitigkeit auf die Diesseitsversprechen des „Lotos-Sutras" berufen. Gemäß der Sutralehre kann eine Religion, die nicht in diesem Leben Erhörung der Bitten gewährt, nicht als wahre Religion angesprochen werden. Auch verspricht das Sutra als Entgelt für die ihm erwiesene Verehrung diesseitiges Glück und Wunderkräfte. Der erstrebte Diesseitsgewinn bezieht sich vornehmlich auf körperliche Gesundheit, Erwerb von Geld und Gut, Geschäftserfolg, Bewahrung vor Unglücksfällen und häuslichen Frieden. Wie in vielen modernen Volksreligionen spielen Krankenheilungen eine wichtige Rolle. Zeitweise wurde die Hoffnung auf sichere Gebetserhörung auch in verzweifelten Fällen sehr hoch gespannt und die medizinische Hilfe vernachlässigt.

Sōka-gakkai kennt zwar wie alle buddhistischen Richtungen im Zusammenhang mit den Vorstellungen vom Karma und vom Kreislauf der Wiedergeburten jenseitige Zustände, doch kommt für den Menschen praktisch alles auf ein glückliches Erdenleben an. Es gibt, wie es in der Anweisung zum „*Shakubuku*" heißt, keinen Beweis für die Erlangung eines jenseitigen Glückes nach einem unglücklichen Diesseitsleben. „Deshalb werde im Diesseits glücklich!" Sogar die Erlangung der Buddhaschaft *(jōbutsu)* wird als diesseitiger Vorgang beschrieben. „Buddha-werden heißt, vom Aufstehen am Morgen bis zum Schlafengehen am Abend überall ein fröhliches, angenehmes Leben führen. Das Ertragen eines Lebens ohne Kleidung und ohne Geld, mit Kranken im Haus und dem Besuch von Schuldeneinforderern glücklich und angenehm zu heißen, taugt nichts."[20]

Beim Lesen solcher Texte darf man nicht vergessen, daß dieses Evangelium von der Glückseligkeit auf Erden sich vorzüglich an die vielen tausend Japaner auf der Schattenseite des Lebens wendet, denen der zweite Präsident, *Toda*, zur Zeit der Nachkriegsnot ihr trauriges Los, ihren Hunger und ihre bittere Armut im engen viereinhalb Mattenzimmer in glühenden Farben vor die Seele malte. Präsident *Ikeda* ändert diese Sprache zeitgemäß ab, wenn er für die proletarischen Mitglieder der Bewegung menschenwürdige Lebensbedingungen durch entsprechende politische Aktionen gesichert sehen möchte. Die Erlangung von Diesseitsgewinn bewirkt eine Umwälzung der Lebenslage. Somit führt die „*Revolution der Religion*" durch Verlagerung des Schwerpunkts auf dieses Erdenleben die „*Revolution des Menschen*" herauf. „Der Arme wird glücklich, der Kranke gesund, der Törichte klug, das unglückliche Leben wandelt sich in ein glückliches Leben."[21] Die soziale Relevanz des „*Shakubuku*", die in solchen Worten aufscheint, enthüllt die diesseitige Erlösung, die *Sōka-gakkai* verheißt, als eine soziale Erlösung, die in einer Idealgesellschaft zu verwirklichen ist.

---

[20] *Y. Kodaira*, Sōka-gakkai (Tokyo [7]1968) 133. Außer diesem vom Leiter der Lehrabteilung *(kyōgakubu)* verfaßten, offiziellen Handbuch bietet ein von der Studiengruppe des „Lotos-Sutras" der Universität Tokyo herausgegebenes, sorgfältig gearbeitetes Werk „*Nihon Shōshū Sōka-gakkai*" (3. verb. Aufl., Tokyo 1967), laut Vorwort des Aufsichtsratspräsidenten von Sōka-gakkai „das einzige ganzheitlich systematische vollständige Studienbuch, das in der Welt Echo geweckt und Kenntnis und Verständnis der Bewegung bei vielen vertieft hat" *(S. Izumi)*, eine umfassende Darstellung der *Sōka-gakkai*-Lehre.

[21] Rede *Ikedas* vom 26. 5. 1960, zitiert bei *K. Kasahara*, Tenkanki no shūkyō (= Religion am Wendepunkt), Tokyo 1966, 270.

Das „*Shakubuku*“ wurde in der *Sōka-gakkai*-Bewegung zur methodischen Übung ausgeformt, deren Grundprinzipien und praktische Anweisungen in einem eigenen Handbuch *(Shakubuku Kyōten)* niedergelegt sind. Immer sind es mehrere Gläubige, die zusammen zum „*Shakubuku*“ ausziehen, nachdem sie zuvor Charakter und Lebensumstände der Partner gut erforscht haben, um nach Möglichkeit deren schwachen Punkt ausfindig zu machen. Gemäß dem Wortsinn von *Shakubuku* beginnen sie gewöhnlich damit, „*den Irrtum zu brechen*“, nämlich die falschen Ansichten des Gegenübers zu entlarven und durch rationale (mit Vorliebe der Werttheorie *Makiguchis* entnommene) Argumente zu widerlegen. Ein anderes Mittel ist der Lobpreis des Nutzens der Verehrung von „*Go Honzon*“. Doch mehr als alles andere brachte die rücksichtslose Strafandrohung die „*Shakubuku*“-Praxis in Verruf. Die Strafandrohung zählt zu den wesentlichen Elementen der „*Shakubuku*“-Methode und wird regelmäßig als letzte, scharfe Waffe eingesetzt, wenn alle anderen Argumente versagen. Man kann die Abneigung und den Widerstand gegen diese Methode begreifen, wenn zum Beispiel eine zum „*Shakubuku*“ ausgezogene Gruppe von *Sōka-gakkai*-Gläubigen zur späten Abendstunde eine von einem schweren Unglücksfall betroffene Familie aufsucht und diesen verzweifelten Menschen noch mehr und härtere Schicksalsschläge ankündigt, falls sie sich nicht unverzüglich zum *Nichiren*-Glauben an „*Go Honzon*“ bekehren. Die *Sōka-gakkai*-Gläubigen ahmen in mißgeleitetem religiösen Eifer beim „*Shakubuku*“ ihren großen heiligen Stifter *Nichiren* nach, der wie alle Propheten den Zorn kannte und mit zürnendem Herzen heftige Drohworte ausstieß. Nun wird man freilich (mit Bezugnahme auf das bekannte alte lateinische Sprichwort) nicht jedem *Sōka-gakkai*-Gläubigen die gleichen Rechte wie dem prophetischen Stifter zuerkennen.

Die religiöse Motivierung des „*Shakubuku*“ gipfelt in der buddhistischen Tugend des Mit-leidens (jap. *jihi*). Die *Nichiren*-Gläubigen rühmen das mitleidige Herz ihres Stifters *Nichiren*, den seine Sympathie mit allen Lebewesen zum „*Shakubuku*“ trieb. Denn wahres Mit-leiden sucht die Irrenden auf den Weg der Wahrheit zu bringen. „Der wahre Geist des ‚Shakubuku‘ ist das Mit-leiden“, erklärt Präsident Ikeda[22]. Und ein Führer der *Sōka-gakkai*-Bewegung schreibt emphatisch: „Der grundlegende Geist des ‚Shakubuku‘ ist das Mit-leiden (jihi), ja ‚Shakubuku‘ selbst ist die Tat des Mit-leidens; mit Wohlwollen [jap. *ji*, skr. *maitrī*] schenkt sie den Menschen Freude und Glück, aus Erbarmen [jap. *hi*, skr. *karunā*] räumt sie Leiden und Unglück des Menschen hinweg.“[23]

---

[22] „*Shidō Memo*“ (Denkschrift der Führung) (Tokyo 1966) 140, fortan zitiert: Denkschrift. Doch kennt auch *Ikeda* die Drohung.

[23] *S. Tada*, in der japanischen Zeitschrift „*Religionsstudien*“ *(Shūkyō Kōron)* 2, Nr. 190, 1963, 25.

Die „*Shakubuku*"-Übung ist für den Gläubigen selbst verdienstlich, räumt böses Karma aus seinem Leben hinweg und gewährt ihm einen sicheren Gewinn, ganz gleich, ob sie von Erfolg gekrönt ist oder mit einem Mißerfolg endet. Denn der Übende wirkt in jedem Falle als „*Bote Buddhas*", ja sein Verdienst ist um so größer, je heftigeren Widerstand er erfährt.

Die Ausübung des „*Shakubuku*" erfuhr wie andere Elemente der Religionsausübung von *Sōka-gakkai* im Laufe der Jahre eine merkliche Veränderung. Schon *Toda*, der im übrigen zu einem großen Teil für die Maßlosigkeiten beim *Shakubuku* verantwortlich ist, empfahl einen „*Mittleren Weg*", der sich davor hütet, über dem *Shakubuku* Geschäft und Berufspflichten zu vernachlässigen. Von *Ikeda* haben wir viele Aussagen, die vor Unklugheiten beim „*Shakubuku*" warnen. In einer Rede, die unter dem Titel „Sprechen und Tun mit gesundem Menschenverstand" bekanntgeworden ist, verbreitete er sich noch zu Lebzeiten *Todas* über die Wichtigkeit des gesunden Menschenverstandes beim *Shakubuku*: „Zwar ist es selbstverständlich", so führte er aus, „daß wir bei der Ausübung des Befehls des großen Heiligen Nichiren geschmäht, kritisiert und verleumdet werden, aber es kommt auch vor, daß mutwillig Kritik herausgefordert wird. Das sollte nicht sein." Er führt dann u. a. folgende Beispiele an: einer zeigt beim Vorbeigehen an einem *Shintō*-Schrein oder an einem Tempel einer fremden buddhistischen Sekte mit dem Finger und sagt laut: „Falsche Religion", oder einer zieht bei Nacht zum „*Shakubuku*" aus und predigt um 11 oder 12 oder 1 Uhr nachts mit aller Kraft die *Buddha*-Lehre, oder einer benutzt die Arbeitszeit für religiöse Diskussionen mit seinen Werkkollegen ... Solche Dinge können nur schaden. Man soll alle Unklugheiten vermeiden, keine Zusammenstöße herbeiführen, „die Ruhe bewahren und ein fröhliches, friedvolles ‚Shakubuku' üben"[24].

422. Führerschulung

Die vom Präsidenten Ikeda vorangetriebene Mäßigung der Werbemethode schaffte Raum für Persönlichkeitsbildung. Ikeda bemühte sich besonders um Führerschulung und lehrte in seinen Ansprachen, Kurzartikeln und Diskussionsantworten für junge Menschen viel Lebensklugheit. Seine weltanschauliche Mitte ist der buddhistische „Humanismus", der im Unterschied zu Idealismus und Materialismus, Kapitalismus und Sozialismus sowie zu anderen westlichen und östlichen Ideologien einen der Menschennatur angemessenen „*Mittleren Weg*" zeigt. Zur Verwirklichung dieses Hu-

---

[24] *Ikeda* hielt die Mahnrede vom gesunden Menschenverstand in Sendai (am 16. 2. 1957); Auszüge aus der Rede bei *K. Kasahara*, a. a. O. (s. Anm. 21) 275 ff. Siehe ferner Gesammelte Reden des Präsidenten XIII, 145 f, XI, 173, 198 f.

manismus erstrebt *Sōka-gakkai* „die Revolution des Menschen aufgrund des Buddha-Gesetzes“, die „in der Einzelpersönlichkeit gründet und eine Politik der Achtung vor der Menschennatur anstrebt“[25].

Die grundsätzlichen Ideen und Programmziele werden für den jungen Führer in den Alltag übersetzt. Der *„neue Führer“*, wie ihn *Sōka-gakkai* will, gründet im *Nichiren*-Glauben des *„Go Honzon“*, aber er ist dem Herzen des Volkes nahe: „Die erste Bedingung seines Führertums ist die absolute Frömmigkeit.“[26] Als weitere Erfordernisse sind Verantwortungsbewußtsein, Großherzigkeit und langmütige Geduld, ferner Unparteilichkeit, Entschlußkraft und Mut genannt. Der Führer bedarf eines harmonischen Charakters, in dem sich kluges Urteil und energisches Handeln, Gerechtigkeit und menschliches Mitgefühl paaren. Typisch ist ein kurzer Abschnitt, in dem *Ikeda* seinen jungen Führern das neue Heldenideal vor die Seele stellt: „Jemand hat gesagt: Die modernen Helden sind Menschen, die aus dem Volke kommen und alle Fähigkeiten ins Gleichgewicht gebracht haben. Diese Denkart ist richtig. Schließlich steht im Zentrum der Mensch. Es gibt keine besonderen Menschen, noch kann es Übermenschen geben. Deshalb ist von nun an wichtiger als der Krafteinsatz eines überragenden Menschen, das Ganze zu harmonisieren und zusammenzuschließen. Der Führer, der dies vermag, ist der moderne Held.“[27]

An die Stelle des individuellen neuzeitlichen Heldenideals ist der Geist des Ganzen getreten, der seine hohen Ziele in der Gemeinschaft zu verwirklichen sucht. Das Prinzip der Gesinnungsgleichheit durchzieht wie ein roter Faden die aphoristischen Sätze von *Ikedas* Führerschulung. Der feste Zusammenschluß der Anhänger untereinander sowie Gemeinsamkeit im Denken und Handeln sind nach ihm die unerläßlichen Vorbedingungen für jeden Erfolg. *Ikeda* zeigt bemerkenswertes Verständnis für Individualität und Zeitbedürfnisse, ein anderer Beweis für die Modernität seiner Führung. „Die Zeit schreitet beständig voran. Niemand kann heute andere führen, der nicht mit einem Sinn für die neue Zeit lebt.“[28]

Aus den Werken *Ikedas* lassen sich noch viele praktische Anweisungen zur Bildung des Sozialsinnes, insbesondere in bezug auf Frau und Familie, herausheben. Es geht ihm um eine Menschlichkeit, die dem Mann aus dem Volke und seinen Bedürfnissen entspricht. Die für die modernen japanischen Volksreligionen so charakteristische humanistische Komponente, konkret die Sorge um die Würde und das Glück des Menschen von heute, hat *Sōka-gakkai* entscheidend mitgeprägt. Die moderne Psychologie und Pädagogik, die Massenmedien, der Sport und alle Kunstarten werden sy-

---

[25] *Ikeda*, Sammlung 220.
[26] Denkschrift 4. Vgl. *Ikeda*, Sammlung 158 ff.
[27] Ebd. 64.
[28] Ebd. 76 f.

stematisch eingesetzt, um den Sōka-gakkai-Gläubigen seines Lebens und seiner Religion froh zu machen.

423. Die Dritte Zivilisation

Die aus der Religion gespeiste Bemühung um humane, weltliche Verwirklichungen haben zu ihrer Grundlage das Motiv des sympathetischen Mit-leidens, das Ikeda für das individuelle und gesellschaftliche Leben unserer Tage ausdeutet. Das Programmwort der „Dritten Zivilisation" *(Dai san bunmei)* umgreift alle Zielsetzungen und Unternehmen im säkularen Raum. Ikeda gab die Parole noch vor seinem Amtsantritt als Präsident aus. Die Führer einer Studentenstudiengruppe der Bewegung mühten sich um den ideologischen Ausbau der Idee. Als „höchste Religion" bietet Sōka-gakkai die Grundlage zur Errichtung der „höchsten Kultur" und der „höchsten Zivilisation". Sie revolutioniert das gesamte Gesellschaftsleben und führt eine neue Zeitepoche herauf. In ihr ist aufgrund der buddhistischen Philosophie der Nicht-Zweiheit der Gegensatz von Idealismus und Materialismus überwunden, die Synthese von Kapitalismus und Sozialismus ermöglicht.

Die Verwirklichung des Ideals fordert umfassende Bemühungen. Die Politik nimmt den Vorrang ein. (Darüber mehr im folgenden Kapitel.) Auf dem Gebiet der Erziehung wird der dringend geforderte durchgreifende Einsatz geleistet. Den Regierungsplänen für zeitgemäße Erziehungsreformen wirft Sōka-gakkai den Mangel an planmäßiger Verwirklichung vor. Die Bewegung konnte ein großes Gymnasium in einer Vorstadt Tokyos (Kodaira) aufbauen. Dem folgte der Ausbau einer Universität *(Sōka Daigaku)* bei Hachiyōji in der Nähe von Tokyo (gegr. 1971). Der Campus, ein weites Gelände mit viel Grün, auf dem in rascher Folge repräsentative Bauten entstanden, ist einer der schönsten im Umkreis der japanischen Hauptstadt. Die Bewegung scheut keine Kosten, durch Anwerbung von tüchtigen Lehrkräften (darunter auch namhafte Professoren außerhalb der Organisation) das akademische Niveau der Universität zu sichern.

Sōka-gakkai verfügt über eine ausgedehnte Presse mit zahlreichen periodischen Veröffentlichungen verschiedener Art. Heraus ragen die Jugendzeitschriften. Eine Tageszeitung erscheint in einer Auflage von mehr als vier Millionen. Die Monatszeitschrift *Ushio* von hohem intellektuellen Niveau zählt angesehene, unabhängige japanische Literaten zu ihren Mitarbeitern. Zu nennen ist hier auch das von Ikeda selbst produzierte umfangreiche Schrifttum, das regelmäßig durch Neuerscheinungen bereichert wird. Im Gebäudekomplex von Sōka-gakkai nahe der Stadtbahnstation Shinanomachi befindet sich eine Konzerthalle, die Tausenden von Anhängern der Bewegung den von allen Japanern, auch von den Angehörigen der armen Volksschichten, hochgeschätzten Genuß künstlerisch wertvoller Musik gestattet.

Die weit gestreuten Bemühungen für das Wohlergehen und den allseitigen Fortschritt der Anhänger erwiesen sich bei der Jugend als unvergleichlich erfolgreich. Die Jugenddivision von Sōka-gakkai, wohl die zahlenstärkste religiöse Jugendorganisation in Japan, ließ sich durch die begeisternden, dem geistigen Niveau der jungen Menschen angepaßten Worte Ikedas bei Massenversammlungen in den größten Sälen Tokyos zu ganzem Einsatz im Sinne der Bewegung anspornen. Von grenzenlosem Idealismus beseelt, zeigte die junge Gefolgschaft lebendiges Interesse für die während der 70er Jahre und später sich beständig ausdehnenden Unternehmungen ihres Führers, zumal für die Friedensbewegung. Auch heftige Angriffe gegen Sōka-gakkai und den Präsidenten konnten diese Jugend nicht im selbstbewußten Vertrauen in ihre Sendung erschüttern. In der Öffentlichkeit erlitt das Ansehen der Bewegung zeitweise schwere Einbußen, die sich auch in zahlenmäßigem Rückgang niederschlugen.

Die Situation beruhigte sich jedoch schon vor dem Rücktritt Ikedas vom Präsidentenamt. Sein Nachfolger Hōjō Hiroshi verwaltete das Amt nur zwei Jahre lang (1979–1981); nach seinem vorzeitigen Tod übernahm Akiya Einosuke die Leitung. Gegenwärtig kann man – ohne Berufung auf Zahlenangaben – mit ziemlicher Sicherheit von einer Stabilisierung und vielleicht sogar von einem leichten Anstieg der Anhängerzahl sprechen. Die Verbindung von Sorge für den Menschen mit dem Bestreben nach der Erhaltung von Macht und Einfluß darf als das jederzeit maßgebende Charakteristikum dieser Massenbewegung bezeichnet werden und ist bestimmt eine wichtige Triebkraft bei ihrem Einstieg in die Landespolitik und in das internationale Weltgeschehen.

D. POLITISCHER BUDDHISMUS IN JAPAN – WELTRELIGION FÜR DEN FRIEDEN

424. Buddhismus und Staat in Japan

Die engen Beziehungen zwischen dem Buddhismus und dem japanischen Staat, die über anderthalb Jahrtausende unvermindert fortdauern, sind aus zwei Gründen bemerkenswert. Zum ersten ist die Buddha-Religion in der Wurzel nicht japanisch. In Indien geboren, wanderte sie durch die Länder Asiens und kam über China und Korea als ein Import ins Land der aufgehenden Sonne, aber die Japaner machten sich diesen Import völlig zu eigen. Sie empfanden den Buddhismus jahrhundertelang nicht als ausländische Religion. Die Buddha-Religion wurde nach einer tiefreichenden Umwandlung, die sie in China erfuhr, in Japan zu einem japanischen Buddhismus, nicht nur mit staatlicher Genehmigung im Lande aufgenommen, sondern von frühester Zeit an dem Staat aufs engste verbunden.

Ferner verdient der Umstand Beachtung, daß das japanische Volk zur Zeit der Ankunft des Buddhismus im sechsten Jahrhundert schon ein geordnetes Staatswesen besaß, nämlich den Yamamoto-Staat mit der ihm eigentümlichen Tradition. Dieser Staat nahm den Buddhismus auf und gewährte ihm Bürgerrechte.

Legendäre Züge sind in die Geschichte der Einführung des Buddhismus in Japan verwoben: Die Annalen erzählen von einer Epidemie, die nach der Ankunft einer vergoldeten Buddha-Statue, buddhistischer Fahnen und Schirme sowie Sutra-Rollen, Geschenke des Königs von Päkche aus Korea, ausbrach. Sie veranlaßte Kaiser Kinmei (reg. 540–571), der die frommen Gaben freundlich angenommen und seinem ersten Minister Soga no Iname zur Aufbewahrung und Verehrung anvertraut hatte, bei einer Verschlimmerung der Seuchengefahr dazu, den Vertretern der dem Buddhismus feindlichen Familien Nakatomi und Mononobe Gehör zu schenken. Er ließ die Buddha-Statue in einen Kanal werfen und das zu einer buddhistischen Kultstätte verwandelte Haus der Soga niederbrennen. Die nun folgenden Ereignisse sind nicht übereinstimmend berichtet. Jedenfalls kamen bald schon mehr Buddhisten aus Korea, Mönche, Bildschnitzer, Architekten und andere. Der Widerstand der Gegner wurde gemäß einem nicht sicheren Bericht in der Schlacht gebrochen. Noch vor Ende des Jahrhunderts öffneten sich die Tore für den Buddhismus. Der japanische Staat hatte der fremden Religion Einlaß gewährt.

Die Einführung des Buddhismus geschah – es ist wichtig, dies zu beachten – mit der Empfehlung und unter der Kontrolle der Regierung. Die aufrichtige Sympathie des Prinzen Umayado, eines Neffen der Kaiserin Suiko (reg. 593–628), der für seine Tante die Regentschaft führte, spielte dabei eine ausschlaggebende Rolle. Shōtoku Taishi (574–622), unter diesem Namen ist der Prinz in die Geschichte eingegangen, veranlaßte die Kaiserin alsbald zu einem Befehl zugunsten des Buddhismus (594). Zehn Jahre später folgte der Kodex der siebzehn Artikel (604), in dem es im zweiten Artikel heißt: „Verehrt aufrichtig die Drei Kleinodien: Buddha, Dharma (= Lehre), Sangha (= Gemeinde)". Über die großzügige Tätigkeit des Prinzen für den Buddhismus, der wir die frühesten japanischen buddhistischen Tempel Shitennōji (= Tempel für die Dämonenkönige der vier Himmelsrichtungen) in Osaka und Hōryūji (eine gut erhaltene Tempelanlage mit Pagode) bei Nara sowie Kommentare zu drei für den japanischen Buddhismus charakteristischen Sutren verdanken, ist hier nicht weiter zu berichten. In einem wenig späteren Erlaß (607) ließ der Prinz Shintoismus und Konfuzianismus zu ihrem Recht kommen. Damit war die Religionspolitik des japanischen Staates bestimmt. Wilhelm Gundert schreibt in seiner frühen, immer noch lesenswerten japanischen Religionsgeschichte: „... es werden alle zugleich anerkannt, alle aber auch den nationalen Interessen dienstbar gemacht." Und: „Shintō, Konfuzianismus und Buddhismus sollten nach Art eines Dreifußes miteinander die Grundlagen des Staates bilden."[1]

In die Konzeption der dem Wohl des Volkes dienenden, vom Staat kontrollierten Religion ist der japanische Buddhismus einbezogen. Die Buddha-Religion erfreut sich des Schutzes und der Förderung durch den Staat und erweist diesem nützliche Dienste, indem sie durch Kulthandlungen den Segen der buddhistischen Gottheiten – eine dem Urbuddhismus fremde Vorstellung – garantiert. Im öffentlichen Leben nimmt sie einen Ehrenplatz ein und kann in einer begrenzten Einflußsphäre Macht entfalten. Immer untersteht sie der staatlichen Kontrolle. Diese doppelseitige Situation, die der Leitidee der offiziellen japanischen Religionspolitik entspricht, bleibt in allen Jahrhunderten der japanischen Geschichte unverändert. Einige Beispiele mögen der Veranschaulichung dienen.

Die großen buddhistischen Tempelanlagen Japans, von den Kaisern mit Hilfe des Volkes „zur Befriedung und zum Schutz des Staates" (jap. *chingo kokka*) erbaut, sichern vor Unheil und tragen nicht wenig zum Prestige der Buddha-Religion bei. Ein Beispiel aus früher Zeit bietet der Tōdaiji-Tempel von Nara, dessen Entstehungsgeschichte die Verflechtung der religiösen und politischen Interessen verdeutlicht. Als der fromme buddhistische Kaiser Shōmu (reg. 724–748) den Auftrag zur Errichtung einer Kolossalstatue des Buddha in seinem Hoftempel Tōdaiji plante, holte er, um sich der Zustimmung der shintoistischen Gottheiten *(kami)* zu versichern, das Orakel der Sonnengöttin Amaterasu in ihrem Heiligtum in Ise ein. Die zustimmende Antwort überbrachte der Buddha-Mönch Gyōgi (676–749), dem, wie er bei seiner Rückkehr berichtete, eine Traumvision das Wissen von der Identität der Sonnengöttin mit dem höchsten kosmischen Buddha Vairocana offenbarte. Damit war die theologische Grundlage für den als „Shintō der Zwei Teile" (Ryōbu Shintō) jahrhundertelang praktizierten buddhistisch-shintoistischen Synkretismus gegeben, dem im irdischen Bereich die Gleichstellung des Kaisers als des Sohnes der Sonnengöttin mit dem höchsten universalen Buddha entsprach. Der „Große Buddha" *(Daibutsu)* von Nara versinnbildet somit die Allherrschaft des Tennō ebenso wie die Einheit von Shintō und Buddhismus. Die Buddha-Religion gab dem Tennōtum die höchste Weihe. Die Vorgänge um den Daibutsu von Nara markieren einen Höhepunkt in der Geschichte des japanischen Buddhismus. Hatte der Kaiser sich einen „Sklaven" des Buddha genannt, so war er seinem Wesen nach mit dem Buddha identisch. Das

---

[1] *W. Gundert,* Japanische Religionsgeschichte (Tokyo–Stuttgart 1935) 30 f.

Land der *kami* (jap. *shinkoku*) ist nicht verschieden vom Lande des Buddha.

Der Tōdaiji, der höchste buddhistische Tempel und die Stätte der religiösen Staatsfeierlichkeiten, war während der Narazeit (710–784) der Mittelpunkt für die Landestempel (jap. *kokubunji*), die auf kaiserlichen Befehl in allen Provinzen errichtet wurden. Immer geneigt, sich in staatliche Angelegenheiten einzumischen, nutzten die buddhistischen Mönche das unvergleichliche Ansehen, das ihnen der Tempel des Großen Buddha in Nara verschaffte. Der Umschwung kam nach der mit großem Pomp begangenen Feierlichkeit der Einweihung der Kolossalstatue des Buddha Vairocana (752). Als damals der führende Buddha-Mönch Dōkyō (gest. 772) nach einer steil ansteigenden Karriere im Vertrauen auf die schwache Kaiserin Kōken (reg. 749–758, 765–769) in grenzenloser Anmaßung die Hand nach dem Kaiserthron ausstreckte, rettete ein durch einen treuen Vasallen eingeholtes Orakel des Shintō-Gottes Hachiman von Usa die Frau auf dem Thron. Der Mönch wurde verbannt. Kaiserhof und Staat behielten das letzte Wort. Die Verlegung der Zentralgewalt von Nara nach Heian (heute Kyoto) diente ebenfalls dazu, die politische Macht des Buddhismus zu brechen. Die dramatischen Vorgänge während der Narazeit illustrieren eindringlich die Beziehung zwischen Buddhismus und Staat.

Die Buddha-Religion festigte während der nach der Hauptstadt des Friedens genannten langen Zeitspanne (794–1192) ihre Position im Lande. Die zwei neuen Schulen von Tendai und Shingon auf den Bergen Hiei und Koya in der Nähe der Hauptstadt vertreten den Buddhismus der Heianzeit. Die Beziehung zum Staat bleibt unverändert. Es fehlen spannende Episoden ähnlich denen der Narazeit. Der Kaiserhof überhäufte die neuen buddhistischen Schulen mit Gunsterweisungen, dankbar für die tantrischen Zeremonien, an denen sich die Höflinge nicht genug tun konnten. Im Volk blühte der buddhistisch-shintoistische Synkretismus, angefeuert und bereichert durch den geistlichen Führer und wundermächtigen Magier Kūkai (= Kōbō Daishi, 774–835), den Gründer der japanischen Shingon-Schule, dem eine politische Relevanz insofern zukommt, als er die religiösen Bedürfnisse des Volkes befriedigte und Spannungen, die aus größerer oder geringerer Zuneigung zu den Kami oder zu den Buddhas herrühren mochten, ins Gleichgewicht brachte.

Im Herbst des Mittelalters führte der Niedergang des Kaiserreiches zur Ausübung der Staatsgewalt durch wechselnde Militärregierungen. Die politisch unruhigen Perioden von Kamakura (1185–1333), Muromachi (1338–1573) und Momoyama (1573–1603) gelten als religiöse und kulturelle Blütezeiten. Der buddhistische Einfluß nimmt während dieser Zeitspanne verschiedene Formen an. Wichtig ist der persönliche Einfluß starker religiöser Persönlichkeiten auf Krieger und Staatsmänner in hoher Stellung. Da bietet, so erzählt die Chronik, zur Zeit der Mongolengefahr ein nach

Japan übergesiedelter chinesischer Zen-Meister dem Landesverteidiger Hōjō Tokimune (1251–1284) geistige Stärkung nach Zen-Art. Beim Herannahen der mongolischen Flotte begibt sich Tokimune zum Tempel und sagt: „Das größte Ereignis meines Lebens ist endlich da." Darauf der Meister: „Wie willst du ihm begegnen?" „Katsu", mit Donnerstimme den Ruf ausstoßend scheucht Tokimune die Furcht hinweg. Der Meister lobt ihn: „Wahrlich des Löwen Kind brüllt wie ein Löwe." Ein „Götterwind" *(kamukaze)* zerstreute die feindlichen Schiffe.[2] Flößten Zen-Meister in Kamakura den soldatischen Staatslenkern Mut und Unerschrockenheit ein, so bewährten sie sich während der folgenden Periode in Kyoto als verständige Ratgeber in Sachen der Architektur und des Gartenbaus. Die religiöse Färbung ist verblaßt, das Politische tritt hinter die Kunst zurück.

Die Neuzeit beginnt in Japan mit der Edo-Periode (1603–1867) unter der Herrschaft der Tokugawa, die das von der Außenwelt abgeschlossene Inselreich zu einem Polizeistaat machten. Ein enges Netz strenger Gesetzesvorschriften umspannte das gesellschaftliche Leben und regelte die Tätigkeit der Religionen. Erstmalig wurde die Sektenorganisation eingerichtet. Die sogenannten sechs Sekten der Narazeit waren eher Schulrichtungen als Sekten, das große Tendai-Zentrum auf dem Hiei-Berg hatte während des Mittelalters, aller Kontrolle entzogen, durch militärische Unternehmen nicht selten Ungelegenheiten verursacht. Nun wurden alle Japaner zur Eintragung ihrer Namen in die Tempelregister einer offiziell anerkannten Sekte gezwungen. Buddhistische Mönche leiteten im Auftrag der Regierung diese Maßnahme, die sowohl der Überwachung der buddhistischen Sekten als auch der Christenverfolgung diente. Die Kontrolle des Tokugawa-Regimes ließ keine Störung durch buddhistische Tempel aufkommen, einzelne buddhistische Mönche erlangten zwar persönlichen Einfluß am Shōgun-Hof, der auch zuweilen in die politische Sphäre hineinreichte, aber doch ohne größere Wirkung blieb.

Die Neuordnung der religionspolitischen Maßnahmen nach der Landesöffnung zu Beginn der Meijizeit (1868–1912) brachte für den Buddhismus zunächst weitere Einschränkungen, ja die Buddha-Religion geriet bei der Trennung des Shintō vom Buddhismus im Zuge der neuen nationalen Ausrichtung für eine kurze Zeit in eine schwierige Lage, doch konnte sie dank ihrer Verwurzelung im Lande und der Bemühungen fähiger Führer bald den gewünschten Freiraum wiedererlangen. Die große Staatspolitik nahm die Richtung, die zur Gegenwartslage führte. Von buddhistischer Seite beteiligten sich vornehmlich die vom Geist Nichirens inspirierte Schule sowie von dieser herrührende Religionsgemeinschaften, vor allem Sōka-gakkai, aktiv am Zeitgeschehen.

---

[2] Vgl. *H. Dumoulin,* Geschichte des Zen-Buddhismus, Bd. II (Bern 1986) 32f.

425. Nichiren und Nichirenismus

Anesaki Masaharu hat seinem Buch über den Gründer des buddhistischen Hauses seiner Herkunft den Titel „Nichiren, der buddhistische Prophet" gegeben. Das Prophetentum ist das Besondere dieses ungewöhnlichen Mannes, das ihn von anderen Großen seiner Religion unterscheidet. Seiner prophetischen Sendung bewußt, verkündet Nichiren (1222–1282) die Botschaft des Lotos-Sutras, in dem er die absolute Wahrheit gefunden zu haben meint. Diese Wahrheit zu verkünden ist die ihm zuteil gewordene Aufgabe. Der Lotosglaube allein kann Japan vor drohendem Unheil retten und zur Einheit führen.

Die prophetische Sendung Nichirens hat eine religiöse und eine national-politische Dimension, die in der Verkündigung des Lotos-Sutras miteinander verknüpft sind. Die religiöse Verkündigung gipfelt in der Botschaft vom Sutranamen, dessen Rezitation als einzige Übung Heil verbürgt. Sein national-politischer Wachruf stellt Nichiren mitten ins Zeitgeschehen der von Katastrophen heimgesuchten Endzeit (jap. *mappō*) hinein, in der allein das Lotossutra Rettung verspricht.

Nichiren weiß sich als „Bote Buddhas, gesandt durch Buddha", als „Träger der Botschaft des Lotos-Sutras",[3] als er, vom Hiei-Berg in seine Heimatprovinz zurückgekehrt, zur Erfüllung seiner Aufgabe schreitet. Die von ihm in Kamakura verfaßte erste Schrift *Risshō Ankokuron* (deutsch: „Traktat von der Errichtung des Wahren und der Sicherheit des Landes" 1260), enthält die Hauptpunkte seiner Lehre, seine Interpretation des Lotos-Sutras und die Voraussage der heraufziehenden Mongolengefahr.

Die politische Note seiner Botschaft kommt am stärksten zum Ausdruck in seiner Auffassung von der „Weihebühne" (jap. *kaidan*), einem Kernstück der Lotosbotschaft. Zur Weihebühne auserwählt ist Japan, das heilige Land der Götter, von dem aus in der Endzeit der ganzen Welt die Lotosbotschaft verkündet werden soll, also Messianismus verbunden mit einem die gesamte Menschheit umspannenden Universalismus, der Anspruch auf Absolutheit erhebt. Nichiren geht es nicht um Einmischung in Staatsgeschäfte noch auch um politischen Machterwerb. Sein politisches Handeln entspringt seinem religiösen Glauben, aus dem auch sein kämpferisches Ethos stammt, das ihm und nach ihm seinen Anhängern viel Leid und Verfolgung eingebracht hat.

Nichiren geht auf die Straßen von Kamakura. Seine maßlos zornigen Worte peitschen das Volk auf und reizen die geistlichen und weltlichen Obrigkeiten. Der Konflikt führt zur Verbannung, zuerst auf die Halbinsel Izu, nach seiner Rückkehr und abermaliger härterer Predigt zu schärferen Maß-

---

[3] Siehe *W. Kohler*, Die Lotus-Lehre und die modernen Religionen in Japan (Zürich 1962) 195f.

nahmen. Der Hinrichtung durch das Schwert entgeht er – hier mischen sich legendäre Züge in seine Biographie – durch eine außerordentliche meteorhafte Lichterscheinung. Seine prophetische Predigerlaufbahn endet mit der Verbannung zur menschenleeren Insel Sado im Pazifischen Ozean (1271). Dort schreibt er noch einige aufrüttelnde Traktate.

Nach seiner Begnadigung und Rückkehr aus der Verbannung (1274) verbringt Nichiren seinen Lebensabend friedlich auf dem Berg Minobu im Kreise seiner Getreuen. Seine von warmer Menschlichkeit zeugenden Briefe aus dem letzten Lebensabschnitt sind bei der Gesamtbeurteilung dieses buddhistischen Heiligen wichtig. Nichiren war nicht bloß ein religiöser Fanatiker, schon gar nicht ein rücksichtslos intrigierender Politiker, sondern ein wohlmeinender Freund der Menschen. Bald nach seinem Tode beginnt seine, bis heute andauernde, ereignisreiche Wirkungsgeschichte.

Der Nichirenglaube verbreitete sich dank des Eifers der vom Gründer selbst bestellten sechs Hauptjünger rasch in Japan aus, zuerst in den Ostprovinzen. Der Jünger Nikkō rief die erste Spaltung hervor, als er mit seiner Anhängerschaft die „Wahre Schule Nichirens" (jap. *Nichiren Shōshū*) ins Leben rief. Schon der Name dieser Abzweigung bekundet den ihr eigenen kämpferischen Geist, der auch in anderen Nichiren-Schulen zu Tage tritt. Seit Anfang des 14. Jahrhunderts verbreiteten sich Linien der Nichiren-Schule in Kyoto und in Westjapan. Die Schulen spalteten sich, auch traten Lehrunterschiede hervor. Die Entwicklung erreichte einen Höhepunkt um 1500, als beinahe die Hälfte der Einwohner Kyotos Anhänger von Nichiren-Schulen waren, die in der Überzeugung, die einzig wahre Buddha-Religion zu sein, alle übrigen buddhistischen Schulen mit Wort und Waffen bekämpften. Die Anhänger Nichirens behaupteten eine Machtstellung in der alten Hauptstadt, bis es zum offenen Streit mit Buddhisten anderer Schulen kam. Während der nach der Ära Tembun (oder Temmon) bezeichneten *Temmon Hokke Ikki*-Rebellion (1532–1536) zerstörten die Mönche des Hiei-Berges 21 Haupttempel der Nichiren-Schule. Die Nichiren-Anhänger flüchteten in die Hafenstadt Sakai, konnten indes schon bald nach Kyoto zurückkehren (1542). Der den buddhistischen Sekten feindlich gesinnte Militärherrscher Oda Nobunaga (1534–1582), der die bewaffneten Amida-Gläubigen im Schloß von Osaka niederzwang, zügelte gegen Ende des Jahrhunderts auch die streitlustigen Nichiren-Leute.

Eine politische Note hat das Aufbegehren der Nichiren-Anhänger gegen das totale Tokugawa-Regime, das alle Religionen unter strikter Kontrolle hielt. Die zur Anhängerschaft Nichirens gehörige Fuji-Fuse-Sekte, eine äußerst intolerante Form von Nichiren-Bewegung, die keinen Verkehr mit Nichtgläubigen pflegte (*fuji-fuse* heißt zu deutsch „Nicht-empfangen, Nicht-geben"), erregte wiederholt den Unwillen des Tokugawa-Regimes und wurde durch hartes Eingreifen polizeilich unterdrückt (1630 und

1665). Eine kleine Gruppe existierte im Untergrund bis in die Meijizeit (1876). Zu Beginn des 16. Jahrhunderts stellte sich eine Gruppe von Nichiren-Anhängern aus der Hokke-Schule (jap. *Hokkeshū*) auf die Seite der notleidenden, aufständischen Bauern gegen die Tokugawa-Herren; diese tapferen Leute mußten ihren Einsatz mit dem Blut bezahlen. Das Grabmal der „Drei treuen Helden von Atsuhara" befindet sich im Tempelbezirk des Sōka-gakkai-Zentrums Daisekiji.

Die von Nichiren inspirierte Richtung des japanischen Buddhismus fand sowohl nach der religiösen als auch nach der national-politischen Seite hin in der von der Meijierneuerung eingeleiteten modernen Zeit bei der jungen Generation starken Anklang. Um die Jahrhundertwende propagierte der Nichiren-Jünger Takayama Chōgyū (1871–1902) einen chauvinistischen „Japanismus" *(Nippon Shugi),* in dem altjapanische nationale Motive mit westlichem Gedankengut, insbesondere mit Ideen Nietzsches, zusammenflossen. Im weiteren Verlauf betonte Chōgyū den von Nichiren herrührenden Impetus und prägte für seine Bewegung den Begriff *Nichiren Shugi* (zu deutsch: „Nichirenismus"), in dem der ideologische Charakter deutlich hervortritt. Die Bezeichnung „Nichirenismus" hat einen politischen Akzent und betrifft die von Nichiren herrührenden modernen Volksreligionen, die sich als Laienorganisationen im politischen und sozialen Leben Japans engagieren.

Repräsentativ für die neue Strömung ist Tanaka Chigaku (1860–1939), dessen Aktivitäten bis in die Meijizeit zurückreichen.[4] Er blieb Laie, obgleich sein Vater, ein eifriger Anhänger der Nichiren-Schule, seinen Sohn im Kindesalter als Novizen in einen Nichiren-Tempel gab. Der junge Tanaka ging einen anderen Lebensweg. Wegen einer Erkrankung konnte er die höheren Studien nicht abschließen und traf die Entscheidung, sich als Laie ganz der Propaganda der Lehre Nichirens zu widmen. Dabei glitt er trotz unentwegten Festhaltens an der Lehre immer mehr ins Weltliche und Politische ab. Er begann seine Vortragstätigkeit in Yokohama mit der Gründung einer Lotosgesellschaft (*Rengekai,* 1881), die später zur modernen Volksreligion Kokuchūkai („Pfeiler-Gesellschaft des Landes") wurde. Der Name läßt deutlich die politische Ausrichtung erkennen.

Die Religionsgemeinschaft Kokuchūkai nennt sich selbst eine Form des Nichirenismus und bekennt sich zu Nichiren, dem Propheten der Endzeit und der letzten Manifestation des ewigen Buddha. Tanaka Chigaku stellte sein ganzes Wirken in den Dienst der messianischen Heilsverkündigung Nichirens. Das Erscheinen Nichirens bietet, so meint er, die theologische Begründung für die universale Berufung Japans. Die national-politische Note klingt stark an in der Betonung des Tennōtums: „Dieses Land Japan

---

[4] Vgl. zum folgenden den Abschnitt 215 des vorhergehenden Kapitels. Dort auch über den jüngeren Takayama Chōgyū (1871–1902), den ersten Vorkämpfer des Nichirenismus.

ist das Land, das im Ideal des sittlichen, vernünftigen Friedens begründet ist und in dem der Tennō wohnt. Das Prinzip seines Staatswesens (jap. *kokutai*) stimmt vollkommen mit der ethischen Schau des Nichirenismus überein."[5]

Tanaka Chigaku entfaltete eine weit ausladende Aktivität im ganzen Land. Seine Vorträge hatten großen Zulauf, seine Anhänger zählten zur Zeit der Hochblüte während der Ära Taishō (1912–1926) nach Tausenden. Weil er in seinen Vorträgen die starre Institution der Nichiren-Schule angriff, schlossen die Tempel ihm die Tore, so daß er in Sälen sprechen mußte. Die Distanzierung von der offiziellen Schule Nichirens ist ein Stigma der von Nichiren herkommenden modernen japanischen Volksreligionen. Die Kokuchūkai-Gemeinschaft ist als Vorläufer der Sōka-gakkai-Bewegung angesehen worden. In der Tat erreichte der sozial-politische Nichirenismus in Sōka-gakkai den Höhepunkt.

426. Sōka-gakkai: Religion und Politik – Einstieg in die Politik

Die politische Komponente, die den Schulen Nichirens seit den Tagen ihres Stifters eignet, tritt in der *Sōka-gakkai*-Bewegung besonders stark hervor. Das im Wort von der *„Vereinigung von König und Buddha" (ōbutsu myōgō)* enthaltene politisch-religiöse Ideal Nichirens beruht auf einer altüberlieferten Vorstellung, gemäß der im Zustand der eschatologischen Vollendung der *„Weg des Königs" (ōdō)* mit dem *„Weg des Buddhas" (butsudō)* zusammenfällt. Die Verwirklichung dieses Wunschtraumes während der Endzeit *(mappō)* führt unbegrenztes Glück herauf. Ebenso wesentlich wie diese messianistische Zukunftsvision ist dem *Nichiren*-Glauben das sozial-politische Engagement, das in *Sōka-gakkai* neue, der Gegenwart entsprechende politische Aktivitäten motivierte. Der tatsächliche Einstieg in die Politik erfolgte 1955, als – noch zur Zeit des zweiten Präsidenten *Toda* – Mitglieder der Bewegung zuerst bei Kommunalwahlen und wenig später bei Wahlen für das Oberhaus (1956) erfolgreich kandidierten. Eine tiefe Beunruhigung bemächtigte sich damals weiter Kreise der Öffentlichkeit. Ließ sich doch angesichts des sprunghaften Wachstums der Bewegung während jener 50er Jahre der Zukunftskurs dieser politisch-religiösen Massenbewegung nicht absehen. Zwar versicherte die Führung nach den ersten Wahlerfolgen wiederholt, die Gründung einer politischen Partei sei nicht beabsichtigt. Doch konnten solche Beteuerungen um so weniger überzeugen, als die Zahl der in den Lokalparlamenten und im Oberhaus tätigen *Sōka-gakkai*-Mitglieder

---

[5] Zitiert in *K. Tanaka* (Hrsg.), Nichiren-shugi ni kansuru hyaku hachi no shitsumon (= 108 Fragen über den Nichirenismus) (Tokyo 1957) 74f.

in den folgenden Jahren ständig anstieg. Der vorläufige Verzicht auf eine Beteiligung an den Abgeordnetenhauswahlen schien mehr durch ein kluges Abpassen des Augenblicks als durch prinzipielle Bedenken motiviert.

Indes kam es, bevor sich diese Vermutung bestätigte, zu einer solchen Konsolidierung der Bewegung und zu einer solchen Beruhigung der Öffentlichkeit, daß die formelle Ankündigung des beabsichtigten Eintritts ins Abgeordnetenhaus und der Gründung einer politischen Partei durch *Sōka-gakkai* keinen Aufschrei des Entsetzens auslöste, sondern verhältnismäßig ruhig akzeptiert wurde. Die Art und Weise, wie der neue Schritt getan wurde, ist äußerst charakteristisch. Auf der 27. Generalversammlung von *Sōka-gakkai* am 3. 5. 1964 erklärte Präsident *Ikeda* in einer programmatischen Rede seinen Entschluß zur Parteigründung und zur Aufstellung von Kandidaten für die Wahlen zum Abgeordnetenhaus. Er wies ausdrücklich darauf hin, daß dieses Vorgehen eine Abweichung von früheren Entschließungen bedeute, rechtfertigte den Schritt aus den *„neuen Zeitbedürfnissen und Wünschen des Volkes“* und wandte sich mit demagogischem Gestus an die vieltausendköpfige Menge: „Wie denkt ihr darüber?“ Händeklatschen und stürmischer Beifall bekundeten aller Einverständnis. Die bisherige politische Sektion der Bewegung *(Kōmei Seiji Remmei)* wurde allsogleich in *„expansiver Auflösung“ (hatten-teki kaishō)* zu der politischen Partei *„Kōmeitō“* (= *„Partei der Sauberkeit“* oder der *„Unparteilichkeit“* oder der *„Rechtschaffenheit“*) umgebildet.

427. Die Krise

Aus dem voll verantwortlichen Eintritt ins politische Leben ergaben sich für die *Sōka-gakkai*-Politiker, die sich bislang vorzüglich um Reinigung der politischen Atmosphäre (Korruption aller Art ist ein Erbübel der japanischen Berufspolitik) und allgemeine Volkswohlfahrt bemüht hatten, Notwendigkeiten aus dem Verständnis des *Nichiren*-Glaubens. Vor allem war die Idee der Weihebühne für die Gegenwart neu zu interpetieren. *Nichiren* scheint für die Zukunft die Errichtung einer Welt-Weihebühne auf japanischem Boden verlangt, aber in prophetischer Sicht auch das japanische Land, dieses *„heilige Land“* oder *„Land der Kami“ (shinkoku)* und das Herz der wahren Gläubigen des *„Lotos-Sutras“* als Verwirklichung der Weihebühne geschaut zu haben. Die nationale Note seiner Botschaft kann kaum überhört werden. Bei ihrer Umsetzung ins öffentliche Leben gerieten *Nichiren*-Gläubige als einzige Gruppen im japanischen Buddhismus öfters in Konflikt mit der Staatsgewalt.

Für *Sōka-gakkai* stellte sich die nicht leichte Aufgabe, die religiös-politische Grundkonzeption des *Nichiren*-Glaubens mit den Erfordernissen einer modernen Demokratie, wie Japan seit dem Ende des Pazifischen Krieges eine war, und der internationalen Völkergemeinschaft in Einklang zu bringen. Der zweite Präsident, *Toda,* interpretierte die Weihebühne noch ganz und gar im Sinne des Japanismus. Er nannte sie die *„staatliche Weihebühne“ (kokuritsu kaidan)* und wollte die Verehrung des *„Großen Geehrten Hauptkultgegenstandes“ („Dai Go honzon“)* als Ausdruck der religiösen Einheit Japans (und der Welt) mit Hilfe eines Parlamentsbeschlusses einführen: „Der Grund für unser Interesse an der Politik“, so erklärte er, „liegt in der universalen Propagierung der drei großen Geheimnisse des Lotos-Sutras; denn einzig die Errichtung der staatlichen Weihebühne ist das Ziel.“[6] Ein solches Vorhaben ließ sich schlecht mit der demokratischen Verfassung Japans vereinbaren, und verständlicherweise protestierten Politiker, Historiker und Schriftsteller aus allen Lagern.

Sōka-gakkai konnte und wollte nicht auf die Errichtung der Weihebühne verzichten. Die gravierende Krise konnte nur durch eine Neuinterpretation behoben werden. Ikeda erfand die *„moderne Interpretation“,* nach der die „Volks-Weihebühne“ *(minshūritsu kaidan)* mit Hilfe von freiwilligen Geldspenden der *Sōka-gakkai*-Gläubigen zu errichten ist. Das Unternehmen kam zur Ausführung. In der Nähe des Nichiren-Tempels Daisekiji am Fuße des Fuji-Berges entstand der Kolossalbau des *Shōhondō,* der an massiver Größe alle bisherigen religiösen Bauten Japans übertrifft. Die Einweihung fand im Jahre 1972 statt. Um einem anderen Vorwurf, nämlich dem des Mangels einer sozialen, die Volkswohlfahrt fördernden Politik, zu begegnen, bekundete Präsident Ikeda eifrig seine demokratische Gesinnung und seine Liebe zum Volk. In einem Gespräch für die führende Literaturzeitschrift *„Bungei Shunjū“* erklärte er: „... Ich denke, daß das Volk wirklich klug ist. Man spricht wohl von der törichten Masse, aber ohne den gemeinen Mann kann es weder Politik noch Volk geben ... Man muß Vernunft, Herz und Handeln des Volkes hochachten ... Es kommt vor, daß ein Mann aus dem Volk eine klügere Aussage als der Ministerpräsident tut. Man darf auf das Volk nicht von oben herabschauen. Ich bewahre die Solidarität mit dem Volke. Gesellschaft und Welt dienen dem Volk ...“[7] Die *Sōka gakkai* hat wie alle Massenbewegungen einen ausgesprochenen Sinn für ausdrucksstarke, der Augenblickssituation angepaßte Programmworte. Diese Worte ändern sich und werden durch neue, treffendere Worte ersetzt. So trat an die Stelle des *„Neuen Sozialismus“ (shin shakaishugi)* im Parteiprogramm von 1964 zwei Jahre später der *„Humanistische Sozialismus“ (ningensei shakaishugi).* Das völkische Prinzip *(minzokushugi)* wurde zu einem weltweiten nationalen Universalismus *(sekai minzokushugi)* ausgedehnt. Die Norm allen Handelns bietet die *„Politik der Mitte“ (chūdō seiji),* ein Wort, in dem buddhistisches Glaubensbewußtsein sich mit modernem

[6] Zit. bei *A. Saki,* a. a. O. (s. Anm. 45) 133.

[7] *„Bungei Shunjū“* 46, 2 (Februar 1968) 130–144, Zitat S. 133.

Zeitempfinden verbindet. Diese Programmworte spiegeln in den sich ändernden Formulierungen das dynamische Bemühen der Bewegung um die richtige Zielsetzung wider, können indes eine gewisse Unsicherheit nicht verbergen.

Den Höhepunkt der Krise markiert die ungelöste Frage einer möglichen Verbindung von Religion und Politik. Zwar konnte die *Sōka-gakkai*-Bewegung den Einstieg in die Politik ziemlich reibungslos vollziehen, weil sie die theokratische Weihebühne-Idee neu interpretierte, sich voll und ganz auf den Boden der Verfassung stellte und das demokratische Prinzip der Trennung von Religion und Politik grundsätzlich annahm. Dennoch rief die Verquickung der zwei Bereiche starke Bedenken hervor. „*Kōmeitō*" ist die einzige „*religiöse politische Partei*" *(shūkyō seitō)* in Japan. Mag man zwar das altjapanische Ideal der „*Einheit von Kult und Regierung*" *(saisei itchi)* aufgegeben haben, die politischen Aktionen der „*Kōmeitō*"-Partei sind vom glühendsten *Nichiren*-Glauben durchdrungen. „*Die religiösen Ideen spiegeln sich in der Politik wider.*"

„Politik auf der Grundlage der Religion", dieses von *Ikeda* formulierte Prinzip von *Sōka-gakkai,* steht im deutlichen Gegensatz zur überkommenen, seit der *Tokugawa*-Periode als Staatsraison erachteten Auffassung, nach der Religion Privatsache ist, die der Staatskontrolle untersteht, von der aber kein positiver Beitrag zur Staatsführung erwartet werden kann. Demgegenüber verkündete *Ikeda* die universale Berufung der Religion: „Die Religion hat unter allen Umständen die Aufgabe, aufgrund ihres vorzüglichen Lehrprinzips und Ideals zur Quelle blühenden Fortschritts von Politik, Wirtschaft, Naturwissenschaft und Kultur zu werden. Eine Religion, der dazu die Kraft fehlt, kann keine wahre Religion genannt werden."[8] Wenn also die wahre Religion alle Lebensgebiete und das gesamte Gesellschaftsleben durchdringt, so wurzelt die Verbindung von Religion und Politik in der menschlichen Natur: „Politische Reform beruht auf der Vervollkommnung der Menschennatur, die Vervollkommnung der Menschennatur muß sich auf die Übung der richtigen Religion stützen."

Trotz der beredten Erklärungen Ikedas über die wesentlichen Beziehungen zwischen Religion und Politik verursachte das durch die Gründung der Kōmeitō-Partei bekundete Auslangen nach politischem Einfluß in breiten Volksschichten ein Unbehagen, das der spürbare Vertrauensverlust des Präsidenten Ikeda merklich verschlimmerte. Die Machtballung in seiner Person erregte Besorgnis und Unwillen. Das Gesamtgefüge von Sōka-gakkai mit den drei Gemeinschaften der „Wissenschaftlichen Gesellschaft" *(gakkai),* der „Wahren Schule Nichirens" *(Nichiren shōshū)* und der politi-

---

[8] Ikeda Kaichō Zenshū (= Gesammelte Werke von Präsident Ikeda) Bd. I (Tokyo 1967) 146. Dieses und das folgende Zitat (ebenfalls 146) finden sich in der Studie „Politik und Religion" *(Seiji to shūkyō),* die zuerst 1964 in Buchform veröffentlicht wurde.

schen Partei *(Kōmeitō)* stellt einen imposanten Machtkomplex dar, der in der Person des Präsidenten Ikeda kulminiert. Diese Zusammenballung von Macht beschäftigte die Öffentlichkeit und brachte gegen Ende des 7. und Anfang des 8. Jahrzehntes den schwelenden Krisenherd in gefährliche Wallung. Die japanische Presse füllte sich mit heftigen Angriffen gegen Sōka-gakkai, Kōmeitō und gegen den Präsidenten Ikeda. Die Bewegung verstand die Gefährlichkeit der Lage, und Ikeda erklärte die Trennung der Kōmeitō-Partei von der Religionsgemeinschaft Sōka-gakkai. Die Volksstimmung blieb infolge der teilweise begründeten Vorwürfe feindlich gestimmt, was sich in der Abnahme der Anhänger der Sōka-gakkai-Gemeinde und einer starken Stimmeneinbuße der Kōmeitō-Partei bei den Wahlen zum Abgeordnetenhaus 1972 zeigte. Die Nachwehen der Krise flauten, zumal Sōka-gakkei Zugeständnisse machte, allmählich ab. Eine Katastrophe wurde vermieden.

428. Stabilisierung

Der empfindliche Wählerverlust bei den Wahlen zum Abgeordnetenhaus markiert den Tiefpunkt der von der Religion Nichirens geprägten Parteipolitik. Nach den turbulenten Anfangsjahren und der folgenden gefährlichen Krise kam die dynamisch-aggressive Periode von Kōmeitō zu ihrem Ende. Um jeden Preis mußte ein weiteres Absinken des Wählerpotentials vermieden werden. Dem im folgenden Jahr (1973) einberufenen 11. Parteikongreß stellte sich die Aufgabe, durch Neuformulierungen des Programms und Versprechungen das Image der Partei beim Volk aufzubessern. Vor allem mußten die Anhänger der Religionsgemeinschaft Sōka-gakkai, die den größeren Teil der Wählerschaft stellten, zu treuer politischer Gefolgschaft bewogen werden. Dies gelang insofern, als die Wähler während der 70er Jahre wieder zunahmen. Aber ein Durchbruch über den Rahmen von Sōka-gakkai hinaus war nicht zu erzielen. Kōmeitō blieb auch nach der organisatorischen Abtrennung gemäß der Volksmeinung der politische Arm von Sōka-gakkai.

Das Kernwort des innenpolitischen Parteiprogramms blieb zunächst unverändert der humanistische Sozialismus. Erst viel später wurde das Wort „Sozialismus“ aufgegeben. Noch lange Zeit hindurch setzte sich die Partei für die Ideologie der klassenlosen Gesellschaft ein. Berechtigt waren die sozialen Forderungen zur Hebung der Volkswohlfahrt. Der Ruf nach Ausrottung der Korruption in politischen Kreisen entsprach zwar der Situation, hatte indes wenig Aussicht auf greifbaren Erfolg. Zeitweise liebäugelte die Kōmeitō-Partei auch mit der kommunistischen Partei Japans (1975), aber es kam zu keiner dauernden, engeren Zusammenarbeit.

Der Zahlenstärke nach rangiert Kōmeitō bis heute als zweite Oppositionspartei nach der sozialdemokratischen Partei. Trotz vieler Anstrengungen konnte sie keine umstürzenden Wirkungen in der japanischen Gesellschaft hervorrufen. Als nützlich erwies sich für die Abgeordneten von Kōmeitō die herzhafte Mitarbeit im demokratischen Milieu. Das Grundprinzip der demokratischen Politik ist die Pluralität. Hatte sich die neue Partei, organisatorisch vom religiösen Mutterboden gelöst, vorbehaltlos auf den Boden der Demokratie gestellt, so liegt in solchem Vorgehen zumindest *de facto* eine Anerkennung des pluralistischen Prinzips. Die Kōmeitō-Abgeordneten beteiligen sich am parlamentarischen Meinungsaustausch und suchen in Ausschußsitzungen und Verhandlungen mit Vertretern anderer Parteien und Weltanschauungen die besten, für das Volk nützlichen Lösungen von praktischen Fragen zu finden.

War der Impuls zur Gründung der politischen Partei Kōmeitō von der Religionsgemeinschaft Sōka-gakkai ausgegangen, so blieb die Tätigkeit der Partei nicht ohne Rückwirkung auf die Haltung des religiösen Kerns. Das soziale und politische Verantwortungsbewußtsein der Gläubigen war geweckt und drängte unter der vorantreibenden Führung Ikedas zu Realisierungen. Eine internationale Division wurde gegründet (1975), als deren Präsident Ikeda viele Länder besuchte und weltweit mit einflußreichen Persönlichkeiten Kontakte pflegte. Bei seiner bekannten Wertschätzung der Massenmedien und der öffentlichen Meinung ist nicht verwunderlich, daß die internationalen Aktivitäten von Sōka-gakkai einen reichen literarischen Niederschlag fanden. Im Zentrum dieser Aktivitäten steht das Engagement für die Erhaltung des Weltfriedens, dem Präsident Ikeda durch immer neue Vorschläge Gehör zu schaffen wußte. Wie immer die Initiativen im einzelnen zu beurteilen sind, Sōka-gakkai hat im Sinne der sogenannten politischen Theologie die Verantwortung der Religion im weltlichen Bereich unter Beweis gestellt.

429. Der japanische Buddhismus und die buddhistische Weltreligion

Der japanische Buddhismus ist während des 20. Jahrhunderts deutlich als integrierender Bestandteil der buddhistischen Weltreligion hervorgetreten. Es ist wichtig, diesen Umstand bei der Beurteilung des Beitrages der japanischen Buddhisten zur Geschichte der religiösen Ideen der Menschheit zu beachten. Obgleich eine Kluft die spezifisch japanische Ausprägung der Buddha-Religion vom Buddhismus Indiens und der Theravāda-Länder trennt, handelt es sich doch um die eine gleiche Religion. Als der Buddhismus in seiner ganzen Breite erstmalig vor dem Blick forschender europäischer Gelehrter sichtbar wurde, konnte ein Zweifel entstehen, ob die verschiedenen Formen der gleichen Religion angehörten, so sehr stachen die Unterschiede in die Augen. Und auch heute kann ein Beobachter sich bei Reisen durch den Kontinent über so viel Mannigfaltigkeit, ja über so tiefreichende Gegensätze im Lebensgefühl der asiatischen Buddhisten wundern. Die Buddhisten selbst machen diese Erfahrung, wenn sie in unseren Tagen oft ersten Kontakt miteinander haben und sich um Gemeinsamkeit bemühen.

Unbestritten ist heute die Tatsache, daß der Buddhismus in all seinen Formen eine einzige Religion bildet, zu den Weltreligionen zählt und mit Recht beansprucht, eine Weltreligion zu sein. Deutlich sind die zwei hervorstechenden Charakteristika einer Weltreligion, nämlich Universalität und Einheit, im Buddhismus erkennbar. Die Universalität geht auf den Stifter des Buddhismus Shākyamuni zurück, der einen Heilspfad für alle Menschen öffnete. Die dem Menschen Befreiung versprechenden vier edlen Wahrheiten, die er in der Erleuchtung erfaßte, sollen nach seinem Willen ohne Unterschied von Klasse und Rasse, auch ohne Einengung auf den Mönchsorden, allen Hörern, Männern und Frauen, durch seine Jünger verkündet werden.

Der Anspruch auf Universalität drängt zur Missionierung. Buddha sandte seine Jünger aus in die Welt: „Geht und wandert umher um des Wohlergehens und des Glückes der Menschen willen, aus Mitgefühl für die Welt, zum Verdienst, Wohlergehen und Glück für das ganze Universum! Geht niemals zu zweit in ein und dieselbe Richtung! Verkündet den Dharma (= die Lehre), der so wunderbar, so bedeutungsvoll und so vollkommen ist! Verkündet das Leben der Reinheit, das heilige, vollkommene und lautere Leben!“ [9] Im Urbuddhismus obliegt dem Mönchsorden die Verkündigung, aber Shākyamuni ließ auch Laienjünger und Laienjüngerinnen an seiner Lehre teilhaben.

Die Ausbreitung des Buddhismus über den asiatischen Kontinent, von Süden her über Südost- und Zentralasien zum Norden hin, nach Korea und Japan, dieser komplizierte, lang dauernde Vorgang, hat seine Höhen und Tiefen. In einigen Ländern erlosch der Buddhismus zeitweise oder auch völlig, mancherorts wurde er vom Islam überrannt, anderswo verlor er in der Begegnung mit den ansässigen Traditionen seine Vitalität oder vermischte sich synkretistisch mit autochthonen Religionen. Die Schicksale geschichtlichen Wandels blieben der Buddha-Religion nicht erspart, aber hinderten nicht, daß sie die missionarische Ausrichtung auf Universalität hin bewahrte. Dies zeigt sich heute im Ausgreifen nach Westen. Der Buddhismus ist nicht auf die Länder Asiens beschränkt, sondern bietet seinen Pfad der Befreiung auch den Menschen anderer Erdteile an.

Der Einheit der buddhistischen Religion scheint zumal das Auseinanderklaffen von Theravāda- und Mahāyāna-Buddhismus zu widerstreiten.

---

[9] Mahavagga (Vinaya Pittaka) 21, I, 11, 1.

Diese beiden großen Zweigformen sind in ihrer während einer jahrhundertelangen Entwicklung herausgebildeten Erscheinungsweise wie zwei Welten von einander getrennt. Doch lassen sich nicht nur geschichtliche Zusammenhänge und Übergänge von der offensichtlich früheren Gestalt der erloschenen Schulen wie die der Savāstivādin und der lebendigen Zweigform des Theravāda zu den Mahāyāna-Schulen aufweisen, sondern tieferes Studium legt auch Verbindungslinien bezüglich der Grundmotive offen. Die Lehren vom Nicht-Ich, der Entstehung in Abhängigkeit, des Nirvāna und andere mehr fanden in den Mahāyāna-Schulen eine neue, vielfach philosophisch geprägte Interpretation. Die altindischen allgemeinen Vorstellungen von Reinkarnation und Karma durchziehen allen Buddhismus.

Bemerkenswert für das Problem der Einheit der buddhistischen Religion ist die im Mahāyāna reich entfaltete Buddhologie. Nirgendwo sonst entwickelten sich so auffällige Unterschiede. Die Apotheose des den Weg gegangenen, vollendeten Stifters Shākyamuni hebt schon in der frühen Kunst von Sānchī und Bhārhut an und schuf, von frommer Phantasie beflügelt, ein Pantheon von Buddhas, in dem Gestalten wie die des Vairocana und des Amitābha (jap. Amida) sich vom Urbild weit entfernten. Und doch umschlingt die letztlich auf Shākyamuni bezogene Buddha-Verehrung wie ein einigendes Band allen Buddhismus. Kein japanischer Mahāyāna-Buddhist, der nicht den Stifter seiner Religion verehrte. Die religiöse Praxis enthält Gemeinsames, wie z. B. die Rezitation der Formel der Hingabe an die Drei Kleinodien *(triratna)*. Ohne Schwierigkeiten können Buddhisten sich zu gemeinsamer Kulthandlung zusammenfinden.

Tiefer noch reicht die Gemeinsamkeit in der Meditation. Methodische Unterschiede in der Meditationsweise der buddhistischen Schulen bezeugen eine in der Wurzel gleiche meditative Grundhaltung. Ebenso ist die in der Meditationspraxis verwurzelte, im sympathetischen Mit-leiden gipfelnde buddhistische Ethik allem Buddhismus eigen. Der weltbekannte japanische Buddhist Nakamura Hajime, der, dem Mahāyāna seiner Herkunft nach angehörig, aus innerer Zuneigung sich ebenfalls die Geistigkeit des Theravāda aneignete, konnte in einem frühen Essay über „Einheit und Verschiedenheit im Buddhismus" ein „Ausmaß an Einheit" und ein „weites Feld von Einheit"[10] aufzeigen, ein für den Buddhismus als Weltreligion bedeutsames Unterfangen.

Der japanische Buddhismus ist dem chinesischen verwandt. Alle seine Schulen gehören dem Mahāyāna an und sind mit Ausnahme der vom Lotossutra inspirierten Schule Nichirens von China her ins Land gekommen. Von früher Zeit an haben die japanischen Buddhisten die Beziehungen zu

---

[10] Unity and Diversity in Buddhism, in: *K. W. Morgan* (Hrsg.), The Path of the Buddha. Buddhism Interpreted by Buddhists (New York 1956), Zitate 365 und 364.

China gepflegt und nur zuweilen nach Indien ausgeschaut, dem von Legenden umsponnenen Mutterland ihrer Religion; aber keinem japanischen Buddhisten gelang vor der Landesöffnung zu Beginn der Meijizeit die Wallfahrt zu den heiligen Stätten am Fuße des Himalaya. Zusammen mit anderen Buddhas verehrten sie den „Shaka-Butsu“, aber seine Lehre kannten sie nur in der modifizierten Form der Mahāyāna-Sutren.

Dies änderte sich, als während der Meijizeit japanische Buddhisten zusammen mit Diplomaten und anderen Landsleuten den Westen besuchten. Um die Wende zum 20. Jahrhundert widmeten sich die ersten japanischen buddhistischen Gelehrten dem Studium ihrer Religion in Europa, wo der Pāli-Kanon von namhaften Gelehrten erschlossen wurde. Die japanischen Buddhisten konnten bald dank ihrer ausgezeichneten Kenntnisse der chinesischen Schrift wertvolle Hilfe leisten, da sich herausstellte, daß viele frühbuddhistische Sanskrittexte nur in der chinesischen Übersetzung erhalten sind.

In unserem Zusammenhang ist die Bereicherung wichtig, die der japanische Buddhismus durch die Begegnung mit der europäischen Buddhismus-Forschung erfuhr. Die neu erworbene Kenntnis des Urbuddhismus ermöglichte die Hinwendung zu den Quellen der Buddha-Religion. Der umfangreiche Pāli-Kanon wurde ins Japanische übersetzt. Bedeutende japanische Gelehrte, aber auch aufgeschlossene junge japanische Buddhisten erkannten den Zuwachs an Größe und Bedeutung für die Menschheit, der sich für die buddhistische Religion aus dem neuen Wissen ergab.

Nach Ende des Pazifischen Krieges machte der japanische Buddhismus die Erfahrung der buddhistischen Weltreligion. Die Welt war unversehens klein geworden, überall entstanden internationale Zusammenschlüsse, die das neue Phänomen zum Bewußtsein brachten. In vielen asiatischen Ländern hatten buddhistische Schulen verschiedener Art bedeutende Aktivitäten entfaltet. Die Bemühungen um den Zusammenschluß in einer Weltorganisation gingen von Sri Lanka aus. Die neu gegründete Weltvereinigung der Buddhisten (World Fellowship of Buddhists) veranstaltete ihren ersten Weltkongreß in Kandy und Colombo (1950).

Der zweite Weltkongreß führte Buddhisten aller Länder zwei Jahre später in Tokyo zusammen. Das bedeutende Ereignis wurde von der Öffentlichkeit wahrgenommen, aber nicht in seiner vollen Bedeutung gewürdigt. Das Exotische stach in die Augen. Die Mönche aus den Theravāda-Ländern in ihren safran-gelben Gewändern boten einen ungewohnten Anblick und unterschieden sich auch in der Lebensweise (die zweite, letzte Mahlzeit vor Mittag, kein Berühren von Geld) merklich von ihren japanischen Glaubensbrüdern, die ihr Mögliches taten, die Zusammenkunft zu einem Erfolg zu machen. Als Ergebnis wurde eine optimistische programmatische Schlußerklärung mit Ausblick in die Zukunft für die Öffentlichkeit abgefaßt. Die buddhistischen Weltkongresse werden in einem Abstand von zwei oder drei Jahren fortgesetzt. Buddhisten aus aller Welt versammelten sich im Jahre 1978 zum 12. internationalen Kongreß in Tokyo und Kyoto. Bei diesem Kongreß war auch das Vatikanische Sekretariat für den Dialog mit den nichtchristlichen Religionen vertreten.

Zum engeren Zusammenschluß der buddhistischen Religion in Asien trugen die Feierlichkeiten des sogenannten Buddha Jayanti, nämlich des 2500sten Gedächtnisses des Einganges Shākyamunis ins Nirvāna bei, die den Blick auf den Urheber des Buddhismus lenkten. Die Feierlichkeiten begannen 1956 in Sri Lanka, die letzte größere Veranstaltung, ein mehrtägiges Symposium, fand in Tokyo statt (1959). Vertreter aus 13 asiatischen Ländern beteiligten sich an den Referaten und Diskussionen, die in ihrer Thematik die kräftig fortschreitende Modernisierung des Buddhismus anzeigten. Der Austausch zwischen so vielen führenden Buddhisten bestärkte die Vertreter der zwei Zweigformen Theravāda und Mahāyāna in der Überzeugung von der überragenden Bedeutung der Lehre Buddhas als eines „Einheitsbandes zwischen den asiatischen Völkern und Kulturen". „Unter dem Licht seiner Lehre ist Asien eins, und folglich wird auch die Menschheit durch sein Licht zu Frieden und Glück geführt", rief der japanische Leiter der Organisation emphatisch bei der Eröffnungsansprache aus[11]. In vielen Worten der Teilnehmer bekundete sich das Bewußtsein, als Buddhist einer großen Religion, einer Weltreligion, anzugehören.

430. Ökumenismus und Weltfrieden

Der Zusammenschluß der buddhistischen Schulen von Theravāda und Mahāyāna in der Weltvereinigung der Buddhisten gibt der Buddha-Religion Gewicht im Kreis der Weltreligionen, die während der zweiten Hälfte unseres Jahrhunderts zunehmende Bedeutung für die Wohlfahrt der global zusammenwachsenden einen Welt gewinnen. Bei diesem Prozeß leistet der japanische Buddhismus einen beträchtlichen Beitrag. Japanische Buddhisten bekundeten als erste ihre Bereitschaft zu freundschaftlicher Zusammenarbeit mit anderen Religionen, insbesondere mit dem Christentum; auch erhoben sie früh ihre Stimme für das Engagement in der Friedensbewegung. Beide Initiativen bekunden die in schwieriger Zeit andauernde Vitalität des japanischen Buddhismus.

Wenn die Verlautbarungen bei dem im vorigen Abschnitt erwähnten Symposium zur Feier von Buddha Jayanti in Tokyo nicht frei von unfreundlichen Mißtönen bezüglich der Geschichte und dem Wirken des

---

[11] Siehe den Bericht über das Symposium von *H. Dumoulin*, Buddhismus in Asien. Buddha Jayanti in Tokyo, in: Zeitschrift für Missionswissenschaft und Religionswissenschaft, Nr. 3 (1959) 188.

Christentums im Abendland waren, so zeigten japanische Referenten Anfänge einer ökumenischen Haltung. Der japanische Zen-Buddhist Furuta Shōkin sprach einer Aussöhnung der Religionen das Wort und äußerte seine Freude über „den Geist der Freundschaft, der in jeder Religion existiert“ [12]. Nach dem Zweiten Vatikanischen Konzil brachte eine Werkwoche von Buddhisten und Christen im evangelischen Akademiehaus von Oiso nahe bei Tokyo (Frühjahr 1967) einen Durchbruch des ökumenischen Geistes. Seitdem mehrten sich die freundschaftlichen Begegnungen von Buddhisten und Christen in Japan. Erfreuliche Ergebnisse wurden sowohl auf spiritueller Ebene als auch in der Zusammenarbeit zum Wohl der Menschen erzielt. Diese Bemühungen nahmen immer breiteren Umfang an und dauern fort.

Im spirituellen Bereich ist die Begegnung mit der japanischen Zen-Schule für den Ökumenismus wichtig. Die Zen-Meditation half nach ihrer Rezeption im Westen in vielfacher Weise zu tieferem gegenseitigem Verstehen von Buddhisten und Christen. Christen lernen von Zen-Buddhisten neu die lange Zeit vernachlässigte, indes überaus nützliche Einbeziehung des Körpers in die Meditation. Auch sind Anweisungen des Zen-Weges förderlich bei der Erlangung der gewünschten Sammlung und Konzentration. Die völlig andere religiöse Praxis der Anrufung des Buddha-Namens (jap. *nenbutsu*) im Amida-Buddhismus erinnert an das der Ostkirche vertraute Jesusgebet, das durch die Begegnung mit dem japanischen Buddhismus neuen Auftrieb empfing und weitere Verbreitung im Westen fand. Annäherungen in der religiösen Übung sind für den Ökumenismus deshalb besonders wertvoll, weil sie an Tiefenerfahrungen rühren und die Partner innerlich bereichern.

Die Erhaltung des Weltfriedens ist heute die dringendste aller Menschheitsaufgaben. Die Buddhisten hegen das Bewußtsein, für diese Aufgabe besonders wirksam ausgerüstet zu sein. Der japanische buddhistische Gelehrte Nakamura Hajime befaßte sich bei der Buddha-Jayanti-Feier in Tokyo mit dem ersten Hauptthema des Symposiums „Friedensbegriff des Buddhismus und Methoden zu seiner Verwirklichung“. Für den frühen Buddhismus stellte er einen „durchgängigen Pazifismus“ fest. Der Buddha legte seinen Jüngern das Ideal des Friedens eindringlich ans Herz. Die Buddha-Jünger sollten sich aller Gewaltanwendung enthalten und um jeden Preis den Frieden wahren. Im Mahāyāna-Buddhismus erfährt der Friedensbegriff zunächst eine Veränderung. Der Angriffskrieg wird nach wie vor verworfen. Auch werden Wohlwollen und friedfertige Gesinnung mit unverminderter Eindringlichkeit eingeschärft. Aber der König besitzt als Staatsoberhaupt das Vorrecht des Waffengebrauches. Gegen eine einfallende Armee darf er ins Feld ziehen. Seine Verhaltensweise in solchem Falle

---

[12] Ebd. (Anm. 11) 196.

wird in einem bemerkenswerten Sutra des chinesischen Kanons beschrieben[13]. Danach muß der König, bevor er zu den Waffen greift, alle Mittel zur friedlichen Beilegung des Streites erschöpfen. Während des Krieges muß er unnötiges Blutvergießen vermeiden und in seinem Herzen die wohlwollende Friedensgesinnung bewahren. Wenn er so vorangeht, „begeht er höchstens leichte und kleine Sünden, auch wenn er Lebewesen tötet“[14].

Die ausgewogene, den Zeitumständen angepaßte Mahāyāna-Lehre erinnert an die Erwägungen des Thomas von Aquin und anderer Scholastiker während des Mittelalters über den gerechten Krieg. Buddhisten und Christen stimmen heute darin überein, daß solche zeitbedingten Lehren nicht mehr genügen. Die Buddhisten knüpfen bei ihren Friedensbemühungen an die altindische Forderung der Gewaltlosigkeit (skr. *ahimsā*) an, die der Buddhismus dadurch bestätigt, daß er das „Nicht-töten“ zum ersten Gebot macht. Dieses Gebot sollte kompromißlos eingehalten werden. Die moderne neo-buddhistische Sōka-gakkai-Bewegung verbindet ihren zeitgemäßen Friedensauftrag mit der eigentümlichen „Lebenstheorie“ (jap. *seimeiron*) des Gründers Makiguchi Tsunesaburō, die dieser nach der Integration seiner Vereinigung für Werte schaffende Erziehung in die „Wahre Schule Nichirens“ *(Nichiren Shōshū)* einbrachte.

Die ökumenische Friedensarbeit der Weltreligionen hat zur Zeit ihre Mitte in der Organisation „Weltkonferenz der Religionen für den Frieden“, die unter Mitwirkung des traditionellen japanischen Buddhismus dank des maßgebenden Einsatzes des Leiters von Risshō Kōseikai Niwano Nikkyō entstand. Bei der Gründungsveranstaltung vom 16. bis 21. Oktober 1970 in Kyoto (Japan) waren 216 Delegierte aus 39 Ländern und allen Kontinenten anwesend. Alle Weltreligionen und auch kleinere Religionsgemeinschaften waren vertreten. Als Hauptthemen waren ausgewählt: Abrüstung, Entwicklung und Menschenrechte, drei Angelpunkte der Friedensfrage. Diese Weltkonferenz wurde bedeutsam, weil nicht bloß organisatorisch repräsentative Persönlichkeiten, sondern viele, „die die Religion ernstnehmen“ „gemeinsam ihre Verantwortung für Recht und Frieden aussprachen“[15]. Gewichtige Stimmen, nicht immer im Einklang, wurden während der Tagung laut. Helder Camara bat eindringlich: „Laßt uns die Ungerechtigkeit als das große Hindernis für den Frieden anklagen! Ungerechtigkeit ist die Quelle aller Gewalt.“ Und: „Frieden wird nur eine Wirklichkeit werden, wenn Gerechtigkeit herrscht.“[16]

---

[13] Das Sutra ist in chinesischer und japanischer Übersetzung erhalten, das Sanskritoriginal ist verloren gegangen. Der Titel des Sutra lautet nach japanischer Lesart: Daisassha nikenji shosetsukyō, im Katalog von B. Nanjio (Oxford 1883) Nr. 179.

[14] Zitiert im Bericht über das Symposium (Anm. 11) 191.

[15] Siehe die Dokumentation der ersten Weltkonferenz der Religionen für den Frieden, hrsg. von *Maria Alberta Lücker* (Wuppertal 1971), Zitat 12.

[16] Ebd. 71.

Die Konferenz stieß auf strittige Punkte und hinterließ ungelöste Fragen. Trotzdem gelang es, eine Organisation zu schaffen, die sich als dauerhaft bewährt hat. Die Schlußerklärung stellt mit Genugtuung das „gemeinsame Interesse aller für den Frieden" fest, aus dem, so meinten die Delegaten, „unsere tiefe Überzeugung" wächst, „daß die Weltreligionen einen wirklich wichtigen Beitrag für die Sache des Friedens leisten können" [17]. Der Grund war gelegt. Auch einige notwendige Bestimmungen organisatorischer Art wurden getroffen, ein „Fortsetzungsausschuß" zur Koordinierung der weiteren Initiativen gebildet. In Japan wurde sogleich ein regionales Sekretariat eingerichtet, dem die meisten im Lande wirkenden Religionen beitraten. Die Gesamtorganisation bemühte sich durch Eingaben an die Vereinten Nationen um die Friedenssache. Zwar zeitigten die Einflußnahmen auf das politische Zeitgeschehen zunächst keine unmittelbaren Ergebnisse, aber das Bewußtsein der Verantwortung der Religionen für die Erhaltung des Weltfriedens kann als gesichertes Plus verbucht werden. Erwähnung verdient, daß die Weltkonferenz der Religionen für den Frieden in Nairobi (1984) die Ökologie in ihren Aufgabenbereich hineinnahm.

Der japanische Buddhismus hat sich durch seine bereitwillige, ja antreibende Teilnahme am zwischenreligiösen ökumenischen Leben herzhaft in den Kreis der Weltreligionen hineingestellt und diese Haltung oftmals konkret bekundet. Bei dem von Papst Johannes Paul II. am 27. Oktober 1986 in Assisi veranstalteten Gebetstag aller Religionen für den Frieden waren japanische Buddhisten dabei und von dem Ereignis innerlich so tief bewegt, daß sie als erste für die Fortsetzung solcher gemeinsamer Gebetstreffen eintraten. Tatsächlich erreichten sie, daß mit den Gedächtnisfeierlichkeiten der Tendai-Schule auf dem Hiei-Berg bei Kyoto im August 1987 ein Weltgebetstag für den Frieden verbunden wurde, an dem sich viele Religionen, auch das Christentum, beteiligten.

Das facettenreiche Bild des japanischen Buddhismus, das sowohl die überkommenen Schulen als auch die modernen Volksreligionen einschließt, zeichnet sich durch farbige Mannigfaltigkeit aus. In dem weiten Spektrum lassen sich allenthalben Modernisierungsbestrebungen erkennen. Die buddhistischen Religionsgemeinschaften bemühen sich, im Ringen mit unaufhaltsam voranschreitenden Säkularisierungstendenzen ihre Vitalität zu wahren. Die Gegenwartssituation ist zukunftsträchtig. Was die Entwicklung vorantreibt, sind vor allem zwei Faktoren, nämlich die Begegnung und Auseinandersetzung mit der westlichen Zivilisation des technischen Zeitalters und die Herausforderung zur Mitgestaltung der einen geistigen Weltkultur und zum Sicheinfügen in diese Kultur.

---

[17] Ebd. 110.

SCHLUSSKAPITEL

Religiöse Kreativität und Säkularisierung in Europa seit der Aufklärung

Richard Schaeffler

431. Das Schlußkapitel im Gesamtplan der „Geschichte der religiösen Ideen"

„Im letzten Kapitel des letzten Bandes", so schreibt Eliade in der Vorrede zum ersten Band der „Geschichte der religiösen Ideen", wolle er „das letzte Stadium der Entsakralisierung bzw. der Säkularisation" behandeln, und er fügt hinzu: „Dieser Vorgang ist für den Religionswissenschaftler von größtem Interesse, denn er veranschaulicht die völlige Verschleierung des ‚Heiligen', genauer seine Identifikation mit dem ‚Profanen' (Ideen I, 10). Zu Beginn des dritten Bandes aber beschreibt er sein Vorhaben so: „Im letzten Kapitel werde ich eine Analyse der religiösen Kreativität in modernen Gesellschaften unternehmen" (Ideen III, 5). Sollen die beiden Kennzeichnungen des Themas sich nicht widersprechen, so setzen sie voraus: Der Säkularisierungsprozeß läßt sich auf die Wirksamkeit religiöser Vorstellungen und Einstellungen zurückführen und ist gerade dadurch ein besonders deutliches Beispiel dessen, was Eliade die „Dialektik der Hierophanie" genannt hat.

Wie er diesen Begriff versteht, hat Eliade vor allem in seinem „Traité d'histoire des religions" (Paris 1949) dargelegt (deutsch: „Die Religionen und das Heilige" [Salzburg [1]1954], im Folgenden zitiert nach Frankfurt am Main [2]1986). Die Dialektik der Hierophanie beruht auf zwei Gegensatz-Einheiten. Dazu gehört zunächst „das paradoxe Zusammenfallen des Heiligen und des Profanen, des Seins und des Nichtseins, des Absoluten und des Relativen" (Die Religionen und das Heilige 54); diese Gegensatz-Einheit findet ihren deutlichsten Ausdruck in der christlichen Botschaft von der Inkarnation (Fleischwerdung) des göttlichen Wortes in der menschlichen Natur Jesu. „Man könnte geradezu sagen, daß Hierophanien nichts anderes sind als Präfigurationen des Wunders der Inkarnation" (55). Die zweite Gegensatz-Einheit besteht in der Tatsache, daß einerseits alles, was ist, zur Verkörperung des Heiligen werden kann, andererseits jede wirklich geschehende Transformation eines Erfahrungsgegenstands in eine Verkörperung des Heiligen „eine Erwählung (choix) voraussetzt, eine klare Abgrenzung des hierophanen Objekts mit Bezug auf den es umgebenden Rest" (35). Dabei zeigt jede Hierophanie, die im Prinzip in jedem Element der Erfahrungswelt geschehen könnte, de facto aber stets nur in bestimmten, eben dadurch ausgezeichneten Teilen dieser Erfahrungswelt geschieht, in dieser ihrer Partikularität eine Tendenz, universal zu werden, „d. h. alle Manifestationen des Heiligen in sich zu verkörpern" (512). Ebendadurch aber zeigt die Dialektik der Hierophanie „die Tendenz [...], den profanen Bereich unaufhörlich zurückzudrängen und ihn zuletzt aufzuheben" (518). Auch dieser Vorgang läßt sich, nach Eliades Interpretation, am Christentum exemplarisch ablesen, sofern hier die Botschaft von der Inkarnation des göttlichen Wortes in einem bestimmten Menschen sich fortschreitend zur Idee des „kosmischen Christus" erweitert. (Eliade beruft sich dabei auf Leon Bloy, hätte aber auch schon auf Eph 1,10 und Kol 1,15 verweisen können.)

Eben damit aber kommt ein Prozeß in Gang, in dessen Verlauf die Grenze des Heiligen und des Profanen, die nach Eliades Meinung für jede Religion konstitutiv ist, aufgehoben wird. Und so gesehen mündet die ganze Religionsgeschichte in „die völlige Verschleierung des ‚Heiligen', genauer seine Identifikation mit dem ‚Profanen'" (Ideen I, 10). Dieser Prozeß kommt in Europa nach der Aufklärung, unter Beteiligung der „Hauptvertreter des Reduktionismus – von Marx und Nietzsche bis Freud" (Ideen I, 10) – zu seiner Vollendung. Ihn nachzuzeichnen soll, entsprechend der Absicht Eliades, die Aufgabe des folgenden Schlußkapitels sein.

432. Religionshistorische Voraussetzungen der Aufklärung: Religion als Konfession und die Entstehung des neuzeitlichen Staatskirchentums

Mit den Bewegungen der Reformation und der Gegenreformation ging eine Veränderung des religiösen Bewußtseins einher, die in der Zeitspanne von der Mitte des 16. zur Mitte des 17. Jahrhunderts alle Formen der religiösen Theorie und Praxis betraf. Der christliche Glaube wurde zum „Bekenntnis", und dieses zur Mehrheit von „Bekenntnissen" (Konfessionen). Diese Entwicklung ist ablesbar an der neuen Bedeutung des Begriffs „Confessio" oder „Bekenntnis".

Dieser Terminus bezeichnete ursprünglich den *Akt* des Lobpreises („Confitemini Domino quoniam bonus"), sodann den *Inhalt* rechten Redens von Gott, von seinen Heilsworten und Heilstaten („Wenn du mit deinem Munde bekennst, daß Jesus der Herr ist, und mit dem Herzen glaubst, daß Gott ihn von den Toten auferweckt hat, so wirst du gerettet werden" [Röm 10,9]), weiterhin den Versuch, diesen Inhalt so auszusprechen, daß dadurch der *Consensus fidelium* als Kriterium für die Wahrheit ihres Sprechens deutlich gemacht werden konnte („Ecclesiae magno consensu apud nos docent ...“ – 1. Artikel des Augsburgischen Bekenntnisses). Schließlich bedeutete „Confessio“ den *Wortlaut* dieser Konsens-Aussage, der zum Maßstab „rechten Glaubens“ (der „orthodoxia“) wurde, sowie die *Gemeinschaft* derer, die sich in der Anerkennung dieses Wortlauts als Bekenntnisgemeinschaft, als „Konfession“ im neuzeitlichen Sinne des Wortes, konstituierten.

Christsein bedeutete in der Folgezeit, einer Konfession angehören. Und was dem Reichstag von Augsburg nicht gelang, die Christenheit (exemplarisch im Römisch-Deutschen Reich) in der Einheit eines Bekenntnisses zu vereinen, wurde nun zur Aufgabe der Reichsfürsten und Reichsstädte. In einer „Geschichte der religiösen Ideen“ ist diese Entwicklung zur Konfessionskirche und zum konfessionell begründeten „Landes-Kirchenregiment“ deshalb von großer Bedeutung, weil sich hier jener Vorgang, den Eliade die Aufwertung, Abwertung und Umwertung von Hierophanien genannt hat, exemplarisch studieren läßt. Dafür können hier nur zwei Beispiele gegeben werden. Das eine bezieht sich auf die „sakramentale Realpräsenz Christi“ in den Gestalten von Brot und Wein, das andere auf die „heilswirksame Gegenwart Christi im Wort der Heiligen Schrift“. Beide gewannen im Verlauf der hier beschriebenen Entwicklung den Charakter „konfessioneller Unterscheidungsmerkmale“ und wurden daher, je nach Konfessionszugehörigkeit, auf- oder abgewertet.

So wurde die gottesdienstliche Gegenwartsgestalt Jesu in den Gestalten von Brot und Wein im Lauf des Mittelalters zum Gegenstand eigener Akte der Anbetung. Nun aber, im „konfessionellen Zeitalter“, wurden diese Verehrungsformen zu Kennzeichen der Bekenntniszugehörigkeit. Sich an ihnen zu beteiligen, wurde zum Erkennungsmerkmal des katholischen Bekenntnisses, derartige Verehrungsformen zu unterlassen – oft in betonter Form, z.B. durch Wegschütten des nicht konsumierten Abendmahlsweins – zum Erkennungsmerkmal evangelischen Bekenntnisses.

Komplementär dazu gewann die „Versammlung unter dem Worte Gottes“, das gemeinsame Lesen der Bibel nicht nur im Gottesdienst, sondern auch am häuslichen Tisch oder in nachbarschaftlicher Runde, in evangelischen Gemeinden hierophantische Bedeutung. Hier wurde die wirkmächtige Gegenwart des göttlichen Wortes erfahren, die sich in der „Erwekkung“ von Menschen zu „neuer Geburt“ als mächtig erweist. Und diese „hierophantische Aufwertung“ der Bibellektüre und des Glaubenszeugnisses wurde zugleich zum Kennzeichen der konfessionell verstandenen Rechtgläubigkeit. Darum entsprach dieser konfessions-spezifischen Aufwertung eine entsprechende „Abwertung“ auf katholischer Seite, die einem als „protestantisches Konfessions-Kennzeichen“ verstandenen Umgang mit der Bibel den Verdacht des „Konventikeltums“ und der „Sektiererei“ entgegenbrachte und sich, unter Berufung auf den Auslegungsauftrag der

Kirche, gerade durch das ausschließliche Hören auf das vom Priester ausgelegte göttliche Wort der eigenen Rechtgläubigkeit versicherte.

In beiden Fällen aber, durch Tun wie durch Unterlassen, wurde die Zugehörigkeit zu dem – jetzt konfessionell verstandenen – rechten Glauben zum Ausdruck gebracht, und dieses Zum-Ausdruck-Bringen des rechten Glaubens verlieh auch vergleichsweise peripheren Handlungsalternativen – z. B. dem Gebrauch oder Nicht-Gebrauch von Weihrauch im Gottesdienst – etwas von dem heilsrelevanten Bedeutungsgewicht der Rechtgläubigkeit.

Die Verwandlung der christlichen Glaubensgemeinschaft in eine Mehrzahl von Konfessionskirchen sowie deren Verbindung mit dem beginnenden Staatskirchentum (sei es in der Weise fürstlichen „Landes-Kirchenregiments" bei den Lutheranern, sei es in der „Protektion" der katholischen Kirche durch katholische Landesfürsten) führte dazu, daß der konfessionelle Gegensatz sich mit unterschiedlichen politischen Gegensätzen verband und dadurch verstärkte. Die so entstandene Spannung entlud sich in Religionskriegen: in den Hugenottenkriegen in Frankreich, im Dreißigjährigen Krieg in Deutschland (der freilich mit dem Kriegseintritt des katholischen Frankreichs an der Seite des protestantischen Schweden aufhörte, ein Konfessionskrieg zu sein) und in der von den Puritanern getragenen Revolution Cromwells in England (und der aus ihr resultierenden Unterdrükkung der katholischen Iren).

Erfahrungen dieser Art begünstigten die Verbreitung eines von England ausgehenden Begriffs vom Christentum, der die konfessionellen Gegensätze hinter sich lassen und das Christentum als identisch mit der „natürlichen Religion" erweisen sollte (Vgl. die Werke von Toland „christianity not mysterious" 1696 und Tindal: „Christianity as old as creation, or: The gospel as republication of the religion of nature" von 1730).

433. Protestantischer Pietismus und katholische Barockfrömmigkeit

In den protestantischen Territorien Deutschlands erschien zunächst nicht das aufgeklärte Verständnis des Christentums als die geeignete Alternative gegenüber der landesherrlich überwachten konfessionellen Rechtgläubigkeit, sondern eine neue Form der Frömmigkeit, für die der Ausdruck „Pietismus" geläufig wurde. Die „Colloquia pietatis" Philipp Jakob Speners (1635–1705), die enge Verbindung einer praxisorientierten Theologie mit christlicher Liebestätigkeit durch August Hermann Francke (1663–1727), die Verbindung von religiöser Erweckung, christlicher Bildungstätigkeit und Anleitung zum Gewerbefleiß in der „Brüdergemeine" des Grafen Nikolaus Ludwig von Zinzendorf (1700–1760) sind charakteristische Erscheinungen dieser Bewegung, die sich, trotz heftigen Widerstands der „lutherischen Orthodoxie", in ganz Deutschland ausbreitete.

Gegenüber der Erwartung der Wiedergeburt des Individuums und gegenüber dem gemeinsamen Zeugnis derer, die das Ereignis ihrer Bekehrung zu erzählen wußten und darin einen Erweis für die schöpferische Macht des göttlichen Wortes sahen, trat die Zustimmung zu den theologischen Lehraussagen der Bekenntnisschriften, die Feier der Sakramente und damit das kirchliche Amt in den Hintergrund, auch wenn die Pietisten stets darauf Wert legten, innerhalb der jeweiligen Landeskirche zu verbleiben.

Die pietistische Erweckungsbewegung konnte sich mit dem „Chiliasmus" verbinden, d. h. mit der Hoffnung auf die tausendjährige Fesselung Satans nach Apokalypse 20, 2–7, aber auch mit der Theosophie, d. h. mit dem Bestreben, in den Heiligen Schriften, aber auch in den Erfahrungen des eigenen Lebens geheime Zeichen des Göttlichen zu entziffern, vor allem geheime Hinweise auf den Anbruch der Letzten Dinge. Die von Johann Michael Hahn (1758–1819) gegründete „Hahnsche Gemeinschaft" ist ein Beispiel für diese Verbindung. Aber auch die Chassidim in Polen und dem westlichen Rußland zeigen in mancherlei Hinsicht vergleichbare Züge: Die Hochschätzung der persönlichen religiösen Erfahrung und die relative Abwertung derjenigen Gesetzeserfüllung, die die jüdische Parallele zur christlichen Rechtgläubigkeit ist, aber auch die Hoffnung auf den baldigen Anbruch des messianischen Reichs und das Bestreben, in Schrift und Leben geheime Zeichen Gottes, vor allem Hinweise auf den Anbruch der Endzeit, zu entziffern.

Auf charakteristisch andersartige Weise entwickelte sich in katholischen Territorien in der Zeit nach den Religionskriegen eine spezifische Weise der Spiritualität, die als „katholische Barockfrömmigkeit" bezeichnet wird. Die Lebensfreude nach den überstandenen Schrecken des Dreißigjährigen Krieges hat, so sagt man, bei den Überlebenden ein Bewußtsein von der Kostbarkeit des Lebens erzeugt, das sich in überschäumender Freude am Sinnenhaft-Körperlichen Ausdruck verschaffte und zugleich durch ein gesteigertes Verlangen nach Ewigkeit bestimmt war. Diesem Bedürfnis kam eine neue Gestaltung des Gottesdienstes entgegen. Gegenüber dem ganz auf das Wort (und damit auf den Begriff) konzentrierten Predigtgottesdienst der reformatorischen Kirchen hat die gegenreformatorischen Pastoral die sinnenhafte Anschaulichkeit der Plastik und Malerei, der Musik und des Theaters (in der Form neugestalteter Mysterienspiele) in den Gottesdienst eingeführt; so wurde dem Gläubigen das Bewußtsein vermittelt, in der Festlichkeit gottesdienstlicher Feier schon jetzt Glied der Gemeinschaft der Heiligen im Himmel zu sein.

Ein charakteristisches, oft sogar als befremdlich empfundenes Merkmal dieser Frömmigkeit ist die Verknüpfung des „Memento mori" mit der Antizipation himmlischer Seligkeit. Totengerippe der Martyrer werden, mit allen Zeichen der Hoheit ausgestattet, den Gläubigen zur Verehrung ausgestellt und werden zu Zeichen für die Gegenwart des ewigen, seligen

Lebens in der todverfallenen Leiblichkeit des Menschen. Eben dadurch aber gewinnt dieses leibliche und dem Tode verfallene Leben auf neue Weise hierophane Qualität, wird zur Gegenwarts-Stelle der verborgenen Antizipation kommender Gottesgemeinschaft: Kreuzesnachfolge, zum Ausdruck gebracht in Wallfahrten, denen das Kreuz vorangetragen wird, aber auch in Passionsspielen, an denen nicht selten der Großteil der Gesamtbevölkerung eines Ortes teilnimmt, werden, so verstanden, nicht zur Quelle einer Lebens- und Leibes-Verachtung, sondern im Gegenteil zur Legitimation der Lebensfreude, weil dieses leiblich-sterbliche Leben durch die Gemeinschaft mit der Kreuzes-Niedrigkeit Jesu die Vorzeichen der kommenden Fülle schon in sich trägt. Die christliche Lehre von der Gegenwart des Heils „sub contrario", in der ihm entgegengesetzten Erscheinungsgestalt von Tod und Gericht, wird hier anschaulich erlebbar – eine besonders deutliche Ausprägung der „Dialektik der Hierophanie", von der Eliade gesprochen hat.

In den gleichen Zusammenhang gehören jene barocken Fassaden, die sich wie gewaltige Mauern vor den Kirchen erheben. Die Fassade trägt nichts, sie trennt – und sie grüßt. In ihren Nischen sind Heiligenfiguren aufgestellt, als träten sie aus dem Innenraum der Kirche dem Pilger entgegen, der die Fassade durchschreitet, um in das Heiligtum einzutreten. Dieses Durchschreiten ist ein „rite de passage", wobei der Eintretende die Welt des Alltags hinter sich läßt und in einen neuen freien Raum eintritt: Gewölbe und Kuppeln öffnen sich mit ihren Fresken in das Blau eines Himmels, auf dessen Wolken die Scharen der Heiligen den Zeichen göttlicher Gegenwart entgegengetragen werden: dem Lamm, oder dem ihnen entgegenkommenden Christus, oder einem Symbol der Dreieinigkeit, oder auch dem unkörperlichen Lichte, das von oben herab aus der Laterne in die Kuppel fällt. Und wie jeder Übergangsritus ein Moment der Todesweihe in sich schließt, so gewinnt auch der, der die mächtige Fassade durchschritten hat, im heiligen Raum und für die heilige Zeit des Gottesdienstes Anteil an der Gemeinschaft derer, die ihm vom Tode zum Leben vorausgegangen sind.

Eben dadurch aber ist auch die Erfahrungswelt dem, der in den Alltag zurückkehrt, auf neue Weise als Antizipationsgestalt der kommenden Welt gedeutet. Jede, nicht nur die gottesdienstliche Musik ist ihm jetzt „Echo hymnodiae caelestis", und die höchst profan-genußreiche Mahlzeit nach dem Gottesdienst (sie war, damaliger Fastenregel gemäß, die erste des Tages, auch wenn sie erst zu vorgerückter Stunde eingenommen werden konnte) wird zum Vorgeschmack des himmlischen Gastmahls. „Praegustatum", „Vorgeschmack", ist ein für die Epoche charakteristisches Deutewort.

Von solchen Erfahrungen der Heils-Antizipation her fällt auch neues Licht auf einen Begriff, der häufig und mit Recht zur Charakterisierung der barocken Kunst und Lebensform verwendet, ebenso häufig aber mißverstanden wird: auf den Begriff „Repräsentation". Gottesdienstliche Zeichenhandlungen und Zeichengestalten sollen die Gegenwart dessen vermitteln, was sich sonst der menschlichen Erfahrung entzieht; und die vom Gottesdienst her neu verstandene Alltagswelt soll nun auch ihrerseits so gestaltet werden, daß Gottes verborgene Gegenwart auch in ihr durchscheint und durchklingt. Aber das allgegenwärtige „Memento mori" verhindert, daß Mensch und Welt dabei nur sich selber in Szene setzen, und leitet dazu an, Welt und Menschen als zerbrechliche Gestalten für die Gegenwart des Ewigen zu begreifen.

Was nun das Verhältnis der katholischen Barockfrömmigkeit zu einer konfessionell verstandenen Rechtgläubigkeit betrifft, so zeigt sich, trotz allen Kontrastes gegenüber dem protestantischen Pietismus, eine vergleichbare Entwicklung. Wie zur Entstehung des Pietismus das konfessionell verstandene Bekenntnis zur Alleinverbindlichkeit der Schrift gehörte, so gehörte zur Entstehung der katholischen Barockfrömmigkeit ein ebenso konfessionell verstandenes Bekenntnis zur Korrelation von Natur und Gnade (gratia supponit naturam et perficit). Aber im Pietismus, so hat sich gezeigt, hat dieses Bekenntnis zur Alleinverbindlichkeit der Schrift einen Umgang mit der Bibel möglich gemacht, der schließlich alle konfessionellen Unterscheidungslehren zurücktreten ließ gegenüber dem Zeugnis der individuellen „Wiedergeburt" und der Praxis tätiger Nächstenliebe. Auf vergleichbare Weise hat katholischerseits das Bekenntnis zur Korrelation von Natur und Gnade eine Frömmigkeitshaltung möglich gemacht, für die es wichtig war, inmitten der Zeit und Vergänglichkeit überall Antizipationsgestalten der kommenden Herrlichkeit zu entdecken, während theologische Lehrsätze – so ausführlich sie auch in den Predigten der Zeit behandelt wurden – das Frömmigkeitsleben der Einzelnen und der Gemeinden kaum noch beeinflußten. So trat eine Entfremdung ein zwischen der Gemeindefrömmigkeit und der gelehrten Theologie.

Der hier beschriebene Vorgang läßt sich als Beispiel für jene „Dialektik der Hierophanie" begreifen, von der Eliade gesprochen hat. Die Folgen waren zweifacher Art. Einerseits führte diese Entfremdung dazu, daß der Hunger nach religiöser Erfahrung sich mancherlei Befriedigungen verschaffte, die nicht nur im Urteil aufgeklärter Spötter, sondern auch und vor allem im Urteil der rechtgläubigen Theologen als „abergläubisch" bewertet werden mußten. Andererseits wurden in der Bekämpfung pagan-abergläubischer Fehlformen der barocken Volksfrömmigkeit Vertreter der theologischen Rechtgläubigkeit zu Bundesgenossen der aufgeklärten Philosophie. Der „Josefinismus" in den Österreichischen Erblanden (unter Einschluß der Toskana des Großherzogs und späteren Kaisers Leopold) ist ein Beispiel für den Versuch einer Überwindung des Aberglaubens durch das Bündnis von Theologie und aufgeklärter Philosophie – unter der Schirmherrschaft eines aufgeklärten Monarchen.

434. Das Doppelgesicht der Aufklärung und die Französische Revolution als religionsgeschichtliches Ereignis

Zu denjenigen Kräften, die die neuzeitliche Aufklärungsbewegung in Europa haben entstehen lassen, gehört zweifellos die neuzeitliche Naturwissenschaft, deren Wurzeln, wie vor allem Anneliese Maier gezeigt hat, ins Spätmittelalter zurückreichen (vgl. A. Maier, Die Vorläufer Galileis im 14. Jahrhundert [Rom 1949]). Hier wurde der Verzicht auf die Frage nach dem Ursprung, Wesen und Ziel der Dinge und die Konzentration auf reine Kausalforschung theologisch begründet: Die göttliche Absicht, aus der die Dinge hervorgegangen sind, und der Zweck, auf den die Schöpfung hingeordnet ist, ist dieser Auffassung nach Sache der göttlichen Freiheit, die sich menschlicher Nachforschung entzieht und nur durch freie Selbstkundgabe Gottes bekanntgemacht werden kann. Das menschliche Forschen dagegen hat nicht die Absichten des Schöpfers zu ergründen, sondern allein die gesetzmäßige Ordnung des Geschaffenen zu beschreiben. Eben damit sind alle Heilsfragen aus der Naturforschung ausgeklammert, die Wissenschaft ist zu einem rein säkularen Bemühen geworden – und dies aus theologischen Gründen.

Auf diese theologische Begründung für die methodische Selbstbeschränkung der Wissenschaft beruft sich noch Descartes, der diesem Gedanken zwei weitere hinzufügt: Bei jedem Akt des Argumentierens setzen wir voraus, daß das Denknotwendige auch sachnotwendig, das Denk-Unmögliche auch der Sache nach unmöglich ist. Diese Voraussetzung allen Argumentierens kann nicht selber noch einmal durch Argumente gesichert werden – es sei denn durch die Berufung auf die „veracitas Dei". Denn ein Gott, zu dessen Wesenseigenschaften die Vollkommenheit und deshalb die Wahrhaftigkeit gehört, kann uns nicht so geschaffen haben, daß wir durch eine Notwendigkeit unseres Denkens gezwungen sind, für notwendig zu halten, was nicht wirklich ist (weil der Denknotwendigkeit keine Sachnotwendigkeit entspricht), oder für unmöglich zu halten, was wirklich ist. Das Zutrauen in die Vernunft – genauer: in die Übereinstimmung von Denkgesetz und Sachgesetz – rechtfertigt sich so nur durch das Vertrauen auf Gott und seine Wahrhaftigkeit.

Und die Voraussetzung aller wissenschaftlichen Empirie, daß während des Experimentvorgangs weder neue Materie noch neue Energie entsteht, (Descartes sprach unscharferweise nicht von „Energie" sondern von der „Menge der Bewegung") findet ihre Legitimation in der Überlegung, daß in Gottes Ewigkeit der Augenblick des göttlichen Schöpfungsaktes allen empirischen Zeitpunkten gleichzeitig ist. Was im Augenblick der Schöpfung entstand (die Menge der Materie und die „Menge der Bewegung"), muß daher zu jedem Zeitpunkt des Weltgeschehens wirklich sein.

So ist die neuzeitliche Naturwissenschaft in ihrer methodischen Selbstbeschränkung, in ihrem Vernunftvertrauen und sogar in einigen ihrer „obersten Sätze" zunächst theologisch begründet gewesen. Daraus wird auch verständlich, daß in keiner anderen Epoche so viel Mühe und Scharfsinn auf den Versuch von Gottesbeweisen verwendet wurde, wie in der Zeit zwischen Descartes und Kant. Und doch haben die drei genannten Momente: die methodische Selbstbeschränkung auf kausale Beschreibung von Zuständen und Prozessen innerhalb der (materiellen) Welt, das Vernunftvertrauen und das durch die obersten Erhaltungssätze ermöglichte experimentelle Verfahren, die naturwissenschaftliche Forschung zu einem rein säkularen Vorgang gemacht, der mit Fragen der Religion, des Glaubens und der Theologie nichts zu tun hatte.

Wir haben es also hier mit einem dialektischen Prozeß eigener Art zu tun: Aus theologischen Gründen (aus dem Respekt vor der göttlichen Freiheit, die schon von den mittelalterlichen Skotisten betont und zur Kritik an der Metaphysik geltend gemacht wurde; aus dem Vertrauen in Gottes Wahrhaftigkeit, die als Legitimationsgrund des Vernunft-Vertrauens galt; schließlich aus einem Schöpfungsbegriff, der, um es mit Newtons Schüler Clarke auszudrücken, die ganze Zeit als Erscheinungsgestalt der göttlichen Ewigkeit, „aeternitas phaenomenon", verstehen lehrte und daraus die Erhaltung des einmal Geschaffenen ableitete) wurde eine ausschließlich kausal erklärende, auf reine Vernunftgründe gestützte, experimentelle Naturwissenschaft möglich; diese wurde sich ihrer Säkularität erst in einem mühsamen Prozeß bewußt und fand erst dann auch zu einer konsequent säkularen Wissenschaftspraxis, welche schließlich den eigenen religiös-theologischen Ursprung zum Vergessen brachte.

Nun ist die Wissenschaft stets die Sache eines kleinen Kreises von Spezialisten gewesen; und ihre immer deutlicher ausgeprägte Säkularität hatte zunächst wenig Einfluß auf das öffentliche Bewußtsein. Die Chance, das religiöse Bewußtsein einer breiteren Öffentlichkeit wirksam zu verändern, schien sich erst aus der schon erwähnten Erfahrung der Religionskriege des 16. und 17. Jahrhunderts zu ergeben. Denn diese Erfahrung legte den Schluß nahe, die Religion müsse um des Friedens willen dem Streit der Theologen entzogen werden.

Einen Weg dazu wies Hobbes, der die Religion der rigorosen Kontrolle durch die Staatsmacht unterwarf, womit freilich nur der Friede im Innern des Staates, nicht der zwischenstaatliche Friede garantiert werden konnte. Ein anderer Weg schien darin zu bestehen, die voneinander unterschiedenen und miteinander in Konflikt befindlichen „empirischen Religionen" in die eine, allumfassende „Vernunftreligion" zu verwandeln, die nur solche Glaubenssätze enthalten sollte, über die unter allen denkenden Wesen Einigkeit erzielt werden kann. Jene Gottesbeweise der Philosophen, die im Zusammenhang frühneuzeitlicher Wissenschaftsgrundlegung geführt worden waren, schienen nun geeignet, nicht etwa nur die Existenz desjenigen

Gottes nachzuweisen, von dem die Glaubenden durch Offenbarung schon wissen, sondern einen neuen Gottesbegriff zu gewinnen, der sich vor der allgemeinen Menschenvernunft als gültig ausweisen ließ.

So sehr jedoch der Gedanke einer Vernunftreligion dem öffentlichen Bedürfnis nach Religionsfrieden entgegenkam, so blieb er doch noch immer auf eine vergleichsweise dünne Intellektuellenschicht in der Bevölkerung begrenzt. Der Grund dafür läßt sich rückschauend mit Begriffen der Religionsphänomenologie angeben: Der Vernunftreligion fehlte sowohl der spezifisch religiöse Akt als auch der ihm entsprechende hierophane Gegenstand. Sie blieb eine metaphysische Theorie mit Auswirkungen auf die moralische Praxis; aber ihr fehlte alles, was das unterscheidend Religiöse ausmacht: die Akte der Anbetung und des Kults, die gemeindebildende Kraft einer Überlieferung, die speziell religiöse Erfahrung vom Aufleuchten des Heiligen inmitten der profanen Erfahrungswelt. Die berühmt gewordene Unterscheidung Pascals „Gott Abrahams, Isaaks und Jakobs, nicht der Philosophen und Gelehrten" hat das, was der Vernunftreligion fehlte, zum Ausdruck gebracht: der Bezug zum konkreten Menschen und seiner Geschichte und zur religiösen Erfahrung der Hierophanie.

Einen Zuwachs an Einfluß auf das öffentliche Bewußtsein gewann der Gedanke der Vernunftreligion, als die Hochkulturen Indiens und vor allem Chinas die Bewunderung der Europäer erregten. Hinter der Mode-Erscheinung einer Vorliebe für „Chinoiserien" verbarg sich die Anerkennung des Eigenwerts einer außer-europäischen Kultur, von der sogar die Europäer, die sich bis dahin als die maßgebliche Kulturgemeinschaft gefühlt hatten, in Kunst, Handwerk und Lebensstil etwas lernen konnten. Und Christian von Wolff sprach in seiner berühmt gewordenen „Chinesenrede" die Frage offen aus, die uneingestanden viele seiner Zeitgenossen bewegte: ob nicht auch die Religion, die diese fremde Kultur geprägt hat, den Christen in Europa etwas Bedenkenswertes zu sagen habe. Er selber hielt die „religio naturalis" für den vernünftigen Kern in allen Religionen und zugleich für den Maßstab, an dem sie alle, auch das Christentum, gemessen werden müssen.

Wolff wurde 1723 von Friedrich Wilhelm I. aus seiner Professur in Halle entlassen, fand in Marburg ein neues Tätigkeitsfeld und wurde 1740 von Friedrich dem Großen nach Halle zurückberufen – ein Vorgang, der eine Wende in der Geschichte der Aufklärung symbolisiert: Friedrich Wilhelm I. übte sein landesherrliches Kirchenregiment im Dienste der Überzeugung aus, daß die christliche Botschaft mit keiner anderen Religion zu vergleichen sei. Friedrich II. dagegen machte die Aufklärung zum Prinzip seiner Rechtsreform im Allgemeinen Preußischen Landrecht, aber auch zur Grundlage seiner Kirchenaufsicht. Und dazu gehörte, daß das Christentum zuallererst „vernünftig" – und das hieß vor allem: moralisch – zu verstehen sei.

Und er stand damit nicht allein. Nicht nur weltliche Fürsten, auch Fürstbischöfe machten Gedanken der Aufklärung zur Grundlage ihrer Reformen des Gottesdienstes und des Bildungswesens. (Um in diesem Zusammenhang nur zwei Namen zu nennen, sei auf den letzten Kurfürsten von Mainz, den Erzbischof Karl Theodor v. Dalberg, und seinen Generalvikar in Konstanz, Ignaz v. Wessenberg, verwiesen.) So entstand in weltlichen wie in geistlichen Territorien eine obrigkeitlich verordnete Aufklärung – in skandinavischen Ländern sprach man von „Amtsmannskultur". Gottesdienst und Schulwesen wurden in den Dienst einer Erziehung zu Vernunft und vernünftiger Sittlichkeit gestellt, und aus diesen Prinzipien heraus versuchte man, das Leben der Untertanen bis in Einzelheiten hinein oft kleinlich zu regeln. (Noch der Volksaufstand der Tiroler von 1809 unter Andreas Hofer gewann seine Leidenschaft zu einem guten Teil aus dem Widerstand der Bevölkerung gegen die aufgeklärte Religionsgesetzgebung des Ministers Montgelas in Bayern, dem Tirol 1806 zugeschlagen worden war.)

Aufgeklärte Theologie bot den Reformbestrebungen der Fürsten und Bischöfe die theologische Grundlage (vgl. dazu evangelischerseits etwa die Werke von Johann Salomo Semler [1725–1791], katholischerseits die Schriften von Benedikt Stattler [1728–1797], des Anhängers Christian v. Wolffs und Lehrers von Johann Michael Sailer, oder die in ganz Europa verbreitete anonyme Schrift ‚L'ecclesiastique citoyen'); obrigkeitlich verordnete Aufklärung verschaffte ihrerseits dieser Theologie eine beachtliche Breitenwirkung. Die Beschlüsse der Bischofssynode von Pistoja (1786), die auf Betreiben des schon erwähnten Großherzogs und späteren Kaisers Leopold einberufen worden war, haben zwar nie die päpstliche Anerkennung gefunden und blieben kirchenhistorisch wirkungslos; aber sie zeigen beispielhaft das Zusammenwirken geistlicher und weltlicher Autoritäten im Dienste einer aufgeklärten Religionsreform.

Gegen diese Aufklärung im Namen der Obrigkeit gewann nun jene andere Art von Aufklärung an Boden, deren Stoßrichtung nicht auf Religionsreform, sondern auf Religionskritik gerichtet war. In Frankreich wurde Paul v. Holbach (1723–1789) mit seiner zweibändigen Schrift „Le système de la nature" (1770) zum Exponenten eines religionskritischen Naturalismus; über Frankreich hinaus gewann Voltaire (1694–1778) mit einer Vielzahl polemisch-ironischer Schriften eine breite Wirkung. Die Enzyklopädisten verbreiteten in ihrem großartig angelegten Sammelwerk neben Vorstellungen von der Vernunftreligion auch solche der radikalen Religionskritik.

Die der Aufklärung selbst immanenten religiösen Antriebe traten überraschenderweise weder in der obrigkeitlich verordneten noch in der obrigkeits- und religionsfeindlichen Variante der Aufklärung hervor, sondern erst in der Französischen Revolution, in der nicht zufällig Grundbegriffe der neutestamentlichen Verkündigung zu Leitworten der politischen Praxis geworden sind: Freiheit („zur Freiheit hat euch Christus befreit" Gal 5,1), Gleichheit („da ist nicht Sklave noch Freier... ihr alle seid eins in Christo Jesu" [Gal 3,28]) und Brüderlichkeit („Einer ist euer Meister, Christus, ihr aber alle seid Brüder" [Mt 23,8]).

Der Aufstand gegen geistliche und weltliche Obrigkeit – und gegen ihr Bündnis im Namen einer aufgeklärten Rechts- und Kirchenordnung! – wurde als Wiederherstellung der göttlichen Ehre verstanden: „Szepter und Weihrauchfaß haben sich verschworen, um den Himmel zu entehren und die Erde zu usurpieren", rief Robespierre vor der Nationalversammlung aus, um die Revolution als Wieder-Aufrichtung des wahren Gottesdienstes („culte de l'être suprême") zu feiern.

Freilich erzeugte ein derartiges religiöses Verständnis der revolutionären Politik auch diejenige Erscheinung neu, die von den Religionskritikern schon seit der Antike als das charakteristische Übel der religiösen Praxis kritisiert worden war: den Fanatismus. In dem Bewußtsein nämlich, der Heraufkunft des neuen, gottgewollten Zeitalters zu dienen und an denen, die diesem neuen Äon feindlich entgegentraten, das ebenso gottgewollte Gericht zu vollziehen, setzten die Revolutionäre mit gutem Gewissen den Schrecken (le terreur) als Mittel der Politik ein (vgl. dazu die Reden von Saint-Juste vor der Nationalversammlung). Auf diese Weise hat die Revolution, die vom religiösen Pathos ihrer Anhänger lebte, die für den neuen Äon zu sterben bereit waren, ihrerseits ihren Gegnern neue Weisen des Martyriums abverlangt.

Und auch diese Opfer der Revolution verstanden sich selbst religiös. Von den geheimen Messen solcher Priester, die den Eid auf die Verfassung verweigert hatten, über die aufständischen Bauern in der Vendée von 1793 bis zu der schon erwähnten Volkserhebung in Tirol von 1809 wurde die Verehrung des Herzens Jesu, das von der Lanze des Soldaten durchbohrt war, zum Symbol der Todesbereitschaft im Kampf gegen eine sich selbst vergötzende revolutionäre Gewalt. (Zwar reichte die Verehrung des Herzens Jesu schon ins 17. Jahrhundert zurück; aber erst im Kampf zwischen Revolution und Gegenrevolution gewann sie jene politische Bedeutung, von der sie sich später, in friedlicheren Zeiten, nur mühsam wieder befreit hat.)

Blickt man auf die Rolle zurück, die die Aufklärung des 17. und 18. Jahrhunderts in der Geschichte der religiösen Ideen gespielt hat, so wird man sagen können: Von einer Säkularisierung der Politik kann in diesem Zeitraum keine Rede sein. Was zurückgedrängt wurde, war der Einfluß religiöser Institutionen auf die Politik; was erhalten blieb, ja neue Bedeutung erlangte, war ein religiöses Verständnis der politischen Institutionen, vor allem der Rechtsordnung mit ihrer Grundlegung in der Erklärung der Menschenrechte, aber auch des Parlaments als des Ortes, an dem der religiös verstandene Gemeinwille (später gedeutet als Gemeingeist) die Unterwerfung der Partikularwillen forderte und der einzelne – „Untertan“ in seiner Eigenschaft als Individuum, „Souverän“ in seiner Eigenschaft als Repräsentant der allgemeinen Menschenvernunft – zu einer neuen Weise des Selbstverständnisses fand.

435. „Anbetung im Geist und in der Wahrheit“ – ein neues Verständnis des Zusammenhangs von Religion, Moral und Politik im Deutschen Idealismus

Für den Übergang vom aufgeklärten zum idealistischen Religionsverständnis sind zwei Impulse wirksam geworden: Kants Lehre von der Vernunftdialektik und die Rezeption des „Spinozismus“ in der tragenden Bildungsschicht Deutschlands.

Kant hat, ganz im Sinne der Aufklärung, stets die Sittlichkeit für den wahren Gottesdienst gehalten (vgl. Die Religion ... B 260/1). Und doch haben wir seiner Überzeugung nach Anlaß, den Gehorsam gegenüber dem Gebot der praktischen Vernunft religiös zu interpretieren; und diese Interpretation ist selbst die Religion. „Religion ist die Erkenntnis unserer Pflichten als göttlicher Gebote“ (a.a.O. 229).

Die Rechtfertigung dieser Interpretation aber beruht darauf, daß nur sie die Vernunft in ihrem praktischen Gebrauch aus einem unvermeidlichen Selbstwiderspruch und damit aus der Gefahr ihrer Selbstvernichtung befreit. Jene Vernunftdialektik aber, die nur in Postulaten der Hoffnung aufgelöst werden kann, tritt in zwei Kontexten zutage: bei dem Versuch unserer sittlichen Selbstbeurteilung und bei dem Bemühen, die Reinheit der Gesinnung mit der Wirksamkeit der Tat zu verbinden.

Unsere sittliche Selbstbeurteilung schließt das Eingeständnis ein: Wir sind bestenfalls auf dem Wege zur Sittlichkeit, nicht in ihrem Besitz und können so den „Ankläger in uns“ nicht zum Schweigen bringen, es sei denn in der Hoffnung auf einen „Urteilsspruch aus Gnade“, der uns freilich die Bekehrung nicht erspart, wohl aber uns vor sittlicher Trostlosigkeit bewahrt (vgl. Rel. B. 101). Auf einen solchen „Urteilsspruch aus Gnade“ aber können wir nur hoffen, wenn wir „unsere Pflichten als göttliche Gebote“ verstehen dürfen. Nur eine solche religiöse Interpretation der Moral vermittelt uns also diejenige Hoffnung, ohne die unsere sittliche Praxis sich nicht mit der Redlichkeit der Selbstbeurteilung vereinbaren läßt.

Der zweite Selbstwiderspruch der Vernunft in ihrem praktischen Gebrauch beruht darauf, daß die Reinheit der Gesinnung und der Erfolg der Handlung von zwei strukturverschiedenen Gesetzen abhängen (KdpV A 204f). Da aber das Sittengesetz von uns beides verlangt, die Reinheit der Gesinnung und die Verantwortung für den Erfolg unserer Handlungen, wird es in sich widersprüchlich – es sei denn, wir dürften darauf hoffen, daß eine „moralische Ursache der Natur“ dafür sorgt, daß dann, wenn wir aus rein moralischer Gesinnung handeln, auf welchen Umwegen auch immer, moralisch zustimmungswürdige Folgen eintreten. Diese Hoffnung aber ist nur begründet, wenn wir annehmen dürfen, daß der gleiche, der uns die Sittlichkeit der Gesinnung zur Pflicht macht, für die guten Folgen unserer Tat einstehen kann und will, daß wir also „unsere Pflichten als göttliche Gebote" verstehen dürfen.

Diese Auffassung von der Religion hat weitreichende Auswirkungen auf den religiösen Akt und den ihm originär gegebenen Gegenstand: Der religiöse Akt ist, seiner Form nach, ein Akt der Hoffnung in praktischer Absicht; und der ihm originär gegebene Gegenstand ist, seinem Inhalt nach, der zureichende Grund einer solchen Hoffnung. Der „hierophantische Akzent" aber (um einen Ausdruck von Eliade zu gebrauchen) liegt, dieser Religionsauffassung gemäß, auf Situationen und Ereignissen, in denen sich sittliches Handeln, im Durchgang durch seine Gefährdung im Selbstwiderspruch der praktischen Vernunft, als möglich erweist.

Der Gedanke, daß Religion „die Erkenntnis unserer Pflichten als göttlicher Gebote" sei, und daß die Göttlichkeit des Gesetzgebers sich darin erweise, daß er die Menschen zur Umkehr fähig mache, hat die Aufmerksamkeit vor allem jüdischer Leser Kants auf sich gezogen, auch wenn Kant selber weder Kenntnis noch Verständnis des Judentums bewiesen hat. Von Markus Herz bis zu Hermann Cohen reicht die Kette jüdischer Kant-Interpreten, die in Kants Lehre vom Primat der praktischen vor der theoretischen Vernunft den Schlüssel zu einem zeitgemäßen Verständnis jüdischer Überlieferung zu finden meinten.

Die weiterführende Frage, warum die Vernunft nur im Durchgang durch die Gefahr ihrer dialektischen Selbstaufhebung zu einem angemessenen Religionsverständnis gelangen kann, läßt sich zunächst, im Sinne Kants, durch folgenden Hinweis beantworten: Die Dialektik, in der sich die „dogmatische" Gewißheit der Vernunft, die Gott und sich selbst als Gegenstände erkannt zu haben meint, zunächst auflöst und einem „Skeptizismus" Platz macht, ist der einzige Weg, um zu jenem „Kritizismus" zu gelangen, der allein geeignet ist, Gott und die Seele von allen Erkenntnisgegenständen zu unterscheiden und die Beziehung zwischen beiden, also die Religion, als Inhalt einer transzendentalen (den Gegenstandsbezug ermöglichenden) Hoffnung zu begreifen. Damit aber ist ein weiterer Schritt in der Geschichte der religiösen Ideen nahegelegt: die Religion nicht nur als das *Ergebnis* der dialektischen Bewegung, sondern als ihren *Vollzug* zu deuten. Der Weg der Vernunft vom Dogmatismus über den Skeptizismus zum Kritizismus ist, so verstanden, selber die Weise, wie sich der Grund der transzendentalen Hoffnung schon immer als wirksam erwiesen hat, indem er die Vernunft vor ihrer drohenden Selbstauflösung bewahrte. Darum bleiben alle Momente dieses Weges dort erhalten, wo die Vernunft, zum Kritizismus gelangt, den Weg, den sie durchlaufen hat, erst versteht.

Hegels Satz „Das Wahre ist das Ganze, das Ganze aber ist das durch seine Entwicklung sich vollendende Wesen“ (Phänomenologie des Geistes, Ausgabe Glockner II, 24) bringt diese Überzeugung von der Einheit des dialektischen Weges mit seinem Ziel zum Ausdruck. Für die Religion aber bedeutet dies: Ihr Wesen fällt mit ihrer Geschichte zusammen, und die Geschichte der Religion ist ihrerseits identisch mit der Geschichte der zu ihrem dialektischen Selbstverständnis gelangenden Vernunft. Diese Einheit von Religion und historischem Selbstverständnis der Vernunft ist es, die die Vertreter des Deutschen Idealismus in dem Satz Jesu im Johannesevangelium ausgesprochen fanden: „Gott ist Geist, und die ihn anbeten, müssen ihn im Geist und in der Wahrheit anbeten“ (Joh 4, 23). Denn das Wesen des Geistes ist es, in der dialektischen Bewegung des Sich-Verlierens und Sich-Wiederfindens zum Bewußtsein seiner selbst zu kommen. „Der Geist ist (...) Entfremdung, aber um zu sich selber finden zu können“ (Hegel, Geschichte der Philosophie, Ausgabe Glockner XVII, 52).

Der idealistische Begriff des Geistes und seiner dialektischen Bewegung hätte jedoch nicht entwickelt werden können, wenn nicht, neben der Weiterentwicklung der kantischen Lehre von der Vernunft-Dialektik und ihrer Aufhebung in Postulaten der Hoffnung, ein anderes, älteres Religionsverständnis zu Beginn des 19. Jahrhunderts neue Beachtung gefunden hätte: die Philosophie Spinozas und insbesondere sein Gedanke, die „natura“ d.h. die innere Lebendigkeit Gottes, habe sich einerseits in den Gestalten und Ereignissen der Körperwelt, andererseits in den menschlichen Gedanken ihre Ausdrucksgestalten verschafft. Ein wichtiger Grund für diese Spinoza-Renaissance bestand darin, daß dieser Gedanke eine Versöhnung zwischen einer mystischen Natur-Religiosität und der Rationalität der Naturwissenschaften ermöglichte: Naturwissenschaftliches Berechnen führt die Gestalten, in denen das göttliche Leben sich äußerlich-sinnenhaft vorfinden läßt, die Erscheinungen und Prozesse der „natura naturata“, auf ihre gesetzmäßigen Verhältnisse *untereinander* zurück; eine mystische Religiosität dagegen, die in Natur und Geist die Selbstdarstellung des göttlichen Lebens, der „natura naturans“, erkennt, beschreibt so das Verhältnis aller Erscheinungen *zu ihrer göttlichen „causa immanens“*. Und so gesehen bedeutete es keinen Widerspruch, die Natur bald „sub specie temporis“, unter dem Gesichtspunkt der zeitlich-kausalen Verknüpfung der Erscheinungen, bald „sub specie aeternitatis“, unter dem Gesichtspunkt ihres Hervorgangs aus Gottes ewigem Leben, zu betrachten.

Die Vertreter des Deutschen Idealismus verbanden die Lehre Spinozas vom inneren Leben der Gottheit, das sich in allen Erscheinungen der Natur und in allen Gedanken des menschlichen Subjekts seine endlichen Ausdrucksformen verschafft, mit der Auffassung von der dialektischen Bewegung des Geistes, der im Durchgang durch Entäußerung, ja Entfremdung zu sich selber kommt. Diese Verbindung gestattete es, jene politische Implikation, die zum Gedanken der Dialektik gehörte, mit einer an Spinozas orientierten Religionsauffassung zu verbinden.

Schon Kants Auffassung von der Moral als der Selbstunterwerfung des Individuums unter die allgemeine Menschenvernunft war an Rousseaus Lehre von der volonté générale orientiert und hatte insofern einen politischen Akzent. Auch der Gedanke, daß die Sittlichkeit des Individuums zwar unnachläßliche Pflicht, zugleich aber Inhalt einer Hoffnung sei (weil wir auf den „Urteilsspruch aus Gnade“ doch „keinen Rechtsanspruch haben“), enthält ein politisches Moment: die Warnung vor der Selbstgerechtigkeit derer, die allzu sicher sind, die Moralität auf ihrer Seite zu haben, so daß jeder politische Gegner zum moralisch verdorbenen Menschen erklärt und schließlich als Verbrecher strafrechtlich verfolgt werden kann (die Revolutionsgerichte der Jakobiner waren dafür das warnende Beispiel). Eine philosophische Interpretation und „Deduktion“ (= ein philosophischer Berechtigungsnachweis) der christlichen Lehre von der Rechtfertigung des Sünders erschien nun, in der Rückschau auf die Revolution, als unentbehrliches Gegenmittel gegen die Versuchung zur revolutionären Sieger-Ideologie.

Und in die gleiche Richtung wirkte die kantische These, daß der aus moralischen Gründen politisch handelnde Mensch zwar der moralischen Weltordnung dienen, sie aber nicht, als Ergebnis seiner Anstrengungen, herstellen könne, sondern daß diese moralische Weltordnung Inhalt einer in sittlicher Hinsicht unentbehrlichen Hoffnung sei. Denn der Anspruch, nicht nur einzelne gute Taten zu tun, sondern die moralische Weltordnung *herzustellen,* rechtfertigt, im Umgang mit dem politischen Gegner, jede Art von Gewalt. Dagegen kann man die *Hoffnung* auf eine neue, moralisch bessere Gestaltung der öffentlichen Verhältnisse auch mit dem politischen Gegner gemeinsam haben, der im Dienst an diesem Ziele andere Wege gehen will.

Das idealistische Verständnis der Dialektik als der Wesensäußerung des Geistes, der im Durchgang durch seine Selbstentäußerung zu sich selber kommt, machte es möglich, diese bei Kant grundgelegte Unterscheidung zwischen dem Ergebnis eigener menschlicher Leistung und dem Inhalt einer für die sittliche Praxis unentbehrlichen Hoffnung auf die Geschichte zu beziehen: Angesichts der Torheit und Bosheit von Menschen, die in der Geschichte wirksam handeln, ist verantwortete Teilnahme am politischen Leben nur möglich aufgrund der Hoffnung, daß die objektive Vernünftigkeit der Geschichte der subjektiven Vernunft oder auch Unvernunft der Beteiligten unendlich überlegen bleiben wird.

Es ist deutlich, daß eine solche Hoffnung an biblische Vorstellungen von der göttlichen Vorsehung anknüpft, deren Plan auch von denjenigen Menschen zum Ziele geführt wird, die aus Torheit oder Bosheit ganz andere Ziele verfolgen (Vgl. dazu Apg 13, 27 und 1 Kor 2, 8). Daß am Ende der Revolution und der napoleonischen Kriege die Idee des Rechtsstaats sich durchgesetzt hatte, die in Gestalt des „Code Napoléon" das Kaiserreich ebenso überdauerte wie die nachfolgenden Versuche einer reaktionären Staatsgestaltung, war für die Idealisten und ihre Zeitgenossen das ausgezeichnete Beispiel für diese Wirksamkeit einer nicht nur menschlichen Vernunft in der Geschichte. Denn ein solches Verständnis von Politik und Geschichte entsprach den Erfahrungen weiter Kreise im nachrevolutionären Europa und konnte, über die Zeiten hinweg, in denen eine reaktionäre Politik den Bürger von der Gestaltung der politischen Verhältnisse ausschließen wollte, den Willen und die Hoffnung wachhalten, das Recht auf aktive Partizipation am politischen Leben könne als „Forderung der geschichtlichen Stunde" angemeldet und auf die Dauer nicht mehr verweigert werden. Die Unbeirrbarkeit dieser Hoffnung, aber auch das Pathos, mit dem ihre Erfüllung in den Revolutionen von 1830 und 1848 eingeklagt wurde, beruhte auf dem religiösen Charakter, den diese Hoffnung unter dem Einfluß des Idealismus angenommen hatte.

Gegenüber dieser Teilhabe am geschichtsmächtigen Wirken des Geistes erscheinen nun Glaubenslehren und Gottesdienstformen als höchst sekundär. Und damit zeigt sich die andere Seite des beschriebenen Prozesses. Denn in der Folgezeit erhob sich die Frage, ob die hierophantische Aufwertung von Bürgerfreiheit und Bürgertugend schließlich dazu führen werde, daß die Religion, als Herkunft und Garantie politischer Hoffnungen wirksam geworden, sich im selben Maße als funktionslos erweisen werde, in welchem die Bürgerfreiheit durch Verfassungen geschützt wird, die Bürgertugend aber der religiösen Begründung nicht mehr bedarf. Für die Geschichte der religiösen Ideen aber war diese Entwicklung ambivalent, denn sie trug zu jenem Vorgang bei, den Eliade die „Verschleierung des Heiligen" durch „Identifikation mit dem Profanen" genannt hat.

436. Der „Reduktionismus" – und die Romantik als Alternative?

Was soeben über das Verständnis der Politik in der ersten Hälfte des 19. Jahrhunderts gesagt wurde, gilt in der Folgezeit für die gesamte Kultur. Nicht nur in der Geschichte der Rechtsordnungen, sondern auch in der Geschichte der Künste und Wissenschaften wurde eine Manifestation des Geistes gesehen, der im Durchgang durch seine Entäußerung zu sich selber kommt. Dann aber schien es nicht mehr nötig, die Religion als ein besonderes Kulturgebiet von den übrigen Kulturgebieten abzugrenzen. Ein im 19. Jahrhundert geläufiges Sprichwort besagte: „Wer Wissenschaft und Kunst besitzt, der hat auch Religion". Die Grenze des Sakralen und des Profanen schien überwunden zu sein. Die Identifikation des Heiligen und des Profanen, die zur „völligen Verschleierung des Heiligen" führen mußte, betraf nun nicht nur die Bereiche des Rechts und der Politik, sondern die gesamte Kultur.

Alsbald nämlich entstand die Frage, ob die religiöse Interpretation der Kultur irgendeine Folge für die Kulturtätigkeit selber habe, oder ob sie eine folgenlose „Privat-Interpretation" dessen sei, was Glaubende und Ungläubige gleichermaßen tun, wenn sie am kulturellen Leben (vor allem an der Politik) teilnehmen. Und so wiederholte sich, mit Bezug auf die Kultur als ganze, ein Vorgang, der zuvor mit Bezug auf die Wissenschaft als ein spezielles Kulturgebiet beobachtet werden konnte: Wie das neuzeitliche Wissenschaftsverständnis, so ist auch das Kulturverständnis des 19. Jahrhunderts zunächst aus religiösen Erwägungen hervorgegangen, gerade dadurch aber zu jener Säkularität gelangt, die den eigenen religiösen Ursprung schließlich zum Vergessen brachte.

Dabei verliefen die beiden Vorgänge, durch die eine säkulare Wissenschaft und eine säkulare Kultur entstand, nicht nur auf vergleichbare Weise, sondern verbanden sich zu einem Gesamteffekt. Denn entgegen einer verbreiteten Meinung ist die Säkularität der modernen Kultur nicht einlinig und unmittelbar aus der neuzeitlichen Naturwissenschaft und ihren Erfolgen zu erklären. Erst in Verbindung mit einer säkular gewordenen Gesamtkultur hörte die säkular gewordene Wissenschaft auf, eine Angelegenheit weniger Spezialisten zu sein. Andererseits konnte das im 19. Jahrhundert erst entstehende säkulare Selbstverständnis der Gesamtkultur sich nun, durch Berufung auf den Erfolg der viel älteren säkularen Wissenschaft, eine Legitimation verschaffen, die alle Zweifel zu zerstreuen schien.

Waren Natur und Kultur ursprünglich Orte der Hierophanie gewesen – die Natur als Manifestation der göttlichen Weisheit und Macht, die Kultur als Selbstdarstellung des sich objektivierenden göttlichen Geistes – so führte die Dialektik der Hierophanie zuletzt die Säkularität der Naturwissenschaft und der technischen Naturgestaltung, aber auch die Säkularität des Kulturverständnisses und der kulturellen Praxis herbei und brachte so die Religion an den Rand ihrer Selbstaufhebung.

Damit war die „Reduktion" der Religion auf eine für das gesellschaftliche Leben folgenlose Privatinterpretation der Kultur schon vollzogen, lange ehe der „Reduktionismus" zum Programm besonderer religionskritischer Theorie-Entwürfe wurde. Der „Privatisierung" der Religion entsprach, wenigstens in weiten Kreisen der Kulturtätigen, die Säkularisierung des kulturellen Lebens unter Einschluß der Politik.

Für diejenigen Theorien, die diese Entwicklung zu deuten versuchten und den „Reduktionismus" zum ausdrücklichen Programm erhoben, stand nicht mehr die Frage zur Debatte, ob die religiöse Interpretation der Kultur berechtigt sei, sondern nur noch die Frage, woher der Widerstand komme, den manche Teilnehmer am kulturellen Leben dem Versuch entgegensetzten, die Religion für eine unverbindliche Privatsache zu erklären.

Derartige Theorien wären ohne Gegenstand gewesen, wenn die erwartete Aufhebung der Religion als eines gesonderten Kulturbereichs in die Gesamtkultur, besonders in Politik, Kunst und Wissenschaft, wirklich eingetreten wäre. Daß dies nicht geschah, und zwar auch in solchen Kreisen der Bevölkerung nicht, die am kulturellen Leben aktiven Anteil nahmen, beruhte auf einem guten Teil darauf, daß im Schoße der „romantischen Bewegung" ein neues Verständnis und eine neue Hochschätzung der Religion entstand – und zwar nicht etwa nur im Sinne der aufgeklärten Vernunftreligion, sondern zunächst im Sinne einer religiös verstandenen individuellen Subjektivität (vor allem des von einem göttlichen Geist, „genius", erfüllten „Genies"), sodann aber auch im Sinne einer neuen Betonung historisch überlieferter Religionen und sie tragender Überlieferungsgemeinschaften – also konkret des Christentums und der Kirche.

Die Romantik reicht tief ins 18. Jahrhundert zurück und ist dort als Gegenbewegung gegen den aufgeklärten Rationalismus entstanden. Sie verband sich zunächst mit einer an Spinoza orientierten Natur-Mystik, aber auch mit dem „subjektiven Idealismus" im Sinne Fichtes, der das „endliche Ich" als ein Moment im Leben des „unendlichen Ich" begriff. Der Philosophie war dann die Aufgabe gestellt, den Menschen zum Bewußtsein dieser seiner Immanenz im Unendlichen zu erwecken (vgl. J. G. Fichte, Die Bestimmung des Menschen). Die Brüder Friedrich und August Wilhelm Schlegel verstanden das Bewußtsein dieser Immanenz im Unendlichen nicht als Ergebnis philosophischer Reflexion, sondern als Leistung der schöpferischen Phantasie, die den Gegensatz des Endlichen und Unendlichen zu überwinden vermag. Diese Leistung der Phantasie zeigt sich in Werken der künstlerischen Genialität, aber ebensosehr in den Hervorbringungen der „Volks-Seele", vor allem in Märchen, Sagen und Liedern der Völker (Achim v. Arnim; die Brüder Grimm). In diesen Mythen, Märchen und Liedern sprechen sich die unbewußten Tiefen der Seele auf solche Weise aus, daß dadurch auch dem Menschen des wissenschaftlich-technischen Zeitalters ein Zugang zum Geheimnis der Welt erschlossen wird, der der Rationalität des Verstandes unzugänglich bleibt (Carus). In diesem Zusammenhang entstand eine neue Hochschätzung der Mythologie (vgl. Friedrich Kreuzer, Symbolik und Mythologie der alten Völker, 1810). Diese wurde von Schelling in seinen Vorlesungen zur „Philosophie der Mythologie" als „Theogonie im Bewußtsein" gedeutet, freilich, als naturnotwendiger Prozeß, von der auf Freiheit beruhenden Offenbarung deutlich unterschieden.

Insoweit stand die romantische Bewegung in engem Zusammenhang mit dem Spinozismus und dem Deutschen Idealismus, vor allem in derjenigen Form, die Schelling ihm gegeben hat. Und in der religiösen Aufwertung der Kunst teilte sie mit anderen geistigen Bewegungen der Zeit die Überzeugung, Religion und Kultur seien identisch.

Der eigenständige Beitrag der Romantik zur Geschichte der religiösen Ideen bestand zunächst darin, daß jetzt weniger die *Hoffnung* auf ein kommendes Reich Gottes, dem der Mensch durch sittlich-politisches Handeln zu dienen hat, im Mittelpunkt des religiösen Bewußtseins stand, sondern die *Erinnerung* zum zentralen religiösen Akt wurde. Oft verband sie sich mit der Klage um verlorene archaische Formen der Religiosität und Kultur. Und wenn es überhaupt eine religiöse Zukunftshoffnung gab, die die Romantiker erfüllte, dann war es die Hoffnung auf Wiederkehr des Verlorenen. „Was hält sie zurück, die geahndete goldene Zeit, wo die Wahrheit wieder zur Fabel [scil: im Sinne von „Mythos"], die Fabel zur Wahrheit wird?" (Schelling, Einleitung zum Fragment „Die Weltalter").

Doch konnte die mythologische Erinnerung an das Ur-Anfängliche sich verbinden mit der historischen Erinnerung an durchlaufene Stadien der Geistesgeschichte; so entstand eine neue Hochschätzung früherer historischer Epochen, vor allem des Mittelalters. Und in diesem Zusammenhang zog auch die christliche Botschaft und ihre lebensgestaltende Kraft, die man in der mittelalterlichen Kultur exemplarisch bezeugt fand, neue Aufmerksamkeit auf sich. Diese zeigte sich zunächst in historischen Forschungen, schloß aber alsbald auch eine neue Zuneigung zum katholischen Glauben und Leben ein; denn den Katholizismus sah man, im Gegensatz zum reformatorisch geprägten Christentum, in Kontinuität zum Mittelalter stehen. Friedrich Schlegels Übertritt zur katholischen Kirche (Wien 1809) war nicht die einzige „romantische Konversion", hat aber in besonderem Maße öffentliches Aufsehen erregt.

Der Katholizismus erschien nun als diejenige historisch gewachsene Religion, die sich, im Gegensatz zum liberalen Protestantismus, nicht in Politik, Kunst oder Philosophie aufheben ließ, andererseits auf all diesen Gebieten kulturschöpferische Potenz an den Tag legte. Und so wurde um die Mitte des 19. Jahrhunderts die Romantik zu einer wesentlichen Kraftquelle für die Erneuerung katholischen Geisteslebens, das sich unter diesem Einfluß von den schweren Schäden erholte, die die Säkularisation ihm durch Zerschlagung der klösterlichen Schulen und Hochschulen zugefügt hatte. Unter den vielen Anzeichen der religiösen Erneuerung soll hier nur der „monastische Frühling", d. h. das Wiedererstarken der Idee des Mönchtums und die große Zahl von Klostergründungen in diesen Jahrzehnten genannt werden.

Im Zuge dieser „katholischen Wendung" der romantischen Bewegung, wie sie an den „Wiener Romantikern" exemplarisch abgelesen werden kann, entstand nun freilich in Deutschland der schon überwunden geglaubte konfessionelle Gegensatz neu: Ein liberal verstandener Protestantismus, der postrevolutionäre Politik und Kultur als Ausdrucksform einer religiös verstandenen Freiheit verstand und diese auf die Reformation zurückführte, sah eine neue Form des Katholizismus entstehen, die sich mit neu gestärktem Selbstbewußtsein der Aufhebung von Religion in Kultur widersetzte, an mittelalterlichen Formen des christlichen Geisteslebens Maß nahm und in der Kirche als der dem Staat gegenüber eigenständigen Glaubensgemeinschaft den konkreten Ort gelebter Religiosität fand. Der „Kulturkampf" am Ende des 19. Jahrhunderts war die letzte Auseinandersetzung zwischen dem „Kulturprotestantismus" und dem aus dem Erbe der Romantik erneuerten Katholizismus.

Aber nicht nur das neue Selbstbewußtsein des Katholizismus, sondern jede Form der (unter romantischem Einfluß) wiedererstarkten Eigenständigkeit der Religion gegenüber der Kultur mußte diejenigen überraschen, die mit der Selbstauflösung der Religion gerechnet hatten. Eine neue Form von Religionskritik ist in erster Linie als Antwort auf die Frage zu verstehen, warum diese Selbstauflösung sich bisher nicht ereignet habe. Ludwig Feuerbachs Schrift „Das Wesen des Christentums" ist der erste Versuch, das (vorläufige) Nicht-Absterben der Religion zu deuten, Sigmund Freuds Aufsatz „Die Zukunft einer Illusion" unternimmt, unter den veränderten Bedingungen des beginnenden 20. Jahrhunderts, diesen Versuch noch einmal. Die (nur in Ansätzen entwickelte) Religionstheorie von Karl Marx hat unter den so gearteten Versuchen die breiteste Wirkung erzielen können.

Allen diesen Versuchen aber ist gemeinsam, daß sie die Religion, deren (relative) Auflösungs-Resistenz sie deuten wollen, als Folge eines Selbst-Mißverständnisses des religiösen Menschen interpretieren. Die Religion hat, dieser Interpretation gemäß, eine vorübergehende Funktion im Leben des Individuums bzw. der Gesellschaft zu erfüllen; der religiöse Mensch dagegen hält sie für etwas Endgültiges. Der Kritiker erhebt insofern den Anspruch, die Religion besser zu verstehen als diese sich selbst und sie dadurch zu überwinden, daß er ihre Anhänger zu einem angemessenen Selbstverständnis führt. Seine Kritik ist hermeneutische (auslegende) Religionskritik. Dies gilt, wie sogleich zu zeigen sein wird, auch für Marx – obwohl gerade er sich nicht mit dem Interpretieren zufrieden geben, sondern die menschlichen Verhältnisse wirksam verändern wollte.

437. Klassiker der „hermeneutischen Religionskritik" – Feuerbach, Marx, Freud

Feuerbach bekennt sich ausdrücklich zum Programm einer hermeneutischen Religionskritik. „Ich lasse die Religion sich selber aussprechen. Ich mache nur ihren Dolmetscher, nicht ihren Souffleur" (Das Wesen des Christentums, Vorwort zur 2. Auflage, Ausgabe Reclam, S. 22; vgl. auch: Vorwort zur 1. Auflage, S. 18). Nach seiner Interpretation beruht „die Religion auf dem wesentlichen Unterschiede des Menschen vom Tiere" (a.a.O., 1. Kap., S. 37), nämlich der Fähigkeit, zu unterscheiden zwischen dem, was er als Repräsentant der Gattung, und dem, was er als Individuum ist. Als Repräsentant der Gattung ist er fähig, Akte der allgemeingültigen Erkenntnis, des sittlichen Wollens, der selbstlosen Liebe zu setzen. Als Individuum erfährt er in diesen Akten den „Triumph" der Gattung über das Individuum, das sich der allgemeinen Menschenvernunft, dem allgemeinen praktischen Vernunftgesetz, der Pflicht zur selbstlosen Liebe unterwirft (vgl. a.a.O., 1. Kap., S. 40).

Aus solchen Erfahrungen entsteht, von seiten des Individuums, das Bewußtsein von der unendlichen Differenz und zugleich von der unbedingten Abhängigkeit, verbunden mit der Sehnsucht nach Versöhnung und mit der Gewißheit, daß sie nicht ausbleiben kann. Diese Momente aber: Differenzbewußtsein, Abhängigkeitsbewußtsein, Versöhnungs-Sehnsucht und Versöhnungs-Gewißheit machen gemeinsam das Wesen der Religion aus. Nur weiß der religiöse Mensch nicht, worauf diese Momente seines religiösen Bewußtseins beruhen: auf dem Gegensatz und zugleich der Einheit von Gattungswesen und Individuum im Menschen. Und so sucht er außer sich, als Versöhnung mit Gott, was er nur in sich, als Einheit von Individuum und Gattung, finden kann.

Auf diesem Selbst-Mißverständnis beruht die Religion. Daß aber das religiöse Bewußtsein in einer solchen Selbsttäuschung befangen ist und sich seiner philosophischen Selbst-Enttäuschung widersetzt, hat einen einfachen Grund: Selbstbewußtsein ist kein unmittelbares Wissen, sondern wird auf einem dialektischen Umweg gewonnen. „Der Mensch verlegt sein Wesen zunächst außer sich, ehe er es in sich findet" (a.a.O., 2. Kap., S. 53). Deshalb ist die Religion „das erste und zwar indirekte Selbstbewußtsein des Menschen" (ibid); und erst der Philosoph, der diesen Zusammenhang durchschaut, findet dort, wo der religiöse Mensch über Gott zu sprechen meint, eine verschlüsselte Weise, wie der Mensch über sich selber spricht. Für den philosophischen Interpreten ist „die Religion die feierliche Enthüllung der verborgenen Schätze des Menschen, das Eingeständnis seiner innersten Gedanken, das öffentliche Bekenntnis seiner Liebesgeheimnisse" (ibid).

Für die Geschichte der religiösen Ideen ist dieses sein Verfahren in zweifacher Hinsicht bedeutsam geworden: Einerseits ermöglichte es eine psychologische Religionswissenschaft, die auch demjenigen Forscher, der sich nicht zu derjenigen Religion bekennt, die er erforscht, einen Zugang zum Verständnis dieser Religion erschließt: Religionsforschung wird zur Erforschung des religiösen Bewußtseins, dessen Eigenart an den Inhalten der religiösen Verkündigung abgelesen werden kann. Andererseits brachte es die Anhänger der Religion (und speziell des Christentums) in eine eigenartige Lage: Ihre Weigerung, diese Interpretation als angemessen anzuerkennen, wurde vom Kritiker als Anzeichen dafür gewertet, daß der religiöse Mensch auf einer bestimmten Stufe in der Entwicklung seines Selbstbewußtseins stehengeblieben sei: auf der Stufe eines nach außen gewendeten, „indirekten“ Selbstbewußtseins, das in den vermeintlich „außen“ oder „oben“ vorgefundenen religiösen Gegenständen sich selbst noch nicht wiedererkennt. Insofern gleicht, dieser Interpretation nach, der religiöse Mensch dem Kinde, das in den Produkten seiner Phantasie reale Gegenstände zu finden meint und sie noch nicht als Spiegel der eigenen Seele begreift.

Die nächstliegende Erklärung für den Widerstand, welchen die religiösen Menschen der Aufklärung über die „wahre“ Bedeutung der Religion entgegensetzten, schien nun darin zu liegen, daß das Festhalten an der Religion, auch bei Erwachsenen und aktiven Kulturgenossen, auf einem Widerstand gegen das Erwachsenwerden beruhe, der seinerseits aus psychischen Gründen herzuleiten sei. Diesen durch Feuerbachs Überlegungen unmittelbar nahegelegten Erklärungsweg ist, achtzig Jahre nach Feuerbach, Sigmund Freud gegangen.

Ausgangspunkt seiner Überlegungen ist die Ambivalenz der Gefühle, mit denen Kinder ihrem Vater begegnen, weil dieser einerseits ihre Freiheit beschränkt, andererseits aber ihnen Geborgenheit gewährt und gerade deshalb Verstöße gegen seine Befehle mit Liebesentzug bestrafen kann. Dieser Gefühlsambivalenz entspricht ein weiterer Zwiespalt der Gefühle, mit denen der Heranwachsende seine neue Unabhängigkeit erlebt: als Freiheits-Gewinn, als Geborgenheits-Verlust und als ein Leben, in dem er, in einer anonym gewordenen Gesellschaft, einen Mangel an Liebe empfindet, der ihn an kindliche Erlebnisse des strafenden Liebes-Entzugs erinnert. Dadurch werden in ihm Schuldgefühle ausgelöst. Ausdruck dafür sind Mythen und Träume vom Vatermord und dem anschließenden Beschluß der vatermörderischen Kinder, von jetzt an den Willen des getöteten Vaters zu tun.

Die Ambivalenz der Gefühle im Heranwachsenden hat nicht selten bleibende Folgen für das Erwachsenenalter: Sie erzeugt den Wunsch, die gewonnene Freiheit mit einer neuen Geborgenheit dadurch zu vereinen, daß der Erwachsene sich als Kind eines himmlischen Vaters wissen darf, dessen Liebe durch die Erfüllung seiner Gebote erworben werden kann. Auf diesem Wunsch beruht, nach Freuds Auffassung, die Religion. Die Heftigkeit dieses Wunsches aber garantiert, trotz aller intellektuellen Religionskritik, die Zukunft der religiösen Illusion (vgl. die beiden Aufsätze „Das Unbehagen in der Kultur“ und „Die Zukunft einer Illusion“).

Die Religion ist, so verstanden, die fiktive Kompensation psychischer Schäden, die der Mensch während der Reifungsphase erlitten hat. Sie wird überwunden, wenn es dem Betroffenen, gegebenenfalls mit Hilfe des Therapeuten, endlich gelingt, sein Erwachsensein zu akzeptieren.

Marx dagegen hielt jene Dialektik, aufgrund deren der Geist (nach Hegel) oder das menschliche Selbstbewußtsein (nach Feuerbach) nur auf dem

Weg über die „Entäußerung an Gegenstände“ zu sich selber finden kann, für die bloße psychische Spiegelung der ökonomischen Dialektik. Diese beruht darauf, daß der Mensch sich selbst (näherhin: seine Lebens- und Arbeitskraft) nur dadurch reproduzieren kann, daß er äußere Güter produziert, die, von einer gewissen Entwicklungsstufe der Produktionsverhältnisse an, auf dem Markt gehandelt werden. Was für Feuerbach die Spannungs-einheit zwischen den beiden Eigenschaften des Menschen ist, Individuum und Repräsentant der Gattung zu sein, ist bei Marx die Spannung zwischen den individuellen Bedürfnissen des Menschen und der Notwendigkeit, sich als Glied der Produktionsverhältnisse zu verhalten. Und der „Triumph der Gattung über das Individuum“, den Feuerbach in den Akten der allgemeingültig-objektiven Erkenntnis, der sittlichen Tat und der Gesinnung selbstloser Liebe zu beobachten meinte, ist für Marx der Ausdruck des dem Individuum auferlegten Zwangs, sich denjenigen Regeln zu unterwerfen, auf denen die ökonomischen Abläufe in der Gesellschaft beruhen.

Sofern also die Religion das Bewußtsein der unendlichen Differenz und der schlechthinnigen Abhängigkeit ist, ist dieses „religiöse Elend“ die Spiegelung des realen, näherhin des sozialen Elends; sofern sie dagegen Ausdruck des Wunsches ist, mit einer als fremd und zugleich als unendlich überlegen erfahrenen Macht versöhnt zu werden, ist sie zugleich die Antizipation einer Zukunft, in der die reale, soziale Entfremdung nicht mehr besteht. „Die Religion ist in einem der *Ausdruck* des wirklichen Elends und in einem die *Protestation* gegen das wirkliche Elend“ (Zur Kritik an Hegels Rechtsphilosophie – Einleitung; MEW I, 378).

Soll daher die Religion – deren fiktiver Charakter, wie Marx meint, seit Feuerbach endgültig erwiesen ist – wirklich überwunden werden, dann nicht, wie Feuerbach meinte, durch Aufklärung und „Selbst-Enttäuschung“ des religiösen Menschen, freilich auch nicht, wie später Sigmund Freud vorschlug, durch therapeutische Anleitung zur Überwindung von Reifungskrisen des Individuums, sondern allein durch die reale Befreiung vom realen Elend, das, solange es besteht, immer wieder Religion erzeugen wird. Denn solange dieses reale Elend besteht, findet die „Protestation“ immer nur fiktive Erfüllung durch die Hoffnung auf ein besseres Jenseits. Als solche fiktive Befriedigung von Forderungen, die unabweislich, aber unter bestehenden Bedingungen nur fiktiv erfüllbar sind, ist die Religion „das Opium des Volkes“, d.h. das Rauschmittel, das einen Ausblick in eine bessere Welt vortäuscht. Daher kommt es, zur Überwindung dieser Fiktion, nicht darauf an, die Welt und mit ihr den Menschen und seine religiöse Vorstellungen, mit Feuerbach, neu zu interpretieren, sondern darauf, sie so zu verändern, daß die Protestation gegen das reale Elend auch real eingelöst werden kann, so daß der Mensch der fiktiven Befriedigung seiner Forderungen nicht mehr bedarf. (Dies der Sinn der berühmten elften und letzten der „Thesen gegen Feuerbach“: „Die Philosophen haben die Welt nur je verschieden interpretiert. Es kömmt aber darauf an, sie zu verändern.“)

Von den zuletzt genannten beiden Formen der hermeneutischen Religionskritik steht, trotz des großen zeitlichen Abstands, Freuds Auffassung von der Religion derjenigen Feuerbachs näher. Sie hat mit ihr nicht nur den psychologischen Interpretationsansatz gemeinsam, sondern sie teilt mit ihr vor allem den Kultur-Optimismus. Der Fortschritt der säkular gewordenen Kultur ist, unerachtet allen „Unbehagens“, das in ihr auftreten mag, unaufhaltsam; worauf es ankommt, ist, dem Einzelnen durch philosophische Aufklärung bzw. durch therapeutische Bemühung zur Überwindung jener Selbst-Mißverständnisse zu verhelfen, die ihn daran hindern, die Säkularität dieser Kultur als Chance zu freier Selbstbestimmung und autonomer Kulturtätigkeit zu ergreifen.

Gegenüber allen Versuchen, dem Einzelnen durch philosophische Aufklärung oder therapeutische Bemühung zur Überwindung seiner Selbst-Mißverständnisse zu verhelfen, hatte die marxistische Deutung der Religion als „Ausdruck des realen Elends und Protestation gegen das reale Elend“ die größere Chance, geschichtsbestimmend wirksam zu werden, und zwar nicht nur wegen der offensichtlich größeren Nähe zu politisch-revolutionärer Praxis, sondern auch deshalb, weil sie geeignet war, jene Erschütterung des Kultur-Optimismus zu überdauern, die im Gefolge des Ersten Weltkrieges eingetreten ist. (Davon wird sogleich, im nächsten Abschnitt, noch zu handeln sein.)

In dieser Kritik am bürgerlich-liberalen Kultur-Optimismus erwies sich der Marxismus auf die Dauer auch der Romantik als überlegen. Zwar hatte auch diese, wenigstens nach dem Ende ihrer ersten, pantheistisch gestimmten Phase, den Fortschrittsoptimismus der säkularen Kultur stets als Ausdruck einer irregeleiteten Hybris betrachtet, die Krise dieser Art von Kultur-Optimismus vorhergesehen und die Wiedererweckung eines religiösen Selbst- und Weltverständnisses als Ausweg aus der Krise empfohlen. Aber sie sah sich stets dem Vorwurf ausgesetzt, in der wehmütigen Erinnerung an eine bessere Vergangenheit (mochte diese in der mythischen Frühzeit der Völker oder im christlichen Mittelalter gesucht werden) sich selbst von der Gestaltung der politischen Zukunft auszuschließen. Demgegenüber empfahl sich der Marxismus, zunächst den meisten Exponenten der Arbeiter, sodann einer wachsenden Zahl von Intellektuellen, durch größere Praxisnähe, vor allem aber durch die Begeisterungskraft einer zukunftsgewandten Hoffnung.

So ist die Romantik in der zweiten Hälfte des 19. Jahrhunderts zwar eine Kraftquelle religiöser Erneuerung gewesen. Aber als Alternative zur säkular gewordenen Kultur ist sie nur in beschränktem Rahmen anerkannt worden.

Die schon erwähnte Tatsache, daß der Katholizismus gegen Ende des Jahrhunderts den „Kulturkampf" erfolgreich bestand und sogar Bismarck zum Einlenken zwingen konnte, ist ein Hinweis darauf, daß, nicht zuletzt unter romantischem Einfluß, Religiosität und kirchliche Gesinnung eine Breitenwirkung erzielt hatten. Diese gestattete es der katholischen Bevölkerung, die Eigenständigkeit der Religion innerhalb einer säkularen Kultur und die Eigenständigkeit der Kirche in einer ihr feindlichen politischen Umwelt wirksam zu verteidigen.

Im übrigen erbrachten die Angehörigen dieser – zahlenmäßig immerhin bedeutenden – Minderheit mannigfache Beweise dafür, daß sie es dem elitebewußten liberalen Bürgertum an kulturschöpferischer Kraft, der beginnenden marxistischen Arbeiterbewegung an politischer Handlungsfähigkeit gleichzutun vermochten. In der erstgenannten Hinsicht sei, im Sinne eines Beispiels, das auch für andere steht, auf die Gründung der „Görresgesellschaft", in der zweitgenannten Hinsicht auf die Tätigkeit der katholischen Arbeitervereine hingewiesen, deren Tätigkeit durch die päpstliche Enzyklika „Rerum Novarum" eine theoretische Grundlage und eine wirksame Ermutigung erfuhr. Die Hoffnung, daß die Religion den „dritten Weg" zwischen säkular-bürgerlichem Liberalismus und atheistisch-proletarischem Marxismus weisen werde, hatte in diesen Auseinandersetzungen ihre Bewährungsprobe zu bestehen.

So standen sich im ausgehenden 19. Jahrhundert im wesentlichen drei Auffassungen von der Religion gegenüber: Eine bürgerlich-liberale Auffassung sah in der Religion, vor allem im evangelischen Christentum, eine Quelle der nachrevolutionären Freiheitskultur, wobei diese Kultur freilich dazu bestimmt erschien, die Religion in sich aufzuheben und so zur konsequent säkularen Kultur zu werden. Eine proletarisch-atheistische Auffassung sah in der Religion einerseits den Ausdruck der sozialen Entfremdung, andererseits die Antizipation eines kommenden Gesellschaftszustands, in welchem die Entfremdung überwunden und damit sowohl der „Spiegelung" des sozialen Elends als auch der „Protestation" gegen das soziale Elend die reale Basis entzogen sein würde. In beiderlei Deutungen schien die Religion dazu bestimmt, ihre eigene Selbstaufhebung vorzubereiten.

Eine von der Romantik geprägte katholische Auffassung dagegen sah in der Religion zwar eine gegenüber der Kultur wie der Ökonomie und Politik eigenständige Größe, die zu einer Quelle spezifischer Gestaltung von Kultur und Politik werden könne. Aber alle diese Bemühungen hatten etwas Angestrengt-Apologetisches an sich und führten kaum über eine Situation hinaus, in der die Exponenten des Katholizismus weder von den liberal-bürgerlichen noch von den atheistisch-proletarischen Eliten als gleichwertig anerkannt wurden. Im Verhältnis zur säkular gewordenen Umwelt erschien die Religion vorwiegend als die Kraft eines aus Erinnerung gespeisten Widerstands gegen den „Zeitgeist" und als Quelle der Minderheitsfähigkeit, die eine Bewährungszeit von unbestimmter Dauer durchzuhalten habe.

In der Geschichte der religiösen Ideen muß dieser Zeitabschnitt als derjenige bezeichnet werden, in welchem die Religion eine Mentalität des „belagerten Turms" erzeugte, wie er in einer damals (und später erneut während der nationalsozialistischen Gewaltherrschaft) vielgesungenen Kirchenlied-Strophe zum Ausdruck kam: „Wohl tobet um die Mauern der Sturm in wilder Wut. Das Haus wird's überdauern, auf festem Grund es ruht."

Diese Situation änderte sich erst, als mit dem Ersten Weltkrieg das Vertrauen in den Kulturfortschritt zerbrach und ebendadurch der Religion, im Urteil vieler Zeitgenossen, neue Orientierungsaufgaben zugewachsen sind.

438. Der Zusammenbruch des Kulturoptimismus und die Neubestimmung des Verhältnisses von Glaube und Kultur

Der Erste Weltkrieg hat das Vertrauen zunichte gemacht, daß die Geschichte „der Gang des Weltgeistes durch die Zeit", die Kultur aber säkular gewordene Erscheinung Gottes sei. Hatte man nach den napoleonischen Kriegen vom Sieg einer großen sittlichen Idee sprechen können (der Idee des bürgerlichen Rechtsstaats), so war, trotz aller Bemühungen des Völkerbunds, am Ende des Ersten Weltkriegs eine vergleichbare politisch-moralische Leitidee nicht zu entdecken, deren Realisierung die Frucht so vieler Opfer gewesen sei. Die Frage, wofür auf der Seite der Sieger wie der Besiegten Millionen von Menschen ihr Leben gelassen haben, blieb auf schmerzliche Weise offen. In dieser Lage hatte die Religion zunächst ihre alte Aufgabe wieder zu erfüllen: die Erfahrungen von Leid, Schuld und Tod zu deuten und den Menschen angesichts solcher Erfahrungen zu einem menschlichen Leben fähig zu machen.

Auf diese Herausforderung hat zunächst die evangelische Theologie zu antworten versucht. Die Botschaft von der Rechtfertigung des Sünders, für Luther die Mitte der Schrift, noch für Kant Gegenstand einer philosophischen „Deduktion", vom liberalen Bürgertum und seinem Kulturoptimismus als Restbestand aus dem Mittelalter beiseitegesetzt, wurde nun gerade für diejenigen Menschen, die Krieg, Revolution und die Not der Nachkriegszeit erlebt hatten, auf neue Weise aktuell. Und der Dienst an dem Wort, das diese Botschaft vermittelt, konnte zugleich als der unverwechselbare Dienst der Christen an den Menschen und an der Gesellschaft dieser Weltzeit begreiflich gemacht werden. Demgegenüber erscheint der „Kulturprotestantismus" als ein einziges Gefüge von „Illusionen" (so der Titel eines Buches von Friedrich Gogarten „Illusionen – Eine Auseinandersetzung mit dem Kulturidealismus" [Jena 1926]).

Im übrigen haben die beiden christlichen Bekenntnisse auf den Zusammenbruch des bürgerlich-liberalen Kultur-Optimismus vergleichbare und doch unterschiedliche Antworten gegeben. Kulturtätitgkeit, darin war man sich einig, ist nicht als solche Heilsdienst, sondern eine „rein weltliche Angelegenheit" (Gogarten, Illusionen 241). Sie setzt bestenfalls Zeichen des kommenden Heils (Barth, Die Kirche und die Kultur; in: Gesammelte Aufsätze II, 377). Gegenüber allen Versuchen, die Religion und den Glauben in die allgemeine Kultur und ihre Geschichte aufzuheben, gilt es, das unterscheidend Christliche zu betonen (vgl. Guardini, Die Unterscheidung des Christlichen). Dieses liegt im Zeugnis für das, was nicht Menschenwerk ist, sondern allein Gottes Werk: die Rechtfertigung des Sünders mitten im Gericht und die eschatologische Einlösung jener Verheißung, die der Welt seit ihrer Erschaffung eingestiftet ist. Wort und Sakrament sind die Weisen, wie das göttliche Heilswirken gegenwärtig und wirksam wird. Aller Dienst des Menschen und in diesem Sinne alle „Religion" – ein Wort, das evangelischerseits mit wachsender Vorsicht gebraucht wurde – ist nicht Selbstdarstellung menschlich-frommer Subjektivität, sondern selbsloser Dienst an der objektiven, allem menschlichen Zugriff entzogenen, Gott allein vorbehaltenen Heilswirksamkeit. „Alles, was das Volk Gottes in der Zeit seiner irdischen Pilgerschaft der Menschenfamilie an Gutem mitteilen kann, kommt letztlich daher, daß die Kirche [...] das Geheimnis der Liebe Gottes zu den Menschen zugleich offenkundig macht und verwirklicht" (Gaudium et spes, Teil I, Nr. 45).

Diese gemeinsamen Überzeugungen bildeten den Rahmen, innerhalb dessen auch die konfessionsspezifischen Ausprägungen des Glaubensverständnisses jener Jahre gesehen werden müssen: evangelischerseits die schärfere Betonung des „eschatologischen Vorbehalts", unter dem alles menschliche Wirken zu stehen hat (d. h. des Vorbehalts, daß alles menschliche Tun das Heil allenfalls bezeugen, nicht herbeiführen kann), katholischerseits die ausgeprägtere Bemühung, die kreatürliche und die sakramentale Zeichenhaftigkeit der Welt bei all ihrer Verschiedenheit doch als Momente eines umgreifenden Ganzen zu verstehen; deshalb evangelischerseits eher die Betonung der „reinen Weltlichkeit" der Kultur, katholischerseits eine Bemühung um „Heimholung der Welt" aus einer durch die sündhafte Geschichte entstandenen Gott-Entfremdung in ihre ursprüngliche, ihr durch die Schöpfung eingestiftete Gott-Beziehung.

In diesem Zusammenhang gehört auch jener Ausdruck aus der oben erwähnten Konzilsaussage, der beim Zitieren vorläufig ausgelassen wurde: „daß die Kirche das ‚allumfassende Sakrament des Heiles' ist, welches das Geheimnis der Liebe Gottes zu den Menschen zugleich offenkundig macht und verwirklicht". Diese Selbstbezeichnung der Kirche nimmt das sakramentale Wirken zum Modell auch für allen Weltdienst der Christen. Sie steht damit in Kontinuität zur „liturgischen Bewegung" der Zwischenkriegszeit. Der Grundgedanke der „liturgischen Bewegung", daß es die

Aufgabe der Glaubenden sei, in der gemeindlichen Feier durch Wort und Zeichenhandlung die Gegenwart göttlichen Heilswirkens zu vermitteln, hat in der „Mysterientheologie" des Benediktiners Odo Casel seine theoretische Grundlegung gefunden, in Romano Guardinis Schriften, vor allem aber in seiner Tätigkeit auf Tagungen und „Werkwochen", seine prägende Kraft für eine ganze Generation von katholischen Priestern und Laien bewiesen (vgl. Odo Casel, Die christliche Liturgie als Mysterienfeier; ders., Das christliche Kultmysterium. Romano Guardini, Vom Geist der Liturgie; ders., Von heiligen Zeichen). Die Liturgie-Enzyklika Papst Pius' XII. „Mediator Dei" hat diesen Gedanken, mit entschiedener Hervorhebung der Heilsmittlerschaft Christi als des primären Liturgen, zu einem Thema autoritativer kirchlicher Lehre gemacht.

Für die Geschichte der religiösen Ideen ist die liturgische Bewegung in mehrfacher Hinsicht bedeutsam geworden. Die Aufmerksamkeit verlagerte sich von den Akten des religiösen Individuums auf die feiernde Gemeinde. Deren primäre Aufgabe aber bestand nicht darin, die subjektiven Glaubens- und Lebenserfahrungen ihrer Glieder auszutauschen, sondern darin, der Realpräsenz dessen, was von Gott her objektiv schon gewirkt ist und sich am Ende der Tage vollenden soll, eine Stätte zu bereiten. Die gottesdienstlich sprechenden und handelnden Menschen treten zurück zugunsten des selbstlosen Dienstes an der Heilswirksamkeit der Ereignisse, die sie feiern. Der Begriff „objektive Frömmigkeit" wurde, in diesem Sinne verstanden, zu einem Leitwort der liturgischen Bewegung, die zu den wichtigsten „religiösen Innovationen" der Zwischenkriegszeit gerechnet werden kann und deren Wirkung nicht auf die katholische Kirche beschränkt blieb. Eine neue Hochschätzung des Sakramentsempfangs ist auch in den evangelischen Gemeinden entstanden. „Michaelsbruderschaft" und „Berneuchener Kreis" sind nur besondere Exponenten dieser viel weiter greifenden Erneuerungsbewegung.

439. Marxistische und antimarxistische Diktaturen und das Problem der „Pseudomorphosen" des Religiösen

Ganz anders als die Christen beider Bekenntnisse haben die Marxisten auf die Erfahrung vom Zusammenbruch des bürgerlich-liberalen Kultur-Optimismus reagiert. Sie hatten auf ihre Weise eine Antwort auf die Frage, wofür die Opfer des Ersten Weltkriegs gestorben seien: Das Ende der drei Kaiserreiche (Rußland, Österreich-Ungarn und Deutschland) war der Vorbote des Endes der bürgerlichen Gesellschaft in allen Ländern der Welt und des ihrer Rechtsidee (in Wahrheit: dem Klassen-Interesse der Bürgerklasse) entsprechenden Staates. Und wie die bürgerliche Kultur die Religion in sich aufgehoben habe, so werde die klassenlose Gesellschaft die bürgerliche

Freiheitsidee in sich aufheben, d. h. dadurch realisieren, daß sie ihre spezifisch bürgerliche, auf Markt- und Tauschfreiheit hin zentrierte Form überflüssig macht.

Die Religion aber werde in dieser kommenden Gesellschaft ebenso überflüssig werden wie die Zwangsgewalt des Rechts. Wo es keinen Widerstreit zwischen individuellen und öffentlichen Interessen mehr gibt, muß das öffentliche Interesse nicht länger mit Gewalt durchgesetzt werden. Und wo Entfremdung und Abhängigkeit in der Realität überwunden sind, besteht kein Anlaß mehr, von einem besseren Jenseits zu träumen. Der „Arbeiter- und Bauernstaat", der auf den Trümmern des Zarenreichs errichtet wurde, war als Platzhalter einer weltweiten Gesellschaft jenseits von Religion und Staat gedacht.

Der Übergang zum „Leninismus" war nun durch die Erfahrung bedingt, daß weder die „Proletarier aller Länder" sich der Revolution anschlossen noch die Bevölkerung im eigenen Lande sich vorbehaltlos in ihren Dienst stellte. Das Revolutions-Regime, seinem eigenen Anspruche nach als Organisationsform der Bauern und Arbeiter für die Übergangszeit bis zum Absterben des Staates gedacht, mußte sich mit Waffengewalt nach außen und mit Polizeigewalt nach innen behaupten. Und da man in der Religion eine wirksame Stütze konterrevolutionärer Bestrebungen sah, wurde die Religionsverfolgung durch Verhaftung und Internierung von Bischöfen, Priestern und Gläubigen, Beschlagnahme von Kirchen, Verbot der religiösen Unterweisung von Kindern, Behinderung der Abhaltung von Gottesdiensten immer systematischer betrieben.

Dies wiederum hatte zur Folge, daß marxistische Parteien außerhalb der Sowjetunion in den Verdacht gerieten, die Verfolgung der Religion mindestens zu billigen, vermutlich sogar, im Falle ihrer Machtergreifung, auch in anderen Ländern anzustreben. Entgegengesetzte Versicherungen marxistischer Politiker in Westeuropa erschienen als leicht durchschaubare Schutzbehauptungen im Dienste des Machterwerbs. Die Abwehr des Marxismus erschien deshalb als unabweisliche Aufgabe aller Kräfte, denen es um die Erhaltung der Religion oder wenigstens um deren unbehinderte Duldung zu tun war. War eine solche Abwehr nur um den Preis einer Diktatur zu erreichen, dann konnten Diktatoren wie General Carmona in Portugal (1926) und der von ihm ernannte Ministerpräsident Salazar (1932), später auch Franco in Spanien (1936 bzw. 1939) mit der Unterstützung religiöser Bevölkerungskreise rechnen. Die Geschichte der religiösen Ideen geriet in den Schatten der Auseinandersetzung zwischen marxistisch-revolutionärer und antimarxistisch-diktatorischer Gewalt. Und die differenzierende Betrachtung der Inhalte religiöser Verkündigung machte weithin der einen Frage Platz, was „die Religion" oder eine bestimmte Religion zur Abwehr des Marxismus oder aber zum Sturz der antimarxistischen Diktatur beitragen könne oder beigetragen habe. Auf die eine wie auf die andere Art aber wurden religiöse Ideen als Ideologien bewertet; d. h. als Instrumente zur Erhaltung oder Veränderung politisch-gesellschaftlicher Machtverhältnisse.

Vor der Gefahr, ideologisch mißbraucht zu werden, sei es als Instrument antimarxistischer Diktatur, sei es als Mittel zur Bekämpfung dieser Diktatur, blieb das Christentum beider Konfessionen auch in Deutschland nicht verschont. Die Lage komplizierte sich hier dadurch, daß das nationalsozialistische Regime, legal durch Reichstagswahlen und ein verfassungsänderndes „Ermächtigungsgesetz" zu diktatorischer Macht gekommen, in seinem Verhältnis zur Religion ein eigentümliches Doppelgesicht zeigte. Eindeutig war die Ablehnung des „gottlosen Marxismus"; andererseits wurden „Freimaurer, Juden, Jesuiten und Marxisten" als Vertreter eines „Internationalismus" betrachtet, der im Namen der „nationalen Erneuerung" zu bekämpfen sei (vgl. Ludendorffs Kampfbund „gegen die überstaatlichen Mächte"). Dazu kam, daß Hitler einerseits die christlichen Kirchen ausdrücklich als „wichtigste Faktoren der Erhaltung unseres Volkstums" anerkannte, sie aber gerade dadurch für eine nationale Ideologie in Dienst zu nehmen versuchte, die der christlichen Botschaft inhaltlich widersprach („Das deutsche Volk ist nicht erbsündig, sondern erbadelig"). Diese Ideologie enthielt, wenigstens in Ansätzen, Momente einer eigenen, mit dem Christentum konkurrierenden Religion in sich, die am deutlichsten in der von Mathilde Ludendorff initiierten Bewegung „für artgemäße deutsche Gotteserkenntnis" und der diese Bewegung tragenden Organisation „Ahnenerbe" zum Ausdruck kamen.

Zwar blieben derartige Versuche, Mythologie und Ritual der alten Germanen zu neuem Leben zu erwecken, selbst innerhalb der nationalsozialistischen Bewegung auf einen recht engen Kreis von Anhängern beschränkt. Doch wurden dadurch, für das Selbstverständnis der Religion, einige Grundsatzfragen aufgeworfen: Zunächst entstand die Frage, ob und inwieweit, nach Jahrhunderten prophetischer und philosophischer Mythenkritik und nach einer Epoche säkularer Kultur, Naturmythologien überhaupt wieder zu prägenden Kräften des individuellen und vor allem des gemeinschaftlichen Lebens werden können. Diese Frage bleibt, weit über die nationalsozialistische Episode hinaus, auch heute bedeutsam angesichts mancher Versuche, diesmal teils unter ökologischem, teils unter feministischem Vorzeichen, der bedrohten „Mutter Erde" durch wiedererweckte Mythen und Riten einer (vermuteten) matriarchalischen Frühzeit des Menschengeschlechts zu Hilfe zu kommen.

Eine weitere Frage, die im Zusammenhang nationalsozialistischer Religionsauffassung entstand, war die nach Herkunft und Wahrheitsanspruch von Religion überhaupt. Während die Marxisten die Religion als Ideologie verstanden (als ein Gefüge von Vorstellungen und Handlungsweisen, deren Anspruch, wahr bzw. gut zu sein, der Durchsetzung von Herrschaftsansprüchen bzw. der Zurückweisung solcher Herrschaftsansprüche dient), galt die Religion den Nationalsozialisten, und zwar keineswegs nur den Anhängern der Organisation „Ahnenerbe", als Teil der „Weltanschauung", in der sich die durch das Erbgut bedingte Eigenart einer Rasse Ausdruck verschafft. Die Frage nach der „Wahrheit" einer Religion reduzierte sich damit auf die Frage nach ihrer „Artgemäßheit", gemessen an der rassischen Eigenart derer, denen diese Religion gepredigt werden soll. Diese Auffassung könnte man heute für so sehr überholt halten, daß eine theoretische Auseinandersetzung mit ihr sich nicht mehr lohnt – wenn nicht in den Theorie-Ansätzen der „genetischen Erkenntnistheorie" Elemente einer Auffassung enthalten wären, die alle Formen der Informationsverarbeitung und deshalb auch der Weltdeutung auf den „genetischen Code" und dessen gattungsgeschichtliche Differenzierung zurückführt und deshalb, unter verändertem Namen, den Gedanken einer erbbedingten und in diesem Sinne „artgemäßen" Religion wieder nahelegen könnte.

Während der nationalsozialistischen Herrschaft konzentrierte sich das Programm einer „artgemäßen Religion" auf die Forderung nach einer „Entjudung" des Christentums.

Der katholischen Kirche gegenüber konnte diese Forderung nur „von außen" vorgebracht werden, etwa durch Presse-Artikel in Parteiorganen mit dem Ansinnen, die Unterweisung über alttestamentliche Themen aus den Lehrplänen des Religionsunterrichts zu entfernen. Solchen und ähnlichen Versuchen trat Kardinal Faulhaber durch seine Adventspredigten 1933 „Germanentum, Judentum, Christentum" entgegen. Auf evangelischer Seite wurde diese Forderung durch die „Deutschen Christen", die im Juli 1933 bei den Wahlen zur „Nationalsynode" der Deutschen Evanglischen Kirchen und zu den „Generalsynoden" zahlreicher Landeskirchen die absolute Mehrheit erreicht hatten, in die Kirche selbst hineingetragen. (Die Forderungen einer Großkundgebung vom 13. November 1933 sind dokumentiert in: Alfred Burgsmüller u. a. [Hrsg.]; Die Barmener theologische Erklärung, Einführung und Dokumentation, [Neukirchen 1983].)

Damit wurde deutlich, daß der „status confessionis" erreicht war, d. h. jener Zustand, in welchem das christliche Bekenntnis als ganzes in Frage stand. Gegen den „Reichsbischof" und die von ihm eingesetzte „Reichskirchenregierung" wandten sich daraufhin der „Pfarrernotbund", unterstützt von der Mehrheit der Gemeinden und mehreren Landeskirchen. Und die von ihnen einberufene Bekenntnissynode von Barmen wies den Versuch, die Kirche für die Durchsetzung der nationalsozialistischen Weltanschauung in Dienst zu nehmen, zurück. „Wir verwerfen die falsche Lehre, als dürfe die Kirche die Gestalt ihrer Botschaft [...] dem Wechsel der jeweils herrschenden weltanschaulichen und politischen Überzeugung überlassen [...]. Wir verwerfen die falsche Lehre, als solle und könne der Staat [...] die einzige und totale Ordnung menschlichen Lebens werden und also auch die Bestimmung der Kirche erfüllen [...], als solle und könne die Kirche [...]

selbst zu einem Organ des Staates werden". Die auf dieser Grundlage sich formierende „Bekennende Kirche" sprach auf der 2. Bekenntnis-Synode in Berlin-Dahlem 1934 über den Reichsbischof Müller den Bann aus. Eine „Vorläufige Kirchenleitung" verurteilte 1935 die Vergötzung von Rasse, Volk, Blut und Boden, 1936 die Errichtung von Konzentrationslagern und hielt 1938 Gottesdienste ab, die sich gegen die militärische Intervention in der Tschechoslowakei richteten.

So kann der Unterschied der Erfahrungen, die die beiden christlichen Kirchen mit dem Nationalsozialismus gemacht haben, vereinfachend so beschrieben werden: Die katholische Kirche hat den Nationalsozialismus primär als einen äußeren Feind erfahren. Ihn versuchte man zunächst durch vertragliche Vereinbarungen zu mäßigen, wie dies in Italien, dem Faschismus gegenüber, durch die Lateranverträge offensichtlich gelungen war. Freilich mußte man alsbald erkennen, daß dieser Feind gegen Christentum und Kirche einen Vernichtungskampf führte. So sprach Papst Pius XI. in seiner Enzyklika „Mit brennender Sorge" von „Machenschaften [scil. der Nationalsozialisten], die von Anfang an kein anderes Ziel kannten als den Vernichtungskampf". Und dieser von ihm benutzte Begriff stand im Mittelpunkt des erregten Briefwechsels zwischen dem Reichsminister für kirchliche Angelegenheiten, Kerrl, und dem Vorsitzenden der „Fuldaer Bischofskonferenzen", Kardinal Bertram (dokumentiert in: „Mit brennender Sorge" – Das christliche Deutschland 1933–1945, Katholische Reihe, Heft 1, 1945).

Die evangelische Kirche dagegen, die genötigt war, den Kampf mit der nationalsozialistischen Weltanschauung als innerkirchliche Auseinandersetzung zu führen, erfuhr diesen Gegner primär als Verführungsmacht im Innern, dem mit Berufung auf die Schrift und das Bekenntnis entgegenzutreten sei.

Unerachtet dieses Unterschieds hat der gemeinsame Abwehrkampf gegen den Nationalsozialismus die christlichen Konfessionen in Deutschland auf eine Weise zusammengeführt, die bis dahin nicht denkbar gewesen wäre. Gemeinden beider Kirchen haben die Verhaftung ihrer Pfarrer erlebt; Geistliche und Laien aus beiden Kirchen sind den Weg des Martyriums gegangen. Glaubenszeugen wie der evangelische Theologe Dietrich Bonhoeffer oder der Jesuit Rupert Mayer haben Christen beider Konfessionen im Glauben bestärkt und sind, weit über das Ende der nationalsozialistischen Herrschaft hinaus, zu Beispielsgestalten für christliche Gewissenstreue geworden. Bonhoeffers Briefe, 1951 unter dem Titel „Widerstand und Ergebung" herausgegeben, wurden zu einem maßgeblichen Dokument christlicher Glaubenstreue in der Zeit der Bedrängnis. Die Intensität des Dialogs und der praktischen Zusammenarbeit der christlichen Konfessionen, wie sie sich nach dem Kriege in Deutschland entwickelt haben, wäre ohne diese Erfahrung gemeinsamer Bedrohung und gemeinsamer Errettung nicht zustandegekommen.

Und noch in einer zweiten Hinsicht hat die Auseinandersetzung mit dem Nationalsozialismus das Selbstverständnis der christlichen Bekenntnisse verändert. Anlaß der nationalsozialistischen Angriffe war ja die Tatsache, daß das Christentum nicht nur historisch aus dem Judentum stammt, sondern von dieser „Wurzel" bleibend „getragen" wird. „Nicht du trägst die Wurzel, sondern die Wurzel trägt dich" (Paulus im Brief an die Römer 11, 18). Deutlichstes Anzeichen dafür ist, daß die hebräische Bibel als „Altes Testament" in die heiligen Schriften der Christen eingegangen ist. Und im Zusammenhang der „beiden Testamente" wird deutlich, daß die Verkündigung Jesu vom nahe herbeigekommenen Reich Gottes gerade nicht etwas „Heldisch-Germanisches" verkündigte, sondern die Erfüllung der Verheißungen, die den Propheten Israels gegeben waren. Für diese Zusammenhänge hatten die Gegner des Judentums, die eben deshalb zu Gegnern des Christentums wurden, zuweilen einen schärferen Blick als die Mehrzahl der Christen selbst. Aber als mit dem Ruf nach „Entjudung" der Angriff erfolgte, wurde auch den Christen klar, daß mit dem „Antisemitismus" der Nationalsozialisten auch ihre eigene Sache auf dem Spiele stand. Eine Äußerung Papst Pius' XI. wurde damals, als klärendes Wort, von Mund zu Mund weitergegeben: „Wir alle sind, geistlich gesehen, Semiten."

Erst durch den nationalsozialistischen Angriff wurde das Bewußtsein für die wesentliche Zusammengehörigkeit von Judentum und Christentum so geschärft, daß nach dem Kriege der jüdisch-christliche Dialog als ein gemeinsames Anliegen der Christen entdeckt und die Schuld der Christen an den Juden bewußt gemacht werden konnte, so daß heute kein Katholikentag oder Kirchentag mehr ohne jüdisch-christliche Foren und einen jüdisch-christlichen Gemeinschaftsgottesdienst begangen werden kann.

Für die Geschichte der religiösen Ideen hatte gerade diejenige Form der Auseinandersetzung mit dem Nationalsozialismus, die von der evangelischen Kirche geführt werden mußte, eine wichtige Konsequenz: In den Mittelpunkt der Aufmerksamkeit rückte nun, anstelle der Frage nach dem Verhältnis des christlichen Glaubens zur säkular gewordenen Kultur, die Frage nach Kriterien, die es gestatten, Fehlbildungen der Religion (z. B. die als „Mythos des 20. Jahrhunderts" auftretende und sich mit Ritualien aus dem religiösen Erbe schmückende nationale Ideologie) als solche zu erkennen und den christlichen Glauben von ihrem Einfluß zu bewahren. Nicht die Säkularität der Kultur, sondern Pseudomorphosen der Religion erschienen nun als die Gefahr, die es zu erkennen und zu bannen galt.

In dieser Situation entstand die Frage: Ist die von Friedrich Gogarten hervorgehobene „reine Weltlichkeit" der protestantischen Lebensform der beste Schutz vor derartigen pseudoreligiösen Verführungen? Oder kommt es darauf an, in den vielfältigen Erscheinungen des Religiösen den „wahren Kern" von der Vielgestalt jener Fehlbildungen zu sondern, die zweifellos in

Geschichte und Gegenwart der Religionen zu beobachten sind? Zwei Erfahrungen sprechen für die zuletzt genannte Antwort:

Erstens nämlich hat die fortschreitende Säkularisierung der Gesellschaft dazu geführt, daß auch die christliche Botschaft nicht mehr verständlich ausgesagt werden kann. Die Schwierigkeiten der Evangelisation in der östlichen Hälfte Deutschlands, wo die Sprache der Religion für weite Kreise der Bevölkerung nahezu zur Fremdsprache geworden ist, sind dafür ein Beispiel: Selbst eine neue Hochschätzung, die der Kirche nach den Ereignissen des Herbstes 1989 zugewachsen ist, hat nicht verhindern können, daß in einer nun wirklich säkular gewordenen Umwelt das Wort des Evangeliums für viele zum unverständlichen Wort geworden ist.

Demgegenüber haben alle Versuche, in einer säkular gewordenen Welt „weltlich", ja „atheistisch von Gott zu reden", keinen Weg aufzeigen können, die Unverwechselbarkeit der christlichen Botschaft gegenüber sozialen und politischen Programmen deutlich zu machen. Im Ergebnis haben sie im Gegenteil zu jener „Resakralisierung" einzelner Weltbereiche, vor allem der politisch-gesellschaftlichen Ordnung bzw. ihrer Umgestaltung, geführt, vor der Gogarten hatte warnen wollen. Wo „die Religion" schlechthin zu etwas Unbekanntem geworden ist, wird das christliche Bekenntnis sprachlos. Und wo zugunsten einer pauschalen Verurteilung des Religiösen überhaupt versäumt wird, Kriterien zur Unterscheidung der Religion von ihren Fehlbildungen zu suchen, da wuchern die Formen götzendienerischer Aufwertung des Welthaften zu neuer Sakralität.

Zweitens aber ist in einer Zeit, in der die Begegnung der Kulturen den Dialog verlangt, die Säkularität der Kultur aber sich als ein europäisches Proprium erweist, nach dem Urteil vieler Theologen nicht prinzipielle Ablehnung der Religion zugunsten eines „religionsfreien Christentums" angezeigt, sondern der Dialog der Religionen unumgänglich geworden. Er aber kann nicht geführt werden, wenn man „das Religiöse" schlechthin als das Verführerische wertet, sondern nur, wenn man eine kritische Scheidung zwischen der Religion und ihren Fehlformen wenigstens versucht.

Diesen Weg hat das Zweite Vatikanische Konzil einzuschlagen versucht, wenn es in seinem Dekret über die nichtchristlichen Religionen formulierte: „Die katholische Kirche lehnt nichts von alledem ab, was in diesen Religionen wahr und heilig ist. Mit aufrichtigem Ernst betrachtet sie jene Handlungs- und Lebensweisen, jene Vorschriften und Lehren, die zwar in manchem von dem abweichen, was sie selber für wahr hält und lehrt, doch nicht selten einen Strahl jener Wahrheit erkennen lassen, die alle Menschen erleuchtet. Unablässig aber verkündet sie und muß sie verkündigen Christus, der ist ‚der Weg, die Wahrheit und das Leben', in dem die Menschen die Fülle des religiösen Lebens finden, in dem Gott alles mit sich versöhnt hat" (aus dem Konzilsdekret „Nostra aetate" nr. 2).

440. Versuch einer Rückschau und eines Ausblicks

Mit der soeben zitierten Konzils-Äußerung kehrt am Ende der hier behandelten Epoche eine Frage wieder, die zu ihrem Beginn, in der Aufklärungszeit, gestellt worden war: ob den „empirischen Religionen" der Völker ein Kern von „natürlicher" Religiosität innewohne (die freilich nicht mehr, wie die Aufklärung meinte, mit der „Vernunftreligion" der Philosophen gleichgesetzt werden darf) und ob die „Offenbarungsreligion" (auch) die Aufgabe habe, diesen Kern vernünftiger Religiosität aus seinen historisch entstandenen Fehlformen zu befreien.

Damit freilich stellt sich zugleich die Frage neu, wie diejenigen Formen religiöser Kreativität zu beurteilen seien, aus denen, wie Eliade mit Recht festgestellt hat, der Säkularisierungsprozeß hervorgegangen ist. Diese Frage stellt sich um so dringender, als auch der Marxismus, der nach dem Ende des bürgerlichen Kultur-Optimismus und der in dieser Kultur implizit fortlebenden idealistischen Religionsauffassung den Säkularisierungsprozeß konsequent zu Ende zu führen schien, seine Glaubwürdigkeit eingebüßt hat. Dieser Glaubwürdigkeitsverlust geschah schon durch seine Realisierung in Gestalt des Leninismus: Statt das vorhergesagte Absterben des Staates voranzutreiben, entwickelte er sich zur Tyrannis nach innen und zur militärischen Großmacht nach außen; und statt durch Abschaffung des realen Elends die Religion, wie er selber es beansprucht hatte, überflüssig zu machen, wußte er sich ihrer nur durch immer rücksichtslosere Verfolgung zu erwehren. Und dieser Glaubwürdigkeitsverlust wurde den von ihm beherrschten Völkern vollends offenkundig, als sich, anstelle der vorhergesagten Freisetzung ungeahnter wirtschaftlicher und kultureller Kräfte, der Rückstand gegenüber den „kapitalistischen" Völkern immer deutlicher steigerte und Staat und Wirtschaft an den Rand des Zusammenbruchs gerieten. In dieser seiner realen Gestalt bot und bietet der Marxismus sich nicht als Alternative zu einem wiedererwachenden liberalen Kulturoptimismus an, noch weniger als Alternative zu einem Christentum, das infolge der durchlebten Krise seiner zentralen Inhalte neu bewußt geworden ist.

Wenn weder die bürgerlich-liberale noch die proletarisch-revolutionäre Form der säkularen Gesellschaft sich als fähig erwiesen hat, ihre jeweilige Krise zu bestehen, und wenn andererseits die romantische Sehnsucht nach der Wiederkehr einer in der Rückschau vergoldeten früheren Zeit sich als vergeblich erwiesen hat (von den Versuchen der Wiederbelebung eines „Ahnenerbes" ganz zu schweigen), dann könnte ein Betrachter zu dem Eindruck gelangen, die gesamte europäische Kulturentwicklung sei ein Irrweg der Religionsgeschichte gewesen.

Zwar sind die in diesem Kapitel beschriebenen Formen der religiösen Akte und der ihnen jeweils „originär erschlossenen" hierophantischen Gegenstände Zeugnisse einer hoch beachtlichen religiösen Kreativität gewesen. Aber es entsteht der Anschein, diese besondere, spezifisch neuzeitlich-europäische Gestalt der religiösen Kreativität habe die Selbstaufhebung der Religion und sogar ihrer Säkularisierungsprodukte zur notwendigen Folge gehabt. Denn zuerst habe sich die Religion in die säkulare Kultur hinein aufgehoben – bis hin zu der von Eliade beschriebenen „vollständigen Verschleierung des Heiligen“. Dann aber sei diese säkulare Kultur in ihrer bürgerlichen wie in ihrer marxistischen Gestalt an die Schwelle ihrer Selbstaufhebung geraten, nicht durch übermächtige äußere Einflüsse, sondern durch die Logik ihrer Eigenentwicklung.

Es ist verständlich, daß viele Zeitgenossen in dieser Lage sowohl die religiöse als auch die kulturelle Erneuerung von der Nachahmung *außer*europäischer Vorbilder erwarten: Eine wachsende Zahl von Menschen in Europa erhofft einen Ausweg aus der Krise eher von indischen Wiederverkörperungsvorstellungen, fernöstlichen Meditationsübungen, ja sogar von der Wiedererweckung archaischer Mythologien und Ritualien der Erdmutter und der heiligen Bäume und Quellen als von der Tradition christlicher Verkündigung und philosophischer Reflexion.

Doch bleibt die Frage, ob derartige Versuche, über kleinere Gruppen hinaus, das Verhältnis von Religion und Kultur in der europäischen Gesellschaft bestimmen können; und es gibt Gründe, diese Frage eher skeptisch zu beurteilen. Zunächst ist zu vermuten, daß auch solchen Personen und Gruppen, die durch Orientierung an archaischen oder fernöstlichen Religionen Orientierung suchen, die Auseinandersetzung mit der säkularen Kultur nicht erspart bleiben wird, an deren wissenschaftlich-technischen Errungenschaften und rechtlich-politischen Freiräumen sie ja unvermeidlich partizipieren. Und für eine solche Auseinandersetzung, die etwas anderes ist als undifferenzierte Ablehnung, bieten Religionen aus nicht-europäischen Kulturkreisen wenig Ansätze, weil die Kulturen, aus denen diese Religionen stammen, die Erfahrung der Säkularisierung nicht seit deren Anfängen gemacht haben. Es ist im Gegenteil zu vermuten, daß jene Kulturen, deren religiöses Erbe heute die Aufmerksamkeit der Europäer erweckt, die Auseinandersetzung mit der säkularen Kultur Westeuropas und Nordamerikas unter ungünstigeren Bedingungen zu führen haben als die Europäer selbst; denn sie lernen diese Kultur nur in ihren Ergebnissen kennen, vor allem in den Ergebnissen der wissenschaftlich-technischen Bemühungen und in gewissen Formen europäisch-amerikanischer Lebensführung, während die religiösen Wurzeln des Säkularisierungsprozesses ihnen und ihrer Kultur fremd bleiben. So wird sich ein differenziert-kritisches Verhältnis zur Säkularität der europäischen Kultur nicht durch die Flucht vor deren Folgen in die vermeintlich heile Religiosität fremder Kulturen gewinnen lassen, sondern nur dadurch, daß Europäer ihre eigene Tradition kritisch aneignen und den Angehörigen fremder Kulturen nicht nur die Ergebnisse des Säkularisierungsprozesses zur Verfügung stellen, sondern ihnen auch diese Reflexionsergebnisse zu erwägen geben.

Und in diesem Zusammenhang könnte eine Rückbesinnung auf Kants Lehre von den Postulaten der Hoffnung sich als hilfreich erweisen. Kant hat gezeigt: Die Dialektik der Vernunft, vor allem in ihrem praktischen Gebrauch, drängt nach einer Aufhebung; aber wo diese Aufhebung als das Ergebnis sittlicher Anstrengung gesucht wird, indem Menschen durch politisch-moralische Aktion die „moralische Weltordnung" herbeiführen wollen, geschieht jener Umschlag von Moralität in Terror, der am Beispiel der Französischen Revolution aufgewiesen werden kann. Die Dialektik der Vernunft löst sich nicht anders als in Postulaten der Hoffnung, die die sittliche Anstrengung nicht überflüssig, sondern allererst möglich machen. Sollte Vergleichbares auch von der Dialektik der Hierophanie gelten?

Auch die Dialektik der Hierophanie, in ihrer doppelten Gegensatz-Einheit von Sakralem und Profanem, von Partikularität und Universalität, drängt nach einer Aufhebung. Religion ist im Ganzen, sofern sie der Auszeichnung heiliger Orte und Zeiten, Personen und Funktionen bedarf, etwas Vorläufiges: Auf den „Inseln der Seligen", von denen der platonische Sokrates spricht, gibt es keine Götterbilder mehr, weil die Nähe der Götter zu den Menschen nicht mehr durch besondere kultische Zeichen vermittelt werden muß. Und im „himmlischen Jerusalem" der Johannes-Apokalypse ist kein Tempel mehr nötig, denn „Gott selbst ist ihr Tempel und das Lamm" (Offb 21,22). Aber wo diese Aufhebung der Dialektik als das Ergebnis religiös-kultureller Anstrengung gesucht wird, sei es als Sakralisierung von Politik und allgemeiner Kultur, sei es als Selbstaufhebung der Religion – und sogar noch ihrer Säkularisate – in einer „nach-religiösen" Weltgestalt, da entstehen jene Pseudomorphosen des Religiösen, von denen unser Jahrhundert schreckliche Beispiele hervorgebracht hat. Auch die Dialektik der Hierophanie ist nur auf Hoffnung hin auflösbar.

Das Kennwort dieser Hoffnung heißt „Reich Gottes" oder „himmlisches Jerusalem". Jede Kirche und jedes irdische Jerusalem ist nur ein Vorzeichen dieser Hoffnung – und alle Säkularisationsprozesse erinnern an die Vorläufigkeit dieser Vorzeichen. Die Hoffnung, die in diesen Worten vom „himmlischen Jerusalem" und vom „Reich Gottes" ausgesprochen wird, macht religiösen Gottesdienst und säkularen Weltdienst nicht überflüssig, sondern erst widerspruchsfrei möglich. Denn nur im Namen dieser Hoffnung bedeutet es keinen Widerspruch, die Vorläufigkeit und zugleich die Unentbehrlichkeit der Religion, aber auch der säkularen Kultur zu bekennen.

Es wäre der Prüfung wert, ob die für das neuzeitliche Europa charakteristische Verflechtung von religiöser Kreativität und säkularer Kultur die besondere Chance enthält, im Dialog mit anderen Kulturen und Religionen deutlich zu machen, daß die Religion wie die Kultur nur dann vor Fehlbildungen bewahrt bleiben, wenn sie sich als Ausdruck solcher Postulate der Hoffnung verstehen, deren Einlösung menschliche Kraft übersteigt.

AUSGEWÄHLTE KRITISCHE BIBLIOGRAPHIE

319.

Friedrich Katz, The Ancient Civilizations (New York 1972); das deutsche Original des Werkes trägt den abgegriffenen Titel: Vorkolumbische Kulturen (München 1969). Einführungen in die Gesamtgeschichte Mesoamerikas finden sich bei *Eric R. Wolf,* Sons of the Shaking Earth (Chicago 1959); *Walter Krickeberg,* Altmexikanische Kulturen (Berlin 1956); *Michael Coe,* Mexico (London – New York 1962); *Ignacio Bernal,* Mexico before Cortez (Garden City 1963). Die wichtigsten archäologischen Arbeiten wurden in *Muriel Porter Weaver,* The Aztecs, Maya, and Their Predecessors (New York 1972) zusammengestellt. Zur Einführung einer städtischen Gesellschaft in Mesoamerika s. bes. *Robert McC. Adams,* The Evolution of Urban Society (Chicago 1967), eine vergleichende Studie mesopotamischer und mesoamerikanischer Gemeinwesen. Adams zeigt, daß in Mesoamerika der Aufstieg säkularer Institutionen die sakralen nicht schwächte, sondern sogar zu einer weiteren Sakralisierung neuer kultureller Bereiche führte. Unter den zahlreichen Einführungen ist besonders Krickebergs Arbeit (s. o.) zu nennen sowie *Paul Wheatley,* The Pivot of the Four Quarters (Chicago 1971), der den Einfluß der Religion auf mesoamerikanische Städte untersucht. Die beste Übersicht über mesoamerikanische Religionen gibt *Walter Krickeberg,* Die Religionen der Kulturvölker Mesoamerikas, in: *ders. / H. Trimborn / W. Müller / O. Zerries* (Hrsg.), Die Religionen des Alten Amerika (Stuttgart 1961) 1–89. Eine wertvolle Beschreibung der religiösen Muster findet sich in *Ake Hultkrantz,* The Religions of the American Indians (Berkeley 1981). Zusammenfassende Studien über die mesoamerikanischen Kulturen sind in *Robert Wauchope / Dale T. Steward,* The Handbook of Middle American Indians (HMAInd), Bd. 1–11 (Austin 1964–77) erschienen; vgl. als Einstieg auch *Walter Krickeberg,* Altmexikanische Kulturen (Sonderausgabe Berlin ²1979) mit einem Anhang von *Gerdt Kutscher,* Zur Kunst Altmexikos (607–641); *Laurette Séjourné,* Altamerikanische Kulturen (Frankfurt ³1976); *Leo Deuel,* Kulturen vor Kolumbus (München ²1979), bes. 161–368; *Rudolf Pförtner / Nigel Davies* (Hrsg.), Alte Kulturen der Neuen Welt (Düsseldorf 1980) mit weiterer Literatur; *Hermann Trimborn,* Das Alte Amerika (Kettwig 1985); *H. J. Prem / U. Dyckerhoff* (Hrsg.), Das alte Mexiko (München 1986) und *Norbert M. Borengässer,* „Indianische Hochkulturen", in: Lexikon der Religionen, hrsg. von *H. Waldenfels* (Freiburg ²1988) 300–305 (mit Lit.).

Die Beschreibung Mesoamerikas als eigenständiges Gebiet findet sich in *Paul Kirchhoff,* „Mesoamerica: Its Geographical Limits, Ethnic Composition, and Cultural Characteristics", in: *Sol Tax* (Hrsg.), The Heritage of Conquests (Chicago –Glencoe 1952) 17–30. Kirchhoffs Terminologie wurde den meisten Forschern für die Bereiche Vorspanisches Mexiko und Zentralamerika allgemein verbindlich.

Zur Diskussion der ameroindianischen Ursprünge siehe *Joseph B. Birdsell*, „The Problem of the Early Peopling of the Americas as Viewed from Asia", in: *William S. Laughlin* (Hrsg.), Papers on the Physical Anthropology of the American Indian (New York 1951). Das Problem der Ureinwohner Amerikas und ihrer Einwanderung aus Asien wird von *Pedro Bosch-Gimpera*, in: L'Amérique avant Christophe Colombe (Paris 1967), und *Gordon Ekholm*, „Transpacific Contacts", in: Prehistoric Man in the New World, hrsg. von *Jesse D. Jennings / Edward Norbeck* (Chicago 1964) 489–510, behandelt. Eine andere Auffassung zum Diffusionsproblem findet sich bei *Robert Heine-Geldern*, „The Problem of Transpacific Influences in Mesoamerica", in: HMAInd, Bd. 4, 277–295. Vgl. auch *Wolfgang Marschall*, Transpazifische Kulturbeziehungen (München 1972), sowie die Thesen zu Beziehungen zwischen Maya und Chinesen von *Paul Arnold*, Das Totenbuch der Maya (Bern 1980). Einen Überblick über die Hypothesen zu den amerikanisch-indianischen Ursprüngen im Europa des 16. bis 18. Jahrhunderts gibt *Lee E. Huddleston*, Origins of the American Indians. European Concepts, 1492–1729 (Austin 1967); auch *Urs Bitterli*, Die „Wilden" und die „Zivilisierten". Die europäisch-überseeische Begegnung (München 1976); *ders.*, „Auch Amerikaner sind Menschen", in: *J. Meier* (Hrsg.), Wem gehört Lateinamerika? Die Antwort der Opfer (München 1990) 29–45; *Hans-J. König*, „Das Bild des amerikanischen Indio in Europa im 16. Jh.", in: *B. Mensen* (Hrsg.), Fünfhundert Jahre Lateinamerika (Nettetal 1989) 29–48.

Zur Entstehung des Bodenbaus in Mesoamerika vgl. *Richard S. MacNeish*, „Tehuacán's Accomplishments", in: HMAInd, Suppl.-Bd. 1 (Austin 1981) 31–47. Das Konzept des „ökologischen Komplexes" stammt von *Paul Wheatley*, From Court to Capital (Chicago 1978) 8–11. Bei der Anwendung dieses Bezugsrahmens auf die soziale Komplexität der japanischen Stadtentwicklung bezieht sich Wheatley auf die ausgedehnten Forschungen von *Kent V. Flannery* in Mesoamerika, bes.: „The Cultural Evolution of Civilizations", in: Annual Review of Ecology and Systematics 3 (1972) 399–426. Doch die Grundaussage, wonach die symbolischen Strukturen den ökologischen Komplex steuern, findet sich in Wheatleys Aufsatz „The Ancient Chinese City as a Cosmo-Magical Symbol", in: The Pivot of the Four Quarters, Kap. 5.

Den besonderen Wert von Primärquellen für die Erforschung der mesoamerikanischen Religionen und Kulturen unterstreichen vier wichtige Bände des HMAInd (Bde 12–15). Sie enthalten Übersichten, Namen- und Sachregister, Aufstellungen der ethnohistorischen Manuskripte sowie Artikel über einzelne Kodizes, Manuskript- und Bibliotheksammlungen. Eine brauchbare Einführung in die Primärquellen findet sich bei *David Carrasco*, City and Symbol in Aztec Thought. Clues from the Codex Mendoza, in: History of Religions (HR) 20 (1981) 199–200, und besonders *ders.*, Quetzalcoatl and the Irony of Empire (Chicago 1982), Kap. 1: The Sources. From Storybook to Encyclopedia, 11–62. Einen Überblick über Dokumente aus Mesoamerika sowie aus nord- und südamerikanischen Traditionen gibt *Gordon Brotherston*, Image of the New World (London 1979). Eine detaillierte Analyse über Wirkung und Wandlung der präkolumbischen Bildüberlieferungen gibt *Donald Rebertson*, Mexican Manuscript Painting of the Early Colonial Period (New Haven

1959). Siehe auch *Juan A. Vasquez,* „The Religions of Mexico and Central and South America", in: Reader's Guide to the Great Religions, hrsg. von *Charles J. Adams* (New York 1977). Quellen über die Hochland-Maya finden sich bei *Robert M. Carmack,* Quichean Civilization (Berkeley 1973); auch *ders.,* The Quiché Mayas of Utatlán. The Evolution of a Highland Guatemala Kingdom (Norman 1981).

Eine gute Einführung in die Bildüberlieferung geben *Elizabeth Smith,* Picture Writing from Ancient Southern Mexico (Norman 1973), und die speziellere Studie von *Jill Leslie Furst,* Codex Vindobonensis Mexicanus I. A Commentary (Albany 1978). Die Kontroverse um die erreichte Schriftstufe in Mesoamerika wird in *Henry B. Nicholson,* „Phoneticism in Late Pre-Hispanic Central Mexican Writing Systems", in: *Elizabeth P. Benson* (Hrsg.), Mesoamerican Writing Systems (Washington D. C. 1971), wiedergegeben. Eine überzeugende Beschreibung zweier umstrittener Prosaquellen aus Zentralmexiko gibt *Robert Barlow,* „Anales de Cuauhtitlan and Leyenda de las Soles", in: Hispanic American Historical Review 27 (1948) 520 bis 526. Ein kontextuelles Verstehen der 12 Bände des *Florentiner Kodex* von Bernardino de Sahagún ermöglicht die interdisziplinäre Analyse *Munro Edmonson* (Hrsg.), Sixteenth Century Mexico. The Work of Sahagún (Albuquerque 1974). Den größten Einfluß auf Übersetzung und Interpretation der Primärquellen übte jedoch *Eduard G. Seler* (1849–1922) aus. Sein fünfbändiges Werk: Gesammelte Abhandlungen zur Amerikanischen Sprach- und Altertumskunde (Berlin 1902–1923, Nachdruck Graz 1960–1966), ist in seinem analytischen Vorgehen ohne Parallele geblieben.

Eine weitere wertvolle Quelle für Interpretation und vergleichende Studien über Mesoamerika stellen die Konferenzprotokolle dar, die von dem Pre-Columbian Research Program at Dumbarton Oaks, Washington D. C., veröffentlicht und von *Elizabeth P. Benson* und *Elizabeth Hill Boone* herausgegeben wurden. Frühere Konferenzpublikationen waren: Mesoamerican Writing Systems (1971), Death and the Afterlife in Pre-Columbian America (1975), Highland/Lowland Interaction in Mesoamerica, Interdisciplinary Approaches (1980), Mesoamerican Sites and World Views (1981) und Ritual human Sacrifice in Mesoamerica (1984).

Archäologische Befunde aus den Gebieten der Olmeken, Oaxaca und Maya sind in den 36 Artikeln der Bände 2 und 3, Archaeology of Southern Mexico, in: HMAInd enthalten. Zu den klassischen Maya-Quellen gehören *Herbert J. Spinden,* A Study of Maya Art (Cambridge 1913); *Sylvanus G. Morley,* The Inscriptions of Petén, 5 Bde (Washington D. C. 1937–1938); *George Kubler,* The Art and Architecture of Ancient America (Harmondsworth 1962); *Tatiana Proskouriakoff,* A Study of Classic Maya Sculpture (Washington D. C. 1950).

Neuere wichtige Fortschritte in der Beschreibung und Analyse von Maya-Quellen dokumentieren die Veröffentlichungen der *Palenque Round Table Series* (6 Bde) über Kunst, Ikonographie, Geschichte der Dynastien und die Methodologie der Mayaforschung. Wichtig sind die Artikel von *Linda Schele,* insbesondere ihr Hauptwerk: Maya Glyphs. The Verbs (Austin 1982); ferner *David Kelley,* Deciphering the Maya Scripts (Austin 1976), und *J. Eric S. Thompson,* Maya Hieroglyphic Writing (Norman ^{3}1971), das teilweise überholt, jedoch von grundlegender Bedeutung ist. Beide Arbeiten enthalten brauchbare Bibliographien.

320.

Die Diskussion um die Ursprünge der Olmeken und ihre Zentren ist in Kap. 5 von *Friedrich Katz,* Vorkolumbische Kulturen, umfassend dargestellt. Zu den Protagonisten der Olmeken-Kontroverse gehören *Miguel Covarrubias,* Indian Art of Mexico and Central America (New York ³1971), und *Ignacio Bernal,* El mundo olmeca (México 1968) (engl. Ausgabe: The Olmec World [Berkeley ²1976]), sowie *Michael D. Coe,* The Jaguar's Children (New York 1965). Coes Arbeit hat am nachhaltigsten zum Verständnis der olmekischen Religion und geographischer Einflüsse beigetragen. Vgl. dazu besonders *ders.,* „The Olmec Style and its Distributions", in: HMAInd, Bd. 3, 739–755; auch *Elizabeth P. Benson,* The Cult of the Feline. A Conference in Pre-Columbian Iconography (Washington D. C. 1972) und *Peter D. Joralemon,* A Study of Olmec Iconography (Washington D. C. 1971) und *ders.,* „The Olmec Dragon. A Study in Pre-Columbian Iconography", in: Origins of Religious Art and Iconography in Preclassic Mesoamerica, hrsg. von *Henry B. Nicholson* (Los Angeles 1976). Coes Arbeiten wurden von *Kent V. Flannery* in „Contextual Analysis of Ritual Paraphernalia from Formative Oaxaca" und *Robert D. Drennan* in „Religion and Social Evolution in Formative Mesoamerica", in: The Early Mesoamerican Village, hrsg. von *Kent V. Flannery* (New York 1976), fortgeführt. Beide Aufsätze stützen sich weitgehend auf die Arbeiten von *Roy Rappaport* über anerkannte Modelle und Ritualhandlungen, die die Bedeutung der komparativen Analyse für das Verständnis der mesoamerikanischen Religion hervorheben. Die umfassendste Darstellung der Olmeken-Religion findet sich in *Jacques Soustelle,* Die Olmeken. Ursprünge der mexikanischen Hochkulturen (Zürich 1980).

Während die Klärung des Jaguar-Motivs die Diskussion um Kunst und Religion der Olmeken weiterhin belebt, wurde neuerdings der Versuch unternommen, den Jaguar durch die heilige Schildkröte zu ersetzen. Vgl. hierzu *Alison Kennedy / Lawrence Desmond,* „Ecce Bufo. The Toad in Nature and in Olmec Iconography", in: Current Anthropology 23,3 (1982). Eine ähnliche Infragestellung des Jaguar-Motivs findet sich bei *Karl Luckert,* Olmec Religion (Norman 1976). Siehe auch *Peter T. Furst,* „Symbolism and Psychopharmacology. The Toad as Earth Mother in Indian America", in: XII. Mesa Redonda, Religión en Mesoamérica (México 1972).

321.

Eine allgemeine Beschreibung der Wandlungen zwischen der Formativen und der Klassischen Periode ist: *Michael Coe,* „History of Meso-American Civilizations" in der Encyclopaedia Britannica, Macropedia, Bd. 17, 938–942. Die beste Zusammenfassung und Bibliographie der Geschichte der Interpretation der Ikonographie und der mit dem Ballspiel in El Tajín in Verbindung stehenden Ritualskulpturen gibt *Tatiana Proskouriakoff,* „Classic Art at Vera Cruz", in: HMAInd, Bd. 11, 558–571. Siehe auch *Michael E. Kampen,* The Sculpture of El Tajin (Gainsville 1972). Der kosmologische Symbolismus des Ballspiels in Mesoamerika wird abgehandelt bei *Burr Brundage,* The Fifth Sun. Aztec Gods, Aztec World (Austin 1979), sowie bei *Jacinto Quirarte,* El Juega de Pelota en Mesoamérica. Su Desarrollo Arquitectónico, in: Estudios de Cultura Maya (ECM) 8 (1970) 83–96.

Eine Darstellung der Entwicklung in Izapa findet sich bei *Michael Coe,* Die Maya

(Bergisch Gladbach ²1975), und *W. Westphal,* Die Maya. Volk im Schatten seiner Väter (München 1977).

Die wichtigen Entwicklungen im Monte-Albán-Heiligtum können hier nur am Rande erwähnt werden. Vgl. jedoch die Veröffentlichungen bei *John Paddock,* Ancient Oaxaca (Stanford 1966), bes. die Abhandlungen in Teil III über die Gräber von Monte Albán, die mixtekischen religiösen Handschriften sowie über die Herrscher von Yanhuitlan. Eine brauchbare Beschreibung von Material und Siedlungsmodellen findet sich bei *Richard E. Blanton,* Monte Albán. Settlement Patterns at the Ancient Zapotec Capital (New York 1978). Einen Einblick in die schöpferische Kultur der Zapoteken vermittelt *Alfonso Caso,* „Zapotec Writing and Calendar", in: HMAInd, Bd. 3, 931–947, und *ders.,* „Mixtec Writing and Calendar", in: ebd. Ein allgemeinerer, jedoch auf den neusten Forschungsstand gebrachter Bericht findet sich bei *Joyce Marcus,* „Zapotec Writing", in: Scientific American 242, 2 (1980) 50 bis 64. Eine Diskussion der astronomischen Bedeutung der Gebäude geben *Anthony F. Aveni / Robert M. Linsley,* „Mound J, Monte Albán. Possible Astronomical Orientation", in: American Antiquity (AAnt) 37 (1972) 528–531, wieder.

Zu den großartigen Schöpfungen der mesoamerikanischen Religion gehören die Faltbücher, die sog. mixtekischen Kodizes, die heilige Geschichten und Genealogien in bildhafter Form überliefern. Erhaltene Faltbücher stammen aus der frühen Nachklassischen Periode und sind lebendige Schlüssel zum Verstehen vieler Aspekte der mesoamerikanischen Religion. Eine gute Einführung in die Ikonographie sowie in Dokumente, die in diesen Zusammenhang gehören, vermittelt *Henry B. Nicholson,* „The Mixteca-Puebla Concept Revisited", in: *Elizabeth H. Boone* (Hrsg.), The Art and Iconography of Late Post-Classic Central Mexico (Washington D. C. 1982). Ein wichtiger Aufsatz über die möglichen Vorläufer dieser Faltbücher ist *Joyce Marcus,* „Zapotec Writing" (s. o.). Die maßgeblichen Studien dieser Manuskripte stammen u. a. von *Nancy Troke.* Vgl. z. B.: „Studying Style in the Mixtec Codices", in: *Alana Cordy-Collins,* Pre-Columbian Art History (Palo Alto 1982); auch: „The Interpretation of Postures and Gestures in the Mixtec Codices", in: *Elizabeth H. Boone* (Hrsg.), The Art and Iconography (s. o.). Zur Interpretation spezifischer religiöser Elemente in den Kodizes vgl. *Jill Leslie Furst,* „The Life and Times of 8 Wind ‚Flinted Eagle'", in: Alcheringa, hrsg. von *Dennis Tedlock* (New York 1978), und *dies.,* „The Year 1 Reed, Day 1 Alligator. A Mixtec Metaphor", in: Journal of Latin American Lore 4 (1978) 93–128. Zahlreiche Studien entstanden auf der Grundlage von *Karl Anton Nowotny,* Erläuterungen zum Codex Vindobonensis (Vorderseite), in: Archiv für Völkerkunde 3, 156–200. Die Basis für sämtliche Forschungsarbeiten legte *Eduard Seler* mit seinem Kommentar zum Codex Borgia, 3 Bde (Berlin 1904–1909). Zum Stand der Kodexforschung vgl. *Edward B. Sisson,* Recent Work on the Borgia Codices, in: Current Anthropology 24 (1983).

322.

Eine allgemeine Einführung in Geschichte, Kultur und Religion der Maya geben *Sylvanus G. Morley,* The Ancient Maya (Stanford 1956); *J. Eric S. Thompson,* The Rise and Fall of Maya Civilization (Norman ²1967) (dt. Ausgabe: Die Maya. Aufstieg und Niedergang einer Indianerkultur [Essen ²1975]) und *ders.,* History and Religion (Norman 1970) sowie *Michael D. Coe,* The Maya (London – New York

[2]1980). Zu den neueren allgemeinen Arbeiten gehören *Norman Hammond,* Ancient Maya Civilization (New Brunswick 1982) und *John S. Henderson,* World of the Ancient Maya (Ithaca 1981). Zur Kosmologie vgl.: Chactun. Die Götter der Maya. Quellentexte, Darstellung und Wörterbuch, hrsg. von *Chr. Rätsch* (Köln 1986).

Neben den umfangreichen archäologischen Quellen für die Erforschung der Mayareligion enthalten die drei Kodizes *Kodex Madrid, Kodex Paris* und *Kodex Dresden* reiches Informationsmaterial zum Kalender- und Ritualsystem, zur Astronomie sowie Weissagungen, die erst teilweise entziffert werden konnten. Jedes der o. g. Bücher enthält wertvolle Interpretationen von Teilabschnitten des Quellenmaterials. Eine weitere wichtige Quelle stellen die zwölf *Books of Chilam Balam* (Sprecher des Jaguar) der Yucatán-Maya dar, die ethnographisches Material enthalten, das von den Maya während der Kolonialzeit selbst zusammengetragen wurde. Siehe hierzu bes. die wichtige Übersetzung von *Munro Edmonson,* The Ancient Future of the Itzá (Austin 1982). Auch das *Popul Vuh* (Buch des Rates), das heilige Buch der Quiché-Maya, enthält eine Fülle von Mythen und Ritualen. Es wurde im 18. Jahrhundert in Chichicastenango, Guatemala, entdeckt und u. a. von *Munro Edmonson* (Tulane 1971) ins Englische übersetzt; eine dt. Ausgabe: Popul Vuh. Das Buch des Rates, aus dem Quiché übertragen und erläutert von *Wolfgang Cordan* (Köln [3]1982). Der in der Mayaforschung erreichte Forschungsstand wird in: Maya Subsistence. Studies in Memory of D. Puleston, hrsg. von *Kent V. Flannery* (New York 1982), dokumentiert. Es enthält eine große Anzahl von Modellen für zahlreiche Aspekte der Maya-Ökologie. Einen allgemeinen Überblick zu dieser Frage geben *Ray T. Matheny,* „Maya Lowland Hydraulic Systems", in: Science 193 (1976) 639 – 646, und *Dennis Puleston,* „The Art and Archaeology of Hydraulic Agriculture in the Maya Lowlands", in: Social Process in Maya Prehistory. Studies in Honour of Sir Eric Thompson, hrsg. von *Norman Hammond* (London – New York 1977) 449 – 467. Eine neuere Studie stammt von *Payson Sheets,* Archaeology and Volcanism in Central America (Austin 1983).

Zur Frage des Maya-Kalenders vgl. *Linton Satterthwaite,* Calendrics of the Maya Lowlands, in: HMAInd, Bd. 3, 603–631. Die bedeutendste Arbeit zur zeitgenössischen Maya-Zeitrechnung ist: *Barbara Tedlock,* Time and the Highland Maya (Albuquerque 1982), die einen Einblick in die religiöse Bedeutung des alten und des zeitgenössischen Kalenderwesens und der damit verbundenen Rituale gewährt. Zum Fortbestand des Maya-Kalenders in einem anderen Hochlandumfeld vgl. *Helen Neuenswander,* Vestiges of Maya Time Concepts in a Modern Community, in: Estudios de Cultura Maya (ECM) 8 (1981) 125–160. Eine weitere Studie zu den zeitgenössischen Maya, die den anhaltenden Einfluß der Religion zeigt, ist *Gary Gossen,* Chamulas in the World of the Sun. Time and Space in a Maya Oral Tradition (Cambridge 1974). Hilfreiche Beiträge zum Maya-Kalender finden sich auch bei *J. Eric S. Thompson,* Maya Hieroglyphs Without Tears (London 1972), und *ders.,* Maya Hieroglyphic Writing (s. o.).

Zur Leidener Platte vgl. *Sylvanus G.* und *Frances Morley,* The Age and Provenance of the Leyden Plate (Washington D. C. 1939). Ein allgemeiner Überblick über die Kunst der Maya findet sich in: *Tatiana Proskouriakoff,* A Study of Classic Maya Sculpture (Washington D. C. 1950); zu Fragen der Architektur *dies.,* An Album of Maya Architecture (Norman [2]1970). Zwei bemerkenswerte Arbeiten zur

Kunst der Maya sind *Francis Robicsek,* A Study of Maya Art and History. The Mat Symbol (New York 1975); *dies. / Donald M. Hales,* The Maya Book of the Dead (Norman 1981). Die Autoren vertreten die Auffassung, „daß die Vasen im Stil des Kodex wie Seiten des Ceramic-Kodex angeordnet und gelesen werden können" (251), um eine Überlieferung zu rekonstruieren, die vermutlich in einem verschollenen Maya-Totenbuch enthalten war. Die Ergebnisse sind für die Erforschung bestimmter Maya-Gottheiten und -Schriftsteller sowie von Tierhierophanien und Ritualpraktiken äußerst bedeutsam. Andere Arbeiten zur Maya-Begräbnis-Keramik sind *Michael D. Coe,* The Maya Scribe and his World (New York 1973), ein Markstein in der Mayaforschung, und *ders.,* Lords of the Underworld. Masterpieces of Classic Maya Ceramics (Princeton 1978). Zur Erforschung der großen Stelen in Copán s. Bd. 4 der *Palenque Round Table Series.*

Die Wandbilder von Bonampak enthalten eine Fülle von Material über die Zeremonialpraxis der Maya und wurden erstmals von *Karl Ruppert / J. Eric S. Thompson / Tatiana Proskouriakoff* als: The Murals of Bonampak (Washington D. C. 1955) veröffentlicht; neuerdings interpretiert von *Merle Greene Robertson,* „The Giles G. Healey 1946 Bonampak Photographs", in: Third Palenque Round Table, 1978, hrsg. von *Merle Greene Robertson* (Austin 1980); *R. E. W. Adams,* „A Reevaluation of the Bonampak Murals. A Preliminary Statement on the Paintings and Texts", in: ebd.; *Peter Mathews,* Notes on the Dynastic Sequence of Bonampak, Teil 1, in: ebd. Zu den astronomischen Einflüssen in Bonampak s. *Floyd G. Lounsbury,* „Astronomical Knowledge and Its Uses at Bonampak", in: Archaeoastronomy in the New World, hrsg. von *Anthony Aveni* (Cambridge 1981).

Die Palenque Round Table Series, die von Merle Greene Robertson herausgegeben wurden, enthalten eine Fülle wertvoller Aufsätze zu Kunst, Religion und Architektur von Palenque und anderen Mayastätten. Zur astronomischen Ausrichtung s. besonders *John B. Carlson,* Astronomical Investigations and Site Orientation Influences at Palenque: Bd. 3 (San Francisco 1976); *Dieter Dutting,* On the Astronomical Background of Mayan Historical Events: Bd. 7 (San Francisco 1983) und *Linda Schele,* „Palenque. The House of the Dying Sun", in: Native American Astronomy, hrsg. von *Anthony F. Aveni* (Austin 1977).

Zur Entzifferung und Interpretation der Ikonographie der Gruppe des Kreuzes vgl. insbesondere *Linda Schele / David Freidel,* The Maya Message. Time, Text, and Image (unveröffentl. Manuskript [1985]). Zur allgemeinen Diskussion um Kunst und Religion der Maya vgl. *John S. Henderson,* World of the Ancient Maya (Ithaca 1981), mit einem Kommentar zu Tikal.

Eine Zusammenfassung der archäoastronomischen Forschungen findet sich in *Anthony F. Aveni,* „Archaeoastronomy in the Maya Region 1970–1980", in: *ders.* (Hrsg.), Archaeoastronomy in the New World (s. o.). Avenis Arbeit als Archäoastronom eröffnete eine neue Forschungsdisziplin, die eine Fülle von fruchtbaren Hinweisen zum Verständnis der mesoamerikanischen Religionen erschloß. Seine: Skywatchers of Ancient Mexico (Austin 1980) sind eine gute allgemeine Einführung in die Methoden und Entdeckungen dieses Forschungsansatzes. Spezielle Beiträge zur Mayaforschung sind *Anthony F. Aveni,* „Venus and the Maya", in: ASc 67 (1979) 274–286 und *ders. / Horst Hartung,* „Three Maya Astronomical Observations on the Yucatan Peninsula", in: Interciencia 3 (1978). Vgl. ebenso *Franz Tichy,* „Order and Relationship of Space and Time in Mesoamerica, Myth or Reality?", in:

Mesoamerican Sites and Worldviews, hrsg. von *Elizabeth P. Benson* (Washington D.C. 1981).

Zum Aderlaß-Komplex s. *David Joralemon*, „Ritual Blood Sacrifice Among Ancient Maya. Part I", in: Prima Mesa Redonda de Palenque, Part II, hrsg. von *Merle Greene Robertson* (Pebble Beach 1974); *Peter T. Furst*, „Fertility, Vision Quest, and Autosacrifice. Some Thoughts on Ritual Bloodletting Among the Maya", in: The Art, Iconography, and Dynastic History of Palenque, Part III, hrsg. von *Merle Greene Robertson* (Pebble Beach 1976) 181–193; *ders.*, „Human Sacrifice Among the Classic Maya", in: *Elizabeth H. Boone* (Hrsg.), Ritual Human Sacrifice in Mesoamerica (Washington D.C. 1984) und *Linda Schele*, „The Hauberg Stela. Bloodletting and the Mythos of Maya Rulership", in: Fifth Palenque Round Table (1983), hrsg. von *Merle Greene Robertson / Virginia M. Fields* (San Francisco 1985) 135–151.

Ein wichtiger Aspekt der Mayareligion sind Tod und Leben nach dem Tod; hierzu *Michael D. Coe*, „Death and the Ancient Maya", in: Death and the Afterlife in Pre-Columbian America, hrsg. von *Elizabeth P. Benson* (Washington D.C. 1975) 87–104, und *ders.*, „Maya Religion. Beliefs About the Underworld", in: New Views of Ancient Worlds, hrsg. von *C. C. Lamberg-Karlovsky / Michael D. Coe / John Huston Finley* (Atlanta 1978). Eine detaillierte Untersuchung von Keramikgefäßen, die Szenen wiedergeben, die sich auf Tod, Opferung und den rituellen Drogengebrauch beziehen, findet sich in *Michael D. Coe*, Lords of the Underworld (s.o.).

Zur charakteristischen Form der Maya-Städte s. *George F. Andrews*, Maya Cities. Placemaking and Urbanization (Norman 1975); *Michael D. Coe*, „Religion and the Rise of Mesoamerican States", in: The Transition to Statehood in the New World, hrsg. von *Grant Jones / Robert Kautz* (Cambridge 1981) und *Joyce Marcus*, Emblem and State in the Classic Maya Lowlands (Washington D.C. 1976).

Die eindrucksvollste Einzelstudie zur Mayasreligion, die in den letzten Jahren veröffentlicht wurde, ist: *Mercedes de la Garza*, El Universo de la Serpiente Entre Los Mayas (México 1984). Garza bezieht Vergleichsstudien aus der Religionsgeschichte ein, um die heilige Schlange und andere Symbolmuster der Maya-Kunst sowie ihrer Ritual- und Mythenpraxis abzuhandeln. Außerdem enthält das Buch eine ausgezeichnete Bibliographie und Zeichnungen der Maya-Ikonographie.

Wichtige Interpretationen des Zusammenbruchs des klassischen Mayareiches finden sich in *T. Patrick Culbert* (Hrsg.), The Classic Maya Collapse (Albuquerque 1973). Vgl. zur Mayakultur einmal die wichtigen Übersetzungen der Arbeiten von *Michael D. Coe*, Die Maya (Bergisch Gladbach ^{2}1975) und *J. Eric S. Thompson*, Die Maya (Essen ^{2}1975), sowie *Rafael Girard*, Die ewigen Mayas. Zivilisation und Geschichte (Wiesbaden o.J.). Einen guten Gesamtüberblick über „Welt und Umwelt der Maya. Aufstieg und Untergang einer Hochkultur" gibt *Herbert Wilhelmy* (München – Zürich 1981) (mit umfangreicher Bibliographie). Zur Entdeckung und Erforschung des Mayalandes (speziell Copáns) lesenswert: *Victor von Hagen*, Auf der Suche nach den Maya. Die Geschichte von Stephens und Catherwood (Reinbeck ^{2}1976).

323.

Zur Hintergrundinformation über die Ausgrabung von Teotihuacán s. *Jacques Soustelle,* Mexico (New York 1967) (dt. Ausgabe: München 1978); *Ignacio Bernal,* A History of Mexican Archaeology (London 1980) und die klassische Studie von *Manuel Gamio,* La población de la Valle de Teotihuacán (México 1922). Vgl. auch *Rafael Girard,* Die ewigen Mayas 457–485. Eine Revolution unseres Verständnisses von Teotihuacán löste *René Millon,* Urbanization at Teotihuacán, Mexico. The Teotihuacán Map, 2 Bde (Austin 1973) aus. Leider sind weitere Bände bisher nicht erschienen. Nach Millon waren es die „miteinander verflochtenen Umstände" von Religion und Handel, die den Aufstieg dieses größten klassischen Zentrums bedingten. Die Arbeit von *Doris Heyden,* „An Interpretation of the Cave Underneath the Pyramid of the Sun in Teotihuacán, Mexico", in: AAnt 40 (1975) 131–146, behandelt das Symbol der Höhle als Ursprung der Stadtentwicklung. Erläuterungen zur religiösen Kunst der Teotihuacán-Wandbilder finden sich in *Esther Pasztory,* The Murals of Tepantitla, Teotihuacán (New York 1974). Zum Charakter der teotihuacanischen Religion s. *David Carrasco,* Quetzalcoatl and the Irony of Empire (s. o.), Kap. 3, sowie die Aufsatzsammlung: Middle Classic Mesoamerica: A. D. 400–700, hrsg. von *Esther Pasztory* (New York 1978), und *Laurette Séjourné,* El Universo del Quetzalcoatl (Mexiko 1962). Séjournés Buch spiegelt die hitzige Kontroverse wider, die über die tatsächliche Lage von Quetzalcoatls sagenumwobenem Tollan in der mesoamerikanischen Forschung entbrannt war. Séjourné behauptet, daß der geistige Ursprung des mesoamerikanischen Genius in Teotihuacán selbst zu sehen sei. Die entgegengesetzte Position vertritt *Wigberto Jimenez Moreno,* „Tula y Las Toltecas Según las Fuentes Historicas", in: Revista Mexicana de Estudios Antropológicos (RMEA) 5 (1941) 79–85. Zum Durchbruch der religiösen Kunst in Teotihuacán s. *H. B. Nicholson,* „Major Sculpture in Prehispanic Central Mexico", in: HMAInd, Bd. 10, 97.

Eine gute Beschreibung der Planung Teotihuacáns ist in *Jorge Hardoy,* Precolumbian Cities (New York 1973) enthalten. Die besten Abhandlungen zur Archäoastronomie Teotihuacáns sind: *Anthony F. Aveni / Horst Hartung,* „New Observations on the Pecked Cross Petroglyph", in: Space and Time in the Cosmovision of Mesoamerica, hrsg. von *Franz Tichy* (München 1982), und *A. F. Aveni / S. L. Gibbs,* „On the Orientation of Precolumbian Buildings in Central Mexico", in: AAnt 41 (1976) 510–517. Die beste Beschreibung der Entstehung des homo religiosus in Teotihuacán findet sich in *Doris Heyden,* „Caves, Gods and Myths. World-View and Planning in Teotihuacán", in: *Elizabeth P. Benson* (Hrsg.), Mesoamerican Sites and World Views (Washington D. C. 1981).

324.

Eines der größten Probleme der mesoamerikanischen Forschung war die Interpretation der toltekischen Religion, Geschichte und Sozialordnung. Die grundlegende und noch immer richtungweisende Arbeit hierzu wurde von *H. B. Nicholson* in seiner unveröffentlichten Dissertation geleistet: Topiltzin Quetzalcoatl of Tollan. A Problem in Mesoamerican Ethnohistory (Harvard 1955). Eine gute Einführung in die mit den Tolteken assoziierten religiösen Konzeptionen ist: *Miguel León-Portilla,*

Aztec Thought and Culture (Norman 1963); eine ins Detail gehende Untersuchung: *Nigel Davies,* The Toltecs Until the Fall of Tula (Norman 1977). *David Carrasco,* Quetzalcoatl and the Irony of Empire (Chicago 1982) interpretiert die Kosmologie der Toltekenreligion und stellt eine neue Ansicht zu Tollans paradigmatischer Bedeutung vor. Glücklicherweise enthalten auch eine Reihe von Primärquellen eingehende Beschreibungen. Dazu gehören das Buch III von *Bernardino de Sahagún,* The Florentine Codex und die Anales de Cuauhtitlan sowie die Leyenda de los Soles im *Codice Chimalpopca* (México 1945). Vgl. auch die bebilderte und kommentierte *Historia Tolteca-Chichimeca* in: Anales de Cuauhtitlan (México 1947) zu den Berichten über den Fall von Tula und das Übergreifen der toltekischen Religion auf die große Stadt von Cholula. Die beste Einzeldeutung toltekischer religiöser Vorstellungen: *Alfredo López-Austin,* Hombre-Dios, Religión y Política en el Mundo Náhuatl (México 1973). Zur religiösen Ikonographie Tulas s. *Jorge R. Acosta,* „El Enigma de los Chac mooles de Tula", in: Estudios Antropológicos Publicados en Homenaje al Doctor Manuel Gamio (México 1956) 159–170. Vgl. *Pedro Armillas,* „La Serpiente Emplumada, Quetzalcoatl y Tlaloc", in: Cuadernos Americanos (CuAm) 6 (1947) 161–178; auch *Paul Kirchhoff,* „Quetzalcoatl, Huemac y el fin de Tula", in: CuAm 14 (1955) 164–196. Zu Quetzalcoatl vgl. auch *Günter Lanczkowski,* „Quetzalcoatl – Mythos und Geschichte", in: Numen 9 (1962) 17–36. Eine zusammenfassende Interpretation der Bedeutung Quetzalcoatls in Tula und Tenochtitlan findet sich in *D. Carrasco,* „Quetzalcoatl's Revenge. Primordium and Application in Aztec Religion", in: HR 19 (1980) 296–319. Eine neuere Zusammenfassung der archäologischen Forschungen findet sich in *Richard A. Diehl,* Tula. The Toltec Capital of Ancient Mexico (London 1983).

Leider ist Cholula (das präkolumnbische Chollollan) die am wenigsten verstandene heilige Stadt in der mesoamerikanischen Geschichte, obwohl in ihr eine der größten Pyramiden der Welt stand. Ein Augenzeugenbericht findet sich in *Bernal Díaz del Castillo,* The Discovery and Conquest of Mexico (Ausgabe New York 1967); eine gekürzte Fassung der „Denkwürdigkeiten des Bernal Díaz del Castillo … oder Wahrhafte Geschichte der Entdeckung und Eroberung von Neu-Spanien" gab zuletzt *G. A. Narziß* (Stuttgart 1965) heraus. Vgl. auch *Hernan Cortes,* Letters from Mexico (Ausgabe New York 1971). Zu Religion und religiöser Architektur s. *Ignacio Marquina* (Hrsg.), Proyecto Cholula (México 1970). Zu Xochicalco und Quetzalcoatls Einfluß s. *Cesar Saenz,* Quetzalcoatl (México 1967) und *ders.,* „Las Estelas de Xochicalco", in: Actas y Memorias, Congreso internacional de Americanistas 1964, 73–85. Die neueste Würdigung des städtischen Charakters von Xochicalco findet sich in *Kenneth Hirth,* „Xochicalco. Urban Growth and State Formation in Central Mexico", in: Science 225, Nr. 4662, 579–586.

Der toltekische Charakter von Chichén Itzá hat zu zahlreichen Vermutungen über den religiösen und politischen Kolonialismus von Tollan Anlaß gegeben. S. hierzu *Fray Diego de Landa,* Relación de las cosas de Yucatán, übersetzt und hrsg. von *Alfred Tozzer* (Cambridge 1941). Es handelt sich um Augenzeugenberichte und mündliche Überlieferungen zu Religion und Herrschaft in Chichén Itzá. S. auch *Alfred Tozzer,* Chichén Itzá and its Cenote of Sacrifice. A Comparative Study of Contemporaneous Maya and Toltec (Cambridge 1957); zur toltekischen Invasion vgl. auch *Rafael Girard,* Die ewigen Mayas 534–579. Einen wichtigen Einblick in die Architektur Chichén Itzás vermittelt *Carlos Margain,* „Pre-Columbian Architecture in

Central Mexico", in: HMAInd, Bd. 10. Chichén Itzá besitzt eine Reihe bedeutender religiöser Bauten wie El Castillo, den „Tempel der Krieger", den Großen Ballplatz, den Caracol und den Heiligen Cenote. Neben den toltekisch beeinflußten Bauten in einem großen Teil der Anlage gibt es auch solche im klassischen Maya-Stil wie die Monjas, die Chichén Chab und Akab Dzib (Haus der dunklen Schrift). Der Große Ballplatz mit dem Nordtempel, dem Südtempel, dem Oberen und dem Unteren Tempel des Jaguars bilden zusammen die größte sakrale Ballhofanlage in ganz Mesoamerika (Seitenlänge: ca. 150 m). Zur Archäo-Astronomie von Chichén Itzá s. *Anthony F. Aveni / Sharon L. Gibbs / Horst Hartung*, „The Caracol Tower at Chichén Itzá. An Ancient Astronomical Observatory", in: Science 188 (1975) 977–985. Zur nahegelegenen Stadt Mayapan s. *John B. Carlson*, „The Structure of Mayapan. A Major Post-Classic Maya Site in Northern Yucatan", in: Space and Time in the Cosmovision of Mesoamerica, hrsg. von *Franz Tichy* (München 1982).

325.

Zu Geschichte und Kunst des alten Mexiko mit reichem Bildmaterial vgl. den Ausstellungskatalog: Glanz und Untergang des Alten Mexiko. Die Azteken und ihre Vorläufer (Mainz 1986). Zu Kunst und Architektur des Alten Amerika vgl. *Gordon R. Willey*, Das Alte Amerika (Berlin 1974).

Eine klassische Darstellung der Aztekenreligion stammt von *H. B. Nicholson*, „Religion in Pre-Hispanic Central Mexico", in: HMAInd, Bd. 10, 395–445. In dieser Übersicht wird vor allem das Primärquellenmaterial berücksichtigt und ausgewertet. Augenzeugenberichte aus der Hauptstadt der Azteken finden sich in *Díaz del Castillo*, The Discovery and Conquest (s. o.) und in der von *Hermann Homann* hrsg. und bearb. Ausgabe: *Hernán Cortés*, Die Eroberung Mexikos. Eigenhändige Berichte an Kaiser Karl V. 1520–1524 (Tübingen – Basel [2]1978). *Miguel León-Portilla* hat – in Spanisch und Englisch – die besten interpretierenden Einführungen in die Religion der Azteken veröffentlicht: Aztec Thought and Culture (Norman 1963); Pre-Columbian Literatures of Mexico (Norman 1969); La Filosofía Nahuatl (Mexico [4]1974). Angeleitet durch seinen Lehrer und Nahua-Übersetzer Angel María Garibay, deckt León-Portilla die spirituelle Tradition der Azteken und ihrer toltekischen Vorläufer auf, die seiner Meinung nach einen Gegenpart zu der militärischen Tradition der Nachklassischen Periode Mesoamerikas darstellt. S. hierzu auch *M. León-Portilla*, „Quetzalcoatl. Espiritualismos de Mexico Antiguo", in: CuAm 18 (1959) 127–139. Zur Rekonstruktion einer Entstehung der aztekischen Volksgruppe s. *ders.*, „ El Proceso de Acculturación de los Chichimecas de Xolotl", in: Estudios de Cultura Náhuatl (ECN) 5 (1967) 59–86. Vgl. auch *Edward E. Calnek*, „The Historical Validity of the Codex Xolotl", in: AAnt 38 (1973). Die klassische Arbeit über den Aufstieg der Azteken stammt von *Paul Kirchhoff*, „Civilizing the Chichimecs. A Chapter in the Culture History of Ancient Mexico", in: Ancient Mexico. Selected Readings, hrsg. von *A. Graham* (Palo Alto 1968) 273–278.

Eine allgemeine Darstellung der sozialen Formen in der Hauptstadt der Azteken findet sich in *Pedro Carrasco*, „The Peoples of Central Mexico and Their Historical Traditions", in: HMAInd, Bd. 11, 459–474; eine Deutung der Mythologie um die Gründung von Tenochtitlan in: *D. Carrasco*, „City as Symbol in Aztec Thought", in: HR 20 (1981) 199–200. Die Raumordnung in der Hauptstadt beschreibt *Ed. Cal-*

nek, „The Internal Structure of Tenochtitlan", in: The Valley of Mexico, hrsg. von *Eric Wolf* (Albuquerque 1976) 287–302; auch *William Sanders*, „Settlement Patterns in Central Mexico", in: HMAInd, Bd. 10, 3–95; *Charles Gibson*, „Structure of the Aztec Empire", in: HMAInd, Bd. 10, 376–394, insbesondere über den Expansionsprozeß unter der Herrschaft der aztekischen Könige. Eine bebilderte Darstellung dieser Expansion findet sich im Codex Mendoza, übersetzt und hrsg. von *James Cooper Clark* (London 1938). Zum Alltagsleben der Azteken vgl. vor allem *Jacques Soustelle*, Das Leben der Azteken. Mexiko am Vorabend der spanischen Eroberung (Zürich 1986).

Zur Beschreibung der Sozialgeschichte von Tenochtitlan s. *Burr Brundage*, A Rain of Darts (Austin 1972); *Nigel Davies*, The Aztecs. A History (London 1973) (dt. Ausgabe: Die Azteken. Meister der Staatskunst – Schöpfer hoher Kultur [Düsseldorf 1974]). Eine neuere vergleichende Studie zur aztekischen Sozialgeschichte: *Geoffrey Conrad / Arthur A. Demarest*, Religion and Empire. The Dynamics of Aztec and Inca Expansionism (Cambridge 1984). Der Religion wird hier eine führende Rolle in der Geschichte der imperialen Herrschaft zugewiesen.

326.

Die Kosmologie der Aztekenreligion wird in einigen herausragenden Kapiteln von *Burr Brundage*, The Fifth Sun beschrieben. Die klassische Abhandlung zur Sonnenreligion der Azteken findet sich in *Alfonso Caso*, El Pueblo del Sol (México 1953), engl.: The Aztecs. People of the Sun (Norman 1958).

Eine brillante Darstellung des Aztekenbrauches, die himmlischen Archetypen zu imitieren, gibt *Richard Townsend*, State and Cosmos in the Art of Tenochtitlan (Washington D. C. 1979), bes. 7–13. Die beste Wiedergabe der Sonnenmythen findet sich in *Wayne Elzey*, „The Nahua Myth of the Suns", in: Numen 23 (1976). Eine klassische Darstellung spezifischer Aspekte der Aztekenskulpturen ist: *Hermann Beyer*, „La Procesión de los Señores, Decoración del Primer Teocalli de Piedra en México – Tenochtitlan", in: El Mexico Antiguo X (1922, Nachdruck 1965) 134–256.

Doris Heyden hat eine Reihe wichtiger Artikel zu den rituellen und symbolischen Aspekten der Aztekenreligion veröffentlicht; insbes.: „Lo Sacrado en el Paisaje", in: RMEA 29 (1965) 53–65. Heyden versteht das religiöse Gut Mesoamerikas als Ausdruck religiöser Erfahrungen.

Ein Beispiel der Anwendung des aztekischen Konzeptes der Vierteilung bei der Organisation des Tributwesens findet sich in *Johanna Broda*, „El tributo en trajes guerreros y la estructura del sistema tributario mexícano", in: Economía, Política, e Ideología en el México prehispánico, hrsg. von *Pedro Carrasco / Johanna Broda* (México 1978) 113–172. Broda veröffentlichte eine Reihe wichtiger Aufsätze zur Religion und Gesellschaft der Azteken. S. insbesondere: „Astronomy, Cosmovision and Ideology in Pre-Hispanic Mesoamerica", in: Ethnoastronomy and Archaeoastronomy in the American Tropics, hrsg. von *A. F. Aveni / Gay Urton* (New York 1982).

327.

Beschreibung aztekischer Gottheiten finden sich in *H. B. Nicholson,* „Religion in Pre-Hispanic Central Mexico", in: HMAInd, Bd. 10, 400–430; *Burr Brundage,* The Fifth Sun mit bemerkenswerten Kapiteln über „Tezcatlipoca", „Quetzalcoatl", „The Making of Huitzilopochtli" und „The Goddesses". Vgl. auch *Günter Lanczkowski,* Götter und Menschen im alten Mexiko (Olten – Freiburg 1984); *ders.,* Die Religionen der Azteken, Maya und Inka (Darmstadt 1989), hier bes. 21–45. Die beste ikonographische Einführung in die aztekische Götterwelt findet sich in: *Esther Pasztory,* Aztec Art (New York 1983). S. auch *Justino Fernandez,* Coatlicue, estetica del arte indigeno antiguo (México 1959); *ders.,* „Una Aproximación a Coyolxauhqui", in: ECN 6 (1966) 37–53 zu den aztekischen Göttinnen.

Zur Beziehung zwischen Götterbildern und menschlichen Formen s. *Felipe R. Solis Olguin,* „The Formal Pattern of Anthropomorphic Sculpture and the Ideology of the Aztec State", in: The Art and Iconography of Late Post-Classic Central Mexico, hrsg. von *E. H. Boone* (Washington D. C. 1982). Vgl. auch *Yolotl Torres Gonzales,* „Consideraciónes Sobre los Conceptos de Magia y Religión", in: Antropología de la Religión, Instituto Nacional de Antropología e Historia (México 1976) 1–33; *Alfredo López-Austin,* „El Hacha Nocturno", in: ECN 4 (1963) 179–186, zu den Kräften der Magie und der Nacht bei den Azteken.

Für das intensive Studium der aztekischen Göter s. *Jacinto Quirarte,* „The Coatlicue in Modern Mexican Painting", in: Research Center for the Arts Review, Bd. 5, 2, 1–8. Eine einfühlsame Würdigung auf der Grundlage eines genauen Studiums von Nahua-Texten bietet *Thelma D. Sullivan,* „Tlazolteotl-Ixcuina. The Great Spinner and Weaver", in: The Art and Iconography (s. o.); auch *dies.,* „A Prayer to Tlaloc", in: ECN 5 (1965) 39–55, sowie die o. g. Kapitelserie in: *Burr Brundage,* The Fifth Sun. Eine ausführliche Darstellung der „abogados" und der Schutzgottheiten bei *Alfredo López-Austin,* Hombre-Dios (México 1973).

328.

Der grausame Schutzgott der Azteken wird beschrieben in *Diego Duran,* Book of the Gods and Rites and the Ancient Calendar (Norman 1971) 70–90 als einer, „der die Herzen der Menschen in Brand setzt". S. auch *Gordon Brotherston,* „Huitzilopochtli and What was made of Him", in: Mesoamerican Archaeology, New Approaches, hrsg. von *Norman Hammond* (Austin 1974); *Yolotl G. de Lesur,* „El Dios Huitzilopochtli en la Peregrinación Mexicana. De Aztlan a Tulla", in: Anales del Instituto Nacional de Antropología y Historia, Bd. 19, 175–190. Zu den Verzweigungen dieser Tradition s. *June Nash,* „The Aztecs and the Ideology of Male Dominance", in: Signs. Journal of Women in Culture and Society, Bd. 4, 349–362. Eine umstrittene Interpretation der Bedeutung Huitzilopochtlis findet sich bei *R. C. Padden,* The Hummingbird and the Hawk (Columbus 1967). Vgl. auch *Günter Lanczkowski,* Götter (s. o.) 59–65.

Neuere Ausgrabungen im Templo Mayor in Tenochtitlan haben zu weiteren Interpretationen der mythischen und politischen Bedeutung Huitzilopochtlis geführt: *D. Carrasco,* „Templo Mayor", in: Religion 11 (1981); *Richard Fraser Townsend,* „Pyramid and Sacred Mountain", in: Ethnoastronomy and Archaeoastronomy in the American Tropics, hrsg. v. *A. F. Aveni* (New York 1982); *Rudolf van Zantwijk*, „The Great Temple of Tenochtitlan. Model of Aztec Cosmovision", in: Mesoamerica Sites and World Views, hrsg. von *Elizabeth P. Benson* (Washington D. C. 1981) 71–86. Das Muster von Zentrum und Peripherie wird in: *Richard Fraser Townsend*, „Malenalco and the Lords of Tenochtitlan", in: Art and Iconography of Late Post-Classic Central Mexico, hrsg. von *E. H. Boone* (Washington D. C. 1982) behandelt.

329.

Die Problematik der Menschen- und Selbstopferung hat in den letzten Jahren immer wieder zu hitzigen Kontroversen geführt. Den nur mit Vorbehalten angenommenen Auffassungen von *Michael Harner*, „The Ecological Basis for Aztec Sacrifice", in: American Ethnologist 4 (1977) 117–135 und *Marvin Harris*, Kannibalen und Könige (Frankfurt 1978) widersprechen *Bernard R. Ortiz de Montellano*, „Aztec Cannibalism", in: Science 200 (19878) 611–617; *G. W. Conrad / A. A. Demarest*, Religion and Empire (s. o.). Eine fundierte Interpretation dieses Brauches findet sich bei *B. Brundage*, „The Nuclear Cult. War, Sacrifice and Cannibalism", in: The Fifth Sun, 195–222. Eine Beschreibung des rituellen Kontextes der aztekischen Opferpraxis gibt *Alfredo López-Austin*, El Xiuhpohualli y el Tonalpohualli de los Memoriales de Tepepulco, Mesoamérica. Homenaje al Doctor Paul Kirchhoff (México 1979); *ders.*, Cuerpo Humano e Ideología, 2 Bde (México 1980) mit einer Beschreibung der kosmologischen Bedeutung des menschlichen Körpers und seiner Beziehung zur Opferung. Die Opferungspraxis wird in *D. Duran*, Book of the Gods and Rites and the Ancient Calendar sowie in *Sahagúns* Florentiner Kodex, bes. Buch II „Die Zeremonien", detailliert beschrieben. Eine frühere Erörterung der Ursachen der Ausweitung des Menschenopfers stellt *S. F. Cook*, „Human Sacrifice and Warfare as Factors in the Demography of Pre-Colonial Mexico", in: Human Biology 18 (1946) 81–102 dar; neuerdings auch *John M. Ingham*, „Human Sacrifice at Tenochtitlan", in: Comparative Studies in Society and History 26, 3 (1984). Zum Menschenopfer allgemein vgl. *Nigel Davies*, Opfertod und Menschenopfer (Düsseldorf – Wien 1981), bes. 231–273; *Norbert M. Borengässer*, „Menschenopfer", in: Lexikon der Religionen 415–416 (mit Lit.).

330.

Eine Neuinterpretation der Blumenkriege geben *Frederic Hicks*, „ ‚Flowery War' in Aztec History", in: American Ethnologist 6 (1979) 87–92 and *Barry L. Isaac*, „Aztec Warfare. Goals and Battlefield Comportment", in: Ethnology 22 (1983) 121–131 sowie *ders.*, „The Aztec ‚Flowery War'. A Geopolitical Explanation", in: Journal for Anthropological Research 39 (1983) 415–431. Beide Arbeiten enthalten gute Bibliographien. Zur grundlegenden Darstellung der „Blumen und Gesänge" s. *M. León-Portilla*, Aztec Thought and Culture (Norman 1963) sowie die übrigen o. unter 325 genannten Werke zu Literatur und Philosophie. Vgl. schließlich das Kap. „ ‚Blume und Gesang' statt Opfer", in: *Richard Nebel*, Altmexikanische Religion und christliche Heilsbotschaft (Immensee 1983) 91–107.

335.–337.

Die Geographie der südostasiatischen Inseln und des Festlands findet sich in der *Fischer-Länderkunde,* Bd. 3: *H. Uhlig* (Hrsg.), Südostasien – Austral-pazifischer Raum (Frankfurt a. M. 1984). Allein über die Republik Indonesia handelt das Sammelwerk von *H. Kötter / R. O. G. Roeder / K. H. Junghans* (Hrsg.), Indonesien. Geographie, Geschichte, Kultur, Religion, Staat, Gesellschaft, Bildungswesen, Politik, Wirtschaft (Tübingen – Basel 1979). Beide Werke vermitteln auch einen lebendigen Eindruck von der religiösen Vielfalt der Inselwelt.

Die Völker und Stammesgruppen des südostasiatischen Archipels sind mit kurzen Angaben zu ihrer Kultur und zu ihren Lebensumständen in dem Werk von *F. M. LeBar* (Hrsg.), Ethnic Groups of Insular Southeast Asia, Vol. I: Indonesia, Andaman-Islands, and Madagascar; Vol. II: Philippines and Formosa (New Haven 1972, 1975) erfaßt. Eine hervorragende Anschauung der sprachlichen und ethnischen Vielfalt vermittelt das Kartenwerk von *S. A. Wurm / Shirô Hattori* (Hrsg.), Language Atlas of the Pacific Area (Canberra 1981).

Das Standardwerk über die Prähistorie sowie die rassischen und sprachlichen Verhältnisse stammt von *P. Bellwood,* Prehistory of the Indo-Malaysian Archipelago (Sydney 1985). Zur Geschichte Indonesiens vgl. *B. H. M. Vlekke,* Nusantara. A History of Indonesia (Den Haag 1965) sowie – allerdings unter marxistischem Aspekt – *H.-D. Kubitschek / Ingrid Wessel,* Geschichte Indonesiens (Berlin 1981) und *H.-D. Kubitschek,* Südostasien. Völker und Kulturen (Berlin 1984).

338.

Wesen und Erscheinungsformen altindonesischer Religionen wurden von *W. Stöhr,* Die altindonesischen Religionen (Handbuch der Orientalistik, 3. Abt., 2. Bd., Abschn. 2) (Leiden – Köln 1976) zusammenfassend besprochen. Vgl. auch die Beiträge von *A. Höfer,* Die Religionen der asiatischen Negritos (S. 5–34) und *Erika Kaneko,* Die Religionen der Altvölker Taiwans (S. 249–289) in dem Werk von *A. Höfer / G. Prunner / Erika Kaneko / L. Bezacier / M. Sarkisyanz,* Die Religionen Südostasiens (Religionen der Menschheit, Bd. 23) (Stuttgart 1975). Die „Ethnographisch-bibliographische Übersicht" in *W. Stöhr* 1976 (a. a. O. 137–241) nennt die für die Kenntnis der Religionen Indonesiens relevanten Werke, die bis 1975 veröffentlicht wurden. Inzwischen sind weitere wichtige Publikationen erschienen: *L. Leertouwer,* Het beeld van de ziel bij drie Sumatraanse volken (Groningen 1977); *Hetty Nooy-Palm,* The Sa'dan-Toraja; a Study of Social Life and Religion. Vol. I: Organization, Symbols and Beliefs (The Hague 1979); *R. B. Fox,* Religion and Society among the Tagbanuwa of Palawan Island, Philippines (Manila 1982); *R. Schefold,* Lia. Das große Ritual auf den Mentawai-Inseln (Berlin 1988).

339.–341.

Zu den Problemen des Mythos, der Gottheit und Schöpfung und der Vorstellung des Makro- und Mikrokosmos vgl. *W. Stöhr* 1976 (a. a. O. 33–88). Über die oft weltweite Verbreitung mythischer Themen und die damit verbundenen kulturhistorischen Fragen handelt das faszinierende Werk von *H. Baumann,* Das doppelte Geschlecht (Berlin 1955). Zur Vorstellungswelt einzelner Völker und Stammesgruppen vgl. *H. Schärer,* Die Gottesidee der Ngadju Dajak in Süd-Borneo (Leiden 1946); *J. Röder,* Alahatala. Die Religion der Inlandstämme Mittelcerams (Bamberg 1948); *A. E. Jensen,* Die drei Ströme. Züge aus dem geistigen und religiösen Leben der Wemale (Leipzig 1948); *R. F. Barton,* The Religion of the Ifugao (Menasha, Wisc. 1946); *J. H. N. Evans,* The Religion of the Tempassuk Dusun (Cambridge 1953); *R. E. Downs,* The Religion of the Bare'e-speaking Toradja of Central Celebes ('s-Gravenhage 1956); *P. Suzuki,* The Religious System and Culture of Nias ('s-Gravenhage 1959); *K. Tauchmann,* Die Religion der Minahasa-Stämme (Nordost-Celebes/Sulawezi) (Köln 1968); *R. H. Barnes,* Kédang. A Study of Collective Thought of an Eastern Indonesian People (Oxford 1974); *E. Jensen,* The Iban and Their Religion (Oxford 1974).

342.–344.

Zu den Erscheinungen des religiösen Lebens, des Priestertums, der Seelenvorstellung und des Ahnenkults vgl. *W. Stöhr* 1976 (a. a. O. 89–138). Quellen zu den genannten Themen sind unter anderem die im Abschnitt zuvor genannten Bücher. Grundlegende Werke zur Adat (Sitte und Recht) sind *L. Schreiner,* Adat und Evangelium (Gütersloh 1972) und *M. Baier,* Das Adatbußrecht der Ngaju-Dajak (Salilah-Kodex), 2 Bde. (Tübingen 1977). Sehr detailliert über Opferhandlungen berichtet *P. Arndt,* Opfer und Opferfeiern der Ngadha, in: Folklore Studies 19 (Tokio 1960) 175–250. Über heutige Formen der Verdienstfeste berichtet *T. A. Volkmann,* Feasts of Honor. Ritual and Change in the Toraja Highlands (Urbana – Chicago 1985). Über die Einstellung der altindonesischen Religionen zum „vorzeitigen" Tod schrieb *H. J. Sell,* Der ‚schlimme' Tod bei den Völkern Indonesiens ('s-Gravenhage 1955).

Die Anschauung zum Toten- und Ahnenkult liefern die Werke – meist Ausstellungskataloge – zur altindonesischen Kunst, die ja ein integrierender Teil des religiösen Lebens ist. Vgl. *W. Stöhr / W. Marschall / J. P. Barbier / C. H. M. Nooy-Palm / J. B. Avé / J. de Hoog,* Art of the Archaic Indonesians (Genf 1981); *J. P. Barbier,* Indonesian Primitive Art (Dallas 1984); *J. Feldman* (Hrsg.), The eloquent Dead. Ancestral Sculpture of Indonesia and Southeast Asia (Los Angeles 1985); *B. Sellato,* Hornbill and Dragon (Kalimantan. Sarawak. Sabah. Brunei) (Jakarta – Kuala Lumpur 1989); *J. A. Feldman / W. Gronert* (Hrsg.), Nias Tribal Treasures. Cosmic reflections in Stone, Wood and Gold (Delft 1990); *A. Sibeth,* Mit den Ahnen leben: Batak – Menschen in Indonesien (Stuttgart 1990).

345.

Die beste Übersicht und Darstellung des Hinduismus und Buddhismus, des Islams und der Agama Hindu Bali verfaßte *P. Zoetmulder,* Die Hochreligionen Indonesiens, in: *W. Stöhr / P. Zoetmulder,* Die Religionen Indonesiens (Religionen der Menschheit, Bd. 3, 1) (Stuttgart 1965). Speziell über Bali informiert *J. L. Swellengrebel* in einem einleitenden Essay zu einer Sammlung ins Englische übersetzter Arbeiten niederländischer Autoren in: Bali. Studies in Life, Thought, and Ritual (Den Haag – Bandung 1960); vgl. auch: Bali. Further Studies in Life, Thought, and Ritual

(Den Haag 1969). Wichtigstes Werk über die Geschichte des Christentums ist *Th. Müller-Krüger,* Der Protestantismus in Indonesien (Stuttgart 1968); das Werk enthält auch ein längeres Kapitel über die Geschichte der röm.-katholischen Mission in Indonesien.

346.

Einen kurzen Beitrag über die Geographie Ozeaniens enthält die *Fischer-Länderkunde,* Bd. 3 von *H. Uhlig* (Hrsg.), Südostasien – Austral-pazifischer Raum (Frankfurt a. M. 1984) 359–382. Vorwiegend Abbildungen bringt *A. Keast,* Australien und Ozeanien (München – Zürich 1967). Über Ozeanien als Lebensraum handeln die Werke von *J. L. Gressit* (Hrsg.), Pacific Basin Biogeography (Honolulu 1963); *F. R. Foßberg* (Hrsg.), Man's Place in the Island Ecosystem (Honolulu 1963) sowie *W. L. Thomas* mit dem einführenden Beitrag in *H. R. Friis* (Hrsg.), The Pacific Basin (New York 1967). Hervorragende Informationen über die Inseln, Häfen und die Bevölkerung liefert das von der *Naval Intelligence Division* der Britischen Admiralität in der Reihe *Geographical Handbook Series* herausgegebene „Pacific Islands", 4 Bde. (o. O. 1943/45). Alle wichtigen Fakten finden sich komprimiert in dem Kapitel „The Natural Setting" des handbuchartigen Werks von *D. L. Oliver,* Oceania. The Native Cultures of Australia and the Pacific Islands, 2 Bde. (Honolulu 1988).

347.

Das Standardwerk über den Lebensraum Melanesien und die Lebensumstände schrieben *H. C. Brookfield / Doreen Hart,* Melanesia. A Geographical Interpretation of an Island World (London 1971). Alle wichtigen Fakten zur Prähistorie der Inselwelt finden sich in *P. Bellwood,* Man's Conquest of the Pacific (Auckland – Sydney – London 1978) 233–279; weiterhin werden in diesem Werk die rassischen und sprachlichen Erscheinungen behandelt. Eine faszinierende Anschauung der sprachlichen und ethnischen Vielfalt Melanesiens und vor allem Neuguineas gibt das große Kartenwerk von *S. A. Wurm / Shirô Hattori* (Hrsg.), Language Atlas of the Pacific Area (Canberra 1981). Einen Abriß der Kultur liefert *B. A. L. Cranstone,* Melanesia. A Short Ethnography (London 1961). Eine solche Übersicht enthalten oft auch Werke, die sich speziell mit der Kunst beschäftigen, wie z. B. *W. Stöhr,* Kunst und Kultur aus der Südsee. Sammlung Clausmeyer Melanesien (Ethnologica N. F., Bd. 6) (Köln 1987). Regionale Beiträge zur Wirtschaft, Ökologie und Sozialstruktur enthält *L. L. Langness / J. C. Weschler,* Melanesia. Readings on a Culture Area (Scranton – London – Toronto 1971). Speziell über das Häuptlingstum im Südosten Melanesiens berichtet *J. Guiart,* Structure de la Chefferie en Mélanesie du Sud (Paris 1963). Zu den modernen Erscheinungen des religiösen Lebens vgl. *F. Steinbauer,* Melanesische Cargo-Kulte. Neureligiöse Heilsbewegungen in der Südsee (München 1971). Nur über den Staat „Papua Niugini", doch damit über den größten Teil Melanesiens berichten *C. Kaufmann,* Papua Niugini. Ein Inselstaat im Werden (Basel 1975) sowie *P. Ryan* (Hrsg.), Encyclopaedia of Papua and New Guinea, 3 Bde., (Canberra 1972). Vgl. auch *D. L. Oliver* 1988 (a. a. O.), und zwar vor allem das Kapitel über die Gesellschaftsordnung der Melanesier, Bd. 2, S. 1026 bis 1149.

348.–350.

Eine umfassende Darstellung der Religionen Melanesiens steht noch aus. Die von *H. Nevermann* verfaßte Übersicht in *H. Nevermann / E. A. Worms / H. Petrie,* Die Religionen der Südsee und Australiens (Religionen der Menschheit, Bd. 3,2) (Stuttgart 1968) 77–106, ist kaum umfangreicher als der vorliegende Beitrag, doch werden die religiösen Phänomene unter einem anderen Aspekt betrachtet. Bearbeitung fanden einige Teilbereiche des religiösen Lebens, z. B. *C. A. Schmitz,* Balam, der Tanz- und Kultplatz in Melanesien (Emsdetten 1955); *E. Schlesier,* Die melanesischen Geheimkulte (Göttingen 1958); *J. Sterly,* ‚Heilige Männer' und Medizinmänner in Melanesien (Köln 1965) sowie *H. Fischer,* Studien über Seelenvorstellungen in Ozeanien (München) 1965; *Roslyn Poignant,* Ozeanische Mythologie (Wiesbaden o. J.).

Wer sich ein umfassendes Bild der Religionen Melanesiens verschaffen will, muß sich an Stammesmonographien und regionale Untersuchungen halten, von denen im folgenden nur eine Auswahl wiedergegeben werden kann. West-Neuguinea (Irian Jaya): *J. van Baal* 1966 (vgl. Anm. 10); *Th. P. van Baaren,* Korwars and Korwar Style (The Hague 1968); *A. A. Gerbrands,* The Asmat of New Guinea. The Journal of Michael Clark Rockefeller (New York 1967); *S. Kooijman,* Art, Art Objects, and Ritual in the Mimika Area (Mededelingen van het Rijksmuseum voor Volkenkunde Leiden, No. 24) (Leiden 1984); *G. Oosterwal,* People of the Tor (Assen 1961); *P. Wirz* 1922/25 (vgl. Anm. 13); *G. A. Zegwaard,* Headhunting practises of the Asmat of Netherlands New Guinea, in: American Anthropologist 61 (Washington 1959) 1020–1041; *S. Zöllner* 1977 (vgl. Anm. 11). Südost-Neuguinea: *R. F. Fortune,* The Sorcerers of Dobu (London 1932); *A. C. Haddon,* Report of the Cambridge Anthropological Expedition to Torres Straits, Bd. V und VI (Cambridge 1908 und 1912); *G. Landtmann* 1927 (vgl. Anm. 17); *B. Malinowski,* Argonauts of the Western Pacific (London 1922); *B. Malinowski* 1925 (vgl. Anm. 30); *D. Newton,* Art Styles of the Papua Gulf (New York 1961); *F. E. Williams,* The Natives of the Purari Delta (Port Moresby 1924); *F. E. Williams,* Papuans of the Trans-Fly (Oxford 1936); *F. E. Williams,* Drama of Orokolo (Oxford 1940); *P. Wirz* 1934 (vgl. Anm. 23). Nordost- und Zentral-Neuguinea: *G. Bateson,* Naven (Cambridge 1936); *I. Hogbin,* The Island of Menstruating Men. Religion in Wogeo, New Guinea (Scranton 1970); *P. Lawrence /J. Meggit* (vgl. Anm. 9); *St. Lehner* 1930 (vgl. Anm. 5); *H. Meyer,* Das Parakwesen in Glauben und Kult bei den Eingeborenen der Nordküste Neu-Guineas, in: Annali Lateranensi 7 (Vatikanstadt 1943) 95–181; *H. Reschke,* Linguistische Untersuchungen der Mythologie und Initiation in Neuguinea (Münster 1935); *C. A. Schmitz* 1960 (vgl. Anm. 14 und 21); *H. Strauss* 1962 (vgl. Anm. 7); *G. F. Vicedom / H. Tischner,* Die Mbowamb, 3 Bde. (Hamburg 1943/1948); *P. Wirz,* Kunst und Kult des Sepik-Gebietes (Amsterdam 1959). Nord-Melanesien: *R. F. Fortune,* Manus Religion (Philadelphia 1935); *G. Koch,* Iniet. Geister in Stein (Berlin 1982); *A. Krämer,* Die Malanggane von Tombara (München 1925); *C. Laufer,* Rigenmucha, das Höchste Wesen der Baining (Neubritannien), in: Anthropos 41/44 (Posieux 1946/49) 497–560; *J. Meier,* Mythen und Erzählungen der Küstenbewohner der Gazelle-Halbinsel (Neupommern) (Münster 1909); *K. Neuhaus,* Beiträge zur Ethnographie der Pala, Mittel-Neu-Irland (Köln 1962). Ost-Melanesien: *Beatrice Blackwood,* Both Sides of Buka Passage (Oxford 1935);

C. E. Fox, The Threshold of the Pacific (London 1924); *W. G. Ivens*, Melanesians of the South-East Solomon Islands (London 1927); *Deborah Waite*, Art of the Solomon Islands (Genf 1983); *G. C. Wheeler*, Mono-Alu Folklore (London 1926). Südost-Melanesien: *A. B. Deacon*, Malekula. A Vanishing People in the New Hebrides (London 1934); *R. Boulay u. a.*, De jade et de nacre. Patrimoine artistique kanak (Nouméa – Paris 1990); *J. Guiart*, Mythologie du masque en Nouvelle-Calédonie (Paris 1966); *J. W. Layard*, Stone Men of Malekula: Vao (London 1942); *M. Leenhardt*, Notes d'ethnologie Néo-Calédonienne (Paris 1930); *F. Sarasin*, Ethnologie der Neu-Caledonier und Loyalty-Insulaner, 2 Bde. (München 1929); *F. Speiser*, Ethnographische Materialien aus den Neuen Hebriden und den Banks-Inseln (Berlin 1923).

351.

Zu den Problemen der Prähistorie und Herkunft der Polynesier vgl. *P. Bellwood*, The Polynesians. Prehistory of an Island People (London 1987) (Revised edition). Diese Übersicht ist zugleich eine hervorragende Einführung in die traditionelle Kultur der Polynesier. Die sprachliche und rassische Zugehörigkeit der Inselbewohner behandelt *P. Bellwood*, Man's Conquest of the Pacific (Auckland – Sydney – London 1978). Die prähistorische Forschung ist zur Zeit der dynamischste Zweig der Ozeanistik. Es vergeht kaum ein Jahr, in dem nicht neue Fundberichte veröffentlicht werden. Das erste Heft der Zeitschrift *Archaeology in Oceania*, Bd. 25 (Sydney 1990), berichtet gleich über zwei Ausgrabungen in Polynesien. Zur Lapita-Kultur vgl. *P. V. Kirch / T. L. Hunt*, Archaeology of the Lapita Cultural Complex. A Critical Review (Burke Museum Publication) (Seattle 1988); dort sind in der Bibliographie fast 300 Titel genannt.

Zur Navigation der Polynesier vgl. *D. Lewis*, We, the Navigators (Canberra 1972); zum Bootsbau vgl. *A. C. Haddon / J. Hornell*, The Canoes of Oceania, 3 Bde. (Honolulu 1936/38). Standardwerk zur Gesellschaft der Polynesier ist *I. Goldman*, Ancient Polynesian Society (Chicago 1970). Grundlegendes zu den Nutzpflanzen und deren Anbau findet sich in *P. Bellwood* 1978 (a. a. O. 135–152); vgl. auch *M. Urban*, Die Haustiere der Polynesier (Göttingen 1961). Eine gute Anschauung des noch steinzeitlichen Kunsthandwerks vermittelt der Katalog von *Adrienne I. Kaeppler*, Artificial Curiosities (Honolulu 1972), und über die Herstellung und Musterung der Baststoffe berichtet *S. Kooijman*, Tapa in Polynesia. Zum einzigen Genußmittel vgl. *G. Koch*, Kawa in Polynesien, in: *Gisela Völger / Karin von Welck* (Hrsg.), Rausch und Realität, Bd. 1 (Köln 1981) 194–199.

Fast alle angesprochenen Themen sind auch in dem handbuchartigen Werk von *D. L. Oliver* 1988 (a. a. O.) behandelt; vgl. vor allem das Kapitel über die Gesellschaft der Polynesier Bd. 2, 883–956. Zu der mit den Polynesiern verbundenen Südseeromantik vgl. *Ingrid Heermann*, Mythos Tahiti. Südsee – Traum und Realität (Berlin 1987).

352.

Das Werk von *E. S. C. Handy*, Polynesian Religion (B. P. Bishop Museum Bulletin 34) (Honolulu 1927) ist, obwohl es schon vor mehr als sechs Jahrzehnten veröffentlicht wurde, auch heute noch gültig und maßgebend, und zwar vor allem die Kapitel über Mana und Tabu (S. 25–54). Eine Übersicht der polynesischen Religionen vermittelt auch *P. H. Buck (Te Rangi Hiroa),* The Coming of the Maori (Wellington 1949). Mit stupender Gründlichkeit sind alle Fakten über Mana und Tabu von *F. R. Lehmann* in den Werken: Mana. Begriff des außerordentlich Wirkungsvollen (Leipzig 1922) und Die polynesischen Tabusitten (Leipzig 1930) zusammengetragen. Vgl. auch *R. Firth,* An Analysis of Mana, in: Journal of the Polynesian Society 49 (Wellington 1940) 483–503. Zu den Mana- und Tabu-Begriffen in aller Welt vgl. *G. van der Leeuw* (vgl. Anm. 8); *F. Steiner,* Taboo (London 1956).

353.

Für Götterlehre und Schöpfungsmythos ist ebenfalls das Werk von *E. S. C. Handy* 1927 (a.a.O. 9–120) maßgebend. Wichtige Ergänzungen liefern unter anderem *Katherine Luomala* 1949 (vgl. Anm. 39); *Dorothy B. Barrère* 1967 (vgl. Anm. 38); *K. P. Emory,* Tuamotuan Concepts of Creation, in: Journal of the Polynesian Society 49 (Wellington 1940) 69–136.569–578, auch ebd. 52 (1943) 19–21. Erste gründliche Aufzeichnungen mythischer Texte begannen 1845 mit *Sir George Grey,* Polynesian Mythology (London 1855). Als Gouverneur Neuseelands erkannte er bei den Verhandlungen mit Maori-Häuptlingen, wie ungeheuer wichtig die Kenntnis der Traditionen war. Originäre Wiedergaben der Mythen finden sich weiterhin in *Teuira Henry,* Ancient Tahiti (Honolulu 1928); *A. Fornander,* Hawaiian Antiquities and Folk-lore, 3 Bde. (Honolulu 1916/20); *A. Bastian,* Die heilige Sage der Polynesier. Kosmogonie und Theogonie (Leipzig 1881). Ausgewählte Wiedergaben polynesischer Mythen geben *Roslyn Poignant,* Ozeanische Mythologie (Wiesbaden o.J.) und *R. B. Dixon,* Oceanic (Mythology of all Races, Bd. 9) (Boston 1916). Vgl. auch *W. Scheffran,* Tangaroa (Tübingen 1965); *H. Nevermann,* Götter der Südsee (Stuttgart 1947); *ders.,* Polynesien, in: *H. Nevermann / E. A. Worms / H. Petri,* Religionen der Südsee und Australiens (Religionen der Menschheit, Bd. 3,2) (Stuttgart 1968).

354.

Alle kultischen Erscheinungen vom Priestertum, dem Kultplatz bis zu den zahlreichen, auf die Lebensstadien, den Krieg und die Fruchtbarkeit bezogenen Riten sind in dem Werk von *E. S. C. Handy* (a.a.O. 121–311) ausführlich behandelt. Als das Buch erschien, waren aber die meisten Reste der polynesischen Kultplätze noch nicht erfaßt und vermessen, vgl. daher *K. P. Emory,* Stone Remains in the Society Islands (1934), sowie zusammenfassend *K. P. Emory,* Polynesian Stone Remains, in: Papers of the Peabody Museum of American Archaeology and Ethnology (Harvard University, Bd. 20) (Cambridge, Mass. 1943) 9–21. Die Bücher und Ausstellungskataloge über die Kunst Polynesiens, wie z.B. *A. Wardwell,* The Sculpture of Polynesia (Chicago 1967), zeigen meist nur eine Auswahl von Spitzenstücken und sind daher nicht repräsentativ. Wichtig sind dagegen die Werke über die Kunst der einzelnen Regionen, die in den Fußnoten genannt sind.

355.

Mit Ausnahme der Marianen und der Gilbert-Inseln wurden alle Regionen Mikronesiens von der Hamburger „Südsee-Expedition 1908–1910“ aufgesucht. Die Ergebnisberichte, die selbstverständlich auch das ältere Schrifttum wie die Werke von *J. S. Kubary* und *K. Semper* berücksichtigen, bilden die Grundlage der ethnographischen Kenntnis Mikronesiens: *H. Thilenius* (Hrsg.), Ergebnisse der Südsee-Expedition 1908–1910, II. Ethnographie B. Mikronesien, 12 Bde. (Hamburg 1914–1938): 1. *P. Hambruch*, Nauru (2 Teilbde.) (1914/15); 2. *W. Müller-Wismar*, Jap (2 Tbde.) (1917/18); 3. *A. Krämer*, Palau (5 Tbde.) (1917/1929); 4. *E. Sarfert*, Kusae (2 Tbde.) (1919/20); 5. *A. Krämer*, Truk (1932); 6. *A. Krämer / H. Damm / E. Sarfert*, Inseln um Truk (2 Tbde.) (1935); 7. *P. Hambruch / Anneliese Eilers*, Ponape (3 Tbde.) (1932/36); 8. *Anneliese Eilers*, Inseln um Ponape (1934); 9. *Anneliese Eilers*, Westkarolinen (1936); 10. *A. Krämer*, Zentralkarolinen (1938); 11. *A. Krämer / H. Nevermann*, Ralik-Ratak (1938); 12. *E. Sarfert / H. Damm*, Luangina und Nukumanu (2 Tbde.) (1929/31). Weitere wichtige Werke sind *A. Erdland*, Die Marshall-Insulaner (Münster 1914); *L. Bollig*, Die Bewohner der Truk-Inseln (Münster 1927); *E. G. Burrows / M. E. Spiro*, An Atoll Culture. Ethnography of Ifaluk in the Central Carolines (New Haven 1953); *W. Lessa*, Tales from Ulithi Atoll (Berkeley, Calif. 1961); *E. G. Burrows*, Flower in my Ear. Arts and Ethos of Ifaluk Atoll (Seattle 1963). Über die Marianen berichtet *G. Fritz*, Die Chamorro, in: Ethnologisches Notizblatt, Bd. 3, Heft 3 (Berlin 1904) 25–100, und über die Gilbert-Inseln *A. Grimble*, Pattern of Islands (London 1952). Zur Gesellschaftsordnung der Mikronesier vgl. *D. L. Oliver* 1988 (a. a. O. 957–1024).

356.

Wichtige Werke zur Prähistorie Australiens sind *J. Allen / J. Golson / R. Jones* (Hrsg.), Sunda and Sahul (London 1977); *G. P. White / F. O'Connell*, A Prehistory of Australia, New Guinea, and Sahul (Sydney 1982); *J. Flood*, Archaeology of the Dreamtime (Sydney 1983). Eine Zusammenfassung der neueren Forschungen in deutscher Sprache liegt zur Zeit nicht vor. Die prähistorische Forschung Australiens befindet sich in einem dynamischen Prozeß. Wichtigstes Publikationsorgan ist die von der Universität Sydney herausgegebene Zeitschrift *Archaeology in Oceania* (bis 1980: Archaeology & Physical Anthropology [Sydney 1966]). Eine gute Anschauung der verschiedenen Regionen des Kontinents vermittelt der Bildband von *A. Keast*, Australien und Ozeanien (München – Zürich 1967); vgl. auch das Kapitel Australien in Fischer-Länderkunde: *H. Uhlig* (Hrsg.), Südostasien – Austral-pazifischer Raum (Frankfurt a. M. 1984). Über die Lebensumstände der Ureinwohner Australiens in den verschiedenen Regionen des Kontinents berichten die verschiedenen ethnographischen Werke wie z. B. *M. J. Meggitt*, Desert People (Sydney 1962).

357.

In den Jahren um 1970 erschienen drei zusammenfassende Darstellungen der Religionen der Ureinwohner Australiens. An erster Stelle zu nennen ist *Mircea Eliade*, Australian Religions. An Introduction (Ithaka – London 1973). Es ist das einzige

Werk des Gelehrten, das sich mit konkreten Religionen einer bestimmten Region befaßt. Es basiert auf Vorlesungen, die Eliade 1964 an der Universität Chicago gehalten hat. Der Text wurde, bevor er 1973 als eigene Buchausgabe vorlag, in einem Sammelwerk zur Geschichte der Religionen schon 1966/67 veröffentlicht. Im Jahre 1968 erschien die umfassende Darstellung der „Australischen Eingeborenen-Religionen" des bereits 1963 verstorbenen Missionars und Forschers *Pater Ernest A. Worms,* die von *Helmut Petri* mit Ergänzungen und einem Nachwort versehen wurde (*H. Nevermann / E. A. Worms / Helmut Petri,* Die Religionen der Südsee und Australiens, in: Religionen der Menschheit, Bd. 3,2 [Stuttgart 1968] 125–329). Beide Werke richten sich nicht nur an die enge Zunft der Ethnologen und Religionswissenschaftler, sondern an einen breiteren Kreis gebildeter Leser. Mircea Eliade wird ohne Zweifel dem damit verbundenen Anspruch voll gerecht. Bei aller Wissenschaftlichkeit verliert er niemals die Möglichkeiten seiner Leser aus den Augen. Eliade ist eben auch ein begnadeter Schriftsteller und Didaktiker. Nach der Lektüre seines Werks, das Eliade bewußt eine „Einführung" nennt, hat der Leser zwar keine perfekte, aber eine überaus lebendige Anschauung der Religionen der Ureinwohner Australiens. Worms hingegen nahm keine Rücksicht auf den potentiellen Leser. Er hatte sich während seiner mehr als dreißigjährigen Tätigkeit neben der seelsorgerischen Tätigkeit bei den Ureinwohnern auch stets um deren traditionelle Religion bemüht. Als Feldforscher hat sich E. A. Worms große Verdienste erworben, und seine Publikationsliste umfaßt rund zwei Dutzend Titel. Darüber hinaus war er bemüht, die Gesamtheit unserer Kenntnis von den Religionen der Ureinwohner Australiens zu erfassen (vgl. *E. A. Worms,* Religion, in: *W. E. H. Stanner / H. Sheils* [Hrsg.], Australian Aboriginal Studies [Melbourne 1963] 232–247). Dementsprechend ist sein Text von enzyklopädischer Dichte. Der Leser wird förmlich erdrückt von einheimischen Bezeichnungen und sprachlichen Ableitungen, die für ihn nicht nachvollziehbar sind. Das Werk von E. A. Worms ist zwar eine Fundgrube an Informationen, doch seine Lektüre ist eine Qual. Die dritte Darstellung von *Roland M. Berndt,* Australian Aboriginal Religion, in: Iconography of Religions V, Fasc. 1–4 (Leiden 1974), vereint die Vorzüge der beiden zuerst genannten Werke. Es handelt sich um die Veröffentlichung von 220 Bildern aus dem religiösen Leben der Ureinwohner, die von R. M. Berndt beschrieben und Region für Region mit ausführlichen Begleittexten versehen sind. In der kurzen Einführung werden die wichtigsten Themen den Religion der Ureinwohner Australiens besprochen.

Der Streit zwischen den großen Theorien um die Jahrhundertwende mit allen Argumenten und Gegenargumenten ist auf anschauliche Weise im ersten Kapitel des Werks von *Mircea Eliade* 1973 (a. a. O. 1–41) dargestellt. Nur kurz und in einer mehr grundsätzlichen Weise werden die Theorien und auch die Vorurteile den Religionen der Ureinwohner gegenüber von *R. M. Berndt* (a. a. O. 1–3) sowie ausführlich von *W. E. H. Stanner,* Religion, Totemism and Symbolism, in: *R. M. Berndt / Catherine H. Berndt,* Aboriginal Man in Australia (Sydney 1965) 207–237 und *W. E. H. Stanner,* On Aboriginal Religion (Oceania Monographs, No. 11) (Sydney 1963) behandelt.

358.

Grundlegend für die Kenntnis der Stämme und ihrer Wohngebiete ist *N. B. Tindale,* Aboriginal Tribes of Australia. Their Terrain, Environmental Controls, Distribution, Limits, and Proper Names (Berkeley – Los Angeles – London 1974). Wie schon aus dem Untertitel hervorgeht, enthält dieses hervorragende Werk nicht nur ein alphabetisches Register der rund 600 Stammesnamen (samt der wohl zehnfachen Zahl an Synonyma) und die Kartierung ihrer Wohnsitze, sondern auch noch eine Fülle zusätzlicher Informationen über ihre Lebensweise und Gesellschaft, die man sich sonst mühsam zusammensuchen muß. Zu den Sprachen vgl. *R. M. W. Dixon,* The Languages of Australia (Canberra 1980), sowie das Kartenwerk von *S. A. Wurm / Shirô Hattori* (Hrsg.), Language Atlas of the Pacific Area (Canberra 1981). Die beste Einführung in die Gesellschaftsordnung und den Totemismus ist das Werk von *A. P. Elkin,* The Australian Aborigines. How to Unterstand Them (Sydney [4]1964); vgl. auch *D. L. Oliver,* Oceania. The Native Cultures of Australia and the Pacific Islands (Honolulu 1989) 826–882. Zum Verhältnis des Totemismus zur Religion vgl. *W. E. H. Stanner,* Religion, Totemism and Symbolism, in: *R. M. Berndt / Catherine Berndt,* Aboriginal Man in Australia (Sydney 1965) 207–237, sowie zum „Kult-Totemismus" *A. P. Elkin,* Cult-Totemism and Mythology in Northern South Australia, in: Oceania 5 (Sydney 1934/35) 171–192, sowie *H. Petri,* Kult-Totemismus in Australien, in: Paideuma 5 (Wiesbaden 1950/54) 44–58.

359.

Zum Begriff „Traumzeit" vgl. *W. E. H. Stanner,* The Dreaming, in: *W. A. Lessa / E. Z. Vogt,* Reader in Comparative Religion (New York [2]1965) 158–167, sowie auch *W. E. H. Stanner,* On Aboriginal Religion (Oceania Monographs, No. 11) (Sydney 1963); weiterhin *R. M. Berndt / Catherine H. Berndt,* The World of the First Australians (Chicago 1964) 186–189; *F. R. Myers,* Pintubi Country, Pintubi Self (Washington – Canberra 1986) 47–70. Zur Traumzeit und ihren göttlichen Wesen vgl. *M. Eliade* 1973 (a. a. O. 42–83) und *E. A. Worms / H. Petri* 1968 (a. a. O. 231–264). Eine Zusammenfassung der aufgezeichneten Mythentexte und ihre kritische Analyse finden sich in der umfangreichen Dissertation von *Clara B. Wilpert,* Kosmogonische Mythen der australischen Eingeborenen. Das Konzept der Schöpfung und Anthropogenese (München 1970).

360.

Sehr ausführlich, fast schon katalogmäßig erfaßt, finden sich die Kultobjekte der Ureinwohner Australiens in *E. A. Worms / H. Petri* 1968 (a. a. O. 136–231). Vgl. auch den Abschnitt „Sakralobjekte" in *G. Schlatter,* Bumerang und Schwirrholz. Eine Einführung in die traditionelle Kultur australischer Aborigines (Berlin 1985). Die Zahl der Bücher über die Felsbildkunst und Rindenmalerei der Ureinwohner ist ziemlich groß, so daß hier nur eine Auswahl wiedergegeben werden kann: *A. Lommel / Katharina Lommel,* Die Kunst des fünften Erdteils Australien (München 1959); *K. Kupka,* Kunst der Uraustralier (Basel 1958); *C. P. Mountford,* Die Kunst der australischen Naturvölker, in: *A. Bühler / T. Barrow / C. P. Mountford,* Ozeanien und

Australien (Baden-Baden 1961); *R. M. Berndt* (Hrsg.), Australian Aboriginal Art (Sydney 1964); *I. M. Crawford,* The Art of the Wandjina (Melbourne – London 1968); *R. Edwards,* Australian Aboriginal Art. The Art of the Alligator Rivers region, Northern Territory (Canberra 1979); *Stubbs* 1974 (vgl. Anm. 28).

361.

Die beste Übersicht und Ordnung der Kulthandlungen in den verschiedenen Regionen Australiens gibt *R. M. Berndt,* Australian Aboriginal Religion, in: Iconography of Religions V, Fasc. 1–4 (Leiden 1974). Seine Ausführungen werden durch zahlreiche Abbildungen veranschaulicht. Die Quellen sind in einer umfangreichen Bibliographie genannt. Der Initiation samt den anderen geheimen Kulten sowie den Trägern priesterlicher Funktionen widmet *M. Eliade,* Australian Religions (Ithaka – London 1973), je ein Kapitel. Speziell über die Träger priesterlicher Funktionen bzw. den „Medizinmann“ handeln *A. P. Elkin,* Aboriginal Man of High Degree (Sydney 1945) und *H. Petri,* Der australische Medizinmann, in: Annali Lateranensi 16 (Vatikanstadt 1952) 159–317 und 17 (Vatikanstadt 1953) 157–225.

362.

Was über die ausgestorbenen Tasmanier bekannt geworden ist, wurde in der Dissertation von *Gisela Völger,* Die tasmanier. Versuch einer ethnographisch historischen Rekonstruktion (Wiesbaden 1972) zusammengestellt und kritisch gesichtet. Über die religiösen Erscheinungen handelt *E. A. Worms,* Die Religion der tasmanischen Ureinwohner, in: *H. Nevermann / E. A. Worms / H. Petri,* Die Religionen der Südsee und Australiens (Religionen der Menschheit 3, 2) (Stuttgart 1968). Zahlreiche Werke handeln über die Vergangenheit und Gegenwart der Ureinwohner Australiens und speziell zu ihren Problemen in unserer Zeit; vgl. die einschlägigen Artikel in *R. M. Berndt / Catherine H. Berndt* (Hrsg.), Aboriginal Man in Australia (Sydney 1965); *H. Petri,* Sterbende Welt in Nordwest-Australien (Braunschweig 1954); *A. Lommel,* Fortschritt ins Nichts. Die Modernisierung der Primitiven Australiens (Zürich – Freiburg i. Br. 1969); *Clara B. Wilpert* (Hrsg.), Der Flug des Bumerangs (Hamburg 1987); *F. R. Myers,* Pintubi Country, Pintubi Self. Sentiment, Place, and Politics among the Western Desert Aborigines (Washington – Canberra 1986). Über die Situation der Frauen und ihre „Geheimkulte“ vgl. *Phyllis M. Kaberry,* Aboriginal Woman. Sacred and Profane (London 1939) und *Catherine H. Berndt,* Woman and the ‚Secret Life‘, in: *R. M. Berndt / Catherine H. Berndt* (Hrsg.), Aboriginal Man in Australia (Sydney 1965). Zur Frage der Ausstellung von Kultobjekten der Ureinwohner in den Museen vgl. *G. Schlatter,* Die offenen Geheimnisse und eine verlorene Religion, in: Anthropos 83 (St. Augustin 1988) 178 bis 179 und *B. Fenner,* Nur für Eingeweihte – Zur Ausstellung geheimer Sakralgegenstände aus Australien, in: Kölner Museums-Bulletin, Heft 1 (Köln 1990).

398.

Diesem Kapitel über den japanischen Buddhismus liegt zugrunde mein Beitrag „Buddhismus im modernen Japan" im Sammelband „Buddhismus der Gegenwart", hrsg. von *Heinrich Dumoulin* (Freiburg 1970) 127–187. Der Beitrag wurde überarbeitet, gekürzt und ergänzt.

399.

Die Situation Japans nach Ende des Pazifischen Krieges zeichnen im Rahmen der japanischen Geschichte neuere Darstellungen, z. B. *William G. Beasley,* Geschichte des modernen Japan (Köln 1964) (The Modern History of Japan [New York 1963]); *R. Bersihand,* Geschichte Japans von den Anfängen bis zur Gegenwart (Stuttgart 1963) (Histoire du Japon des origines à nos jours [Paris 1959]); *J. W. Hall,* Das japanische Kaiserreich (Frankfurt 1968) (Japan from Prehistory to Modern Times [New York 1970]); *E. O. Reischauer,* The Story of a Nation (New York 1970). Das dreibändige Standardwerk über die japanische Geschichte von *G. B. Sanson,* A History of Japan (London 1959–1964), schließt mit dem Ende der Tokugawazeit (1867) ab, nützlich ist die Kulturgeschichte desselben Verfassers, A Short Cultural History (2. rev. Aufl., New York 1962), ferner *ders.,* The Western World and Japan (New York [4]1962).

Der erwähnte Sammelband (398) „Buddhismus der Gegenwart" erlaubt einen Vergleich zwischen der religiösen Lage in Japan und der in den anderen asiatischen Ländern, in denen sich der Buddhismus befindet.

400.

Die zwei frühen grundlegenden Werke über die japanische Religionsgeschichte, nämlich *M. Anesaki,* History of Japanese Religion (London 1930, Neuausgabe überarbeitet von H. Kishimoto, Tokyo 1970) und *W. Gundert,* Japanische Religionsgeschichte (Tokyo – Stuttgart 1935) sind von bleibendem Wert. Mit dem japanischen Buddhismus befassen sich *A. K. Reischauer,* Studies in Japanese Buddhism (New York 1925) und *C. Eliot,* Japanese Buddhism (London 1935). Wichtige Werke neueren Datums sind *J. M. Kitagawa,* Religion in Japanese History (New York – London 1966) und *B. H. Earhart,* Japanese Religion. Unity and Diversity (Encino 1974). Der zweite Band von *M. Eder,* Geschichte der japanischen Religion (Nagoya 1978) befaßt sich zur Hauptsache mit „Japan unter dem Buddhismus" (1–196). Einen Überblick über den Buddhismus Japans gibt *R. K. Heinemann* in seinem Beitrag zu „Der Buddhismus. Geschichte und Gegenwart", hrsg. von *H. Bechert / R. Gombrich* (München 1989) 252–292.

In denselben japanischen Tempelklöstern existierten lange Zeit verschiedene mönchische Observanzen oder philosophische Doktrinen nebeneinander, erst während der Heianzeit (794–1186) konstituierten sich buddhistische Sekten in Japan. Vgl. *S. Watanabe,* Japanese Buddhism. A Critical Appraisal (Tokyo [3]1970) 87. Watanabe, selbst Buddhist, wertet in seinem aufschlußreichen Buch die Geschichte des japanischen Buddhismus vom buddhistischen Standpunkt aus und spart nicht mit strenger Kritik. Insbesondere tadelt er Verquickung mit Politik, Magie, Ritualismus und Formalismus, moralischer Laxheit und Kompromißgeist. Vgl. besonders S. 55 bis 60, die Thematik zieht sich durch das ganze Buch.

Der Traktat des Vasubandhu Abidharmakośa wurde ins Französische übersetzt von *L. de la Vallée Poussin* (6 Bde.) (Paris 1925), der Traktat des Nagarjuna Mahāprajñāpāramitāśāstra unter dem Titel „Le Traité de la Grande Vertu de Sagesse" von *E. Lamotte* (5 Bde.) (Löwen 1966–1980). Das Kegon-Sutra wurde aus dem Chinesischen ins Deutsche übersetzt und mit einer Einführung versehen von *Torakazu Doi* (4 Bde.) (Tokyo 1978–1983). Eine gute Einführung in die Kegon-Doktrin gibt *G. C. C. Chang*, The Buddhist Teaching of Totality. The Philosophy of Hwa Yen (University Park – London 1971).

Über das Zeremoniell der Reueriten handelt ausführlich *M. W. de Visser*, Ancient Buddhism in Japan (2 Bde.) (Leiden 1935), vgl. die Studie von *H. Dumoulin*, The Consciousness of Guilt and the Practice of Confession (FS Gershom Scholem) (Jerusalem 1967).

401.

Ein für den Religionsgeschichtler ansprechendes Bild der Stadt Kyoto mit ihren zahllosen Tempeln, Schreinen und Palästen bietet *R. A. B. Ponsonby-Fane*, Kyoto, The Old Capital of Japan (Kyoto 1956). Das Buch erklärt die religiösen Kunstwerke der Stadt in ihrer Entstehung und ihren wechselnden Schicksalen, in Anlage und Architektur sowie in ihrer jeweiligen besonderen Bedeutung in der japanischen Religionsgeschichte.

Ausführliche Studien über den Tendai-Buddhismus verdanken wir *Bruno Petzold*, der sich in einem mehr als 30jährigen Japanaufenthalt (ca. 1910–1949) intensiv mit dem Studium des Tendai befaßt hat. Seine schriftstellerische Hinterlassenschaft wurde posthum zu einem Teil in englischer und deutscher Sprache veröffentlicht: *ders.*, Tendai Buddhism (Yokohama 1979) und *ders.*, Die Quintessenz der T'ien-t'ai-(Tendai-)Lehre. Eine komparative Untersuchung, hrsg. von *Horst Hammitzsch* (Wiesbaden 1982). Über den chinesischen Gründer der T'ien-t'ai-Schule Chih-i (538–597) handelt eine Monographie von *Leon N. Hurvitz*, Chih-i. An Introduction to the Life and Ideas of a Chinese Buddhist Monk (Brüssel 1962), nicht ganz zuverlässig im Kapitel über die Lehrstufung (jap. *kyōhan*) des Tendai, siehe den Art. Chih-i des durch seine Dissertation über die Tendai-Meditation ausgewiesenen *Neal Donner* in: Encyclopedia of Religion (16 Bde.) (New York – London 1987), Bd. 3, 240–242. Siehe ferner *Paul Groner*, Saichō and the Establishment of the Japanese Tendai School (Berkeley 1984) und *ders.*, Ui Hakuju. A Study of Japanese Tendai Buddhism, in: Philosophical Studies of Japan, hrsg. von der japanischen Kommission von Unesco, Bd. 1 (Tokyo 1959) 33–74.

Saichō brachte von seiner Chinareise (804/5) außer dem umfangreichen System der Tendai-Lehre auch Zen (chin. *ch'an*) der Nordschule und Esoterismus (jap. *mikkyō*) nach Japan, eine reiche Frucht nach einem Aufenthalt von nur acht Monaten. Das Unglück wollte, daß nur ein Jahr später der Gründer der japanischen Shingon-Schule Kūkai (774–835) mit ungleich größeren Kenntnissen der esoterischen Praktiken vom chinesischen Kontinent heimkehrte und bald Saichō, der eine Weile freundschaftlich mit ihm Umgang gepflegt hatte, in den Schatten stellte. Nach ungefähr zehn Jahren (ca. 816) kam es zum Bruch zwischen den beiden Schulhäuptern, die Tendai-Schule auf dem Hiei-Berg geriet in eine Krise, verschärft durch die Angriffe der Nara-Schulen, vorab der Hossō-Schule. Saichō vermochte, sich in Zurückgezogenheit der Kontemplation und dem Studium widmend, trotz des Verlustes tüchtiger Jünger durchzuhalten. Wenige Tage nach seinem Tod wurde der Haupttempel der Tendai-Schule Enryakuji mit seinen Reformen vom Hof anerkannt.

Zwei Generationen später erlebte der Tendai-Buddhismus auf dem Hiei-Berg einen Höhepunkt durch den bedeutenden Mönch Ennin (794–864), der nach einem längeren Aufenthalt in China (839–848) bei seiner Rückkehr in Japan triumphal empfangen wurde und hohes Ansehen erlangte. Ennin hatte sich auch die esoterischen Lehren und Riten vollkommen angeeignet. Seitdem steht der Tendai-Esoterismus (jap. *taimitsu*) dem Shingon-Esoterismus (jap. *tōmitsu*) ebenbürtig gegenüber.

Vgl. über Ennin *E. O. Reischauer,* Ennin's Travel in T'ang China and Ennin's Diary. The Record of a Pilgrimage in Search of the Law (New York 1955) (dt.: *E. O. Reischauer,* Die Reisen des Mönches Ennin. Neun Jahre im China des neunten Jahrhunderts [Stuttgart 1963]).

Die Tendai-Schule blühte während der Heianzeit, zumal im 10. und 11. Jahrhundert unter dem Schutz der mächtigen Fujiwara-Familie. Der Tempel Enryakuji wurde 1571 durch den Militärdiktator Oda Nobunaga zerstört. Damit war die Vorrangstellung von Tendai in Japan gebrochen.

Kūkai überbrachte den Esoterismus der Shingon-Schule noch im gleichen Jahrhundert, in dem der Tantrismus aus Indien nach China gelangte, aus dem Reich der Mitte nach Japan und gab ihm die bleibende systematische Form. Shingon, das japanische Äquivalent für *mantra,* zu deutsch „wahres Wort", lehrt die Erlangung der Erleuchtung in dieser Existenz (jap. *sokushin jōbutsu*). Den zentralen Buddha Mahāvairocana (jap. *Dainichi Nyorai*) identifiziert Kūkai mit dem Dharmakāya, dem kosmischen Buddha-Leib. Die religiöse Praxis ist reich an magischen Riten, symbolischen Handlungen und Fingergesten. Der Shingon-Buddhismus entwickelte eine reiche Kunst.

Außer der Hintergrundliteratur über Tantrismus erschienen wichtige Werke über den japanischen Shingon-Buddhismus: *Yoshihito S. Hakeda,* Kūkai. Major Works. Translated with an Account of His Life and a Study of His Thought (New York 1972); *Kiyota Minoru,* Shingon Buddhism. Theory and Practice (Los Angeles 1978); *ders.,* Tantric Concept of Bodhicitta. A Buddhist Experimental Philosophy; an Exposition based on the Mahāvairocana-sūtra, Bodhicitta-śāstra und Sokushin jōbutsu-gi (Madison 1983). (Letztere Schrift bietet eine Erklärung der Shingon-Lehre aufgrund der Quellen.) Siehe ferner: *Tajima Ryūjun,* Étude sur le Mahāvairocana-sūtra (Paris 1936); *ders.,* Les deux grands mandalas et la doctrine de l'ésotérisme Shingon (Paris 1959).

Werke über buddhistische Kunst handeln von tantrischer und insbesondere von Shingon-Kunst, z. B. *D. Seckel,* Buddhistische Kunst Ostasiens (Stuttgart 1957) (Buddhist Art of East Asia [Washington 1989]); *ders.,* Kunst des Buddhismus (Baden-Baden 1963). Siehe auch den Ausstellungskatalog „Shingon. Die Kunst des geheimen Buddhismus in Japan", hrsg. von *R. Goepper* (Museum für ostasiatische Kunst der Stadt Köln 1988). Shingon-Symbolik kommt zur Sprache in dem Werk von *E. D. Saunders,* Mudrā. A Study of Symbolic Gestures in Japanese Buddhist

Sculpture [mit Abbildungen] (New York 1960); über Mandala handelt an vielen Stellen *C. G. Jung*, Der Mensch und seine Symbole, hrsg. nach seinem Tod von *Marie-Louise von Franz u. a.* (Olten 1968).

Schon früher beginnend fand der buddhistisch-shintoistische Synkretismus seine Ausformung während der Heianzeit. Saichō verehrte im shintoistischen Bergkönig Ōkuninushi oder Ōyamakui eine Erscheinung Shākyamunis, den Sannō-Avatar und machte ihn zum Mittelpunkt des von der Tendai-Schule gepflegten Sannō-Shintō. Den gleichen Schritt tat Kūkai, als er den Buddha Mahāvairocana mit der Sonnengöttin Amaterasu identifizierte. Die Buddhas waren der Urstand (jap. *Honji*), die shintoistischen Kami Avatare (jap. *Suijaku*, wörtlich: „herabgelassene Spur"). Das System durchzieht als Ryōbu-Shintō (= Shintō der zwei Seiten) das ganze Mittelalter in vielen Zweigformen. Heraus ragt der Ise-Shintō (Hauptschrift Shintō Gobusho, ca. 200) und der Yoshida-Shintō am Yoshida-Schrein in Kyoto, der ins 13. Jahrhundert zurückreicht und im 15. Jahrhundert unter Yoshida Kanetomo (1435–1515) den Höhepunkt erreichte. Über den buddhistisch-shintoistischen Synkretismus handelt ausführlich *A. Matsunaga*, The Buddhist Philosophy of Assimilation. The Historical Development of the Honji-Suijaku Theory (Tokyo 1969). Siehe auch die Übersetzung von *T. Ishibashi / H. Dumoulin*, Yuiitsu Shintō Myōbōyōshū. Lehrabriß des Yuiitsu Shintō, in: Monumenta Nipponica, Bd. 3, Nr. 1 (1940) 182–239. Der Text zeigt, daß von buddhistischer Seite der Shingon-Einstrom überwiegt, aber auch chinesischer Taoismus und die Yin-yang-Lehre sind eingeflossen.

402.

Die Literatur über Zen-Buddhismus ist in den letzten Jahrzehnten ins Unübersehbare angewachsen. Eine ausgiebige Bibliographie bietet *H. Dumoulin*, Geschichte des Zen-Buddhismus, Bd. 2 (Bern 1986), dort Werke in fernöstlichen und westlichen Sprachen, zahlreiche Übersetzungen von Zen-Texten in westliche Sprachen. Der Band handelt über die Zen-Geschichte in Japan bis zum Ende der Meijizeit (1912).

Zu den Vorläufern der während der Kamakurazeit aus China eingeführten Zen-Schulen gehört, wie Funde in der an frühen Schriften reichen Bibliothek Kanazawa Bunko ergaben, eine von Dainichi Nōnin (o. J.) in der zweiten Hälfte des 12. Jahrhunderts gegründete „Japanische Daruma-Schule". Nōnin lebte lange Zeit auf dem Hiei-Berg, zeigte eine Vorliebe für die Zen-Meditation und ließ sich seine Meisterschaft von dem chinesischen Zen-Meister Te-kuang (1121–1203), einem Schüler des bekannten Ta-hui Tsung-kao (1080–1163), durch ein Zertifikat bestätigen. Dōgens Hauptjünger und Dharma-Erbe Ejō (1198–1280) kam aus der Daruma-Schule des Nōnin. Siehe den Abschnitt über Dainichi Nōnin und die japanische Daruma-Schule in Bd. 2 der englischen Ausgabe der oben genannten Zen-Geschichte: Zen Buddhism. A History (New York – London 1990) 7–14.

Eisai (auch gelesen Yōsai), der Gründer der japanischen Rinzai-Schule, vermochte sich nicht völlig vom Tendai-Buddhismus zu lösen. Bedeutender sind die drei frühen Rinzai-Meister Nampo Jōmyō mit dem Titel Daiō Kokushi (1235 bis 1309), Shūhō Myōchō mit dem Titel Daitō Kokushi (1282–1338) und Kanzan Egen mit dem Titel Kanzan Kokushi (1277–1360). Die Linien, die von diesen drei Meistern ausgingen, sind für die Rinzai-Schule bis zur Neuzeit maßgebend.

Eine sehr ausgedehnte, teilweise kontroverse Literatur in westlichen Sprachen befaßt sich mit Dōgen (1200–1253). Über den letzten Stand der Dōgen-Forschung unterrichtet *H. Dumoulin,* Zen im 20. Jahrhundert (München 1990): Kapitel Zen-Forschung, Abschnitt über Dōgen. Vgl. den gegenüber dem deutschen Original erweiterten Abschnitt über Dōgen im 2. Bd. der englischen Ausgabe der Zen-Geschichte, a. a. O. 51–119.

Umfangreich ist auch die Literatur über den Amida-Buddhismus. Frühe Autoren, wie *H. Haas* (Amida Buddha, unsere Zuflucht. Urkunden zum Verständnis des japanischen Sukhāvatī-Buddhismus [Leipzig 1910]) und *A. Lloyd* (The Creed of Half Japan. Historical Sketches of Japanese Buddhism [London 1911]), verglichen gern den japanischen Amida-Glauben mit dem reformatorischen Christentum und erkannten in Shinran Züge Luthers. Eine umfangreiche Biographie von *H. H. Coates / R. Ishizuka,* Hōnen, the Buddhist Saint. His Life and Teaching (Kyoto 1949) unterrichtet über den Gründer der Schule vom Reinen Land (jap. *Jōdoshū*). Das historisch unzureichende Buch von *H. de Lubac,* Amida (Paris 1955), hat prachtvolle Seiten über Spiritualität und Kunst der Amida-Frommen. Shinran und sein Werk steht heute im Mittelpunkt des Interesses. Wichtig sind die Bücher von *A. Bloom,* Shinran's Gospel of Pure Grace (Tucson 1965), und *ders.,* The Life of Shinran Shōnin. The Journey to Self-Acceptance (Leiden 1968). Vgl. den Essay von *H. Dumoulin,* Grace and Freedom in the way of salvation in Japanese Buddhism, in: *R. J. Zwi Werblowsky / D. J. Bleeken* (Hrsg.), Types of Redemption (Leiden 1970) 98–104. Das Tannisho, nach dem Tode Shinrans unter dem Namen des Meisters vom Jünger Yuien herausgegeben, das kurzgefaßt in ansprechender Sprache das Wesen des Amida-Glaubens ausdrückt, wurde oft in europäische Sprachen übersetzt und erläutert. *Suzuki Daisetsu* schenkt auch dem Shin-Buddhismus liebende Beachtung, siehe seine Collected Writings on Shin Buddhism (Kyoto 1973); ferner *ders.,* Amida – Buddha der Liebe (Bern – München – Wien 1974) (Übertragung des Originals: Shin Buddhism [New York – Evanston – London 1970]). *Shinrans* umfangreiches Werk Kyōgyōshinshō wurde zweimal ins Englische übersetzt: *Hisao Inagaki u. a.,* The Kyō Gyō Shin Shō (Kyoto 1960); ferner von *Suzuki Daisetsu* (Kyoto 1973). Briefe Shinrans wurden herausgegeben und übersetzt von *Ueda Yoshifumi,* The Letters of Shinran. A Translation of Mattōshō (Kyoto 1978). – Der volkstümliche Erneuerer des Buddhismus des Glaubens im 15. Jahrhundert, Rennyo (1415–1499), hat einen großen Platz in der japanischen Literatur der Schule vom Reinen Land *(Jōdoshinshū);* in englischer Sprache siehe *Stanley Weinstein,* Rennyo and the Shinshū Revival, in: Japan in the Muromachi Age (hrsg. von Whitney Hall und Toyoda Takeshi, Berkeley 1977), ferner zwei Aufsätze von *Minor L. Rogers,* Rennyo and Jōdo Shinshū Piety. The Yoshizaki Years, in: MN, Bd. 36 (1981) 21–35, und The Shin Faith of Rennyo, in: EB 15, Nr. 1 (1982) 56–73.

Das maßgebende Werk in deutscher Sprache über Nichiren und seine Schule, *M. von Borsig,* Leben aus der Lotosblüte. Nichiren Shōnin Zeuge Buddhas, Kämpfer für das Lotos-Gesetz, Prophet der Gegenwart (Freiburg 1976), bringt außer einer ausführlichen Biographie Nichirens auch Übersetzungen seiner Schriften und Briefe, zudem eine ausgiebige Bibliographie. Die Verfasserin benutzt die reiche japanische Sekundärliteratur und bedauert, daß in dieser vorrangig die politischen

Gedanken Nichirens zur Sprache kommen. „Der Lehrkern Nichirens, sein Weg bis zur Formulierung der Wahrheit Lehre, die aus seiner Wahrheitserfahrung herrührt, ist noch nicht in gleichem Maße beachtet worden" (S. 34). Demgegenüber bemüht sie sich besonders aufzuzeigen, wie die Lehre des Propheten der Endzeit *(mappō)* im Lotossutra gründet.

Für die Kenntnis Nichirens im Westen sind die Arbeiten des französischen Gelehrten *G. Renondeau* grundlegend, besonders sein Buch: La doctrine de Nichiren (Paris 1958). Renondeau hat außer kleineren Schriften drei Hauptwerke Nichirens ins Französische übertragen. Die Übersetzungen der Traktate Kaimokushō und Kanjinhonzonshō finden sich im angegebenen Buch, die Übersetzung des Risshoankokuron und von acht Briefen erschien in der Zeitschrift T'oung pao (1950). Früh hatte *M. Anesaki* Geschmack für Nichirens prophetische Verkündigung durch sein Buch: Nichiren, the Buddhist Prophet (Cambridge 1916; Neudruck Gloucester, Mass. 1967) geweckt.

Aufschlußreich für die zwei mittelalterlichen buddhistischen Schulen vom Reinen Land und von Nichiren sind das zweite und dritte Kapitel in *A. und Daigan Matsunaga,* Foundation of Japanese Buddhism, Bd. 2 (Los Angeles – Tokyo 1976) 11–136, 137–181.

403.

Während der Tokugawazeit (1603–1868) hatte der Konfuzianismus die Vorherrschaft im geistigen Leben Japans inne. Die buddhistischen Schulen waren durch strenge Kontrolle und einengende Vorschriften stark eingeschränkt. Einige bedeutende Persönlichkeiten vermochten die allgemeine Stagnation und mancherlei Verfallserscheinungen nicht zu verhindern.

Die einzige aus China eingeführte neue Schule des Ōbaku-Zen, von dem chinesischen Zen-Meister Yin Yüan (jap. *Ingen,* 1592–1673) überbracht, weckte in der japanischen Rinzai-Schule das Andenken an eine große Vergangenheit im Reich der Mitte. In Japan knüpfte die Ōbaku-Schule an chinesische Traditionen an und suchte echtestes chinesisches Zen in Japan einzubürgern, mit mäßigem Erfolg. Über den bedeutendsten japanischen Vertreter der Schule gibt *Dieter Schwaller* in seiner Monographie „Der japanische Ōbaku-Mönch Tetsugen Dōkō. Leben, Denken, Schriften (1630–1682)" (Bern 1989) zuverlässige Auskunft.

Die japanische Geistesgeschichte der Tokugawazeit charakterisieren die konfuzianischen Schulen Shushigaku, Yōmeigaku und Kogaku sowie die Erneuerungsbewegungen im Shintoismus (Fukkō-Shintō oder Kokugaku). Die Mito-Schule des Tokugawa Mitsukuni (1628–1700) lenkte die Aufmerksamkeit auf die japanische Geschichte und wurde zu einer Vorbereitung auf die Meijierneuerung.

Innerhalb des Buddhismus übten konfuzianische Elemente einen beträchtlichen Einfluß aus. Der Laien-Buddhist Suzuki Shōsan (1579–1655) wurde wegen seiner sozialen Ethik, die er mit zen-buddhistischer Lehre verband, als Vorläufer der Neuzeit entdeckt, zuerst von Nakamura Hajime, siehe *H. Dumoulin,* Geschichte des Zen-Buddhismus, Bd. 2, Kap. 8, Anm. 141, genaue Angaben in der Bibliographie, vgl. den Abschnitt „Confucian Morality on a Buddhist Foundation, in: *W. L. King,* Death was His Kōan. The Samurai-Zen of Suzuki Shōsan (Berkeley 1986) 137–160. Viel konfuzianische Ethik findet sich auch in den Predigten buddhistischer Mönche jener Zeit, nicht zuletzt bei dem Erneuerer des Rinzai-Zen gegen Ende der Tokugawazeit, Hakuin (1686–1768), einer großen Gestalt des japanischen Buddhismus.

Zu erwähnen sind auch die zwei bedeutenden, vom Zen inspirierten Dichter der Tokugawazeit, Bashō (1644–1694) und Ryōkan (1758–1831).

Über die religiösen Bewegungen während der Tokugawazeit im Hinblick auf das moderne Japan gibt Robert *N. Bellah* scharfsinnige Analysen in „Tokugawa Religion" (Boston 1970).

Die religionspolitischen Auseinandersetzungen zu Beginn der Meijizeit verschafften dem Shintoismus eine führende Stellung und verursachten zeitweilig eine Unterdrückung des Buddhismus, markiert in dem Schlagwort „Nieder mit Buddhismus und Buddha" (jap. *haibutsu kishaku*). Doch kam man bald zu einer für alle Religionen annehmbaren Regelung. Im Buddhismus meldeten sich gegen Ende der Meijizeit die Anfänge der Moderne.

404.

Modernisierung bezeichnet im weiten Sinn den Gesamtvorgang der durch geschichtliche Ereignisse hervorgerufenen gesellschaftlichen Neuerungen. Im religiösen Bereich fließen Säkularisierung (einschließlich Entmythologisierung und Desakralisierung), philosophische Aufklärung und Anthropozentrismus sowie ein durch Naturwissenschaften und Technologie verändertes Weltbild in eine humane Religiosität zusammen. Über diese Aspekte handelt die umfangreiche Literatur, die sich mit den modernen Zeitströmungen befaßt.

405.

Um die Pflege des von der japanischen Wissenschaft vernachlässigten kritischen Geistes hat sich wie kein anderer *Nakamura Hajime* bemüht. Über das Erwachen des kritischen Geistes im japanischen Buddhismus während der Tokugawazeit handelt sein japanisches Buch „Kinsei Nihon no hihanteki seishin" (= Der kritische Geist im modernen Japan) (Tokyo 1981). Siehe auch seine Aufsätze: Modern Trends in Religious Thought, in: The Developing Economics III, 4 (Dezember 1965) 573 bis 604; *ders.*, Nihon shūkyō ni okeru kindaikai (= Modernisierung in der japanischen Religion), in: „Shisō" (November 1963) 28–36; ferner das zusammenfassende japanische Buch: *ders.*, Nihon shūkyō no kindaisei (= Neuzeitlichkeit der japanischen Religion) (Tokyo 1965). Über Suzuki Shosān siehe oben zu 403.

Die Begegnung mit der westlichen Buddhismus-Forschung hat seit Ende des 19. Jahrhunderts viel zur Belebung des Buddhismus in Asien beigetragen, wie viele Aufsätze in unserem Sammelband „Buddhismus der Gegenwart" zeigen. Japan und Sri Lanka (in jüngster Zeit auch Thailand) nehmen beim Austausch mit der westlichen Wissenschaft eine führende Stellung ein.

Nishitani Keiji, der führende japanische Philosoph der buddhistischen Kyoto-Schule, erklärt in dem genannten Symposium das „Reine Land" als „Erwachen des Geistes": „Ein solches Erwachen kann durch eine Art ‚Reines Land' oder Buddha-Land charakterisiert angesehen werden. Selbst-Erwachen hat in einem wahren Sinn den Charakter von Land" (a. a. O. [s. Anm. 4] 53).

Die heute im Westen aufsehenerregende New-Age-Bewegung hat bislang in Japan wenig Beachtung gefunden. Den traditionsbewußten japanischen Buddhisten liegt wenig an solcher Vermischung.

406.

Die Angriffe der Konfuzianer und Shintoisten gegen den Buddhismus während der Tokugawazeit richteten sich zumal gegen die buddhistische Ethik, in der die Konfuzianer die soziale Komponente, nämlich die Loyalität gegenüber dem Oben (jap. *chū*) und die Kindesehrfurcht gegenüber Eltern und Ahnen (jap. *kō*), vermißten. Die Buddhisten wehrten sich mit Vehemenz gegen die konfuzianischen Angriffe. Der oben zitierte (Anm. 16) buddhistische japanische Gelehrte Furuta Shōkin meint, die Angriffe der Konfuzianer hätten sich weniger auf politisch-soziale Argumente gestützt, sondern den Hauptgrund im „Niedergang der (buddhistischen) Tempelklöster und der Dekadenz der Mönche" gehabt (S. 6f).

Die Erneuerungsbewegung im Shintō, die sogenannte Kokugaku, begegnete dem Buddhismus mit betonter Geringschätzung. Da in diesen Kreisen die philosophischen buddhistischen Lehren kaum bekannt waren, richtete sich die Kritik gegen den Populärbuddhismus, der allerdings reichlich Anlaß zu Tadel bot. Kamo Mabuchi (1697–1769), einer der führenden Gelehrten der Kokugaku, fällt aufgrund dessen, was er selbst in seinem langen Leben gesehen und gehört hatte, ein vernichtendes Urteil über die buddhistische Frömmigkeit. Siehe *H. Dumoulin,* Kamo Mabuchi. Ein Beitrag zur japanischen Religions- und Geistesgeschichte (Tokyo 1943) 156ff.

Über die buddhistische Ethik siehe *S. Tachibana,* The Ethics of Buddhism (London 1926, Neuausgabe London 1975); *H. Bechert,* Die Ethik der Buddhisten, in: Ethik in nichtchristlichen Kulturen (hrsg. von P. Antes) (Stuttgart – Berlin – Köln – Mainz 1984) 114–135; *H. Saddhatissa,* Buddhist Ethics (London 1970).

Eine Hinwendung zu Diesseitsaufgaben ist in völlig anderer Weise in der Aufnahme von Motiven aus der „Befreiungstheologie" in den Buddhismus Südostasiens erkennbar. Vgl. dazu die Bücher von *A. Pieris,* Theologie der Befreiung in Asien. Christentum im Kontext der Armut und der Religionen (Freiburg i. Br. 1986); *ders.,* Liebe und Weisheit. Begegnung von Christentum und Buddhismus (Mainz 1989); sowie *A. Fernando,* Zu den Quellen des Buddhismus. Eine Einführung für Christen (Mainz 1987).

407.

Die Metaphysik der Mahāyāna-Sutren, insbesondere der Avatamsaka- (jap. Kegon-)Sutren knüpft an die urbuddhistische Lehre von der Entstehung in Ursachenverknüpfung an und betont die Verflechtung aller Wirklichkeit im Kosmos. In der von modernen japanischen Buddhisten herausgestellten „Würde der freien Persönlichkeit jedes Menschen" ist der Einfluß westlicher Gedanken deutlich erkennbar. Moderne japanische Buddhisten sprechen heute ohne Scheu von „Person", „Persönlichkeit" und von „Nächstenliebe".

408.–410.

Die Kritik der Gläubigen an der Institution setzt sich bis heute ziemlich gleichförmig fort, sowohl in den anspruchslosen Blättern einzelner Tempel als auch in den weiter verbreiteten Publikationen, nämlich der buddhistischen Monatszeitschrift Daihōrin, dem Wochenblatt Bukkyō Times und der Tageszeitung Chūgai Nippō. Fast in jeder Nummer findet sich ein Artikel oder Leserbrief, der die im Text herausgepickten Zeilen bestätigt. Vgl. den Abschnitt „Modernisierungsbestrebungen in Japan" von *H. Dumoulin,* Der Buddhismus, in: Weltgeschichte der Gegenwart, Bd. 2 (Bern – München 1963) 640–643.

411.

Das in Japan neu erwachte Interesse für den Stifter der Buddha-Religion bekundet sich in einer beträchtlichen Anzahl von Lebensbeschreibungen wissenschaftlicher und populärer Art. Buddhistische Zeitschriften bringen illustrierte Aufsätze über das Buddha-Leben und die Buddha-Legende. Auch die Grundlinien der Buddha-Predigt werden in einfacher Form dem Volk mitgeteilt.

Watanabe Shōkō beurteilt in seiner oben genannten (zu 400.) kritischen Studie des japanischen Buddhismus den religiösen Wert der japanischen Mönche und ihrer Initiativen nach ihrer Beziehung zu Shākyamuni und dem Urbuddhismus. Authentische japanische Buddhisten der Frühzeit waren, wie er meint, getrieben von dem „Bedürfnis des Wunsches, die ursprüngliche Form des Buddhismus zu realisieren", und suchten nach der „wahren Lehre des Shakyamuni" (S. 15). „Diese Männer, die den ursprünglichen Buddhismus wiederherzustellen suchten, befaßten sich vorrangig mit der Disziplin" (ebd.).

Für Sucher des Dharma war der Buddha, beseelt von grenzenlosem Mit-leiden mit allen Lebewesen, das Vorbild der urbuddhistischen Haltung des Mit-leidens und der Toleranz. Watanabe nennt nicht wenige japanische Buddha-Mönche „Repräsentanten des ursprünglichen Buddhismus nicht nur in ihren persönlichen Lehranschauungen und Praktiken, sondern auch in ihrem gesellschaftlichen Handeln" (S. 27). Er sieht in ihnen die buddhistische Grundhaltung des historischen Buddhas verkörpert.

Watanabe erkennt in den „Männern, die den japanischen Buddhismus formten", vier verschiedene Typen oder Kategorien, denen er kreative Kräfte zuschreibt. An erster und zweiter Stelle nennt er Mönche, „die die Wahrheit mit der Absicht suchten, den genuinen Zügen des Buddhismus nachzustreben" oder zumindest ihr „Leben in der Tradition des Mönchsordens Shākyamunis zu leben" (S. 35 f). In den zwei folgenden Kategorien ist der urbuddhistische Geist abgeschwächt, die historische Verbindung zu Shākyamuni und dem Mönchsorden aufgegeben. Doch bemühen sich die japanischen Mönche der dritten und vierten Kategorie, vom Geist Buddhas geleitet, ihrer Zeit gemäß dem Volk und der leidenden Menschheit zu Glück und Wohlfahrt zu verhelfen (vgl. S. 36).

Watanabes Sichtweise betrifft den japanischen Buddhismus in seiner geschichtlichen Entwicklung. Die japanischen Buddhisten waren sich wohl der Tatsache bewußt, daß die Buddha-Religion aus Indien stammt. Auch hegten manche Mönche in früher Zeit das Verlangen, die buddhistischen Stätten Indiens zu besuchen. Aber ungleich den chinesischen buddhistischen Mönchen, die Indien bereisten und wertvolle Berichte ihrer Erlebnisse und Eindrücke hinterlassen haben, hat kein japanischer Buddha-Mönch das Ziel seiner heimlichen Wünsche erreicht. Erst in der Neuzeit nach der Landesöffnung zu Beginn der Meijizeit entwickelten sich Beziehungen zwischen Japan und Indien auf allen Ebenen, ein wichtiges Ereignis von nachhaltiger Bedeutung.

412.

Nach Ende des Pazifischen Krieges kennzeichnete das Aufblühen der modernen Volksreligionen die religiöse Szene Japans. Während der 60er und 70er Jahre befaßte sich eine ausufernde Literatur mit dem neuartigen Phänomen, über das auch Lexika und Zeitschriften berichten. Aus den zahlreichen Publikationen seien genannt: *Harry Thomson,* The New Religions of Japan (Rutland – Vermont – Tokyo 1963) (das Buch ordnet eine Anzahl der wichtigsten neuen Religionen, gibt in der Einleitung die kennzeichnenden Merkmale an und bringt statistische Angaben); *H. Neill McFarland,* The Rush Hour of the Gods. A Study of New Religious Movements in Japan (New York – Evanston – London 1967) (das Buch zeichnet den religiösen Hintergrund der Bewegungen und betont deren Motivation in der sozial gedrückten Atmosphäre Japans); *C. B. Offner / H. van Straelen,* Modern Japanese Religions (Leiden 1963); *W. Kohler,* Die Lotus-Lehre und die modernen Religionen in Japan (Zürich 1962); *P. Gerlitz,* Gott erwacht in Japan. Neue fernöstliche Religionen und ihre Botschaft vom Glück (Freiburg i. Br. 1977). Über den Gesamtkomplex der neuen Religionen erschien unlängst ein enzyklopädischer Band in Großformat, hrsg. von *Inoue Nobutaka u. a.,* Shinshūkyō Jiten (= Lexikon der neuen Religionen) (Tokyo 1990). Das Werk bietet auf 1147 Seiten alle wünschenswerten lexikographischen Angaben. Für eine Bibliographie der Bücher in westlichen Sprachen siehe *H. Byron Earhart,* The New Religions of Japan. A Bibliography of Western Language Materials (Ann Arbor [2]1983).

Über Tanaka Chigaku und die Kokuchūkai-Bewegung siehe den Aufsatz von *Edwin B. Lee,* Nichiren and Nationalism. The Religious Patriotism of Tanaka Chigaku, in: MN, Bd. 39 (1975) 19–35. Als sein Vorläufer kann Takayama Chōgyō (1871 bis 1902) angesehen werden, dessen Bewegung sich „Nichirenismus" *(Nichiren Shugi)* nannte. Takayama erweckte seine jungen Zeitgenossen zu überschäumender nationalistischer Begeisterung, konnte indes wegen seines frühen Todes keine nachhaltige Wirkung hervorrufen. Dies gelang seinem Gesinnungsgefährten Tanaka Chigaku (1861–1939). Über sein bewegtes Leben berichtet der angegebene Aufsatz. Bemerkenswert ist, daß er als Laie durch Vorträge und Publikationen großen Einfluß ausübte und nach verschiedenen Ansätzen die moderne Volksreligion Kokuchūkai (= „Vereinigung der Säule des Staates") ins Leben rufen konnte, die sich schnell über ganz Japan ausdehnte. Von Krankheiten geplagt, engagierte er sich aggressiv im politischen Leben. Seine Aktivitäten bewegten sich zwischen dem Politischen und Religiösen. Er ist als Vorläufer der Sōka-gakkai-Bewegung angesehen worden.

Fujii Nichitatsu, der Gründer des *Nihonzan Myōhonji Daisanga,* gewann während der Nachkriegsjahre viel Sympathie im japanischen Volk. Als er vor wenigen Jahren hochbetagt starb, wurde sein Tod allgemein betrauert.

413.

Über die Geschichte, Organisation und die Aktivitäten der Reiyūkai unterrichtet die unter der Leitung der Princeton-Universität (U. S. A.) erstellte Studie jüngeren Datums von *Helen Hardacre,* Lay Buddhism in Contemporary Japan. Reiyūkai Kyōdan (Princeton 1984). Während frühere Darstellungen die Entstehung der modernen Volksreligionen vornehmlich der sozialen Krisenlage zuschreiben, die in Japan nach dem großen Erdbeben von Tokyo (1923) einsetzt, während der Vorkriegszeit fortdauert und auch nach Ende des Pazifischen Krieges noch lange Zeit das Volk beunruhigt, sieht die Verfasserin die Reiyūkai-Bewegung in der Perspektive der japanischen Religionsgeschichte und wehrt die Krisentheorie ab, die viele Veröffentlichungen der Nachkriegsjahre, besonders das weitverbreitete Buch „The Rush Hour of the Gods" von *H. Neill McFarland* beherrscht (siehe die Argumentation im 1. Teil des 1. Kapitels, überschrieben: The role of Crisis [10–34]; ferner: Conclusion [224–230]). Fraglos wirken Zeitumstände auf das religiöse Volksleben ein, aber es geht nicht an, diese als wichtigste oder gar einzige Motivation zu betrachten. Bei meinen ersten Kontakten mit den neuen Religionen Japans beeindruckte mich die unverkennbar religiöse Haltung vieler Anhänger (vgl. meinen Artikel „Sōka Gakkai, eine moderne Volksreligion – Ein Besuch im Haupttempel Daisekiji, in: Das moderne Japan [hrsg. von *J. Roggendorf*] [Tokyo 1963] 189–200). Nachdem die soziale Unrast weitgehend zur Ruhe gekommen ist, entfalten die größeren modernen Volksreligionen, vorab Reiyūkai, Risshō Kōseikai und Sōka-gakkai weiterhin nicht geringe religiöse Aktivitäten. Nach Eintreten einer offensichtlichen Stabilisierung erweisen sich frühere Beurteilungen zwar nicht als unbedingt irrig, aber doch als einseitig. Die modernen Volksreligionen nehmen einen Platz in der japanischen Religionsgeschichte ein.

Die Verwicklungen der Reiyūkai in Finanzaffären (1950 und 1952) ist nie völlig aufgeklärt worden. Die japanische Presse hat über diese Vorkommnisse weit übertriebene Berichte veröffentlicht. Die Religionsgemeinschaft erlitt nicht geringen Schaden, wie die Absplitterung von acht Religionsgemeinschaften während der Jahre 1950 und 1951 beweist. Die bedeutende Risshō-Kōseikai-Gruppe trennte sich schon früher von der Reiyūkai.

414.

Über die Gedatsukai berichtet die Monographie von *Kiyota Minoru,* Gedatsukai: Its Theory and Practice. A Study of a Shinto-Buddhist Syncretic School in Contemporary Japan (Los Angeles 1982). *H. Byron Earhart* veranschaulicht in einer Illustration den synkretistischen Charakter von Gedatsukai; siehe: Japanese Religion. Unity and Diversity (Belmont/Cal. ^{3}1982) 13. Eine andere Illustration auf der gleichen Seite zeigt die asketische Reueübung „hundertmal" (jap. *ohyakudo*), nämlich hundertmal schweigend barfuß einen durch Steinsäulen markierten Weg hin und zurück gehen.

In Japan sind Gruppen wie die des Shinnyoen, die sich um einen originellen Meister scharen, nicht selten. Siehe den japanischen Essay von *Yokoyama Michiyoshi,* Shinnyoen-Dokuji no Mikkyō Kyōdan, in: Shinshūkyō no Sekai, Bd. 3 (Tokyo 1978) 95–145.

415.

Der geschichtliche Rückblick in der Neujahrsrede des Präsidenten Niwano Nikkyō über die drei Entwicklungsphasen der Bewegung findet sich in der Wochenzeitung von Risshō Kōseikai „Risshō Shimbun" Nr. 471 (5.1.1968). Der Geschichtsablauf ist in einem von der Zentrale herausgegebenen reich illustrierten englischen Band (Tokyo 1966) kurz skizziert. Über die Geschichte der Bewegung orientiert eine von der Religionsgemeinschaft nicht angehörigen Spezialisten verfaßte 5bändige Geschichte „Risshō Kōseikaishi", hrsg. von einer Kommission der Organisation (Tokyo 1984). Niwano Nikkyōs Reden, Predigten, Essays usw. wurden in sieben Bänden veröffentlicht (Tokyo 1978–1982).

Der Doppelinhalt des Buddha-Glaubens von Risshō Kōseikai, nämlich die Verbindung des Nichiren-Glaubens an das Lotossutra mit der Verehrung Shākyamunis als der Verkörperung der ewigen Buddha-Wahrheit, ist im Leitfaden für neue Mitglieder (siehe Anm. 11) kurz erklärt. Die Erklärung hebt den Buddha klar von Nichiren, dem „ersten Asketen des Lotossutras" (jap. Hokkekyō no daiichi gyōja) ab. Eine Abschwächung der Zugehörigkeit zum Nichiren-Buddhismus ist unverkennbar. Um so stärker ist die Stellung von Risshō Kōseikai innerhalb des Buddhismus.

416.

Niwanos religiöse Haltung richtet sich auf ein Höchstes Wesen, er bejaht Transzendenz, aber nicht einen persönlichen Schöpfergott. Er zählt fünf Bedingungen für ein glückliches Leben auf, die vierte davon ist die vertrauensvolle Hingabe an ein absolutes Wesen, die fünfte „lieber geben als nehmen". Siehe „Menschlich-leben", a.a.O. (s. Anm. 12) 238–266, bes. 252 ff, 257 ff.

417.

Über das in Reiyūkai und Risshō Kōseikai geübte Gruppengespräch (jap. *hōza*) handeln in einer einfühlsamen Studie *Kenneth J. Dale / Akahoshi Susumu*, Circle of Harmony. A Case Study in Popular Japanese Buddhism with Implications for Christian Mission (Tokyo 1975).

Nur in geringem Maße berücksichtigen wir in diesem Kapitel die umfangreiche eigene Literatur der modernen Volksreligionen, insbesondere der zahlenstarken Religionsgemeinschaften der Nichiren-Gruppe zur Belehrung, Information und Propaganda für Anhänger und Außenstehende.

418.

Eine kurze Einführung über Sōka-gakkai bietet das Buch von *Kirimura Yasuji*, Outline of Buddhism (Tokyo 1981). Über den Gründer Makiguchi siehe *Dayle M. Bethel*, Makiguchi: The Value Creator (New York 1973). *Ikeda Daisaku*, ein äußerst produktiver Schriftsteller, hat seinem Meister, dem zweiten Präsidenten der Bewegung Toda Jōsei, in dem fünfbändigen Werk „The Human Revolution" (New York 1972–1984) eine an Hagiographie grenzende Biographie gewidmet. In seinen zahlreichen Büchern findet sich ebenso wie in den ihm gewidmeten Seiten des Sōka-gakkai-Schrifttums viel biographisches Material.

Die Schriftzeichen für den Haupttempel der „Wahren Schule Nichirens" werden in der englischsprachigen Literatur von Sōka-gakkai sowohl Daisekiji als auch Taisekiji gelesen.

419.

Die Machtergreifung durch die Laien, das sogenannte „Dachsfest", das am 28.4.1952 stattfand, beschreibt *S. Murakami,* Sōka-gakkai – Kōmeitō (Tokyo 1967) 136 ff. Durch dieses Ereignis sicherte sich die Laienschaft die Führung, ohne jedoch die Verbindung mit der „Wahren Schule Nichirens" abzubrechen. Bei den großen Veranstaltungen von Sōka-gakkai ist im Versammlungsraum stets ein Platz für die Nichiren-Mönche reserviert. Der Hohe Priester der Nichiren-Schule und der Präsident der Laienbewegung treten bei Zeremonien gemeinsam auf. Doch besteht kein Zweifel bezüglich der tatsächlichen Führerrolle der Laien. Die Mischform ist ganz offensichtlich ausschließlich Sache der Organisation.

420.

Die religiöse Lehre von Sōka-gakkai ist im wesentlichen der Nichiren-Schule entlehnt. Durch die Identifizierung Nichirens mit dem Buddha ist dem Propheten in einer Art von Apotheose eine alles überragende Höhe zugewiesen. Im übrigen ist die im Stil der Nichiren-Schule gehaltene religiöse Praxis sehr einfach. Der von den Anhängern geforderte persönliche Einsatz äußert sich auch in einem persönlichen Akzent der Frömmigkeit. Unübersehbar ist der Zuschnitt aller Aktivitäten auf die Masse.

421.

Das Handbuch über die Werbemethode Shakubuku Kyōten erschien zuerst am 4.11.1951. *Toda,* der im Mai des gleichen Jahres das Präsidentenamt angetreten hatte, erklärt im Vorwort die Dringlichkeit des Werkes. Die beiden ersten Kapitel behandeln die *Lebenslehre (seimeiron) Todas* und die *Wertlehre (kachiron) Makiguchis.* Die folgenden Kapitel des ersten Teiles befassen sich mit der *Nichiren*-Lehre im Verständnis von *Sōka-gakkai.* Der zweite Teil handelt von der Praxis. Die einzelnen Kapitel erklären, wie den verschiedenen Menschenkategorien, den Gleichgültigen, den Religionsgegnern, den an Religion Interessierten oder auch den suchenden Menschen, zu begegnen sei. Am meisten Anstoß erregte das letzte Kapitel, das die anderen Religionen einzeln aufführt, um darzutun, wie ihre Anhänger am besten der Falschheit ihrer Glaubensüberzeugung überführt werden können. Nicht lange nach Amtsantritt des dritten Präsidenten *Ikeda* erschien eine veränderte Neuauflage (1961), die jedoch, wie das Vorwort ausführt, die von den Zeitumständen geforderte Neubearbeitung nach Inhalt und Form nicht leisten konnte, sondern sich mit teilweisen Verbesserungen begnügt. In dieser Auflage sind einige der ärgsten Angriffe gegen andere Religionen gemildert, z. B. in dem auf weniger als die Hälfte gekürzten Abschnitt über das Christentum. – Die lange erwartete, gründliche

Neubearbeitung des Handbuches erschien im Herbst 1968. Das Buch ist in der Anlage und Ausführung völlig erneuert. Das erste Kapitel des Buches enthält nach wie vor die Lebenslehre *Todas,* die Werttheorie des ersten Präsidenten *Makiguchi* ist in die zweite Hälfte des Buches verwiesen. Den Mittelpunkt bildet der Buddhismus *Nichirens* nach der Auslegung von *Sōka-gakkai.* Grundsätzlich ist an der Werbepraxis des *shakubuku* festgehalten, auch bleibt der Glaube an die absolute Vorrangstellung von *Nichiren shōshū – Sōka-gakkai* gegenüber allen anderen Religionen unverändert. Der Abschnitt beginnt mit einer Feststellung, die die Wandlung der Haltung von *Sōka-gakkai* gegenüber den anderen Religionen und dem Christentum anzeigt: „Doch schließlich ist das Hauptstück dieser christlichen Lehre, die von Gott und der Liebe, vom Guten und von der Sünde spricht und, gleich wie man einem Schattenbild nachjagt, beständig vergeblich fordert, in Wirklichkeit nichts anderes als die Substanz des verehrten Hauptkultgegenstandes *(go honzon)* der Namenanrufung *(namu myōho-rengekyō)*" (S. 191).

422.

Zu nennen sind hier die zahlreichen Publikationen aus Ikedas mittlerer Periode, die eine reiche Fundgrube aufbauender Jugendliteratur bergen.

423.

Die 60er und 70er Jahre brachten für Sōka-gakkai wichtige Veränderungen. Einerseits erreichte die Bewegung durch Ausdehnung auf alle Gebiete des gesellschaftlichen Lebens einen Höhepunkt, den der Riesenbau der großen Tempelhalle (jap. *Shōhondō*) des Daisekiju am Fuße des Fuji-Berges versinnbildet (eingeweiht 1972), andererseits gaben die für die Errichtung des Kolossalbaus aufgewandten Mittel Anstoß zu Gerüchten von finanziellen Unregelmäßigkeiten, die durch die Presse gingen. Gravierender war die Beunruhigung, die der wohl vorbereitete, 1964 erfolgte Einstieg in die parteipolitische Arena verursachte. Zwischen beiden Ereignissen besteht ein Zusammenhang, der im folgenden Kapitel verdeutlicht werden soll. Eine Folge war eine Abnahme der Anhängerzahl von Sōka-gakkai sowie die Beschädigung des Image des Präsidenten Ikeda. Dieser übernahm im Jahre 1975 die Leitung der sich rasch ausbreitenden internationalen Abteilung von Sōka-gakkai, der er zunehmend sein Augenmerk und seine Energie widmete. So lag es in der Konsequenz der Entwicklung, daß er im Jahre 1979 als Präsident der Religionsgemeinschaft Sōka-gakkai abdankte. Dies änderte indes nichts an der Tatsache, daß Ikeda Daisaku bis heute die prominenteste Persönlichkeit der Sōka-gakkai-Bewegung ist.

424.

Der Buddhismus ist in Japan zu keiner Zeit im eigentlichen Sinn „Staatsreligion" gewesen. Auch hat keine der vielen buddhistischen Schulen Japans eine politische Macht im großen Stil entfaltet. Wohl hatte der Buddhismus während des hohen Mittelalters eine vorherrschende Stellung im gesellschaftlichen Leben inne. Aber deren politische Auswirkung war durch die beständigen Unruhen von Landesfürsten und unkontrollierten Raubzügen von Rittern und Söldnern nicht wenig beeinträchtigt. Stärkere Machtballungen, wie die Mönche vom Hiei-Berg und die als Ikkōto bekannten Amida-Buddhisten, wurden in kriegerischem Einsatz von Militärregenten unterdrückt. Lokale Händel kamen oft vor, aber im ganzen hielt sich der Buddhismus in seinen maßgebenden Organisationen und Zentren konformistisch an die jeweils führende Regierungsgewalt.

Bezüglich der Spannung zwischen der Kaisergewalt und den Militärregimen befand sich die buddhistisch-shintoistische Mischreligion, die sowohl in ihrer organisatorischen Form als auch pragmatisch im Volksgefühl verankert Einfluß ausübte, in einer unsicheren Lage. Im Laufe der Jahrhunderte gewannen verschiedene Formen von Vermischung die Oberhand. Während der Tokugawazeit entstanden Geistesströmungen von politischer Relevanz. Doch zeigten die gängigen buddhistischen Schulen durchwegs Zurückhaltung. Eine Ausnahme stellt der Nichiren-Buddhismus in seinen verschiedenen Formen dar.

Vgl. über den buddhistisch-shintoistischen Synkretismus *A. Matsunaga,* The Buddhist Philosophy of Assimilation. The Historical Development of the Honji-Suijaku-Theory (Tokyo 1969); siehe auch die Übersetzung von *T. Ishibashi / H. Dumoulin,* Yuiitsu Shintō Myōbōyōshū. Lehrabriß des Yuiitsu Shintō, in: MN 3, Nr. 1 (1940) 182–239.

425.

Die Bezeichnung „Nichirenismus" betrifft im eigentlichen Sinn die Bewegung des Takayama Chōgyū, der diesen Begriff geprägt hat. Das Wort kann indes in einem weiten Sinn den spezifischen Geist des Gründers Nichiren bedeuten, der irgendwie allem Nichiren-Glauben anhaftet und im politischen Bereich zwei voneinander sehr verschiedene Erscheinungen hervorgebracht hat. Da ist einmal die ins Weite gehende prophetische Schau, die dem auserwählten Land Japan optimistisch messianisches Heil ankündigt. So betrachtet sind die Anhänger Nichirens Hoffnungsträger. Doch zugleich sind sie als typische Non-Konformisten stets zu allen möglichen Streitigkeiten geneigt. Das Kämpferische ist gleichsam ihr Lebenselement. So gerieten die von Nichiren herrührenden Schulen und Linien immer wieder in Konflikte mit Obrigkeiten und Behörden.

Ich hatte einmal Gelegenheit, dieses kämpferische Lebensgefühl aus nächster Nähe wahrzunehmen, als ich in einem von Sōka-gakkai-Leuten überfüllten Saal einer Theateraufführung über den Tod der „Drei Helden von Atsuhara" (jap. *Atsuhara no san resshi*) beiwohnen konnte. Die vieltausendköpfige Menge brach immer wieder spontan in Begeisterungsrufe aus und bekundete ihre Bereitschaft, für den heiligen Glauben Nichirens, der allein im japanischen Buddhismus Martyrer hervorgebracht habe, Gut und Leben zu lassen.

Genau dieser kämpferische Geist hat die Volksreligion von Sōka-gakkai zur Teilnahme an der japanischen Politik getrieben. Paradoxerweise ist das oberste Prinzip dieser Politik heute die Erhaltung des Weltfriedens. Sōka-gakkai kämpft im Geist Nichirens für den Frieden!

426.

Der Widerstand, den die Organisation einer politischen Partei durch Sōka-gakkai hervorrief, hielt sich dank des behutsamen Vorgehens beim Eintritt der Kōmeitō-Partei ins politische Leben Japans in Grenzen. Es brauchte mehrere Jahre, bis die Krise zum Ausbruch kam.

427.

Die Krise wird in der japanischen Presse als „Ereignis des Streites wegen der Unterdrückung der Freiheit" (jap. *yokuatsu genron jiken*) bezeichnet; sie betrifft die Machtausdehnung von Sōka-gakkai. Vgl. über den Verlauf und die Hauptstreitpunkte den Essay über die religiös-politische Vereinigung Sōka-gakkai von *Mizoguchi Atsushi* in: Die Welt der Neuen Religionen, Bd. 2 (Tokyo 1978) 164–239. Der Essay handelt hauptsächlich über die Auseinandersetzungen um 1970/71.

In der 33. Generalversammlung vom 3. 5. 1970 entschuldigte sich Präsident Ikeda für die in jüngster Zeit entstandenen Unzuträglichkeiten und gab eine Erklärung in vier Punkten ab, die die Situation beleuchtet. Zuerst beteuert er: „Ich beabsichtige, während meines Lebens bis zum Ende als religiöser Mensch zu leben, ich beabsichtige nicht, mich in die politische Welt zu begeben." Der zweite Punkt betrifft die Weihebühne: „Die Weihebühne des Hauptquartieres (von Sōka-gakkai) muß nicht staatlich *(kokuritsu)* sein ... Folglich ist die Errichtung der Weihebühne durchaus nicht ein Mittel politischen Vorgehens." Als dritten Beschluß erklärt Ikeda die Trennung von Sōka-gakkai und Kōmeitō: „Bezüglich der Beziehung zwischen Sōka-gakkai und Kōmeitō möchte ich organisatorisch das Prinzip der deutlichen Trennung durchführen ..." Als Viertes verspricht er das Aufgeben der heftigen Methoden der Shakubuku-Werbung. Ikedas Erklärung kann als Antwort auf die Hauptvorwürfe gegen Sōka-gakkai und Kōmeitō angesehen werden. Wenn die Durchführung auch geraume Zeit beanspruchen sollte, so waren doch die Leitlinien für die neue Phase gelegt. Siehe die Zitate bei *Mizoguchi,* a. a. O., 175 ff.

Zu bemerken ist, daß der Höhepunkt der Krise kurz nach den Studentenunruhen in Tokyo liegt. Die Studenten von Sōka-gakkai gründeten im Herbst 1969 eine Studentenliga, deren Programm wegen seiner radikalen Forderungen Aufsehen erregte. Die Sōka-gakkai-Studenten konnten sich mit den Regierungsplänen für eine zeitgemäße Erziehungsreform nicht zufriedengeben. Doch bemerkt ein ausführlicher Bericht der angesehenen Wochenzeitschrift „Asahi Journal" (unter Verantwortung der Redaktion), daß Sōka-gakkai das vom Erziehungsministerium als Leitziel formulierte „erwartete Menschenbild" *(kitai serareru ningenzō)* zu verwirklichen trachtet. Über das vieldiskutierte offizielle japanische Erziehungsprogramm im Zusammenhang mit der „Modernisierung des japanischen Menschenbildes in der Gegenwart" siehe *H. Dumoulin,* Die religiöse Geistigkeit des fernöstlichen Menschen im Gegenüber mit der westlichen Zivilisation, in: Menschliche Existenz und moderne Welt, Teil II (hrsg. von *R. Schwarz*) (Berlin 1967) 352 ff.

Aus der immensen polemischen Literatur gegen Sōka-gakkai seien die zwei Bücher von *Fujiwara Hirotatsu,* Sōka-gakkai wo kiru [dt.: „Sōka-gakkai schlagen"] (Tokyo 1971, 1979) genannt.

428.

Die neue Periode nach Beendigung der Krise beschreibt *Mizoguchi* in seinem Essay über Sōka-gakkai (siehe den Verweis in 427). Er betont die Dringlichkeit der Aufbesserung des Erscheinungsbildes der Religionsgemeinschaft und faßt die Erfordernisse im Begriff der „Sozialisierung" *(shakaika)* zusammen. Es geht darum, die Sorge um das Volkswohl allen sichtbar zu machen. Die diesem Zweck dienenden Anstrengungen führt er in einer die fünf Jahre von 1970–1975 umfassenden chronologischen Tabelle der Ereignisse auf (siehe a. a. O. S. 181–190).

Mizoguchi berichtet ausführlich über die Verhandlungen zwischen Sōka-gakkai und der kommunistischen Partei Japans, die zu einem kurzfristigen Einverständnis führten. Eine Begegnung Ikedas mit dem Führer der Kommunisten, Miyamoto Kenji, bot der japanischen Presse willkommenen Reizstoff (siehe a. a. O. S. 191 bis 202).

Die längeren Gespräche, die Ikeda bei der Gelegenheit von zwei Europareisen (1972/73) mit dem englischen Historiker Toynbee führte, erschienen in Buchform in englischer und in japanischer Sprache.

429.

Die Diskussion über die zwei Fragen, ob der Buddhismus trotz der tiefreichenden Verschiedenheiten der Zweigformen und Schulen eine einzige Religion darstellt und ob er dem Wesen nach als Religion oder als Philosophie angesehen werden muß, kann beim heutigen Forschungsstand als zugunsten der die Einheit und den religiösen Charakter bejahenden Sicht entschieden angesehen werden. Die zwei Fragen hängen miteinander zusammen. Die Forscher, die einseitig den Vorrang des philosophischen Gehaltes des Buddhismus betonen, neigen dazu, die Verbindungsfäden zwischen dem philosophisch orientierten Mahāyāna und dem Hīnayāna genannten frühen indischen Buddhismus nicht genügend zu beachten. Repräsentativ für diesen Standpunkt ist der russische Buddhismus-Forscher *Th. Stcherbatsky,* der in seinem Buch über Nirvāna (The Conception of Buddhist Nirvāna [Leningrad 1927]) die Kluft zwischen den beiden großen buddhistischen Zweigformen folgendermaßen beschreibt: „Wenn wir sehen, wie eine atheistische, die Seele verneinende philosophische Lehre eines Pfades persönlicher Befreiung, der in absoluter Lebensauslöschung und einer einfachen Verehrung des Gedächtnisses des menschlichen Stifters besteht – wenn wir an die Stelle einer solchen Lehre eine großartige Hochkirche treten sehen ... mit dem Ideal der Erlösung aller Lebewesen ... in ewigem Leben, so sind wir völlig in der Annahme gerechtfertigt, daß die Religionsgeschichte kaum je einen ähnlichen Bruch ... gesehen hat." Stcherbatsky kommt zu dem Ergebnis, „daß das Mahāyāna eine neue Religion ist, so radikal vom frühen Buddhismus verschieden, daß es mit späteren brahmanischen Religionen ebensoviel Berührung hat wie mit seinem eigenen Vorgänger" (Zitate S. 36).

Nakamura Hajime kennt nicht weniger gut die Verschiedenheiten innerhalb des Buddhismus, aber er sieht sie darin begründet, „daß die Lehre je nach den verschiedenen klimatischen und kulturellen Situationen, in der sie sich befindet, variiert und sich im Laufe der Jahre ändert und entwickelt" (a. a. O., 365). Im Endurteil bejaht er herzhaft die Einheit der Buddha-Religion.

Antony Fernando stellt in seinem Buch „Zu den Quellen des Buddhismus" dessen missionarischen Charakter heraus, wenn er die Aussendung der Jünger durch den Buddha beschreibt und feststellt: „Die Missionstätigkeit des Ordens war noch zu Lebzeiten des Buddha von großem Erfolg gekrönt." Er rühmt die weite Verbreitung des Buddhismus in den Ländern Asiens und schließt: „Diese weite Verbreitung zeigt, daß seine [Buddhas] Botschaft auch eine Herausforderung für den modernen Menschen darstellt, so wie sie es für seine Zeitgenossen gewesen war" (Zitate a. a. O., 33 und 35).

Die Verbreitung des Buddhismus im Westen beginnt gegen Ende des 19. Jahrhunderts. Hatten die europäischen Gelehrten zuerst alle Aufmerksamkeit auf die wissenschaftliche Erschließung der Buddha-Religion gerichtet, so entstehen nun in westlichen Ländern (England, Deutschland, Frankreich u. a.) buddhistische Gesellschaften, die während der frühen Phase der durch das Studium des Pāli-Kanons bekannten Zweigform des Theravāda angehören. Seit der Meijizeit beteiligen sich japanische Gelehrte an der westlichen Buddhismus-Forschung. Genannt sei als frühester Beitrag japanischer Wissenschaft das Standardwerk eines Katalogs des chinesischen buddhistischen Kanons in englischer Sprache von *B. Najio,* A Catalogue of the Chinese Translation of the Buddhist Tripitaka (Oxford 1883). Während des 20. Jahrhunderts erfolgt der Einbruch des Zen-Buddhismus in den Westen, die Frucht der Pionierarbeit des japanischen Buddhisten Suzuki Daisetsu. Auch andere Formen des Mahāyāna, wie z. B. die Amida-Religion und die Shingon-Esoterik, finden den Weg ins Abendland. Der tibetische Buddhismus vervollständigt während der zweiten Jahrhunderthälfte das Spektrum. Vgl. zur Geschichte der Buddhismusforschung: *J. W. de Yong,* A brief history of Buddhist studies in Europe and America (Varanasi 1976), ferner den Beitrag von *Ernst Benz,* Buddhismus in der westlichen Welt, im Sammelwerk Buddhismus der Gegenwart (hrsg. von *H. Dumoulin*) (Freiburg i. Br. 1970) 191–204, und das Kapitel von *Heinz Bechert,* Der Buddhismus in der modernen Welt. Die Erneuerung des asiatischen und die Entstehung des abendländischen Buddhismus, in: Der Buddhismus. Geschichte und Gegenwart (hrsg. von *H. Bechert / R. Gombrich*) (München 1984) 336–360. Die beiden zuletzt genannten Aufsätze handeln auch über die buddhistischen Weltkongresse.

430.

Die Rezeption des Buddhismus im Westen kann als ein Markstein der Geschichte des Buddhismus angesehen werden. Die Beziehungen zwischen Asien und Europa, jahrhundertelang vom Kolonialismus bestimmt, der viel zur wissenschaftlichen Erschließung asiatischer Länder beigetragen hat, wandelten sich zu partnerschaftlicher Gegenseitigkeit und stimulierten vielerorts die Neubelebung des Buddhismus, ein Vorgang, den die Beiträge im Sammelwerk „Buddhismus der Gegenwart" (siehe Nr. 429) beleuchten. Zwischen Ost und West entwickelte sich während des 20. Jahrhunderts ein zweiseitiger Verkehr. Wenn Anregungen aus dem Westen zu Neuanfängen und Modernisierungen in Asien beitrugen, so gewann die östliche Geistigkeit in Amerika und Europa zunehmend Sympathisanten. Ein starkes Verlangen nach geistigem Austausch mit Asien drängte zu konkreten Realisierungen, die während der zweiten Hälfte des Jahrhunderts zustande kamen. Ich erinnere mich an die Bemerkung eines religiös nicht gebundenen Naturwissenschaftlers, der bei einer buddhistisch-christlichen Dialogveranstaltung der Sophia-Universität Tokyo spontan seine Verwunderung über den verständnisvollen, geradezu freundschaftlichen Umgang der Sprecher beider Religionen miteinander äußerte und schmunzelnd hinzufügte, ein Grund der veränderten Beziehungen der Religionen zueinander liege wohl darin, daß in unseren Tagen allen Religionen die Felle wegschwimmen. Die Bemerkung trifft in Japan, dem am stärksten säkularisierten Land Asiens, den Nagel auf den Kopf.

Japan ist zugleich auch das Land, in dem der buddhistisch-christliche Dialog in vielen Formen am frühesten zum Zuge kam. Sogar Sōka-gakkai, bekannt durch einen kämpferischen, untoleranten Geist, nahm in den Jahren nach dem Zweiten Vatikanischen Konzil Beziehungen zum Christentum auf. Der Führer der Kōmeitō-Partei Takeiri Yoshikatsu sagte in einer Rede vor dem Presseklub Tokyo: „Natürlich sind die Lehre des heiligen Nichiren und die Grundsätze von Sōka-gakkai gegenüber denen des Christentums grundverschieden, aber nach unserer Überzeugung gibt es viele Berührungspunkte. Die buddhistischen Lehren von der Achtung vor dem Leben, von der Hochschätzung der Menschlichkeit und dem Mitleiden ... sind wie der absolute Pazifismus den Lehren von der Liebe, dem Wohlwollen und dem Frieden ähnlich, die das Christentum vorträgt." Und er zieht den Schluß, daß „das Christentum und der Buddhismus ... Verbindung und Diskussion miteinander pflegen und auf einer Grundlage gegenseitigen Verstehens die wichtige Aufgabe ... einer geistlichen Zivilisation im Dienst des Friedens" in Angriff nehmen sollten (Bericht über die Rede, gehalten am 13.2.1968 in der englischen Tageszeitung *The Mainichi Daily News,* Tokyo 14.2.1968).

Eine umfangreiche Literatur unterrichtet über den buddhistisch-christlichen Dialog. Siehe das Verzeichnis von *Joseph J. Spae* in: Buddhist-Christian Empathy (Chicago 1980) 245–252. Das Buch bietet eine ausgezeichnete Studie der Aspekte und Realisierungen des buddhistisch-christlichen Dialogs.

Register

(erstellt von Michaela Gerberich)